대학자치의 역사와 지향 I

이 책의 저작권은 저자와 독점 계약한 내일의 나에 있습니다.
저작권법에 의해 한국 내에서 보호를 받는 저작물이므로 무단 전재와 복제를 금합니다.

대학자치의 역사와 지향 I

2020년 12월 20일 초판 1쇄 발행

지은이 유원준
편 집 유해민
디자인 유해민
인 쇄 청솔디자인

펴낸곳 내일의 나
펴낸이 유해민
등 록 2020년 11월 05일 제439-76-00260호
주 소 서울특별시 강북구 도봉로 369 3층
전 화 (02) 997-0140
이메일 toyourmorrow@gmail.com
인스타그램 www.instagram.com/publisher_tomorrow

ISBN 979-11-969952-1-8 (93900)
값 30,000원

대학자치의 역사와 지향 I

유원준 지음

내일의 나

| 일러두기 |

1) 사립대학 위주로 서술하였으나 국·사립 공통 사항은 국립을 먼저 서술하는 것을 원칙으로 하였다.
2) 교원은 교직에 종사하는 교사와 행정직을 포괄하는 총칭이고 교사·교수는 직접 교육을 담당하는 직칭職稱이지만, 명확하게 구분되지는 않는다. 총칭은 교원, 그렇지 않으면 교사·교수로 표기함을 원칙으로 하였다.
3) 고등교육에는 전문대·일반대·대학원을 포함한다. 다만 '대학교육' 등의 관습적 용어는 주로 일반대학을 뜻한다.
4) 법명을 헌법과 민법처럼 보통명사로 쓸 때는 별도 표기하지 않고 법령 자체를 가리킬 때만 「헌법」, 「민법」 등으로 표기하였다.
5) 기원전은 前으로 표기하되, 인물은 주로 앞에만 표기하였다.
6) 19세기 이전 인물만 생몰 연도를 표기하고 20세기 인물은 특별한 경우에만 표기하였다.
7) 특별한 경우가 아니면 참고자료에 포털검색은 별도 표기하지 않았다.
8) 법률조항은 색인에서 제외하였다.

목차_대학자치의 역사와 지향 I

서문 17

제1장 자유와 노동의 역사적 변천

제1절 우주와 자연: 법적 정의의 기원 31
밤하늘의 별, 우주의 조화 / 천명天命, 정통성의 근원 / 로고스, 우주의 원리 / 황제의 권력과 정의의 원천 / 자연법사상의 출현 / 중국의 종교반란

제2절 사회계약론: 자연법과 계몽주의 46
홉스의 사회계약론 / 수신제가-치국평천하 / 로크의 노동소유설 / 그로티우스의 자연법과 푸펜도르프의 '사회성' / 자연법과 계몽주의의 결합 / 도덕과 법의 분리

제3절 법전의 편찬: 민법전과 기본권의 탄생 60
국가와의 계약 요건 / 부르주아 권력의 정당화 / 프로이센의 형사사법 개혁 / 『프로이센 일반국법』의 편찬 / 프랑스『민법전』편찬 / 기본권의 탄생 / 자유권적 기본권 / 사회권적 기본권

제4절 자유의 허구: 예정조화론의 파탄 75
농노에서 노동자로 / 비참한 노동환경 / 자유노동의 실상 / 칸트의 자유론 / 자기결정권의 허구 / 자유권과 재산권 / 루소의 불평등론 / 헤겔의 노동관

제5절 극단의 대립 : 자본주의의 치유능력 89
막스, 노동의 소외 / 권리능력과 생존능력의 부조화 / 절망과 분노의 폭발 / 제1차 세계대전 / 러시아 혁명 / 아름다운 시절과의 이별 / 사회주의 이상과 실상 / 극단의 종말 / 자본주의의 치유 능력 / 공화정과 민주정 / 공화정에서 민주정으로 / 참정권과 민주주의 / 슘페터의 민주주의 / 아테네의 시민공화주의

제6절 자유의 진화 : 행복과 존엄으로 116

자유에서 행복으로 / 행복과 존엄 / 존엄의 본질 / 존엄과 인격, 기본권 / 존엄의 헌법적 가치 / 존엄의 헌법적 구속력 / 존엄과 민법의 괴리

제7절 자유의 기획 : 생존권과 노동권의 출현 130

기획된 양보정책 / 노동권 개념의 출현 / 초기 노동 관련법 / 노동조합의 출현과 탄압 / 비스마르크의 복지정책 / 맹거의 노동수익권

제8절 협약과 중재 : 사회법의 출현 144

사회국가 개념의 출현 / 사회국가 건설의 과제 / 브렌타노의 중재제도 / 기르케의 단체법론 / 진쯔하이머의 종속노동 / 진쯔하이머의 단체협약 / 진쯔하이머의 노동평의회

제2장 지식노동의 역사적 변화

제1절 노동과 근로 : 전도된 의미 161

노동과 근로의 어원 / 하타라쿠働く / 근로의 편향성 / 노동과 근로의 줄다리기 / labour, work, activity

제2절 노력과 노심 : 지식노동의 절대 선호 170

에덴동산의 노동계약 / 노동에 관한 생각의 차이 / 정신노동과 육체노동 / 농자천하지대본의 허구 / 사농공상의 실상 / 경쟁사회와 노동의 가치

제3절 예법과 형법 : 인정과 정의의 상대성 185

탈리오의 법칙과 능지처참 / 예치와 법치 / 유가와 예치 / 상식이성의 지배 / 개인이 없는 사회 / 복수의 뿌리, 효도 / 금각金角과 인지상정 / 정리법情理法사회의 정의 / 계약사회와 인정사회

제4절 과거와 선비 : 과거제도와 사대부의 사명 206

대부의 법적 특권 / 사대부의 사명감 / 친민親民과 신민新民 / 조식의 「을묘사직소」 / 중국의 과거제도와 공교육

제5절 관념과 현실 : 상아탑의 이상과 교양주의 216

에도시대의 데라코야寺子屋 / 일제강점기 교원 / 일본의 교수상 / 상아탑과 학생부군신위 / Bildung과 교양 / 계보학적 교양주의 / 우리의 교양교육

제6절 민주와 봉건 : 대학 거버넌스의 문제와 과제 235

미국 대학의 성립과 발전 / 대학 거버넌스의 유형과 그 변화 / 총장 독임제 문제 / 총장직 대물림의 문제 / 「사립학교법」 개정의 좌절과 역풍 / 교육부 폐지론의 비애

제3장 대학과 대학자치의 역사

제1절 대학의 태동 : 근대대학 모델과 일제의 강압 263

근대대학의 탄생 / 베를린대학 모델 / 일본의 대학 설립 모색 / 제국대학체제의 수립 / 제국대학의 총장과 평의회 / 근대학교의 출발과 성균관의 쇠락 / 사학 설립 열기 / 일본의 교육차별과 민립대학 설립 운동 / 경성제대의 설립 / 경성제대의 운영과 그 의의 / 일제강점기의 사학

제2절 승격과 팽창 : 해방정국의 사학 설립 288

미군정의 대학정책 / 대학 승격과 설립 / 편법에 의한 대학의 팽창 / 교수와 교재의 부족 / 국대안 파동 / 국·사립의 불균형 성장 / 정부의 사학 설립 장려 / 토지개혁과 사립대학 / 「교육법」 제정과 초급대학 설립

제3절 재건과 혁명 : 대학망국론과 4.19혁명 311

전시연합대학과 징집연기 / 지역 국립대학의 설립 / 미국의 교육원조 / 대학의 미국화와 유학 붐 / 전후의 팽창과 「대학교원자격기준」/ 「대학설치기준령」을 둘러싼 줄다리기 / 등록금의 사회문제화 / 반공의 물결과 군사문화 / 4.19혁명과 대학의 참여 / 학생의 대학 민주화 요구 / 교수평의회와 교원노조의 설립

제4절 개편과 통제 : 군사정부의 대학 정비와 대학의 저항 339

사학개혁에 관한 공감대 / 총장과 이사의 자격 논란 / 교수의 자질과 복지 / 등록금과 보결생 문제 / 군부의 '조국근대화'와 대학 / 제1차 대학정비안 / 제2차 대학정비안 / 「임시특례법」과 구조조정 / 「임시특례법」과 교수의 신분 / 입학 및 학위 자격 국가고시 / 교육대학의 발전 / 실업고등전문학교와 전문대학 / 「사립학교법」 제정 / 한일협정 체결과 대학의 저항 / 부정 입학과 학위등록제 / 과중한 등록금 인상 / 정원 통제정책 / 대학입학예비고사의 시행 / 사학특감과 우골탑 논쟁 / 박정희와 영남대 / 지원과 자율을 둘러싼 논쟁

제5절 유신과 폭력 : 교과 개편과 대학자치의 실종 396

냉전, 3선개헌과 유신쿠데타 / 정부의 실태조사와 서울대 이전 / 『실태조사보고서』 / 『장기종합교육계획안』 / 고등교육개혁안 / 실험대학의 도입과 변화 / 실험대학의 이상과 현실 / 이공계 육성정책 / KAIST · POSTECH의 설립과 특성화 공대 / 수출증대와 경영학과 신설 / 대학원과 연구소의 성장 / 대학 정원 논란 / 대학진학률과 입시 경쟁 / 여학생 비율의 변화 / 대학 이전과 제2캠퍼스 / '제2경제론'과 「국민교육헌장」 / 긴급조치와 민주화 투쟁 / 어용교수 논란과 「학교경영재산기본령」 / 「학원자주화선언」과 교수재임용제도 / '마지막 강의'와 「우리의 교육지표」

제6절 억압과 저항 : 5공 정권과 민주화 투쟁 467

서울의 봄과 광주의 비극 / 대학진학률과 재수생 문제 / 7.30조치와 입시의 대혼란 / 졸업정원제 도입과 논란 / 교육대학 승격과 중등 교직 이수 / 방송통신대학 / 산업대학과 폴리텍대학 / 「학술진흥법」과 「교육세법」 / 「사학운영기본시책」 / 대통령 직속 교육자문위원회 / 대교협과 대학평가 / 학생시위와 「학원안정법」 파동 / 민주화 투쟁과 87체제 / 교육부의 대학자율화 정책 / 교수협의회와 교수단체 / 대학의 공헌과 내실화의 지체

제7절 전환과 반동 : 좋은 헌법과 악법의 동거 520

춘래불사춘의 시절 / 1989년, 역사적 전환기 / 학원안정 4단계 방안과 5.6조치 / 전국교직원노동조합의 출범 / 대교협의 '학원안정화대책' / 「사립학교법」 개정 / 연이은 입시비리와 재정 문제 / 등록금 자율화 / 기여입학제 논란 / 「재무회계 특례규칙」과 적립금 / 발전기금 모금과 논란 / 총교육비와 1인당 교육비 / 교육비 환원율 / 법인전입금

제8절 시장과 위기 : 신자유주의, 총체적 위기 574

즉흥적 세계화와 국제대학원 설립 / 대학설립준칙주의와 증원 / 대학설립준칙주의의 문제점 / 자율 없는 자율화 정책 / 기업의 대학지배와 대학의 위기 / 신자유주의와 대학역량진단평가 / 언론사 대학평가 / 대학평가에 대한 개선책 / 국제교류의 활성화 / 교육개혁과 평생학습, 사이버대학 / 대학원 발전과 BK21 / 대학특성화 사업 / 정부 지원과 대학의 공공성 / 반값 등록금 / 대학 기업화의 우려와 대학 민주화

목차_대학자치의 역사와 지향 Ⅱ

제4장 교수노조의 설립과 과제

제1절 사회적 권리: 시민권의 성장과 수입된 노동법 685

사회적 권리로서의 시민권 / 인간권으로서의 노동법 / 노동법과 민법의 관계 / 노동법의 의의 / 바이마르의 선물 / 시민 없는 시민법 사회 / 노동3권과 「근로기준법」 / 정당의 보수성 / 노동조합의 역할 / 노동법의 과제

제2절 한국의 노조: 노동운동의 역사와 과제 716

일제강점기 노동운동 / 미군정기 노동조합 / 이승만 정권과 노동조합 / 박정희 정권의 노동정책 / 1980년대 이후의 노동운동 / 노조에 대한 비판 여론 / 노동조합의 정치성 논란 / 코포라티즘에 대하여 / 한국형 노동회의소 구상

제3절 노동의 현실: 지식노동의 과제와 전망 747

근대의 해체와 액체사회의 도래 / 노동환경의 변화와 과제 / 노동자 권리지수 / 생존권과 자기결정권 / 「노동계약법」 / 재임용제도 / 이익균점권과 사학법인 / 오바마의 권고 / 정보 교류와 개혁의 플랫폼

제4절 개별과 산별: 노조의 형태와 설립 절차 774

조직 형태와 그 변화 / 개별노조의 특성과 장단점 / 산별노조의 특성과 장단점 / 한국노총과 민주노총 / 한국사립대학교수노동조합 / 교수연맹과 교사연맹 / 국공립대학교수노조 / 다양한 교원노동조합 / 노동조합 명칭 사용 / 설립 및 가입 절차 / 조합비 징수 및 관리 / 노동조합 가입과 9 to 5 논란 / 부당노동행위에 관한 처벌 / 가입에 따른 권익 증대 / 정교수와 노동조합

제5절 협상과 조정: 노사협의회와 단체협상 809

노사협의회 설치 목적과 성격 / 노사협의회의 불법적 구성과 운영 관행 / 법령체계와 취업규칙 / 취업규칙의 내용, 작성·변경권 / 단체협약의 의미 / 교섭창구 단일화와 교섭의 구속력 / 교섭요구 및 예비

교섭 / 본교섭 / 잠정합의서 작성 / 단체협약 체결 / 교섭 결렬과 조정, 중재

제6절 경쟁과 상생: 구성단체와의 관계와 과제 834

법인과의 관계 / 대학본부와의 관계 / 교수협의회와의 관계 / 대학평의원회와의 관계 / 직원노조와의 관계 / 교수노조의 정치참여

제5장 교수노조의 법적 근거와 쟁점

제1절 헌법 851

국민의 권리와 의무(제2장) / 헌법적 가치와 대학 / 교육의 자주성과 대학의 자율성 / 사립대학 교수의 모순된 법적 지위 / 교원의 노동3권 제한

제2절 교육기본법 861

주요 조문 / 「교육기본법」의 출현과 성격 / 교육이념, 자주성과 중립성 / 고등교육에 대한 국가 책임의 부재 / 교원단체의 법적 근거 불비 / 법을 위배하는 평가 방향

제3절 교원지위법 871

주요 조문 / 「교원지위법」의 출현과 성격 / 교원단체 교섭권 / 교원지위향상심의회 / 선언적 법률의 존재 의미 / 교원소청심사위원회

제4절 교육공무원법 881

주요 조문 / 「교육공무원법」과의 종속관계 / 명목과 실질의 불일치

제5절 고등교육법 886

주요 조문 / 「고등교육법」의 성격 / 「고등교육법」의 빈틈과 모순

제6절 사립학교법 892

주요 조문 / 「사립학교법」의 제정 / 「사립학교법」 개정 논란 / 사립학교의 특수성 / 「사립학교법」의 논리적 모순 / 「사립학교법」의 개정 방향

제7절 일반노조법 901
주요 조문

제8절 근로자참여법 905
주요 조문 / 「근로자참여법」의 제정 목적 / 노동조합과 노사협의회 / 근로자위원 선정과 노사협의회 설치

제9절 서울행정법원 결정문 913
위헌법률심판제청 결정문 / 교수의 노동권과 대학생의 교육권

제6장 교수노조에 관한 국제 협약

제1절 ILO의 노동자 기본권과 핵심협약 917
ILO의 출범과 목표 / ILO의 노동인권 향상과 우리의 상황 / ILO의 주요 노동협약 목록 / 기본권 보장을 위한 핵심협약 / 교원노조에 대한 ILO의 협약 및 권고

제2절 UNESCO와 EI의 권고 933
UNESCO의 「교원 지위에 관한 권고」 / UNESCO와 EI의 권고

제3절 OECD와 EU의 권고 및 압력 937
OECD의 교육 및 노동정책 / EU의 노동 관련 법령 개정 요구

제4절 정부의 핵심협약 비준 준비와 전망 942
국가인권위원회의 협약 가입 권고 / 정부의 핵심협약 비준 준비 / 비준 전망과 과제

제7장 교원노조법 조문과 해설

제1절 입법 과정과 주요 내용 951

교원노조법과 시행령의 입법 / 국회의 개정안 발의 / 교원노조법의 주요 내용

제2절 교원노조법 전문과 시행령 956

「교원노조법」/「교원노조법」시행령

제3절 목적(제1조) 971

조문 / 조문 해석 / 관련 법령 / 입법 취지와 제정 과정

제4절 정의(제2조) 977

조문 / 조문 해석 / 관련 법령 / 입법 취지와 쟁점 / 교수 노동에 관한 헌법재판소의 입장

제5절 정치활동의 금지(제3조) 985

조문 / 조문 해석 / 관련 법령 / 입법 취지와 쟁점 / 대학의 정치교육 문제

제6절 노동조합의 설립(제4조) 999

조문 / 조문 해석 / 관련 법령 / 입법 취지와 쟁점

제7절 노동조합 전임자의 지위(제5조) 1007

조문 / 조문 해석 / 관련 법령 / 입법 취지와 쟁점 / 눈속임 개정과 차별의 문제

제8절 교섭 및 체결 권한 등(제6조) 1016

조문 / 조문 해석 / 관련 법령 / 입법 취지와 쟁점 / 교섭창구 단일화 문제

제9절 단체협약의 효력(제7조) 1036

조문 / 조문 해석 / 관련 법령 / 입법 취지와 쟁점

제10절 쟁의행위의 금지(제8조) 1042
  조문 / 조문 해석 / 관련 법령 / 입법 취지와 쟁점

제11절 노동쟁의의 조정신청 등(제9조) 1048
  조문 / 조문 해석 / 관련 법령 / 입법 취지와 쟁점

제12절 중재의 개시(제10조) 1056
  조문 / 조문 해석 / 관련 법령 / 입법 취지와 쟁점

제13절 교원노동관계조정위원회의 구성(제11조) 1061
  조문 / 조문 해석 / 관련 법령 / 입법 취지와 쟁점

제14절 중재재정의 확정 등(제12조) 1067
  조문 / 조문 해석 / 관련 법령 / 입법 취지와 쟁점

제15절 교원소청심사 청구와의 관계(제13조) 1072
  조문 / 조문 해석 / 관련 법령 / 입법 취지와 쟁점

제16절 다른 법률과의 관계(제14조) 1078
  조문 / 조문 해석 / 관련 법령 / 입법 취지와 쟁점

제17절 벌칙(제15조) 및 부칙 1085
  조문 / 조문 해석 / 입법 취지와 쟁점 / 부칙

제8장 교원노조법 헌법불합치 결정과 그 의의

제1절 헌법불합치 결정 사유와 주된 내용 1089
  전국교수노조의 헌법소원 / 헌법재판소의 판단 / 헌법재판소 판단의 주요 내용

제2절 헌법불합치결정문(요지) 1094

사건개요 / 심판대상 / 결정주문 / 이유의 요지 / 반대의견 / 결정의 의의

제3절 헌법불합치결정문(원문) 1104

판시사항 / 결정요지 / 반대의견 / 주문

제9장 교원노조법 개정안과 입법 추진

제1절 고용노동부 개정안 입법 예고 1147

제2절 고용노동부 개정안에 대한 사교련·서교련의 의견 1151

제3절 고등교원과 초·중등교원을 달리해야 하는 사유 1155

제4절 설립 준비위 발의 일부개정법률안(의원 대표 발의용) 1160

제5절 설립 준비위 발의 일부개정법률안 1165

제6절 설립 준비위 발의 일부개정법률안 신·구 조문 대비표 1170

제7절 설립 준비위 개정 발의 최종안 1179

결론 1184

표 목차 1202

참고문헌 1204

찾아보기 1223

서문

　극단의 시대라고 불리는 지난 20세기, 우리처럼 그 극단을 격렬하게 체험한 경우는 세계적으로도 유례를 찾아보기 힘들다. 조선의 멸망과 일제 강점, 중일전쟁과 태평양전쟁, 그 혼돈을 뚫고 나온 우리에게 주어진 분단의 비극, 그리고 우리도 모르는 사이에 펼쳐진 치열한 이념 경쟁, 그 모든 것이 결국 전쟁으로 분출되었고, 그 와중에 수도 없이 많은 사람이 희생되었다.

　전후 상황은 또 다른 극단의 반전이었다. 북한이 짧은 발전과 긴 정체를 거쳐 고립과 빈곤의 나락으로 떨어지는 동안 우리는 극단의 빈곤에서 풍요까지, 독재에서 촛불혁명까지, 문맹국에서 세계 최고의 대학진학률까지, 원조를 받던 국가에서 전 세계에 7개국 밖에 없는 30-50클럽 가입까지, 다른 선진국에서 200년에 걸쳐 진행된 역사의 진전을 한 세대 만에 거의 모두 체험하였다. 그래서 우리의 역사적 체험은 농밀하다 못해 나무토막처럼 딱딱하기까지 하다.

　오직 생존을 위해 달려왔던 100년 동안, 우리는 좌고우면할 겨를이 없었다. 피난과 이향離鄕, 산업화와 도시화의 거센 흐름 속에서 힘겹게 지탱하던 향촌의 신분 질서와 윤리의식, 친족공동체의 유대감은 속절없이 무너졌다. 사람들은 전통적인 공동체 대신 가족 단위로 흩어져서 낯선 도시에서 살아남아야 했다. 작은 가족과 큰 국가 사이에 놓여 있던 넓은 공간을 이어줄 어떤 사회적 조직도 마땅치 않아 삶은 더더욱 신산하기만 했다.

도시로 흘러간 유민이 되면서 명분과 예의, 체면은 벗어던질 수밖에 없었고, 그 빈자리에는 실용과 물질, 그리고 욕망이 채워졌다. 마침 모두가 가난해져 조금만 노력하면 엄청난 신분 상승이 가능하다는 역설이 새로운 경쟁의 동력이자 노동의 활력으로 작용하였다. 모두가 꿈꾸던 빈곤의 탈출과 신분 상승의 소망을 '교육열'로 일대 전환시킨 것은 20세기 대한민국 최고의 발명품이었다.

전란의 소용돌이가 채 가시지도 않았던 1957년, 농민을 대상으로 한 여론조사 결과, 농민의 소원 가운데 1위가 '더 나은 생활 조건(21.7%)', 2위가 '자녀들의 고등교육(20.5%)', 3위가 '민족의 통일(16.4%)'이었다는(김학재, 2016, 15~16) 사실은 실로 눈물겨운 감동 그 자체라고 아니 할 수 없다.

새롭게 펼쳐진 경쟁의 장에서 자녀들에게 명예와 부를 동시에 보증해주는 가장 유용한 도구인 대학 졸업장을 안겨 주기 위해 본인은 못 먹고 못 입어도 등록금만은 마련해야 한다는 갸륵한 희생과 헌신에 힘입어 대학은 언제나 문전성시를 이루었다. 세월의 관성은 지금도 여전해서 대학 졸업장이 아무것도 보장해 줄 수 없지만, 입시 경쟁은 여전히 치열하다. 다른 것은 몰라도 입시만은 공정해야 한다는 국민적 공감대는 대학을 금수저·흙수저 논쟁의 중심에 서게 하였다.

하지만 이제 대학은 더는 과거의 대학이 아니다. 지난 70년간 수많은 위기와 우여곡절이 있었지만, 그래도 그 위기는 해답을 내재한 위기였다. 그러나 지금 우리가 맞닥뜨린 위기는 한 번도 겪어보지 못한 위기, 예측할 수 없는 위기라는 점에서 진정한 위기라고 할 수 있다. 기술혁신이 일상화되고, 초국적超國的기업이 국가를 뛰어넘었으며, 100세 수명이 보편화되어 더는 기존의 관성을 유지하기 힘든 세상에 대학이 놓여 있다. 여기에 불쑥 나타난 코로나19는 이런 불가측성을 더욱 심화시키고 있다.

우리나라에서 교수란 어떤 존재인가? 일제강점기, 대학교수직은 일본이 조선인에게 허용하지 않았던 유일한 금단의 영역이었다. 광복은 우리에게 35년 만에 소도蘇塗의 문을 열어주었고, 부족하나마 조금만 자격을 갖추면 그 빈 의자에 앉을 수 있게 해주었다. 그래서 교수 개인의 사회적 지위에 대해서는 물론이고 집합체로서의 정체성을 고민할 필요가 없었다. 많은 것을 정의하고 평가하면서 정작 교수 자신의 정체성에 대해서는 제대로 고민하고 논의해본 일이 드문 까닭이다. 그래서 교육 관련 법령에 담긴 교수의 정의는 자못 성스럽고 동시에 속스러워 혼란스럽기까지 하다.

독일 대학이 근대대학의 전범典範으로 우뚝 설 수 있었던 것은 나폴레옹과의 전쟁에서 패한 굴욕과 상처를 극복하기 위한 치열한 고민의 산물이었기 때문이다. 식민지에서 벗어난 우리도 그런 처절한 고민과 성찰의 시간이 필요했지만, 광복 직후의 여건은 그런 작은 틈마저 주지 않았다. 그런 성찰을 주도할 주체세력도 부족했고, 당장 해결해야 할 과제가 너무도 많았다.

서둘러 미국 학문을 수입해 적당히 포장해 학생들에게 전달하기도 급했기 때문에 학문의 본질이 무엇인지, 학문의 자유가 왜 중요한지, 동서양의 학문적 가치가 어떻게 다른지, 우리에게 가장 적절한 대학교육이 무엇인지 고심할 여유가 없었다. 특히 일제 강점과 한국전쟁, 미국의 원조로 반공적 친미가 가장 안전하다는 사상적 자기검열이 자리하면서 대학에서는 유럽조차 낯선 존재가 되어버렸다.

 수익사업으로 시작한 사학법인은 사회에 만연한 부패의 공기 속에서 열악한 재정 환경, 법인의 사익과 대학의 공공성 사이에서 갈지자를 걸었고, 고르지 못한 정치 환경은 사학의 웃자람과 성장 부진이란 어긋난 모습을 함께 키웠다. 불균형 성장에 시달리던 사립대학을 더욱 왜곡시킨 것은 군부독재였다. 대학에 수익자부담원칙을 강조하며 고등교육을 방치한 정부는 대학이 정치에 무관심한 산업화인력만 양성해주길 요구하였지만, 대학은 본질적으로 그런 요구에 순응할 수 없었고, 그래서도 안 되었다. 대학정책이 교육정책이 아닌 정권 유지의 수단이 되어 사학법인에 대한 강요와 회유가 거듭되었고, 대학이 민주주의 최후의 보루가 되면서 정작 교육과 연구는 뒷전으로 밀려났다.

 그나마 대학이 지금의 모습을 갖추고 유지할 수 있었던 원동력은 아이러니하게도 대학입시였다. 치열하게 대립하던 정부와 학생은 1년에 한 번씩 치러지는 거대한 통과의례를 맞이할 때마다 대학의 존재 이유와 사명에 대하여, 학부모와 수험생의 뜨거운 열망에 대하여 되돌아보지 않을 수 없었고, 이런 국민적 공감대는 제아무리 잔폭한 군부정권이라도 대학의 존재 가치를 차마 훼손할 수 없게 하였다. 그 순수한 정성과 갈망이 대학을 지켜주는 마법의 반지로 작용하였다.

 최루탄의 매캐한 연기가 캠퍼스를 뒤덮을 때마다 교수들은 민주주의가 정착하면 대학에 안정이 찾아오고 연구와 교육의 꽃이 화사하게 필 수 있을 것이라 기대하였다. 하지만 정작 대학의 위기는 민주화의 달성 이후 본격화되었다. 대학이 민주화의 과제에 몰두하는 동안 세상은 빠르게 변하였고, 대학은 그에 대한 대비에 너무 소홀하였다. 대학에 닥친 위기의 본질은 시장이었다.

1990년대부터 대학은 그동안 열외였던 경영효율화의 대상에 편입되어 경영합리화, 경쟁력 강화, 구조조정, CEO형 총장이란 단어가 대학의 미래를 좌우하는 키워드로 인식되기 시작하였고, 학부제, 교수평가, 대학평가, 국제화, 발전기금이란 단어가 그 뒤를 이었다. 2000년대부터 학령인구 감소, 반값 등록금, 재정위기, 지방 소멸, 정원 감축, 비정년트랙 등 더욱 위협적인 단어가 등장하고 일상화되었다.

대학이 어찌할 수 없는 시장이란 거대한 외부적 위기와 함께 사립대학의 고질적인 병폐인 봉건적 거버넌스는 대학을 더욱 무력하게 만들었다. 시급했던 정치 민주화에 우선 집중하느라 후순위로 미뤄두었던, 그래서 온존할 수 있었던 사학법인의 낡고 비합리적인 거버넌스는 이런 시대적 전환기에 대학이 능동적으로 대응할 수 없게 하는 엄청난 족쇄로 작용하고 있다.

가난으로부터 탈출하고, 자유와 존엄을 위한 도약대였던 교육이 입시와 사교육으로 학생과 학부모의 삶을 황폐화시키고, 고학력자 실업률은 갈수록 증가하는 데 정작 그 중심에 서 있는 대학이 속 시원한 해답을 내놓지 못한다는 비판이 날로 거세지만, 정작 대학은 별다른 대책을 갖고 있지 못하다는 것이 부끄럽지만, 부인하기 힘든 현실이다. 그런데도 좋은 대학을 가야만 하는 압력은 조금도 줄지 않고 있으니 모순도 이런 모순이 없다. 어쩌면 대학은 이렇게 긍정적 의욕과 모순된 욕망 위에 서 있어야 하는 존재인지도 모른다.

이런 풀기 힘든 숙제에 답답해하기는 교수들도 마찬가지다.

특히 사립대학 교수들은 앞에서 열거한 모든 반갑지 않은 단어들의 직접적인 이해당사자이다. 하지만 어디 가서 이런 사정을 꺼내놓고 말하기도 어려운 실정이다. 코로나19로 모두가 힘들어 하는데, 그래도 교수들은 꿀을 빨고 있는 직업 아니냐는 시선이 사회에 팽배해 있다. 예기치 못한 온라인 수업에 적응하고 준비 하느라 몇 배의 시간을 들이고 스트레스를 받지만, 수고에 대한 최소한의 언급도 없이 언론은 질책 일색이다. 이것이 부인하고 싶지만 부인할 수 없는, 교수들이 맞닥뜨린 현실이다.

어디서부터 문제를 풀어야 하는가? 대학을 모르는 이가 없지만, 정작 대학을 잘 아는 이도 없다. 가장 오래된 곳 가운데 하나지만 나날이 새로운 곳이고, 느슨하고 엉성해 보이지만 유연하고 칼 같은 원칙이 살아 숨 쉬는 곳이기도 하다. 청춘의 일탈이 질책의 대상이면서도 특권처럼 보호되는 곳, 그곳이 대학이다. 이렇게 매우 다양한 요소가 유연하게 연결된 복합체이며 부단한 변화 속에서 살아 숨 쉬는 곳이어서 대학에는 무한한 호환성이 보장되기도 하지만 마디마디 풀기 어려운 매듭도 너무나 많다. 그래서 집단지성을 통해야 겨우 그 윤곽을 파악할 수 있는 곳이 대학이지만, 그 지식의 유효기간은 아주 짧고 얼마든지 반론도 가능하다. 하여 감히 대학에 대하여 논하려 하지 않는다. 이는 우리만 그런 것은 아니다. 세계 최고의 대학을 다수 품고 있는 미국도, 매년 1천만 명 가까운 학생이 대입시에 매달리는 중국에도 정작 '대학 전문가'는 드물다.

그래서 대학을 논하는 데는 풍부한 지식과 다양한 경험보다는 용기를 넘어선 만용이 우선 필요했다. 하나하나 언급하는 대상이 늘어날수록 마음의 빚이 늘어나는 부담을 피하기 힘들었지만, 그래도 이런저런 대학의 사정을 생각해보면 코끼리 더듬는 일을 누군가 해야 한다고 마음먹었다.

격변기일수록 근원에서 해답을 찾고 새로운 출로를 모색하는 것이 인문학의 사유 방식이기에 제1장에서는 자유와 평등의 개념이 어떻게 출현하여 근대 시민사회를 형성하고 법제화되었으며 그 한계가 무엇인지, 자본주의와 사회주의의 갈등, 그 해결책으로 출현한 사회법이 인간 존엄의 가치를 뒷받침하기 위해 어떤 개념으로 구성되었는지를 먼저 살펴보았다. 이를 통해 근대사회를 만든 이상으로서의 자유와 그것을 뒷받침한 현실로서의 노동이 어떻게 길항拮抗하였고, 지금 우리 사회에서는 어떤 모습으로 진행되고 있는지 검토해 보았으며, 낯선 유럽의 법제가 우리의 인식·감각과 무관하게 삶의 아주 내밀한 부분에까지 큰 영향을 미치고 있음을 발견할 수 있었다.

제2장에서는 지식인의 존재 의미와 양식, 지식노동과 교육의 본질, 나아가 일본과 미국, 우리나라 대학의 구조적 특성을 살펴보았다. 이를 통해 급변하는 시대 환경을 선도할 수 있는 우리 고유의 대학상과 교수상을 수립해야 하는 과제가 밀려있으며, 월급을 받으면서 노동자가 아니라고 주장하려면 월급만으로 계산할 수 없는 대단한 학문적 권위가 있어야 한다는 점, 그래서 노동자성을 부정하려면 긍정 이상의 엄청난 과제를 수행해야 한다는 사실을 발견하였다. 동시에 고등교육의 확산과 인터넷의 보급 등에 힘입어 각자 나름의 문화자본을 갖추며 성장하고 있는 다수의 젊은 지식층에게 교수가 어떤 가치와 대안을 제시할 수 있는지를 고민해야 한다는 부담스러운 숙제도 발견하였다. 아울러 교수는 단기적 성과를 추구하지 않아도 생존이 보장되는 직업이라

는 점에서 장기적이고 전체적인 과제에 관심을 가지고 고민해보는 것도 사회에 대한 나름의 책무가 아닐까 생각해보았다.

제3장에서는 독일 근대대학의 출현과 일본의 제국대학 형성, 일본 대학 제도의 이식과 우리 사립대학의 설립, 급속한 팽창과 정부 통제 사이에서의 갈등과 발전, 대학진학률과 입시, 군사정권과 민주화의 요람으로서 대학의 역할, 대학교육 개혁을 위한 노력과 한계, 대학 재정과 시장의 압력, 교육부와 평가의 문제, 교권의 현실과 과제 등을 살펴보았다. 이를 통해 우리나라 사립대학은 대략 10년을 주기로 그 모습을 바꿔왔으며 1950년의 한국전쟁, 1960년 4.19, 5.16과 경제성장, 1972년 유신, 1981년 광주, 1993년 문민정부, 1997년의 외환위기, 2008년의 금융위기 등 굵직한 정치적·경제적 격변이 있을 때마다 대학은 그 비바람을 온몸으로 맞으며 진통과 성장을 거듭했음을 확인할 수 있었다.

그래서 지난 70년의 대학사에는 우리 현대사의 영욕이 그대로 배어있음을 거듭 느낄 수 있었다. 대학사를 통해 우리가 모든 면에서 압축성장을 통해 근대의 길을 열었고, 그 한 가운데 교육이 있었다는 사실, 폭발적인 양적 팽창을 통해 경제적 성장과 민주적 발전의 동력을 대학이 제공하였다는 사실, 그 과정에서 상아탑이란 선망의 대상이자 우골탑이란 비판의 대상이었다는 사실, 나아가 민주화 이후에 닥친 외부 환경의 급변에 능동적으로 대응하지 못한 채 지금과 같은 전례 없는 축소의 시대를 준비 없이 맞았다는 사실을 확인할 수 있었다.

제4장에서는 한국 노동운동의 역사와 현황, 지식노동의 미래, 노동조합의 형태와 현황, 교수노조의 협상과 조정, 구성단체와의 관계를 조망하였다. 이를 통해 대학의 위상은 갈수록 추락하고

있는데, 교수들은 기존의 사회적 지위와 권위에만 매달리고 있는 것은 아닌지, 교수가 발을 딛고 서 있는 대학은 학생의 취업률로 평가받고 있는데, 정작 그들을 가르치는 교수는 노동자로서의 정체성에 대해 무관심한 것은 아닌지, 그렇다면 '교수로서의 자유'가 어떻게 존재할 수 있는지 진지한 논의와 검토가 필요하다는 생각이 들었다. 유별나서는 안 될 교수노조가 유별나다고 생각하는 이유, 그리고 그렇게 인식되는 교수노조가 기존의 노동조합과 구분되는 교수노조만의 정체성을 찾으며 발전하기 위해서는 어떤 길을 가야 하는지 짧은 소견을 관련 법령과 연계해서 검토해 보았다.

제5장에서는 교육에 대한 헌법의 정신은 무엇이며, 고등교육에 대한 법적 기준은 무엇인가. 또 교수노조에 관한 법적 근거와 법적 쟁점에 대하여 검토해 보면서 우리 교육법의 체계가 매우 혼란스럽고, 내용이 불비함을 거듭 발견하였다. 법체계는 독일의 이념을 바탕으로 하고 있고, 현실은 미국식 평가체제 속에 살면서 교수에 대한 사회적 인식은 여전히 유교적인 이 혼란스러운 상황을 지혜롭게 헤쳐나갈 방안은 무엇인지, 호시절에 무심하게 지냈던 근본적인 문제에 대한 분석과 대안의 모색, 그리고 실천을 동시에 진행해야만 한다는 쉽지 않은 과제가 있음을 무겁게 받아들였다.

제6장에서는 교수노조와 관련된 국제 협약을 소개하면서 우리나라가 노동법에 관해서만 갈라파고스 제도인 이유가 무엇인지 돌아보지 않을 수 없었다. 진정한 선진국이 되려면 세계적인 보편가치를 실현하고 나아가 창출할 수 있어야 하는데, 50년 전에 합의한 국제협약도 비준하지 못할 뿐 아니라 그런 것이 있는지

조차 모르는 무심함이 안타깝게 다가왔다.

　제7장에서는 「교원노조법」의 조문별 내용과 쟁점을 점검해보았고, 제8장에서는 「교원노조법」에 관한 헌법재판소의 헌법불합치 결정문을 소개하였으며, 제9장에서는 현행 「교원노조법」의 문제점과 개정 노력을 소개하였다. 법학을 전공하지 않은 필자로서는 가장 부담스러운 부분이었지만 비전공자의 낮은 눈에 비친 「교원노조법」의 내용을 정리하면서 법률 제정의 배경과 취지, 주요 내용과 특성, 있지만 지켜지지 않았던 규정, 있는지도 몰랐던 권리를 찾아보았고, 헌법재판소의 헌법불일치 결정의 의미와 연계하여 향후 개정의 방향 등을 함께 파악하고자 노력하였다.

　교수가 되려고 마음먹고 공부하면서 그저 학위논문을 쓰는 데만 급급하였을 뿐 정작 교수의 정체성에 대하여 생각해 본 일이 없었다. 생각해보면 부끄러운 일이긴 하지만 사실이 그러했다. 교수가 된 뒤에도 노동운동에 참여하리라고는 생각해보지 못하였고, 전공과 경험도 노동운동과 거리가 멀었기에 노동자로서의 정체성에 대하여는 더더욱 그러하였다. 그 뒤 이런저런 학내사정과 인연으로 교수의회 활동을 하게 되면서 우리나라 대학의 구조적인 문제에 관해 관심을 가지게 되었고, 교수노조의 설립에까지 참여하게 되었다.

　그런데 우리나라처럼 교육열과 입시 열기가 뜨거운 나라가 없는데 비해, 정작 대학과 교수에 관한 책은 찾아보기 힘들었다. 교수협의회와 교수노조에 대하여는 더욱 그러하였다. 그래서 동료들과 토론을 위한 자료라도 있었으면 하는 바람으로 이 책을 쓰기 시작하였다. 그래서 이 책에 실린 내용과 생각은 체계적인 연구와 성찰의 소산이 아니다. 27년 간 교수로 생활하면서 보고들은 것들, 교수의회와 교수단체 활동을 하면서 체득한 경험을 교수노조 설립을 계기로 정리한 것에 불과하다.

  짧은 기간에 일천한 지식과 경험을 바탕으로 써야 했기에 지식과 생각을 숙성시킬 시간이 없었다. 그래서 어차피 깊은 맛을 내기 어려우니 최대한 얇게 저미어 여러 가지 맛이라도 볼 수 있게 하는 것이 이 책의 숙제라고 생각하였다. 구체적이고 깊이 있는 분석은 또 다른 전공자의 몫이라고 생각하고 썼는데, 쓰다 보니 1,000쪽이 넘게 되었다. 공학과 의학, 예술을 비롯해 많은 분야에 대하여는 언급조차 하지 못했어도 그러하니 대학을 제대로 파악하려면 얼마나 많은 공부가 필요할지 거듭 두려웠다. 본래 외국의 교수노조에 관해서도 서술하고 싶었지만, 그것이 별개의 연구 영역임을 깨닫는 데는 많은 시간이 필요하지 않았다. 전문대학에 대해서는 더욱 그러하였다.

  시간에 쫓겨 서둘러 걸었던 길이 바른길인지 지름길인지는 아직 알 수 없다. 그래도 남들이 잘 다니지 않은 길을 걸어가면 누군가에 도움이 되겠지 싶어서 용기를 냈을 뿐이다. 그래도 이런 출발을 할 수 있었던 데는 주변 교수들의 격려와 선배 연구자의 도움이 있었기 때문이었다.

  누구보다도 먼저 경희대학교 법학전문대학원 강희원 교수께 깊은 감사를 드린다. 강 교수의 『노동법기초이론』과 『노동헌법론』은 노동법에 대한 지식의 원천이 되었고, 제1장과 제4장을 비롯해 주요 개념 대부분 강 교수의 글을 요약정리한 것에 불과한데, 제대로 이해하고 썼는지 걱정과 감사의 마음을 함께 지니고 있다.

  제3장을 쓰면서 김정인, 강명숙 교수의 대학사 관련 선행연구

에 큰 도움을 받았음에, 제7장을 쓰면서 대한교육법학회의 선행 연구에 크게 의지할 수 있었음에 감사드린다.

그리고 기존의 노동조합과 다른 교수노조만의 갈 길이 무엇인지를 모색할 때마다 서유경 교수의 선행연구로부터 많은 도움을 받았음에 각별한 감사를 드린다. 흰 눈 내린 들판에 찍힌 발자국처럼 그 길을 따라 걸을 수 있어 천만다행이었다.

법학에 관한 번거로운 질문에 항상 정성 어린 답변을 준 서보학 교수, 검토를 함께해 준 김광산·이용우·류광후 사교조 자문 변호사에 감사드리며, 특히 지난 7년 동안 교수연대와 교수의회 활동을 함께 하면서 늘 용기와 지혜를 나눠 준 최상진, 이성근 두 선배 교수를 비롯해 많은 동료 교수들께 깊은 감사의 말씀을 드린다.

또 대학교육의 발전을 위해 함께 토론하고 고심하며 생각을 키워준 사교련의 박순준 명예 이사장, 김용석 이사장, 이종복 정책위원장, 김익진 사무총장, 대학정책학회 조흥식 회장, 대학정책연구소의 박규홍 이사장, 김유경 교수, 서유경 교수, 그리고 교수노조의 출범을 준비하며 지식과 용기를 함께 나눠준 방효원 위원장과 김선광, 김정수, 양성렬, 이광호, 장원종 교수를 비롯한 많은 동지께 각별한 감사와 우의를 전한다.

한국대학교수노동조합연맹의 출범을 자축하며

2020년 12월 유원준

제1장

자유와 노동의 역사적 변천

|제1절| 우주와 자연: 법적 정의의 기원

1. 밤하늘의 별, 우주의 조화

　전기가 없던 시절, 온 세상 사람들은 매일 밤, 끝없이 넓은 밤하늘을 무대로 펼쳐지는 거대한 별들의 쇼를 관람했다. 밤하늘에 펼쳐진 저 많은 별이 천천히 그러나 쉬지 않고 원운동을 하며, 그 사이 사이로 별똥별이 긴 궤적을 남기며 떨어지는 것을 보면서 지냈다. 특히 건조하기 그지없는 사막이나 초원에 누워서 하늘을 올려보면 하늘에서 별들이 빛나는 것이 아니라 별들 사이에 하늘이 끼어있는 것처럼 보인다. 글자 그대로 별들이 쏟아져 내릴 것 같은 느낌이 절로 든다.

　소동파蘇東坡(1037~1101)는 밤하늘을 가리켜 검다 하지 않았다. 검푸른 하늘, 청천靑天이라 칭하였다. 그렇다. 오염되지 않은 밤하늘은 검기보다는 푸른 빛에 가깝다. 사막의 언덕 위로 보름달이 뜨면 마치 달은 내 머리 위에 떠 있는 거대한 풍등風燈처럼 느껴진다. 그러면 달과 내가 하나가 되고, 천인합일天人合一의 판타지가 그림처럼 그려진다. 그래서 보름날 사막의 언덕 위에 서면 신비한 영감을 조금은 느껴볼 수도 있다.

　이 장대한 우주를 누가 만들었을까. 저 많은 별이 밤이 되면 일제히 나타나 나란히 원을 그리며 돌다가 해가 뜨면 사라지는 그 놀라운 규칙성, 하늘을 통째로 움직이는 저 거대한 힘, 아! 이것은 어떤 조화일까. 생각할수록 신기하고 오묘할 따름이었다.

중국인에게 우주란 도무지 알 수 없는 것이었기에 상형문자로는 그려낼 수 없었다. 우宇는 빙 돌아가야于 하는 커다란 궁궐宀, 주宙는 새 둥지由처럼 높은 궁궐宀이니 높고 큰 공간의 경계를 뜻하는 데 만족하고 말았다. 빈곤한 상상력으로는 감당할 수 없는 우주를 가리켜 대자연大自然이라고도 칭하였다. 자연이란 '스스로 그러하다'는 말이니 세상이 본래부터 그러하다면 남은 과제는 주어진 자연과 조화를 이루며 사는 일뿐이다. 그래서 많은 이들은 '우주란 무엇인가'라고 물으면 그저 '알 수 없다'고 하는 것이 가장 정직한 대답이라고 여겼다.

물론 그렇다고 해서 그 궁금증을 포기할 수는 없었다. 모든 고대 문명이 그렇듯이 중국인도 별자리가 규칙적인 순환을 통해 영원의 질서를 암시하는 것으로 받아들였다. 당장 내일을 알 수 없는 불안한 현실 속에서 사는 인간으로서는 초월적인 힘을 지닌 자연의 의지를 사전에 인지할 수 있기를 간절히 소망하였다. 암호를 해독하고 싶은 욕구가 본능처럼 존재하였던 것이다.

오랜 세월 탐구의 결과 중국인들은 우주가 그 시초인 무극無極에서 태극太極으로 변모한 뒤 음양陰陽의 소장消長과 오행五行의 순환循環을 거쳐 천天·지地·인人의 유기적 통일체를 형성한다고 결론을 내렸다. 그리고 그런 우주의 근본적인 운동 원리를 가리켜 도道라고 칭하였다.

이렇게 천·지·인이 본래 동일체라면 음양·오행의 원리는 인간과 자연 모두에게 함께 적용되어야 마땅하다. 따라서 사계절의 변화 등 자연과 조화를 이루는 것이 바로 도에 순응하는 것이고, 천·지·인이 하나이므로 별들의 영원한 속성과 인간의 찰

나적 행위 사이에는 어떤 연계 고리가 있으리라고 생각하였다. 다만 우주의 내재적 원리를 파악하는 일은 모든 권위의 근원이었기 때문에 누구나 감히 탐구할 수 있는 것이 아니었다. 그것은 오직 왕의 몫이었다.

우주를 영원의 질서와 조화로 보는 것은 어디나 마찬가지였다. 피타고라스Pythagoras(前570~495)가 처음 우주를 뜻하는 말로 사용한 코스모스cosmos는 '질서·정렬'을 의미하는 그리스어의 κόσμος에서 유래한 말로서 조화롭고 질서 있는 상태를 뜻한다. 우주를 질서 있고 조화로운 시스템으로 간주한 피타고라스학파는 천문 현상에 내재한 보이지 않는 질서를 찾고 표현하기 위해 수학을 중시하였다. 조로아스터교에서는 우주를 아샤asa라고 하는데 '신의 질서'란 뜻이니 이 또한 크게 다르지 않았다. 국가란 '스타투스status'라는 말의 가장 일차적인 의미는 '서 있는 것'으로서 인간 사회를 똑바로 서도록 하는 것(쉬피오, 2015, 259)이라는 개념도 마찬가지다.

이렇게 영원한 우주와 유한한 생명의 명확한 대비는 자연히 세상을 본질과 현상으로 구분하는 사고로 이어졌다. 아리스토텔레스Aristotle(前384~322)는 폴리스의 정의를 자연적 정의와 법적 정의로 구분하였다. 어디서나 불변의 것이 전자라면 후자는 생각에 따라 달라지나 일단 정해지면 꼭 지켜야 하는 것이라고 하였다. 나쁜 일을 하면 그에 상응하는 벌을 받아야 하는 것이 자연적 정의라면, 어느 정도 벌을 줄지는 생각에 따라 다르지만 일단 정해지면 반드시 집행해야 하는 것이 바로 법적 정의라는 말이다(정태욱, 1994, 105).

2. 천명天命, 정통성의 근원

　자신이 왕위에 오른 것이 전적으로 조상의 덕이라 생각한 상商(前1600?~前1046)의 왕은 왕조의 운명을 좌우하는 조상신 제帝에게 하늘의 뜻을 알려달라고 간구하고, 신의 대답을 갑골에 정성스레 기록하였다. 상의 제후였다가 왕위에 오른 주周(前1046~前256)의 왕은 상의 조상신인 제帝에게 정권의 정통성을 의탁할 수는 없었다. 그렇다고 단순히 무력으로 정권을 장악했다고 하면 힘센 자마다 정권을 넘보는 게 당연하게 된다. 그래서 주周의 왕은 자신의 권력이 단순한 무력이나 세습에서 나온 것이 아니고 보다 초월적인 권능에서 나온 것임을 입증할 필요가 있었다.
　그래서 주周의 왕은 공평한 하늘은 혈통 대신 유능하고 유덕한 자에게 왕권을 위임한다며 보편신인 천天을 숭배하는 것으로 방향을 전환하고, 자신이 천명天命을 부여받은 하늘의 아들, 천자天子라고 선언하였다(前1046). 상商의 왕이 갑골을 이용해서 하늘의 뜻을 헤아린 것과 달리 정권 합법화 이론으로 천명관天命觀을 내세운 주周의 왕은 우주의 창조적 행위와 인간의 잠재적 가능성에 대한 통찰을 담은 새로운 우주관을 창안하여 하늘의 계시를 예측하였다.
　후에 나라가 커져 일일이 왕의 신탁에 의존할 수 없게 되자 표준 매뉴얼로 『역경易經』이 만들어져 보급되었다. 주周의 왕은 하늘의 뜻을 파악하기 위한 전제조건으로 자기 수양과 절제를 강조하였다. 인격적으로 성숙하지 않은 사람이 하늘의 뜻을 파악할 수 없다고 본 것이니, 하늘의 도(천도天道)와 인간의 도(인도人道)가 하나로 연계된 셈이다.

춘추시대에 이르러 주도권이 패자霸者에게 넘어갔지만, 수백 년 동안 내려온 주의 정통성은 여전히 제후와 패자의 지위를 합법화할 수 있는 유일한 힘이었다. 하지만 전국戰國시대에 주가 몰락하면서 천天의 권위가 무너지자 다시 제帝가 그 자리를 대신하였고, 중국을 통일한 진시황秦始皇(前259~210)은 제帝를 숭배하였다. 그러나 한漢은 진秦의 폭정을 비판하며, 자신들은 진을 계승한 것이 아니라 도덕적 정통성을 통해 주周를 계승했다고 주장하며 다시 제례의 대상을 조상신 제帝에서 보편신 천天으로 바꾸어 후대로 이어지게 하였다(로이, 1989, 147~148, 169~170).

3. 로고스, 우주의 원리

이성과 논리를 중시한 그리스 철학을 계승한 스토아학파도 천체 운동의 규칙성과 아름다움이 우주적 조화와 질서라는 근본 원리를 입증해주는 것이라고 여겼다. 이들은 우주가 하나의 물체로 이루어진 살아 있는 유기체이며, 서로 밀접한 관련 속에서 일정한 이치에 따라 질서정연하고 조화롭게 생성·환원하는 존재라고 간주하였다. 그리고 그 안에는 우주의 질서이자, 그 자체로 완전하고 영원한 존재이며, 모든 물질세계를 관통하고 있는 공통의 원리가 있다고 생각하고 그것을 가리켜 로고스logos라고 칭하였다. 그래서 로고스는 언어·양심·이성·우주·섭리·신 등으로 다양하게 표현된다.[1]

---

[1] 로고스logos의 어원은 '말하다·말한 것'인데, 일상적 언어에서 차차 설명, 계산, 사유, 이성, 정신, 진리, 법칙 등 인간의 고유한 정신적 기능과 관련된 개념

스토아학파도 우주적 질서, 그 불변의 가치를 잘 파악하고 그것을 내 삶 속에서 실천하는 것이 가장 지혜로운 삶이라고 보았다. 이렇게 우주의 로고스를 파악하고 실천할 수 있는 것은 인간에게 주어진 로고스, 즉 이성을 통해서만 가능하다며, 이성을 모든 지혜로운 인간이 따라야 할 규범이라고 보았다. 그런 점에서 스토아학파의 로고스와 중국인의 천명天命·도道는 서로 통하고, 양측 모두 우주와 나와의 혼연일체渾然一體, 물아일체物我一體를 상정한 것처럼 보이기도 한다.

이처럼 우주의 법칙인 로고스가 인간에 내재한다는 스토아학파의 견해를 수용한 키케로Marcus Tullius Cicero(前106~43)는 인간에게 내재한 로고스, 즉 이성理性의 가치를 절대시하여 좋은 삶이란 곧 이성적인 삶이며, 자연에 내재하는 최고의 이성이 곧 법이라고 보았다. 이렇게 보편타당한 이성이 진정한 법이며, 모든 법의 근본이 된다면 그러한 법은 인간이 만든 법으로 제한할 수 없다는 것이 키케로의 생각이었다. 그래서 키케로는 자유를 국가에 양도하는 것이 아니라 신탁하는 것이라고 주장하였다(이지영, 2012, 39; 한동일, 2019, 64~65).

유대인은 여호와가 우주를 창조하면서 세상 만물에 고유한 본질을 부여하고 그 움직임의 질서를 정하였다고 믿었다. 그리고 신이 설정한 그 질서(영원법Lex aeterna)를 성경에 기록된 신의 계시, 즉 '신법神法'과 인간이 이성을 통해서 신의 뜻을 파악하는 '자연법'으로 나누었다. 하지만 우주가 자발적으로 '자기생성self-g

---

으로 발전하고, 나아가 우주 만물을 지배하는 원리, 실천적인 도덕적 질서 등의 개념으로 바뀌었다. 기독교에서는 로고스를 '신의 말씀' 또는 예수의 대명사로 쓰기도 하였다.

enerating'하는 것이라 여긴 중국인은 신의 창조나 섭리를 말한 적이 없고, 후에 다양한 문명·종교와 접촉했지만, 창조론은 거의 영향을 미치지 못하였다. 니덤Joseph Needham은 이런 중국의 우주관을 가리켜 "제정자 없는 의지의 질서정연한 조화"라고 말했다(모오트, 1991, 33~36).

스토아학파가 로고스를 인간의 언어와 양심, 이성에서 신의 섭리와 우주에 이르기까지 폭넓게 해석한 것과 달리 일찍부터 강력한 왕권이 구축된 중국에서는 천명에 대한 해석이 통치자의 품에서 크게 벗어날 수 없었다. 이렇게 동서양 모두 같은 하늘 아래에서 함께 밤하늘을 보며 자연의 이치를 깨닫고, 자연과 조화를 이루며 사는 것이 최상의 삶이라고 생각했지만, 삶의 조건이 달랐기 때문에 그 구체적인 실천에는 상당한 차이가 있었다.

4. 황제의 권력과 정의의 원천

황하문명은 타클라마칸 사막에서 날라와서 차곡차곡 쌓인 사질 황토 위에서 출발하였다. 황토 함유량이 평균 35kg/㎥에 달하는 황하는 연간 16억 톤의 황토를 실어 나르면서 그 가운데 겨우 1/4만 바다로 데리고 갈 뿐 3/4을 강바닥에 흘리고 간다. 그래서 강바닥은 매년 높아져 하류에 이르면 강바닥이 주변 지역보다 최대 10m나 높은 전형적인 천정천天井川이 된다. 그래서 홍수를 막으려면 제방을 높게 쌓아야 하는데, 제방을 만들 황토 성분의 절반이 모래여서 모래 둑이라고 해도 과언이 아니다. 그래서 지난 2,000년 동안 3년에 두 번씩 제방이 무너졌고, 100년마다 물길이 바뀌면서 엄청난 규모의 재해가 발생하였다.

황하의 홍수에 효과적으로 대응하는 것은 생사가 걸린 절실한 문제였고, 이는 한두 사람의 노력으로 가능한 일이 아니어서 정치적 결합이 신속하게 이루어졌다. 수많은 도시국가로 이루어졌던 중국은 빠르게 영토국가로 결속되었고, 다시 제국으로 통합되었다. 그러면서 황제를 중심으로 한 강력한 중앙집권체제에 의해 엄격하게 통제되는 전통이 수립되었다. 강물이 반듯이 흐르지(천川) 않고 꺾이어(천巛) 제방이 무너지기 쉬운 곳에 황제가 직접 가서(착辶) 현장을 살펴보는 것을 가리켜 순시巡視라고 하였다. 비트포겔Karl August Wittfogel(1896~1988)은 이렇게 수리관개를 통해 형성된 중국사회의 강력한 전제주의적 특성을 가리켜 '수력水力사회'라고 칭하였다.

진시황이 중국을 통일하고 강력한 권력을 움켜쥐면서 이제 중국에서는 황제를 능가하는 신이 존재할 수 없게 되었다. 절대자로 간주된 하늘을 제외하곤 어떤 신도 황제의 아래에 있게 되었다. 석가모니는 과거의 부처이고 황제는 현재의 부처이니 불상에 대한 경배는 종교 문제가 아니라 예의의 문제라고 해석했다. 더 나아가 황제 자신이 불상의 모델이 되었다. 옥황상제玉皇上帝도 송宋의 휘종徽宗(1082~1135)이 도교의 최고신에게 내려준 관직명에 불과했으니 산신과 용왕신은 물론 염라대왕도 황제를 돕기 위한 보조적인 역할에 그쳤다. 결국, 중국에서는 황제가 모든 권위를 독점했고, 정의의 주재자가 되었다.

우주관은 사회적·윤리적 규범이 지닌 권위의 기초이다. 그런데 황제의 권위가 이처럼 절대적이다 보니 중국에는 제도화된 강력한 교단도, 절대 준수해야 할 성스러운 율법도 있을 수 없었으며, 절대적인 법 또한 존재할 수 없었다. 그래서 중국인은 항상 상대적인 개념을 선호한다. 가장 강한 것은 코끼리가 아니라 개미이다. 그 가는 허리로 자기 몸보다 몇 배 무거운 것을 들기 때문이다. 강强은 활처럼 큰 벌레를 뜻한다. 활처럼 큰 벌레, 생각만 해도 무섭지 않은가?

이는 강력한 중앙집권체제를 구축했던 조선도 마찬가지였다. 조선의 왕은 최고 통치자일 뿐 아니라 조선의 모든 신을 주재하는 절대자였다. 조선의 모든 산신과 강신을 임명하고 그들에게 합당한 제사를 지내도록 지시를 내릴 수 있는 절대지존이었다. 조선의 멸망은 국권의 상실로 그치지 않았다. 조선의 모든 신도 왕조의 멸망과 함께 그 권위를 잃어버렸다. 중국과 우리나라에서 법률이 정의의 구현보다는 통치의 수단으로 더 의미를 지닌 까닭이 여기에 있다.

이처럼 강력한 왕권과 확고한 국가관이 정립된 동아시아와 달리 서양에서의 국가는 영속적이고 보편적인 제도가 아니었다. 국가에 절대적 가치를 부여한 개념은 11~12세기 교회법 학자의 발명품이었다. 시작은 있지만, 끝이 없는 신비로운 천사의 형상에 착안해서 나온 것이 '불멸의 국가'라는 개념이었다. 국가에 대한 이런 소박한 개념은 종교개혁을 통해 완전하지는 않지만, 교회 권력으로부터 해방된 주권 개념을 탄생시켰고, 대혁명을 통해 세속적 권력과 종교적 권위의 균형을 깨고 권력 분립을 통해 비로소 강력한 힘을 확보할 수 있었다(쉬피오, 2015, 243).

따라서 서양법의 역동적이고 민주적인 발전은 역설적으로 강력한 국가를 향한 통치자의 갈망과 취약한 왕권의 한계가 부르주아와 대립하고 갈등하면서 이루어진 타협의 과정이었다.

5. 자연법사상의 출현

중국과 로마 모두 제국이라고 하지만, 그 실상은 각기 다르다. 중국도 도시국가에서 시작했지만, 급속한 확장을 통해 이룩한 제국으로서의 의식, 천명관을 통한 천하로서의 의식을 일찍부터 공유하면서 문화적 동질성을 결속의 요체로 강조했다. 반면 로마제국은 도시국가에서 점차 영토를 넓혀서 제국을 이루었기 때문에 지배자인 로마시민과 복속된 피정복민으로 구분되는 제국, 즉 '정복으로 확대된 제국'으로서의 성격이 강하다.

그래서 로마의 법은 자연스레 로마 시민권자를 대상으로 한 법과 외국인을 대상으로 한 법으로 나뉘었고, 각기 다른 이들이 기꺼이 수긍할 수 있는 보편적인 법의 원칙이 필요하였다. 유스티니아누스Justinianus 1세(482?~565)의 로마법 편찬에 절대적인 영향을 미친 울피아누스Domitius Ulpianus(170?~228)는 법을 국가와 개인의 관계를 다루는 공법公法과 개인 간의 문제를 다루는 사법私法으로 나누고, 다시 사법을 자연법·시민법·만민법으로 나누었다. 하지만 로마법은 서유럽에서는 잘 전승되지 않았고, 공법은 더 그러하였다. 서유럽에서 로마법을 재발견한 것은 11세기에 들어와서의 일이다.

울피아누스는 사법 가운데 신의 섭리와 인간의 이성에서 나온 보편적인 법의 원칙을 가리켜 자연법이라 칭하고, 이는 태초부터 존재한 영원불변의 원칙이므로 이성적 존재인 모든 인간에게 구속력을 가지는 법규범이어서 로마시민과 외국인 모두에게 적용되는 것이라고 하였다. 그리고 자연법만으로는 현실 사회를 규율할 수 없으므로 이를 보완할 실정법으로 시민법과 만민법이 필요하다고 하였다.

자연법에서 말하는 자연이란 오늘날 우리가 생각하는 자연의 개념과는 다르다. 우리는 자연을 인공의 상대 개념으로 받아들이지만, 자연법에서의 자연은 우주적 질서나 우주 본연本然의 모습, 또는 본성本性을 뜻한다. 따라서 자연법의 자연은 참된 선을 지향하는 절대적으로 옳은 것, 인간에게 내재한 자율정신의 본질이자 절대정신의 표현 등으로 설명하는 로고스의 또 다른 이름이다. 또한 "자연에서 받아들인 최고의 이상이며, 무엇을 행하게 하거나, 행하지 못하도록 명령하는 것"이란 키케로의 정의처럼 옳고 그름을 가름하는 기준, 본질적으로 타당한 법, 정의의 최고 기준이기도 하다.

이렇게 법을 자연법과 실정법으로 구분한 뒤 자연법을 실정법의 상위개념으로 설정하고 그 근원성과 초월성을 강조하는 것은 모든 법이 규범성과 권력성을 내포하고 있는데, 규범의지와 권력의지가 충돌할 때 권력의지를 제어할 수 있어야 하기 때문이다. 이성법의 성격을 지닌 자연법에 부합하는 실정법이라면 그 법적 정당성은 흔들리지 않는 권위를 지니겠지만 그 반대의 경우라면 자연법은 실정법을 심판하거나 파괴하게 된다. 따라서 실정법과 충돌할 경우, 실정법을 어기더라도 여전히 유효한 규범일 수 있는 것, 그것이 바로 자연법이다.

흑사병의 대유행과 종교개혁 등의 영향으로 흔들리던 기독교의 세계관은 아메리카대륙의 발견(1492)으로 더욱 요동치게 되었다. 아메리카대륙 발견은 단순한 지리적 발견에 그치지 않았다. 생각하지 못했던 미지의 세계를 발견하게 되자 사람들은 신神과 신의 의지가 아니라 인간과 인간의 이성이 세계를 움직이는 중심임을 자각하게 되었다. 또 인디오 학살의 참혹상을 목격한 도미니카 수도회의 비토리아Francisco de Vitoria(1483~1546)는 기독교도와 이교도가 같은 인간으로서 공존할 수 있는 자연법적 근거를 제시하여 세속적 자연법에 대한 신념을 더욱 확산시키는 계기를 제공하였다(이상 정태욱, 1994, 101~103; 성중모, 2014, 227~228; 한동일, 2019, 49, 65~66, 70~71).

1517년부터 시작된 루터Martin Luther(1483~1546)의 종교개혁을 계기로 유럽은 신·구교의 치열한 종교전쟁에 휩쓸려 들어갔다. 30년에 걸친 갈등과 살육 끝에 유럽은 아우크스부르크화의(1555)를 통해 해당 지역 영주의 신앙을 따르기로 함으로써 분란을 마무리하는 듯했지만 결국, 보헤미아에서 발생한 분란을 도화선으로 전쟁은 다시 전 유럽으로 확대되었다.

이후 벌어진 30년전쟁은 처음에는 종교 문제로 시작했지만, 점차 교황과 황제를 중심으로 유지되던 기존 권위에 도전하면서 독립적인 위상을 확보하려는 군주들의 치열한 각축전으로 변모하였다. 각국이 영토 확장 등 실리를 위해 개입하면서 근대국가의 주권 개념이 본격화되고, 국가를 유지하고 강화하기 위한 '국가이성國家理性'에 대한 논의가 활발하게 전개되었다. 전쟁은 결국 신교 국가의 승리로 끝났고, 전후 처리는 베스트팔렌조약(1648)의 체결로 마무리되면서 근대 민족국가·주권국가가 기존의 중세적 질서를 대신하였다. 민족이 종교를 대치한 것이다.

기독교 세계 내부의 세계대전이라고 일컬은 30년전쟁은 종교전쟁 특유의 신념 과잉으로 인해 역사상 가장 잔혹한 전쟁의 하나였다. 종교적 신념을 위해 무자비한 살상이 합리화되는 아이러니를 지켜보면서 사람들은 교회의 권위를 대신해 전쟁을 막고 평화를 유지할 수 있는 새로운 질서가 필요하다고 생각하였다. 여기에서 제시된 것이 바로 보편적 법의 지배였다(곽차섭, 1996, 169~170, 183~186, 201).

이처럼 종교로 인한 폐해가 극단에 이르자 단순한 대안이 아닌 패러다임의 전면 전환이 불가피했고 그것이 자연법에 대한 전면 재해석을 추동하였다. 결국, 고대에는 우주의 질서, 중세에는 신의 의지로 이해했던 로고스가 근대에 들어와 인간 이성으로 그 핵심적인 개념이 바뀌었다. 데카르트René Descartes(1596~1650)는 '나는 생각한다. 고로 존재한다'며 신의 섭리를 이해하고 따르는 이성 대신 스스로 사유하는 자율적이고 합리적인 이성, 자연을 이해할 수 있는 이성을 지닌 근대적인 인간상을 제시하였다. 물론 인간의 이성이 신에게서 유래한다는 생각을 완전히 떨쳐버린 것은 아니었지만 신의 도움이나 개입이 필요 없는 합리적 법체계를 구축하려는 노력이 본격화되었다.

"우리가 지금 기술하고 있는 것은 신이 존재하지 않는다고 또는 신이 인간사에 전혀 관심 가지지 않는다고 상정한다고 할지라도 타당하다"는 그로티우스Hugo Grotius(1583~1645)의 유명한 테제는 이런 자신감의 표명이다(성중모, 2014, 229에서 재인용). 이렇게 시공간을 초월하여 보편타당하고 올바른 가치가 존재한다는 자연법의 개념은 현실적 필요성에 따라 만들어진 실정법의 한계를 지적하고 개선을 요구할 수 있는 법적 근원이 되어 법적 정의를 계속 확대하는 원동력이 되었다.

6. 중국의 종교반란

중국에서도 종교는 기존 권력을 뒤엎는 가장 유력한 세력이었다. 중국은 비교할 나라가 없을 정도로 농민반란의 회수가 많았고 규모가 컸지만, 흩어진 농민을 조직하고 정신적으로 결속시켜 반란을 이끈 것은 바로 종교였다. 도교를 배경으로 삼국시대를 연 황건의 난(184), 마니교를 배경으로 한 북송 말 방랍方臘의 난(1120~1121), 조로아스터교와 불교의 미륵신앙을 결합한 원말 홍건의 난(1351~1366), 기독교를 배경으로 한 청말 태평천국의 난(1851~1864) 등 대규모 반란은 거의 모두 종교가 중심이었다.[2]

다만 종교를 내세운 반란이라고는 하지만, 유럽처럼 종교를 둘러싼 전쟁과는 거리가 멀었다. 이들 반란 모두 왕조 말의 혼란기에 도탄에 빠진 농민들이 자구책으로 일으킨 것이지 종교적 이상을 실현하기 위한 것은 아니었다. 반란군 지도자들도 또 하나의 황제가 되기 위해 교리와 조직을 대중 선동과 동원에 이용했을 뿐 교의는 반란의 핵심 요소가 아니었다.

어느 종교도 체제 유지의 중심축인 유가사상의 근본을 뒤흔들 만큼 강하지 못했고, 새로운 시대, 새로운 체제를 위한 밑그림을 그려 본 일도 없었다. 그래서 왕조의 개창과 동시에 반란군이 내세웠던 교리와 이상은 물론 종교마저 소멸하고, 모든 것이

---

[2] 지금 중국 정부가 신강 위구르 자치구와 티베트에 대하여 매우 민감하게 반응하는 데는 이 지역이 민족문제, 종교 문제, 외세와의 연관성이라는 세 가지 문제를 함께 안고 있기 때문이다. 단순한 기공氣功 수련단체로서 정부의 적극적인 지원을 받았던 법륜공法輪功이 유사 종교적 색채를 띠기 시작하자 중국 정부가 대대적인 압박에 나선 것도 종교의 정치적 역량을 의식한 것으로서 오랜 역사적 경험과 결코 무관하지 않다.

원점에서부터 다시 시작되었다. 참혹한 전란의 희생에도 불구하고 새롭게 거둔 성과물은 거의 없었다. 단지 인구가 줄고 노는 땅이 많아 토지를 놓고 다툴 필요가 없었고, 전란의 참상을 몸소 겪은 후대 왕조가 수탈을 삼갔을 뿐이다. 백성은 그저 새로운 황제가 천명에 순응해 어진 정치를 행하길 기대할 뿐이었다.

|제2절| 사회계약론: 자연법과 계몽주의

1. 홉스의 사회계약론

신이 내려준 보편적 질서 대신 이성에 따른 보편적 질서가 세상을 유지하는 근본원리가 되기 위해서는 국가의 본질에 대한 근본적인 재검토가 필요하였다. 베스트팔렌조약으로 근대 주권국가가 출현하자 '도대체 국가란 왜 만들어졌고, 국가권력의 원천은 무엇이며 국가는 무엇을 해야 하는가?'라는 질문에 대한 해답을 찾아야 했다. 여기에서 가장 주목받은 것은 바로 홉스Thomas Hobbes(1588~1679)의 '사회계약론Social Contract Theory'이었다.

청교도혁명과 왕정복고, 망명과 분서焚書 등 격동기를 살았던 홉스는 국가의 혼란을 극복하고 안정을 되찾기 위해서는 보다 강력한 전제군주제가 필요하다는 내용을 담은 『리바이어던』을 프랑스 망명지에서 저술하였다. 홉스는 공권력의 제약을 받지 않는 자연 상태에서의 인간은 다른 사람보다 더 큰 힘을 갖고자 하는 욕망을 억제하지 못하며, 그로 인해 '만인에 의한 만인의 투쟁'이 벌어지는 것은 오히려 자연스러운 상태라고 주장하였다. 하지만 다행히도 인간에게는 이런 상시적인 투쟁 상태가 자신에게 이롭지 않다는 것을 알고 그 해결책을 찾으려는 이성이 있고, 그 이성을 통해 찾은 해결책이 바로 사회계약이라는 것이다.

홉스는 '만인에 의한 만인의 투쟁'의 위협에서 벗어나려면 모두가 무장하는 대신 합리적 계약을 통해 누구나 승복할 수 있는 공권력을 만드는 것이 낫지 않겠냐며 자신의 권리를 사회계약을 통해 통치자에게 완전히 양도할 것을 주장하였다. 그리고 일단 양도하기로 계약을 맺은 이상 통치자의 잘잘못에 대해서는 따지지 말아야 한다며 왕에게 전권을 줄 것을 제안하였다. 홉스는 인간이란 이기심에 가득 찬 비사회적인 존재라며 그런 사람들로 이루어진 국가 역시 윤리적일 수도, 자연적일 수도 없을뿐더러 그래서도 안 된다며, 그저 개인의 자유와 안전을 지키기 위한 인위적 도구, 또는 '인공 인간artificial man'이면 족하다고 보았다.3)

홉스는 이렇게 사회계약이라는 새로운 개념을 만들고 그것을 바탕으로 왕권을 교회 권력으로부터 독립시키고 강화하려 하였다. 하지만 본질적으로 이기적일 수밖에 없는 인간이 안전을 위해 자신의 권리를 통치자에게 양도하더라도 통치자 역시 이기적이므로 다시 통치자와의 끝없는 투쟁이 발생할 수밖에 없다는 논리적 모순에 대해서 홉스는 납득할 만한 설명을 하지 않았다 (황경식, 2013, 220~223). 한편 왕당파로서는 주권이 시민에게서 나오고, 공권력은 자유와 안전을 지키기 위한 최소한의 것이 되어야 한다는 홉스의 주장을 받아들일 수가 없었다. 결국, 왕당파는 홉스의 이론을 거부하고 '왕권신수설王權神授說'을 자신들의 논리로 채택하였다. 하지만 홉스의 사회계약이론은 자신의 의도와 무관하게 근대국가의 성립 이론으로 발전하면서 후세에 큰 영향을 주었다.

---

3) 홉스가 국가의 기능과 구조를 설명하면서 마치 기계의 조립도처럼 묘사하거나 통치자의 거대한 모습을 수많은 개인으로 채워진 합성물로 그려서 『리바이어던』 표지에 실은 것이 바로 이런 이유에서다(박상훈, 2020, 191).

2. 수신제가-치국평천하

중국은 문서 및 계약문화가 매우 발달한 국가이다. 어떤 왕조건 촘촘한 행정관리를 최우선시했기 때문에 관료주의의 과잉을 걱정할 정도로 행정 서식이 중시되었다. 국가에서 발행하는 공문서는 반드시 봉인해야 했고, 봉인에 필요한 점토와 관인官印에 관한 규정도 매우 엄격하였다. 그뿐만 아니라 출토된 서주西周의 청동기나 진대秦代 죽간竹簡을 보면 인민人民4)에 대한 통제가 놀라울 만큼 치밀하였음을 알 수 있다.

토지도 반드시 구매계약 문서가 있어야만 그 소유권을 인정받을 수 있었다. 그래서 아무도 살지 않는 황무지를 새로 개간하여 경작지를 만들 경우, 토지신으로부터 구매하는 형식의 매매계약서를 작성하였다. 결혼도 매매혼의 형태를 취하는 경우가 많았고, 첩을 얻을 때도 반드시 계약서를 작성해야만 했다. 심지어 전란기에도 예외가 없을 정도였다.

집안에 좋지 않은 일이 있거나 잘못을 저지를 경우, 또는 원한을 산 일이 있으면 이를 풀기 위해 절이나 도관에 가서 제사를 지내주는데, 제사를 마치면 도사가 원귀를 위해 특정인이 제사를 지내주었음을 증명함과 동시에 원한을 풀고 더 이상 나타

---

4) 인人은 서 있는 사람의 옆모습을 본뜬 亻(인)에서 변형된 글자로서 본래 읍성 안에 거주하는 지배자(국인國人)를 가리킨다. 민民은 '눈'을 뜻하는 목目과 '뾰족한 무기'를 뜻하는 十으로 이루어져 뾰족한 무기로 눈을 찌르는 모습을 그린 글자이다. 한쪽 눈을 잃어서 저항하지 못하고 잡혀 온 노예, 피지배자를 가리킨다. 그래서 인민人民은 지배자와 피지배자를 포함한 모든 사람을 뜻한다. 사회주의 국가에서 주로 사용하여 낯선 용어가 되었지만, 국민보다 인민이 적절할 경우 굳이 사용을 피할 필요는 없다고 생각한다.

나서는 안 된다는 부적을 써주는데, 거기에 반드시 제사 신청인의 성명과 주소는 물론 제사를 주관한 도관의 신명神冥이 명기되어야 하며, 부적에 법인法印을 찍어 그 효력을 문서상으로 보증해주었다. 법인의 모양과 크기는 신격神格에 따라 다르지만 대체로 관인官印과 유사하였다.

　이처럼 종교 행위조차 문서를 통해 입증했던 중국인이었지만 정치적 계약이나 사회계약에 대해서는 상상도 하지 못하였다. 가족이라기보다는 종친에 가까운 대규모 혈연집단이 생활의 뿌리였기 때문에 수신↔제가↔치국↔평천하로 이어지는 논리 구조 속에 사회란 공간은 존재할 곳이 없었다. 제가와 치국이 직접 연결되는 구조였기에 국가nation는 확대된 가家의 성격을 지닌다. 그래서 국가의 운영원리와 가족의 운영원리가 동일하게 효孝였다. 한漢의 황제 시호에 모두 효를 붙여 한 무제의 정식 명칭이 효무제孝武帝(前156?~87)였고, 중국에 모두 4명의 효무제가 있는 것이 바로 이런 까닭이다.

　이는 우리나라와 일본 모두 마찬가지였다. 그래서 society를 번역할 때 적당한 단어가 없어서 가장 애를 먹었다. 수많은 시도와 오역 끝에 society를 사회社會라고 번역하였는데, 사社는 마을 공동체의 토지신을 뜻하는 글자였으니 사회란 특정 혈연집단이 아니라 마을 공동체를 위해 모인 모임을 뜻한다. society의 본래 뜻과는 상당한 거리가 있지만 그래도 가장 그럴듯한 번역으로 칭찬받는다. 그것은 사회에 대한 개념이 전혀 없었던 당시 동아시아의 상황을 고려하면 거의 무에서 유를 창조한 것과 같기 때문이다.

3. 로크의 노동소유설

로크John Locke(1632~1704)가 생각한 자연 상태는 홉스와는 정반대였다. 로크는 국가가 생기기 이전의 자연 상태는 완전한 자유와 평등의 세상이라고 생각하였다. 로크는

> 자연 상태는 자연법의 테두리 안에서 스스로 적당하다고 생각하는 바에 따라서 자신의 행동을 규율하고 자신의 소유물과 인신人身을 처분할 수 있는 완전한 자유의 상태이다. 그것은 또한 평등의 상태이기도 한데, 거기서 모든 권력과 권한은 호혜적이며, 무릇 누구도 다른 사람보다 더 많이 가지지 않는다(로크, 2009, 11).

고 주장하였다.

따라서 생명의 안전과 신체적 자유 등을 위해 자신의 권력 일부를 정부에 양도하면서 사회계약이 체결되었지만, 그 계약은 평등하다기보다는 재산권자와 관리자의 계약에 가까운 것이라며 일체의 권리를 양도해야 한다는 홉스의 견해를 반박하였다. 또 자연법이 현실 문제 해결을 위한 이성일 뿐 아니라 내면적인 양심에 대해서도 구속력을 지니고 있다고 주장함으로써 정부에 대한 국민의 권리 위임이 현실적·도덕적인 두 가지 측면에서 구속력을 지닌다고 생각하였다(황경식, 2013, 225~226).

그런데 로크의 사회계약론에서 가장 두드러진 점은 재산권에 대한 그의 생각이다. 신은 인간에게 땅을 공유물로 주면서 그것을 이용할 수 있는 이성을 주었기 때문에 자연 상태의 땅은 누구도 소유권을 주장할 수 없다. 자연 상태에서 유일한 사적 소유

물은 자신의 몸 밖에 없는데, 자신이 직접 노동을 통해 경작지를 만들고 농사짓는다면 수확한 곡물에 대해서는 배타적인 소유권을 인정하는 것이 정당하다고 생각하였다. 로크는 토지 생산물의 99%가 노동의 산물이라며 노동의 비중을 중시하였고, 노동이 바로 소유권의 원천이라고 강조하였다.

로크는 스스로 농사지을 수 있는 범위, 소비 가능한 범위로 소유권을 제한할 필요가 있다고 하면서도 "신은 세상을 근면하고 합리적인 자들이 사용하도록 주었다"면서 초과 노동을 통해 부를 축적하는 사람을 근면하고 합리적인 사람이라고 긍정하였다. 로크는 인구증가와 수요증대, 화폐 사용으로 토지가 부족해져서 소유권에 대한 배타적 합의와 협정을 맺게 되었다고 인정하고, 나아가 삶의 조건 때문에 사유재산의 발생은 필연적이며, 화폐의 교환 및 저축기능 등에 따른 빈부격차도 긍정하였다(이상 로크, 2009, 33~41, 46, 49~54).

자연에 노동을 투여하여 부가가치를 창출함으로써 비로소 소유물이 발생한다는 로크의 '노동소유설'은 누구나 자신의 신체와 노동에 대한 소유권을 갖고 있고, 노동으로 소유권을 갖게 된 사람들이 서로 자유롭고 평등한 관계를 만들며, 이들이 자신들의 자연권인 자유·평등·재산권을 지키기 위해 상호 동의를 거쳐 공동사회를 만들고 특정인에게 정치 권력을 맡겨 정부를 만들었다는 논리로 발전하였다.

이는 다시 자유노동을 통해 이룩한 재산을 보호하기 위한 사회계약의 결과물이 국가이므로 국가권력은 국민이 신탁信託한 소임만 수행할 수 있도록 제한되어야 한다는 주장으로 이어진다. 그리고 나아가 임금을 주고 노동을 구매하면 노동자가 만든 생산물의 소유권까지도 배타적으로 소유할 수 있다는 논리로 확대되었다.

물론 세상은 로크의 생각처럼 단순하게 구성되고 운영되지 않는다. 노동도 개인의 노동력 외에 가축과 도구, 물레방아 등 다양한 요소가 있고, 농업의 부가가치와 상업의 부가가치가 현격한 차이를 갖고 있다는 점도 고려해야 한다. 그러나 로크가 활동하던 시기는 자본주의가 본격화되기 이전이었고, 소유권 개념을 정립한 것도 국왕의 자의적 수탈을 방지하기 위한 이론의 필요성 때문이었다.

로크는 이론적인 자유권이 현실에서 재산권으로 구체화된다고 정리함으로써 자유권과 소유권을 자유주의의 핵심으로 만들었다.[5] 재산권은 후에 자유주의자 로텍Carl von Rotteck(1775~1840)에 의해 '인격권'으로 표현되기도 하였다. 현행 헌법에서 사유재산권 보장을 기본권의 핵심 항목으로 규정함은 물론 그 범주를 민법보다 더 포괄적으로 설정한 것도 이 같은 논리에서 비롯되었다(강희원, 2011a, 309).

4. 그로티우스의 자연법과 푸펜도르프의 '사회성'

그로티우스는 극도의 증오와 살육으로 점철된 종교전쟁을 체

---

[5] 로크가 설계한 입헌국가 모델과 권력분립, 사유재산권 등은 민주주의 발전에 크게 공헌하였지만, 그의 저서에는 인클로저운동 등 당시 영국 민중의 어려운 삶에 거의 관심을 보이지 않았다는 점에서 새로운 민주주의를 지향하기보다는 기존의 성과를 정리하는 측면이 강하다는 비판도 있다(정태욱, 1994, 112~113).

험하면서 교회의 명령인 신정법神定法 대신 올바른 이성의 명령인 자연법을 따라야 한다고 생각하였다. 그로티우스는 "자연법은 신이라 할지라도 바꿀 수 없는 불변의 것"이라며 자연법을 종교적 권위에서 독립시켰고, 더 평화롭고 조직화한 사회를 이루려는 사회적 본성이야말로 법의 주요 원천이라고 보았다. 그로티우스는 신의信義의 준수야말로 모든 법과 질서의 기초임을 거듭 천명하면서 신의칙信義則은 신과의 약속에도 적용되는 그야말로 자연법의 규약이라고 강조하였다. 이렇게 그로티우스는 자연법을 인간의 사회적 본성에 합치되는 공동생활의 법칙이라고 함으로써 국가가 사람들의 사회성에 근거해 성립되었다고 설명하였다(곽차섭, 1996, 182~190).

'30년전쟁'이란 이름을 처음 붙인 푸펜도르프Samuel von Pufendorf(1632~1694)도 전쟁의 참상을 겪은 뒤 안정된 국가를 건설하기 위해서는 종교의 한계를 뛰어넘는 보편적 규범이 필요하다고 생각하였다. 푸펜도르프는 자연 상태의 인간은 자기 이익을 최우선시한다는 홉스의 견해를 받아들이면서도 그로티우스가 지적한 인간의 이성과 사회성에 주목하여 사람들은 단순한 안전을 넘어 더 나은 삶을 위해 국가를 만들었다고 간주하였다.

푸펜도르프는 사회적 존재인 인간은 불평등한 국가가 출현하기 이전부터 이미 소규모 집단이나 공동체를 만들었고, 그들 사이에 갈등은 있었지만, 그 정도는 홉스가 말한 것처럼 심각하지는 않았을 것이라고 보았다. 또 사회적 관계를 지속하는 데 꼭 필요한 절제는 이성에 의해서만 통제가 가능하다며 이성에 기초한 사회성의 추구를 자연법의 제1원칙으로 파악하였다. 푸펜도르프는 홉스의 자기보존과 그로티우스의 사회성이 서로 배타적이지 않으며, 자기보존을 위해 사회성을 적극적으로 개발할 필요가 있고, 사회구성원의 의지는 계약을 통해 얼마든지 결집할 수 있다며 개인의 의지와 자유를 중시하였다.

이렇게 결합계약에 의해 사회가 이루어지고 정치체제가 선택되면, 다시 지배복종계약을 통해 통치자를 선택하게 된다. 푸펜도르프는 국가란 이런 이중계약으로 형성되며, 그 과정에서 생긴 의무는 쌍무적이지만 군주는 공공선을 행해야 한다는 도덕적 의무만 가질 뿐이라고 하였다. 푸펜도르프는 인민의 저항은 국가만 파괴할 뿐이라며 인정하지 않았는데, 그런 한계에도 불구하고 자연법과 만민법에 관한 그의 이론은 유럽을 풍미하며 큰 영향력을 행사하였다(이상 성중모, 2014, 228~233; 김준석, 2018, 1, 4~9).[6]

5. 자연법과 계몽주의의 결합

이렇게 이성에 바탕을 둔 자연법사상은 사유의 형식으로는 위대한 성취였지만 법학 실무에 큰 영향을 주지는 못하였다. 자연법이 법학에 실질적인 영향을 주려면 국가권력에 의한 법전의 편찬이 필수적이었다. 법전 편찬을 가능하게 해준 동력은 바로 계몽주의였다.

'빛'을 뜻하는 프랑스어 '뤼미에르Lumières'는 18세기 후반, 프

---

[6] 푸펜도르프의 자연법과 만민법에 관한 이론 체계를 대표하는 저서는 『자연법과 만민법』(1660)이며, 또 다른 저서인 『인간과 시민의 의무에 관하여』(1673)는 프랑스의 「인간과 시민의 권리선언」에 결정적인 사상적 토대를 제공하고 나아가 미국 독립에도 영향을 주었다(성중모, 2014, 231).

랑스를 중심으로 유럽 전역을 석권했던 새로운 문화적·지적 사조를 말한다. 종교적이고 봉건적인 전근대사회의 권위와 특권, 압제와 차별, 전통과 관습, 편견과 미신 등을 타파해야 할 어둠으로 보고 이성의 빛으로 어둠을 밝히려는 다양하고 열광적인 지적 흐름을 모두 포함한다. 어리석음을 깨우쳐준다는 뜻의 '계몽啓蒙주의'[7]는 일본에서 만든 뤼미에르의 번역어이다.

칸트Immanuel Kant(1724~1804)가 「계몽주의란 무엇인가에 대한 답변」(1784)을 쓰면서 인용한 로마의 시인 호라티우스Quintus Horatius Flaccus(前65~前8)의 시구 'Aude Sapere(과감하게 알려고 하라)!'는 계몽주의를 대표하는 표어다. 칸트는

> 계몽이란 인간 스스로 초래한 자신의 미성년 상태로부터 탈출하는 것이다. …… 미성년 상태에 머물러 있는 것은 그 자신의 잘못이다, 왜냐하면 이 상태에 있는 원인은 오성悟性의 결여가 아니라 오히려 타인의 지도가 없어도 자기 자신의 오성을 감히 사용하려고 하는 결의와 용기를 결여한 데 있기 때문이다.

라며 이성에 대한 믿음과 용기를 강조하였다(이상 성중모, 2014, 225, 238에서 재인용).

이성의 빛으로 기존의 모든 것을 새롭게 평가하고 잘못된 것을 가차 없이 타파해야 한다는 계몽주의는 부르주아의 시민의식과 과학기술 진보를 그 배경으로 하고 있어 자본주의가 가장 발달한 영국에서 시작하여 중세의 모순이 집약된 프랑스로 옮겨

---

[7] 계啓는 문戶+두드리다攵+부르다口로서 '문을 두드려 사람을 불러서 문을 열게 한다'는 뜻이고, 몽蒙은 풀卄+우리冖+덮개一+돼지豕로서 '돼지우리에 풀로 덮개를 씌우다'→덮개를 씌워서 어둡다→어리석다는 뜻이다.

만개한 뒤 독일로 전해졌다. 영국의 로크 · 흄David Hume(1711~1776) · 아담 스미스Adam Smith(1723~1790), 프랑스의 몽테스키외Montesquieu(1689~1755) · 볼테르Voltaire(1694~1778) · 루소Jean Jacques Rousseau(1712~1778), 독일의 라이프니츠Gottfried Wilhelm Leibniz(1646~1716) · 볼프Christian Wolff(1679~1754) · 칸트 등이 대표적인 인물이다.

이들이 가장 먼저 비판한 것은 당연히 기존의 종교와 정치였다. 이들은 이신론理神論적 입장에서 신앙의 자유와 종교적 관용, 교권의 해체를 요구했으며, 자연법에 근거한 계약론을 내세워 기본권과 저항권을 주장함으로써 미국의 독립(1776), 프랑스대혁명(1789) 등 근대의 문을 여는 데 성공하였다. 이렇게 계몽주의는 비판 정신을 통해 기존가치를 검증하고 극복하는 인식론을 확립하고 인간과 사회 발전에 대한 신뢰를 실천으로 보여주었다는 점에서 지금까지도 큰 영향을 주고 있지만, 부르주아를 위한 사상이란 본질적인 한계를 안고 있기도 하다.

또 영국 · 프랑스와 달리 오랫동안 300여 봉건영주에 의해 분열되어 있던 독일은 계몽주의를 통한 근대화를 추진하기에 시민사회의 역량이 부족하였다. 그래서 독일의 계몽주의는 시민혁명이 아닌, 현명한 계몽군주에 의한 위로부터의 개혁을 통해 근대국가를 건설하는 방향으로 진행되었다. 계몽주의에는 묘한 역설이 존재한다. 계몽주의는 모든 사고와 행위가 합리적이어야 한다고 강조하는데, 이는 역설적으로 합리적 규율을 이용해 사회를 통제하는 행위 규범으로 작동될 수 있다.

특히 주체적 판단에 바탕을 둔 내면적 기율의 제고는 단순 강제를 통한 외면적 기율보다 사회를 훨씬 발전시킬 수 있기 때문에 조속한 부국강병을 꿈꾸는 합리적인 군주들에게 매력적으로 다가설 수 있었다. 프랑스인 볼테르와 디드로Denis Diderot(1713~1784)가 각각 프로이센의 프리드리히Friedrich 대왕(1712~1786)과 러시아의 예카테리나Ekaterina 2세(1729~1796)에게 계몽주의가 가장 효율적인 통치시스템이라고 설득하는 데 성공하였고, 양국은 커다란 발전을 이룩함으로써 계몽주의가 근대화의 훌륭한 도구임을 입증하였다.

한편 계몽주의의 영향으로 합리적 비판력을 갖춘 사람들이 늘어가면서 더는 권위에 대한 맹목적인 복종을 요구하기 힘들게 되었다. 이성은 합리성이란 명분을 내세워 왕권은 물론 가부장권을 해체하기 시작했고, 기존의 종친 또는 대가족 중심의 사회는 점차 부부 중심의 가족으로 전이되면서 privacy라는 새로운 공간이 출현하기 시작하였다(이상 성중모, 2014, 240~241). 한편 계몽주의의 지나친 이성 추구는 감성에 대한 경시와 결핍을 낳고 때로는 감성을 억압하기까지 했다, 이에 대한 반발로 인간 본연의 감정을 중시하는 '질풍노도운동'이 나오기도 하였다.

6. 도덕과 법의 분리

영국과 프랑스보다 후발주자였던 독일 계몽주의는 박학다식한 백과전서적 학자였던 라이프니츠를 필두로 토마지우스Christian Thomasius(1655~1728), 그리고 독일어로 이루어진 철학 체계를 창시한 볼프에 의해 본격적으로 시작되었다.

법은 도덕의 일부이므로 윤리학의 범주에 속한다는 그리스적인 전통, 도덕은 교회법 안에 포함되어 있다는 기독교적 전통이 혼재해 내려오던 유럽에서 법과 도덕을 구분하기 위한 이론적 모색을 추구한 선구적인 학자가 바로 토마지우스였다. 토마지우스는 도덕은 내면적이고 자발적이나 법은 외면적이고 강제적이라고 구분하였다. 토마지우스의 이런 생각은 이후 도덕과 법의 본질과 차이에 대한 다양한 논의를 불러일으켰다. 또 토마지우스는 서민들의 생활용어로만 쓰던 독일어를 이용해 대학에서 강의한 최초의 학자이며, 마녀의 존재를 전면 부인하는 저서 『마법의 죄』를 발간하여 마녀사냥의 오랜 악습을 종식하기도 하였다.

뉴턴Isaac Newton(1642~1727)이 미적분법을 발견해 연속운동에 대한 문제 원리를 해결함으로써 우주를 간결한 물리적 운동의 대상으로 만들어 과학으로 기독교적 세계관을 대신하게 하였는데, 거의 같은 시기에 라이프니츠도 독자적으로 미적분법을 발견하였다. 다만 뉴턴이 수학을 물리적 문제를 해결하기 위한 도구로 생각한 것과 달리 라이프니츠는 인간의 사유를 합리적으로 표현하는 '보편 수학'이라는 철학적 바탕 위에서 미적분법을 정립하였다. 또 라이프니츠는 예수회 선교사를 만나 중국의 학문 숭상의 전통과 과거科擧제도에 대하여 듣고 중국이 플라톤Plato(前428?~348?)의 철인정치를 실행하고 있다고 주장하기도 하였다.

볼프는 라이프니츠의 뒤를 이어 계몽주의 철학을 체계화하고, 논문 용어를 라틴어 대신 독일어로 옮겼으며, 다양한 분류법과 놀라울 정도로 많은 저술을 남겨 커다란 사회적 영향력을 행사하였다. 한때 공자孔子(前551~479)를 격찬하였다가 국외추방 되었지만, 오히려 그 일로 독일에 공자 열풍이 불기도 하였다.

라이프니츠의 영향을 많이 받은 볼프는 라이프니츠처럼 매우 다양한 분야에서 활동하며 백과전서파의 성립에 지대한 영향을 주었다. 당시 프랑스의 백과전서파는 7만여 개 항목에 달하는 다양한 내용을 수록하면서 단순한 지식 전달을 넘어 계몽주의의 첨병 역할을 훌륭히 수행하였다. 당시 유럽의 지식인은 라틴어와 불어를 공통의 언어로 사용하였기에 서신 교환이 활발했고, 살롱과 클럽, 결사를 통해 계몽주의를 확산시킬 수 있었다. 볼프의 자연법은 유럽의 3대 자연법 법전인 『프로이센 일반국법』, 오스트리아 『일반민법전』, 프랑스 『민법전』에 각각 큰 영향을 주었다.

|제3절| 법전의 편찬: 민법전과 기본권의 탄생

1. 국가와의 계약 요건

홉스에 의하면 자연 상태에서는 약육강식의 분쟁과 갈등을 피할 수 없으므로 개인의 생명과 재산을 보호하기 위한 상호 계약으로 출현한 것이 바로 국가다. 여기에 국가란 개인의 생명·재산·안전을 보호할 정도면 충분하다는 로크의 견해가 더해지면서 국가란 자연 상태에서 위협받던 개인의 자유를 보장해주는 정도를 목적으로 하는 것이 타당하며, 이 목적을 위배하는 국가의 활동은 사회계약을 위배한 것임과 동시에 위법하다는 논리가 성립된다(강희원, 2011a, 307~308).

홉스와 로크의 사회계약론의 전제조건은 객관적으로 검증된 것이 아니라 각자의 추론에 근거한 것일 뿐이며, 다른 사회계약론 역시 때로는 신탁의 영역에 속하는 전제들 위에서 논지를 전개하고 있다. 그래서 법과 정의는 매우 객관적인 것처럼 보이지만 법질서를 정초하는 일은 과학적 원리가 아니라 종교적 특성에 기초하는 경우가 더 많다(쉬피오, 2015, 239~240).

아무튼, 이들의 논리에 따르면 가장 바람직한 국가란 각 개인의 자유의사를 최대한 존중하는 자유방임적인 국가이다. 또 국가란 개인의 안녕과 권리 보호를 위해 사회계약으로 성립된 개개 구성원의 결사체일 뿐이므로 국가 의지는 국가를 구성하는 개인

의지의 총합일 따름이다. 이런 생각은 자유주의와 개인주의 사조에 큰 영향을 주어 종교로부터 자유로운 세속주의, 이성 중심의 사회 건설을 위한 공리주의적 계약을 가능하게 하였다.

이렇게 합리적 이성을 갖춘 대등한 개인의 자유의사에 의한 계약을 사회관계 형성의 유일하고 절대적인 근거로 삼는 사회를 근대적 시민사회라고 간주하였기 때문에 자유야말로 시민사회의 근본원리였고, 모든 외적 강제는 배제하여야 한다고 간주되었다. 개인 간의 관계를 규정하는 민법이 모든 법의 중심이 된 것은 바로 이런 논리에서 나온 자연스러운 결과였다(강희원, 2011a, 175~176, 303).

2. 부르주아 권력의 정당화

법제의 지속 가능성은 그 사회의 구체적 존재 조건과 그 사회를 특징짓는 규범적 이상을 결합할 수 있는 능력에 달려 있다. 즉, 그 존재와 당위를 연결하고, 그 양자가 상호 지지하는 역동성을 소통시킬 수 있는 능력이 중요하다. 이처럼 법이라는 옷감에는 사회가 직면하고 있는 것, 사회가 꿈꾸는 것, 사회가 두려워하는 것들이 동시에 물들어 있다고 할 수 있다(쉬피오, 2015, 250~251).

그렇다면 근대라는 시대적 조건과 규범적 이상을 묶어서 법으로 만들 수 있던 주체는 누구였을까? 그것은 부르주아였다. 부르주아는 프랑스대혁명을 통해 오랫동안 정당한 것으로 인식되어 온 국왕과 교회의 봉건적 질서를 무너뜨리고 새롭게 권력을 장악하였다. 부르주아는 제3신분이었던 자신들의 지배 권력을 정당한 것으로 합리화해야 했는데, 이들은 더는 종교를 정권 정당화 수단으로 활용할 수 없음은 물론이고 기존의 종교보다 더 합리적인 논리를 갖추어야 한다고 생각하였다. 그래서 국왕과 교회의 억압이 없던 과거의 모습이 어떠했을까에 대하여 고심하고 국가란 국민의 자발적 동의를 통해 성립된 일종의 공정계약의 산물이라는 새로운 관점을 제시한 계몽주의 학자들의 견해에 주목하였다.

계몽주의 학자들은 자의적으로 권력을 행사했던 봉건 군주국가와 달리 '법의 지배'를 구조화한 근대국가 모델을 제시하였다. 또 자신이 제정한 법률의 정당성을 보장하기 위해 국왕이 교회를 동원해서 강조했던 '신의 의지' 대신 인간의 이성을 강조함으로써 시민사회의 역량으로 교회 권력을 대체할 수 있게 하였다.

프랑스대혁명으로 대표되는 시민혁명은 인간은 태어나면서부터 양도할 수 없는 불가침의 권리를 가진다는 자연권, 이런 자연권을 보장하기 위해 구성원의 동의와 약속에 기초해 정부가 만들어졌다는 사회계약설, 그리고 인간의 이성으로 불합리한 관행과 제도를 타파하고 사회를 진보시킬 수 있다는 계몽사상을 기초로 혁명을 정당화하였다.

이처럼 각 개인이 지닌 천부적 권한(=자연권·기본권)을 보호하기 위한 수단으로 국가가 성립하였다는 새로운 정권 합법화 이론은 근대국가 성립의 기본 요건으로 널리 인정되었다. 국민의 동의에 근거한 법적 지배라는 형식요건은 정권의 정당성을 가늠하는 최소한의 보편적 기준이 되었다. 강자가 약자를 지배하기 위해 권력이란 공개적 폭력에 의존했던 기존의 국가를 기본권이라는 명목하에 양자가 공존할 수 있는 선량한 법적 도구로 승화시킨 것은 근대 유럽의 위대한 착상이었다(강희원, 2011b, 195).

하지만 자연법과 계몽주의의 밀월은 그렇게 달콤할 수만은 없었다. 부르주아는 봉건주의 타파를 위해 자연법을 자랑스럽게 내세웠지만, 한편으로는 자연법이 기득권이 된 자신들의 문제점을 비판하는 도구가 될 수 있음을 잘 알고 있었기 때문이다. 부르주아는 자연법이 자신들이 수립한 권력과 실정법에 정당성을 부여해주고, 그렇게 정당성을 인정받은 실정법 내에서 자신들의 통치 질서가 최대한 안정되길 바랐다.

3. 프로이센의 형사사법 개혁

프로이센은 계몽주의의 후발주자였지만 정작 법전 편찬은 영국과 프랑스를 앞질렀다. 여기에는 계몽주의에 이해가 깊은 젊은 국왕 프리드리히 대왕이 있었다. 영국과 프랑스에서는 학자들이 계몽주의를 주장한 데 비해 프로이센처럼 강력한 절대주의 국가에서 국왕이 직접 계몽주의를 실천한 것은 프로이센의 행운이었다.

대왕은 즉위하던 해 「반反마키아벨리론」(1740)을 저술하여 군림하지 않고 봉사하는 군주의 역할을 강조하였고, 고문拷問을 폐지하였다. 또 국왕의 사법권을 계몽주의적 합리성에 기초하여 행사하였으며, 1743년부터 강도살인 등을 제외한 범죄는 기본적으로 사형에서 제외하여 주었다. 또 당시 사형수에는 경제적 이유로 영아살해를 범한 산모들이 많았다. 이에 대하여 프리드리히 대왕은 처벌보다는 예방에 주력하여 과도한 처벌을 폐지하는 한편 사생아의 분만과 육아를 위한 시설을 각지에 설립하였다.[8)]

매사에 합리적인 설명을 요구하는 계몽주의자들은 잔혹한 형벌이나 고문을 해야 하는 타당한 근거를 요구하며 형벌권의 남용에 대하여 강하게 반대하였다. 몽테스키외는 『법의 정신』에서 정부의 유형을 군주정와 공화정으로 나누고, 명예를 중시해야 하는 군주정이 귀족의 견제를 무시하고 타락하면 전제정專制政이 되는데, 전제정의 운영원리가 바로 '공포'라며, 가혹한 형벌을 통한 공포의 조장은 타락한 정치체제에만 부합할 뿐 합법적 정치체제에는 적합하지 않다고 강조하였다.[9)]

계몽주의자들은 시민들이 야만적 형벌에 익숙하게 되면 심성이 야만스러워지고 문명이 쇠퇴하므로 문명화된 사회에는 온건한 형벌이 적합하다며 과도한 형벌에 대하여 반대하였다. 이들이 사형을 적용해도 좋다고 인정한 범죄는 시민의 안전을 침해하는 범죄뿐이었다. 또 계몽주의자들은 종교 범죄에 국가의 형벌권을 발동하는 것은 세속적 근거가 없다며 강력한 반대 의사를 표하였다. 이는 계몽주의자 대다수가 이신론자理神論者였던 것과 무관하지 않았는데, 이들의 노력으로 오랫동안 내려온 자살자 처벌에

---

8) 프리드리히 대왕은 즉위 직후, 영아살해를 범한 산모에게 가죽 부대를 꿰매게 시킨 뒤 그 안에 넣어서 익살시키는 '피대皮袋익살형'과 사생아를 낳은 여자에 대한 불명예형인 '공개참회형'을 폐지하였다. 그리고 1765년에는 미혼모에게 내려진 '창부형娼婦刑'――종종 낙태나 영아살해의 원인이 되었던――도 폐지하였다(성종모, 2014, 243).

9) 프리드리히 대왕이 고문을 폐지한 것이 1740년이고, 몽테스키외가 『법의 정신』을 출판한 것이 1748년이니 대왕의 정책이 매우 선구적이었음을 알 수 있다(성종모, 2014, 242).

관한 법도 폐지되었다.10)

국가형벌권의 근원과 그 범위에 대한 계몽주의자들의 논거는 베카리아Cesare Marquis Beccaria Bonesana(1738~1794)의 『범죄와 형벌』(1764)을 통해 최종 정리되었다. 베카리아는 사회계약을 체결할 때 자유나 권리 일부만 통치자에게 위임하였으므로 국가형벌권의 범위도 위임한 자유와 권리에 국한되어야 하며, 특히 생명을 양도하거나 위임한 일이 없으므로 통치자에 의한 사형은 허용될 수 없다고 주장하였다.

공리주의자인 베카리아는 형벌은 범죄로 얻은 이익보다 많으면 족하고, 범죄에 대한 가장 강력한 억제력은 지속성이므로 사형보다는 종신노역형終身勞役刑이 공공의 선을 증진하는데 가장 좋은 처벌이라고 주장하였다. 그리고 수사권과 판결권을 독점하는 규문糾問소송은 피고인에게 일방적으로 불리하고, 특히 고문의 위험성이 있다며 형사 절차의 개혁을 강하게 주장하였다.11)

이런 노력이 많은 한계를 안고 있기도 했지만, 자연법론이 착수한 형법의 세속화는 국가이성과 결합한 계몽주의에 의하여 완성되었다. 사형 및 고통형에서 자유형으로 전환하게끔 하였고, 사생아와 자살 등 민중의 심성에 내재하여 있던 기독교 윤리를 합

---

10) 중세 유럽에서 자살은 신이 부여한 삶을 거부하는 범법행위로 간주하여 자살할 경우, 부활하지 못하도록 만든다며 시신을 거꾸로 매달거나 말뚝을 박았고, 얼굴이 땅을 향하도록 엎어서 매장하였다. 또 자살자 유가족 재산을 벌금으로 몰수하였다.
11) 볼테르는 베카리아의 『범죄와 형벌』을 '인권장전'이라고 격찬하였고, 벤담Jeremy Bentham(1748~1832)의 '최대다수, 최대행복'이란 말도 이 책에서 유래한 것이다. 그 밖에도 죄형법정주의, 죄형균형론, 법률의 명확성, 형벌의 신속성과 확실성, 사형제도와 사면제도의 반대 등이 제시되어 있다.

리적인 법률로 대치하게 하였다. 또 범법자는 일단 격리한 뒤 기율과 노동의 습관을 체득시켜 시민사회의 정상적인 구성원으로 되돌리는 것에 형벌체계의 초점이 맞춰지도록 만들었다. 이렇게 하여 형사사법 시스템은 점차 근대적 형태를 갖추게 되었다(이상 성종모, 2014, 242~246).

4. 『프로이센 일반국법』의 편찬

계몽주의가 인간의 자유와 권리를 주장하면서도 그 자유와 권리를 유지할 수 있는 부르주아적 근대국가를 지향한 것이 법치국가로 나아갈 수밖에 없게 한 중요한 동력이었다. 이런 과제를 가장 먼저 실행에 옮긴 이는 프로이센의 프리드리히 대왕이었고, 가장 체계적이며 포괄적으로 완성한 이는 프랑스의 나폴레옹Napoléon Bonaparte(1769~1821)이었다. 나폴레옹은 당시 프랑스에 충만한 혁명 이념을 자신의 권위에 의지해 일원적·체계적으로 정착시키기 위한 수단으로 법전 편찬에 나섰다.

프로이센과 프랑스 모두 계몽주의의 이성에 기반하면서도 절대주의적 지배에 부합한 형식을 추구하였다. 『프로이센 일반국법』의 실제 기초자인 수바레즈Carl Gottlieb Svarez(1746~1798)은 '어떤 입법권도 자연법을 침해할 수 없으나 출생으로 성립하는 권리의 구분은 자연법이 아니라 오직 국가의 실정법에 근거한다'고 하여 계몽적·진보적 성격과 함께 계몽전제군주제를 유지하기 위한 보수성도 함께 유지하였다. 이런 전제하에서 편찬자들은 법전이 시민사회를 더욱 계몽하고 행위 규범으로 정착해서 사회를 더 기율적으로 만드는 데 유용하게 쓰이길 원하였다.
　그렇게 하려면 법전은 일관성과 체계성을 갖추되 일반 시민이 이해할 수 있는 수준을 유지해야 했다. 그래서 법문은 라틴어가 아닌 모국어로 간결하게 서술되어야 했고, 시민으로서는 법전을 이해할 수 있을 정도의 교양을 갖춰야 했다. 이를 위해 전국에 표준어를 보급하고 일정 수준의 교육을 받은 식자층을 증가시키는 일도 병행해야 했다.
　프리드리히 대왕은 선친 때부터 추진해 온 법전 편찬 계획을 이어받아 자연법 학자였던 콕체이Samuel Freiherr von Cocceji(1679~1755)에게 편찬을 맡겼다. 콕체이는 1748년부터 『프리드리히 통일민사소송법』을 완성하고, 이어서 『프리드리히 대전』 편찬에 착수하였다. 콕체이는 계몽주의와 프로이센 국제國制에 기반을 두고 로마법 체계에 따라 제1부 총론과 인법人法(1749), 제2부 물법物法(1751)을 완성시켰는데(제3부 채무법과 형법은 미완), 그 내용의 우수함에도 불구하고 라틴어가 다량 사용되어 보급에 장애가 되었다. 『프로이센 일반국전』의 초안은 1786년에 완성되었으며, 이후 오랜 수정 작업을 거쳐 1794년에 『프로이센 일반국법』으로 시행되었다.
　『프로이센 일반국법』은 푸펜도르프의 자연법적 체계에 기반을 두고 공법과 사법을 분리하지 않았고 19,000조에 이르는 방대한 법전에 계몽절대주의에서 추구하는 국가상과 사회상을 남김없이 담았다(이상 정태욱, 1994, 111; 성중모, 2014, 248~251).

5. 프랑스 『민법전』 편찬

프랑스는 13세기 이래 보르도와 제네바를 동서로 잇는 선을 기준으로 프랑크족 관습법 중심의 북부 지역과 로마법 위주의 남부 성문법 지역으로 크게 나누어져 있었지만, 그 내부에는 훨씬 더 많은 민법이 통용되고 있었고, 거기에 결혼과 가정에 관한 교회법의 영향력까지 있어 법적 통일성이 취약하였다. 국토의 2/3를 차지하는 북부 관습법 지역은 1450~1510년 사이에 채록 작업과 학문적 주석을 거쳐 공통의 관습법으로 정리되었다.

이 공통 관습법은 로마법과 자연법에 박식한 법학자 포티에(Robert Joseph Pothier(1699~1772)의 손을 거쳐 정리되어 1750년경 프랑스 공통의 법전 편찬에 들어갈 수 있는 수준까지 재편집되었다. 그리고 대혁명 이후 입법의회는 혁명 과정에서 확립된 새로운 시대적 이념을 담은 법전 편찬을 의결하고(1790) 위원회를 발족시켰다. 위원회는 북부 관습법과 남부 성문법 전문가를 각각 2명씩 선발하여 시행 중이던 36개 법률을 통합한 초안을 작성하였고, 보완 작업을 거쳐 1804년에 『민법전』을 공포하였다.

『민법전』은 혁명을 통해 자리 잡은 새로운 이념을 포함한 총 2,281조로 이루어졌는데, 소유권 관련 조항이 1,569개나 될 정도로 재산권 보장에 각별하게 유의함으로써 사적소유권 절대의 원칙, 사적자치의 원칙(계약의 자유), 자기책임의 원칙(과실책임주의)이라는 민법의 3대 원칙을 수립하였다. 소유권 절대의 원칙 등은 자본주의 발전을 담보하는 가장 중요한 법적 기제로서 당시 귀족들에 의한 봉건제로의 회귀 시도를 법적으로 방지하였다. 법조문은 남녀 대신 시민 · 인간이란 용어를 사용하는 등 양성평등에 어긋난 용어를 배제하였고, 간결하면서도 평이하게 작성하여 일반 시민들이 비교적 쉽게 이해할 수 있도록 하였다.

나폴레옹은 『민법전』에 이어 『민사소송법전』(1806), 『상법전』(1807), 『치죄治罪법전』(1808), 『형법전』(1810) 등을 차례로 만들었지만, 후에 대부분 폐지되거나 크게 개정되어 본래의 모습을 유지하지 못하였다. 반면 『민법전』만은 그 뒤로 여러 차례 개정되었지만, 항목만 늘렸을 뿐 조목은 2개만 늘린 채 200년이 지난 지금까지 현행법으로 통용되고 있다. 『민법전』은 프랑스대혁명의 이념과 함께 세계 각국으로 보급되어 지금까지도 큰 영향을 미치고 있다(이상 성중모, 2014, 253~256).

6. 기본권의 탄생

인간은 태어나면서부터 자유롭고 평등한 인격, 자신의 행복을 추구할 권리를 가진다는 자연법사상은 인간성의 본질에 근거한 보편적 윤리와 타당성을 전제로 한 추상적 개념에서 출발하였다. '만일 신이 존재하지 않더라도'라는 명제를 전제로 자연법이 성립되다 보니 자연히 기본권의 이론적·사변적 중요성을 인정한다. 오늘날 존엄사·동성애·낙태·사회정의 등 많은 윤리적 문제에 관해 개인의 '자기결정권'을 중시하게 된 것도 이와 밀접한 관련이 있다.

또 기본권은 언제 어디서나 모든 이에게 동등한 것이어야 하고, 만약 그렇지 않으면 기본권이 아니라고 간주한다. 그래서 독단을 피하고 공동선을 보호하는 사회적 권위, 인간에 대한 존중등 항상 목적이며, 결코 수단이 될 수 없는 자명한 원칙인 자연법은 국가나 법률이 출현하기 전부터 존재해 온 것으로 상정想定되고, 실정법 존립에 대한 도덕적 근거이자 실정법 제정의 법적 절차와 내용상의 적합성을 가늠하는 보편적 기준으로 자리를 잡았다.

기본권·인권·자연권이라고 표현되는 자연법사상의 핵심은 종교와 국가의 부당한 간섭에 대항할 수 있는 자유권이다. 그래서 종교의 자유에 대한 권리가 역사적으로 인정된 최초의 기본권이었다. 종교의 자유는 곧 양심에 관한 자유이며, 나아가 출판과 표현의 자유, 집회 및 결사의 자유로 확대되었다(이상 한동일, 2019, 55, 75~79). 그래서 국가와 법률은 기본권을 보장하기 위한 사회계약의 결과 또는 수단에 불과하므로 최소한의 것이 바람직하며, 어떤 국가권력도 기본권을 침해할 수 없고, 부득이 침해할 경우, 엄격한 법적 절차와 제한 내에서 이루어져야만 한다는 것을 원칙으로 한다.

영국의 「권리장전」, 미국 「헌법」의 「권리장전」, 「인권선언」[12] 등에 잘 나타나 있는 기본권은 국왕과 교회의 자의적 압제에 대한 저항의 근거로 출발하여 미국의 독립전쟁을 비롯해 기존의 억압적 통치 질서에 대한 저항의 근거로 활용되었으며, 점차 계몽주의적·인문주의적 사상과 호응하며 확대되어 인간의 존엄을 핵심 가치로 하는 등 성장을 거듭하였고, 근대국가의 헌법을 통해 불가침의 기본적 인권으로 명시되었다.

---

12) 「세계인권선언」 제1조: "모든 사람은 태어날 때부터 자유롭고, 존엄하며, 평등하다. 모든 사람은 이성과 양심을 가지고 있으므로 서로에게 형제애의 정신으로 대해야 한다(국가인권위원회)."

우리 「헌법」도 제10조에서 "모든 국민은 인간으로서의 존엄과 가치를 가지며, 행복을 추구할 권리를 가진다. 국가는 개인이 가지는 불가침의 기본적 인권을 확인하고 이를 보장할 의무를 진다"고 하였고, 제37조 제1항에서 "국민의 자유나 권리는 헌법에 열거되지 않은 이유로 경시되지 아니한다"고 밝힘으로써 기본권이 전前국가적이고 초超국가적인 권리임을 인정하고 있다.

인간 존엄에 대한 이해와 공동체를 위한 배려가 기본권을 통해 법적으로 승화될 수 있었다는 점에서 기본권은 근대 유럽이 창안해 낸 최고의 가치개념이다. 또 수없이 많은 혁명과 투쟁, 희생과 헌신을 통해 얻어 낸 근대의 선물이라는 점에서 기본권은 국가권력을 정당화하는 원천이며, 국가의 기본질서를 이끄는 등불이다. 그래서 기본권 보장은 현대국가의 법질서에 있어서 출발점이자 종착점이라고 할 수 있다. 다만 기본권의 범주가 무엇이며, 서로 상충할 때의 우선순위가 무엇인지는 시대적 상황과 역사적 배경, 문화적 성숙도에 따라 다양할 수 있다(강희원, 2011 b, 195~196). 자연법은 과도한 법실증주의가 나치즘의 도구로 전락한 것에 대한 깊은 반성으로 더욱 중시되었다.

7. 자유권적 기본권

자유권은 한 사람 한 사람이 존중되어야 할 독립적이고 자유로운 개인임을 전제로 하며 개인의 존엄 · 존중 · 자립을 그 핵심으로 한다. 또 인간은 행복을 추구하는 존재이므로 자신의 의사에 따라 행동하고 사회관계를 형성해 갈 수 있어야 한다. 그러기 위해서는 내면적 자립성, 즉 사상과 양심의 자유, 종교의 자유 등 정신적 자유가 보장되어야 하며, 외면적 자립성, 즉 자립을 물질적으로 보장해주는 재산권과 직업선택의 자유가 있어야 한다.

또 사회의 일원으로서 사람들과 소통하고 함께 하기 위해서는 표현과 결사의 자유가 필요하며, 사회의 주체로 참여할 수 있고 자유권을 확보하는데 필요한 참정권과 함께 평등권이 필요하다. 평등권이란 모든 인간은 예외 없이 자유를 향유할 수 있는 존재라는 점에서의 평등을 말한다.

정신적 자유는 정치적 동물zoon politikon인 인간의 본원적 욕구를 보장하는 것임과 동시에 사회적 관계와 정치적 관계를 형성해 가는 민주주의의 요구에 대응하는 것이다. 정치적 자유는 개인이 주체적으로 살아가는 자아실현, 즉 행복추구권을 보장하고, 나아가 개인의 자유권을 침해하지 않는 국가를 만드는 수단이다. 따라서 정치에 대한 참여야말로 자유권을 확보하는 가장 효과적인 수단이다. 오늘날 자유권은 다음과 같이 확대되었다.

① 정신적 자유: 사상의 자유, 양심의 자유, 종교의 자유, 학문의 자유, 표현의 자유, 결사의 자유, 통신의 비밀 등
② 신체적 자유: 신체 구속으로부터의 자유, 거주이전의 자유, 외국 이주 및 국적이탈의 자유, 법정 절차의 보장, 주거의 불가침, 피의자의 권리 등
③ 경제적 자유: 직업선택의 자유, 재산권의 보장, 국가배상청구권
④ 사법적 자유: 재판을 받을 권리, 형사피고인의 권리
⑤ 정치적 자유: 선거권, 청원권(이상 강희원, 2011b, 202~203).

8. 사회권적 기본권

시민혁명으로 탄생한 근대는 모든 개인이 태어나면서부터 자유롭고 평등한 신분, 이성적이고 합리적인 정신을 지니고 있다는 것을 전제로 하는 매우 이상주의적 지향성을 지니고 있다. 하지만 모두가 자유롭고 평등하며 이성적이고 합리적일 수 없다는 것도 분명한 사실이다. 따라서 사회적 약자에 대한 별도의 법적 보호가 없으면 약자는 최소한의 기본권도 누릴 수 없는 것이 냉엄한 현실이다.

특히 국가와의 관계에서 각 개인은 절대 포기할 수 없는 자유의 본질적 영역을 지니고 있다는 이론적 기초 위에서 권리장전과 헌법을 성립시켰기 때문에[13] 근대국가는 자유방임주의[14]를 가장 바람직한 기본질서로 상정하였다(강희원, 2011a, 303, 308). 하지만 자유방임의 결과는 극심한 불공정 경쟁과 그 결과에 대한 개인의 무한 책임을 요구하기 마련이다. 따라서 공정한 경쟁체제를 구축하고 과도한 경쟁을 제한할 수 있는 법적 장치가 마련되어야 한다.

사회권적 기본권은 이론과 형식에 얽매인 자유권적 기본권이 실제로 누구에게나 적용될 수 있도록 공정한 경쟁을 위한 기반

---

[13] 권리장전은 이런 권리들이 본래 개인에게 귀속된 자유권이라고 자리매김하였고, 근대법은 이것을 불가침의 기본적 인권으로 보장하여 국가권력이 개인을 억압하려는 것을 막고 있다(강희원, 2011b, 202).

[14] 자유방임주의는 개인의 경제적 자유를 최대한 보장하고, 국가의 간섭을 최소화하는 것을 목표로 한다. 중상주의에 반대했던 프랑스의 중농주의자들이 처음 주장하였으며, 애덤 스미스가 『국부론』을 통해 체계화하였다. 국가의 간섭을 '악'으로 보는 자유시장경제와는 다소 구분된다.

을 마련해주고, 경쟁 결과에 대해서는 사회적 연대의 입장에서 조정할 수 있도록 자유권을 보완하고 수정하기 위한 개념으로 출현하였다. 사회권적 기본권을 처음 명문화한 것은 「레닌헌법」(1918)으로부터 직간접적인 영향을 받았던 것으로 보이는 「바이마르헌법」(1919.8)이다. 「바이마르헌법」에서 밝힌 사회권적 기본권은 권리로서의 실체를 갖추지 못한 것이 많았고, 실현된 것도 많지 않았다.

하지만 그 용어에서 알 수 있듯이 개인보다 사회를 상위개념으로 놓고 기존의 형식적 기본권을 실질적으로 실현할 수 있게 하려 했다는 점에서 더욱 진보한 것임은 분명하였다. 사회권적 기본권은 통상 아래와 같이 나눌 수 있다.

① 국가에 대하여 교육권·노동권·생존권 등 복지를 요구할 권리
② 노동기본권 등 노동자의 집단적 자유와 권리
③ 적정한 노동조건의 청구권

자유권적 기본권과 사회권적 기본권은 중복되는 부분이 많아 명확하게 구분하기는 힘들지만, 후자의 영역이 점차 커지고 있는 것은 분명하다(이상 강희원, 2011b, 206~223).

|제4절| 자유의 허구: 예정조화론의 파탄

1. 농노에서 노동자로

 농노는 법적으로 평민이어서 노예와 달리 가족을 꾸릴 수 있고 개인 거주지와 약간의 재산도 보유할 수 있어서 삶의 질은 노예보다 상당히 나은 편이었다. 하지만 영주의 재산으로 간주되고, 자식들도 대를 이어 농노가 되어야 했으므로 노예적인 속성을 계속 지니고 있었다. 로마에서는 노예를 물건·가축과 마찬가지로 물권법物權法의 대상으로 간주했고, 노예노동 역시 물권법의 적용대상으로 삼은 것처럼 농노도 토지와 함께 매도·상속의 대상이어서 물권법의 적용대상이었다. 이 점에서는 노예와 법적으로 크게 다르지 않았다(강희원, 2011a, 93~94).

 또 농민이면서도 토지를 가질 수 없었음은 물론이고 가축과 농기구도 빌려 써야 했기 때문에 신분적으로 경제적으로 영주에게 완전히 예속되어 있었다. 농노들이 거둔 수확물은 통상 영주와 7:3의 비율로 나눴는데, 30%의 곡물로는 정상적인 생활 유지가 불가능하였다. 그래서 농노들은 영주를 위해 온갖 잡역을 다 해주고 그 대가를 받아야만 겨우 살아갈 수 있었다.

 그런데 예기치 않은 흑사병의 창궐로 가톨릭의 권위가 흔들리며 중세적 질서가 무너지기 시작하였고, 무역과 상업의 발달에 힘입어 도시가 성장하고 화폐경제가 성행하면서 돈으로 부역을 대납할 수 있게 되었다. 이에 농노에 대한 영주의 구속력은 점차 약해졌고, 특히 도시의 자유는 농노를 감염하기에 족하였다. 게다가 프랑스는 대혁명 직전에 기후가 한랭해서 18세기에는 16회나 기근이 발생하는 등 농민들은 제대로 살아갈 수가 없었다. 파리 지역 주민의 영양 섭취는 대략 2,000cal 정도밖에 되지 않았다(브로델, 2005, 52~53, 89). 이런 상황 속에서 영주의 사치와 전쟁의 부담이 농민에게 전가되자 수탈에 저항하기 위한 농민반란이 빈번하게 일어났다.

이렇게 취약해진 농촌에 프랑스대혁명과 산업혁명, 해외 식민지 지배 등에 따른 대변혁이 더해지면서 농촌은 급속도로 해체되기 시작하였다. 특히 농촌인구가 급증한 산업화 초기에 농민을 땅에서 내모는 인클로저Enclosure운동[15])이 시작되자 하루아침에 농토를 잃은 농노들은 농촌을 떠나 도시로 대거 이주해야 했다. 법적으로는 영주에게, 경제적으로는 토지에 이중으로 묶여있던 농노들이 갑자기 신분만 자유로운 노동자가 된 것이다.

2. 비참한 노동환경

곡물 재배보다 양을 키운 뒤 양털을 모직물 공장에 파는 것이 더 큰 돈을 벌 수 있게 되자 지주들은 농민을 농토에서 쫓아냈다. 40명의 농민이 농사를 짓던 농토가 1명의 목동이 양을 키

---

15) 16세기 영국에서 모직물 수요가 늘어나자 영주나 지주는 소작인의 땅이나 마을의 공유지를 몰수하거나 매수하여 양을 키우기 위한 목장으로 울타리를 둘러친 일이다.

우는 곳으로 바뀌면서 농토가 지닌 오랜 가치가 상실되었다(김금수, 2013a, 25). 자신의 농토에서 쫓겨난 농민은 무일푼의 예비 노동자가 되어 도시로 흘러 들어갈 수밖에 없었다. 농노란 세습적 예속 신분으로부터 해방되어 자유민으로 승격하는 것처럼 보였지만, 그에 부응하는 토지 분배가 전혀 이루어지지 않았으니, 이런 이름뿐인 신분 상승은 농노들이 원하지 않은 결과였다.

그래도 영국의 초기 산업화 단계는 소규모 자본과 낮은 기술로 진행되었기 때문에 자본이나 기술보다 노동력 확보가 더 중요해서 도시로 이주한 노동자들은 일자리를 구하기가 그런대로 괜찮은 편이었다. 영국 정부는 일할 능력이 있음에도 부랑하는 빈민을 체포해 혹형에 처한 뒤 노동에 투입하게 했음은 물론 이들을 구제한 자에 대해서도 벌금형에 처할 정도로 노동력 확보에 힘썼다. 1562년에는 「도제에 관한 법률」을 제정하여 극빈자와 그 자녀들에게 도제徒弟로 일할 것을 강요하기도 하였다.

그런데 1690년대부터 지구 온난화가 장기적으로 진행되었다. 그 덕분에 곡물의 평균 생육 기간이 1개월가량 연장되고, 영양 공급이 개선되자 사망률이 크게 줄어들었다(휴버트 램, 2009, 102). 영국 인구는 530만 명(1701)에서 760만 명(1781), 920만 명(1801), 1,400만 명(1831)으로 급증하였다. 그러자 농민이 도시로 유입되는 속도가 더욱 빨라졌고, 그 규모도 커져서 15개(1801)에 불과했던 인구 2만 이상의 도시가 50년 만에 63개(1851)로 증가하였다.

이렇게 인구가 늘어나자 그에 비례하여 노동환경은 빠른 속도로 나빠졌다. 생존을 유지하기조차 어려운 저임금 상태가 계속되다가 기계의 도입으로 숙련공 수요가 줄어들자 임금은 더 줄어들었다. 작업 과정의 단순화로 미숙련노동자 고용이 가능해지자 여성과 아동이 새로운 노동자로 혹사를 당하였다. 어려서부터 열악한 환경에서 장기간 노동에 시달린 공장 노동자의 평균 수명은 20세에 불과하였다. 게다가 공장주들은 각종 과실에 대한 벌금 등으로 임금을 공제하기도 하였다(이상 김금수, 2013a, 24~32, 62).

공장 밖의 주거환경도 심각하였다. 많은 농민이 도시로 몰려들면서 슬럼이 형성되었고, 슬럼은 전염병과 범죄의 온상이 되었다. 비인간적인 아동노동은 조금도 개선되지 못하였다.[16] 찰스 디킨스Charles John Huffam Dickens(1812~1870)의 소설 『올리버 트위스트』(1837)는 당시 노동자들의 비참한 삶과 새로 시행된 「신빈민구제법」(1834)으로 만들어진 수용소의 실정을 잘 묘사하고 있다.

3. 자유노동의 실상

봉건제도 하에서 농노의 생활은 매우 열악하였다. 하지만 농노에 대한 영주의 소유권을 인정하는 대신 영주에게 농노 보호에 대한 책임을 물었다는 점에서 봉건제도는 쌍방 계약의 성격을 지닌다. 소유권과 보호권이란 쌍방향 요구는 게르만법의 오랜 전통이기도 하지만, 유럽 봉건제처럼 엄격한 신분 질서를 유지하지 않았던 당·송대 중국에서도 지주와 소작인 사이에서 똑같이 요구된 규범이었다.

---

16) 19세기 초중반에 공포된 「아동노동금지법」(영국 1802·1819, 프로이센 1893, 프랑스 1841, 러시아 1845)은 아동노동의 심각한 상태를 개선하는 데 별로 도움을 주지 못하였다(김금수, 2013a, 108).

농노는 자신이 농사짓는 땅에 대한 소유권은 없었지만, 그것을 자식에게 물려줄 수 있는 보유권保有權(또는 이용권)을 인정받았기 때문에 최소한의 생활을 보장받았고, 교회를 통한 구제도 사회적 안정에 도움이 되었다. 이런 인정人情 영역은 산업혁명 초기만 해도 관습으로 일부 남아 있어서 노동자들은 공장의 생산품 일부를 가지고 나가서 따로 팔 수도 있었다.

도시로 들어와 노동자가 된 농민들은 종전과 전혀 다른 새로운 작업환경과 법적 환경에 놓이게 되었다. 대를 이어 한마을에 살면서 농사를 짓던 농민들은 이제 공장주와 노동조건과 임금 등을 놓고 개별계약을 맺어야 했다. 노동은 생산양식의 발전에 따라 노예노동, 농노노동, 자유노동의 형태로 발전하였는데, 농민들은 자유계약을 통해 노동조건을 결정하였으니 이들의 노동 형태는 분명 자유노동에 해당하였다.

하지만 자유노동은 이름뿐이었다. 도시로 밀려 들어온 농민들 때문에 19세기 영국의 도시 인구는 갑자기 15배나 늘어났다. 공장주는 특별한 기술도 경험도 없는 농민 출신 노동자의 노동력을 값싸게, 그리고 무제한 사용할 수 있게 되었다. 산업혁명이 본격화되어 공장의 규모가 커지면서 공장주와 노동자 사이에 남아 있던 최소한의 인간적 연대도 단절되었고, 사적 처분은 절도 행위로 금지되었다. 이런 상황에 대해 포스터William Z. Foster(1881~1961)는 다음과 같이 말했다.

> 부르주아는 그들의 자유를 위해 전제적 봉건제도에 대항해 투쟁하였다. 그것은 자기 자신들의 자유를 위해서였지 대중을 위한 것은 아니었다. 부르주아는 국가의 간섭을 최소화한 상태에서 전

횡적으로 정치적인 지배를 하기 위해, 방해받지 않고 상업과 생산을 운영하기 위해, 그리고 노동자와 농민 대중을 마음대로 착취하기 위해 자유를 갈망했던 것이다(김금수, 2013a, 55에서 재인용).

자본가들은 국가가 사회를 경영하는 것보다 사회 자체가 자율적으로 사회적 과제를 해결하는 것이 더 좋다고 주장하였다. 이들은 개인의 이기심이 지닌 가치 창조의 힘을 신뢰하며 이기심의 예정조화를 마치 불변의 자연법칙처럼 생각하며 무한한 신뢰를 표하였다. 나아가 자본에 의한 인간의 지배를 당연한 것으로 만들었다.17)

자본가들은 약자를 보호해야 한다는 중세의 봉건적 윤리를 거추장스러운 장애물로 여기고 그때까지 남아 있던 각종 관습을 대부분 폐지해버렸다(강희원, 2011a, 54). 이처럼 '자유계약'이라는 명분으로 경제적 강자의 약자 지배를 정당화한 결과 근대 초기 노동자들은 농노보다도 더 열악한 대우에 허덕이게 되었다.

4. 칸트의 자유론

계몽주의의 주류학자이며 정점에 도달했던 칸트는 토마지우스의 사상을 계승하여 내적 인격과 외적 인격, 내적 의무와 외적

---

17) 이들은 국가와 관료를 질이 나쁜 불량업자처럼 간주하며 국가와 경제는 가능한 한 멀리 떨어져 있어야 하고, 경제는 그 자체 논리로 작동되는 것이 좋다고 주장하였다. 이런 점에서 아담 스미스의 시장과 가격이론은 매우 중요한 의미가 있다(강희원, 2011a, 310~311).

의무를 구분하여 도덕은 동기를, 법은 결과를 중시하는 것이라고 보았다. 칸트는 인간이란 이성적 능력을 타고난 인격의 소유자이며, 그 이성은 외부에서 주어진 것이 아니라 인간 내부에 있는 것이다. 그러므로 인간은 누가 시켜서가 아니라 스스로 자아실현을 위해 노력하고, 자신의 행위를 자율적으로 통제할 줄 아는 윤리적 자율성을 가진 존재라고 상정하였다. 또 자신의 능력을 확장하는 능력이 있으며, 그 기획력은 한계가 없다고 보았다. 그래서 나온 말이 "네가 해야 하기 때문에 너는 할 수 있다"다.

인간이 바로 이런 절대적 가치를 지닌 인격체이므로 어떤 목적을 위한 수단이 아니라, 그 '자체가 목적'이므로 존재 그 자체로 존귀하다. 따라서 자신은 물론 타인에 대해서도 결코 수단으로 대해서는 안 된다며 바로 그것이 '정언명령定言命令'이라고 하였다. 그리고 다른 사람이 너에게 해도 괜찮을 그런 행동을 너도 행하라고 강조함으로써 외부 환경과 무관하게 스스로 준수해야 할 판단기준에 따라 보편적·객관적 도덕을 실천할 것을 강조하였다.[18]

인간은 이처럼 명령이나 통제, 억압 없이 독립적인 개인이 자율적으로 정한 행위 규범(=법·도덕률)에 따라 행동할 수 있고, 행동해야 하므로 '자유란 법에 따라 행동하는 것'이라고 할 수 있다. 그리고 개인의 자유는 다른 사람의 자유와 공존할 수 있는 범위 내에서만 인정된다. 이에 대해서 칸트는 "너의 자의의 자유로운 사용은 각자의 자유가 보편률에 따라 공존할 수 있도록 행

---

[18] 판단기준인 정언定言명령은 첫째, "네 의지의 준칙이 언제나 동시에 보편적 입법의 원리가 될 수 있도록 행위하라." 둘째, "너 자신과 다른 모든 사람의 인격을 언제나 동시에 목적으로 대우하도록 행위하라"이다.

동하라", "나의 행위 또는 나의 지위 일체가 각자의 자유와 보편률에 따라 공존할 수 있을 때 비로소 정당하다"는 유명한 보편적 법률 개념으로 나타난다. 또 대등한 사람들이 자기 책임하에 자유롭게 법률관계를 형성했으므로 각 개인의 행위는 그 스스로가 책임져야 한다는 말로 이어진다.

이런 칸트의 주장은 독일 민법전에 잘 반영되어 개개인의 권리와 의무 관계를 규율하는 데 초점이 맞춰져 있다. 독일 『민법전』 제226조는 "권리의 행사가 단지 타인을 행할 목적에만 있는 경우 그 권리행사는 허용되지 아니한다"고 하였고, 제242조는 신의 성실의 원칙에 따라 채권자의 의무를 부과한 것을 판례에서 수용하여, 모든 권리행사에 확대 적용하였다. 칸트는 이런 논리에 근거해 개인만 법의 주체로 파악했을 뿐 사회현상으로서의 집단은 법인격으로 보지 않았다(이상 강희원, 2011a, 304~306).

5. 자기결정권의 허구

근대 민법은 개별적인 법 주체가 선험적으로 완전한 행위능력을 가지고 있음을 전제로 법률 앞에서 동등한 대우를 받는다는 법적 평등을 인정하였다. 이런 전제하에서 이루어진 계약에 대한 책임은 당연히 계약 당사자에게 귀속되는 것이 논리적으로 타당하다. 그래서 자기 의사에 기초한 사적私的 자치의 원칙에 따라 진행된 법적거래rechtliche Geschäfte[19]는 절대적인 자연법칙

---

19) 법적거래와 법률행위의 차이에 대하여는 강희원, 2011a, 143 참조.

처럼 중시되어야 했고, 이를 법적으로 확인해주는 것이 바로 민법이었다. 따라서 민법은 추상적인 등가교환의 원칙과 의사 절대주의가 지배하고 있는 자유시장을 전제로 한다.

그래서 노동계약이 상품 매매계약과 같은 것으로 취급되었던 자본주의 초기, 노사는 어떤 제약조건도 없이 계약을 체결할 수 있는 계약 당사자라는 원칙이 적용되었다. 하지만 모든 시민이 합리적이고 이성적이며 평등하고 자유롭다는 것은 관념으로만 존재하며, '자유계약의 원칙' 또한 추상적인 원칙일 뿐이다. 자본가는 생산수단의 소유를 통한 사회적 지배와 생산과정에서의 지시권을 통한 이중 지배를 행사하므로 현실에서는 사용자의 이익이 일방적으로 반영된 불평등한 계약이 체결될 수밖에 없다.

자유방임론자는 모든 사람이 언제든 소유권을 획득할 기회를 지닌다고 주장하며, 인격권이나 권리 취득상의 불평등은 반대하나 재산권의 불평등은 인정해야 한다고 주장한다. 그러나 같은 자유를 갖고 있더라도 능력의 차이에 따라 사용 가능한 자유의 범위는 크게 다를 수밖에 없다. 결국, 인격적 평등의 원칙이 물질적 평등의 원칙까지 관철되지 못하면 곧 물적 불평등이 인격적 평등을 형해화形骸化시킨다.

근대법은 단순히 강자의 지배 도구에 불과했던 과거의 법과 달리 약자들의 단결과 투쟁을 통해서 강자에게서 입법권을 쟁취한 뒤 합리적인 사회적 약속을 바탕으로 만들어졌다. 그래서 근대법에는 광범위한 사적 자치를 통해 조화로운 이상 사회를 건설한다는 비전이 제시되어 있다. 하지만 현실에서는 강자에게는 명령의 자유가, 약자에게는 복종의 자유만 있는 종전의 법과 크게 다르지 않았다.

그것은 아무리 자연법이라고 해도 결코 자연적으로 형성된 법이 아니라 시민혁명의 산물이었기 때문이다. 모든 법개념은 '법'이라는 명분을 내세워 그것을 강제하려고 하는 실질적 주체의 이익에 기초하고 있고, 또 궁극적으로 그들의 이익 실현에 기여함을 목적으로 한다. 따라서 모든 법은 사회변혁과 권력분배를 위한 최전선에 서서 투쟁하지 않는 이들에게는 최소한의 배려조차 아까워한다.

강희원姜熙遠 교수는 '법적 이상理想'이란 용어가 존재하는 것 자체가 법과 현실 사이에 괴리가 있음을 반증하는 것이며, 법은 '마치 무엇인 양' 말하지만, 법이 실제 그런 목적으로 만들어졌는지, 또 현실을 얼마나 바꿀 수 있는지 항상 의심해볼 것을 권고한다(이상 강희원, 2011a, 55~56, 110, 142~144, 147, 313~314).

6. 자유권과 재산권

이렇게 노동자의 생존권이 자유란 이름의 허구를 이용해 사실상 박탈된 것과 달리 자본가의 재산권 보호를 위한 논의는 매우 활발하게 진행되었다. 권리란 소유권을 통해 구체화하게 되므로 자유권과 소유권은 사실상 표리관계를 이룬다. 프랑스 국민의회는 자유에 기초한 재산권을 정치적으로 분명하게 천명하였다. 또 자본가들은 상속법을 통해서 항구적인 재산권 행사를 가능하게 하였다. 그래서 헌법에 사유재산권의 보장을 내용으로 하는 자유권이 기본권의 핵심 목록으로 규정되었으며, 소유권의 개념과 보장의 폭은 민법보다 헌법이 더 광범위하다.

이처럼 재산권을 절대시하였으므로 재산을 통해 이윤을 얻는 것, 즉 사적 영리 추구를 목표로 소유권을 행사하는 것 역시 당연시되었다. 독일 「민법」 제903조의 "물건의 소유자는 법률 또는 제3자의 권리에 저촉되지 아니하는 한 임의로 그의 소유물을 처리할 수 있으며, 그것에 대한 타인의 간섭 일체를 배제할 수 있다"는 조항은 그 대표적인 사례이다(이상 강희원, 2011a, 305, 309, 313). 결국, 자유권의 무제한 허용은 심각한 불평등을 초래하는 구조적인 요인이 되었다.[20]

7. 루소의 불평등론

루소는 『인간 불평등 기원론』을 통해 문명이 발달하며 형성된 사유재산이 모든 불평등과 폭력의 근원이며, 그것을 극복하려고 사회계약을 통해 국가를 설립했지만, 오히려 국가권력이 불평등을 제도화했고 나아가 자의적인 권력 행사로 불평등을 확대한다고 비판하였다.

루소는 인간이 동물과 유사한 본성을 갖고 있지만, 이성에 근거해 서로 협력하는 존재이며, 특히 연민이란 도덕적 감성을 지닌 선한 존재라고 생각하였다. 그랬던 인간이 가족 단위로 생활하면서 사유재산에 대한 개념을 가지게 되었고, 야금冶金과 농업

---

[20] 물론 이와 달리 자유권이 재산권을 낳은 것이 아니라 재산권에 대한 법적 보호가 확실한 사회에서만 자유권이 발생할 수 있다며, 동아시아에 자유에 대한 개념 자체가 없었던 것이 재산권에 대한 법적 보호 미흡 때문이라는 주장도 있다(파리프스, 2020, 8~9).

으로 빈부의 격차가 생기면서 각종 불평등이 만들어졌다며 양심에 의지해 새로운 규범을 세워야 한다고 강조하였다. 인간의 본성인 양심은 여타의 인위적인 정념에 대항하여 선을 지향하는 감성을 북돋운다며, 이성이 인식의 기능이라면 양심은 사랑과 의지의 기능이라고 하였다.

　루소는 신체적 불평등은 인정하였지만, 경제적·정치적 불평등에 대해서는 강하게 비판하였다. 정치체제란 불안정을 해소하기 위한 계약의 산물로 만들어진 것인데, 오히려 합법적 권력을 통해 불평등을 조장하고 제도화했다는 것이다. 특히 그는 문명의 진보를 신뢰하던 당시 계몽사상가들이 오히려 불평등한 사회구조를 정당화하고 있다며 문제의식을 드러냈다. 루소는 "토지의 취득이 어떤 형태로 되든 간에 자기 토지에 대한 각 개인의 권한은 공동체가 모든 토지에 갖는 권한에 종속"되어야 한다고 강조하였다. 평등에 대해서도

> 권력은 폭력으로 변질될 만큼 강해져서는 안 되고, 오직 지위와 법률에 따라서만 행사되어야 하며, 재산은 다른 사람을 살 수 있을 정도로 많아서는 안 되고, 그렇다고 몸을 팔 정도로 빈곤해서도 안 된다. 강자에게는 재산과 세력의 절제가, 약자에게는 인색과 탐욕의 절제가 전제되어야 한다.

라고 주장하였다(이상 정태욱, 1994, 116~121).
　루소는 자연 상태에서의 인간은 본성에 따라 자연스러운 삶을 살아가지만, 사회생활을 시작하고 문명을 만들어가면서 타인의 시선을 의식하고 비교 질시하며 불평등을 의식하게 된다고 보았다. 이것이 루소가 말하는 '문명에 의한 인간의 타락'이다. 이

러한 루소의 이른바 '고상한 야만인' 개념은 대다수 계몽주의 학자들이 이성과 도시에 큰 가치를 부여한 것과 매우 대조적이었다.

　루소의 생각은 원시에 대한 낭만적 전제에서 출발해서 사유재산제를 대치할 수 있는 대안으로 평등한 공동체 건설을 내세웠다는 점에서 설득력에 한계를 지니고 있다. 하지만 당시 프랑스 사회의 극심한 양극화, 나아가 불평등을 확대 재생산하는 사회구조에 대한 예리한 비판은 프랑스대혁명을 촉발한 또 하나의 요인이 되었다. 루소의 사상은 로베스피에르Maximilien de Robespierre(1758~1794)에게 큰 영향을 주어 그는 소유권 제한을 국민공회에 강력하게 제안하였다(파이프스, 2020, 67~71).

8. 헤겔의 노동관

　헤겔Friedrich Hegel(1770~1831)은 자신에 대한 자각인 자기의식이 타자와의 관계에서 대상화될 때 비로소 현실적인 것이 된다고 보고, 타자에게 그것을 인정받으려는 투쟁의 결과가 지배-종속관계를 낳는다고 주장하였다. 그리고 헤겔은 노동이 "자신을 입증하는 인간의 본질"이며 "인간이 대자적對自的 존재로 되는 과정" 또는 자기 자신이 되는 과정이라고 보았다(탁양현, 2019, 105).
　헤겔의 생각에는 인간이 노동을 통해 자연을 지배하고, 자유를 확장하며 주체성을 확립해 간다는 논리가 포함되어 있다. 그래서 노예주는 노예에게 노동을 강제하여 생활을 영위하지만, 노동을 통해 능력을 개발해가는 노예와 달리 노예주는 노예에 전적으로 의존하게 되어 결국에는 의존관계가 역전된다며, 노예해방을 필연적인 것으로 보았다(강희원, 2011a, 23~24).

하지만 막스Karl Marx(1818~1883)는 헤겔이 추상적이고 정신적인 노동만 인정하여, 그 긍정적인 측면만 보고 부정적인 측면을 보지 못하였다고 비판하였다. 막스는 국가나 법에 대한 진정한 비판은 그것이 뿌리내리고 있는 삶의 물질적 조건, 즉 시민사회에 대한 경제학적 해부가 선행되어야 한다고 결론을 내렸다(탁양현, 2019, 95, 107).

|제5절| 극단의 대립: 자본주의의 치유능력

1. 막스, 노동의 소외

　상품교역에서 가장 중요한 것은 등가교환이며, 상대가 처분능력을 구비하고 있느냐 여부지 신분은 문제가 되지 않는다. 따라서 등가교환에서는 계약 당사자를 서로 자유롭고 독립적인 인격체로 간주하며, 교환 과정은 평등하다는 것이 자본가들이 강조한 자유계약의 논리였다.
　자본가들은 노동도 상품과 같은 생산요소로 간주하였다. 생활의 원천도 생산수단도 가지고 있지 못한 노동자들은 계약을 통해 노동을 상품화해야 했다. 이렇게 계약을 통해 노동과 임금을 교환함으로써 출현한 것이 바로 임금노동이다(이상 강희원, 2011a, 54; 2011b, 204). 하지만 이런 형식적인 자유와 평등에도 불구하고 노동자들이 실제 받을 수 있는 임금은 잉여는 고사하고 생존마저도 쉽지 않은 수준이었다.
　임금노동에 대하여 자본가들의 내놓은 그럴듯한 논리에 내재된 모순, 즉 '노동의 소외'란 부정적 측면에 대해 예리하게 파악한 이가 바로 막스였다. 막스는 헤겔의 '소외' 개념을 차용하여 노동자는 수많은 공정으로 나누어진 노동과정의 한 부속품이 되어버렸을 뿐 아니라 자기가 만든 노동의 결과물에 대해서 아무런 소유권도 가지지 못하므로 자신의 노동으로부터 소외된다고 지적하였다. 이때 소외는 심리적 박탈과 경제적 박탈을 동시에 포함한다. 막스는 『경제학-철학 수고』에서 고전적 자유주의 경제학을 비판하면서

> 노동자가 상품으로, 그것도 가장 비참한 상품으로 전락한다는 것, 노동자의 빈곤은 그의 생산의 힘과 크기에 반비례한다는 것, 경쟁의 필연적 결과는 소수의 수중으로 자본이 축적되며, 독점이 더욱더 가공스러운 수준으로 재현되는 것이다.

라고 하였다. 특히 농민과 노동자가 그러하듯 자본가와 지대 생활자 사이의 구별이 사라지고, 사회 전체가 소유자들과 무소유의 노동자들이라는 두 계급으로 나누어질 수밖에 없다는 것을 지적하였다(이상 탁양현, 2019, 98~99, 102~103).

막스는 자본가가 노동자의 노동을 지배할 수 있으므로, 부의 증대가 노동자의 풍요가 아닌 자본가의 풍요에 불과하며, 심지어 부의 증대는 오히려 노동자의 빈곤을 심화시킨다고 보았다. 막스는 노동이 부자를 위해서 기적을 생산하지만, 노동자를 위해서는 궁핍만 생산한다고 노동의 소외현상을 비판했고, 나아가 노동자끼리 경쟁이 격화되어서 사회의 공통성과 인간다움의 상실이 가속화된다고 우려하였다(강희원, 2011a, 26~30).

2. 권리능력과 생존능력의 부조화

자본주의는 자유로운 개인의 전체적인 총합이 가장 잘 조화를 이룬다는 자유방임적 예정조화에 근거해 농노의 인신 구속을

폐지하는 성과를 거두었다. 하지만 초기 자본주의는 노동력의 주체인 인간이 특별한 법익法益 주체라는 점을 애써 간과하였다. 노동은 자신의 신체뿐 아니라 인격까지 사용자의 처분에 맡기는 것이어서 인간 그 자체와 분리될 수 없는 것이다. 그래서 물권법의 대상이 아닌 인간법의 대상이어야 하는데도 말의 임차와 사람의 임차를 똑같이 취급하였다.

기계에 의한 대량생산의 시대가 열리면서 노동력의 중요성은 계속 감소하였다. 수공업자와 매뉴팩처[21] 직인이 가지고 있던 전문성은 부인되었다. 오랜 숙련과정을 통해서 익힌 기술이 무용한 것으로 취급받았다. 갈수록 기계가 정밀해지면서 공장은 반숙련 또는 비숙련노동자만으로도 얼마든지 운영될 수 있었다. 심지어 노동자들은 기계의 작업 속도에 맞춰 강제로 일해야 하는 기계의 부속품으로 전락하였다.

시민혁명은 사회구성원을 추상적 차원에서 평등한 존재, 자기결정의 주체로 만들었다. 하지만 물질적 기반이 없는 상황에서의 자유란 강자에게는 무한한 가능성이지만 약자에게는 무한한 구속에 불과했다. 막스의 말처럼 노동은 '피와 살, 뼈로 포장된 상품'이기 때문에 노동을 판매하는 과정에서 사용자에게 인격적으로 종속되는 것이 불가피했다. 공장에서 쫓겨나면 굶주릴 수밖에 없는 냉혹한 현실 속에서 노동자들은 통풍도 되지 않는 열악한 노동환경, 매일 16~18시간 이상의 장시간 노동, 생계를 유지하기 힘든 저임금에 시달려야 했고, 해고의 공포가 그림자처럼 따라다

---

[21] 산업혁명 직전의 생산 형태로서 가내 수공업에서 공장제 기계공업 사이에 있었던 공장제 수공업을 말한다.

녔다.

  이처럼 자본가가 차지한 자유의 열매에 비해 노동자에 돌아온 자유의 열매는 너무나 보잘것없었다. 형식적 자유와 관념적 평등은 강자의 착취를 합리화하여주었고, 자유계약의 이면에는 단결금지의 그늘까지 드리워졌다(이상 강희원, 2011a, 54, 58, 112~113, 115). 생산량이 급증하고, 부의 축적이 폭발적으로 늘어나는데, 정작 그 생산을 담당한 노동자들은 절망의 나락에서 빠져나올 수 없었던 상황이 시민혁명의 최종 결과물이었다.

3. 절망과 분노의 폭발

  산업자본주의가 발전할수록 '자유의사에 기초한 노동계약'이란 것이 자본가의 지배를 위한 허울에 불과했음이 밝혀졌다. 국가와 사회를 엄격하게 분리하여 국가는 군사적·법적 보호 의무만 수행하고, 사회경제적 문제는 사회의 자율에 맡겨야 자연 질서——모든 이들의 이익을 예정조화적으로 조종하는——가 혼란에 빠지지 않는다는 자유방임주의자들의 주장이 얼마나 허구인지 명백하게 드러난 것이다.

  자본주의 중기, 즉 대자본화 과정의 노동문제는 노동자의 소외현상, 노동자의 경제적·사회적 종속현상, 노동자의 상대적·절대적 궁핍화 현상이었다. 노동자가 노동의 주체가 아닌 객체로 전락하고, 평등계약의 명분에 완전히 종속되며, 자본가의 독점으로 발생한 빈부격차가 심화되어 상대적으로나 절대적으로나 더욱 궁핍해진 것이다.

노동을 상품과 같이 생각한 자본가들은 작업 중 다친 노동자들을 가차 없이 해고하였다. 산업재해의 피해자를 불량상품으로 취급한 것이다. 그래서 노동자들은 부상을 숨기고 일해야만 했다. 저임금을 극복하기 위해 여성과 아동도 노동 현장에 뛰어들어야 했다. 매일 임신부를 포함한 여성 노동자가 14~15시간, 아동은 12시간씩 노동하는 것이 보통이었다. 폭증하는 노동자를 수용할 수 없었던 도시마다 슬럼가가 생겨났고, 열악한 위생환경은 전염병의 좋은 먹잇감이 되고 말았다. 1840년경 영국 공장지대 노동자의 아동은 60%가 5세 이전에 사망하였다.

이름뿐인 자유는 대다수 노동자를 노동지옥으로 이끌었고, 중세의 농노보다 더 열악해진 환경에서 노동자들은 오히려 중세를 그리워했다. 제아무리 형편없는 봉건영주라도 농노에 대한 가부장적 부양의무를 갖고 있었고, 윤리적 차원에서 노동 능력이 없는 농노도 부양의 대상으로 보호해주었기 때문이다. 실직한 노동자들은 '기계파괴운동Luddite Movement'으로 자신들의 분노를 표출하였다.

한편에서는 극심한 빈부격차와 희망 없는 미래에 절망한 다수의 노동자가 자본가의 착취에 저항하기 시작하였다. 처음에는 개인적인 투쟁으로 출발하였으나 점차 연대의식을 바탕으로 조직화하였다. 속박 이외는 잃어버릴 것이 아무것도 없는 처지에 분노하여 일어난 노동운동은 처음에는 자본가의 사적 지배로부터의 해방을 추구했으나 곧 노동 현장은 물론 사회 전체를 부정하는 계급 해방으로, 다시 모든 압제에 대한 투쟁이란 사회변혁 및 사회혁명을 목표로 빠르게 확장되었다(이상 강희원, 2011a, 57~58, 98~102, 111, 148).

4. 제1차 세계대전

각종 모순에도 불구하고 계속 발전하던 자본주의 체제는 독일 등 후발 국가들이 식민지 쟁탈전에 뛰어들면서 결국 전쟁으로 폭발하고 말았다. 산업혁명 이후 문명발전에 대해 낙관하던 유럽의 사회적 분위기는 제1차 대전을 앞두고도 여전히 사태의 심각성을 인식하지 못하고 있었으며, 심지어 전쟁을 낭만적으로 받아들이기도 하였다. 전쟁이 발발할 무렵 유럽은 사회주의 정당이 득세하고 있었는데, 이들은 전쟁이 노동자들의 일방적 희생을 요구한다며 반대하였지만, 결국 '방어전쟁'이란 명분을 받아들여 전시 정책을 지지하였다.

그러나 제1차 대전은 '총력전'이란 전례 없는 양상의 전쟁이었다.[22] 전선에서만 전투가 진행되던 과거와 달리 온 국민이 전쟁의 참화에 그대로 노출되었다. 군의 병력 동원 규모가 전례 없이 컸고, 사상자도 헤아릴 수 없이 많았다. 영국이 징집한 900만 명의 청년 가운데 사상자가 1/3이나 되었고, 800만 명을 동원한 프랑스에서도 132만 명의 전사자와 300만 명의 부상자가 발생하였다(김금수, 2013b, 318, 331).

상대방 국력을 소진시키기 위한 봉쇄와 파괴가 계속되었다. 징집으로 산업 전반에 걸쳐 노동력 부족 문제가 심각해지자 여성과 아동의 동원으로도 모자라 영국과 프랑스에 약 14만 명의 중국인이, 러시아에 50만 명의 중국인이, 그리고 프랑스에 10만

---

22) 1차 대전은 테일러식 노동조직이 현대화된 공장의 울타리를 벗어나 사회 전체로 확산하기 시작하는 것을 본격화하였다. 융거Ernst Jünger는 이러한 변화를 가리켜 '총동원'이라고 칭하였다(쉬피오, 2016, 395).

명의 베트남인이 전시 노동자로 동원되었다. 소비재 산업이 군수산업으로 전환되면서 물자 부족과 물가 상승이 심각해졌으며, 기근의 공포가 전 유럽을 휩쓸었다.

5. 러시아혁명

가장 피해가 컸던 국가는 러시아였다. 사망자는 독일의 200만 명에 이어 170만 명에 달했고, 부상자는 600만 명에 달하였다. 1,500만 명이나 되는 농민이 전선으로 끌려가자 농촌에서는 일손이 부족해졌다. 곡물 생산이 크게 줄어들었고, 식량 운반도 부진해 1916년부터 극심한 기근이 발생하였다. 공장이 군수품 생산에 집중하자 생필품 부족도 심각했고 전황도 아주 불리하게 전개되었다. 연이은 패전으로 사기가 저하된 군의 동요가 커졌고, 수도에서 식량을 요구하는 시민들의 시위가 일어나면서 전국이 혼란에 빠졌다. 진압에 동원된 군인마저 시위에 동조하면서 결국 로마노프 왕조는 붕괴되고 임시정부가 수립되었다(1917).

임시정부는 민주적 개혁에 착수했지만, 국민의 뜻과 달리 독일과의 전쟁을 고집했고, 생활고가 계속 악화되자 다시 '빵·평화·토지'를 슬로건으로 한 볼셰비키혁명이 일어나 임시정부가 무너지고 최초의 공산주의 정권이 수립되었다(1917.11). 이후 러시아는 황제를 지지하는 세력과 혁명을 지지하는 세력 간의 치열한 내전이 벌어졌고 서쪽에서는 독일의 전면 공세가 시작되었다. 이에 레닌Lenin(1870~1924)은 방대한 영토할양과 막대한 배상금 지불이란 굴욕을 감수하며 독일의 요구를 받아들여 휴전 조약을

체결한 뒤 내전에 집중하여 승리하고 소비에트 연방을 탄생시켰
다(1922.12).

6. 아름다운 시절과의 이별

제1차 세계대전은 1916년부터 전선이 교착상태에 접어들어 지
루한 공방전 속에 막대한 전·사상자가 나왔고, 후방에서는 식량
을 비롯한 물자 부족이 심각해졌다. 엘리스John Ellis는 당시 상황
에 대하여 다음과 같이 적었다.

> 그들은 하얀 드레스를 입고 칵테일을 나누어 주며 병사들을 전
> 송했다. 그 누구도 전쟁이 무엇인지 알지 못했고 두려워하지도
> 않았다. 낭만적 영웅 심리가 거리마다 넘쳐흘렀다. 그들은 이 전
> 쟁이 단 며칠 안에 끝날 것이라고 믿었다. 그러나 현대식 무기
> 앞에서 돌격전은 무의미했고, 양측은 '참호'라는 깊은 무덤을 파
> 기 시작했다. 이윽고 전선 전체에 걸쳐 수천km에 이르는 참호가
> 만들어졌다. 그리고 …… 날마다 새로운 전쟁이 시작되었다. 전쟁
> 은 결코 끝나지 않았다(김금수, 2013b, 13에서 재인용)."

노동자들은 전쟁으로 더욱 열악해진 노동환경과 생활고에 분
노했으며, 전쟁을 유발한 자본주의 체제에 대해 근본적인 회의와
거부감을 가지게 되었다. 노동자들은 전쟁이 특정 계층의 이익을
위한 것일 뿐 대다수 국민의 이익에 반한다는 것을 인식하면서
맹목적 애국주의에 대해 거부하며 반전·평화운동을 전개하기 시
작하였다. 러시아는 물론 독일에서도 반전과 평화를 외치는 노동
자 활동이 거세게 일어났다. 전승국도 예외가 아니었다. 1차대전

이 끝난 이듬해인 1919년, 영국 정부는 대규모 파업과 아일랜드 내전, 제대군인의 항의와 경찰의 파업, 여성의 참정권 투쟁 등 전례 없는 내우외환에 시달렸다.

본래부터 명분 있는 전쟁이란 있을 수 없지만, 제국주의 국가 간의 식민지 쟁탈전에 불과했던 제1차 세계대전은 더욱 그러했다. 아무런 명분도 찾아볼 수 없었던 전쟁은 살상과 파괴의 끔찍한 후유증만 남기고 종료되었다. 동원된 군인만 7천만 명이 넘었고, 전사자가 1천만 명, 부상자가 2천만 명이나 되는 미증유의 참화에 전 유럽이 경악하였다. 전쟁은 산업혁명 이후 150년에 걸쳐 유럽이 이룩한 산업시설을 모두 파괴하였다. 전선에 투입되었던 프랑스 보병 중위는 일기장에 "인간은 미쳤다. 현 사태를 지속한다는 것은 미친 짓이다. 이 지독한 살육전이라니! …… 지옥도 이렇게 끔찍할 수는 없을 것이다. 인간은 미쳤다"라고 썼다(엘리스, 2009, 10).

에즈라 파운드Ezra Pound(1885~1972)는 다음과 같은 시로 제1차 대전을 조문弔問하였다.

> 누군가 조국을 위해 죽었다. 죽음은 달콤하지도 않았고, 품위도 없었다. 그들은 선배들의 거짓말을 믿고 지옥으로 걸어 들어갔다. 이제 고국으로 돌아온 그들은 거짓말을 믿지 않는다. 많은 기만행위를, 낡은 거짓말과 새로운 오명을(엘리스, 2009, 294에서 재인용).

근대 시민혁명으로 시작해 가장 문명화된 대륙을 이룩하였다고 자부한 유럽에서 가장 처절한 전쟁이 벌어진 것에 대한 깊은 회의가 유럽인들을 뒤덮었고, 사람들은 혁명과 진보에 대한 낙관

속에서 보냈던 '아름다운 시절'이 끝났다며 자조하였다.

7. 사회주의의 이상과 실상

1917년 러시아혁명은 18세기 프랑스대혁명에 버금가는 20세기 최대의 사건 가운데 하나로 평가된다. 프랑스대혁명이 과거의 억압으로부터 인류를 해방시킨 찬란한 성공으로 간주된 것처럼 러시아혁명도 자본가의 억압, 제국주의의 횡포로부터 노동자와 식민지를 해방시켜 줄 것이라는 믿음이 순식간에 전 세계로 퍼져 나갔다. 소련은 제정러시아가 중국과 맺은 모든 불평등조약을 폐기하고 중국에서 차지한 특권 일체를 포기하겠다는 '카라한Karahan선언(1919.7)'을 통해 기존 제국주의 열강과는 차별화된 모습을 보여주었다.

카라한선언은 중국인은 물론 모든 식민지 주민들로부터 대단한 환영을 받았으며, 사회주의 국가는 자본주의 국가와 다른 도덕성을 지녔다는 긍정적인 인식을 주기에 충분하였다. 하지만 카라한선언은 2년도 안 되어 폐기되었고, 소련은 중국 내 기존의 특권 유지는 물론 몽골을 자신의 영향권에 넣기 위한 확장정책을 추진하면서 결국, 또 하나의 제정러시아로 부활하였다.

전후 영국은 소련의 위협과 프랑스의 세력 확대를 우려해 히틀러의 재무장을 도왔고, 그의 침략에 눈감았다. 히틀러Adolf Hitler(1889~1945)가 유대인 학살에 앞장섰지만, 그것은 전 유럽이 공모한 범죄였다. 파시즘의 위협으로부터 민주주의를 지켜야 한다는 제2차대전의 이데올로기 또한 진실과는 상당히 거리가 있음이 알려지면서 전후의 혼란 또한 그만큼 심각하였다. 전쟁 영웅 처칠Winston Churchill(1874~1965)은 전쟁 직후의 선거에서 노동당에게 대패하였다(1945.7). 제국주의의 끝없는 이기심의 틈바구니를 타고 공산주의가 놀라운 속도로 확산되었다. 2차대전 직후 동구권이 소련의 영향권에 들어갔고, 중국이 공산화되었으며, 아시아와 아프리카 각국이 공산화되었다.

하지만 아이러니하게도 공산주의 국가는 그 누구의 위협과 공세 때문이 아닌, 순전히 자체 모순 때문에 1989년 동구권 붕괴를 시작으로 도미노처럼 무너졌으며 소련의 해체(1991.12)로 70여 년 만에 역사 속으로 사라지고 말았다. 사회주의가 표방한 이상도 사회민주주의를 수용한 국가, 그리고 자본주의 국가의 복지정책에만 남았을 뿐 정작 공산주의를 표방하는 국가에서는 거의 찾아보기 힘들게 되었다. '볼셰비키들이 관리한 경제는 사회주의 경제가 아니라 차르 경제였다'라던 슘페터Joseph Alois Schumpeter(1883~1950)의 비판을 역사가 입증한 것이다.

어떤 이데올로기건 현실에서는 편향이나 왜곡이 불가피하겠지만 그 점에 있어서 공산주의는 좀 더 심각하였다. 사회주의가 표방하는 이상과 공산주의 국가의 현실 가운데 가장 대표적인 모순은 바로 평등개념이다. 사회주의는 계급이 없는 세상, 모두가 프롤레타리아인 세상을 만든다고 주장하지만, 그 안의 계급은 너무도 명확하고 치밀하게 나누어져 있다. 프롤레타리아 독재를 표방했지만, 당의 독재만 있었지 프롤레타리아 독재는 처음부터 없었다. 계급을 형성하는 기준이 혁명에의 기여라고 하지만, 결국 정권 창출에 대한 기여도라는 점에서, 그리고 일단 형성된 계급이 세습된다는 점에서 공산주의는 자본주의의 후계자도 사회주의의 후계자도 아니었다. 본질적으로 봉건사회의 후신後身이며 변형이었다.

공산주의 혁명이 발생하면 기존의 귀족 엘리트나 부르주아는 모든 권력을 상실하고, 공산주의 국가를 만드는데 핵심적인 역할을 한 사람들을 중심으로 새로운 지배층이 만들어졌다. 공산주의 국가는 '노동자와 농민의 국가'를 표방하지만 실제로는 노동자·농민으로 이루어진 대중과 러시아어로 '노멘클라투라'라고 불리는 공산당의 특권층으로 양분된 사회가 만들어졌다. 그리고 그 신분은 납처럼 무겁게 고정된다(미하엘 호프만, 2009, 2~5).

'20명에게 10개의 빵만 배급되었다면 어떻게 나누어 먹는 것이 사회주의적인가?'라는 질문에 대한 정답은 무엇일까. 대다수 사람은 '10개의 빵을 반으로 나누어 20명이 고르게 먹는다'고 답할 것이다. 하지만 현실은 그렇지 않았다. '당 서열대로 10명만 먹는다'가 현실이었다.

'적과 동지'를 구분하는 것이 모든 인식의 출발점이라는 '계급투쟁론'이 공산주의 이론의 핵심이기에 적에게 줄 빵은 처음부터 만들지도 않지만, 동지들이 먹어야 할 빵이 부족할 경우, 공산당을 지켜야 할 전사들이 우선 먹어야 한다. 그래서 10명만 먹는 것이 타당한 것이다. 사회주의가 내세운 이상과 달리 공산주의의 현실은 그러했다.

더구나 소련은 자본주의 세력에 둘러싸인 '포위된 섬'으로 시작하였다. 포위된 섬에서는 지도자를 중심으로 일치단결해야만 살아남을 수 있다는 논리가 지도자의 독재를 합리화했다. 이런 경직성과 왜곡이 공산주의 국가를 스스로 무너지게끔 하였다. 노동자의 소외를 해결하는 방식은 사회주의 혁명과 노동조합의 허용인데, 양자는 이론적으로는 호환적이나 현실적으로는 경쟁적이었다(강희원, 2011a, 30).

8. 극단의 종말

막스는 노동이 사람과 동물을 구분하는 기준이며, 인간은 노동을 통해 비로소 독립적 존재가 되고 완전한 인격자로 자신을 실현하고 변화시킬 수 있다고 보았다. 따라서 일하는 인간만이 깨어 있는 존재이고, 의식을 부여받은 인간만이 노동한다며 노동의 가치를 높게 평가하였다(강희원, 2011a, 214). 그렇다면 과연 노동이란 무엇인가?

자본주의와 사회주의 모두 노동자를 '땀 흘려 일하는 자'로 보았다. 근육의 힘을 이용해 땀 흘려 일하는 자를 노동자로 간주한다는 노동의 정의는 산업화에 따른 노동의 현실과 점차 괴리를 드러내기 시작하였다. 경제력이란 하부구조가 정치 등 상부구조를 결정한다는 막스의 주장을 액면 그대로 받아들인다면 생산성의 향상이 중요한 것이지 땀 흘림 여부는 노동의 본질일 수 없다. 그런데도 노동자를 이렇게 경직되게 정의하게 된 것은 계급투쟁이 역사발전의 원동력이라는 이론과 그것을 이용하려는 정치적 의도 때문이었다.

세상을 유산계급과 무산계급으로 양분하고, 유산계급을 타도하기 위한 무산계급의 투쟁이 역사발전의 원동력이라는 사회주의 이론이 실제 정치를 위한 수단으로 활용되기 위해서는 절대다수를 차지하는 노동자의 분노와 지지가 필요했다. 모택동毛澤東(189

3~1976)은 계급투쟁만능론을 강조하기 위해 '독서유해론讀書有害論'까지 주장하며 지식인들을 전면 부정하다가 마침내 대학은 반사회주의적인 이기주의자를 양산하는 곳이라며 모두 폐쇄해 버리는 극단적인 조치까지 취하였다(1966~1976).

대학이 문을 닫은 10년 동안 모택동의 계급투쟁론을 희화화한 가장 대표적인 사건으로는 1973년에 발생한 장철생張鐵生 백지답안 사건을 꼽는다. 의사와 기술자 등 산업체를 유지할 최소한의 요원 양성이 필요하다는 주은래周恩來(1898~1976) 총리의 요청을 받아들여 모택동은 1973년에 대학입시(고고高考)를 부활시키기로 하였다. 이때 요녕성遼寧省 농장에서 일하던 장철생이 입시를 도중에 포기하고 답안지에 「존경하는 지도자에게 드리는 편지」를 써서 자신은 열심히 일하느라 입시 준비를 할 수 없었다며, 농장 일에 소홀히 하고 공부만 잘한 친구들이 대학에 진학하는 것에 승복할 수 없다고 주장하였다. 사인방四人幇은 이 편지가 시험의 본질이 무엇인지 생각해 볼 수 있는 좋은 사례라며, 대학입시는 프롤레타리아에 대한 자산계급의 반격에 불과하다고 주장하면서 주은래 총리를 비판하기 시작하였다.

장철생은 편지 덕에 수의과대학에 입학했고, 채 2년도 안 된 1975년에 우리의 국회에 해당하는 전국인민대표대회의 상임위원이 되어 대학 최고 책임자로 임명됐다. 반면 답안을 충실히 쓴 학생들은 이기주의자로 몰려 불합격처리 되었음은 물론 많은 불이익을 당하였다. 그러자 더욱 거세진 반지성의 광풍——후에 중국인들이 '집단 이성 상실기'라고 자조하는——이 중국을 휩쓸었다. 중국은 전문가를 찾아볼 수 없는 국가로 추락하였으며, 대학에서 교수들이 자신의 발언권을 갖기까지 수십 년이 걸렸다.

땀 흘려 일하는 자만이 노동자라는 편견은 등소평鄧小平의 개혁개방 이후에도 상당 기간 계속되어 지식인의 삶은 비참하기 그지없었다. 1996년 북경 시민의 평균 수명이 70세였는데, 국무원國務院 직속 싱크 탱크인 중국사회과학원中國社會科學院 교수들의 평균 수명은 57세에 불과하다는 사실이 언론에 노출되었다. 이에 그 원인을 조사해보니 첫째 원인은 가난이고, 둘째 원인은 가난으로 인한 스트레스이며, 셋째 원인은 가난으로 인한 의료의 부실이었다. 다 공부만 하느라 땀을 흘리지 않은 잘못 때문이었다. 중국의 기준에 따르면, 1990년대까지 빌 게이츠William Henry Bill Gates는 땀 흘려 일하지 않는 지식인 실업자, 즉 고등룸펜Lumpen에 속하였다.

노동의 인간화를 강조한 공산주의 국가에서 노동의 인간화가 더욱 실패했음은 이데올로기의 아이러니였다. '적이 없으면 적을 만들어서라도 계급투쟁을 멈추지 말아야 한다'는 모택동의 계급투쟁만능론은 공산주의가 노동자에 대한 연민이 아닌 자본가에 대한 증오를 정권 유지의 원동력으로 삼았음을 말해준다. 이런 한계가 노동의 인간화를 불가능하게 한 것이다. 결국, 막스주의는 노동에 대한 자본주의의 지배력을 더욱더 강하게 만드는 백신으로 변신하고 말았다(강희원, 2011a, 129).

9. 자본주의의 치유 능력

"빈곤과 프롤레타리아는 근대국가라는 유기적 조직체에서 생겨난 화농하는 궤양이다. 그것들은 치유될 수 있을까? 사회주의

의사들은 기존 조직의 완전한 파괴와 전면적 말살을 제안한다."라는 학스트하우젠Haxthausen(1792~1866)의 지적처럼 사회주의는 자본주의의 병폐에서 시작되었다. 자본주의 초기 얼마나 많은 노동자가 열악한 노동환경에 시달렸는지는 새삼 언급할 필요가 없을 정도이다. 홉스봄Eric Hobsbawm은 "이들이 처한 상태는 가장 매정한 경제학자들의 피까지도 얼어붙게 할 만큼 가혹했다"라고 서술하였다.

이런 환경은 조금이라도 생각이 있는 노동자를 움직이게 했다. 모든 노동자가 부자들에게 착취당하고, 빈부격차가 구조화하고 있다는 사실은 의심의 여지가 없었다. 일시적인 항의로 문제를 해결할 수 없다는 것도 명확해졌다. 자연히 노동자들의 연대가 모색되었고, 자본가에 맞서는 또 하나의 계급이라는 인식을 공유하게 되었다. 그리고 러시아혁명을 시작으로 치열한 투쟁이 70년 동안 전개되었다. 하지만 학스트하우젠이 의문을 품었던 사회주의 의사의 처방은 결국 병을 치유하는 데 실패하였다. 심각한 궤양에 시달리던 자본주의는 더욱 건강해져서 어지간한 병에는 끄덕도 하지 않을 정도의 면역력을 갖게 되었다.

사실 자본주의와 사회주의 모두 고정된 그 무엇은 아니었다. 모든 사회시스템이 그러하듯 거기에는 다양한 형성 요인과 과정, 그리고 복잡다단한 내부 요소가 있으며, 변화의 흐름 속에 서 있는 것이다. 영국의 산업혁명과 프랑스대혁명이 발생한 1789년부터 막스의 「공산당선언」이 나온 1848년까지의 유럽의 역사적 변화를 연구한 홉스봄은 산업혁명이 자본주의 경제를, 대혁명이 자본주의 정치를 낳았으며, 이런 이중 혁명이 자본주의의 전형을 이루었다고 밝혔다. 단 일반에 알려진 바와 달리 산업혁명이 꼭 기술 발전에 의한 것이 아니었고, 대혁명이 일어난 프랑스에 정작 민주정이 자리 잡지 못하였다면서 이 모든 것이 고정된 어떤 것이 아니라 역사 속에서 진행 중이었다고 주장하였다.

즉 유럽의 근대화는 일반 상식과 달리 영국의 자유주의가 산업혁명을 발전시킨 것이 아니라 산업혁명이 창출한 이윤이 자유주의를 발전시켰고, 프랑스는 혁명이 자본주의 발전을 저해하였으며, 프로이센은 오히려 절대주의적 환경 속에서 자본주의가 발전하는 등 자본주의 발전의 경로는 매우 다양하였다. 또 산업혁명과 프랑스대혁명이라는 이중의 혁명을 거쳤음에도 불구하고 당시 가장 큰 사회적 문제는 여전히 토지문제였다. 이는 새로운 시민사회가 만들어지고 있었지만, 여전히 기존의 지주 귀족 세력이 강력하였고, 한편에서는 도시 빈민을 중심으로 사회혁명이 진행되고 있는 매우 불안전한 국면이었음을 말해준다(이상 홉스봄, 2017, 39~61, 394, 539).

사회주의 혁명을 불러일으킨 자본주의의 양극화 심화 요인으로 그동안 모두 저임금 문제에 주목하였지만, 홉스봄의 지적처럼 자본주의의 성숙과 함께 등장한 부동산 문제는 임금 못지않은 모순, 나아가 임금 문제보다 더 심각한 모순이었다. 1896년 영국을 방문하였던 손문孫文(1866~1925)도 당시 유럽의 부동산으로 인한 심각한 양극화, 그로 인한 갈등에 대하여 주목하고 '평균지권平均地權'——토지소유권의 균등——을 삼민주의三民主義의 핵심 요소로 포함시켰다.[23] 이 점에 대하여는 70년대 이래 계속되고

---

23) 손문의 평균지권 개념 형성에 미친 요인과 이후 정책적 실천에 대하여는 정태욱, 2015, 185~216 참조.

있는 우리 사회의 부동산 가격 폭등을 돌아보면 더 이상의 설명이 필요치 않을 것이다.

그렇다면 이처럼 모순투성이인 자본주의가 살아남고 이론적으로 더 정치精緻하고 도덕적인 것처럼 보이는 공산주의가 스스로 몰락한 요인은 무엇일까? 역사는 체제의 문제점을 개선해 나갈 수 있는 내부 시스템의 존재, 즉 민주주의의 존재와 부재가 두 체제의 운명을 갈랐다고 말해준다. 어떤 사회시스템이건 장단점을 안고 있으므로 부단한 소통과 자기혁신을 제도화한 시스템이 가장 건강한 것이다.

10. 공화정과 민주정

우리 헌법은 "대한민국은 민주공화국이다(제1조)"로 시작한다. 정체政體로서 민주정, 국체國體로서의 공화국이 우리 헌법의 핵심 원리이자 근본규범이라고 설명하지만, 민주가 공화국을 수식하는 것 같은 어순 때문에 민주주의가 절대가치로 중시되어야 한다는 일반의 인식과 달리, 마치 민주보다는 공화국이 더 중요한 개념처럼 다가오기도 한다.

민주정democracy은 일반 시민을 뜻하는 그리스어 demos와 통치·권력을 뜻하는 kratos의 합성어 demokratia에서 유래하였다. 본래 시민의 통치를 뜻하는 말이다. 공화국republic은 라틴어 res publica에서 유래한 말로 본래 '공적인 것the public thing'을 뜻하며 모든 공적인 것의 총합인 국가, 국가 공동체를 위한 정치체제를 뜻하는 말로 쓰였다.[24] 이 republic을 공화정·공화제·공화국 등으로 번역한 것은 일본이었다.

일본에서 republic의 번역어로 고른 공화共和는 본래 중국 유일의 귀족정을 이끈 주인공의 이름이며, 공화 1년(前841)은 중국에서 연대가 분명하게 기록되기 시작한 첫해이기도 하다. 서주의 여왕厲王(?~前828)이 폭정을 일삼자 제후들이 왕을 내쫓고 공共 지역의 백작伯爵인 화和라는 귀족, 즉 공화백共和伯(?~?)을 추대하여 정무를 대신 집행하게 하였다. 공화백은 제후들과 함께 14년을 통치하고 선왕宣王(?~前782)에게 권력을 이양함으로써 중국에서 유일한 귀족정의 시대를 기록하였다.

어원에서 알 수 있듯이 민주정民主政은 모든 국민이 국정을 운영하는 정치체제를, 공화정共和政은 선출된 소수가 국정을 운영하는 대의제 정치체제를 말한다. 링컨Abraham Lincoln(1809~1865)이 게티즈버그 연설에서 천명한 '인민에 의한, 인민을 위한, 인민의 정치체제'가 바로 민주정이다. 따라서 민주공화국은 전 국민이 참여하는 보통선거로 선출된 소수가 국정을 대행하는 대의제 민주주의 국가라는 뜻이다.25)

여기서 한 가지 유의해야 할 것은 민주정democracy을 민주주의로 번역한 까닭이다. cracy는 귀족정aristocracy, 전제정autocracy처럼 정체cracy이지 주의ism가 아니다. 따라서 democracy는 민주주의가 아니라 민주정으로 번역해야 맞다. 그런데 일본 학자들

---

24) 키케로는 "공화국은 인민이 관심을 갖는 것들res publicares populi"이라고 정의한다. 바꿔 말해서 레스 푸불리카는 "인민이 정부의 일차적 관심사이고 권위의 원천"임을 뜻하며 장차 주권재민을 기조로 하는 '공화주의republicanism' 사상의 뿌리가 된다(서유경, 2011, 19~20).
25) 민주공화국의 정확한 정의에 관하여는 곽준혁, 2005, 34~35 참조.

이 democracy를 민주주의라고 번역한 것은 민주정과 천황제가 양립할 수 없기 때문이다. 이런 정치적 부담을 피해 일본 학자들은 democracy를 민주주의로 번역한 뒤 민본(民本)주의와 유사하거나 민본주의를 좀 더 적극적으로 표현하는 비정치적 용어처럼 소개하였다(박상훈, 2020, 34).

11. 공화정에서 민주정으로

고대 아테네는 전성기 인구가 25~30만 명이었고, 참정권을 가진 시민은 3~5만 명으로 대략 15%에 불과했다. 미성년자·여성·노예는 물론이고 다른 도시에서 온 이주민도 참정권이 없었다. 별도의 정부 조직과 법원도 없고, 시민 총회를 열어 추첨으로 그날의 의장을 선출하고 모든 것을 결정하는 구조였다. 더구나 아테네는 전쟁이 끊이지 않았던 나라였다. 그래서 오직 자국 출신으로 정해진 군사훈련을 이수한 남성만이 시민으로 인정받았다. 따라서 아테네의 민주주의는 매우 특수한 상황 속에서 전개된 것이며 페리클레스Perikles(前495?~429) 시대란 짧은 시기만 작동하고 후세에 전해지지 못한 채 그대로 사라졌다.

민주정이란 말이 재발견 된 것은 13세기 중엽이고, 영어에서 democracy로 표기된 것도 16세기 말에 들어와서였다. 하지만 아테네의 민주정을 긍정적으로 평가하는 기록은 거의 없었다. 중우(衆愚)정치나 선동정치의 대명사로 여겼고, 소규모 도시국가 모델일 뿐 일반 국가에서는 적용할 수 없는 것이라고 평가절하되었다.

그래서 근대를 연 위대한 정치혁명으로 알려진 영국 명예혁명(1688), 미국 독립혁명(1787), 프랑스대혁명(1789) 모두 우리의 일반적인 상식과 달리 민주정의 실현을 목표로 내세운 일이 없었다. 3권분립의 아버지라는 몽테스키외도 공화국과 공화정을 목표로 했을 뿐 민주정을 목표로 하지 않았다. 루소도 『사회계약론』(1762)에서 민주정은 '신의 세계에서는 몰라도 인간의 세계에서는 실현될 수 없다'고 단언하였다. 1787년 미국 「연방헌법」을 제정한 이들도 자신들이 만들려는 것은 공화정이지 민주정이 아니라고 분명히 밝혔다(박상훈, 2020, 10, 16~17, 40~41).

이들 프랑스대혁명 이전의 고전적 공화주의자classical republican들은 '타인의 자의적인 지배로부터의 자유'를 주장하며 이러한 자유를 향유할 수 있는 조건으로 법의 지배, 견제와 균형. 그리고 개인의 자율성 등을 강조하였지만, 공화정을 어디까지나 "소수의 대표에게 위임된 정부", "또는 집단으로서 인민의 참여가 완전히 배제된 정부"라는 의미로 사용하였다. 이렇게 대의제는 18세기까지 민주정과 근본적으로 다른 것으로 인식되었다.(곽준혁, 2005, 35, 45).

프랑스대혁명의 리더 역시 공화정을 주장했을 뿐 민주정에 대해서는 부정적이었다. 그들이 내세운 시민의 자유와 권리는 어디까지나 재산이 있는 성인 남성의 자유와 권리였을 뿐이다. 『미국의 민주주의』를 썼던 토크빌Alexis de Tocqueville(1805~1859)도 민주주의가 선동에 취약한 체제이며, 민주주의를 인정하더라도 그것은 부득이한 경우에 일종의 필요악으로 수용해야 한다는 견해를 지니고 있었다(박상훈, 2020, 10, 17~19).

12. 참정권과 민주주의

　세습 군주와 귀족, 그리고 교회가 다스리는 봉건적 정치체제 대신 공개적 절차에 따라 선출된 시민의 대표가 국정을 운영하여 시민의 자유와 권리를 보호하자는 공화정을 주창한 것은 부르주아였다. 반면 부르주아에 국한된 시민의 자유와 권리를 모든 사회구성원에게 확대하여 민주정을 실현하자고 주장한 것은 바로 노동자와 여성이었다.

　홉스봄은 역사의 무대 위에 올라선 노동자와 여성들의 입장을 실천적으로 표현한 것이 바로 민주주의 운동이었다고 지적하였다. 점잖고 우아한 사람들을 위해 마련된 장소에 이전 같으면 감히 나타나려 하지 않았던, 겉보기에도 가난한 시민들이 부자들과 어깨를 나란히 하며 고개를 똑바로 높이 쳐들고 다녔다고 그 변화의 모습을 소개하면서 이들이 원하는 것은 바로 존경과 인정과 평등이었다고 밝혔다(홉스봄, 2017, 399). 이처럼 민주주의는 시민혁명의 결과가 아니라 시민혁명을 바탕으로 노동자와 여성이 오랜 투쟁과 노력 끝에 획득한 소중한 결실이었다.

　민주주의 실현의 관건은 바로 참정권이었다. 그런데 민주주의의 선진국이라고 하는 영국조차 제1차 선거법 개정(1832)을 통해 재산세를 낸 부르주아 남성에게 참정권을 허용하며 유권자 폭을 넓혀주었지만, 그 비율은 겨우 5.9%에 불과하였다. 2차 개정(1867)으로 14.2%가 되었고, 비밀투표가 이루어진 제3차 개정(1884~1885) 때 29.3%, 남녀 각 21 · 30세로 처음 여성 참정권이 허용된 제4차 개정(1918) 때 74.8%로 비로소 민주적 선거체제에 가까워졌다. 그리고 1928년의 제5차 개정으로 진정한 보통선거, 즉 제도적 민주주의가 이루어졌다. 모든 사회구성원에게 투표권을 허용하라는 노동자와 여성의 참정권 확대 요구 투쟁이 성사되기까지 꼬박 90년이 걸린 셈이다.

13. 슘페터의 민주주의

민주공화국이라는 개념이 최초로 등장한 것은 1848년 프랑스 제2공화국에서 천명한 '민주적 공화국Republique-democratique'이다. 여기에서 비로소 인민주권, 참여를 강조하는 정치적 지표로서의 민주주의, 그리고 군주정에 대립하는 공화정체의 결합 등이 중요한 개념으로 정착하였다(곽준혁, 2005, 37).

하지만 국교의 폐지, 여성의 권리 증진, 포괄적인 복지국가 수립 등 새로운 민주주의의 지평을 연 민주공화국의 모델인 바이마르 공화국조차 민주주의에 대한 내부 반발이 대단히 컸다.[26] 결국, 좌파와 우파의 공세에 시달리던 공화국은 전 세계를 강타한 대공황의 충격에 14년 만에 붕괴되고 말았다. 뒤이어 파시즘이 대두하고, 제2차 세계대전이 발발하자 민주주의의 취약성에 대한 논쟁이 광범위하게 전개되었다. 이어서 전후 냉전이 총력전으로 전개되자 공산주의의 공세로부터 자본주의를 지키기 위해서는 건강한 민주주의를 구축해야 한다며 관련 논의가 본격화되었

---

26) 바이마르 공화국은 신교의 국교 지위를 박탈함으로써 '왕좌와 제단'의 제국적 유대를 해체하였다. 전통적으로 독일 민족주의와 제국주의의 열렬한 지지자였던 신교도들은 민주주의를 제국 해체를 위한 적들의 도구라고 간주하고 저항하였다. 대학의 교수와 학생도 보수적인 배경을 갖고 있어서 바이마르 민주주의에 대하여 혐오하였다(그린버그, 2018, 54~56).

다.

　이처럼 정치학계에서 민주주의를 이론화하려는 노력은 20세기 중반에 이르러서야 시작되고, 그때 비로소 '민주주의 이론'이라는 뜻의 'democratic theory'라는 표현이 처음 등장하였다. 당시 정치학자로 하여금 민주주의에 대한 이론화 노력을 자극한 사람은 슘페터였다. 슘페터가 '창조적 파괴Creative Destruction'를 언급한 『자본주의, 사회주의, 그리고 민주주의』(1942)야말로 민주주의에 대한 최초의 이론서이기도 하다(박상훈, 2020, 19).

　슘페터는 기존의 민주주의를 '고전적 민주주의'라고 칭하고 알려진 바와 달리 민주주의가 추구하는 공동의 선善과 의지란 존재하지 않는다며 민주주의란 정치적 지도력을 장악하기 위한 합리적인 제도라고 보았다. 따라서 '민중이 지배하는 체제'가 아니라 '민중의 지지를 얻으려는 정치가들의 경쟁체제'인 민주주의가 제대로 작동하려면 자질이 뛰어난 정치인, 잘 훈련된 관료, 감독 가능한 범위의 의결, 국민의 민주적인 자제력과 법의 준수, 이견에 대한 관용 등이 꼭 필요하다고 주장하였다. 그리고 이런 합리성이 궁극적으로 자본주의를 사회주의로 이행시키는 데 유용한 요소라고 생각하였다(Polarized Lentium; 혜윰책방, 2019.3.27).

14. 아테네의 시민공화주의

　그리스의 민주정은 아테네라는 특수한 환경 속에서 발아하고 성장하여 화려하게 꽃피었지만, 홀씨를 널리 퍼트리거나 이식하는 데는 성공하지 못하였다. 소수의 시민과 다수의 노예로 이루어진 도시국가에서 이룩한 성과라는 점이 그 보편성과 확장성에 대해 의구심을 가지게 하였다. 하지만 그리스 민주정에 대한 근대의 거센 비판의 본질은 국왕과 귀족을 대신하여 권력을 독점하려 했던 부르주아가 자신들에 대한 노동자와 여성의 도전을 막으려는데 있었다.

최근 세계적으로 대의제 민주주의가 위기에 봉착하자 더 나은 민주주의 실현을 위해 그리스의 민주주의, 특히 아리스토텔레스의 고전적 공화주의에 주목하는 움직임이 활발하다. 공화주의는 진정한 자유란 사적이고 고립된 영역이 아니라 공적이고 연대하는 영역에서 비로소 향유가 가능하다며 정치공동체를 만들고 유지하는 데 모두 적극적으로 참여할 것을 강조한다. 이들은 아리스토텔레스가 공화주의의 본질로 자율적 자기 지배와 적극적인 공민적 자유, 시민으로서의 덕성, 그리고 합리적인 법의 지배, 법의 기원으로서의 이데아 등을 강조한 점에 주목하였다.

아리스토텔레스와 사유를 공유하며 많은 고전적 공화주의 학자를 키워낸 한나 아렌트Hannah Arendt는 인간을 다수의 사람과 소통하며 살아가는 존재라고 보고(서유경, 2011, 11), 사람들의 활동을 사적 영역과 공적 영역으로 구분한 뒤 공적 가치를 위해 정치에 참여하는 행위를 자유의 적극적 행위, 자신의 탁월성을 발휘하는 행위로 보았다(이명순, 2007, 271~274).

아렌트가 특히 주목한 것은 아고라에 나가 적극적으로 정치 토론에 참여하는 아테네 시민들의 치열한 '분투정신the spirits of agonism'이었다. 아렌트는 분투정신을 아테네 시민공화주의civic republicanism의 근간이라고 강조하였다. 시민으로서의 주체 의식을 가지고 사적 이익 대신 공적 책임 의식을 공유하는 것을 시민사회의 근간으로 본 것이다(에드워드, 2018, 199~200).

이런 아테네의 공화주의는 로마에서 더욱 성숙한 모습으로 발전하였다. 아렌트는 로마가 귀족과 평민 간의 약속으로 공포된 「12표법」에 의해 이루어진 공화국이어서 법이 곧 공적 영역의 표상이며 법을 통한 약속, 약속의 준수가 로마 발전을 가능케 한 개방과 포용의 원천이라고 보고, 법인격persona——공적 정체성——의 구비 여부가 공인으로서의 자격을 가늠하였다며 로마의 법적 지배가 곧 윤리적 지배였음을 지적하였다(서유경, 2011, 20~24).

"미덕을 갖춘 시민이 공익을 위해 사익을 양보하는 것"을 공화정의 요체라고 한 키케로는 상호성에 기초한 법, 대표의 권위와 인민 자유의 균형, 민주적 리더십을 공화주의의 주요 구성요인으로 주목하였다. 권리와 의무의 통합, 준법과 공공선의 존중이라는 공화주의적 시민성은 자유주의적 시민성이 지닌 개인주의의 한계를 넘어서 공동선의 추구와 시민적 덕성을 강조함으로써 더욱 윤리적인 책임 민주주의의 실천을 가능하게 할 수 있다는 점에서 주목받는다(이지영, 2012, 93~97).

이처럼 현대 민주주의와 고대 그리스 민주주의는 역사적 기원과 제도적 운영원리가 다른 것처럼 보이지만 그 본질에서는 면면히 흐르는 공통의 정신을 발견할 수 있다. 아무튼, 자본주의가 많은 모순과 한계를 가지고 있었고, 도덕적으로 비난받았지만, 지금과 같이 흔들리지 않는 위상을 이룩한 것은 바로 끊임없는 내부 변혁에 성공하였기 때문이다. 자본주의와 민주주의는 합리성의 추구라는 공통분모를 가지고 있었고, 정치 권력으로부터 소외되었던 노동자와 여성이 참정권 확보를 위해 투쟁한 민주주의

운동 과정이 바로 병든 자본주의를 건강하게 만드는 치유의 과정이었다. 반대로 공산주의는 그것이 결여되었기 때문에 치유 불능에 빠진 것이다.

|제6절| 자유의 진화: 행복과 존엄으로

1. 자유에서 행복으로

　천부적 인권으로서 자유가 지닌 소중한 가치를 발견한 것은 계몽주의의 위대한 성취였지만 계몽주의자들이 기획한 자유의 현실은 자본주의의 현실 속에서 그 한계가 분명히 드러났다. 자유를 각 개인의 의지에 맡기고 예정조화의 보이지 않는 손에 기대는 단순한 방식으로는 현실에서 진정한 자유가 구현될 수 없다는 것이 확인된 이상 자유는 좀 더 구체적인 보완이 필요했다. 여기서 로크의 견해에 대해 좀 더 주목해 볼 필요가 있다.

　로크는 『통치론』에서 "본래 인간은 모두 자유롭고 평등하고 독립적인 존재이므로 …… 자신의 자연적 자유를 포기하고 시민사회의 구속을 받아들이는 유일한 방도는 …… 편안하고 안전하고 평화스러운 삶을 영위하기 위하여"라고 하였고, " '인민의 복지가 최고의 법이다'라는 구절은 너무도 정당하고 기본적인 원칙이다", 또 "정부의 목적은 인류의 복지다"라고 하였다(로크, 2009, 3, 151, 215).

　이는 국가의 목적이 단순한 자유와 평등, 재산권만 지켜주는 소극적인 존재가 아니라 인간다운 삶을 보장해주는 복지 실현의 적극적인 주체가 될 수 있다는 중요한 단서가 된다. 로크의 이런 사상은 「버지니아 권리장전」(1776.6)에서 "재산을 취득하고 소유할 방편을 지니고 생명과 자유를 향유하는 것, 그리고 행복과 안전을 추구하고 획득하는 것"이라고 하여 행복이 자연권이 되었고, 국가의 존재 이유가 '최대치의 행복과 안전의 산출'이라고 규정되었다. 이어서 제퍼슨Thomas Jefferson(1743~1826)이 작성한 미국「독립선언문」(1776.7)을 통해 행복권이 법적으로 확정되었다.「독립선언문」은 다음과 같이 시작한다.

> 다음과 같은 사실을 자명한 진리로 받아들인다. 즉 모든 사람은 평등하게 창조되었고, 창조주는 몇 개의 양도할 수 없는 권리를 부여했으며, 그 권리 중에는 생명과 자유와 행복의 추구가 있다. 이 권리를 확보하기 위하여 인류는 정부를 조직했으며, 이 정부의 정당한 권력은 인민의 동의로부터 유래한 것이다. 또 어떤 형태의 정부이든 이러한 목적을 파괴할 때는 언제든지 정부를 개혁하거나 폐지하여 인민의 안전과 행복을 가장 효과적으로 가져올 수 있는, 그러한 원칙에 기초를 두고 그러한 형태로 기구를 갖춘 새로운 정부를 조직하는 것은 인민의 권리이다.

이로써 미국「독립선언문」은 '행복'을 양도할 수 없는 권리이자 정부의 목적으로 공포한 세계 최초의 건국 헌장이자 국가 공문서가 되었다. 제퍼슨이 생각한 행복 개념은 사회적 행복에 다소 무관심했던 로크보다는 참다운 행복은 사회에서만 찾을 수 있다며 공적 행복을 강조한 허치슨Francis Hutcheson(1694~1746)의 개념에 더 근접했고, 거기에 공리주의적 사고도 반영된 것으로 보인다. 이렇게 미국「독립선언문」은 기본권을 생명권, 자유권, 행복추구권으로 확대함으로써 자유만으로는 충족되지 않는 기본권의 한계를 크게 보완하였고 인민의 공적 행복이 통치의 합법성을 가늠하는 정치적 척도가 되게 하였다.

제퍼슨이 「독립선언문」에서 재산권 대신 행복추구권을 자연권으로 명시한 것은 정부가 개인의 재산권 보호보다 다수 국민의 최대행복을 달성하는 데 더 중점을 둠으로써 '자유의 정치'와 함께 공적 행복을 추구하는 '미덕의 정치politics of virtue'로 나아가기를 희망하였던 것 같다.

행복권이 헌법에 최초로 명기된 것은 1793년 프랑스 「헌법」이었다. 프랑스 「헌법」 제1조는 "사회의 목적은 공동의 행복 구현에 있다"고 선언했으며, 로베스피에르는 "인간은 행복과 자유를 위해 태어났다. 이제 법에 의해 인간을 행복하고 자유롭게 만들 직무를 수행할 때가 임박했다"며 정부의 목적을 국민 전체의 행복 증진으로 정의함으로써 자유를 대신해 행복이 새로운 사상적 기조를 이루었다(이상 이영효, 2017, 75~77, 87~88, 95~97, 106).

2. 행복과 존엄

하지만 행복은 매우 모호한 개념이다. 에피쿠로스Epicurus(前341~271)와 세네카Lucius Annaeus Seneca(前4~65)를 비롯해 많은 철학자의 탐구 주제였지만, 정작 행복에 대한 깊이 있는 담론이나 공통된 정의는 찾아보기 힘들다. 그것은 행복이 특정인의 전유물이 아니라 누구나 관심을 가졌던 삶의 주제이자 소망이고, 각자가 생각하는 행복이 너무나 다르기 때문일 것이다.

행복에 관해 사람들이 가지고 있던 가장 일반적인 생각은 물질적인 풍요로움과 안정된 삶이었다. 『서경書經』「홍범洪範」에서 장수壽 · 부유富 · 건강과 평안康寧 · 덕을 누리는 삶攸好德 · 편안한 죽음考終命을 오복五福으로 여겼고, 한대漢代 환담桓譚(前23~56)의 『신론新論』에서는 장수壽·부유富·존귀貴·안락安樂·자손중다子孫衆多를 오복이라고 하였는데, 이것이 가장 대표적인 동아시아의 행복론이 된 것은 이 소망이 모두가 원하는 바와 일치하였기 때문이다.

반면 구원을 제1의 과제로 여겼던 기독교 세계에서는 행복이란 감히 추구할 수 있는 가치가 아니었다. 행복은 지상이 아니라 천상의 것이니 인간이 얻을 수 없는, 신에게 맡겨진 것이었다. 따라서 죽음만이 죄와 유혹에서 벗어나 천상의 행복을 누릴 수 있는 길이라 여겨졌다. 반면 그리스에서는 행복을 이데아를 향한 열정, 또는 이데아를 향한 열정의 실현으로 보았고, 플라톤은 철학적 행복과 통속적 행복을 구분하였다(신승환, 2017, 서문10). 로크는 행복에 대한 욕구도 신이 부여해준 자연권이므로 행복 추구도 정치적 자유의 토대이며 최대 선이라고 보았다(로크, 2011, 318~320).

러셀Bertrand Russell(1872~1970)은 현대사회에서 행복을 저해하는 가장 큰 요인은 과도한 경쟁이며, 이렇게 경쟁을 강조하는 것은 교양 수준의 전반적인 저하와 밀접한 관련이 있다고 지적하고 교육은 고상한 즐거움을 누릴 수 있는 능력을 훈련하는 것이라고 하였다. 그와 동시에 개인의 행복이 가능하려면 최소한의 사회제도 개선이 필요하다며 행복의 비결을 사회적 맥락에서 거론하였다(도정일, 2013, 184~195). 한나 아렌트는 자코뱅의 등장과 함께 행복이 프랑스 혁명 전통의 주류가 되면서 모든 영역에서 정치를 오염시켰다고 평가했다. 생필품 보급 등 현실 문제해결에만 관심이 쏠리면서 행복에 관한 관심이 정치적 영역의 자유 이념 실현을 침해했다는 것이다(이영효, 2017, 77).

이렇게 행복에 대한 다양한 견해 때문일까. 정작 행복추구권을 명문화한 헌법은 일본과 한국뿐이다. 행복추구권을 최초로 명문화한 국가가 미국이지만 현행 미국 「수정헌법」에는 행복추구권이 들어가 있지 않고, 오히려 잔폭한 군부독재정권에 의해 개정된 제5공화국 「헌법」(1980)에는 행복추구권이 명시적으로 규정되었다. 아마도 일본 「헌법」이 미국 「독립선언문」의 문구를 그대로 수용하였고,[27] 제5공화국 「헌법」 또한 그랬을 가능성이 크다.

아무튼, 행복추구권이 우리 헌법에 명시된 것은 매우 획기적인 일이었다. 정치적 동물인 인간은 자신이 속한 공동체가 행복하지 않고서는 개인의 행복 또한 향유하기 어렵기 때문이다. 그래서 러셀은 행복한 삶을 영위하기 위해서는 자신에게 주어진 근본적인 사회적 의무를 다하며 가능한 한 다양한 관심사를 갖고, 자유에 근거한 열정으로 긍정적인 사회적 행동에 나설 것을 권고하였다(도정일, 2013, 192~194).

행복과 가장 가까운 단어인 희망을 찾으며, 철학을 '희망의 지식'이라고 주장한 블로흐Ernst Bloch(1885~1977)는 인간 존엄성에 대하여 가장 설득력 있게 해명한 학자 가운데 하나이다. 블로흐는 인간 존엄이 공동체로 들어가는 올바른 통로의 이정표라고 정의하면서 고문을 반대했던 토마지우스가 인간의 존엄과 행복을 결합하였고, 그것이 바로 칸트가 시도했던 합테제Synthese라고 하였다(강희원, 2011b, 289). 즉 행복은 인간의 존엄이 지켜질 때 비

---

27) 일본 「헌법」 제13조: "모든 국민은 개인으로서 존중받는다. 생명, 자유 및 행복 추구에 대한 국민의 권리에 대하여는 공공의 복지에 반하지 아니하는 한 입법 그 외 국정상에서 최대의 존중을 필요로 한다."

로소 가능한 것이라는 말이다. 그렇다면 존엄이란 무엇인가?

3. 존엄의 본질

'인간의 존엄dignity'은 인간의 본질에 관한 총체적인 표현이므로 인간의 전인적인 모습을 설정해야 비로소 그 개념을 명확하게 밝힐 수 있다. 하지만 성인·군자 등 인간상에 대한 설정 자체가 현실적 필요성과 형이상학의 사이에 놓여 있는 것이어서 정확하게 정의 내리기란 매우 힘들다. '존엄'도 본래 특별한 사회적 지위를 나타내는 단어에서 모든 인간이 태어나면서 지닌 보편성으로 그 뜻이 확장되어 더 정의하기 힘들게 되었다. 다만 인간에게만 있는 특유한 가치, 인간 스스로 처분할 수 없는 가치를 의미하는 것 정도로 일반화할 수는 있다.

인간에게만 있는 특유한 가치란 무엇일까. 그와 관련해 가장 널리 받아들여진 것은 바로 인간이 영성靈性을 가진 존재라는 점이다. 『서경書經』「태서상泰誓上」에는

> 오직 천지만이 만물의 부모이며, 오직 사람만이 만물의 영장이다
> (유천지만물부모惟天地萬物父母, 유인만물지령惟人萬物之靈).

라고 했고, 기독교에서도 신의 닮은 꼴인 인간만이 이성과 자유의지를 부여받은 영적 존재라고 간주하였다. 이처럼 인간은 동물과 달리 본능적 존재가 아니라 정신적 존재이며, 그것이 인간 존엄의 개념을 구성한다는 것은 동서고금의 보편적 인식이다.

파스칼Blaise Pascal(1623~1662)은 『팡세』에서 이를 좀 더 구체화하여 인간의 사고력이 존엄의 근거라며 다음과 같은 유명한 말을 남겼다.

> 인간은 한 개의 갈대에 지나지 않는다. 자연 가운데 가장 약한 갈대이다. 그러나 인간은 생각하는 갈대이다. 그를 부수는 데는 전 우주가 무장하지 않아도 된다. 한 줄기의 증기, 한 방울의 물을 가지고도 그를 죽이기에 충분하다. …… 그러므로 우리의 모든 존엄성은 사고思考 속에 있는 것이다. …… 그러므로 인간은 사고하는 데 힘써야 한다. 여기에 바로 도덕의 원리가 있다.

칸트는 인간이 이성적 능력을 타고난 인격의 소유자이기 때문에 누가 시켜서가 아니라 자기 스스로 자아실현을 위해 노력하고, 또 자신의 행위를 자율적으로 통제할 줄 아는 윤리적 자율성을 가진 존재라고 보았다. 그래서 인간은 무엇을 위한 수단이 아니라 존재 그 자체로 존귀하므로 자신은 물론 타인에 대해서도 결코 수단으로 대해서는 안 된다며 그것을 가리켜 정언명령이라고 하였다. 그리고 인격이 지향하는 목적은 바로 인간의 존엄이라고 강조하였다(강희원, 2011b, 285~290).[28]

---

28) 모든 사람이 부처의 성품을 지니고 태어났다는 불성론佛性論, 모든 사람이 선한 성품의 단초를 지니고 있다는 성선설性善說, 모든 사람이 배우거나 생각하지 않아도 능히 판단하고 실천할 수 있다는 양지良知와 양능良能 등 동아시아의 지적 전통은 인간의 판단 및 행위능력에 대하여 칸트의 정언명령 이상 긍정적이었으나 아쉽게도 보편적이며 평등한 법적 원칙으로 자리 잡지는 못하였다.

4. 존엄과 인격, 기본권

한편 토마스 아퀴나스Thomas Aquinas(1224?~1274)가 "인격은 존엄을 포함하고 있다", "인격은 존엄의 명칭이다"라고 한 것처럼 존엄은 인격과 표리관계를 이룬다. 「독일연방공화국기본법」(「독일기본법」)에서는 "각인各人은 타인의 권리를 침해하지 않는 한, 또 헌법적 질서 또는 도덕률을 반하지 않는 한, 그 인격성의 자유로운 발전을 목적으로 하는 권리를 가지고 있다(제2조 제1항)"고 하여 '인격발현권'을 헌법적 권리로 인정하고 있다. 독일의 헌법 질서에서 제기한 인간 존엄의 세 가지 명제는 다음과 같다.

① 인간의 존엄은 자유민주제와 「독일기본법」의 최고 가치이다.
② 인간은 인격이 있어 존엄을 갖는다.
③ 모든 인권은 인간의 인격이 가지고 있는 존엄에 기초한다.

따라서 인간의 존엄에 대한 정의는 인격에 대한 정의와 같다. 이처럼 인간의 존엄은 기본권의 통합 개념이며 새로운 기본권이 발굴되고 확산함에 따라 그 폭을 넓어지고 있는 현재진행형인 개념이라고 할 수 있다(이상 강희원, 2011b, 283, 288, 290~292).

그러나 이런 명제에도 불구하고 인간의 존엄이 무엇이며, 그 가치가 무엇인지를 구체적으로 확정하기 어렵다. 나아가 그 존엄을 지켜줄 수 있는 시스템이 무엇인지에 대한 과제도 해결되어야 한다. 결국, 존엄의 구체적인 내용은 시대 환경 속에서 결정되기 마련이다. 노예제도나 인신매매가 인간의 존엄을 해치는 비인간적인 제도라 인식되고, 다시 그 인식이 확산하여 제도로 금지된 것처럼 인간의 존엄은 근대입헌주의의 정립 과정에서 계몽주의·인문주의의 사상적 흐름에 따라 자연법적 원리인 자유·평등 등의 개념이 인간의 존엄을 구성하는 요소로 자리 잡게 되었다.

그래서 존엄의 구성 요소는 기본권과 표리관계를 이룬다. 부여된 자유건 위임된 자유건 자유는 존엄의 첫 번째 구성 요소이자 존엄을 인정받는 전제조건이다. 모든 인간이 평등하다는 것도 인간의 존엄성을 전제로 한 것이고, 자유와 평등을 바탕으로 한 존엄이 있기에 연대도 가능한 것이다.

5. 존엄의 헌법적 가치

기본권 보장은 국가 법질서의 출발점이자 종착점이며, 헌법의 모든 기본권은 인간의 존엄과 가치의 보장으로 수렴된다. 이는 인간의 존엄과 가치가 기본권의 이념적 기초이자 목적 가치이며, 개별 기본권은 인간의 존엄과 가치를 구체화하고 실현하기 위한 수단적 가치라는 말이다.

「독일기본법」제1조 제1항은 "인간의 존엄성은 훼손될 수 없다. 이를 존중하고 보호하는 것은 모든 국가권력의 의무다"이고, 제1조 제2항은 "각인은 타인의 권리를 침해하지 않는 한, 또 헌법적 질서 또는 도덕률을 반하지 않는 한, 그 인격성의 자유로운 발전을 목적으로 하는 권리를 가지고 있다"라고 하였다. 스페인 「헌법」제10조 제1항 역시 "인간의 존엄성은 정치질서 및 사회 평화의 기초이다"라고 하였다(이상 강희원, 2011b, 282~283, 291~292). 우리 헌법 제10조도 "모든 국민은 인간으로서의 존엄과 가치를 가지며"라고 규정하여 「독일기본법」과 맥을 같이 하고 있다. 인간의 존엄과 가치에 관한 이 헌법 조항은 1962년 제5차 헌법개정 때 규정되어 지금까지 유지되고 있다.

오늘날 헌법 질서의 중심적 가치는 기본권이라고 널리 인정되고 있다. 그러한 기본권의 모태가 인간의 존엄이므로 인간의 존엄이 헌법의 핵심적 가치라는 점은 누구도 부정할 수 없다. 다만 존엄은 절대적인 개념이고 가치는 상대적인 개념이라는 논리적 구분에도 불구하고 현실 속에서는 명확하게 구분하기가 어렵다. 예를 들어 사형은 생명 자체를 부정함으로써 인간의 존엄 자체를 부정하는 것이라고 보는 견해가 다수를 이루지만 낙태는 태아의 생명권과 여성의 자기결정권이, 그리고 존엄사는 생명권과 죽을 권리가 서로 충돌하고 있다.

이러한 맥락에서 볼 때, 「헌법」 제10조는 '모든 인간은 단지 인간이라는 이유만으로도 존엄하고 가치가 있다'라는 의미로 해석하는 것이 바람직하다. 즉 헌법의 중심가치는 인간이고 국가권력은 이를 존중하고 보호하여야 한다는 것이다. 여기서 인간이라 함은 생물학적 의미의 모든 인간을 의미하며, 일정한 요건이나 자격을 요구해서는 안 되는 것으로 합의되고 있다. 이는 나치의 집단학살처럼 국가권력의 자의적인 분류에 따라 인간 존엄성을 극단적으로 부정하는 일이 다시 발생해서는 안 되기 때문이다.

블로흐는 더욱 구체적으로 '경제적 해방이 없는 인간의 존엄, 물건이 없는 인권은 불가능하다. 양자는 서로 의존관계에 있다'고 주장하며 '궁핍이 끝나지 않고는 인간 존엄이란 없다'며 존엄의 경제적 조건에 대하여 강조하였다(강희원, 2011b, 289, 291).

6. 존엄의 헌법적 구속력

인간의 존엄이 헌법 질서의 형성에 미치는 파급효과는 크게 세 가지로 정리된다.

① 헌법 질서를 구체화하고 형성하는 방향과 기준이 된다.
② 헌법 조항과 법령의 의미 등에 문제가 있는 경우, 보완을 위한 기준이 된다.
③ 헌법 조항과 법령에 흠결이 있는 경우, 보완을 위한 기준이 된다.

인간의 존엄은 헌법 질서의 구체화를 위한 기준과 지침으로 작용할 뿐만 아니라 이에 반하는 국가작용을 금지하는 근거가 되기도 한다. 이 같은 통제적 역할은 다시 다음과 같은 세 가지로 나눌 수 있다.

① 인간의 존엄은 어떠한 경우라도 국가 활동이 침해할 수 없는 한계가 된다.
② 기본권 제한 방향의 한계가 된다.
③ 헌법개정 방향의 한계가 된다.

헌법재판소와 국내 학계는 일반적으로 현행 헌법의 인간 존엄과 가치를 일반적 인격권으로 이해하고 있다. 일반적인 인격권이란 생명·신체·자유·명예 등에 관한 권리처럼 권리 주체와 떼어놓을 수 없는 인격적 이익을 누리는 것을 목적으로 하는 권리를 말한다. 인격권의 내용은 다음과 같다.

① 명예권名譽權: 자신의 인격적 품위와 사회적인 평가를 훼손당하지 않을 권리
② 성명권姓名權: 필명·가명 등을 포함하는 자신의 성명이 권리 없는 타인에 의해 사용당하지 않을 권리
③ 초상권肖像權: 자신의 얼굴 또는 모습을 권리 없는 타인에 의하여 사용당하지 않을 권리(이상 국가인권위원회, 2009).

근대 헌법의 기본원리로 전제되었던 인간의 존엄과 가치는 20세기에 들어와서 이를 정면으로 부정하는 현실이 세계 곳곳에서 발생하면서 더욱 현실적인 문제로 부상하였다. 갈수록 심각해지는 빈부 갈등, 두 차례의 세계대전을 통하여 드러난 인간에 의한 인간 존엄성 말살의 극단적인 행태가 그것이다. 인간의 존엄이란 인간이 스스로에 부여할 수 있는 최고의 가치임에도 불구하고, 인간성 말살이 자행됨을 경험하면서 정치 권력의 폭압으로부터 개인을 보호하기 위한 현실적이고 구체적인 필요에 따라 인간 존엄성에 대한 요구가 많은 국가의 헌법에 명시적으로 언급되었다.

7. 존엄과 민법의 괴리

인간의 존엄이 보편적 가치이자 규범이 되기 위해서는 시민법이 지닌 한계를 극복해야만 한다. 시민법은 부르주아 계급의 이익에 부합하도록 만들어졌기 때문에 법형식도 부르주아 계급의 사회적 이상에 일치한다. 시민사회는 자유를 시민사회의 근본원리라고 본다. 그래서 자유만 천부의 권리이고 나머지는 후천적인

'획득권리'에 불과하다고 보기 때문에 시민법에서는 자유주의적 이상에 부합되지 않는 현실을 모두 비본질적인 것으로 간주한다. 그리고 자유는 추상적 개념이므로 자유에 대한 요구는 '무제한적'이다.

시민법의 자유로운 인간상은 칸트의 법이론에 등장한 '자립적인 인간'과 이론적으로 동일하다. 민법에서 상정하는 인간은 추상적 인격체이고, 그것에 대응하는 법적 원리가 추상적 자유이다. 따라서 민법은 인간의 다양하고 복잡한 사회관계를 자기 완결적이고 추상적인 인격의 자유의사를 매개로 하는 상호교환적 관계로 분해하고, 이를 '계약'으로 파악하는 것을 기본적인 구성원리로 여긴다.

이렇게 각기 자유로운 시민이 자신의 자유의사로 합치(계약)하는 것을 사회관계 형성의 유일한 근거로 삼는 것이 시민사회이므로 시민법적 인간에게는 자기결정권이 가장 중요하다. 특정인이 부유한지 가난한지, 사용자인지 고용자인지는 인간의 본질과 무관한 우연한 요소라는 점에서 개인의 사회적 상황은 고려되지 않는다. 그래서 칸트는 "시민헌법은 각자에게 그의 것을 보장하는 법적 상태일 뿐, 각자에게 그의 것을 약속하거나 결정하는 법적 상태는 아니다"라고 하였다. 또 자율적 결정은 법적으로 유효할 뿐 아니라 자유의 절대적 위상에 따라서 법률 행위에 따른 자기책임도 무한하다. 자유의사에 의한 계약은 상황 변화와 무관하게 반드시 지켜져야 하므로 계약·보증서의 서명은 계약에 구속된다.

근대 시민법의 기저에 있는 이러한 인간상에 대하여 라드브르흐Gustav Radbruch(1878~1949)는 중세의 공동체적 구속에서 해방되어 이윤추구와 타산에 철저한 인간, 즉 법적 가능성과 사실적 가능성을 동일시한 '경제인'이라고 하였다. 그래서 민법에서 독립적인 인간이란 '스스로를 부양할 수 있는 재산을 가진 자'이며, 자유가 규정한 생존의 형식은 바로 소유권에 드러난다.

시민사회는 상품교환의 경제법칙 이외 일체의 외적 강제 배제를 요구한다. 따라서 법질서 전체로 민법이 중심을 차지하고 공법은 민법을 보호하기 위한 좁은 틀에 불과하게 된다. 그래서 배상책임인 민사책임과 행위책임인 형사책임을 구분하지 않았던 전근대 법과 달리 근대법은 민사책임과 형사책임을 극단적으로 나눈다. 이는 국가와 사회를 구분하는 이원적 사고방식을 전제한 것으로서 민사책임은 사적 자치가 지배하는 사회의 영역이고, 형사책임은 형벌의 원리가 지배하는 국가의 영역으로 나누어진다.

근대 사법의 대표적 법전은 프랑스『민법전』(1804), 독일『민법전』(1900), 스위스『민법전』(1912)이며, 독일『민법전』을 모델로 한 일본『민법전』(1898)의 상당 부분이 우리나라『민법전』(1961)으로 이어졌다. 독일 사법학 역시 일본을 거쳐 우리나라에 상당 부분 수용되었고, 특히 재산법 영역에서는 그대로 주류학설이 되었다. 따라서 우리「민법」이 상정하고 있는 기본적 사회구조는 우리 사회의 현실, 국민의 법의식·법감정과 무관하게 독일『민법전』이 상정하고 있는 사회질서, 즉 칸트의 철학과 그에 기초한 개인주의적 자유방임주의를 사법의 기본적 질서로 구상한 것에 상응한다(이상 강희원, 2011a, 161, 303~304, 321, 323~324, 328~329, 331, 337).

| 제7절 | 자유의 기획: 생존권과 노동권의 출현

1. 기획된 양보讓步정책

　중세에는 왕과 영주가 법을 제정하는 주체였고, 근대국가에서는 봉건 질서를 무너뜨린 부르주아가 법 제정의 주체였다. 그렇기 때문에 근대법은 겉으로 내세운 명분이 어떻건 그 본질은 부르주아의 이해관계를 반영한 것이다. 모든 법은 절차적 정당성과 공평성이라는 명분을 내세우지만, 본질적으로 그것을 집행하려는 주체의 이익을 반영하기 마련이다. 따라서 부르주아의 입장을 일방적으로 반영한 근대법은 노동자들이 대거 출현하고 조직화하면서 그 모순을 드러내기 시작했고, 사용자와 노동자의 이해 대립이 본격 발생하면서 그 한계가 분명해졌다.

　부르주아 정부는 일방적으로 사용자 편에 서서 노동자를 탄압했지만, 최소한의 생존을 위해 뭉친 노동자들의 문제 제기를 언제까지 억누를 수는 없었다. 상식을 벗어난 편파적 조치가 계속될 때마다 갈등은 더욱 증폭되었고, 마침내 부르주아 체제가 전복될 가능성마저 우려할 정도가 되었다. 그러자 완강했던 정권 내부에서도 체제 안정을 위해 이름뿐인 자유노동계약에 대한 규제가 필요하다는 인식이 점차 공론화되기 시작하였다.

　그동안 방임했던 노동문제에 개입하기 위해 국가는 법적 근거가 있어야 했고, 법을 만들기 위해서는 법적 논리, 즉 법원法源

이 마련되어야 한다. 근대법은 로마법의 영향으로 크게 국가 운영에 관한 공법과 개인 간의 관계를 관장하는 사법私法으로 나누어졌고, 노동관계 계약은 국가가 개입할 수 없는 사법의 영역에 속하였다.29)

사법私法은 사적자치, 자기책임, 소유권 절대라는 3대 원칙을 기반으로 한다. 하지만 이 원칙은 빈부격차가 심해질수록 부자에게 일방적으로 유리하므로 사적자치는 약자 보호를 위한 국가의 개입을, 자기책임은 타인의 자유와 조화될 수 있는 범위로, 소유권은 공공의 복리에 어긋나지 않는 범위로 제한해야만 비로소 양극화 문제를 해결할 수 있는 길이 열리게 된다. 특히 사적자치의 출발인 자유계약을 공정계약으로 그 성격을 전환하고, 부당한 계약에 대해서는 공권력이 개입할 수 있는 근거가 마련되어야 한다. 그렇게 하려면 공법과 사법 사이에 새로운 법의 영역, 즉 사회법의 활동 영역이 만들어져야 했다.

노동법으로 대표되는 사회법의 활동 공간을 만들어낸 원동력은 노동운동이었다. 노동자들이 연대와 투쟁을 통해서 자신들의 사회적 역량을 획득하고 다시 이를 정치적 차원까지 끌고 올라가 법적으로 인정받았을 때 비로소 사회법이 탄생할 수 있었다. 따라서 노동운동은 노동법을 창조하는 힘이었을 뿐 아니라 노동법을 유지 발전시킬 수 있는 유일한 힘이었다(강희원, 2011a, 114~115). 물론 그 과정에서 많은 희생이 있었음은 두말할 나위가 없다.

---

29) "로마 자신을 위한 법은 공법이요, 각 개인의 이익을 위하여 존재하는 법은 사법이다"라는 울피아누스의 말은 공법과 사법의 성격에 관한 가장 유명한 법언法諺이다.

2. 노동권 개념의 출현

그렇다면 노동권이란 무엇인가? 노동할 의욕과 능력을 지닌 사람에게 노동의 기회를 사회적으로 보장할 것을 요구하는 것이 노동권의 일반적인 개념이지만, 이런 노동권의 개념이 정립되기까지 많은 우여곡절이 있었다.

노동권의 구체적인 내용은 시대와 상황에 따라 다양하였는데, 17~18세기에는 '모든 인간은 노동하며, 노동하지 않으면 안 된다'라는 전통적인 개념이 자유주의와 결합하여 개인이 자유롭게 노동할 기회를 얻는 것에 국가가 간여하면 안 된다고 여겼다. 그래서 자유주의자들은 노동권을 적극적으로 해석하는 것에 대하여 반대 입장을 취하였지만, 막스주의자도 노동권이 자본주의 체제를 유지하기 위한 책략이라고 비판하며 20세기 초까지 노동을 권리로 파악하는 것에 반대하였다(강희원, 2011b, 352~358).

'노동에 의해 생활해야 한다'며 철학적 차원에서 노동권의 개념을 처음 주장한 사람은 독일의 피히테Johann Gottlieb Fichte(1762~1814)였다. 그리고 피히테와 유사한 내용의 노동권 개념을 처음 명시적으로 주장한 사람은 프랑스의 푸리에Charles Fourier(1772~1837)였다.[30] 푸리에는 자연권의 이상을 실현하기 위한 혁명과 전쟁에서 많은 이들이 희생되었지만, 다수 인민의 삶은 크게 나아지지 않았다며, 자연권을 정치적 개념 못지않게 경제적 개념,

---

30) 푸리에는 우애와 협동에 기반한 사회주의야말로 사회의 성공에 더 유익하다고 보고 매우 이상적인 생산조합의 건설을 주장하였다. 푸리에는 아동교육과 여성의 인권에 대해서도 매우 진보적인 견해를 제시하였으나 사회주의 실현을 위한 정치세력화 등에는 별다른 제안이 없었기에 공상적 사회주의자로 간주된다.

즉 노동권에 대해서도 주목해야 한다고 주장하였다. 그리고 노동권 보장을 위해 오늘날의 생산자조합과 유사한 '팔랑쥬Phalanstère'를 조직·운영할 것을 제안하였다.

푸리에의 추종자 가운데 하나인 꽁시데랑Victor Considérant(1808~1893)은 푸리에와 달리 천연자원(원시자본)은 공유물이지만 토지와 자본은 노동을 통해 개선한 것(창조자본)이므로 사유재산인 것이 당연하다고 하였다. 다만 공유물인 천연자원을 활용할 권리가 지금은 노동권으로 대체되어야 하며 노동의 대가는 천연자연 활용권과 유사해야 한다고 주장하였다. 꽁시데랑의 글은 1840년대 노동권에 관한 글 가운데 가장 널리 읽혔으며, 큰 영향력을 행사하였지만, 부르주아의 계속된 압박으로 실행될 수 없었다(멩거, 2012, 142).

신흥 부르주아와 사회주의자가 힘을 모아 루이 필립 1세Louis-Philippe I(1773~1850)를 축출하고 권력을 장악하였는데(1848.2), 부르주아는 노동권을 '노동을 통해 재산을 모을 권리'로 규정하였다. 그렇다면 자본가는 '노동을 통해 재산을 모은 자'이고 노동자는 '노동을 통해 재산을 모을 권리를 가진 자'가 된다. 노동의 의미를 이렇게 해석할 경우, 부르주아와 노동자는 노동이란 공통의 기반 위에 존재할 수 있다. 노동에 대한 이런 해석을 바탕으로 프랑스는 세계 최초로 성인 남자 모두에게 투표권을 부여하였다. 하지만 사회주의자들이 선거에서 모두 낙선하고 그에 대한 반발로 대립이 격화되자 혼란 극복을 위해 나폴레옹 3세(1808~1873)의 즉위를 인정하는 반동적 결정이 내려지면서 노동권에 대한 논의가 잦아졌다.

프랑스의 영향을 받아 독일에서도 하인리히 갈Heinrich Gall(17

91~1863)이 노동권 개념을 처음 명시적으로 언급하였고(강희원, 2011b, 353), 1840년대 헌법상 권리로 노동권 문제가 거론되기는 했지만, 노동권은 헌법에 해당하지 않는다고 하여 본격적인 논의가 이루어지지 않았다(멩거, 2012, 145). 하지만 프랑스 2월 혁명의 영향으로 3월에 오스트리아에서 메테르니히Klemens von Metternich(1773~1859)가 추방되면서 빈 체제가 붕괴되었고, 독일에서도 통일운동이 일어나 독일연방이 결성되는 등 일대 변화가 일어났다. 그러면서 독일 헌법제정의회(1849)에서도 중도좌파에 의해 노동권이 주장되었다.

하지만 노동권이 헌법 조항으로 자리 잡은 첫 사례는 1919년에 탄생된 「바이마르헌법」이다. 그때까지 노동권은 60년에 걸친 오랜 잠복기를 거쳐야 했다.

3. 초기 노동 관련법

흑사병과 백년전쟁(1337~1453), 장미전쟁(1455~1485) 등 연이은 재난으로 사회적 유동성이 극대화되자 사회의 안정과 노동력 확보를 위한 각종 구빈법救貧法이 영국에서 출현하였다.[31] 그 가운데 「길버트 법」Thomas Gilbert Act(1782)은 작업장 환경 개선과 임금 보조를 규정하였다는 점에서 노동 관련법의 성격을 일부

---

31) 엘리자베스Elizabeth 1세(1533~1603) 때 처음 「빈민법Poor Law」이 제정되었지만, 법명과 달리 사실은 노동력을 확보하기 위해 빈민을 억압하고 통제하는 법이었다. 프랑스의 병원 산하 강제보호소도 사실상 감옥이나 다름없었고, 일부 지역에서는 자선과 가난한 자를 유숙시키는 것을 금지하기도 하였다.

지녔지만, 최초의 노동 보호 입법은 소년·여성 노동자의 노동력 착취를 제한하기 위해 영국에서 로버트 필Robert Peel(1788~1850)에 의해 제정된 「도제의 건강 및 도덕법」(1802)이다.

당시 영국은 방직기계의 성능이 개선되어서 아동의 단순 노동력 보조만으로도 작업이 가능해지자 빈민 자녀들을 동원한 노동이 일반화되었으며 심지어 4세 아동까지 노동에 동원되었다. 노동에 대한 시간제한도 없어서 16시간 이상의 노동에 시달리던 아동들은 영양실조와 만성질환에 시달려 10대 사망률이 큰 폭으로 늘어났다. 그래서 「도제의 건강 및 도덕법」을 제정하여 1일 아동 노동시간을 12시간으로 제한하고 야간노동을 금지하였다.

하지만 그 대상은 빈곤 가정의 아동에게만 적용되었기 때문에 면방직업자들은 일반가정의 아동을 고용하여 노동 착취를 계속하였다. 이에 로버트 필은 9세 이하 아동의 고용금지와 노동시간 제한을 내용으로 한 「공장법」Factory Act(1833)을 통과시켰고, 이후 여성과 아동의 노동시간을 1일 10시간으로 제한하는 내용으로 「공장법」을 개정하였다(1847).

영국이 제정한 「공장법」은 곧 유럽 각국에 보급되어 프로이센의 「공장의 아동 사용에 관한 프로이센 조례」(1839), 프랑스의 「제조장에 고용된 연소자의 노동에 관한 법률」(1841)로 이어졌지만, 여전히 본격적인 노동법이라기보다는 시민법의 개인주의적 자유 원리를 전제로 한 예외적이고 소극적인 시혜적 보호 입법에 불과하였다(강희원, 2011a, 386).

4. 노동조합의 출현과 탄압

이런 열악한 노동환경은 자연히 노동자들의 단결과 투쟁을 유발하였다. 노동자들은 우선 숙련노동자를 중심으로 운영되어 오던 수공업자 동업조합을 거점으로 활동하였지만, 직업적 폐쇄성과 배타성 때문에 곧 한계를 드러내었다. 가장 먼저 대중적인 노동조합이 출현한 곳은 영국인데, 대략 1750년경부터 목면·견직·방적 등 섬유업종을 위시한 각 산업 분야별 노동조합이 결성되기 시작하였다. 1790년경부터 프랑스와 미국에서도 노동조합이 결성되었고, 독일은 1820년경부터 결성되었다. 이들 노동조합의 결성과정과 조직 형태 등은 매우 다양하였지만, 처음에는 상호부조를 위한 공제조합으로 자연스럽게 출발한 뒤 점차 조직화되고 적극적인 저항조직으로 성장하였다는 점은 아주 유사하였다(김금수, 2013a, 140~143).

그러자 각국 정부는 노동조합의 설립과 활동을 앞다투어 규제하기 위한 입법에 나섰다. 가장 먼저 제정된 규제법은 프랑스의 「르 사프리에법」(1791)이었다. 「르 사프리에법」은

> 제1조: 신분 같은 직업의 모든 종류의 동업조합 폐지는 프랑스 「헌법」의 본질적 기초이기 때문에 어떠한 명목 및 형식하에서도 그것을 재건하는 것은 금지된다.
> 제4조: 만약 자유와 헌법의 원칙에 반해 같은 직업 기술 및 수공업에 속하는 시민이 단결하거나 그들의 재능 또는 노동의 조력을 일치하여 거부하거나 일정한 가격에서만 승낙하는 협정을 하는 경우, 상기 결의 및 협정은 위헌이며, 자유 및 인권선언에 위반하여 무효인 것으로 선언된다.(강희원,

2011b, 419에서 재인용)

고 하여 노동조합 설립 의도 자체를 부인하였다. 그런데도 노동조합 활동이 더욱 활발해지자 처벌을 강화하여 1803년에 사용자의 단결은 '불법이나 남용'의 경우에만 벌금형에 처하지만, 노동자의 단결은 이유 여하를 막론하고 항상 징역형에 처하는 불공평한 규정이 나왔다. 나폴레옹 『형법전』(1810)에서는 처벌 규정이 더욱 강화되어 파업 참가자는 3개월~1년 징역, 주동자는 2~5년의 징역형에 처하였다. 그 결과 1830~1847년에 「단결금지법」 위반으로 고발당한 조합은 1천 개가 넘었다.

영국도 「단결금지법」(1799, 1800)을 만들어 노동조합 결성을 금지하였다. 「단결금지법」은 "노동자의 단결은 자신의 고용주와 숙련공에 대한 모반의 성격을 띤 것이고, 직업의 확산에 필요한 훈련에 대해 파괴적이며, 고용주가 자신의 소유물로 자기가 선호하는 것을 행하는 권리를 간섭하는 행위"라고 천명하였다(이상 강희원, 2011b, 419; 김금수 2013a, 142~143).

독일에서도 1847년까지 30개가 넘는 법령으로 노동조합을 탄압하였다. 그래서 대부분 노동조합은 비밀결사체로 전환하여 은밀하게 활동할 수밖에 없었다. 그런데도 노동조합이 계속 성장할 수 있었던 것은 노동자의 권리의식 성장에 따른 것이지만, 아무런 사회보험제도도 없어서 노동조합의 상호부조를 통한 구제가 필수적이었기 때문이다(한국노총, 2013, 10). 노동조합은 이런 환경을 이용하여 노동자를 조직하고 전국적인 연대와 투쟁을 통해서 각종 금지법 철폐를 위해 노력하였다.

그 결과 노동조합은 정부의 적극적 금지라는 어려움을 극복하고, 국가의 형벌권에서 벗어나 합법적으로 노조를 설립하고 활동할 수 있는 자유를 획득하였다. 단결금지를 철폐하는 법이 영국(1824·1825), 프랑스(1864), 독일(1869)에서 계속 제정되었고, 미국도 관련 판례(1842)가 만들어지기 시작하였다.

　이렇게 노동조합은 절대적 금지, 소극적 용인, 적극적 보장이라는 3단계를 거쳐서 자리 잡게 되고 영국의 경우, 노동조합이 법제화된 1860~1870년대부터 비로소 성년 남자 노동자까지 포함한 표준노동일이 성립되고 보호 내용이 더욱 정밀해졌다. 반면 독일은 1870년대 이후에도 보호 입법이 경쟁력을 저해한다며 그 대안으로 사회보험을 실시하여 노동자의 단결과 투쟁 의지를 약화시키려고 하였다. 사회보험은 복지정책의 외면을 지녔지만 실제로는 「사회주의자진압법」(1878)에 따른 노조에 대한 억압책의 일환이었다. 미국도 주의 보호 입법은 일일이 위헌무효 판결을 받아야 했지만 1930년 뉴딜정책이 실시되면서 비로소 정착될 수 있었다.

　노동조합의 형태와 운영 방식이 나라마다 다르듯이 단결금지에 관한 법령의 배경과 실행 내용도 나라마다 달랐다. 영국의 경우, 공장의 기술적 한계로 작업 과정이 노동자의 손에 장악되어 있었기 때문에 탄압의 어려움을 인지하고 최소 범위에서의 인정과 적절한 규제를 통해서 미숙련노동자에게까지 노조 운동이 확산하는 것을 막으려 하였다. 하지만 이것이 결과적으로 노동단체권이 국가형벌권의 직접적인 탄압에서 벗어나는 결과를 가져왔다 (이상 강희원, 2011a, 386~387; 2011b, 418~421).

5. 비스마르크의 복지정책

노동운동에 대한 정책을 일방적 탄압에서 적극적인 보호로 급선회한 최초의 국가는 프로이센이었다. 총리 비스마르크Otto von Bismarck(1815~1898)는 기존 체제를 유지하기 위해서는 노동자들에게 일정 부분 양보가 불가피하다고 판단한 뒤 과감하게 사회관련법을 수용하였다.

프로이센은 보불전쟁(1870)의 승리를 발판으로 독일제국의 성립(1871)을 선포하였지만, 오랜 분열의 역사가 남겨준 유산은 그렇게 쉽게 청산되지 않았다. 신교 위주의 프로이센이 주도한 제국 건설에 대해 남서부 지역 가톨릭의 반발이 거세게 일어났고, 산업화로 급격히 늘어난 노동자들도 정치세력화하였다. 1871년 인구의 1/5이었던 노동자가 1880년대 초에는 1/4로 급증했고, 이들 가운데 상당수는 사회주의를 지지하고 있었다. 이들은 전독일노동자협회(1863)와 독일사회민주주의노동당(1869)을 창당한 뒤 고타에서 합동대회를 열고 현 독일사회민주당의 기원이 된 독일사회주의노동자당으로 통합되었다(1875).

이들은 지속하여 의회로 진출해 세력을 확대하고 있었고, 비스마르크를 지지하는 정당들은 1881년 총선에서 참패하였다. 그러자 비스마르크는 황제 암살 미수사건을 계기로 「사회주의자진압법」(1878)을 만들어 사회주의자를 탄압하는 한편 국가 주도 복지정책을 통해 노동자들을 이들과 분리하려 하였다. 하지만 탄압은 오히려 사회민주주의를 지향하는 정치세력과 노동조합의 공감대를 넓히고 연대를 강화하는 결과를 낳았다.

1880년대부터 약 30년간 독일 경제는 비약적으로 발전하면서 경제력 집중 현상이 가시화되고, 산업노동자 수는 1895년에 1천만 명을 상회하게 된다(이상호, 2005, 10~11). 이런 환경 속에서 비스마르크는 1881년부터 10년에 걸쳐 사회보험을 기초로 하는 광범위한 복지제도를 도입하였다. 「의료보험법」(1883)을 필두로 「재해보상법」(1884), 「폐질 및 노년보험법」(1889)이 제정, 공포됨으로써 독일은 세계 최초의 복지국가 모델을 탄생시켰다. 나아가 보호관세를 도입하는 등 경제주체 간의 사적 경쟁을 집단적 이해에 기초해 조직된 집단 간의 경쟁으로 대체하는 등 자유방임적 경제 질서에 대한 국가 개입을 본격화하였다.

보수적인 정권에 의해 사회주의 정책이 수용된 것은 철저하게 기획된 양보정책의 산물이었다. 이에 대해 자유주의자들은 자유경제에 대한 국가의 개입이라며 반대하였고, 사회주의자들 역시 노동 세력을 분열시키기 위한 기만적인 회유책에 불과하다며 반대하였다. 이처럼 첫 복지국가 모델은 자유주의자와 사회주의자의 일치된 반대 속에서 태어났다.[32]

---

[32] 복지국가 모델을 처음 만들 때 사용자와 노동자 양측으로부터 공격받기는 미국도 마찬가지였다. 대공황을 극복하기 위해 제정된 「전국산업부흥법」(1933. 5)은 대통령에게 공정 임금과 공정 가격을 규제할 권한을 부여하고, 공공노동청을 두어 공공노동사업을 주관하게 하였으며, 노사관계 정상화를 위해 노동조합의 결성과 단체교섭권 보호를 하게 하였다. 하지만 노동자에게 단체교섭권을 부여하였을 뿐 이를 사용자의 의무로 규정하지는 못했다. 그러자 사용자는 친노동적이라고, 노동자는 친사용자적이라고 함께 비판하였다.

6. 멩거의 노동수익권

이렇게 자유주의자와 사회주의자의 일치된 반대 속에서 태어난 정책이 제대로 정착되려면 탄탄한 법적 논리를 갖추어야 했다. 여기에는 형식적인 자유권의 한계를 넘어설 수 있는 생존권의 존립 근거가 필요하였다.

생존권은 17~18세기 자연법사상을 정리한 피히테까지 소급할 수 있다. 피히테는 사람다운 삶을 누릴 수 있는 권리를 자연권의 일부, 즉 자유권에서 직접 도출된 기본권이자 자유권의 적극적 실현 조건으로서 헌정질서의 근본 원칙이라 하였다. 하지만 기본권은 본래 법적 효력을 가질 수 없는 허구여서 타인과의 공동체에서만 존재하며, 국가와의 계약을 통해서만 구체적 법적 권리로 확정될 수 있다고 하였다. 또 나아가 국가의 존립 목적을 '만인에 대한 만인 권리의 상호 보장'이라고 주장하였다(김준수, 2018, 67~68, 74~76, 82).

피히테의 이런 생존권 개념이 독일에서 노동권으로 법제화된 것은 이후 산업자본주의가 본궤도에 오르면서 사회주의에 대한 이해와 수용력이 증대되고 멩거Aton Menger(1814~1906) 등 사회주의 법학자의 적극적인 활동이 있었기 때문이다. 멩거는 사회주의 이론이 법적으로 정리되어야만 고통받는 대중을 위하여 사회를 개혁할 수 있다며, 경제권經濟權을 셋으로 구분하여,

① 노동자가 자신의 노동으로서 얻은 결과물에 대해 갖는 정당한 권리, 즉 가장 기본적인 경제적 권리는 '노동수익권勞動收益權'이다.
② 필요한 수요를 충족시켜 줄 수단을 마련해 줄 법적 의무가 두

번째 경제권인 '생존권'이다.
③ 생존권의 독특한 변형이며 사회주의의 등장으로 역사적 중요성을 지닌 것이 세 번째 경제권인 '노동권'이다.

멩거는 경제적인 관점에서 가장 이상적이고 완벽한 재산법은 모든 노동자가 자신의 노동 결과물에 대한 모든 권리(노동수익권)를 가지는 것이라고 보았다. 하지만 현행 재산법은 사적 소유에 대한 개인의 권한을 철저하게 보호하기 때문에 부자만 불로소득을 통해 이익을 챙길 수 있다. 하지만 이는 법에 따른 혜택만 누릴 뿐 사회에 아무런 대가를 제공하지 않는 것이라며, 이런 불공정한 수익을 가리켜 '무노동수익無勞動收益'이라고 칭하고 노동수익권의 중요성을 강조하였다. 멩거가 언급한 무노동수익은 막스가 제기한 잉여가치와 같은 개념이다.

멩거는 국가 차원의 구빈법, 즉 영국의 「구빈법」(1601), 프랑스의 「헌법」(1791, 1793), 그리고 프로이센의 「민법」(1794) 모두 중앙정부나 지방정부가 빈민을 보조하거나 일자리를 제공할 의무가 있다고 규정하고 있지만, 노동권은 '구제받을 권리right to relief', 또는 '구직권right to search for labour'과 분명히 구분되어야 한다고 주장하였다. 멩거는 노동권이란 재산권과 마찬가지로 하나의 권리이므로 자선의 대상이 아니며, 설령 일자리를 통해 구제가 이루어진다고 해도 그 본질은 변하지 않는다고 하였다(이상 멩거, 2012, 133~134, 137, 140~141).

노동수익권이라는 이상의 실현을 위해 생존권과 노동권 개념을 주창하고 정립한 멩거의 견해는 1919년에 제정된 「바이마르헌법」의 "경제생활의 질서는 모든 사람의 인간적 가치에 합당한 현존의 보장을 목적으로 하고 정의의 원칙에 부합하여야 한다(제151조 제1항)" 그리고 "모든 독일인은 경제 노동을 통해 생계를 부양할 기회를 얻어야 한다. 적당한 노동의 기회가 제공되었다는 것이 입증되지 않은 경우에는 그에게 필요한 생계 대책을 마련한다(제163조 제2항)"에 반영되었다(김준수, 2018, 97~98).

생존권은 독점자본에 의한 두 차례의 세계대전에 희생양이 된 노동자 계급과 전쟁 피해자에 대한 보상의 개념으로 더욱 일반화되고 다시 기본권으로 발전하였다(강희원, 2011b, 366).

|제8절| 협약과 중재: 사회법의 출현

1. 사회국가 개념의 출현

근대국가는 종교개혁을 통해 교회 권력으로부터 해방된 주권 개념을 탄생시켰고, 대혁명을 통해 세속적 권력과 종교적 권위의 균형을 깨고 권력 분립을 통해 절대적 우위를 확보하는 데 성공하였다. 하지만 산업자본주의와 과학적 실증주의에 근거한 국가 운영은 아리스토텔레스가 『정치학』에서 언급한 냉소적 수준에서 벗어나지 못하였다. 아리스토텔레스가 말하길,

> 사자의 몫을 차지할 힘이 있는 자들을 설득하여 평등과 정의로 인도하는 것보다는 평등과 정의를 쟁취하는 것이 더 쉬운 일이다. 왜냐하면 평등과 정의를 추구하는 자들은 약자들이며, 지배계급은 그에 관하여 아무런 관심도 없기 때문이다.

또 1908년 보헤미아왕국 노동자재해보험국에 들어갔던 카프카Franz Kafka(1883~1924)는 재해보상을 요청하는 노동자의 불쌍한 처지에 대하여 다음과 같이 언급하였다.

> "저 사람들은 공손한 사람들일세. 공장으로 몰려가 약탈하기보다는 우리한테 와서 청원한다네"라고 말하였다 …… 노동재해보상금은 공장에서 나오는 인간쓰레기를 처리하는 데 드는 비용이었다. …… 약자들이 강자 앞에서 체념하는 한숨이 깊은 만큼, 딱 그만

큼 공정하게 매겨진 가격이었다(이상 쉬피오, 2015, 237~238, 243에서 재인용).

이것이 자유권을 바탕으로 성립된 근대 시민법이 보여준 현실이었다. 시민법적 국가의 모순과 한계를 더욱 극대화한 것은 바로 제1차 세계대전이었다. 전쟁이 모두의 예상을 뒤엎고 장기화하고 희생이 걷잡을 수 없이 커지자 무의미한 전쟁에 대한 혐오와 반전反戰 분위기가 확산되었다. 또 기관총과 비행기, 거대 함정을 비롯한 가공할 무기의 등장과 살상은 근대를 이끈 과학만능에 대한 근본적 회의를 불러일으켰다. 거기에 더해 1917년 제정러시아가 붕괴되고 공산주의 정권이 출현하자 각국 정부의 긴장은 최고조에 달하였다.

총력전을 수행하기 위해서는 노동자의 총동원이 절실했고, 이를 위해서는 노동조합의 협력이 절대적이었다. 노동조합이 더는 국가의 단순한 관리 대상이나 통제의 대상일 수 없는 상황이 되었음을 절감한 부르주아 정권에게 러시아혁명은 결코 강 건너 불이 아니었다. 자본주의의 구조적 모순을 완화하거나 제대로 관리하지 않으면 체제 자체를 유지하기 힘들다는 인식이 자연스레 널리 확산하였다.

노동법으로 대표되는 사회법이 출현한 것은 이런 심각한 모순을 해결하고 위기에 처한 국가의 정당성 문제를 극복하기 위해서였다. 이런 일련의 과정에서 '과연 국가란 무엇인가?'에 대해 근본적인 재검토가 자연스럽게 이루어졌다. 국가가 국민의 희생을 일방적으로 요구할 수 있는 명분과 근거, 국가를 위한 국민 희생의 정당성 등에 대해서 보다 합리적인 설명을 하지 않고서는 국가의 존립 정당성에 대한 회의를 잠재우기 힘들게 된 것이다. 또 합리주의의 절정이라고 여긴 이성과 과학의 효용에 대한 궁극적인 의문에 대한 해답도 필요하였다. 이 모든 것에 대한 대답으로 제기된 것이 바로 사회법이었다.

결국, 사회법은 국가를 단순한 통치·지배 도구에서 복지를 위한 봉사자로 만들었고, 그렇게 해서 정당성을 확보한 국가를 가리켜 '사회국가', 또는 '복지국가'라고 칭한다. 그런데 이런 변화는 자본주의와 사회주의란 구분과 별개로 민주주의 국가에서만 가능하였다. 본래 자본주의의 산물인 테일러주의는 노동을 시간 단위로 측정된 일련의 동작으로 축소시킴으로써 대놓고 노동자들에게 생각할 여유를 박탈하였다. 생각하는 대가를 받는 사람이 따로 있다고 하는 테일러주의야말로 노동을 비인간화하는 양식 가운데 가장 극단적 경우라고 할 수 있다.

테일러주의는 자본주의와 사회주의의 공통 기저를 이룬 과학에 대한 과도한 집착이 공장 안에서 표현된 것이다. 과학에 대한 이런 태도가 모든 영역에서 표출되게 한 것이 근대의 병이었고, 그것이 인간을 하나의 기계로 간주하도록 만들었다. 효용성만 우선시한 것이 선이나 정의에 대한 고려로부터 자본주의와 사회주의 모두 자유롭게 만들어 준 것이다.

그런데 아이러니하게도 노동의 소외에 대해 비판했던 사회주의자들이 오히려 과학적 노동조직 개념에 더욱 매달렸을 뿐만 아니라, 그것을 사회 전체의 통치 모델로 삼았다. 레닌은 테일러주의를 "과학의 거대한 진보"로 여겼고, "사회주의를 수립하려는 노동대중들이 거대한 기계산업의 노동 양식에 제도들을 적응시키는 데 성공하지 못한다면 사회주의를 수립하는 것은 무망할 것"

이라고 말하였다(쉬피오, 2016, 401).

그람시Antonio Francesco Gramsci(1891~1937)가 사회주의는 프롤레타리아로 하여금 "세계 전체는 동일한 지시와 동일한 방법 그리고 프롤레타리아가 노동하는 공장에서는 필수적인, 동일한 질서로 조직된 단일하고 거대한 공장이라는 필연성"을 느끼도록 만들었다고 비판한 까닭이다(이상 쉬피오, 2016, 400~402).33)

그래서 사회법은 사적 욕망의 방종과 맹목적인 약탈의 욕망을 제도적으로 억제하고 공공의 이익을 우선할 수 있는 법적 근거를 마련함으로써 자본주의의 한계와 사회주의의 한계를 동시에 극복할 수 있게 하였다. 물론 사회국가도 나름대로 문제가 적지 않다. 이전과 달리 국민을 채권자로, 국가를 채무자로 만들었다는 점에서 사회국가는 국가의 존재 이유와 목적을 획기적으로 바꾸는 업적을 이루었지만, 한편으로는 채권자인 국민이 상호연대책임을 감수하려 들지 않고 국가에 모든 책임을 전가할 뿐 아니라 성급하고 무리한 요구를 하는 경향이 강하다.

2. 사회국가 건설의 과제

사회국가는 기존의 자유주의적 법질서 가운데 두 가지를 수정함으로써 새로운 전환에 성공하였다. 첫째, 자유계약은 신체와

---

33) 전체주의 국가는 기계적인 모델을 국가에 투영하여 국가를 '과학적 법칙'에 따라 운영하는 유일 정당의 손에 장악된 단순한 도구로 만들었다. 따라서 사회국가를 반대하는 것은 자유주의적 경찰국가, 공산주의 국가, 파시스트 국가, 조합주의적 독재국가의 공통점이다(쉬피오, 2015, 244~245, 247).

정신을 분리하여 신체에 대한 사적 소유권이 존재한다는 개념을 전제로 한 것인데, 인간의 신체를 대상화한다는 것은 논리적으로만 가능할 뿐 실제로는 불가능하다. 또 자유계약은 사용자에게 계약 기간에만 노동자를 보호하는 책임을 부여하는 것이어서 사실상 사용자만 자유로운 계약이다. 따라서 이에 대한 새로운 해석과 조정의 필요성을 설득하였다. 둘째, 계약에 사적 결정 대신 집단적 자기 결정이라는 새로운 요소를 추가하였다. 국가가 공정 분배의 규칙을 직접 제정하는 대신 참여 당사자에게 규칙 일부를 수정할 수 있게 길을 터준 것이다.

사회국가 건설에 가장 선구자적 역할을 한 국가는 독일로서 현대 노동법의 이론적 기초를 확립하였다. 거기에는 독일 고유의 법문화가 작용하였다. 종교개혁 당시 칼뱅주의 법학자였던 알투지우스Johannes Althusius(1563~1638)는 법을 제정할 수 있는 주체에는 정치공동체에 포함되는 다양한 직업·가족·지역공동체가 포함된다는 사회적 관점을 옹호하였다. 이 관점은 기르케Otto von Gierke(1841~1921)에 의해 발전하여 독일식 사회 모델 성립에 영향을 주었다.

사회국가의 두 번째 핵심인 보편적 사회보장시스템은 영국에서 고안되었다. 영국인은 노동법의 개념화에는 관심이 없었고, 산업 관계는 노사가 자율적으로 정하는 노동시장의 문제라 여기고 개입을 삼갔지만, 시장경제의 조화로운 작동을 위해 사회보장시스템을 고안하였다.

세 번째 핵심인 공공서비스 이론은 프랑스에서 확립되었다. 그 대표적 인물인 뒤기Léon Duguit(1859~1928)는 사회적 연대를 통치자도 구속하는 객관적 규범으로 보고, 국가를 사회적 연대를 실현하는 하나의 방식에 불과하다고 보았다. 따라서 공공서비스는 국가의 정당성 근거이자 국가의 특권을 제한하는 기준이라고 하였다(이상 쉬피오, 2015, 237~238, 245~248, 250).

3. 브렌타노의 중재제도

독일에서 노동법의 이론적 기초를 확립한 학자 중 우선 주목할 이는 경제학자 브렌타노Lujo Brentano(1844~1931)이다. 브렌타노는 시민법의 자유계약은 노동자를 사용자와 형식상이나마 대등한 관계로 만들었다는 점에서는 큰 진보였다고 인정하면서도 노동상품의 특수성에 대해 제대로 이해하지 못하였기 때문에 형식적 평등이 오히려 실질적 불평등을 조장한다고 지적하였다.

그는 노동상품의 특수성으로 노동과 인격이 분리될 수 없고, 노동이 유일한 생계 수단인 노동자는 노동의 공급량을 조절할 수 없다는 점을 지적하였다. 따라서 노동의 공급 조절을 통한 불평등의 완화가 필요하며 여기에는 국가를 통한 강제적 방식과 노동조합을 통한 방식, 즉 노동자의 자주적 단결을 통하는 방식이 있는데, 후자가 훨씬 효과적이고 현실에 적합하다며 여성이나 아동노동에 대한 국가의 개입을 제외하고, 노사관계에 대한 국가의 개입을 원칙적으로 거부하였다. 왜냐하면 자율로 해야 비로소 노동이 진정한 상품이 되고, 노동자가 본래의 상품판매자가 되기 때문이며, 이해 당사자가 아닌 국가의 개입은 노동조건을 둘러싼 분쟁을 정치투쟁으로 확산시킬 우려가 크기 때문이라는 것이다.

브렌타노는 파업도 노동 공급량을 조절하는 방법의 하나이며,

다른 대안이 없을 때 사용할 수밖에 없지만 상호 갈등을 확대하므로 최대한 피해야 한다며, 그 대안으로 중재기관을 제시하였다. 브렌타노는 중재제도를 노동상품에 관한 일종의 거래소[34]로 보고 노동쟁의를 통해서 얻을 수 있는 결과를 예측하여 불필요한 갈등을 줄일 수 있도록 업무를 수행해야 하며, 그러기 위해서는 중재기관이 상당한 결정권을 가져야 한다고 주장하였다.

이렇게 노동조합과 사용자 단체의 자유로운 교섭과 그것을 보완하는 조정 기관의 자유로운 활동이 바로 조화로운 경제 질서를 형성할 수 있다는 집단적 자유주의 사상, 그리고 노동조합을 노동계약 체결의 주체로 인정하고 그것을 사회정책의 중심에 놓은 브렌타노의 이론은 후에 진쯔하이머Hugo Sinzheimer(1875~1945)의 집단주의 노동법 이론으로 발전되었다(이상 이원희, 1996, 218~221).

4. 기르케의 단체법론

브렌타노가 집단주의 노동법 이론에 경제학적 기초와 사회정책적 내용을 부여하였다면, 그것에 법적 형식을 부여하는 결정적 역할을 한 것은 기르케의 '단체법론'이었다.

기르케는 모든 인간은 자기 완결적인 존재지만 다른 한편으

---

[34] 브렌타노는 노동상품의 공급 통제 수단으로 노동조합이 독자적 직업소개기관을 설치 운영할 것, 통계를 통해 시장 상황을 파악하여 노임이 비싼 지역에서 취업할 수 있도록 여비 수당을 지급할 것, 실업수당을 지급하여 싼값으로 노동력을 팔지 못하게 할 것, 숙련노동의 도제 수를 제한할 것 등을 제한하였다(이원희, 1996, 220).

로는 어떤 단체의 부분이라고 하는 이중성을 지닌 존재라고 보고 양자의 조화, 즉 개별과 보통이라고 하는 상호 보완 요소의 조화가 필수적인 과제라고 파악하였다. 따라서 개인성에 대응하는 자유의 사상과 사회성에 대응하는 통일의 사상이 조화를 이뤄야 하므로 어느 한쪽만 강조하는 자유주의와 사회주의 모두 배척되어야 한다고 주장하였다.

이러한 인간의 이중적 성격을 반영한 것이 개인법과 사회법이며,35) 이 두 법이 하나의 법체계 안에서 조화를 이루어야 한다는 것이다. 하지만 기르케가 주장하는 조화가 양자의 완전한 동등함을 뜻하지는 않는다. 근대법이 확립한 개인주의 입장에서는 개인이야말로 유일한 가치를 지닌 존재이고, 공동체는 개인의 행복을 위한 수단에 불과하다고 하지만 기르케는 이러한 입장에 정면으로 반대하였다. 기르케는 개인과 공동체 모두 중요하지만 '진정한 공동체 정신'을 스스로 채우라며 개인적 이익과 공동체의 이익이 충돌할 때 공동체를 위해 봉사하라고 강조하였다.

기르케가 이렇게 공동체와 사회법을 강조한 것은 법률제정권을 국가에만 부여하는 로마법적 전통과 달리 각종 공동체——민족공동체, 또는 민족공동체 내의 세부 단위인 종교·신분·직업 공동체——가 법을 제정할 수 있다는 게르만법의 전통에 주목한 것이다. 기르케는 이런 다양한 공동체 가운데 조직된 공동체가 더 고도의 법률제정권을 가지고 있다며 자치自治를 객관적 법규범 창출의 법원法源이라고 인정하였다.

---

35) 기르케는 개인법과 사회법의 관계를 처음에는 사법과 공법의 관계로 파악했으나 뒤에는 공법을 국가법 등으로 한정하고, 그 이외의 사회법을 개인법과 함께 사법 안에 포함하여 파악하였다(이원희, 1996, 230).

또 기르케는 고용계약이 단순한 노동과 임금의 교환을 목적으로 한 채권계약이라는 견해를 강하게 비판하고, 고용계약은 채무법적 성격과 함께 인격법적 성격을 지녔다고 보았다. 그리고 그 근거로 주인과 하인의 쌍무적 권리와 의무를 강조한 중세의 충근忠勤계약을 들었다. 나아가 기업을 개별적 계약관계의 산술적 총합 대신 고유한 통합성을 지닌 공동체로 파악해야 하며, 집단적 노동조건 결정이 개별적 결정보다 중요한 의의를 지닌다고 하였다.

노동계약의 특징을 인적·조직적 종속성에서 찾는 독일노동법 특유의 발상이 여기에서부터 발생하였다. 이것이 후에 나치의 경영공동체 이데올로기로 악용되어 사용자에 의한 노동자의 지배를 정당화하는 데 쓰이기도 했지만, 노동자에 대한 사용자의 보호 의무를 강조하는 규정이 『민법전』에 포함되는 근거가 되기도 하였다. 특히 현재 노동조합 규약과 취업규칙, 단체협약이 법적 규범으로 인정받게 된 것은 기르케의 이론으로부터 직접적인 영향을 받았다는 점에서 그의 이론은 매우 중요한 의미를 지닌다.

제자인 프랭켈Ernst Fraenkel(1898~1975)에 의해 "기르케의 사회법적 사상의 유언집행인"이라고 불린 진쯔하이머는 기르케의 업적으로

① 사법과 공법 모두 공동체에 봉사하기 위해 존재한다고 강조하고 거기에서 사적 소유권 제한과 계약자유의 제한을 도출했으며,
② 노동계약을 순수한 채권관계로 보는 데 반대하고, 그 기원을 중세의 충근계약에 있다고 하여 그 인격법적 핵심을 제시한 점,

③ 노동자를 단체법에 따르게 하는 사회적 관계가 존재함을 밝힌 점,
④ 법을 만들고 자율적으로 관리하는 사회적 역량을 게르만법 전통 내에서 도출하고 협약의 본질을 사회적 자기 결정으로 파악할 수 있게 한 점

등을 들었다(이상 이원희, 1996, 227~236).

5. 진쯔하이머의 종속노동

사회국가 건설을 위한 여러 노력에도 불구하고 사용자와 노동자 간의 협약 문제는 여전히 법리적으로 많은 문제를 안고 있었다. 1899년 프랑크푸르트에서 열린 자유노조 제3차 총회에서 단체협약을 공식화했지만 노사 양측의 배격으로 무산되어 1906년에 비로소 제도화될 수 있었다. 하지만 단체협약에 따른 실익이 워낙 커서 1913년에는 파업 없이 단체협약을 체결하는 비율이 80% 가까이 되었다. 따라서 이런 사회적 합의를 법제화하는 것이 최대의 현안이 되었지만, 당시 사용자와 국가 모두 관련 입법에 소극적이었다. 노동조합도 의회에 대한 불신과 함께 협약체결은 법률보다는 노동조합의 실력, 즉 조직력과 단결력, 그리고 투쟁력이 더 결정적인 요인이라는 생각을 고수하였기 때문이다.

결국, 이런 입법 과제는 노동법을 시민법과 구별되는 독자적인 법 영역으로 체계화하는 등 독일 노동법학의 창시자로 널리 알려진 진쯔하이머에 의해 이루어졌다. 진쯔하이머는 자본주의적 노동은 종속노동을 본질로 하며 민주주의적인 집단자치를 통해

노동문제를 해결해야 한다고 주장하여 바이마르공화국의 사회민주주의적 특성을 담보하는 개념적 기초를 확립하였다.36)

거듭 강조하지만, 근대법에서 노동자와 사용자를 연결하는 법적 형태는 노동계약이다. 노동계약은 노무 제공과 임금 지불을 주된 내용으로 이루어진 유상 쌍무계약이다. 노동자와 사용자 모두 자신의 자유의사에 따라 대등한 입장에서 계약을 체결함을 전제로 한다. 하지만 현실에서는 사용자에 의해 그 내용이 일방적으로 결정되므로 노동계약은 쌍무계약인 동시에 지배계약이며, 경영은 자유로운 계약관계의 집합이라기보다는 지배의 영역이다.

노동은 노동자의 신체와 함께 인격까지 종속되게 만들기 때문에 노동법에서 말하는 노동은 민법에서 말하는 자유계약의 노동과 구별되는 종속노동을 의미한다는 것이 진쯔하이머가 강조하는 노동계약의 본질이다. 이렇게 민법의 자유계약적 노동과 다른 형태의 노동이 존재한다면 그것을 관장하기 위한 별도의 법체계가 필요하다는 주장이 설득력을 얻게 된다. 바로 이점이 독자적인 법체계로서의 노동법이 존재할 수 있는 활동 공간이다.

진쯔하이머에 따르면 민법은 소유권을 중점에 두고 인간을 파악하지만, 노동법은 사회적 지위나 계급적 위치에 상응하는 사회적 실존에 중점을 두고 인간을 파악하며, 그에 타당한 사회적 인격 질서를 수립하는 것을 목표로 한다. 따라서 노동법은 노동

---

36) 진쯔하이머는 독일 노동법을 체계화한 뛰어난 법학자이자 일생을 인간적 사회주의 실천에 헌신한 인물로 높이 평가받고 있다. 그가 프랑크푸르트 대학에서 키워낸 3대 제자 가운데 한 명인 프랭켈은 1945년 우리나라에 와서 제헌헌법의 제정과 교육제도 개혁 등에 크게 공헌하였다는 점에서도 우리와 각별한 인연이 있다.

자의 사회적 신분을 보장하는 법과 사회적 결합을 가능하게 하는 두 법이 중심축을 이룬다고 보았다.

종속노동 이론은 공법과 사법의 법체계 구별이 엄격했던 당시, 제3의 영역인 노동법의 독자적인 법체계를 구축하는 근거가 됨으로써 진쯔하이머의 최대 업적으로 평가받고 있다. 하지만 노동자를 일방적인 보호의 대상으로 간주하여 노동자의 주체적 측면을 간과하였다는 지적도 있다(이상 이원희, 1996, 205~206).

6. 진쯔하이머의 단체협약

진쯔하이머는 종속노동에 대한 민법의 한계와 마찬가지로 협약에 관한 기존의 법도 민법의 일반계약 관련 법령의 범주에 속해 있어서 단체협약이라는 새로운 사회현상을 다루기 어렵다며 새로운 관련 입법을 주장하였다. 개인주의 사상에 지배된 민법 규정이 집단적 현상인 단체협약의 처리에 부적당한 것은 자명하지만, 진쯔하이머가 새로운 입법을 주장한 데는 보수화된 법원에 대한 불신, 자력구제에 따른 투쟁의 후유증 등도 상당히 고려한 것이었다.

한편 이는 진쯔하이머가 당시 실정법 체계의 범주를 뛰어넘는 거시적 분석에 착안한 결과이기도 하다. 진쯔하이머는 실증적인 법 분석의 대가였지만 '미시적인 법적 사고방식'을 배격하고, 자본주의적 노사관계의 현실을 수용하여 고용의 사회경제적 구조와 법의 일반적 문제를 종합적으로 통찰함으로써 노동법의 독자적인 개념을 정립할 수 있었다.

진쯔하이머는 노동자 특히 대기업 노동자는 노동계약의 당사자이며 공동체의 성원이라서 노동관계가 개별적·연대적 관계로 구별할 수 있지만, 실제로는 사용자의 일방적인 결정에 휘둘릴 수밖에 없다며 집단을 통한 민주적 공동결정으로 대치하려면 단체적 노동규범계약, 즉 단체협약이 필요하다고 보았다. 바로 이것이 노사관계의 인간화를 도모하는 생존권 이념과 연결되며 노동자 자신의 관여에 의한 결정이라는 점에서 민주적이라는 것이다.

그러나 진쯔하이머는 단체협약의 중요성이 노사관계의 민주화에만 있다고는 보지 않았다. 오히려 그로 인한 경제평화가 더욱 중요하다며 브렌타노가 단체교섭과 쟁의조정제도를 중시한 것과 달리 단체협약으로 이룩한 노동관계의 규범화가 노동조건의 예측 가능성, 노동계약 체결의 단순화, 노사 마찰의 경감을 이룩할 수 있다고 강조하였다. 이를 위해 협약 당사자의 평화의무가 준수되어야 하며, 노동조합은 노동평화 유지를 위한 집행기관의 성격을 지녀야 한다며, 협약위반에 대한 공권력의 개입을 적극적으로 승인하였다.

진쯔하이머는 법은 그 형식에 의해서가 아니라 그 전체적 작용에 따라 평가되어야 한다며 사회적 의사가 개인 의사보다 우위에 선다고 해서 개인의 자유와 이익이 침해되는 것은 아니며, 단지 자유의 형태가 변하는 것일 뿐이라고 설명하였다. 또 단체협약을 '공법과 사법의 혼합물'로 규정하고 자동적인 강제규범의 효력을 가진다는 점에서, 계약적인 채무적 효력과 분명한 차이가 있고, 그 때문에 단체교섭에 대한 법적 규제가 필요한 것이라고 특히 강조하였다.

또한 "단결의 자유는 그 자체를 위해 존재하는 것이 아니다.

단결의 자유는 그것이 봉사하는 사회적 목적을 위해 존재하는 것이다"라며 단결의 자유가 단체협약에 의한 노사 간의 질서 형성을 목표로 한다고 밝혔다(이상 이흥재, 1991, 17~18; 이원희, 1996, 210~211, 228~254).

7. 진쯔하이머의 노동평의회

진쯔하이머는 노동자평의회 제도의 도입을 옹호하였다. 평의회란 직장 노동자들이 집단으로 참여하여 운영하는 상향식 민주주의 시스템이다.[37] 독일에서는 1920년에 「사업장평의회법」이 통과되었다. 이는 급속한 좌경화의 길을 걷고 있던 노동운동을 차단하기 위한 것이었다(이상호, 2005, 17~18). 진쯔하이머는 노동자평의회를 지배단체도 우애단체도 아닌 제3의 대안적 조직으로 규정하고 노동자의 이익과 기업가에 대한 지원을 동시에 수행할 필요가 있다고 보았다. 그리고 노동자평의회가 민주주의를 보충하는 제도가 되어야 한다고 하였다.

그는 노동조합과 노동자평의회의 각기 다른 기능 차이를 분명히 구분한 뒤 두 제도는 서로 보완관계에 있을 뿐 결코 대체할 수 없는 관계라며 노동자평의회의 고유 기능을 인정하였다. 진쯔하이머는 노동자평의회가 노동자에 대한 징계·채용·해고에 관여할 권한을 지녀야 한다고 함으로써, 오늘날 해고제한제도의 선구적 구상을 제시하였다. 또 노동자평의회 제도에서 오늘날의

---

37) 평의회의 러시아어인 '소베트이'에서 유래한 것이 소비에트 연방이다. 본래 노동자평의회를 대표자로 구성된 연방을 뜻하였다.

근로자 공동결정제도 및 경영 참여와 같은 산업민주주의 원리의 기원도 제시하였다(이상 이흥재, 1991, 19).
　진쯔하이머는 이렇게 노동법의 주요 개념을 체계화했을 뿐 아니라 바이마르 제헌의회에 사회민주당 의원으로서 「바이마르헌법」의 이른바 사회권적 기본권 조항 심의에 참여하였고, 「헌법」 제157조에 근거해서 1919년에 발족된 「통일노동법」 제정위원회에도 참여하였다.

제2장

지식노동의 역사적 변화

|제1절| 노동과 근로: 전도顚倒된 의미

1. 노동勞動과 근로勤勞의 어원

勞(炏+冖+力): 炏(개)는 많은 횃불이 늘어서 있는 모습이고, 冖(경)은 3면을 에워싼 모습이며, 力(력)은 땅을 파는 가래(자루가 긴 삽)의 모습이다. 따라서 勞(노)는 3면에 횃불을 둘러 세우고 밤을 새워 가래로 땅을 파며 일하는 모습을 그린 글자이다.

動(亻+東+力): 亻(인)은 서 있는 사람의 모습이고, 東(동)은 위아래를 묶고 중간을 동여맨 자루의 모습이며, 力(력)은 땅을 파는 가래로서 '힘쓰다'를 뜻한다. 따라서 動(동)은 터지지 않게 끈으로 묶은 무거운 자루를 등에 지고 힘줘서 나르는 모습을 그린 글자이다. 東(동)이 '위아래를 묶는다'는 뜻임은 얼음이 얼어 뭉친 것을 '凍(얼음 동)', 공포栱包와 기둥을 한데 묶어 '楝(기둥 동)'이라고 하여 기둥만 그린 柱(기둥 주)와 구분한 데서도 확인해 볼 수 있다.

勤(黃+土+力): 菫(근)은 黃(누를 황)+土(흙 토)가 합하여 '가뭄이 심해서 진흙밖에 먹을 것이 없다'는 뜻이다. 기근이 심하게 들어서 아무것도 먹지 못하면 장협착으로 배가 끊어지는 것처럼 심한 통증에 시달리게 된다. 그래서 먹을 것이 전혀 없으면 고운 진흙이라도 먹으면서 버텨야 한다. 아프리카 난민들이 먹는다는 진흙 쿠키가 바로 그것이며, 菫(근)은 바로 그런 고통스러운 상황을 그린 글자이다. 그래서 菫(근)은 후에 '기근을 면하기 위해 기우제를 지낸다'는 뜻으로 변하였고, 여기에 가래로 땅을 판다는 뜻인 力(력)을 더하여 '언제 비가 올지 모르지만, 기우제를 지낸 뒤 희망을 버리지 않고 물길을 내기 위해 열심히 땅을 판다'는 뜻을 지닌 글자가 되었다.

者: 본래의 글자 모양이 너무 많이 변해서 지금 글자의 모습으로는 자원을 설명하기 힘들 정도다. 본래 '받침대 위에 나무를 많이 쌓아놓고 불을 때는 모습'을 그린 글자이다. 따라서 者(자)는 '많이 모으다'를 뜻하며, '놈 자'라는 말은 본래 '여러 사람, 많은 사람'을 가리키는 말이다. 者(자)가 들어간 글자인 都市(도시)는 '사람이 많이 모이고 시장이 열리는 곳'이라는 뜻이며 著書(저서)는 '풀처럼 많은 것을 모아서 기록한 책'이라는 뜻이다.

2. 하타라쿠働く

노동을 일본에서는 勞働(노동)이라고 표기하는데, 働(동)은 개인적인 성취를 위해서 일하는 것이 아니라 동료나 조직을 위해 헌신한다는 뜻이다. 에도시대에는 농민과 기술자에게 매일·매월 자신이 할 일(사사仕事)을 스스로 정하고 그것을 달성하게 함으로써 노동의 자발성과 주체성을 강조하는 사회 분위기를 조성하였다. 여기에는 노동이 단순하게 이익을 얻기 위한 수단만이 아니라 주군·친족 또는 신과 하늘의 은혜에 보답하기 위한 길이며, 그들을 위해 최선을 다하는 것이 진정한 자아 성취의 길이고 음덕을 쌓는 것이라는 사고방식이 깔려 있었다.[1]

명치유신 이후 근대화를 추진하면서 노동은 노예의 몫이라는 그리스적 가치관이 들어오고 노동자들은 주어진 시간 내에 정해진 분량의 일을 해야 하는 종속적인 공장 노동자로 변하게 되었다. 이에 농사짓는 勞動(노동)과 광범위한 勞働(노동)을 구분하고, 하타라쿠働く(남을 위해 일하는 것), 일하는 자働き者(할 일을 태만하지 않고 확실하게 해내는 사람)라는 용어를 강조하며 근대적 노동에 대한 새로운 개념을 정립하였다.

3. 근로의 편향성

　자원에서 볼 수 있듯이 노동은 잠을 자고 쉬어야 할 밤조차 일하는 상황을 통해서 하기 싫지만 해야만 하는 일을 수행한다는 뜻이다. 근로는 매우 절망적인 상황이지만 모든 것을 긍정적으로 받아들이고 최선을 다해 일한다는 뜻이다. 따라서 노동과 근로 모두 힘든 일을 한다는 뜻은 같지만, 근로는 노동보다 더 힘든 상황에서 보상을 생각하지 않고 일하는 것을 뜻한다.

　하지만 『조선왕조실록』에서는 근로도 '심신을 다하여 일하다'라는 뜻으로 쓰이는 등 우리는 노동과 근로를 크게 구분하지 않았고 일본도 마찬가지였다.[2] 그런데 1940년경부터 일제는 '근로'

---

1) 에도막부는 우주적 원리를 중시하는 주자학을 관학으로 중시하였으나 그에 대한 반발로 심성론을 중시하는 심학心學이 대두하여 사농공상의 질서에 반대하며, 상업을 중시하고 각자 자신의 직업에 성심을 다할 것을 강조하였다. 성심을 다한 자발적 노동이 자아성취의 길이라는 이시다 바이간石田梅岩(1685~1744)의 사상은 상도商道의 확립, 장인정신의 고취, 조직에 대한 충성 등으로 이어져 일본의 경제발전에 크게 기여하였다(히라다, 2016, 9~10, 30~31).

를 전시동원체제의 용어로 바꾸어 쓰기 시작하였다. 1940년 일본 내각회의에서 결정한 '근로신체제확립요강勤勞新體制確立要綱'에서 "근로는 황민권의 봉사활동", "황국에 대한 황국민의 책임과 함께 영예"라면서 '근로를 결코 work가 아니라 diligent service로 번역하여 바람직한 노동관을 이해하게끔 배려해야 한다'3)라고 강조하였다.

이는 일제강점기 악명높았던 정신대의 정식 명칭이 '조선여자근로정신대'였고 징용도 '근로보국대'라고 하였던 것과도 일맥상통한다. 이처럼 근로는 하타라쿠働く의 개념이 반영되어 '국가의 은혜에 보답하기 위해 노동조건을 따지지 말고 무조건 열심히 일하는 노동자'라는 뜻으로 변모하였다.

노동에 관한 우리 국회의 첫 번째 안건이 「노동관계법안 상정에 관한 긴급동의안」(1952.11)이었고, 근로에 관한 첫 번째 안건이 「전시근로동원법안과 징발에 관한 특별조치령 중 개정법률안」(1951.11)인 데서도 알 수 있듯이 1950년대에는 노동에 대한 정당한 대가를 지급하기 어려운 전시 노동 동원에는 노동 대신 근로가 쓰여서 일제의 용례와 유사하였음을 알 수 있다.

한편 1953년에 제정된 노동 관련 법령의 명칭을 보면 노동자 개인의 최저 노동권을 보장하는 법을 「근로기준법」이라고 하고, 노동조합의 권리를 보장하는 법을 「노동조합법」·「노동쟁의조정법」·「노동위원회법」이라고 한 데서 알 수 있듯이 근로는 '개인

---

2) 일본의 『대한화사전大漢和辭典』에는 노동勞動도 "진력하여(骨折って) 일함(はたらく)"이라고 풀이하였다.
3) 「昭和前半期閣議決定等凡例」, '勤勞新體制確立要綱'(昭和15年 11月 8日 閣議決定), 『決戰國策の展開』, 神戶市企劃課, 1944, 115~118.

의 노동권'을, 노동은 '집단의 노동권'을 보장하는 개념으로 쓰이기도 했다.

그렇지만 사회부 노동국(1948.11)에서 출발한 노동 업무 담당 부서가 노동청(1963.8)을 거쳐 노동부(1981.4)로 독립할 때까지 계속 노동이란 명칭을 고수하였고 '고용'이란 수식어가 붙은 것이 2010년 이명박李明博 정부 때의 일인 데서 알 수 있듯이 근로는 노동을 대체할 수 없는 한계를 지니고 있어, 노동이 더 보편성을 지닌 용어임이 틀림없다.

4. 노동과 근로의 줄다리기

국립국어원의 『표준국어대사전』에서는 노동을 '뚜렷한 목적을 위해 일을 하는 행위', 노동자는 '임금을 받기 위한 목적으로 일하는 사람'이라고 풀이하였고, 근로를 '열심히 일함', 근로자는 '열심히 일해서 생긴 소득으로 생활하는 사람'으로 구분하였다. 따라서 노동자는 사용자나 고용주로부터 임금을 받는 사람을 말한다. 쉽게 말하면 노동자는 월급이나 일당을 받기 위해 일하는 사람이어서 자영업자는 노동자에 해당하지 않는다. 같은 의사라도 대학병원에 속한 의사는 노동자이지만 개업의는 근로자에 해당한다는 말이다.

우리의 「근로기준법」에서는 "근로자란 직업의 종류와 관계없이 임금을 목적으로 사업이나 사업장에 근로를 제공하는 사람을 말한다"라고 한 데 비해 일본의 「노동기준법」에서는 "노동자란 직업의 종류를 묻지 않고 사업 또는 사무소에서 사용되는 자로 임금을 지불받는 자이다"라고 하였다는 점이다. 또 우리의 「노동조합법」에서 "근로자라 함은 직업의 종류를 불문하고 임금·급료 기타 이에 준하는 수입에 의하여 생활하는 자를 말한다"라고 한 데 비해 일본의 「노동조합법」에서는 "노동자란 직업의 종류를 불문하고 임금, 급료, 기타 이것에 준하는 수입에 의해서 생활하는 자이다"라고 함으로써 같은 규정이지만 우리는 '근로자'로 표기한 데 반해 일본에서는 '노동자'로 표기하고 있다는 점이다. 이는 전쟁 수행을 위해 1940년대 군국주의 일본이 만든 '근로'라는 용어가 정작 일본보다 우리나라에서 더 잘 보존되고 중시되고 있음을 말해준다.

그래서 유혜경 박사는 언어학적 의미에서 노동과 근로가 구별될 수 없다는 점, 한일 양국 모두 노동자와 근로자가 '종속노동의 주체자를 결정하는 개념'이란 측면에서 굳이 구별할 필요가 없다고 하였다(유혜경, 2008, 271). 하지만 「근로기준법」 제2조 제1항의 3에서는 "근로란 정신노동과 육체노동을 말한다"고 하여 근로를 노동의 상위개념으로 사용하고 있다. 또 대법원의 판결에서도 「근로기준법」과 「노동조합법」의 근로자 개념이 서로 다르다는 점을 분명히 하였고, 그 원심에서도 「근로기준법」 상의 근로자성은 부인하되 「노동조합법」 상의 근로자성은 인정하였고,[4] 일본에서도 유사한 판례가 있었다. 이는 특수고용직 등 고용 형태의 다양화에 따른 것이어서 앞으로 이런 논란은 더욱 커질 전망이다. 따라서 노동자와 근로자에 대한 명확한 규명은 여전히 필

---

4) (대법원 2014.2.13. 선고, 2011다78804판결); (서울고등법원 2011.8.26. 선고, 2009나112116 판결).

요하다고 본다(조경배, 2014, 464~469).

　이런 사전적·법적 의미와 무관하게 우리나라에서 근로는 자발적인 근대적 노동의 형태를 가리키는 용어로 인식하는 반면 노동은 단순하고 힘든 육체적 노동의 형태를 가리키는 용어로 인식하는 경향이 강하다. 노동자라고 칭하는 것보다 근로자라 칭하면 좀 더 우대해 주는 것처럼 받아들이고, '근로자의 날'은 근대적인 산업의 역군을 위한 긍정성이 느끼지만, '노동자의 날'에 대해서는 어쩐지 천하거나 공산당 냄새가 나는 빨간 단어처럼 느끼는 사람이 대다수이다. 정부와 기업, 그리고 보수언론이 수십 년에 걸쳐 '노동'이란 단어를 배척한 결과다.

　한국전쟁 이후 북한의 '조선노동당'이 금기어가 되면서 '노동'이란 용어도 금기어가 되었다. 또 경제개발을 위해 총력을 기울였던 박정희朴正熙 정권은 '국가와 기업을 위해 개인적 이익을 돌보지 않고 일하는 산업의 역군', 즉 체제에 순응하고 회사의 일을 자기 일처럼 열심히 일하는 사람'이란 의미의 근로를 선호하면서 우리 국민은 근로와 노동에 대한 개념을 바꾸기 시작했고, 지금은 거의 본말이 전도될 정도가 되었다.

　그렇지만 강희원은 "근로자는 경제적·사회적·정치적 차원에서 '노동의 주체'라는 역사적 의미를 지닌 이념적 개념인 '노동자'를 순화시키기 위해 사회적·언어적 정책 차원에서 채택한 용어, 즉 노동자라는 용어를 대체하려는 기능적·기술적 개념이다. 또 노동자는 일반적인 용어이고 근로자는 실정법상의 용어이기도 하다"라고 설명하였다(강희원, 2011a, 503). 그리고 최근에는 일제 잔재를 청산하자며 '근로'라는 단어를 더는 사용하지 말자는 움직임이 가시화되고 있고, 박정희 정권에 의해 1963년부터 '근로자의 날'로 바뀐 노동절을 원상 복귀하자는 의원 입법도 발의되었다.

5. labour, work, activity

labour는 '노예들이 짐을 지고 힘겹게 가는 모양'을 가리키는 로마의 'laborare'에서 유래하였으니 한자漢字의 노동과 거의 같은 뜻의 어원을 가진 단어다. 예로부터 무거운 짐을 지고 먼 길을 가는 것이 힘든 일을 상징하는 개념으로 널리 받아들여졌던 것 같다. 프랑스어로 노동을 뜻하는 Travail의 어원이 세 개의 말뚝을 박아 사람을 고문하는 기구인 Tripalium에서 비롯되었다는 점도 노동이 가지고 있는 부정적인 의미를 보여준다(문주혁, 2018, 229). work는 통상 돈을 벌기 위한 직업적인 활동을 뜻한다.

한나 아렌트도 인간의 활동적 삶vita activa을 노동labour, 작업 work, 행위action로 나누고, 노동을 필연적 영역의 활동, 행위를 자유 영역의 활동으로 구분하였다(이명순, 2007, 274). 강희원도 노동을 단순한 노동labour, 고급 기술이나 인간적 배려가 필요한 중급·중성적 노동(업業, work), 개성과 천분天分을 살린 고급가치의 노동(술術·창작創作, activity)으로 구분하였다(강희원, 2011a, 11).

불어로 사용자employeur는 어원상으로는 '안으로 말아넣다in-plicare'라는 뜻이며, 그런 의미에서 고용emploi은 노동자가 노동을 수행함에 있어서 타인의 의사에 말려들어가는 조건을 가리킨다(쉬피오, 2016, 404). 한자 고용雇用의 고雇는 집을 뜻하는 戶(호)와 새를 뜻하는 隹(추)로 이루어져 '새장 안에 들어 있는 새'를 그린 글자이니 사용자의 의사에 따라야 한다는 점에서 불어 emploi와 대동소이하다.

|제2절| 노력과 노심: 지식노동의 절대 선호

1. 에덴동산의 노동계약

사람과 동물을 구분하는 여러 기준 가운데 언어·이성·사회성 등과 함께 노동이 있다. 노동하지 않고는 생활에 필요한 물질을 구할 수 없으므로 노동은 개인에게는 가장 중요한 삶의 수단이고, 사회적으로도 공동체를 유지하기 위한 필수적 요소이다. 다만 노동은 근육을 써야 하는 고된 것이기에 사람들은 기구를 이용하거나 남을 부려 가급적 그 부담을 피하려 했다. 어찌 생각하면 노동에 대한 기피가 기술혁명을 이끌었고, 노동에 대한 전가轉嫁가 계급과 계층, 수탈과 저항을 만든 요인이다. 따라서 사회적 갈등이나 경제적 갈등의 본질은 바로 노동의 기회와 결과물을 어떻게 배분하느냐를 둘러싸고 벌어지는 문제라고 해도 과언이 아니다.

노동에 관한 가장 오래된 이야기 가운데 하나는 『성경』「창세기」에 나오는 에덴동산의 이야기다. 오래된 계약(구약舊約)과 새로운 계약(신약新約)으로 이루어진 『성경』은 여호와와 인간 사이에 체결된 근원적인 계약관계를 기술한 문헌이다. 『성경』은 인간이 계속하여 여호와와의 계약을 위반하자, 여호와가 기존 계약을 파기하고 새로운 계약을 맺었음을 기록하고 있다. 그 가운데 아담Adam과 맺은 에덴동산에 대한 관리계약은 최초의 계약이자 최초의 계약 파기 사례였다.

　아담과 이브가 계약조건을 위반하고 선악과를 따먹은 것은 여호와의 형상을 본떠서 만들어진 인간만이 다른 피조물에서는 찾아볼 수 없는 자유의지를 지녔기 때문이다. 금지를 위반한 벌로 아담은 노동의 고통을 감내해야만 했고, 노동의 결과를 둘러싸고 벌어진 갈등은 아벨Abel의 죽음을 초래하였다. 그래서 기독교에서는 노동을 신이 내린 형벌로 간주하였고, 노동은 노예의 몫이라고 생각하였다.

　하지만 노동은 여호와의 천지창조에 동참하는 것이라며 노동을 긍정하고 신성시하며 노동을 의무이자 권리라고 보는 견해도 있는데, 이는 주로 18세기 산업혁명 이후 적극적이고 자발적인 노동을 장려하기 위해 자본주의가 새롭게 해석하고 보급시킨 노동관이다.

　아담은 금기를 어겨 힘든 노동을 해야 하는 숙명을 안게 되었지만, 선악을 분별할 줄 알게 됨으로써 종속적이고 순종적인 삶에서 벗어날 수 있었다. 이렇게 노동은 본질적으로 양가성을 지니고 있다. 그러나 어떻게 해석하건 우리의 생활 자체가 노동이고, 삶 자체가 누군가의 노동에 의존하고 있으며, 지금 우리가 누리는 삶의 조건은 앞선 누군가가 이룩해 놓은 노동의 결과라는 점에서 노동의 의미를 깊이 성찰해 볼 필요가 있을 것이다(이상 강희원, 2017, 175~222).

2. 노동에 관한 생각의 차이

육체노동은 본래 힘든 것이다. 일하는 즐거움을 만끽하는 사람도 있지만, 대부분 생계 수단으로 여길 뿐 노동에서 인생의 의미와 기쁨을 찾는 사람은 많지 않다. 어쩌면 일하는 즐거움이란 말은 그 실체를 왜곡하는 이데올로기적 장치일 가능성이 크다. 대부분의 노동은 살기 위해서 해야만 하는 구속적인 활동이며, 반복적인 행위이고, 그 고단함에 비해서 대가가 낮다는 특징을 지니고 있다. 그래서 노동의 공평성과 노동에 따른 대가의 적절성은 그 무엇보다도 민감한 문제가 된다.

그런데 고대 그리스인들은 노동을 경멸하였고, 심지어 노동이 자유로운 시민을 타락시킨다고 가르쳤다. 특히 아테네인들은 노동은 이방인으로 이루어진 노예에게 맡기고 시민은 일종의 연금생활자처럼 여유롭게 학문과 예술을 즐기는 것이 본분이라고 생각하였다. 여기에는 아테네인 특유의 노예관, 즉 자유인과 노예의 구분은 물질적인 측면보다 정신적 측면이 더 크기 때문에 설령 부유한 노예라도 인격적으로 인정받을 수 없다는 생각이 작용하였다(정태욱, 1994, 108~109).

그래서 자녀 교육도 일종의 노동이므로 노예에게 맡기는 것을 당연하다고 여겼고, 그 점은 로마도 다르지 않았다. 유명한 철학자 가운데 노예가 적지 않았던 데는 이런 까닭이 있었다. 철학자 황제 마르쿠스 아우렐리우스Marcus Aurelius(121~180)가 평생 스승으로 흠모했고 "먼저, 자기 자신의 주인이 되지 않고서는 누구도 자유인이 될 수 없다"는 명언을 남긴 스토아학파의 대표적인 철학자 에픽테토스Epictetos(55?~135?)는 아이러니하게도 노예

출신이었다.

초기 로마에는 농민과 수공업자 가운데 자유민의 비중이 상당하였다. 하지만 노예를 이용한 대규모 농장이 빠르게 성장하였고, 자급자족을 위해서 농사를 짓는 자작농과 달리 판매용 농산물을 대량으로 생산하고 공급하면서 노예가 노동의 주체로 확고하게 자리 잡았다. 수공업 역시 마찬가지여서 상품경제에서 노예노동이 차지하는 비중이 압도적이었다. 그래서 로마 경제의 가장 큰 특징을 가리켜 노예경제라고 칭한다. 노예노동의 규모가 커질수록 지주와 노예의 인간적 관계는 완전히 사라졌고 노예는 '토지의 부속품, 말하는 도구'로 전락하여 억압적인 강제노동에 시달려야만 했다(슈나이더, 1983, 125~132, 154~163).

농사일이 고되긴 해도 농부의 노동에 대한 인정과 감사는 동아시아에서 훨씬 긍정적이고 보편적 정서였다. 그럼에도 불구하고 당唐의 재상이었던 이신李紳(772~846)이 「농민을 가엾게 여기며(憫農민농)」라는 제목의 시를 통해 토로한 농민의 노고와 처지는 안타까움 그 자체였다.

> 봄에 볍씨 하나 심었더니,
> (춘종일립속春種一粒粟)
> 가을에는 만 배의 수확을 거두었네.
> (추수만과자秋收萬顆子)
> 온 세상에 노는 땅이 하나도 없는데,
> (사해무한전四海無閑田)
> 그래도 농부는 주려 죽을까 걱정하네.
> (농부유아사農夫猶餓死)
> 한낮이 되도록 김을 매느라,

(조화일당오鋤禾日當午)
비 오듯 흐르는 땀방울이 저 땅을 적시네.
(한적화하토汗滴禾下土)
그 누가 알리오, 소반 위의 저 밥,
(수지반중찬誰知盤中餐)
알알이 모두 농민의 힘든 노동의 덕분임을.
(립립개신고粒粒皆辛苦)

온 세상에 노는 땅이 하나도 없고 땅을 적실 정도로 땀을 흘린 노동의 결과로 풍년이 들어서 만 배의 수확을 이루더라도 굶주림을 걱정해야 하는 것이 농민의 삶이었으니 누군들 농부가 되길 원하였겠는가? 그래서 동서양을 막론하고 육체노동은 기피와 천시의 대상이었다.

노동에 대한 인식에 커다란 변화가 발생한 것은 산업사회가 성립되면서부터이다. 자본주의는 다량의 상품생산을 가능하게 하려고 노동을 의무이자 권리라고 강조하여 윤리적 의무로 만들었고,[5] 심지어는 가장 중요한 기본권으로 격상시켰다. 자본주의와 상극 관계에 있는 것처럼 보이는 사회주의도 노동 중심적 인간관을 갖고 있다는 점에서는 마찬가지다. 사회주의는 노동이 인간의 본질이며, 인간성을 완성할 수 있는 것이라고까지 강조한다(이상 강희원, 2011a, 서론 9~10, 10~12; 2017, 216~217). 그래서 노동의 의무를 처음 헌법에 포함하고 그에 대한 회피를 처벌할 수 있다고 한 것은 소련이었다.[6]

---

5) 「바이마르헌법」제163조 제1항: "모든 독일인은 각자의 개인적 자유와 무관하게, 자신의 정신적·신체적 능력을 공동선이 요구하는 방식으로 사용해야 할 윤리적 의무를 가진다(문주혁, 2018, 222에서 재인용)."

3. 정신노동과 육체노동

『논어論語』는 "배우고 거듭하여 익히면 또한 즐겁지 아니한가 (학이시습지불역열호學而時習之不亦說乎)"로 시작한다. 불경이나 성경과 달리 배움의 즐거움으로 시작하는 유가의 세계는 배움의 가치를 최상의 것으로 간주하는 독특한 지적 문명을 창출하였다. 맹자孟子(前372~289)는

어떤 이는 머리를 쓰고, 어떤 이는 힘을 쓰는데,
(혹노심혹노력或勞心或勞力)[7]
머리를 쓰는 이는 남을 다스리고,
(노심자치인勞心者治人)
힘을 쓰는 이는 남에게 다스림을 당한다.
(노력자치어인勞力者治於人)

라며 지식인의 지배를 정당화하였다.

본래 인人은 정상적으로 서 있는 사람을 그린 글자로서 지배자를 뜻한다. 반면 많이 모인 사람이란 의미의 자者는 다수의 피지배자를 뜻하였다. 후대로 가면서 그 구별이 줄어들기는 했지만, 지식인과 노동자라는 단어에서 볼 수 있듯이 인은 지식을 이용

---

6) 구 소비에트 「연방헌법」 제12조: "소비에트 연방에 있어 노동은 '일하지 않는 자는 먹어서는 아니된다'는 원리에 따라 노동 능력이 있는 각 인민의 의무이고, 또 명예이다(문주혁, 2018, 223에서 재인용).".
7) 춘추전국시대에는 우리 신체의 어느 부위에서 생각하는 기능을 담당하는지 잘 알지 못했다. 그래서 팔딱거리며 움직이는 어린이의 숨골囟, 신경을 쓰면 두근거리는 심장心이 생각하는 기능을 담당하는 것이 아닐까 생각하였다. 혹자는 숨 쉴 때마다 움직이는 단전丹田을 주목하기도 했다. 그래서 생긴 글자가 숨골과 심장을 합한 사思이다. 따라서 노심자勞心者는 마음을 쓰는 사람보다는 머리를 쓰는 사람이라고 옮기는 것이 더 적절하다.

해 일하며 다중을 지배하는 소수의 사람, 자는 노동을 이용해 일하며 지배받는 다중이란 의미가 여전히 배어있다.

중국에서 노동의 가치를 긍정한 학파로는 묵가墨家가 유일하다. 염색공 등 하층 노동자 집단에서 출발한 것으로 보이는 묵가는 근면한 노동과 검약을 주장하던 기술자 집단이었다. 그래서 묵자墨子(前470~391?)는 인간과 동물을 구분하는 기준으로 힘力을 꼽았는데. 묵자가 언급한 힘은 오늘날의 노동과 유사한 개념이다 (유택화, 1994, 126). 그러나 유가와 팽팽한 경쟁 관계에 있던 묵가는 진의 중국 통일 이후 갑작스레 소멸하였고, 노동에 대한 묵가의 생각도 단절되고 말았다. 이는 법가와 도가가 유가와 상호 보완관계에 있는 것과 달리 묵가가 주장하는 상동相同은 유가의 위계적 질서, 통일제국의 국가 질서에 배치되기 때문으로 보인다.

정신노동이 육체노동보다 우월한 것으로 취급되는 이유는 노동 분업의 사회적 결과이기도 하다. 노동력은 가치 창출에 있어서 다른 어떤 생산요소보다 귀중하지만, 현실에서는 남아 돌아갈 정도로 많은 상품이기 때문이다(강희원, 2011a, 51, 184). 가장 많은 사람이 참여한 노동은 당연히 농업이었다.

4. 농자천하지대본農者天下之大本의 허구

농업은 가장 중요한 산업이어서 언제나 중시되었고 농민의 수고는 항상 존중의 대상이었지만, 정작 농민은 누구도 부러워하지 않는 직업이었고, 농업은 누구도 원하지 않았던 고된 업종이었다. 농민은 사철 고된 노동을 해야 했지만, 소득은 상인이나 기술자보다 훨씬 낮았고, 자연재해의 위협과 과중한 조세 부담까지 더해서 늘 삶이 고달팠다. 북송의 장유張俞(?~?)는 「누에 키우는 아낙(잠부蠶婦)」에서

> 어제 명주실을 팔러 시장에 갔었는데,
> (작일입성시昨日入城市)
> 돌아오는 길에 손수건이 눈물에 젖었네.
> (귀래루만건歸來淚滿巾)
> 온몸에 비단을 두른 사람은,
> (편신라기자遍身羅綺者)
> 모두 누에를 키우는 사람이 아니라네.
> (불시양잠인不是養蠶人)

라며 이런 모순된 현상에 대하여 동정하였다. 한漢의 조착晁錯(前 200~154)은 농민들의 만성적 빈곤에 대해 말하길,

> 이들이 농사를 지을 수 있는 면적은 100묘(약 2만 평)를 넘지 못하며, 100묘의 수확은 100석 미만이다. 봄이면 쟁기로 밭을 갈고, 여름에는 괭이로 잡초를 뽑고, 가을에는 추수하고 겨울에는 식량을 저장하고 땔감을 구하며 관아에 부역을 나가야 한다. 봄에는 바람과 먼지를, 여름에는 뜨거운 열기를, 가을에는 폭우를, 겨울에는 추위를 피할 길이 없으며, 1년 4계절에 하루도 쉴 틈이 없다. 또 손님을 접대하고, 상가에 들리고 문병을 하는 와중에 고아를 돌보고 어린 애를 키워야 한다. 이렇게 근면하게 일하지만, 홍수와 가뭄의 피해가 더해지고 아무 때나 세금을 거두고 수시로 명령을 바꾸는 잔혹한 관리들에게 시달려야 한다. 세금을 내려면 필요한 현금을 마련하기 위해 곡식을 반값에 팔아야 하고, 곡식이 없는 자는 두 배의 이자를 내야 하는 고리대에 시달려야 한다. 그래서 토지와 집을 팔거나 자식과 손자를 팔아 충당하는

이도 있다. 반면에 대상인들은 재산을 쌓아두고 고리대로 이익을 취하고, 소상인도 시장에서 물건을 팔면서 부당한 이익을 챙긴다.8)

조착의 글이 인구에 널리 회자된 까닭은 지난 2천 년 동안 농민의 이런 고달픈 삶은 거의 변함이 없었기 때문이다. 콩을 키우는 농부보다는 콩나물을 키우는 이가 돈을 더 많이 벌고, 콩나물 장사보다는 두부를 파는 일이 더 낫고, 두부 장수보다는 두부를 이용한 음식을 만들어 파는 식당의 수익이 더 많은 것이 세상의 이치이니 누가 농사에 전념하겠는가? 그래서 사회의 기층을 구성하던 절대다수의 농민은 농업으로부터의 탈출을 꿈꿀 수밖에 없었다.

농민의 경제적 취약성은 중국만의 문제가 아니었다. 동서고금의 공통된 현상이었다. 그래서 언제나 기득권층은 '농자천하지대본農者天下之大本'이라며 농업이 사회를 유지하는 근본이라고 강조하였다. 농업이 천하의 근본인 것은 사실이다. 하지만 이 말은 농민의 입장을 반영한 것이라기보다는 통치자의 입장을 대변한 것이다. 조금 더 냉정하게 말하면 내가 아닌 누군가가 이 어려운 농사를 맡아서 해주었으면 좋겠다는 말이다. 지난 세월, 농민이 천하의 근본으로 대접받은 적은 동서를 막론하고 찾아보기 힘들다.

---

8) 반고班固의 『한서漢書』 「식화지食貨志」에 수록된 조착晁錯의 「논귀속소論貴粟疏(곡물 가격을 높이 유지할 것을 건의하는 상소문)」.

5. 사농공상士農工商의 실상

농업이 천하의 근본이라고 통치자가 강조한다고 해서 농민의 삶이 윤택해지거나 사회적 신분이 상승한 것은 아니었다. 언제나 사대부가 지식을 이용해 손쉽게 권력과 부를 차지했고, 상인이 그 뒤를 이었다. 돈 많은 상인이 권력과 손을 잡으면 재산과 명망을 동시에 유지하면서 더 여유 있는 삶을 누리기도 하였다.

재산이 많으면 좋은 교육환경에서 자식을 키워 과거에 급제하게 할 수 있었다. 과거의 시험 문제가 계속 사서오경에서 출제되자 기출문제에 대한 분석과 문제를 찍는 테크닉이 과거 합격에 중요한 변수로 떠올랐고, 과거에 최적화된 사교육은 합격에 큰 도움을 주었다. 부유층이 모여 정보를 교환하고 고액 과외 교사를 초빙하자 특정 지역의 합격자가 급증하였다. 이에 정부는 과거 합격자 지역 할당제를 시행하여 지역 균형을 유지하려 하였지만, 부유층은 위장전입을 통해 지역 할당의 틈바구니를 빠져나갔다.

과거 응시자가 폭증하자 학교 시험, 지방 시험, 중앙 시험마다 거르는 장치가 늘어났다. 결국, 시험마다 본시험, 예비시험, 예비의 예비시험으로 횟수가 늘어났고, 그럴수록 부모의 재력이 중요한 경쟁력으로 작용하였다. 요즘 우리나라에서 벌어지는 입시에 관한 정부정책과 그에 대한 사교육의 대응책은 이미 수 백년 전 중국에서 다 있었던 일이다.

아무리 교육에 투자해도 자식이 공부에 소질이 없으면 과거 급제자를 사위로 삼는 것이 차선의 방책이었다. 부유한 처가는 윤택한 생활과 함께 청렴하고 유능한 관리가 될 수 있는 최적의 조건을 제공해주었기 때문에 마다하는 이가 드물었다. 그것도 어렵다면 똑똑한 친인척이나 향리의 우수한 학생들에게 공부할 수 있는 서재와 책을 후원하고, 과거 보러 가는 길에 여비를 보태주는 것이 그다음 방책이었다. 그렇게 하면 이들 가운데 과거에 급제한 이가 든든한 후원자가 되어주었고, 부의 사회적 환원과 지역 인재의 육성에 힘썼다는 명성이 보너스로 추가되었다.

기술자들도 그런대로 실속을 차릴 수 있었다. 숙련된 기술은 언제나 높은 부가가치를 창출하기 때문이다. 통치자는 사농공상 士農工商이라고 강조했지만, 이는 사실 농민의 불만을 가라앉혀 권력을 유지하려는 통치자의 립서비스였을 뿐 현실은 늘 사상공농士商工農 순이었다. 땀 흘리며 고생한 노동의 대가는 생각보다 박했다. 사농공상이라는 가공된 진실을 순진하게 받아들여 농사에만 매달린 개인은 가난을 면하기 힘들었고, 상업과 공업에 소홀한 채 사대부에게 과도한 혜택이 집중되면 나라의 쇠락이 불가피하였다.

6. 경쟁사회와 노동의 가치

사회적 계층이나 구분의 벽이 무너지고, 사회 전체의 소득이 감소할 경우, 아주 적은 차이로도 현격한 신분 상승의 효과를 누릴 수 있다. 이런 사회일수록 선착 효과를 노리는 치열한 경쟁이 벌어지기 마련이다. 유럽에서 빈곤 탈출을 위해 신대륙으로 옮겨온 미국의 이주민들이 그러했다. 마름병에 유난히 취약했던 럼퍼 Lumper 종 감자를 심었다가 기근을 만난 아일랜드는 850만 명 가운데 100만 명이 죽고 100만 명이 이민선을 타면서 6년 만에 인구의 1/4이 사라졌다. 이민자 가운데 60만 명이 대서양을 건너던 중 사망하였기에(휴버트 램, 2004, 39~40, 295~296), 이민선을 가리켜 Coffin Ship이라고 불렀다. 다시는 굶주림을 자식에게 물려주지 않겠다는 굳은 맹세를 한 사람으로 이루어진 미국은 삶에 대한 뜨거운 욕망으로 가득 찼다.

토크빌은 유럽과 달리 모두가 출발선에 함께 설 수 있었던 미국의 평등성이 무제한의 욕망을 자극하고, 사회 전체가 물질적 갈망에 집착하여 과도한 경쟁에 시달리고 있다고 지적하였다. 러셀이 미국이 과도한 경쟁으로 행복을 상실한 사회라고 비판했던 것도 바로 같은 이유에서다. 우리도 예외는 아니다. "당신은 돈이 인생 최고의 성공 증표라고 생각하십니까?"라는 질문에 대하여 캐나다 · 스웨덴 · 네덜란드는 27~29%가 그렇다고 답하는 데 비해 왜 한국은 중국과 함께 69%나 될까. 가난한 인도와도 2%밖에 차이가 나지 않는다. 심지어 물질적 갈망에 과도하게 집착한다고 토크빌과 러셀이 비판했던 미국도 지금은 33%인데 말이다(이상 도정일, 2013, 170~190, 600~603).

조선의 멸망으로 반상班常의 구분이 없어지고, 특히 전체 인구의 30~40%가 넘는 노비가 해방되자 이는 엄청난 사회적 유동성의 원동력이 되었다. 새로운 호적제도의 도입과 일제 강점으로 기존의 지배층이었던 양반 위에 새로운 지배층으로 일본인이 등장하자 양반과 양민, 노비 출신의 간극이 크게 줄어들었다. 그래서 일제강점기 35년 동안 최고의 베스트셀러는 족보였다. 집집마다 족보를 갖추고 신분 상승을 위한 준비를 마련했다.

일제의 패망으로 많은 해외 이민자가 귀국하면서 사회가 몹시 혼란스러워졌다. 1년 새 중국과 일본 등지에서 귀국한 수가 2 20만 명이 넘었고, 분단으로 월남한 이도 1년 새 50만 명이 넘었다. 그렇지 않아도 살기 힘들었던 한반도 전역이 유랑하는 군중으로 뒤덮였고, 고향마저 잃어버린 사람들은 도시에 어지럽게 정착하였다. 그 틈바구니에서 전염병이 창궐했고 기근이 만연하면서 하루하루의 삶이 몹시도 힘들었다. 여기에 한국전쟁으로 실향민과 피난민이 급증하였다(전우용, 2011, 14~61).

모두가 뿌리 뽑힌 채 어렵게 살아가면서 족보로는 자신을 입증하기 힘들어졌다. 게다가 반상과 친일 여부라는 기준 대신 좌우란 새로운 기준이 모든 것을 재단하는 상황이 전개되었다. 한문에서 일어로, 일어에서 다시 영어로 언어의 헤게모니가 100년 사이에 세 번이나 바뀐 것도 세계적으로 드문 일이었다.

분단과 전쟁으로 모두가 적수공권이 되어 더는 잃을 것이 없을 정도로 철저하게 하향 평준화된 사회에서 무엇인가 새로운 사회질서를 만들어야 했다. 그렇다면 어떤 기준이 가장 바람직할까. 그 혼란스럽던 상황에서 우리 국민이 공인한 지표는 바로 졸업장이었다. 백지장 한 장 차이가 커다란 격차를 만들 수 있는 상황이었기 때문에 사람들은 그 무엇보다도 기준이 공정하길 바랐고, 그래서 선택한 것이 학벌이었다. 문제가 없지는 않지만, 누구도 믿을 수 없는 상황에서 학벌은 개방적이고 공개적이라는 면에서 혈연이나 지연보다 훨씬 합리적이고 공정하기 때문이다.

입시 때마다 역경을 딛고 명문대에 합격한 학생의 이야기가 상세히 보도되었고, 고등고시 합격자의 경우 더욱 그러하였다. 그런 기사에 온 국민이 관심을 가지고 자기 일처럼 희노애락을 함께한 것은 그 길이 누구에게나 열려있었기 때문이다. 누군가의 성공이 내 자식에게도 있을 수 있다는 가능성이 국민을 위로하고 격려하면서 우리나라 특유의 '교육열'이 만들어졌다. 최순실 사태와 조국 사태에서 사람들이 가장 분노한 사안이 입시비리인 것은 적어도 그것만은 공정해야 한다는 마지막 금도를 어겼기 때문이다. 교육이 단순한 교육의 문제가 아닌 까닭이 여기에 있다.

지독한 가난을 극복하고픈 국민적 소망을 조국 근대화를 위한 열망으로 수렴하는 데 성공한 박정희 정부는 경제개발을 최우선 과제로 삼아 총력을 기울였다. 어찌 생각하면 너무 가슴 아픈 가사인 "잘살아보세, 잘살아보세, 우리도 한번 잘살아보세"가 희망의 찬가처럼 매일 울려 퍼졌다. 가난의 한을 부지런히 일해서 이겨보자며 노동에 대한 전례 없는 찬사가 매일 국민의 노동 의욕을 고취시켰다. 이 시대가 우리나라 역사에서 노동 투하량이 가장 많았던 시기이자 거의 맹목적일 만큼 노동의 가치를 긍정했던 시기일 것이다.

이렇게 근면과 성실을 제일의 가치로 삼고 밤낮을 가리지 않고 열심히 일한 덕분에 우리 경제는 눈부시게 발전했다. 하지만 그만큼 그늘도 컸다. 세계 3위의 인구밀도는 부동산 불패 신화를 낳았고, 노동 경쟁을 치열하게 만들었다. 노동자의 피와 땀을 너무 많이 먹고 자란 재벌은 영양 과다로 인한 심각한 기억상실증에 걸리고 말았다. 재벌은 다국적기업을 넘어 초국적기업으로 발전하면서 자신을 키워준 노동의 헌신을 까맣게 잊어버렸다.

한편 그렇게 피땀 흘려 일군 소중한 열매는 다른 그 무엇보다도 자녀 교육에 우선 투자되었지만, 정장 교육은 입시보다 늘 뒷전이었다. 교육이 경쟁을 배우고 익히는 것으로 전도되면서 경쟁은 우리 삶의 일부가 되었고 심지어 목표가 되었다. 모두 열심히 살았는데, 참 많은 것을 이루었는데, 정작 삶이 너무 힘들고 행복하지 않다고 생각하는 사람이 너무 많다.

|제3절| 예법과 형법: 인정과 정의의 상대성

1. 탈리오의 법칙과 능지처참

고대국가가 성립되면서 만들어진 성문법의 가장 일반적인 원칙은 바로 '탈리오의 법칙lex talionis'으로 알려진 '응보應報의 원칙'이다. 보복·앙갚음을 뜻하는 라틴어 talionis에서 유래한 이 원칙은 '눈에는 눈, 이에는 이'라는 함무라비 법전의 특징으로도 유명하다.9) '눈에는 눈'이라는 말이 복수를 허용하는 것처럼 잘못 알려져 상당히 살벌한 느낌을 주지만, 실제로는 피해자가 입은 피해와 똑같은 정도의 응징만 허용한다는 말이다. 즉 복수의 허용이 아니라 무제한으로 벌어질 사적 보복의 가능성을 법으로 제한함으로써 사회질서를 유지하려고 제정한 규정이다.

그래서 함무라비 법전에서는 병든 소를 건강한 소인 것처럼 속여서 팔 경우, 시장에서 한 거짓말과 신전 앞에서 한 거짓말을 각기 구분하여 후자의 경우 가중 처벌하였다. 그것이 신의성실의 원칙과 법적 형평성에 부합한다고 본 것이다. 이는 기독교의 계약적 전통과 함께 유럽법, 특히 민법과 상법의 중요한 전통으로 이어졌다.

---

9) 함무라비 법전은 前1750년경 고대 바빌로니아의 함무라비Hammurabi왕(前1810?~1750?)이 집대성한 세계에서 가장 오래된 성문법으로 총 282개 조항으로 이루어져 있다. 제196조에 '눈', 제200조에 '이'에 관한 규정이 적혀있다.

반면 중국의 법은 철저하게 형법과 행정법 위주로 발전하였다. 일찍이 강력한 통일제국을 이룩한 중국은 국가의 통치 질서를 유지하기 위한 엄격한 형법과 치밀한 행정법을 만드는 데 주력하였다. 죄인의 생살을 한 점 한 점 예리한 칼로 저미되 혈관과 신경은 건들지 않아 목숨을 유지하게 하여 최대한 고통스럽게 하는 능지처참凌遲處斬은 가장 잔혹한 형벌로 유명하다. 통상 사흘에 걸쳐 3~4천 번이나 저미기에 속칭 '살천도殺千刀'라고 했는데, 알려진 바와 달리 우리나라에는 이런 혹형 전문가가 없어 거열車裂이 최고의 형벌이었다.

그래서 중국의 법은 매우 방대하고 치밀하다. 생각지도 못할 정도로 촘촘해서 정말 법 그대로 실행하면 누구도 법의 그물에서 벗어날 수 없다는 점은 지금도 변함이 없다. 다만 그 촘촘함의 정도는 시기와 여건에 따라 고무줄처럼 융통성 있으며, 그 결정은 오직 윗사람의 재량에 달려 있다. 그래서 중국의 법은 통치권력에 도전할 경우, 가혹하기 그지없지만, 그 외의 문제에 대해서는 관대한 편이며, 호족豪族이나 신사紳士에 의한 향촌 자치권도 상당히 큰 범위에서 인정되었다.

중국의 이런 특성은 국가 규모와 통제의 엄격함에 비해 관리가 매우 적다는 데서도 드러난다. 당唐에 비해 관리가 몇 배나 늘어나 만성적인 재정적자의 원인이 되었다고 비판받는 송宋의 관리 수가 5만 명이 되지 않았다. 1100년경 인구가 1억 2천만을 넘은 것을 고려해보면 이런 비판은 다소 과도하게 보일 정도다. 더구나 관리들이 토착 세력과 결탁하는 것을 막기 위해 고향으로 부임할 수 없게 하였다.

그런데 생전 처음 가본 부임지에서 관리들은 현지인과는 말이 통하지 않아 의사소통에 어려움을 겪었다. 재판을 비롯한 모든 현안을 처리할 때마다 서리들이 통역해주어야 했고, 지방관의 장악력은 자연히 한계가 있을 수밖에 없었다. 그래서 일반 백성들의 생활에 직접적인 영향을 행사하는 이는 관리가 아니라 서리였다. 관리들도 자기들은 임기에 따라 자주 전근을 다니지만, 서리들은 고향에서 대대로 일하며 온갖 실속을 다 챙긴다며 '서리봉건胥吏封建'의 폐해를 비판하기도 했다. 그렇다고 해서 서리들이 중앙권력에 도전하는 세력으로 성장하는 것은 꿈도 꿀 수 없었고 관리에 대한 일말의 도전도 허용되지 않았다.

명대에는 이런 현상이 더욱 심해져 직급이 높으면 권한이 없고, 권한이 있으면 직급을 낮게 하여 관리들의 무사안일을 조장하다시피 하였다. 그런 오랜 전통 때문인지 중국은 일견 되는 것도 없고 안되는 것도 없는 것처럼 보이며, 위에서 정책이 있으면, 아래에서 대책이 있다고도 말한다.

2. 예치와 법치

중국 법제의 또 다른 특색은 예치禮治와 법치法治의 공존이다. 우리는 보통 예를 예절·예의로 이해하지만, 중국의 예는 단순한 예의가 아니라 통치의 주요 수단이었다. 예는 법보다 앞서 형성되어 정권의 교체와 함께 계속 변화와 혁신이 진행되었지만, 그 대체大體는 꾸준히 유지되었으며, 그 범주 또한 매우 넓었다는 점에서 중국문화의 핵심 요소이며 주류문화의 하나이다(李甲孚, 1988, 33, 37).

중국에서 동물과 다른 인간의 특성으로 주목한 것은 예였으며, 나아가 중원왕조와 주변 국가를 구분하는 문화적 척도로도 간주되었다. 춘추시대에 예에 대한 논증이 본격화되면서 예는 국가의 법도와 준칙으로 확고한 위상을 갖게 되었다. 공자가 "예가 아니면 보지 말고, 듣지 말고, 말하지 말고, 행동하지 말라(비례물시非禮勿視, 비례물청非禮勿聽, 비례물언非禮勿言, 비례물동非禮勿動)"(『소학小學』「경신敬身」)고 한 것은 그 대표적인 사례이다.

예禮10)는 본래 신에 대한 제례이므로 예의 가장 중요한 본질은 공경(경敬)이고, 예가 추구하는 가치는 조화(화和)다. 예를 정치에 구현한 것이 바로 높은 도덕성을 바탕으로 백성을 교화한다는 덕치德治인데, 통치자가 도덕적 모범을 보이면 백성들이 자연스레 따르고 교화가 이루어져 세상이 안정된다는 것이다. 그래서 덕치는 친민親民·혜민惠民·이민利民·휼민恤民 등으로도 표현된다.

이처럼 예는 법의 강제력과 달리 인간의 도덕적 자율성과 실천성에 근거한 것이기 때문에 유럽에서 실정법의 근원으로 자연법을 상정한 것처럼 중국에서는 예가 유럽의 자연법과 유사한 위상을 지녔다. 따라서 중국에서 법의 영역이란 예로서 통제할 수 없는 부분, 또는 예를 심각하게 위반한 경우로 제한된다(李甲孚, 1988, 36~37).

그래서 공자를 비롯한 모든 유가는 예치를 강조하였고 특히 순자荀子(前298~238)가 그러하였다. 법가를 집대성한 한비자韓非子

---

10) 예禮는 제물을 풍성하게 담은 豊(풍)(丰은 곡식이 무성한 매달린 줄기, 凵은 그릇, 豆는 높은 제기)과 제사를 지낸다는 시示로 이루어져 본래 신에게 풍년에 고하고 감사함을 표하는 의례를 뜻한다.

(前280~233)도 인의에 대해서는 부정적이었지만, 예는 통치를 위한 필수적인 요소라고 인정하였다. 도가道家 역시 예의 인위적 측면에 대해 비판하였지만, 그 본연의 가치는 인정하였다. 묵가 또한 유가의 번잡하고 형식적인 의례를 비판했을 뿐 예의 본질에 대해서는 존중하는 태도를 보였다(유택화, 1994, 129~132).

법가의 효시인 관중管仲도 『주례周禮』에 수록된 천칙天則을 공자 못지않게 경모하면서 주례의 질서가 인간 본성과 잘 조화를 이룬다고 긍정하였다. 다만 그것이 성문법과 규율에 의하여 보완되어야 한다며, 통치자의 인격에 의한 덕치의 중요성을 상대적으로 중시하지 않았다. 이런 사유 방식은 후대 법가로 가면서 효율적인 국가체제의 작동, 즉 국가 경영을 위한 원칙과 방법에만 주목하는 경향으로 치달았다. 이처럼 예의 가치에 대하여 큰 의미를 두지 않았기 때문에 진시황은 중국 통일이라는 대성공에도 불구하고 도덕적 비판의 대상이 되었으며, 법가는 예치를 내세운 유가에 그 주도권을 내주게 되었다.

하지만 예의 출발점이 신분적 차별성을 전제로 한 것이어서 각자의 신분에 맞는 자율성을 극대화해야 한다는 것이므로 그 도덕적 자율성은 매우 제한적이다. 순자는 인간이 동물과 다른 것은 사회(군群)를 형성할 수 있기 때문이며, 사회를 형성할 수 있는 것은 각자의 분수(분分)를 알기 때문이고, 분수를 유지할 수 있는 것은 그것이 옳기(의義) 때문이라고 주장하였다. 제자백가諸子百家 모두 인간이 지닌 도덕적 실천력을 인정하면서도 신분의 차별성을 부인하지 않았다.

물론 차별성을 지나치게 강조하면 갈등과 대립이 발생하기 마련이다. 그래서 인화仁和를 실천해야 하는 도덕적 의무가 통치자에게 있다고 강조하였지만, 통치자의 의무는 어디까지나 구속력이 없는 도덕적 의무였다. 반면 백성들에게 예는 일상생활의 준칙이자 엄격한 자기검열의 기준으로 항상 함께하였다.

이처럼 예치는 강제적인 법 집행 대신 도덕적 감화라는 이상적 목표를 내세우면서 실제로는 기존의 신분제와 가치관을 정당화하는 세련된 통치술이다. 이는 정교가 일정 정도 분리되었던 유럽과 달리 정교가 일치된 중국에서는 종교를 통한 이중지배의 대체품으로 예가 필요했다. 예가 이런 절대적 위상을 갖는데 가장 크게 기여한 이는 공자를 비롯한 유가였다.

3. 유가와 예치

통상 유儒[11]는 '유가' 또는 '지식인'으로 번역하는데, 유儒는 본래 서주에 멸망한 뒤 새 통치자에 순종했던 상조商朝의 유식한 귀족을 가리키는 말이었다. 예치禮治 전문가였던 이들은 호전적인 서주의 무사(士)와 대비되는 문약한 존재였지만 문화적 가치를 유지하기 위해 서주의 통치에 호응하였고 나아가 서주를 이용해 자신들의 문화를 확산시켰다. 유儒는 자신들의 지적 우월성에 대한 신념과 문화의 지속을 위해 힘썼고, 서주 역시 국가의 유지와 발전을 위해 그들의 학식을 활용해야 했다. 유儒는 학식을 통해 사士와 경쟁하였다. 후대 유가가 이들로부터 유래하였음은 너무도 당연하였다.

---

11) 需(수)는 '비에 젖은 수염'을 그린 글자로서 '부드럽다·약하다·순종하다'라는 뜻이다.

서주는 천명관과 봉건체제를 근간으로 국가를 설계하였기 때문에 모든 정치적 권위를 하늘과 조상에 대한 제례에 의존하였다. 유儒는 이 제례를 주관하기 위한 천문 역법과 예법을 관장하면서 『역경』을 가장 중시하되 초월적 권위를 부여하지는 않음으로써, 조상신의 신성을 인정하면서도 그 절대성 대신 제례를 통한 상호관계를 강조하였다. 그렇게 하여 유가는 합리주의를 뿌리내리면서도 나름대로 종단 종교 못지않은 정통성과 적법성을 획득하는 묘한 절충에 성공한 것이다.

예禮가 우주의 조화에 기여한다는 유儒의 생각을 계승한 공자는 우주를 도덕적 질서로 파악했으며, 인간사는 이런 우주적 질서와 조화를 이룰 때 번성할 수 있다고 강조하였지만, 그렇다고 초월적인 가치를 지향하지는 않았다. 유가의 윤리는 본질적으로 세속적이며, 역사적 사례와 성인의 행위에서 윤리적 정당성을 찾는 합리성을 지녔고 가족 중심적 사회윤리를 전폭적으로 수용하였다. 따라서 효의 가치는 절대적이었고, 정치 역시 가족 윤리의 확장으로 보았으며, 인간주의적 입장을 궁극적 표준으로 설정하였다(이상 모오트, 1991, 51~55, 69~71).

그렇지만 공자는 극기복례克己復禮가 인仁을 실천하는 바른길이라며 예를 통한 신분적 절제를 강조하는 한편 예를 엄격하게 해석함으로써 예치의 논거를 확실하게 다졌다. 예를 들어 『예기禮記』「곡례상曲禮上」에는 '예란 친소에 따라 관계를 정하고, 의심스러운 것을 판단하며, 같고 다름을 구별하고, 시비를 밝히는 기준'이라고 비교적 담백하게 기술되어 있다. 그런데 공자는 '친소에 따른 관계를 정한다'는 말을 대의명분을 바로잡는 일, 즉 '정명正名'이란 절대적 윤리 규범으로 확대하고 강조한 것이다.

후에 성리학자들은 극기복례의 길이 '하늘의 도리를 보존하고 사람의 욕망을 없애는 것(존천리거인욕存天理去人欲)'으로 확대하였고, 일부는 '거인욕去人欲'에서 더 나아가 '멸인욕滅人欲'을 주장함으로써 실천하기 힘든 윤리를 절대기준으로 내세워 사회를 매우 보수적으로 만들고 말았다. 정명 또한 과도한 대의명분론으로 치달아 본래의 의미를 상실한 경우가 많았다. 예치는 도덕적 자율성의 근거를 제시하여 상당한 교육적 가치와 호소력을 지녔고, 황제의 전제를 제어하는 유력한 수단으로 긍정적인 측면이 많았다. 하지만 예치는 인치人治의 합리화일 수밖에 없다는 점에서 한계를 지닌다.

4. 상식이성의 지배

기독교에서는 지고의 권능이란 우주의 운행을 감독하는 것을 뜻한다. 하지만 중국에서는 세계를 구성하는 모든 것들이 각자 존재의 가치를 지니며, 서로 내적 조화와 균형을 이루고 있다고 여겼기 때문에 특정한 어느 것에 절대적 권위를 부여하지는 않았다. 그래서 제자백가들은 불교를 받아들이기 전까지 주로 체용론體用論을 통해 사물을 이해하였고, 삶의 형태와 양식을 정하는 역할에만 힘썼다.

체용론은 본질(체體)와 현상(용用)으로 이원화하여 파악하는 방식인데, 감정이라는 본질과 희노애락이라는 현상, 물이라는 본질과 비·안개·구름·얼음이라는 현상으로 구분하되 실은 동일체의 다양한 발현이라고 보는 것이다. 불교가 들어오면서 본질과 현상에 시간이라는 개념이 추가되기는 했지만 체용론의 본질은 큰 변함 없이 유지되었다. 체용론은 본질과 현상의 연속성을 간명하게 설명하는 장점이 있지만, 역으로 단절성을 설명하기 어렵고(김한상, 2018, 277~278), 논리적으로 명징할 수 없다는 한계를 안고 있다.

그럼에도 불구하고 절대자로서 신의 존재나 신의 역사함을 인정하지 않는 중국인에게는 누구나 공감할 수 있는 범주에서의 논증과 설명을 가장 합리적인 것으로 인식하게 하였을 뿐 아니라 그 범주를 벗어난 것은 오히려 궤변이나 무용한 것으로 거부하게 하였다. 김관도金觀濤는 이런 중국인의 사유 방식을 가리켜 '상식이성'이라고 칭하였다.

상식이성은 매사 예측이 가능하고 폭넓은 사회적 공감대를 형성할 수 있다는 점에서는 긍정적이지만, 한편으로는 당장의 가시적인 효과를 기대하기 힘든 분야에 대해서는 호기심을 갖지 않게 했고, 형이상학적 가치에 관한 진지한 탐구를 저해하는 요소로 작용하기도 했다.

송대 신법 개혁을 주도한 재상 왕안석王安石(1021~1086)은 식도락과 여색은 물론 꾸밈에 전혀 관심이 없었다. 이는 분명히 칭송받아야 할 미덕이었지만 오히려 많은 논란을 자초했고, 심지어 비난의 대상이 되기도 했다. 탐식하거나 여색을 밝히는 것은 분명 잘못된 것이지만 그래도 일국의 재상인데 그 정도도 즐기지 않는 인물이라면 그 또한 비정상의 범주에 속하는 인물이니 과도하게 자신을 포장하는 야심가이거나 남과 소통할 줄 모르는 인물일 가능성이 크다며 탐탁하게 여기지 않는 여론도 만만치 않았다.

5. 개인이 없는 사회

전통시대의 가족은 지금의 소가족과 달리 대가족 또는 종친宗親에 버금가는 넓은 개념이었고, 이는 동서양이 크게 다르지 않았다. 또 개인이 아닌 가족공동체를 단위로 신분에 따른 권리능력을 계층화한 귀속신분법은 전근대 법의 가장 큰 특징이며 이 또한 동서양이 마찬가지였다(강희원, 2011a, 79). 다만 유럽은 근대에 들어와 개인을 독자적인 법률행위자, 즉 추상적인 '법학적 인간'으로 인정하고 입법을 진행한 데 반해 중국은 청대 말까지 개인이 아닌 가족을 독자적인 사회적 단위의 하나로 간주하여 관련 법규에서 보호의 대상으로 간주하였다(李甲孚, 1988, 20~22).

중국은 본래부터 대가족을 중심으로 삶의 모든 방식이 구성되어 있다. 우선 대가족은 혈연공동체이자 생활공동체이다.[12] 사람들은 본래 이름이 있지만, 집안에서는 통상 출생 순에 따라 왕86, 왕87, 왕88 등으로 불렀다. 왕86과 왕87이 부자인지 형제인지 사촌인지 남들은 알 수 없지만, 왕씨 집안 식구들에게는 전혀 문제가 되지 않았다. 이런 방식의 이름짓기는 5대가 지나면 다시 왕1, 왕2, 왕3으로 돌아간다.

이렇게 개인이 없는 사회였기 때문에 부부 사이가 아주 좋은 것은 바람직하지 못한 일로 간주하였다. 금슬이 좋은 부부는 다

---

[12] 풍우란馮友蘭은 농경 위주의 삶이 중국 초기 사상가들의 생각에 결정적이었다며, 농경이 개인주의보다 가족 중심주의를 낳았고, 자연 순환의 이치를 가치체계에 도입하게 했으며, 경쟁적 규범보다는 협동의 규범을 진작시켰고, 추상적 가치보다는 실질 가치에 더 관심을 두게 했으나 한편으로는 수학적 개념과 경쟁을 키우는 상업의 발달에는 부정적으로 작용했다고 보았다(모오트, 1991, 14).

른 부부의 시기와 질투를 유발해 대가족의 화합을 깰 수 있기 때문이다. 부부간의 공개적인 애정 표현 역시 터부시하였다. 독자적인 개인의 존재는 물론이고 독립적인 부부의 존재도 허용치 않았던 것이다.

현 북경대학 정문 앞 버스 정류장의 본래 명칭은 황장黃莊이었다. 황씨들의 집성촌이기 때문이다. 그 옆에는 동왕장東王莊이 있다. 동쪽에 있는 왕씨들의 집성촌이라는 뜻이다. 북경원인이 발견된 주구점周口店은 주씨들이 모여 사는 마을 입구의 상점이라는 뜻이다. 이렇게 집성촌으로 이루어졌기 때문에 딸에게 토지를 상속해도 타성인 사위가 마을에 와서 농사를 짓거나 소유권을 행사하기란 불가능에 가깝다.

곽이郭李라는 마을이 있다. 곽씨와 이씨로 이루어진 마을이다. 곽이 초등학교의 학생은 당연히 곽씨와 이씨로 이루어졌기 때문에 반장은 곽씨가, 부반장은 이씨가 맡는 것이 원만한 학급 운영에 도움이 된다. 이 마을에서 분쟁이 발생할 경우, 법은 별다른 기능을 발휘하지 못한다. 집안의 어른을 찾는 편이 훨씬 효과적이다. 곽씨와 이씨가 싸우면 경찰은 어지간하면 곽씨 편을 들어준다. 그래야 시끄럽지 않기 때문이다. 이런 환경에서 법률의 기능은 개인의 권리구제보다는 가족 간 분쟁의 원만한 해결을 촉구하는 쪽으로 발전할 수밖에 없다.

가족 중심주의는 수신↔제가↔치국↔평천하로 이어지는 중국인의 논리 구조 속에서도 분명하게 자리 잡았다. 중국에서 국가란 글자 그대로 가족의 확대에 불과하다. 공자는 범죄를 저지른 아버지가 있으면 아버지를 신고하는 대신 등에 업고 멀리 달아나는 것이 도리라고 강조하였다. 그래서 중국은 국가의 통치 질서를 위배하지 않는 한 사회질서 유지를 향촌의 자율에 맡겼다. 그래서 인정人情이 사리事理보다 앞서고, 사리가 법률보다 앞서는 사회가 되었다. 즉 법만으로는 설득이 되지 않는 영역이 더 넓다는 말이며, 이 점은 우리 전통사회 역시 크게 다르지 않았다.

6. 복수의 뿌리, 효도

중국의 무협영화를 보면 끝없는 복수와 복수의 연속이다. 멸문의 위기 속에서 복수를 맹세하며 적의 칼날을 피해 달아나는 어린 주인공, 강보에 싸인 주인집 아들을 살리기 위해 목숨을 바치는 하녀의 충정은 무협영화의 필수품목이다. 중국인들은 왜 아무것도 모르는 아기까지 죽이며 상대방의 씨를 완전히 말리려 드는 것일까? 중국인의 끝없는 복수극의 뿌리에는 아이러니하게도 유가의 절대 윤리인 효가 자리하고 있다.

유가는 효를 백행百行의 근본으로 중시한다. 그래서 유교사회에서 가장 무거운 징벌은 불효자로 낙인찍히는 일이다. 단순한 도덕적 비난이 아니었다. 기독교 사회에서 이교도나 사교도로 낙인찍혀 교회 공동체로부터 축출되는 파문破門을 당하는 것과 마찬가지다. 국왕이 매일 아침 대비에게 문안 인사를 드리는 일은 효심의 발로에서 나온 자발적 행위일 수도 있지만, 반드시 수행해야 할 공적 의무에 더 가까운 것이다. 만일 대비가 국왕을 향해 불효자라고 공개적으로 비난하면 신하들은 하늘의 도를 바로잡는 일에 나서야 할지 말아야 할지를 고민해야 한다. 이렇게 하여 국왕을 내쫓는다면 그것은 반란이 아니다. '잘못된 것을 바로

잡는 일'이라 하여 반정反正이라 칭한다.

따라서 부모를 살해한 자에 대한 복수는 절대 피할 수 없는 자식의 의무이다. 부모를 살해한 자는 같은 하늘 아래에서 살 수 없다는 뜻에서 불공대천不共戴天의 원수, '하늘을 꿰뚫을 만큼 가슴에 사무치는 원수'라는 뜻에서 철천지원수徹天之怨讎라고 칭하며 오매불망 복수를 진행해야 한다. 필요하다면 10년 세월도 마다하지 않아야 한다. 그래서 '군자의 복수는 10년도 늦지 않다(군자지수십년불만君子之讎十年不晩)'는 말이 있다. 부모의 원수를 갚지 못하는 것보다 부끄러운 일이 없으며, 반대로 부모의 원수를 갚는 일은 하늘도 인정하는 정당한 행위여서 일반 범죄처럼 처벌할 수 없었다. 오히려 어려운 환경을 극복하고 원수를 갚을수록, 절치부심한 세월이 길수록 만고의 효자로 칭송받았다.

개인 간의 은원恩怨은 많은 경우의 수가 있을 수 있지만, 효는 만고불변의 진리요 원칙이다. 따라서 주관적인 개인사 때문에 만고불변의 원칙을 훼손할 수는 없다. 남편의 원수를 죽이는 것 또한 살인에 앞서 열녀가 되는 길이었다. 남편의 원수를 제거하기 위해 살인을 한 며느리는 시댁의 명예를 일거에 드높인 열녀이며, 시댁 식구 모두가 나서서 즉시 열녀문을 세워야 한다. 어떤 관리도 그녀를 단순 살인범으로 처벌할 수 없었다. 그래서 중국인의 보복은 복수의 싹을 없애기 위해 피도 눈물도 없이 철저하게 이루어진다. 이처럼 효는 가족의 윤리를 넘어서 국법으로도 규제할 수 없는 커다란 복수의 공간을 남겨두었다.

7. 금각金角과 인지상정

송대 청백리이자 정의 구현에 앞장선 포증包拯(999~1062)을 주인공으로 한 연속극 '판관 포청천'이 한때 인기를 누린 적이 있었다. 연속극에서 포증은 신분의 고하를 막론하고 중대 범죄를 저지르면 작두로 목을 베어 단죄하는데, 고관대작에게는 용작두를, 서민에게는 개작두를 사용하는 것만 다를 뿐이다. 하지만 이는 어디까지나 연속극일 뿐 사실과는 거리가 멀다. 개작두·용작두가 없었음은 물론이고 송대 관리들에게는 사형 판결권만 있었을 뿐 집행권은 없었다.

황제는 하늘을 대리하여 온 세상의 백성을 돌봐야 할 의무가 있었다. 만백성은 바로 하늘이 황제에게 양육을 의탁한 하늘의 자식이기도 했다. 따라서 설령 범죄자라 하더라도 이들의 목숨을 빼앗을 수 있는 권한은 황제 고유의 것이었다. 그래서 반역죄 등 중대 범죄나 현행범이 아니면 반드시 재판을 거쳐야 하고, 중대 범죄는 중앙의 재가를 받아야 했다.

설령 사형이 확정되더라도 일단 동지가 되기를 기다렸다가 동지 전 열흘 전후에 일제히 사형을 집행해야 했다. 그것은 봄·여름·가을에 사형을 집행하는 것은 만물이 소생하고 성장하고 결실을 이루는 자연의 순행에 역행한다고 생각하였기 때문이다. 그래서 모든 것이 시드는 겨울에 사형을 집행하는 것이 순리이며, 음陰이 극에 이르러 양陽이 다시 커지는 동지가 새해의 시작이므로 한 해를 마무리하는 동지 직전이 사형 집행일로 적절하다고 본 것이다.

사형수 명단은 사각형의 종이에 빈틈없이 적어서 황제의 결재를 받아야 하는데, 황제는 붓으로 동그라미를 쳐서 최종 결재를 한다. 그런데 이 동그라미 안에 들어간 자만 사형을 집행하고 나머지는 사형이 연기되었다. 사각형의 종이에 동그라미를 그리는 방식이기 때문에 네 모퉁이에 이름이 적힌 자는 절대 죽지 않으며 네 가장자리 또한 사형 집행 명단에 들어갈 가능성이 거의 없다. 물론 동그라미 크기는 매번 황제의 기분에 따라 달랐다.

그러면 누구는 가운데 적히고 누구는 모퉁이나 가장자리에 적힐까. 그것은 전적으로 법무 담당 관리의 재량이며, 그 재량은 뇌물과 청탁, 인간관계에 크게 좌우되기 마련이다. 그래서 네 모퉁이를 가리켜 금각金角이라고 칭한다. 글자 그대로 golden coner인 셈이다.

사형수는 흉악범이지만 그가 무슨 죄를 지었건 간에 부모형제는 구명을 위해 최선을 다하기 마련이다. 실낱같은 희망이라도 붙잡기 위해 백방으로 노력하며 청탁하는 것은 혈육으로서의 인지상정이기에 불법에 앞선 당연한 것으로 간주한다. 만약 사형수가 부모라면 자식은 어떤 어려움이 있더라도 구명을 위해 나설 의무가 있다. 또 어려운 살림에도 불구하고 정성껏 돈을 준비해 청탁하는 것 역시 비난할 일이 아니라고 여겼다.

청탁을 받은 관리도 죄의식을 가질 필요는 없었다. 오히려 아무런 청탁도 하지 않는 사형수라면 가족들조차 포기한 흉악범일 가능성이 크고, 맨손으로 와서 청탁하는 가족들보다는 어렵사리 돈을 마련해 간곡히 매달리는 가족의 청을 우선 들어주는 것이 인지상정에 부합하기 때문이다. 더구나 어차피 사형이 확정된 자들이고 누군가는 그 가운데 이름이 적혀야 하니 담당 관리의 부담은 더욱 줄어든다. 사형 집행이 미뤄지다 보면 각종 특사의 대상이 될 수도 있고, 운이 좋으면 풀려날 가능성도 얼마든지 있다.

유럽의 봉건영주처럼 백성을 장악하는 중간 계층이 없던 중국에서는 이렇게 황제가 모든 백성의 삶을 좌우하였기 때문에 황제 절대 독재가 때로는 인신을 보호하는 긍정적인 역할을 하기도 하고, 때로는 예치로 포장된 인치의 부정적인 측면만 두드러지기도 하였다. 물론 후자의 경우가 더 많았음은 두말할 나위가 없다.

8. 정리법情理法사회의 정의

정리법情理法의 사회에서 법적 정의와 형평이 설 자리는 매우 비좁을 수밖에 없었다. 가족과 친지에게 법과 사리를 논하는 자는 인정머리 없는 인간으로 비난받기 쉬웠다. 청의 옹정제雍正帝(1678~1735) 때 하남河南총독에 임명된 전문경田文鏡(1662~1733)은 총독이 되면 자신을 찾아오는 친지와 지인들 때문에 자신의 연봉으로는 감당하기 힘들다며 연봉의 200배에 해당하는 근무지 수당을 알아서 거둬 쓰겠다고 황제에게 솔직하게 보고하고 허락을 받았다. 그 뒤 전문경은 그 액수를 정확하게 지키며 성실하게 총독 업무에 임하였다. 그 결과 전문경은 인정과 사리와 법률을 조화롭게 지킨 훌륭한 인격자이자 청백리로 조야의 칭송을 받았고, 평균 1년 임기의 총독직을 10년이나 유지할 수 있었다.

전문경이 이렇게 할 수 있었던 데에는 황제 스스로 운영이 제도보다 더 중요하다는 인식을 지니고 있었기 때문이다. 제대로 된 통치는 인재를 얻을 때 가능한 것이지 법 여하에 달린 것이 아니라는, 치인治人이 치법治法보다 중요하다는 것은 옹정제만의 생각은 아니었다(이상 미야자키, 2001, 134~147). 성문법에 의한 법치는 법의 허점을 이용하기 위한 도덕적 부패를 조장하지만, 관습과 상식에 따른 예치는 그런 부작용이 없을 뿐 아니라 법으로 처리하기 힘든 각종 특수한 상황의 해결에 더 바람직하다는 것이 중국의 오랜 관습이었다(더크 보드, 1995, 491).

이처럼 정실情實에 따른 처신은 때로는 잘못된 것이지만 과도하지만 않다면 크게 비난받을 일은 아니라는 것이 중국과 우리의 오랜 법감정이었다. 그래서 세대 간 법감정, 특히 정의의 기준——아는 사람 봐주기를 비롯해 합법과 불법 사이의 경계선——이 매우 다르게 나타난다. 지금 사회가 복잡해지고, 세계 각국과의 교류가 밀접해져 법적 정비와 그에 따른 인식의 전환이 시급하지만, 여전히 법은 불비하고 인식은 현실을 따라가지 못하는 지체 현상도 두드러진다.

영미권에서 8만 권 정도 발간되었다는 마이클 샌델Michael J. Sandel의 『정의란 무엇인가』가 유독 우리나라에서 200만 부를 넘는 최고의 베스트셀러가 된 것(주간조선, 2019.1.21)도 이런 지체 현상과 무관하지 않다. 우리나라 사람들은 그 무엇보다 정의와 공평에 민감하다. 그것은 정의와 공평이 이루어지지 못한 것에 대한 누적된 분노 때문이며, 그 책임의 상당수는 국회와 법원, 그리고 검찰의 몫이겠지만 세대마다 다른 법감정이 갈등을 증폭시키는 점도 결코 간과할 수 없다.

9. 계약사회와 인정사회

유럽의 법은 고대의 로마법, 중세의 교회법, 근대의 시민법으로 발전하였다. 동로마제국의 유스티니아누스 황제가 집대성한 로마법은 형평성과 당사자 계약을 중시한 전통을 살려 상속·계약·재산·점유 등 민법 위주로 발전하였다. 서로마제국을 멸망시킨 게르만족은 로마법을 수용하면서도 부족 단위로 생활하며 확립된 절차적 관례와 합리성을 중시하던 전통을 고수하여 당사자 계약을 중시하는 로마법과 달리 부족 자체를 법적 권리의 주체로 인정하였고, 영주는 봉신을 보호하고 부양할 의무를 지고, 봉신은 영주에게 충성과 봉사의 의무를 진다는 쌍방 계약을 통해 봉건제도 성립의 기초를 제공하였다.

거기에 교회법이 더해져 일부일처제를 비롯한 혼인법과 유언법의 근원이며, 무죄추정의 원칙, 기득권 보호, 다수결의 원리, 고리대금업의 금지, 계약 충실의 원칙, 소송대리인 제도, 불법행위의 금지, 긴급 피난 등이 확립되었다. 실제 우리나라의 민사소송절차도 로마법을 따라 발전시킨 교회의 소송절차법에 뿌리를 두고 있다. 교회법은 또 현행 공법과 사법, 국제법 형성과 발전에 적지 않은 영향을 미쳤으며, 나아가 전시 국제법 생성에 도움을 주었고, 국제 재판의 기틀도 제공하였다(이상 한동일, 58~59, 67, 199~235).

로마법과 교회법이 근대 시민법의 뿌리가 되고, 그것이 일본을 거쳐 중국과 한국에 전해짐으로써 우리는 까닭도 모른 채 로마법과 교회법이 지배하는 사회에 진입하였다. 이렇게 자신도 모르게 수입된 법체계의 특성상 우리 사회는 법과 현실의 괴리는 물론 법감정과의 괴리가 매우 크다. 그리고 이는 기성세대일수록 더더욱 그러하다. 그 가운데 가장 대표적인 것은 계약에 대한 인식이다. '법 없이도 살 사람'이라는 말이 인격을 평가하는 중요한 기준이었기 때문에 계약이나 계약서를 언급하는 순간 인정머리 없거나 야박한 사람으로 간주되었다. 교수들이 자신의 연봉과 연구실적 등에 대해 개별 계약서를 작성하고 임용되기 시작한 것은 최근의 일이다.13)

반면 우리 사회의 법적 중추를 이루고 있는 유럽에서는 계약이 너무도 당연하고 자연스러운 일이다. 여호와는 창조주이며 절대자이지만 『구약』에 계약이라는 단어가 285번이나 등장할 정도로 성서 속의 인물과 반드시 계약의 형태를 통해 역사하였다. 이집트를 탈출하기에 앞서 여호와는 이집트인의 장자를 모두 죽이고 이스라엘인의 장자는 살려주기로 하지만 대신 어린 양을 바치라고 하였다. 아브라함Abraham(前2166?~1991?)에게도 아들 이삭Issak(?~?)을 번제로 바치라는 혹독한 계약조건을 제시하였다.

계약을 뜻하는 라틴어 포에두스foedus는 신과 인간 사이의 영적 유대에 기초한 시스템을 말한다. 알투지우스는 성서에 나오는 신과의 약속은 백성의 동의에 기초하고 있다며 근대정치는 통치자와 자유로운 정치적 계약을 맺음으로써 성립되는 것이고, 정치는 계약을 체결하고 유지함을 목표로 한다고 보았다. 또 국가는

---

13) 1993년에 취업한 필자의 경우 연봉이 얼마인지 궁금했지만, 신임교수가 연봉을 물어보는 것은 교수답지 못한 언행이라고 스스로 생각했고, 누구에게도 차마 묻지 못했다. 그리고 매달 변동 지급하는 복잡한 보너스 때문에 1년이 지난 뒤 비로소 내 연봉이 얼마인지 알 수 있었다. 상황이 많이 달라지기는 했지만, 대학이 신임교수 공채에 연봉을 밝히는 경우는 아직도 찾아보기 힘들다.

개인이 아니라 결사체나 집단을 기초로 하며, 정치이론은 결사체 창설을 위한 모델을 제공하는 것이다. 이런 계약만이 정의롭고 안락하며 행복한 정치공동체를 만들 수 있다고 강조하였다(그린버그, 2018, 60~61).

이런 계약의 전통은 중요한 정치적 변혁마다 대헌장이라는 명칭으로 문서상의 계약을 체결하는 전통을 수립하도록 만들었다. 국왕의 권리를 문서로 제한한 「마그나카르타」Magna Carta(1215), 자주적이고 평등한 정부 구성을 약속한 「메이플라워 서약」Mayflower Compact(1620), 프랑스의 「인간과 시민의 권리선언」(1789), 선거권 개정 요구를 반영한 헌장People's Charter 체결을 요구한 차티스트운동(1838~1848) 등은 그 대표적인 사례이다.

앞에서도 언급한 것처럼 중국에서도 경제적 행위와 관련된 계약문화는 대단히 발달하였고 보편화되었다. 하지만 정치적 행위를 계약으로 체결한다는 전통은 시종 성립되지 못하였고, 그것이 지금까지도 중국에서 법치보다 인치가 행해지는 원인이 되었다. 한편, 제국의 안정을 유지하고 효율적으로 관리하기 위해서는 지배자의 절대적 권위가 필요하다는 인식이 국민 사이에 확고한 공감대를 형성하고 있는 것도 인치의 원인 가운데 하나이다.

중화민국의 임시 총통을 지낸 손문의 묘지명을 황제처럼 중산릉中山陵이라고 명명하고, 3,054ha의 넓은 면적과 392개의 높은 계단 위에 장엄하게 조성한 것에서도 이 같은 인식의 일단을 살펴볼 수 있다. 택시 기사가 모택동이나 등소평의 사진을 차에 매달고 다니는 것도 열렬한 공산당원이라서가 아니라 모택동과 등소평의 권위라면 감히 잡귀가 얼씬거리지 못할 것이라는 생각에서다. 하지만 같은 신격神格이라도 전관前官보다는 현직이 더 힘이 세고 영험하다고 생각해 습근평習近平사진을 더 선호한다.

|제4절| 과거와 선비: 과거제도와 사대부의 사명

1. 대부의 법적 특권

예치와 법치를 병용하는 중국의 법적 전통과 신분법의 특징이 결합한 독특한 현상의 하나가 『예기』 「곡례상曲禮上」에 있는 "예법은 아래로 서민에게 해당하지 않고, 형벌은 위로 대부에게 적용되지 않는다(예불하서인禮不下庶人, 형불상대부刑不上大夫)"는 규정이다.14)

물론 대부에게 형법을 적용하지 않는다고 하여 범죄 행위에 대한 법적 책임을 묻지 않는다는 말은 아니다. 다만 경범죄일 경우 관리를 오랏줄에 묶어 체포하는 대신 스스로 자수하게 하고, 중범죄일 경우 고문과 공개적인 사형에 처하기보다는 자살을 명하는 등 체면을 유지해주는 처벌 방식을 뜻한다(『손자가어孔子家語』, 제第30, 오형해五刑解). 특히 8벽辟이라 칭하는 특수 관계인에 대한 처벌은 반드시 황제의 재가를 받도록 하였다.

이런 전통은 후대에 이어져 위魏 명제明帝(204~239)는 「신율新律」을 제정하면서 8벽의 명칭을 8의議로 고쳐 그에 해당하는 고위 관료에 대한 일반 사법기관의 재판권을 제한하고 반드시

---

14) 서주 때부터 제후국에는 경卿·대부大夫·사士라는 3단계의 직급을 두어 제후를 보좌하게 하였다. 진한 이후 대부는 직급명에서 여러 관직명으로 바뀌어 청 말까지 이어졌다.

황제의 재가를 받도록 하였는데, 이 규정은 청조 말까지 계속되었다.15) 우대 규정의 준수는 왕조에 따라 차이가 있지만, 가장 엄격하게 준수한 왕조는 송宋이었다.

『송사宋史』에 따르면 희녕熙寧(1069) 2년, 금주金州 지사 장중선張仲宣(?~?)이 뇌물 수수로 체포되자 문신형16)과 척장脊杖17)의 처벌을 받고 섬으로 유배되는 엄형 처분이 내려졌다. 그러나 당시 심형원審刑院 장관이었던 소송蘇頌(1020~1101)은 5품관을 이렇게 처벌하는 것은 대부에게 형법을 적용하지 않는다는 원칙에 어긋난다고 황제에게 보고하였다. 이에 황제는 문신과 척장을 면해주었을 뿐 아니라 유배지를 섬 대신 광서廣西자치주 하주賀州로 변경하여 주었다. 그리고 이러한 조치를 계속 준수하게 하였다(『송사宋史』, 권340, 「소송전蘇頌傳」).

2. 사대부의 사명감

사대부에 대한 우대에 비례하여 사대부의 책임 또한 엄중하

---

15) 8의議에 해당하는 신분은 황제의 친척, 황제의 친구, 덕망이 높은 현자, 뛰어난 행정력을 지닌 인물, 국가 유공자, 고위 관료, 관료로서 뛰어난 근무 실적을 기록한 자, 전 왕조의 귀족과 그 후손이다.
16) 문신은 5대 형벌 가운데 가장 가벼운 것이긴 하지만 범죄 명칭이나 처벌 내용을 피부에 새겨 영원히 지울 수 없게 하는 형벌이다. 송대에 절도죄는 귀 뒤에 새겼고, 유배형에는 마치 도장을 찍은 것처럼 이마나 뺨에 사각형으로 글자를 새겼다.
17) 척장은 몽둥이로 척추를 때리는 형벌을 뜻한다. 엉덩이를 때리는 곤장은 사망하는 경우가 드물지만 척장을 받으면 대부분 출혈로 사망에 이르는 경우가 많아 곤장형 가운데 가장 무거운 형에 속한다.

였다. 성리학의 시조인 송의 장재張載(1020~1077)는 자신의 좌우명을 쓴 「서명西銘」에서 지식인의 존재 의의와 삶의 태도 등에 대하여 다음과 같이 밝혔다.

> 하늘을 아버지라 대지를 어머니라 부르니,
> (건칭부곤칭모乾稱父坤稱母)
> 내 작은 몸은 천지 가운데 혼연히 존재한다.
> (여자막언내혼연중처予玆藐焉乃混然中處)
> 천지의 가득한 기운이 내 몸을 이루고,
> (천지지색오기체天地之塞吾其體)
> 천지를 주재하는 이치가 바로 내 본성을 이끈다.
> (천지지수오기성天地之帥吾其性)
> 만백성은 나의 형제이고, 만물은 나와 더불어 존재한다.
> (민오동포물오여야民吾同胞物吾與也) ……
> 아무도 보지 않는 집안에서도 부끄러울 일이 없어야 욕됨이 없고,
> (불괴옥루위무첨不愧屋漏爲無忝)
> 자신의 마음을 보존하고 본성을 길러야 나태하지 않을 것이다.
> (존심양성위비해存心養性爲匪懈) ……
> 부귀와 행복과 윤택함은 하늘이 내 삶을 풍부하게 해주는 것이요,
> (부귀복택장이후오지생야富貴福澤將以厚吾之生也)
> 빈천과 근심 걱정은 나를 옥처럼 갈고닦아 완성시키려 함이라.
> (빈천우척용옥여어성야貧賤憂戚庸玉汝於成也)
> 나를 잘 보전하며 순리로 하늘을 섬기면 죽어서도 편안할 것이다.
> (존오순사몰오녕야存吾順事沒吾寧也)

또 오대의 혼란과 송조의 건국, 통일 전쟁 등을 목도한 경험을 바탕으로 장재는 지식인으로서의 사명감에 대하여

천지를 위하여 내 마음을 세우고,
(위천지입심爲天地立心)
백성의 삶을 위하여 도를 세우노라.
(위생민입명爲生民立命)
옛 성인을 위하여 단절된 학문을 이어받고,
(위왕성계절학爲往聖繼絶學)
후세를 위하여 태평한 세상을 여노라.
(위만세개태평爲萬世開太平)

고 하였다. 개인이 아닌 온 세상을 위해 자신의 마음을 세우고, 단절된 학문의 맥을 잇고, 교육을 통해 사람을 바꾸고 세상을 평화롭게 하는 것을 지식인의 사명이라고 본 것이다. 윗글의 마지막 구절은 히로히토裕仁천황(昭和天皇, 1901~1989)이 1945년 8월 15일의 「항복선언문」에 인용한 것이기도 하다.

3. 친민親民과 신민新民

송대 재상 문언박文彦博(1006~1097)은 신종神宗(1048~1085)에게

황제는 지식인인 사대부와 함께 천하를 다스리는 것이지 백성과 함께 천하를 다스릴 수는 없다(여사대부공치천하與士大夫共治天下, 비여백성치천하야非與百姓治天下也).

며 지식인에 의한 통치를 당연시하였다. 『대학大學』은

> 대학의 도는 밝은 덕을 밝힘에 있고, 백성과 친함에 있으며, 지극한 선에 머무름에 있다(대학지도大學之道, 재명명덕在明明德, 재친민在親民, 재지어지선在止於至善).

로 시작한다. 그런데 정이程頤(1033~1107)와 주희朱熹(1130~1200)는 『대학』의 친민親民은 본래 신민新民이었던 것이 후세에 잘못 전해진 것이라며 '친親'을 '신新'으로 바꿔야 한다고 주장하였다.

'백성과 친함, 즉 덕정德政이 대학의 도리'라는 기존의 해석 대신 '새로운 사람으로 백성을 거듭나게 해야 한다'로 고쳐야 한다고 주장한 이유는 무엇일까? 만약 '인성과 천리를 깨우친 새로운 사람으로 거듭나야 한다'면 과연 누가 어떻게 '백성을 거듭나게 만들어야 하는가?'라는 과제가 뒤따르게 된다. 이에 대해 주희는 사대부가 바로 신민을 만드는 주체라며 신민으로 거듭나는 길로 8덕목을 제시하였다. 『대학』에서는 신민으로 가는 길을 성의誠意, 정심正心, 격물格物, 치지致知, 수신修身, 제가齊家, 치국治國, 평천하平天下라는 8단계로 명쾌하게 정리하였다.

뜻을 정성스럽게 하고, 마음을 바르게 하는 것에서 출발해서 세상 만물의 본질(격格)을 이해하여 지적 수준을 높이 끌어올린다는 격물치지 단계를 거쳐야 비로소 수신제가와 치국평천하로 나아간다는 말이다. 이 8덕목 가운데 가장 논란의 대상이 된 것이 바로 격물치지이다. 세상 만물은 모두 격, 즉 그것이 존재하는 까닭이 있으니 사람에게 인격이, 사물에는 물격이 있다는 말이다. 따라서 그 소이연所以然을 궁구하는 것, 사물의 이치를 연구하는 것이 격물이며, 그렇게 해서 지식이 극진한 단계에 이르는 경지가 치지이다.

이 격물치지는 지식의 단계이므로 객관적 검증이 가능하며, 공부하지 않는 자는 수신제가를 논할 자격도 없다는 것이 『대학』을 이용한 성리학의 준엄한 메시지이다. 이는 비록 왕이라 해도 예외가 아니니 지적훈련을 통해 거듭나지 않은 자는 비록 왕이라도 제대로 된 인간의 기본조건조차 갖추지 못한 존재가 된다. 반면 지적훈련을 성공적으로 마친 지식인은 비록 왕의 신하지만 왕의 스승이 될 수 있음을 의미한다. 그래서 성리학이 지배하던 조선왕조, 학문 지상의 시대에 가장 영예로운 관직은 영의정이 아니라 대제학大提學으로 여겼다. '군사부일체君師父一體'란 개념이 여기에서 나왔고, '스승의 그림자도 밟지 않는다'는 말도 여기에 근거한다. 성리학에서 친민親民 대신 신민新民을 선택한 이유다.

4. 조식의 「을묘사직소」

조선왕조는 성리학을 국시로 건국하였기 때문에 성리학을 창안하고 사대부를 존중하는 등 문치주의를 표방한 송조를 건국 모델로 삼았다. 그래서 조선은 경연을 통해 최고의 학자가 국왕을 교육하였고, 사관과 언관을 통해 직언을 제도화함으로써 왕에게 철인哲人이 될 것을 요구하는 등 문치주의의 절정을 이룩하였다.

지식인으로서의 높은 자부심, 학문적 성취에 대한 사회적 존중은 선비들의 직언을 권장하고 수용하는 환경을 조성하였다. 그 가운데 가장 대표적인 사례는 조식曹植(1501~1572)이 단성현감 임명을 사양하며 올린 「을묘사직소乙卯辭職疏」(1555)이다. 조식은 상소문에서 당시 나라가 "100년 동안 벌레에 갉아 먹혀 이미 진액이 말라버린 큰 나무" 같다고 비유하고 "전하의 나랏일이 이미 잘못되고 나라의 근본이 망하여 하늘의 뜻이 떠나버렸고 민심도 이미 이반되었습니다"라며 직설적으로 국정의 난맥을 지적하였다. 특히

> 자전(慈殿, 명종의 어머니 문정왕후)께서 생각이 깊으시기는 하나 깊숙한 궁중의 한 과부에 지나지 않고, 전하께서는 어리시어 다만 선왕의 한낱 외로운 후사後嗣에 지나지 않습니다. 그러니 천 가지 백 가지 천재天災와 억만 갈래의 민심民心을 어떻게 감당해내며 무엇으로 수습하시겠습니까?

라며 매우 도발적인 비판을 하였다. 조식의 상소문을 놓고 명종明宗(1534~1567)과 문정文定왕후(1501~1565)가 대노한 것은 당연한 일이었으나 대다수 대신과 사관은 표현이 적절치 못하나 우국충정만은 높이 살만하다며 옹호하여 무탈하게 넘어갔다. 조정의 이런 포용력과 선비의 기개가 있었기에 조선이 그렇게 오랫동안 존립할 수 있었던 것이다.

5. 중국의 과거제도와 공교육

이런 지식인 절대 우위의 가치관을 제도적으로 뒷받침한 것이 바로 과거제도였다. 과거제도는 각자의 지적 능력에 따라 객관적으로 관리를 선발한다는 점에서 혈연과 지연에 의존했던 전

근대사회에서는 가장 합리적이며 개방적이고 모범적인 선발제도라고 할 수 있다. 그래서 중국의 과거제도는 유럽으로 전해져 공무원 시험의 모델이 되었고, 이것이 다시 일본으로 역수입되어 일제의 고등문관시험을 거쳐 현재 우리의 각종 고시로 이어졌다.

하지만 과거제는 문제도 많았다. 우선 가장 본질적인 문제는 과거가 교육과 학문을 개인적 출세주의로 전환하는 메커니즘으로 작동한다는 점이다. 교육을 통한 상호작용으로 사회적 발전을 도모하는 주체세력을 키우기보다 통치자와 개인을 연결하는 통로로만 기능하게 함으로써 개인과 국가 사이에 사회적 관계가 형성될 수 없게 한 것이다(최병조, 2011, 35~36).

물론 이것은 과거 자체의 문제가 아닐 수도 있다. 교육과 학문을 입신출세의 수단으로만 간주하는 사회적 인식과 환경이 바뀌지 않는 한 어떤 방식으로 바뀌건 악화가 양화를 구축하는 일방성은 쉽게 바뀌지 않는다. 이 점은 우리의 현행 입시 또한 다를 바 없다. 즉 입시제도의 변화는 바다의 표면에서 일렁이는 파도일 뿐, 교육과 학문을 바라보는 사회의 시각, 취업과 임금의 합리적 균등이라는 해류가 변해야 한다는 점은 이미 900년 전에 거듭 확인된 사실이다.

과거를 본격적으로 실시한 지 60년이 지난 1040년대부터 과거의 문제점에 대한 지적이 속출하였다. 암기 위주의 시험은 학생의 창의력을 저하시키며, 관리로서의 리더십과 문제해결 능력, 인성을 평가할 수 없다는 점이 우선 제기되었다. 정형화된 문제 출제로 실력 있는 학생보다 시험기술이 뛰어난 학생이 선발된다는 지적도 있었다. 3년 1회의 시험으로 당일 컨디션에 일생이 좌우된다는 비판도 있었다. 특히 사교육비를 많이 투자할 수 있는

금수저 출신만 과거에 합격하고, 그것도 부유한 특정 지역에 합격자가 집중된다는 불만도 있었다.

그러자 단순 암기 시험의 한계를 극복하고 인재 육성이라는 교육의 본질을 달성하기 위해서는 학교와 기숙사를 증설하는 등 공교육을 확대하고, 과거시험 대신 내신성적으로 관리를 선발하는 것이 유일한 해결책이라는 주장이 제기되었다. 또 관리에 부합하는 품성과 리더십을 함양하기 위해서는 기숙사 생활을 통한 자치활동이 필요하다는 주장도 있었다. 이에 송조는 1100년경 학교와 기숙사를 크게 늘려 10만에 가까운 학생을 수용하고 과거 대신 내신성적으로 관리를 선발하는 교육 혁신을 감행하였다. 교육 혁신의 결과 많은 우수한 인재들이 배출되었다.

하지만 공교육 정상화에는 방대한 재정 투입이 필요했다. 자연히 교육재정을 둘러싼 재정 담당과 교육 담당 관료 간의 논란이 뒤따랐는데, 재정 수요의 시급성과 교육 효과의 완만함이 극명하게 대조되어 재정 담당 관료의 주장이 힘을 얻었다. 또 재정 관료의 뒤에는 사교육에 투자할 수 있는 경제적 여력을 갖춘 부자들이 조성하는 여론의 적극적인 지원이 있었다. 예나 지금이나 금수저들은 학종보다는 수능을 선호하였다. 어렵사리 쌓아놓은 공교육체계는 얼마 가지 못해 무너졌고 모든 것이 원 위치되면서 상황은 다시 악화되었다.

과거제도가 이룩한 가장 큰 공적이라면 학문과 교육에 대한 존중의 문화를 만든 것이다. 우리가 가장 열악한 환경에서 가장 빠르게 근대화의 과제를 달성하고 선진국에 진입할 수 있었던 자랑스러운 성취의 저 멀리에 과거제도가 있다. 반면 과거제도의 가장 큰 한계라면 학문을 입신양명의 수단과 도구로 전락하게 한 점이다. 대학을 취업의 도구로 생각하고, 취업률로 대학을 평가하는 인식의 저 멀리에도 과거제도가 있다.

|제5절| 관념과 현실: 상아탑의 이상과 교양주의

1. 에도시대의 데라코야寺子屋

 에도시대, 일본의 교육은 상당히 활발하고 역동적이었다. 막부幕府와 번藩에서는 무사 자제를 대상으로 유학을 가르치는 교육기관을 운영하였고, 막부 말기에는 난학蘭學에서 양학洋學으로 확대되는 학문 수요에 대응하는 사숙私塾(민간학교)이 각지에서 증가하고 있었다. 사숙은 신분과 계급을 불문하는 개방성을 유지하였고, 유명한 사숙은 전국에서 몰려온 학생을 수용하였다. 또 서민을 대상으로 읽고 쓰기와 실용적 기능을 가르치는 교육기관인 데라코야寺子屋가 1690년 이후 농촌까지 널리 보급되었다.
 번교藩校의 교육은 무사 계층 학자가 맡았지만, 사숙과 데라코야에서는 무사(중·하층 사무라이, 낭인)를 비롯해 승려·의사·상인 등 매우 다양한 출신이 교육을 담당했고, 종신 교사도 많았다. 에도江戶(현 동경)나 오사카大阪와 같은 도시의 데라코야에는 평민 출신과 여성 교원(사장師匠)도 드물지 않게 있었다.
 일본 교원사教員史 연구의 선구자인 이시토야 데쓰오石戶谷哲夫는 에도시대의 교원상에 대하여 다음과 같이 말하였다.

> 사숙이나 데라코야는 민중 사이에서 생활의 필요에 응해 자연 발생했던 것으로서 공적으로 설치되어 민중에게 강요되었던 기

관은 아니다. 강요된 기관이 아니었기 때문에 인격·실력에 뿌리를 둔 위신을 갖지 않은 개인이 스승師匠이 되는 일은 있을 수 없었다. 스승님お師匠さん은, 신관·승려·의사·촌장庄屋 등 존경받는 직업을 본업本務으로 했기 때문에, 스승직을 반드시 금전적 보수의 척도로 생각하지 않았다. 그들의 대부분은 지역 토착인이었다. 지역 사람들과의 관계는 타산적이 아니라 의리와 인정에 의한 것이며, 1차 집단의 친밀함을 가지고 있었다(이시토야, 1967, 40~41).

학생들은 학비로 돈이나 물건을 냈고, 스승의 집에서 일하기도 했는데, 교육을 신성한 일(성업聖業)로 여기는 사회적 분위기로 인해 경제적 관계로 여기는 태도는 경멸의 대상이 되었다. 하지만 데라코야가 급증하면서 도시의 평민 스승 사이에서는 데라코야 경영을 하나의 사업으로 인식하는 분위기가 형성되기 시작하였다.

2. 일제강점기 교원

명치유신 이후, 근대국가 건설을 위해 국가 주도의 공교육으로 학교 교육이 본격화되면서 학제와 교원의 기준이 결정되었다. 학교 교원의 명칭은 스승師匠에서 교원敎員으로 바뀌었고, 연령과 경력이 정해졌다. 최초의 근대적 학교법령인 1872년의 「학제學制」에서는 초등학교 교원의 직명을 훈도訓導와 준훈도准訓導로 하고, 자격은 남녀 모두 20세 이상, 사범학교나 중학교 졸업자로 제한하였다. 그리고 학교는 '국가가 표방한 문명개화나 식산흥업殖産興業의 목표에 따라서, 국가가 정한 교육과정을 가르치는 등

공무公務를 담당'하는 곳으로 규정되었다.

　일본 정부가 충군애국忠君愛國의 신민臣民을 육성한다는 천황제 교육을 강조하는 「교육칙어」(1890)를 공포하면서 교직敎職=성직聖職이라는 교원관敎員觀이 더욱 강조되었다. 교원에게는 고결한 인품과 높은 직업윤리가 요구되었으며, 교직은 존경과 감사의 대상으로 존중되었다.

　하지만 교원의 신분은 국가공무원이 아니라 시市·정町·촌村에 고용된 판임관判任官(하급공무원) 대우여서 급여가 좋은 편은 아니었다. 게다가 러일전쟁과 제1차 세계대전으로 경제가 성장하고, 물가 상승이 심해지자 교원 지위는 상대적으로 저하하여 직업윤리인 청빈의 강조는 많은 갈등을 초래하기도 하였다. 그렇지만 당시 일본인 교원의 헌신과 자기희생은 매우 높은 평가를 받았다(이상 사이토, 2014, 17~29).

　이들 교원에게 조선은 새로운 출로였다. 조선총독부는 1919년 문화정책을 추진하면서 3개 면에 1개 공립보통학교를 개설하기로 하였다가 1929년부터 1면 1교 정책을 추진하면서 일본인 교원 채용이 크게 늘었다. 전체 교원 가운데 대략 1/3을 유지하던 일본인 교원은 중일전쟁이 발발한 1937년 이후 급격히 늘어 1942년에는 48%까지 증가하였다. 이는 총독부가 전쟁 수행을 위해 일본어 강제 사용 등 '동화정책'을 강력하게 추진하면서 일본인 교원을 그 첨병으로 삼았기 때문이다.

　매년 1천 명 이상 일본에서 충원된 교원의 대부분이 5~15년의 경력 교원이었다. 이들은 본봉의 60%에 해당하는 보너스를 비롯하여 숙사비·국경수당(20%)·벽지수당(10%)·조선어장려금(5~30원)을 추가로 받았고, 연말에는 250%의 보너스도 받았다. 이는 일본 본토보다 유리한 조건이었고, 조선인 교원의 2배가 넘어서 윤택한 생활을 할 수 있었을 뿐 아니라 학교 행정에 관한 전권을 장악하였다.

교장도 1918년까지는 전원 일본인이었다가 1919년부터 조선인 교장을 임명하기는 했지만 1930년까지 도마다 2~3명에 불과하였다. 1932년의 경우, 1,980개 공립보통학교 교장 가운데 일본인 교장이 1,680명이었으니 교장으로 승진하기에 유리하였으며, 월급도 조선인 교장의 3배에 달하였다. 이런 대우가 가능했던 것은 일본 본토의 교원이 '판임관 대우'인 것과 달리 조선에 온 일본인 교원은 '판임관判任官' 신분으로 임명하여 관리로서 외지수당을 받을 수 있게 해주었기 때문이다. 반면 조선인 교원은 같은 판임관이라도 외지 근무자가 아니어서 수당을 받을 수 없었다(이상 박찬승, 2018. 79~113).

초대 총독 데라우치 마사타케寺内正毅(1852~1919)는 총독부 훈령 제52호(1911.6)을 통해 교원에게 금테를 두른 제복과 환도(길이 1.2m) 착용을 의무화했다. 그래서 교원들은 허리에 칼을 차고 교실에 들어와 엄격한 군대식 분위기 속에서 수업을 진행하였다. 이런 강압적인 모습은 3.1운동을 계기로 대폭 완화되었지만 1937년 중일전쟁이 발발하면서 더욱 폭압적인 모습으로 다시 등장하였다.

3. 일본의 교수상

평양의 숭실학교 대학부가 대한제국 정부로부터 정식인가를 받은 것이 1908년이므로 우리나라 근대대학은 이미 110년이 넘는 역사를 지녔다고도 할 수 있다.[18] 하지만 지금까지 사학법인의 법적 존재 근거인 『사립학교법』만 있을 뿐 정작 사립대학과 사립대학 교수의 법적 존재를 명기한 『사립대학법』도 없고, 사립대학 교수상敎授像에 관해 사회적 합의는 물론 논의조차 이루어지지 않은 실정이다.

교수는 다양한 학문 분야에서 정의를 내리는 것을 본업으로 하면서도 정작 자신에 대하여는 정의를 내리지 못한 것이다. 따라서 사립대학과 사립대학 교수의 법적 근거를 마련하기 위한 『사립대학법』이 조속히 제정되어야 하며, 사립대학 교수의 권리와 의무에 관한 헌장도 마련되어야 할 것이다. 이를 위해 우리보다 앞서 1877년에 최초의 근대대학인 동경대학을 설립한 일본의 사례를 살펴보는 것은 도움이 될 것이다. 다음은 히로시마廣島대학 고등교육연구개발센터에서 발표된 논문들을 발췌하여 요약한 것이다.

> 대학교수직은 영어의 academic profession[19]에 상당하는 개념이다. 대학교수직은 대학에 근무하면서 각 분야에 필요한 인재를 양성하고 공급한다는 점에서 key profession이라고 불려왔으며, 중세대학의 신학부·의학부·법학부에서 3대 전문직을 배출해왔

---

18) 우리나라 최초의 대학에 대해서는 일부 이견이 있다. 통상 대학의 역사는 정부로부터 설립인가를 받은 날을 기준으로 하는데, 최초 설립인가를 받은 대학은 숭실대학이지만 실제 개교에 이르지는 못하였다. 이하 각 대학의 개교에 관하여는 제3장 참조.
19) *Cambridge Dictionary*에는 profession에 대하여 "any type of work that needs special training or a particular skill, often one that is respected because it involves a high level of education."이라고 풀이하고 있다.

다. 대학교원 양성이 제도화된 근대대학에서, 교육과 동시에 연구의 기능이 중시되면서 대학교수직은 명실공히 전문직의 지위를 부여받았다. 더구나 요즘에는 교육과 연구뿐 아니라, 사회봉사와 관리 운영 역할의 비중도 점차 커지고 있다.

그런데 유의해야 할 것은 일본의 대학상이나 대학교수상은 외국으로부터 이식한 모델을 근거로 탐색되었을 뿐, 일본에는 대학교수상에 대한 논의를 거의 찾아보기 힘들다. 명치 1년(1867)부터 1948년까지 출간된 교육학 관련 문헌을 모아 놓은 『교육문헌종합목록』에는 교사론敎師論에 관한 것은 200종 정도가 실려 있지만, 그 대부분 초등학교 교사론일 뿐 대학교수에 관한 것은 단 하나도 없다. 이는 전전戰前 일본에서는 '대학교수직'이란 누구도 기대하지 않았고, 아무도 생각하지 않았던 직업이었음을 말해준다.

일본에서 대학교수라는 직종이 생겨난 것은 1870년대부터인데, 외국인 교원은 외국인 교사敎師, 일본인 교원은 일본인 교원 또는 방인교원邦人敎員이 공식적인 호칭이었다. 교수敎授와 조교수助敎授(본래는 조교助敎라고 칭함)는 공식 호칭이 아니고 역직役職을 뜻하는 말이었으며, 당시 관습으로는 교수보다 교사敎師가 더 높은 지위status를 뜻하는 호칭이었다.

교수의 업무와 사명에 대한 일본 교수들의 인식은 제국대학 체제가 마련된 1880년대 후반부터 점차 형성되기 시작했다. 우선 대학이 국가주의를 실현하는 주요 수단이 되면서 교수는 국가를 위한 교관敎官으로서의 성격을 지니게 되었다.

1890년대, 문부성은 교수 1인당 한 강좌만 개설하게 하는 강좌제講座制를 실시하게 하였다. 당시 청일전쟁 준비로 재정난이 극심하였음에도 불구하고 1개 강좌만 운영하게 한 것은 매우 파격적이었다. 당시 사람들은 이를 '일과전공一科專攻'이라고 하였는데, 평생 한 과목만 연구하고 강의하게 하는 강좌제 도입으로 일본 교수들은 국가의 각별한 배려에 대한 감사의 마음과 함께 자신의 전공 분야에서 최고의 전문가가 되어 국가의 배려에 대해 책임진다는 의식을 갖게 되었다. 즉 자신의 전공 연구는 국가가 자신에게 부여한 임무mission라는 생각을 한 것인데, 이는 이후 일본 대학교수의 의식에 크게 영향을 주었다.

일본 대학교수는 연구와 교육이 자신들의 본업이라는 인식이 강하게 자리를 잡았지만, 연구 편향적인 성향이 지금도 강하다. 연구중심과 교육중심으로 대학 간 역할 분담이 잘 되어 있는 미국과 달리 대학 유형과 관계없이 연구지향이라는 점도 일본 대학의 특성이다. 그래서 소속기관보다 학문에 대한 충성심이 강하고, 학문의 자유, 대학의 자치를 중시하는 경향이 강하다. 이런 의식의 기저에는 비권력집단인 대학이 각종 사회세력에 대항하여 대학 고유의 문화와 가치, 행동 양식을 지키려면 학문적 권위를 구축하는 것 외에는 적절한 방법이 존재하지 않는다는 현실과 밀접한 관련을 맺고 있다.

1990년대부터 교수들을 나태한 직업으로 묘사하고, 국립대학을 비효율적으로 인식하는 사회적 분위기가 형성되었지만, 교수들의 업무시간은 과도한 편에 속한다. 또 일본 교수들의 주요 특징으로는 연구 중시, 이동의 정체, 상당한 교육 투자 시간, 세계 최고의 스트레스라고 할 수 있다. 현재 교수 59,000명, 조교수 37,000명, 강사 22,000명, 조수 38,000명인데, 각자의 전공과 직급, 근무 형태 등에 따라 매우 다양하게 분화되어 있다. 이런 경향은 대학에 대한 인식의 차이, 전공에 따른 분화, 대학 간 격차, 정부·시장과의 갈등 등으로 더욱 심화될 것으로 보인다.

현대대학에서 대학교수직은 다양한 역할과 사명을 수행하는 존재가 되어, 대학조직의 발전에 있어서 불가결한 존재임은 자명하다. 또 대학이 학문발전을 통해서 사회 발전에 공헌하는 이상, 대학교수직은 사회에서도 매우 중요한 존재인 것도 분명하다. 반면, 사회에서 요청하는 책임과 '학문의 자유'에 뿌리를 둔 연구 활동의 자율성 사이에서의 갈등을 조정하는 문제도 중요하다. 특히 세계화로 인한 경쟁과 경영합리화, 그리고 학령인구 감소, 비정년 교수의 증가, 과도한 분화로 인한 응집력 저하 등이 향후 해결해야 할 주요 과제이다(이상 와시다 고야타鷲田小彌太, 1995, 1~19; 야마기시 순수케山岸駿介, 1995, 44~46; 아리모토 아키라有本章, 1998, 141~161; 2005, 「序言」; 데라자키 마키오寺崎昌男, 2005, 39~53; 가토 쓰요시加藤毅, 2005, 61~72; 사이토 야스오

齊藤泰雄, 2014, 17~29).

　이상의 글을 통해서 확인해 볼 수 있는 것은 우리가 35년에 걸친 일제강점기를 거쳤지만 정작 제국대학이 품고 있던 연구에 관한 고심과 제도적 모색이 거의 단절되었다는 점이다. 일본은 학문연구에 대한 진지함, 서구 학문에 대한 번역과 접근 방법 등을 우리에게 제공했지만, 식민지 조선인의 학문 접근에 대해서는 원칙적으로 엄격하게 차단하였다. 일제강점기 조선인에게 절대 허용하지 않은 거의 유일한 직업군이 바로 대학교수직이었음을 깊이 분석해 볼 필요가 있다. 일본의 대학과 교수상은 군국주의적 통치방식, 중일전쟁과 태평양전쟁을 위한 강압적 동화정책과 전후 혼란 등으로 인해 더욱 단절의 골이 깊어졌다.

4. 상아탑과 학생부군신위

　대학이 순수한 상아탑인 적은 거의 없었다. 그것은 유럽도 그러했고, 특히 우리나라 사립대학은 세속적 욕망의 거탑巨塔이었지 상아탑이 아니었다. 그렇지만 국민 다수가 생각하는 대학의 일반적 인상은 여전히 19세기 대학, 낭만적인 신화로 포장된 상아탑으로서의 대학이다. 특히 나이가 많을수록 신화와 현실의 구분이 모호하다. 현 교수진 가운데 60대에 근접한 세대는 대학생이 엘리트로 대접받던 시절에 대학을 다닌 사람들이어서 이미 대중화되고 보편화된 대학에 살면서도 정작 상아탑이 아닌 대학에 대하여 낯설어한다.

상아탑의 어원은 명확하진 않지만, 본래는 그런 긍정적 의미보다는 현실에서 이탈된 학문지상주의 또는 예술지상주의를 가리키는 부정적 의미였다.[20] 그런데 우리나라에서 학문의 순수성을 뜻하는 매우 우아한 말로 알려진 까닭은 무엇일까. 그것은 아마도 가져보지 못한 것에 대한 동경, 가보지 못한 곳에 대한 노스탈지아 같은 것이 아닐까 싶다. 마치 기드 미슐랭Guide Michelin에서 최고 등급을 받은 프랑스식 레스토랑이 가장 많은 곳이 파리가 아닌 동경인 것과 비슷한 현상이다.
　대학이 상아탑이 되려면 대학의 공기에서 자유의 향기가 물씬 나야 하고 토요일 오전 같은 여유가 충만해야 한다. 열심히 산다고 자위하지만 늘 쫓기며 살아가는 대학인에게 자유란 사치에 가깝다. 그나마 대학에 자유가 있다고 여겨졌고, 상아탑이라 불린 것은 경제적으로 어려웠던 시절, 극히 일부만 진학이 가능했던 캠퍼스는 그 자체로 낭만의 공간이었기 때문일 것이다. 또 대학이 엄혹했던 시절 민주화 투쟁의 공간이었던 것과도 무관하지 않을 것이다. 아무튼, 상아탑은 대학 스스로 붙인 이름이라기보다는 외부에서 붙여준 이름 같다. 대학에 진학하지 못한 대다수 사람에게 대학은 동경의 대상이었을 테니 말이다.
　대학이 특권의 상징이 된 데는 우리 사회가 교육과 학문을 자기완성을 위한 것보다 입신출세의 도구나 수단으로만 인식하는 경향이 너무 강했기 때문이 아닐까 생각된다. 교육이 권력과 지력知力의 결합으로 상징되는 가장 대표적인 관습은 제사 때 쓰는 지방紙榜에 잘 드러난다. 고인이 남자일 경우, 가장 널리 쓰는 것

---

20) 상아탑의 자세한 뜻에 대하여는 김학재, 2016, 109 참조.

이 '현고학생부군신위顯考學生府君神位'인데, 이는 본래 '관리가 되지 못했지만, 과거를 준비하며 공부하던 학생'을 가리키는 말이다. 그래서 학생 대신 수재秀才·수사秀士·처사處士라고도 쓰는데, 이 모두 과거를 준비하던 예비 관원의 신분을 지닌 사람을 지칭하던 용어이다. 지방에 적힌대로라면 우리나라 모든 성인 남자가 과거를 준비했다는 말이 된다. 심지어 관직을 지녔으면 관직을, 박사학위가 있으면 '박사부군신위'라고 쓴다. 한 사람의 일생을 관직과 학위만으로 표기하는 독특한 관습은 우리 사회의 학력 중시 문화의 단면을 잘 보여준다.

세상이 많이 바뀌었다고는 하지만, 우리나라에서 학벌은 기득권을 분배하는 가장 핵심적인 메커니즘으로 여전히 확고한 위상을 자랑한다. 조선시대, 과거가 모든 지식인을 빨아들이는 블랙홀이었다면, 대학입시는 현 교육의 블랙홀이라고 할 수 있다. 명문대 입학 허가서를 손에 쥐기 위한 피나는 경쟁이 공고한 문화로 자리 잡은 데 힘입어 대학은 계속 동경의 대상으로 남을 수 있었고, 그것이 지금까지 대학이 유지 발전될 수 있었던 원동력이었다.

5. Bildung과 교양

본래 교양敎養은 『후한서後漢書』, 권16, 「등우鄧禹열전」에 나오는 말로서 "자손을 교육하고 양육한다(교양자손敎養子孫)"는 평범한 용어다. 그런데 지금 우리가 논하는 교양이란 용어는 훔볼트 Wilhelm von Humboldt(1767~1835)가 주창한 Bildung을 번역하기 위해 일본에서 채택한 번역어다.

　훔볼트가 말한 Bildung은 무엇을 배우는 교육Ausbildung과 달리 성찰과 학습을 통해 인격적으로 문화적으로 성숙한 사람이 될 수 있도록 스스로 만들어가는 꾸준한 형성形成과 도야陶冶를 포괄하는 개념이다. 훔볼트는 특정한 지식이나 기술을 익히는 단순한 훈련이 아니라 평생 전인적 인격을 스스로 만들고 확장하며 성숙시켜가는 총체적인 과정을 가리켜 Bildung이라 하였다. 이렇게 성숙하고 존엄한 인격의 완성은 끝이 있을 수 없고 부단한 성찰을 통해 거듭 새로워져야 한다. 이런 인격체는 당연히 합리적인 비판과 참여를 통해 사회를 더 좋은 상태로 만들어갈 것이며 나아가 가장 이상적인 국가의 주체가 될 것이다.

　훔볼트는 나폴레옹에 패한 프로이센의 부흥을 목적으로 베를린대학 설립을 구상하면서 강력한 민족국가 독일을 꿈꿨지만, 그 방법으로 택한 것은 놀랍게도 Bildung이었다. 그래서 Bildung에는 철학·이성·국가가 서로 관통하고 있다(이병수, 2018, 33). 훌륭한 인격체가 많이 모인 국가가 최고의 국가가 될 것이라는 깊은 생각, back to basic이 가장 빨리 갈 수 있는 교육의 지름길임을 실천에 옮긴 것이다. 그래서 대학을 국가를 위한 관리를 양성하는 곳도, 국가에 순응하는 국민을 양성하는 곳도 아닌 학문연구를 위한 공동체여야 한다고 생각하였다. 그래서 대학의 주인을 특정인이 아닌 '학문'이라고 하였다. 대학이 누구의 것인지를 놓고 벌이는 우리의 논쟁을 부끄럽게 하는 발상이다. 이런 대학이 출세를 위한 도구가 되어서는 안 된다는 것이 너무도 당연했고, 이런 인격체를 양성하는 대학을 보호하는 것이 국가의 의무인 것도 당연한 귀결이었다.

그래서 Bildung은 단순히 인문학을 공부하거나 책을 많이 읽는 것을 뜻하는 말이 아니었다. 풍부한 독서와 사유, 실천을 통해 스스로 인격을 형성하고, 확인하고 발전시킨다는 폭넓은 개념이다. 이런 복합적인 개념을 담기에 '교양'은 번역어로서 적합하지 않았다. 최소한 학습과 자발적 계발啓發이라는 개념을 동시에 담을 수 있어야 했는데, 전자에 그친 채 self-cultivation의 개념을 담지 못하였다. '교양敎養'이란 두 글자가 지닌 평범하고 친숙한 어감도 Bildung이 지닌 독자적인 개념을 담은 좋은 번역어로 자리를 잡는 데 방해가 되었다.

이런 우여곡절을 거쳐서 지금 사회 일반에서는 교양을 통상 독립적인 자아를 갖춘 인간이라면 당연히 지녀야 할 일정 수준의 상식을 가리키는 것으로 받아들이고 있다. 그래서 사서오경과 시서화詩書畫에 대한 안목이 동아시아의 전통적 교양이고, 자유교과liberal arts에 해당하는 소양이 유럽의 전통적 교양이라고 짐작하곤 한다. 틀린 말은 아니지만, 정답이라고 하기도 어렵다.

이렇게 잘못된 번역과 무비판적인 수용의 결과, Bildung의 본래 의미는 상당히 축소되었으며, 교양을 학문의 기초이자 목표, 학문에 대한 태도로 보지 않고, '더하면 좋은 것' 정도로 여기게 하였다. 대학마다 교양과정을 교양대학으로 바꾸며 개선을 위해 힘썼지만 '교양'이란 단어를 사용하는 한 Bildung의 축소된 의미를 되살리기 힘들었다. 이에 경희대는 후마니타스 칼리지를(2011), 동국대는 다르마 칼리지를(2014), 이화여대는 호크마교양대학을(2016) 출범시켰다.

또 근대적 교양에는 처음부터 강한 엘리트주의를 내포하고 있었다. 신분제 사회였던 중세에는 타고난 집안이 그 사람의 신분과 지위를 결정하였지만, 근대에는 각 개인의 능력과 노력이 평가의 기준이므로 자신을 입증해 줄 지식과 학벌이 필수적인 요인이 되었다. 따라서 지식의 일반적 효용을 넘어선 지적 소양의 향상은 자신의 지적 우월성을 담보해주는 것, 즉 지위 독점을 위한 요소가 강하였다.

한편 부르주아에게 권력을 넘기고 자신들의 특권을 더는 유지할 수 없었던 상류계급은 자신들의 혈통적 우월성을 담보해줄 지적 대체품으로 교양――이른바 '옥스퍼드의 감성'――을 받아들이기도 하였다. 이들은 무너진 계급 질서 속에서 남과 구분되는 자신만의 특성을 드러내기 위해 그리스·라틴어에 더욱 매달렸다. 또 교양은 좌절된 세속적 입신출세의 욕망을 위로하는 요인이기도 하였다. 입신출세를 경멸하면서도 그 욕망을 부인할 수 없는 이중성을 지닌 이들에게는 입신출세의 속물적 속성을 완화해주는 문화적 장신구로 기능한 것이다. 그리고 때로 교양은 대화와 소통을 위한 유용한 지식이라는 점에서 사교를 위한 능력과 취향으로도 받아들였다(이상 윤대석, 2007, 118~119, 123~125; 박권일, 2019.12.11).

6. 계보학적 교양주의

유럽 문물의 수입을 통해 근대화를 추진했던 일본은 날로 커져만 가는 국력을 통해 자신들의 선택이 올바른 것이었음을 거듭 확인할 수 있었다. 유럽을 배운다는 것의 의미가 무엇인지 고민할 필요가 없어지자 대대적인 유럽 배우기 열풍이 일본을 휩쓸었다. 유럽의 학문적 계보를 대표하는 서적들을 망라한 총서와 전집이 서둘러 만들어졌고 사람들은 대량 구매와 독서에 나섰다.

유럽의 고전을 읽는 것은 새로운 시대에 대한 적응력의 과시이자 자신의 지적 신분을 상승할 수 있는 첩경이었다. 책꽂이에 어떤 전집이 꽂혀있고, 어떤 전집을 읽었는지, 그리고 어떤 잡지를 구독하고 있는지가 그 사람의 지적 수준을 평가하는 기준이 되었다. 이렇게 읽은 서적 목록이 자신의 교양을 객관적으로 입증하는 신분증처럼 작용하자 독서가 치열한 지적 경쟁의 최우선 항목이 되었다.

나쓰메 소세키夏目漱石(1867~1916)로 대표되는 당시 지식인들은 독서를 통한 인격 형성이라는 독일 교양의 가치를 적극적으로 수용하였다. 전 열도에서 '독서하는 일본인'이 만들어지면서 일본의 지적 수준은 크게 상승하였다. 이를 가리켜 일본에서는 '교양주의'라고 칭하였다. 고등학생도 칸트 철학을 놓고 토론하는 지적 낭만이 확산되자 대학생은 망신을 면하기 위해서라도 아리스토텔레스와 플라톤을 알아야 했다. 자신의 지식이 뿌리 없는 부평초가 아님을 입증하고자 하는 경쟁은 지식인을 그리스의 지적 세계로 이끌었다. 서양 고전을 읽는 것이 교양의 출발점이었고, 지적 계보를 따라 차례로 읽어야 한다고 생각하였다.

여기에는 오랜 세월 축적된 한학漢學의 계보학 전통이 크게 작용하였다. 학문적 전통이 축적된 문화국가라면 모든 전공 연구가 그 분야 학문의 계보를 살펴보는 데서 출발하게 마련이다. 일부 신흥 학문을 제외하곤 계보학이 없는 학문이 제대로 된 학문일 리 없기 때문이다. 그래서 일본도 유럽 학문을 계보학적으로 접근하였다. 원서를 직접 읽는 것이 최상의 길이었지만 현실적으로 불가능하였기 때문에 고전 번역서가 필요하였다.

이런 환경 속에서 1903년 후잔보富山房에서 포켓판 슈진명저문고袖珍名著文庫가 출판되었고, 1927년에는 이와나미서점岩波書店을 창시한 이와나미 시게오岩波茂雄(1881~1946)에 의해 19세기까지 출간된 고전 명저 위주로 꾸며진 이와나미문고岩波文庫(1927) 출판이 시작되었다. 이와나미문고는 최근까지 6,000여 종의 서적을 출판해서 지식계의 젖줄 역할을 훌륭하게 수행하였다. 이어 독일의 레클람Reclams 문고를 본떠 휴대하기 편하고 저렴한 교양서적 위주의 이와나미신서岩波新書(1938)가 발간되었다.

한편 명치유신의 격동기가 지나가고 사회가 안정되자 더는 입신출세를 기대하기 힘든 청년들이 출세를 경시하는 태도를 보임으로써 스스로를 특권화하는 것으로 교양의 의미를 바꾸기 시작하였다. 이른바 대정大正 교양주의이다. 그러나 대정 교양주의는 적어도 대정大正 민주주의(1911~1925)라는 사회의 집단적 실천과 연결되어 있었다(윤대석, 2007, 118~119; 박권일, 2019.12.11).

전후 일본은 전쟁의 파괴와 군국주의에 경도된 문화적 붕괴를 극복하기 위해 '인간'에 대한 깊은 이해를 바탕으로 새로운 문화를 창출해야 한다는 생각에서 대정 교양주의에 대해 더욱 적극적으로 접근하고 그 전통을 살렸지만(동경대, 2017, 11, 70), 다양한 독서를 교양의 알파와 오메가로 생각하는 데는 큰 변함이 없는 것 같다.

7. 우리의 교양교육

우리와 일본의 대학은 기존의 신분제가 몰락한 뒤 분출된 신분 상승의 욕망을 국가가 제도적으로 흡수하는 장치로 중요하게 기능하였다. 입신출세를 위한 욕망이 근대적 주체를 탄생시킨 원동력이었다는 점을 고려해 볼 때, 일본에서도 제국대학생이 된다는 것은 새로운 특권층에 진입하였음을 공증받는 것이었지만, 조선에서 경성제대생이 된다는 것은 일본인조차 어려워하는 선망의 대상이 된다는 점에서 더욱 각별하였다. 한마디로 말해 제국대학은 일종의 '성소聖所'였다. 그리고 새롭게 만들어진 성소 고유의 문화가 바로 대정 교양주의였다.

하지만 식민지였던 조선의 교양주의에는 그러한 사회적 맥락이 존재할 수 없었다. 조선인에게 교양은 자신의 능력과 자격을 드러내는 징표이자 과시의 대상일 뿐 내적 성찰의 계기가 되기 어려웠다. 그래서 교양 도서 목록은 하루빨리 읽어야 할 강박적 목표였다. 경성제대 수석 입학생이었던 유진오俞鎭午의 독서 기록을 보면 마치 100m 달리기 선수의 훈련 기록 같다. 니체Friedrich Wilhelm Nietzsche(1844~1900)의 『짜라투스트라는 이렇게 말하였다』처럼 어려운 책이 모두가 읽어야 할 필독서의 목록에 들어간 것도 이런 교양주의의 거품 때문이었다.

식민지 상황에서 지식과 판단, 그리고 행동을 일치시키는 것은 처음부터 어려웠다. 어쨌든 가치판단이 결여된 지식 위주의 독서는 교양을 잡학으로 만들기 쉬웠다. 이런 현상에 대하여 자신의 지적 우월성을 통해 타인을 차별하려는 '속물적 교양주의'라고 비판하며, 그것이 식민지라는 현실적 벽이 강고해질수록 더욱 두드러졌다는 지적도 있고, 심지어 교양이 '교양물신주의敎養物神主義'로 변형되어 출세와 지위 경쟁의 도구이자 물신fetish이 되었다는 비판도 있다(윤대석, 2007, 113~118, 123~129; 박권일, 2019.12.11).

이런 교양주의는 광복 이후에도 계속 이어져 고전의 반열에 오른 서적을 읽는 것은 지식인의 특권이자 의무처럼 여겨져서 1950년대 독서층 형성과 확산에 크게 기여하였다. 그러나 전혜린田惠麟의 수필에서 흐린 날씨도 뮌헨의 가을 하늘과 비교하고, 비바람마저도 『폭풍의 언덕』에 불던 그 비바람을 연상하듯 교양주의는 일방적인 서구 지향성을 보였다. 이랬던 교양주의는 '인간개조'를 교육목표로 내세운 박정희 정권에 의해 크게 변모하였다.

박정희 정권은 범정부적 차원에서 근대화에 필요한 '인간개조'를 추진하였고, 상당수 국민이 그에 찬동하며 개발에 동참하였다. 정부가 추진한 인간개발과 개조 프로젝트 가운데 하나가 '모든 국민이 독서에 힘을 쏟는다'는 '국민개독皆讀운동'이었다. 민간에서 시작된 마을문고운동과 자유교양운동을 정부 차원에서 지원하면서 독서는 국가적 사업이 되어 1968년부터 '대통령기 쟁탈 전국자유교양대회'가 전국적으로 개최되었다, 독서가 쟁탈대회의 수단이 되자 전국 각 초중고에서는 좋은 성적을 쟁취하기 위해 독서 선수를 선발, 훈련을 통해 대회에 참가시켰다. 대회는 토너먼트 방식으로 치열하게 진행되면서 본래의 취지를 많이 상실하기는 했지만, 그 덕분에 독서력과 독서인구는 크게 확장되었고, 출판계도 일정 부분 활성화되었다. 하지만 정부의 과도한 정책적 지원은 오히려 교양 열풍의 자체 추동력을 심각하게 약화시키고 말았다.

조선시대에는 한문 서적이, 일제강점기에는 일어 서적이 지배하고 있어 우리말로 된 읽을거리 자체가 없던 1940~1950년대를 지나 1960년대부터 이런 교양 독서 열풍이 성행하게 된 데는 경제개발에 필요한 인력개발을 원한 정부, 10여 년 짧은 기간에 우리말로 된 책을 만들어 낸 출판계, 경제적 사정으로 대학을 갈 수 없는 다수의 문화적 욕구 등이 결합한 결과지만 거기에는 교양에 대한 우리 사회 특유의 환경도 한몫하였다.

교양은 상식이나 지적 장식물이 아니다. 박학다식을 중시하나 그것은 기존의 틀에 갇히지 않는 자유로운 탐구와 교육을 위한 도구이지 목표는 아니다. 기존의 지식을 받아들이기보다는 새로운 지식을 창조할 수 있는 호기심과 상상력을 키워주기 위해서, 평생 자기 연마에 힘을 쏟을 수 있는 동기를 제공하기 위해 학문의 세계가 얼마나 넓은지 체험하게 하려고 많은 책을 읽으라 권하는 것이다.

그리고 좀 더 효율적인 학습 방법으로 계보학에 대한 묵직한 축적을 권한다. 어떤 고민과 탐색 끝에 새로운 학문이 생겨났는지, 그렇게 해서 어떤 문제가 해결되었는지, 그 맥락을 이해하면 무엇에 기대어 새로운 것을 창조하고 나아가 융합할 수 있는지를 파악하는 데 도움이 되기 때문이다. 비록 소략할지라도 학문의 계보를 탐색해보라고 권하는 가장 큰 목적은 넓은 지식의 바다에서 자신이 알고 있는 것이 그야말로 창해일속滄海一粟임을 깨닫게 해주고, 학문에 대한 겸손을 체험하게 해주는 것이 새로운 지식을 향한 끝없는 항해의 원동력이 될 수 있기 때문이다.

물론 우리에게는 진정한 Bildung을 실천하기에 많은 어려움이 있다. 진지함보다는 경쾌함을 선호하는 문화, 내 것이 아닌 수입된 지식을 이해해야 하는 어려움, 특히 교착어膠着語인 우리말과 굴절어屈折語인 영어, 거기에 고립어孤立語인 한자라는 삼중의 벽을 넘어야 하는 과제가 우리를 힘들게 한다. 그래서일까. 우리가 알고 가르치는 교양은 그 실체가 아직도 모호하고 지향점도 다소 애매하다.

교양이 지적 · 문화적으로 성숙한 인격을 향한 끝없는 여정이라면 학생 스스로 길을 찾을 수 있게 하는 것이 궁극적 목표가 되어야 할 것이다. 산에서 길을 잃으면 우선 언덕에 올라가 주변을 조망하며 자신의 위치를 확인해야 한다. 마찬가지로 교양은 박이정博而精을 취하는 것이 원칙이다. 다만 박博을 먼저 경험하고 정精한 곳으로 스스로 찾아가게 함이 교양의 바른 순서일 것이다.

좋은 대학일수록 교과서를 100% 진리로 간주하고 정확하게 암기하는 훈련을 받아 온 학생이 많다. 좌우를 돌아볼 틈도 없이 3년을 바쁘게 보낸 이 학생들이 입학과 동시에 기존의 모든 학습과 사고의 틀을 일거에 깨트리기란 불가능에 가깝다. 그런데 그런 학생들에게 대학이 어설픈 생존법만 가르치려는 것은 아닌지 진지하게 돌아볼 때다. 그래서 내신성적이 좋은 학생일수록 1662년에 성립된 런던 왕립학회의 문장紋章에 적힌 "누구의 말도 그대로 취하지 말고 아무것도 믿지 말라"는 말을 반복해주어야 한다. 그것이 교양의 출발이기 때문이다. 끝없는 인격의 도야를 가능하게 하는 힘은 진지함과 겸손함이다. 그래서 아무리 아는 것이 많더라도 겸손하지 않은 자를 가리켜 교양이 부족한 자라고 한다.

|제6절| 민주와 봉건: 대학 거버넌스의 문제와 과제

1. 미국 대학의 성립과 발전

광복 전 우리나라 대학과 대학교수상에 절대적인 영향을 끼친 것이 일본이라면 광복 후에는 미국의 영향이 그러하였다. 따라서 미국 대학의 역사와 상황을 이해하는 것은 우리 대학을 이해하는 데 필수적이다. 다음은 고부응·김성복·김유경·이성호 교수의 연구 성과를 발췌하여 요약한 것이다.

　　미국은 인구 200만 명이던 식민지 시절에 12개 대학을 가지고 있을 정도로 교육열이 높았지만, 유럽대학보다 재정적으로 취약하고, 법적 지위도 약하여 외부의 간섭을 많이 받았다. 또 1923년까지 연방정부에 교육 담당 부서가 없을 정도로 교육은 국가의 영역 밖이라는 생각이 지배적이었다. 당연히 연방정부 차원의 지원은 없었고, 1861년까지 세워진 700개 대학 가운데 대다수가 설립 후 몇 년 만에 폐교되는 어려움에 처하였다. 하지만 이런 환경이 이사회 체제라는 독특한 구조를 정착시키는 요인으로 작용하기도 하였다.
　　1862년에 28,500k㎡에 달하는 연방정부 소유지를 각 주에 양도하고, 각 주의 재량으로 대학교육에 쓰도록 한 「모릴법」The Morrill Land-Grant Act이 제정되어 대학 재정이 크게 좋아졌다. 이때도 중앙정부가 지원은 하되 간섭은 하지 않아서 주마다 다양한 제도와 문화를 갖춘 대학이 발전할 수 있는 계기가 되었다. 하지만 이런 지원에도 불구하고 재정난으로 주립대에 병합되는 사립대학이 여전히 상당수에 달하였다.

1860년대부터 예일대를 필두로 박사학위 과정을 개설한 연구중심대학이 출현하였고, 1900년에는 12개의 연구중심대학이 미국대학연합AAU(Association of American Universities)을 결성하기에 이르렀지만, 미국은 신생국의 특성상 학문과 교육에 무관심하여 대학진학률은 20세기 초까지 5%에 그쳤고, 박사학위를 수여하는 대학도 38개에 불과하였다. 특히 전체 학생의 2/3가 재학하는 교양대학Liberal Arts & Sciences의 재정 여건이 매우 부실하였으며, 대공황으로 큰 타격을 입어 대학 전체가 한동안 부진을 면치 못하였다.

제2차 대전이 끝날 무렵 미국 정부는 제1차 대전 후 전역 군인 복지 문제로 발생했던 혼란의 재발을 막기 위해 「제대군인원호법」G.I.Bill을 제정하였다. 이 법을 근거로 1,500만 명에 달하는 전역자의 절반에 해당하는 780만 명에게 대학 진학과 직업훈련을 제공하였는데, 그 총액은 1952년 기준 145억 달러에 달할 정도로 엄청났다. 이 법 덕분에 15%였던 대학진학률(1939)은 50%로 늘어났고(1947), 전역자의 직업교육 선호에 발맞춰 2년제 전문대학이 급증하였으며, 이때부터 대형대학이 계속 등장하기 시작하였다. 미국의 진학률은 1990년에 61%, 2002년에 79%로 상승했으며 1970년대 이후 증가분의 대부분은 주립대학에 흡수되었다.

교육에 대한 중앙정부의 개입을 금지한 「모릴법」의 전통을 계승한 「제대군인원호법」은 교육 민주화를 위한 가장 위대한 실험이라고 평가받았다. 이 법과 동시에 록펠러·포드·카네기 재단 등의 연구비 지원이 활발해지면서 대학의 연구기능도 크게 진작되었다. 냉전과 소련의 우주선 발사(1957)로 대학교육이 국가안보와 직결된다는 여론이 형성되어 산학협력도 본격화되었다. 또 연방정부는 「교육개정법」The Education Amendments(1972)을 제정하여 보조금과 대여 형식으로 고등교육 투자를 크게 늘려 대학의 성장을 도왔다.

2016년 현재 미국 대학의 수는 총 4,583개이며, 4년제 대학이 3,004개(65%), 2년제 대학이 1,579개(35%)로서 10년 전보다 4년제의 비율이 5% 증가하였다. 재학생은 2,219만 명으로 10년 전보다 440만 명 늘었다. 대학 수는 공사립이 비슷하지만, 학생 수는 공립이 1,514만 명으로 70%를 약간 상회하며, 공사립에 대한 선호도는 지역 여건에 따라 상당히 다르다. 재학생 가운데 대학원생은 약 200만 명이다. 현재 미국의 대학교육은 엘리트 교육에서 출발하여 대중교육을 거쳐 세계 최초로 보통교육 단계에 진입하였다고 할 수 있다.

미국 대학은 크게 다섯 가지 유형으로 분류하는데, 4,583개 대학 가운데 150개 대학만이 카네기위원회Carnegie Commission가 지정한 연구중심대학Research University이고, 그 가운데 다시 60개 대학만이 종합적 연구중심대학으로 미국대학연합에 속한다. 둘째는 규모가 크고 전공이 다양한 대학University으로서 미국 전체 학사학위 취득자의 1/3을 배출한다. 셋째는 인문학과 자연과학 교육에 치중하고 있는 4년제 교양대학Liberal Arts College으로서 대부분 소규모 기숙형 대학이며 미국식 교육철학의 전통을 가장 잘 반영한다. 넷째는 주로 공립인 2년제 Community College인데, 전체 대학생의 40%가 재학 중이며, 학생의 40%가 직업을 가지고 있다. 개방적인 입학과 저렴한 학비로 고등교육의 공공성을 담보하는 역할을 하고 있다. 그 밖에도 주식시장에 상장하고 학위 장사를 통해 이익을 노리는 영리형 대학이 있는데, 평판은 좋지 않은 편이다.

대학의 질 관리는 1952년에 구성된 6개의 평가 협회가 5년마다 지역별 평가를, 10년마다 대학별 평가를 진행하는 방식으로 이루어진다. 평가 항목은 매우 다양하고, 전공별·프로그램별 평가기관이 있지만, 대학의 자체 평가도 중요한 역할을 담당한다. 연방정부나 주정부는 평가에 거의 간여하지 않는다.

하지만 연구중심대학과 달리 학부교육, 특히 교양교육은 많은 어려움을 안고 있다. 교양교육은 1960~1970년대의 히피·반전운동 등의 영향으로 큰 타격을 입었고, 학점 인플레이션과 교수의 권위실추가 뒤따랐다. 1980년부터 이 같은 분위기에 대한 자성의 붐이 일기 시작했고, 하버드 대학의 핵심 커리큘럼core curriculum제도는 미국 전역의 교양강좌 부활로 이어졌다.[21] 하지만 1998

년 카네기위원회가 연구중심대학 교수들의 교양강좌와 강의에 대한 소극적인 태도를 비판했듯이 1960~1970년대가 남긴 반지성적 분위기, 학점 인플레이션은 여전한 숙제이다. 또 신입생의 학력 저하로 중도 이탈률이 높아 2004년의 경우, 4년제 대학 평균 졸업률이 54%에 그쳤다. 그리고 주로 소규모인 교양대학은 재정적으로 가장 취약하여 경기의 영향을 많이 타는 편이다.

미국 대학의 강점은 우선 다양성을 꼽을 수 있다. 다양한 분화로 불필요한 중첩이 적고 여러 수요를 충족시켜줄 수 있다. 박사학위 수여 대학이 3~4%, 학부와 석사 중심의 종합대학이 20%, 교양대학이 20%, 2년제 대학이 40%, 그 밖의 특성화된 대학으로 나누어진 것도 미국 대학의 큰 장점이다. 둘째, 매우 큰 자율성이다. 이것이 대학의 책임 의식과 다양성의 근원이다. 여기에는 대학에 대한 정부의 간섭이 없었던 것이 상당히 작용하였다. 또 90% 이상의 대학에 교수의회faculty senate가 있어 의사 결정에 영향을 주고 있다. 셋째, 실용주의이다. 이것이 대중에 대한 교육기회 확대와 사회봉사라는 독특한 전통을 수립하였으며, 여기에는 미국 특유의 기부문화도 영향을 주었다.

미국 대학이 안고 있는 고민은 우선 연구와 교육의 불일치이다. 연구소가 아닌 대학에서 강의는 매우 중요하지만, 연구실적이 승진과 연봉을 좌우하므로 양자의 조율이 쉽지 않다. 학교와 지역사회를 위한 봉사 역시 직업의 유동성이 크기 때문에 꺼리는 경향이 있고, 시간이 많이 드는 첨삭지도나 상담을 기피하는 경향도 갈수록 두드러진다. 대학공동체의 약화, 최첨단 정보기술과 연계학문에 대한 교수들의 세대 격차도 우려스러운 상황이다.

1970년대 37만 명이던 정규직 교수는 2008년에 66만 명으로 2배 늘었지만, 강사는 10만 명에서 60만 명으로 6배나 늘어나서 그 수가 비슷해졌다. 이로 인한 교육의 질 저하와 대학에 대한 기대 저하는 미국 의회에서 공개적인 우려를 표할 정도이다. 하지만 상황은 개선될 전망이 보이지 않는다.

또 하나의 문제는 대학의 기업화이다. 공사립 구분 없이 생존

---

21) 하버드 대학의 중핵교과에 대하여는 이형행, 2006, 175~198 참조.

을 위한 재정확보에 혈안이 되어 있으며, 기업화는 피하기 힘든 추세로 인식되고 있다. 주 정부가 주립대학에 주는 예산은 전체 운영비의 20~25%여서 주립대학은 주 정부가 유지support하는 대학이 아니라 보조aid하는 대학이라고 할 정도이다. 발전기금을 비롯한 대학의 양극화도 매우 심각하다.[22]

최근 독일 대학도 미국 대학을 모델로 대대적인 개혁을 단행할 정도로 미국 대학은 막강한 경쟁력을 자랑한다. 하지만 미국 대학의 기업화는 우려스러운 수준이며, 더욱 심각해지는 경향을 보인다. 고부응 교수는 대학이 학문공동체로서의 본질을 잃어서는 안 된다며 미국 대학의 이런 우려스러운 부분을 오히려 부러워하고 모방하려는 우리나라 대학이 대단히 많다는 점에 대하여 개탄하고 있다. 이성호 교수의 지적처럼 미국 대학의 특징이자 장점인 다양성을 토대로 한 분화, 자율성과 실용주의는 그들 고유의 환경과 오랜 역사 속에서 자연스레 안착된 요소라는 점을 고려해 볼 때 우리에게 이식할 때는 우리의 현실을 고려한 실사구시적인 검토가 반드시 선행되어야 할 것이다(이상 이성호, 2005, 161~181; 김성복, 2008, 3~24; 고부응, 2010, 18~21; 김유경).

2. 대학 거버넌스의 유형과 그 변화

거버넌스의 일반적 정의는 대학 내 개별단위들 사이의 권위

---

[22] 최근 통계에 따르면 캘리포니아주의 경우, 대학 예산 가운데 주정부 지원금이 차지하는 비율이 43%로 가장 높은 수준이고, 그 밖의 주는 2008년 금융위기 이후 크게 줄어들어 5~25% 수준을 유지하고 있다. 우리나라 국립대학의 경우 캘리포니아주의 경우를 약간 상회하는 수준이다.

와 기능의 배분, 소통과 통제의 방식, 그리고 대학 전체와 주변 환경과의 관계 조율 등에 관한 행위 일체를 말하는 것이다. 거버넌스는 일종의 사회적 제도여서 고정된 틀이 있는 것이 아니라 사회적 요구에 따라서 여러 형태로 변화하였다. 그래서 대학 거버넌스를 "거버넌스에 참여하는 제반 이해 당사자들의 지속적으로 변화하는 힘의 균형", 또는 "다양한 주체 간의 네트워크에 기초한 자율적인 의사결정과정"으로 정의하기도 한다.

근대대학의 모델인 베를린대학을 설립한 훔볼트는 개교 당시 대학의 주인을 '학문'이란 추상적 존재로 설정하고, 학문에 가장 근접한 자에게 대학 운영의 권한을 위임하였다. 그 결과 베를린대학은 교수, 그 가운데서도 정교수에게 절대적인 자율권과 책임을 부여함으로써 일종의 교수공화국을 만들었다. 오직 교수만 국가와 대학 행정을 협의했고, 총장으로 선출될 수 있었다. 하지만 총장은 임기가 1년인데다 권한도 크지 않아서 정교수와 큰 차이가 없을 정도다.

오랫동안 흔들림 없이 유지되던 유럽의 대학 거버넌스는 1960년대 후반에서 70년대 후반[23]에 걸쳐 전 세계적인 학생운동의 소용돌이 속에서 참여 민주주의 구현에 대한 요구에 따라 교수지배형 거버넌스 구조를 전면적으로 개편하여 학내구성원의 기능적 대표성을 강조하는 대의제형 거버넌스로 변화하였다.

그리고 1980년대 후반부터 다시 거버넌스 개혁이 지속하여 추진되었다.[24] 60년대 개혁이 정치적 요구에 따라 이루어진 것과

---

23) 이에 앞서, 영국에서는 1950년대 후반부터 1960년대 초반까지 행정직원의 학내 거버넌스 민주화운동이 있었다(김유경).
24) 1980년대부터 유럽대학도 거버넌스 개혁이 이루어졌는데, 대표적인 것으로는

달리 80년대 이후 개혁은 경제적·산업적 변화에 대학이 신속하게 대응할 수 있도록 대학의 의사 결정권을 강화하는 방향으로 이루어졌다. 개혁의 초점은 미국 대학처럼 외부인사로 구성된 이사회 제도를 도입하고 총장 등 대학본부의 기능을 강화하며 기존 학내 구성원이 참여하는 대의기구 권한을 축소하는 방향이었다. 이사회 제도를 도입한 것은 국가의 간섭을 배제하고 대학의 자율적 결정권을 강화하는 조치여서 유럽으로서는 매우 혁명적인 것이었다.

유럽의 대학과 달리 외부의 비전문가로 구성된 이사회board of trustees가 대학 운영의 중심이 되고, 이사회가 임명한 총장에 의해 대학을 운영하는 독특한 체제를 미국이 구축할 수 있었던 것은 미국 특유의 대학 설립 환경에서 유래하였다. 영국과 프랑스 대학은 중세의 대학 길드에, 독일 대학은 국가의 설립에 기원을 두고 있는 것과 달리 미국 대학은 성직자와 교사를 양성하기 위해 각 지역 유지들이 출연한 기금으로 설립되었다. 그래서 설립 자금을 출연한 외부자들이 대학 운영을 좌우하는 전통이 수립되어, 미국 대학은 공사립 막론하고 이사회가 대학 운영에 가장 큰 권한과 책임을 지고 있으며, 이는 사립대학의 설립헌장charter이나 주의 법령에 명확하게 규정되어 있다.

1636년에 설립된 하버드대학은 본래 공립기관으로 12명의 감

프랑스의 「고등교육 가이드라인법」Higher Education Guideline Laws of 1984, 'Savary Act, 영국의 「교육개혁법」Education Reform Act(1988), 네덜란드의 「대학현대화법」The University Modernisation Act; MUB in Dutch(1997)」, 오스트리아의 「대학법」The University Organisation Act(2002), 노르웨이의 거버넌스 개혁The Quality Reform in Higher Education, 덴마크의 「대학법」(2003) 등이 있다(변기용, 2007, 286).

독위원회가 관장하였으나 1650년 주의회는 하버드대학을 법률적 독립체인 완전한 법인체로 변모시켰다. 단 법인을 감독관에 종속시켜 조합적 자율성이라는 중세적 전통과 영토적 주권을 행사하는 근대국가 사이에 절묘한 타협을 이루었지만, 무게의 중심은 후자에 있었다. 이사회가 총장까지 배제하고 전권을 장악한 것은 예일대학이 처음이었다.

　이후 각 지역에 설립된 사립대학 이사회는 공공의 지원을 요청하기보다는 국가권력으로부터의 독립을 요구하였고, 1819년 대법원은 다트머스 대학이 사적 법인인 이사회 소유이므로 주의회가 대학 헌장을 폐지하거나 수정할 권한이 없다고 판결함으로써 사립대학에 대한 법적 보호와 함께 사립대학 설립을 장려하였다.

　「모릴법」 제정을 계기로 대학의 규모가 커지고 선택과목체제가 출현하였으며, 1870년부터 연구중심대학이 등장하고 종신제 교수직이 정착하는 등 많은 변화가 이루어졌다. 규모가 커지자 대학 행정을 담당하는 관료제적인 조직이 만들어져 보직자들이 대학 행정을 장악하기 시작하였고, 부총장제가 도입되어 20세기에 일반화되었다. 19세기 말, 컬럼비아 대학에서는 평교수와 보직자를 포괄하는 대학평의회university council가 구성되어 교수 임용, 교육과정, 학위요건 등에 대한 통제권을 강화해나갔다.

　하지만 이러한 변화에도 불구하고 이사회와 총장의 통제권은 큰 틀에서 별다른 변동이 없었다. 다만 이사회의 구성이 초기의 성직자에서 점차 경제계 인사로 바뀌기 시작하였고, 1860년대부터 동문회의 영향력이 커져서 이사로 대거 진출하였다. 또 대학 행정이 전문화되면서 총장의 권한이 점차 커졌는데, 총장의 통제가 학문의 자유를 침해하는 일이 생기자 1915년, 교수들은 미국

대학교수협회AAUP(American Association of University Professors)를 결성하여 학문의 자유와 거버넌스 개선을 요구하였다.

제2차 세계대전 이후 「제대군인원호법」에 힘입어 대학 규모가 급작스레 팽창하고, 1960년대 히피와 반전운동 등으로 학생들의 발언권이 크게 신장되면서 대학·교수와 학생의 관계가 크게 바뀌었다. 또 교수노조가 결성되어 단체협약을 체결하면서 대학 거버넌스의 주체로 확실하게 자리를 잡았다. 하지만 1960년대의 거버넌스 개편은 시작 단계에서 표방한 엄청난 이데올로기적 강렬함과 달리 교수의 권위 약화 등 대학 내부 권한의 재배분에 그쳐서 실제로는 큰 영향을 미치지 못한 것으로 평가된다.

현 미국 대학에서 거버넌스를 담당하는 통상적인 구성단위에는 이사회·대학본부·교수회·학생회·동창회가 있다. 그렇다고 해서 이사회를 중심으로 한 지배구조의 틀이 흔들리는 것은 아니다. 사립대학의 운영은 전통적으로 이사회와 총장, 그 밖의 관련 단위가 제도적으로 업무를 수행하는 방식에 초점이 맞추어져 있고, 법원도 여전히 이사회의 권한을 존중하는 쪽으로 판결하고 있다.

대학과 무관한 외부자로 구성된 이사회가 막강한 권한을 행사할 수 있도록 한 미국 대학의 이사회 제도는 일견 민주적 운영 원칙과 전면 배치되는 것처럼 보일 수 있다. 하지만 이런 제도적 특성에도 불구하고 민주적이고 합리적으로 운영한다는 오랜 사회적 신뢰가 형성되어 있고, 무급의 명예 봉사직으로 총장과 함께 재정 조달과 관리 책임을 지고 있다는 점에서 미국 대학의 이사회 체제는 긍정적인 평가를 유지하고 있다(이상 변기용, 2007, 281, 285~287; 그 외 모두 김유경).

그렇지만 미국 대학의 이사회가 제도적으로 모든 권한을 독점할 수 있도록 하는 것이 비회원·비영리 단체의 특성이긴 하나 결코 바람직하지 않다는 지적도 상당한 설득력을 지니고 있다. 그래서 콜롬비아의 사립 고등교육기관HEI 상당수는 이사회를 임명하고 통제할 수 있는 거버넌스 기구로서 최고 권한을 지닌 일종의 대표자 집회를 운영하고 있는데, 이점은 미국식 이사회 제도를 도입한 우리 사립대학의 구조 개선과 관련하여 주목할 필요가 있다(Bradford Henry, 2018, 909~924).

3. 총장 독임제獨任制 문제

이사회 구성 못지않게 대학에서 중요한 것은 총장선출제인데, 그것은 총장이 가진 막강한 권한 때문이다. 「고등교육법」 제15조에는 "총장 또는 학장은 교무校務를 총괄하고, 소속 교직원을 감독하며, 학생을 지도한다"고 규정하고 있다. 총장이 교무 총괄, 교직원 감독, 학생 지도의 권한을 가진 것은 조직의 장으로서 당연한 권한이라고 할 수도 있다.

하지만 총장의 권한과 관련된 논란이 끊이지 않는 것은 우선, 이 법 조항의 원형이 일본이 조선을 병탄한 직후에 공포된 「조선총독부 관제」(일본국 칙령 제354호, 1910.10) 제1조 "조선총독부에 조선 총독을 둔다. 총독은 조선을 관할한다"에 있다는 점이다. 조선 총독은 오직 임명권자인 일왕에게만 복종할 뿐, 천황에 직속된 3권(입법·행정·사법) 및 군의 통수권까지 그대로 조선 총독에게 주어졌다. 역대 조선 총독이 예외 없이 육·해군 대장 중에서 임명되고, 그 어떤 제약도 없이 권한을 행사할 수 있도록 한 조항은 식민지이기에 가능한 것이지 민주국가에서는 있을 수 없는 내용이다(우마코시, 2007, 80).

아무튼, 대학에서 총장은 학교 규칙들을 만들고 해석하고 집행하는 행정책임자이며, 동시에 징계권자이기도 하다. 말하자면 입법·행정·사법의 3권을 독점하고 있고, 대학신문 등 언론도 장악하고 있다. 반면 총장의 위반 행위에 대해서는 적절한 제재 장치나 구제 수단이 없다. 그래서 총장의 이런 막강한 권한을 가리켜 독임제獨任制라고 칭한다. 실제 상당수 국립대학 총장은 교육부, 사립대학 총장은 법인 외에는 신경을 쓰지 않는다. 마치 식민지 총독 같다는 비판이 달리 나온 것이 아니다.

2019년 5월, 전국국공립대학교수회연합회(국교련)는 더는 교육부와의 대화가 무의미하다며 교육부 폐지를 강하게 주장하였다. 교육부는 「고등교육법」 제15조를 들어 총장에게 대학 경영에 관한 모든 권한과 책임이 있다며 '총장 독임제'를 지지해 왔기 때문이다. 그리고 대학의 의사 결정을 총장이 독점하도록 돕고, 자신들은 총장만 조정하면 된다는 식의 행동을 취했던 점이 문제가 된 것이다. 혹 자신들의 의사에 반하는 국공립대학 총장이 선출되면 아무런 설명도 없이 임명을 진행하지 않던 과거의 행적 또한 폐지론의 등장에 한몫했음은 두말할 나위도 없다.

이런 막강한 권한을 행사하기 위해서는 총장 선출과정이 합리적이며 민주적이어야 한다는 것은 굳이 설명할 필요가 없는 일이다. 정상적으로 선출된 총장이 권한 행사의 정당성을 갖는 것이 민주주의의 상식이다. 하지만 사회에서 인정받을 수 있는 상식적인 총장선출제를 갖춘 대학이 얼마 되지 않고, 총장직을 설립자 가족들이 대물림한다는 점은 총장 독임제보다 더욱 심각한 문제다. 이렇게 사립대학의 민주화 수준이 사회의 일반 분야보다 매우 낙후된 점이 사립대학이 사회로부터 신뢰를 잃고 외면받게 된 가장 큰 요인 가운데 하나이다.

2006년 4월, 코피 아난Kofi Annan 유엔 사무총장과 각국 주요 연기금 관리자들은 뉴욕증권거래소에서 투자기업대상의 재무적 측면과 함께 환경Environment · 사회Social · 지배구조Governance 등 비재무적 요소ESG까지 고려해야 한다는 사회책임투자원칙을 공유한 바 있다. 그 실질적 효과에 대해 다양한 평가가 있겠지만, 2019년 4월, 금융투자협회 등이 개최한 '지속가능성장을 위한 사회책임투자' 세미나에서는 ESG에 유의하는 기업의 수익성과 리스크 관리가 탁월하며, ESG 관련 정책이 지난 10년 동안 300개나 생겼다고 소개하였다(미디어SR, 2019.4.19).

또 2019년 8월에는 미국 최고의 기업 경영자 188명이 속한 비즈니스라운드테이블BRT도 기업의 최우선 고려 대상을 주주에서 이해관계자로 확대하여 '포용적 번영'을 이루겠다고 밝혀 1997년에 천명한 "회사는 주주를 위해 존재한다"라는 '주주우선원칙'을 폐지하였다. 나아가 "모든 미국인은 노동과 창의성을 통해 성공하고 각자 삶의 의미와 존엄성을 지키기 위해 경제 활동을 누릴 가치가 있다"라며 '전 미국인을 위한 경제'도 제시하였다(동아, 2019.8.26).

이처럼 수익을 최우선시하는 투자에서도 ESG 순위가 높은 기업을 우선시하는 방향으로 진화하고 있다면 대학의 사회적 책임이 어느 수준까지 달성되어야 사회 발전에 부응할 수 있을지 고민해야 할 것이다. 하지만 연구에 따르면 미국 대학을 비롯한 각국 대학은 사회책임원칙에 관한 정보 공개가 상당히 소극적이고, 심지어는 정확한 개념조차 정립되지 못한 곳이 많다며, 이에 대한 적절한 관리와 홍보가 학생들의 대학 선택과 대학의 위신 형성에 결정적이므로 적극적으로 대응할 것을 권고하고 있다(Gar de Sánchez 등, 2013, 709~746).

기업도 지속 가능한 발전을 위해 기업의 사회적 책임에 유의하고 있는데, 대학의 사회적 책임 의식이 기업보다 낮다면 대학이 무슨 설득력을 가질 수 있겠는가. 따라서 거버넌스의 합리한 개선 및 운영은 향후 사립대학의 존립을 좌우하는 더욱 필수적 요소가 될 것이다.

4. 총장직 대물림의 문제

우리나라는 형식상 미국과 유사한 이사회 제도를 도입하였음에도 불구하고 각종 법적 규제와 정부의 감사로 이사회의 자율성은 매우 제한적이다. 하지만 법적 규제와 감사라는 이중 통제에도 불구하고 사립대학의 비리가 아닌 사학법인의 비리가 끊이지 않으며, 사학 관련 연관검색어에 사학비리, 정확하게 말하면 사학법인의 비리가 수위를 차지할 정도이다.

2018년 12월, 교육부총리는 대통령에게 2019년 업무계획을 보고하면서 공익제보신고센터의 내실화, 감사 결과의 실명 공개, 비리 총장의 취업제한 심사 기간 연장 등을 발표하였다. 또 부총리 주재로 '교육신뢰회복점검단'과 '교육신뢰회복추진팀'을 신설해 교육비리 현황을 집중적으로 조사·점검하겠다고 밝혔다. 교육부가 학교에 대한 사회적 신뢰가 땅에 떨어졌다며, 신뢰 회복을 위한 정책을 공공연하게 발표하는 것은 실로 비정상적 상황이 아닐 수 없다.

이는 사학의 사회적 신뢰가 땅에 떨어졌음을 교육부가 앞장서 자인하는 조치이기도 하지만 교육부 스스로 자신들이 직무를 유기하였음을 대통령에게 공개적으로 밝히는 것이기 때문이다. 하지만 보다 더 큰 문제는 이런 공개적인 망신 주기에 대해 사학법인은 물론 대학 구성원 누구도 공개적으로 반발하거나 비판하지 못하였다는 점이다.

이런 부끄러운 현실은 하나의 제도란 그 나름의 역사적 배경과 문화적 특성, 그리고 사회적 합의와 실천을 통해서 형성되는 것이지, 제도의 외형만 받아들인다고 해서 똑같은 효과를 기대하기 힘들다는 사실을 말해준다. 비록 어렵더라도 우리나라 사립대학 이사회는 어떻게 하면 국민의 신뢰를 얻을 수 있는 기관으로 바꿔나갈 수 있는지 진지하게 고민해야 한다. 더는 이런 내용을 새해 업무계획으로 대통령에 보고하는 일이 없어야 하며, 그렇게 되기 위해 무엇을 해야 하는지, 대학 구성원 모두 함께 생각해봐야 할 것이다.

이와 관련해서 유의할 점은 우리나라 대다수 사립대학이 이제 설립자들의 운영이 끝나고 대부분 2세와 3세로 넘어간 상태라는 사실이다. 사립대학이 설립되던 당시와 지금은 각종 환경이 천양지차여서 비교조차 힘들다. 사립대학에 대한 평가는 보는 관점에 따라 다를 수 있지만, 우리나라의 산업화와 민주화가 세계적 수준에 도달했음은 역설적으로 사립대학이 배출한 인재가 국가 발전에 크게 이바지하였음을 입증해주는 지표이며, 그렇다면 사립대학이 나름대로 주어진 소명을 일정 정도 잘 수행하였다고 해도 과언이 아닐 것이다.

그런데도 과거의 긍정적 유산보다 부정적 유산이 더 두드러지게 노출되는 것은 2세와 3세에 의해 대물림되고 있는 사립대학의 거버넌스가 정상적으로 작동되지 못하고 있음을 말해준다. 그 가운데서도 가장 시급한 문제는 설립자 2세가 총장직을 맡거나 승계하는 것이다. 이들이 이사회를 승계하는 것은 문제 삼을 수 없지만, 총장직을 맡거나 승계하는 것은 대학의 공공성을 스스로 부인하는 행위나 다름없기 때문이다.

2019년 정기국회 교육위원회에서 공개된 교육부의 2018년도 정책연구보고서에 따르면 우리나라 154개 사립대학 가운데 67개교가 총장을 대물림하고 있으며, 그 가운데 20개교는 손자나 증손자 등 3, 4대가 대물림하고 있는 것으로 나타났다. 또 이들 67개교 가운데 84%가 총장 임명제를 채택하고 있다(뉴시스, 2019.10.17).

또 2019년 10월 국정감사 기간에 더불어민주당 조승래趙承來 의원이 교육부에서 제출받은 '85개 사립대 총장 재임 기간' 자료를 분석한 결과, 13년 이상, 즉 4년 임기를 네 차례 넘게 재임한 총장이 9명, 20년 이상이 4명이며, 최장 32년 재임의 경우도 있었다. 당시 기준으로 전국 최장기 재임 총장은 계명대 신일희申一熙 총장(32년 2개월)이고, 20년 이상 재직 중인 대학은 경남대(29년 5개월), 동양대(25년 5개월), 추계예술대(20년) 등 3곳이었다. 이어 광신대(19년), 한세대(18년 2개월), 광주대(16년 4개월), 가야대(13년 4개월) 순이었다.

신일희 총장은 2020년 6월에 다시 총장으로 선임되었으니 9

번째 총장으로 36년간 총장직을 수행할 수 있게 되었다. 전국 3위 장수 총장이었던 동양대 최성해崔成海 총장은 최근 학력을 위조하여 고졸로서 대학 총장을 지낸 것이 밝혀져 사학법인에 대한 국민의 불신을 심화시켰다.25)

한국사립대학교수회연합회(사교련)에서 자체 조사한 바에 따르면 대학 거버넌스는 대학마다 역사와 전통, 환경이 달라서 하나의 도표로 작성하기 힘들 정도로 다양하며, 이는 다른 교수단체나 연구소 역시 동감하는 점이다. 따라서 대학 거버넌스의 정상적 작동을 가늠할 수 있는 가장 일반적인 기준은 이사회 구성보다 총장선출제라고 할 수 있으며, 직선제가 가장 바람직한 방안이라고 할 수는 없지만, 일단 직선제를 채택하고 있는 대학은 민주적 운영이란 척도에서 높은 평가를 받는다.

2018년 현재 154개 대학 가운데 총장 직선제를 채택한 대학은 4.5%, 간선제는 21.2%에 불과한 것으로 나타났다. 심지어는 임기 2년제 임명직 총장도 있다. 하지만 고려대 · 숙명여대 · 연세대 · 조선대 · 한국외대 등 총장선출제가 잘 정착된 일부 대학 외에도 최근 이화여대, 성신여대, 덕성여대, 상지대, 건국대가 직선제를 채택하였고, 변칙적 형태지만 경희대도 형식상 직선제를 채택하였으며,26) 부산외대는 간선제지만 구성원의 합의와 참여로

---

25) 이런 족벌체제의 형성과 문제점에 대해서는 '뉴스타파'의 「민국100주년 특별기획, 누가 이 나라를 지배하는가」 시리즈의 족벌사학과 세습①에 상세히 분석되어 있다(https://nawstapa.org/article/cGGBV).

26) 경희대의 경우 조인원趙仁源 이사장은 본인이 총장으로 있을 때는 모든 권한을 총장에게 집중하였다가, 이사장이 되자 다시 모든 권한을 이사장에게 옮기는 정관 개정을 하였다. 이런 잘못된 행태는 국회 국정감사에서도 논란이 되었다(2019.10.21).

총장을 선출하는 등 총장선출이 계속 민주적인 방향으로 나아가고 있다. 다만 그 속도가 사회의 전반적 발전보다 너무 느려서 대학이 갈수록 뒤처지는 지체 현상이 심각하다. 법인은 물론 구성원 모두의 적극적인 노력이 절실히 요구된다.

5. 「사립학교법」 개정의 좌절과 역풍

사립대학 거버넌스를 둘러싼 논쟁은 자연히 「사립학교법」 개정 논란으로 이어졌다. 사립학교의 설치와 운영에 관한 주요 사항을 규정하기 위해 1963년에 제정된 「사립학교법」은 2005년 당시까지 모두 35차례나 개정이 이루어졌는데, 그 가운데 제16차 개정(1990.4)과 제28차 개정(1999.8)은 특히 논란의 대상이 되었다. 제16차 개정은 사학에 대한 자율성을 부여한다는 명목으로 법인 설립자의 배우자와 직계존비속을 대학의 장에 임명할 수 있도록 개정이 이루어졌고,[27] 제28차 개정은 비리 사학에 파견되는 임시이사의 재임 기간을 2년 임기 1회 중임으로 제한하고, 비리 혐의로 처벌받은 자까지 법인에 복귀할 수 있도록 길을 열어주어 사학법인의 비리를 공인한다는 비판을 불러일으켰다.

교육인적자원부가 1999년부터 2003년까지 38개 사립대학을 대상으로 종합감사를 한 결과 5년 동안 사학법인이 유용한 액수

---

[27] 조선일보도 "아무리 뜯어봐도 하나에서 열까지 재단 편이지 대학 편은 아니다. 이제부터 설립자 가족이 톡톡히 재미 볼 수 있게 됐다. 총장 자리에도 오를 수 있게 됐다. 그렇다고 대학이 좋아질 가능은 없다"고 비판하였다(1990.3.23, 「만물상」).

는 2,000억 원이 넘었다. 38개 대학이 아니라 전체를 대상으로 감사를 할 경우, 그 액수가 훨씬 늘어날 것임은 자명한 사실이다. 이에 「사립학교법」 개정을 위한 국민본부가 결성되어 개정을 위한 노력을 지속하였고, 노무현盧武鉉 정부는 4대 개혁과제의 하나로 「사립학교법」 개정을 강행하였다.

그 결과 2005년 12월, 제256회 정기국회에서 「사립학교법」 개정안이 통과되어 법률 제7802호로 공포되었고, 2006년 7월부터 시행되었다. 개정안의 적용 대상인 사립학교의 수는 중학교의 22.5%, 고등학교의 44.8%, 전문대학의 91%, 4년제 대학의 85%를 차지하였다. 개정된 「사립학교법」의 주요 내용은 다음과 같다.

① 이사회 구성과 운영: 개방형 이사제 도입, 이사회 회의록 작성 및 공개, 친족이사 참여 제한 강화, 개방형 감사제 도입, 비리 임원 학교 복귀 제한 강화, 임시이사 재임 기간 제한 삭제
② 재산과 회계: 예·결산 공시 및 감사보고서 제출
③ 교원임면과 신분보장: 학교장 임기보장, 신규 교원 공개전형제도 도입, 학교장 임명 시 이사장 친인척 배제, 교원면직 사유에서 노동운동 삭제 등

「사립학교법」 개정을 반대하는 법인이 제기한 쟁점은 크게 세 가지였다.

① 설립자가 사재를 출연하여 설립한 학교에 대한 외부 개입은 설립자의 사유재산권을 침해하는 것이며. 재산을 출연하지 않은 자가 개방이사로서 권한을 행사하는 것 또한 과잉 개입이다.
② 사립학교마다 고유의 건학이념이 있는데, 이사의 1/4을 학교운영위원회와 대학평의원회의 복수 추천을 받아 이사회가 선임

할 경우, 건학이념의 실현은 물론 사학의 자율성이 침해된다.
③ 1,900개 사학 가운데 임시이사가 파견된 학교는 60여 개로 3%인데, 마치 모든 사학법인이 부패하였다는 것을 전제로 개방이사제를 도입하는 것은 사학에 대한 모독이다.

그리고 사학법인연합회는 개정 반대 성명을 통해 "사립학교의 모든 재산은 학교법인의 사유재산"이라며 학교폐쇄와 불복종운동을 벌일 것이라고 밝혔다. 명색이 교원단체라는 한국교원단체총연합회(한국교총)가 사학법인의 전위대로 나섰고, 7대 종단으로 구성된 (사)한국종교지도자협의회는 건학이념 구현을 위한 제도적 장치 마련과 비리 사학 처벌을 내세우며 반대 입장을 표명하였다. 조선과 동아, 문화일보 등 보수언론은 개정안이 사학법인의 재산권과 경영권을 침해하며, 특히 개정이 이루어지면 사학의 경영권이 전교조의 손아귀에 넘어갈 것이라는 과장된 논리를 전개하며 반대 여론 조성에 힘썼다.

반면 개정에 찬성하는 측은 사재의 출현을 통해 사학이 설립되었다고 하지만 그 비중은 매우 미미하며 주로 학생들의 등록금에 의해 성장하였다고 비판하였다. 또 사학법인의 자산 총액이 1994년도 10조 9천억 원에서 2003년도에 31조 7천억 원으로 3배나 증가했지만, 그 가운데 법인 기여는 8.8%에 불과하고, 나머지 91.2%는 국고와 등록금, 기부금이라며 사유재산 주장은 허구라고 반박하였다.

또 사학의 운영비 중 법인 부담이 초등학교 12.8%, 중학교 1.8%, 고등학교 1.9%, 전문대학 1.8%, 4년제 대학 8.4%로 평균 5.3%에 불과하고 95%가 국고와 등록금이므로 개방형 이사를 통한 관리 감독이 필요하다고 주장하는 한편 사학법인의 주장대로라면 법인 권한은 1/10로 줄이는 것이 마땅하다는 반론을 제기하였다.

사학의 자율성 침해 주장 역시 사립학교와 학교법인을 구분하지 못한 데 따른 억지에 불과하다며 「사립학교법」 제1조에서 말하는 자주성은 사립학교의 자주성이지 사학법인의 자주성을 말하는 것이 아니라고 반박하였다. 그러면서 개정안은 이사회 구성 및 교원임면권 등 주요 쟁점에서 사학법인의 기득권을 충분히 보장하고 있다고 법인연합회 측의 학교폐쇄 주장을 비판했다.

극소수 사학법인의 부정과 비리를 일반화한다는 주장에 대해서도 법인의 내부 감사제도가 이미 무의미하고 개교 이래 교육부 감사를 한 번도 받지 않은 대학이 61%에 이르는 상황에서 3%의 비리 사학법인은 빙산의 일각일 뿐이고, 만약 투명하게 운영한다면 개방형 이사제를 수용하지 못할 이유가 어디에 있냐고 반론을 제기하였다.

사학법인의 완강한 반대에 여당은 우수한 사학법인에 대한 지원을 내용으로 한 「건전사학육성법」을, 교육부는 「사학육성에 관한 지원법률」 제정을 보완책으로 밝혔지만 결국 합의가 무산되었고, 개정안은 국회의장의 직권상정과 야당의 반발 속에서 강행 통과되었다. 이에 사학법인 측은 개방형 이사제와 감사제, 학교장 임기, 이사장 친인척의 학교장 임명 제한 등 9개 조항에 대해 헌법소원을 제청하였다(이상 이상철, 2006, 197~198, 203~204, 217~219).

사학법인은 종단, 보수언론과 손을 잡고 재개정 투쟁에 나섰고, 박근혜朴槿惠 한나라당 대표는 1년 반에 걸친 투쟁을 통해 2007년 7월 노무현 정부로 하여금 「사립학교법」 재개정에 동의하게 하였다. 재개정을 계기로 노무현 정부의 레임덕이 본격화되었다.

「사립학교법」 개정에 대한 찬성과 반대 측의 입장 차는 매우 극명하였다. 하지만 13년이 지난 지금 시점에서 볼 때 법정 기준에 따라 법인전입금을 부담하는 곳이 오히려 드문 실정이며, 개방이사제는 이미 입법 취지가 무색할 정도로 유명무실해졌고, 사학법인의 비리는 끊이지 않고 있다. 종단 측이 주장한 종교의 자유 침해 주장 역시 근거 없는 주장이었다.

지금 사학법인은 상속세 없는 사유재산으로서의 특권을 만끽하고 있다. 그럼에도 「사립학교법」 개정을 둘러싼 오랜 갈등, 특히 개신교와 천주교를 비롯한 종립사학[28]의 강력한 저항은 더불어민주당에게 엄청난 트라우마로 남아 지금도 문재인文在寅 정부로 하여금 감히 사학개혁에 나설 생각을 하지도 못하게 만들었다.

6. 교육부 폐지론의 비애

미국의 교육부는 초중등교육만 담당할 뿐 대학 문제에 대하여는 관여하지 않는다. 반면 우리나라는 시도 교육위원회가 초중등교육을 담당하므로 교육부는 대학 문제만 주로 관여한다. 따라

---

28) 2004년 당시 1,974개의 사립학교 가운데 기독교·천주교·불교 등 7개 종단에 소속된 학교는 24.4%인 482개였다. 종단 별로는 기독교(349개), 천주교(82개), 불교(24개)이며, 대학은 31.6%(49/155개), 전문대학은 16.4%(22/143개)이다(한겨레21-590).

서 교육부의 존재 근거는 대학에 있고, 교육부는 자신의 존립 정당성을 밝히기 위해 대학에 대한 간섭을 극대화하고 있다. 그러나 정작 대학교수들은 교육부가 폐지되어야 대학이 살 수 있다는 데 의견을 함께하고 있다. 정부 부서 가운데 이해관계자들로부터 부서 해체를 요구당하는 유일한 굴욕의 대상이 바로 교육부다.

교수신문이 전국 대학교수를 상대로 의견 조사한 결과(2015.11. 20) 대학개혁보다 교육부 개혁이 우선되어야 한다는 여론이 92.6%를 차지하였고, 비리 사학에 대한 교육부의 처분에 대해서도 92.4%가 불신을 표하였으며, 구조개혁평가에 대하여 '매우 공정하다'고 평가한 응답도 1.4%에 불과하였다. 한마디로 말해 교육부는 교수들로서는 없어지면 훨씬 더 좋은 부서이다.

교수들은 교육부가 대학의 발전을 위해 있는 부서가 아니라 대학을 위한다는 명분을 내세워 자신들의 이익만 챙기는 기생조직이라고 생각한다. 그 증거는 차고도 넘친다. 우선 학령인구 감소가 충분히 예측되는 상황에서 교육부는 대학설립준칙주의라는 황당한 주의를 수용하여 대학 설립을 남발했고 증원을 허용하였다. 그럴듯한 명분을 내세웠지만, 그 속셈은 퇴직 관료의 일자리 창출에 있다는 것이 공공연한 비밀이다. 하지만 교육부는 단 한 번도 고등교육을 희생양으로 삼은 대학준칙주의에 대해 반성도 사죄도 하지 않았고, 오히려 '국민은 개돼지 같다'는 비하로 세상을 떠들썩하게 했다. 또 업무는 많은데 차관이 한 명밖에 없어서 힘들다며 차관을 한 명 늘려야 한다고 주장하더니 기어코 차관보 자리 하나를 신설하였다. 최근에는 평생교육 확대가 교육부 일자리 창출의 유일한 출로라며 관련 부서 증설에 각별한 신경을 쓰고 있다. 특히 국가교육위원회 출범을 새로운 승진의 일대 기회로 기대하고 있는 것 같다.

교육부는 대학의 총 정원이 지나치게 많고, 특히 취업률이 낮은 인문계열과 예술계열의 정원이 과다하다면서 과감한 구조조정이 불가피하다고 주장한다. 심지어 벚꽃이 피는 순으로 대학이 망할 것이라며 신속한 구조조정과 특성화만이 대학이 살길이란 애정 어린 충고를 아끼지 않는다. 하지만 우리나라 사립대학의 학과 신설과 정원은 하나부터 열까지 교육부의 소관 사항이었다. 학과 신설과 증원에 관한 한 사립대학은 어떤 권한도 가지고 있지 않았기에 정원과 특성화에 어떤 책임을 져야 하는지 교육부에 묻지 않을 수 없다.

교육부는 이명박 정부 때부터 구조조정위원회를 만들고 각종 평가사업을 내세워 대학 정원 감축의 칼자루를 휘두르며 생사여탈권을 행사해왔다. 문재인 정부 들어와서도 '구조개혁평가'라는 이명박·박근혜 정부의 사업명을 고집하던 교육부는 사교련의 항의에 '대학역량진단평가'로 이름을 바꾸긴 했지만, 그 본질은 전혀 바꾸지 않은 채 평가를 감행하고 있다.

대학 행정이 마비될 정도로 온갖 자료를 요구하고 평가하지만 정작 발표된 결과는 모호하기 그지없다. 항목별 발표를 하지 않고 있으며 특히 법인의 문제인지, 대학의 문제인지를 밝히길 거부하고 있다. 비싼 돈을 들여 종합검진을 하고도 결과는 건강, 양호, 심각 등 모든 것을 뭉뚱그려 발표하는 셈이다. 도대체 어디가 좋지 않은지 구성원들은 알 길이 없으니, 개선을 위한 노력도 할 수 없다. 해괴한 것은 법인에 문제가 있어서 감점을 당해도 그 피해는 고스란히 교수와 학생에게 전가되는 구조다. 법인

비리를 감싸야 진단평가 결과가 좋아진다며 침묵을 강요하는 셈이다.

수시모집 정원 확대를 하지 않으면 불이익을 주겠다며 서슬이 파랬던 교육부가 갑자기 정시모집 정원을 확대하지 않으면 불이익을 주겠다고 입장을 급선회하였다. 하지만 대학에게 어떤 논리적 근거도 명분도 제공하지 않았다. 그저 말을 듣지 않으면 재정적 불이익을 주겠다는 말만 되풀이하였을 뿐이다. 이는 명백한 국가폭력이다.

학종전형, 논술고사, 수능 등 모든 입시에서 금수저가 유리한 것은 부인할 수 없는 사실이다. 대학으로서는 선택의 폭이 크지 않지만 그래도 고등학교 교육 현장의 입장 등을 종합적으로 고려해보면 학종전형이 가장 공평한 편이며 수능은 사교육기관의 문전옥답이다. 입시제도는 주어진 현실 속에서 그래도 어느 것이 사교육을 받을 수 없는 학생들에게 상대적으로 유리하고 공평한 제도인가를 고민하고 선택할 수 있을 뿐이다. 교육부가 해야 할 일은 대학의 이런 고민에 대하여 경청하고 청와대와 국민을 설득하면서 좀 더 바람직한 방향으로 제도를 개선하는 것이다.

물론 교수에게도 이런 교육부의 잘못된 행태에 대한 공동의 책임이 있다. 교육부가 원하는 대로 맞춤형 정책을 만들어주는 이른바 교육전문가들이 너무도 많다. 심지어 정권이 바뀔 때마다 논리의 회로를 바꿔가며 교육부에서 요구하는 데로 정책을 개발해주는 이들도 있는데, 이들을 가리켜 일부에서는 '정책 사냥꾼'이라고도 칭한다. 주인이 물어오라면 충실하게 먹이를 물어오는 행태가 마치 사냥개 같다고 하여 붙여진 이름이다. 교수단체나 학회 등 공적 조직의 추천 대신 사적 관계에 의존해 위원회를 꾸리고 정책개발을 맡기는 교육부의 잘못된 관행을 제도적으로 막아야 하며, 그동안 진행된 교육부의 각종 정책사업에 대한 공개와 분석이 조속히 진행되어야 이런 잘못된 행태가 개선될 것이다.

교육부 폐지론이 교수들에 의해 꺼지지 않는 의제가 되고 있음은 교육부는 물론 대학과 교수들을 위해서도 비극이다. 논의가 진행 중이라서 단정하긴 어렵지만, 교육부가 밉다고 해서 국가교육위원회가 대안이 될 수도 없을 것으로 보인다. 국가교육위원회 설립을 준비하고 있는 국가교육회의가 무엇을 하고 있는지 아는 이가 드물지만, 위원회는 예산권도 집행권도 없는 유명무실한 자문기구로 전락할 가능성이 더 크다. 국가교육위원회는 교육부 폐지를 전제로 한 것인데, 지금처럼 진행된다면 정작 행복할 사람은 아이러니하게도 교육부 관리들이다. 그들의 새로운 놀이터만 만들어 줄 가능성이 농후하니, 실로 답답할 뿐이다.

노이라트Neurath의 말처럼 항해 중에 배가 부서지면 힘들더라도 수리하면서 운행을 계속하는 것이 회항하는 것보다 이익인 경우가 많다. 그렇다고 해서 회항의 여지마저 닫아 놓을 수는 없다. 교육부에게 대학을 맡겨서는 미래가 없다는 인식과 근거가 확고한 만큼 교육부 스스로 혁신에 나서지 않으면 폐지론의 불씨는 꺼지지 않을 것이며, 언젠가는 교육부를 불사르고 말 것이다.

교육부가 대학교육을 혁신할 수 없음은 교육부 스스로 너무나 잘 알고 있다. 지난 70년 동안 진행된 대학개혁 가운데 그래도 가장 긍정적인 평가를 받는 실험대학의 밑그림도 문교부가 아닌 과학기술처에서 준비하였음은 시사하는 바가 크다. 대학에 대한 정부의 지원 예산도 과학기술정보통신부(과기부) · 산업통상자원부(산자부) · 고용노동부 등의 예산을 합치면 교육부보다 많다.

　어차피 지방자치단체를 중심으로 지역 대학을 연합하여 지방 소멸에 대비해야 한다면 기존의 체제를 뛰어넘는 새로운 구심점을 만드는 것이 현명하다. 그리고 그 새로운 중심에서 교육부를 과감하게 배제하는 방안을 검토할 필요가 있다. 교육부가 더 이상 지금처럼 어설픈 교육 혁신에 나서서는 안 된다. 교육부가 자신의 기득권을 줄이고 자기혁신에 힘쓸 때 교육 혁신의 길이 자연스럽게 드러날 것이다.

제3장

대학과 대학자치의 역사

|제1절| 대학의 태동: 근대대학 모델과 일제의 강압

1. 근대대학의 탄생

　중세의 대학은 법학·의학·신학부와 학부 진학을 위한 준비 단계인 인문학부=학예學藝학부(facultas artium)로 이루어진 4개 학부 편제가 원칙이었다. 대학의 공통 언어는 라틴어였고, 인문학부의 수학修學은 4개 학부 공통의 지적기반이었다. 대학은 유럽의 통합을 보장해 온 가톨릭교회의 전통 안에서 국경을 넘어선 개방성과 동일성, 그리고 엘리트 집단으로서의 자율성을 근대가 시작될 때까지 계속 유지하고 있었다.

　하지만 18세기부터 대학은 큰 변화에 직면하게 된다. 산업화가 본격적으로 진행되면서 새로운 지식과 학문의 영역이 펼쳐지기 시작했고, 그 증가 속도가 가속화되었기 때문이다. 대학은 기존의 지식을 교습하는 것 못지않게 새로운 지식과 학문을 창조하는 연구기능을 수행해야만 했다. 하지만 당시 대학은 이런 시대적 변화에 관심을 보이지 않고 여전히 전통 지식을 전수하는 곳, 귀족으로서의 평판을 갖추기 위한 곳이라는 생각을 바꾸지 않았다. 그 결과, 대혁명 이후 프랑스의 대학은 청산해야 할 앙시앵 레짐Ancien Régime의 하나로 지탄받았고, 결국 완벽하게 해체되고 말았다(1793). 일부 대학은 학부faculte라고 불리는 각 단위가 독립한 법·의·문文 등의 학교군學校群이 되었고, 대학을 대신하는 고등전문학교 모델이 새롭게 확산되었다.

기존의 대학에서 다루지 않았던 공학·농학 등 새로운 학문에 관한 연구는 자연스레 새로 만들어진 고등전문학교의 몫이 되었다. 나폴레옹은 국가 경영에 필요한 기술관료 양성을 위해 국립고등교량도로학교(1747)을 비롯해 국립고등기술공예학교(1780), 국립고등광업학교(1783), 국립고등공학교(1794) 등 그랑제콜Grandes Écoles을 세우기 시작하였다.

새롭게 만들어진 고등전문학교는 가톨릭교회 대신 국가의 보호와 지원을 받아 설립되었고, 라틴어 대신 자국의 언어를 강의 언어로 사용하며 국가에서 필요로 하는 근대화·산업화 인재를 양성하는 방향으로 그 기능을 전환하였다. 그러자 기존의 대학들도 전문학교와의 이원화 체제를 통해 지식 축적과 전달 대신 지식 창출을 위한 연구기능을 중시하고, 국민국가 형성과 발전에 필요한 기관으로 변모하기 시작하였다(이상 아마노, 2009ⓑ, 12~15, 32; 볼프강 베버, 2020, 182, 187).

2. 베를린대학 모델

근대 국민국가를 만들기 위한 경쟁에 뒤늦게 뛰어든 프로이센은 열악한 조건에서도 적극적인 의무교육의 확대를 비롯하여 프랑스와 다른 자신만의 교육 및 대학 모델을 만드는 데 성공했고, 그것이 영국과 프랑스를 능가하는 성취로 이어졌다. 이른바 '훔볼트 모델'은 이후 조속한 근대화를 꿈꾸는 세계 각국에 널리 수출되었고, 일본을 거쳐 한국에도 수입되었다.

1806년 프로이센은 나폴레옹의 프랑스군에게 대패하여 영토의 절반을 빼앗기고 막대한 배상금을 물어야 했으며, 오랜 동맹국이었던 러시아마저 등을 돌리는 사면초가의 위기에 처하였다. 이에 국력을 키워 국가를 중흥시켜야 한다는 민족주의적 열망이 강하게 일어났고, 국정 전반에 걸친 전면적인 개혁을 시작하였다. 징병제와 사관학교 설립, 농노해방과 길드 해체, 조세 및 재정개혁 등이 전방위적으로 실시되었으며, 교육 혁신 또한 핵심적인 개혁과제로 추진되었다.
  국왕 프리드리히 빌헬름 3세Friedrich WilhelmⅢ(1770~1840)는 '물질적 상실을 지식의 힘으로 회복하자'며 교육이 프로이센 재건의 출발점이 되어야 한다고 주장했고, '프로이센은 가난하기 때문에 무엇보다도 교육에 집중하여야 한다'며 의무교육 확대에 앞장섰다. 철학자 피히테는 '독일 국민에게 고함'이라는 제목의 강연을 통해 새로운 교육을 통한 도덕적 개혁을 주장하며 민족주의를 고취하였고, 이어 국가에서는 초등학교-중등학교(김나지움)-대학으로 이어지는 3단계의 학제를 도입하였다. 세계 최초로 이런 3단계 학제를 구상하고 제도화한 이가 바로 훔볼트였다.
  또 피히테는 훔볼트와 함께 대학을 연구와 교육을 통한 근대 국민국가 형성을 위한 구심점으로 보고 베를린대학의 설립에 참여하고 이어 초대 총장이 되었다. 훔볼트는 전인적 교양을 구비한 인간을 양성하는 것이 직업인 양성보다 중요하다며, 모든 고등교육의 출발점을 철학에 두었다.[1] 이는 오늘날의 교육 개념과

---

[1] 훔볼트가 말한 철학은 오늘날 전문 학문 분야로서의 철학이라기보다는 광의의 기초학문을 의미한다.

유사하면서도 다른 것이었다. 훔볼트는 대학을 최고 수준의 인간적 도야Bildung를 이루는 장소로 상정하였으며, 전인적 인간에 도달하는 수단은 역시 최고 수준의 학문에 관한 부단한 탐구여야 한다고 주장하였다. 훔볼트에 있어서 학문은 인간성의 궁극적인 완성에 도달하기 위한 수단이자 경로였다.

훔볼트는 당시 프랑스가 사회의 직접적인 수요에 맞춰 개별적인 전문인력을 양성하는 고등전문학교 중심으로 학제를 개편한 것과 달리 패전의 어려움 속에서도 교육과 함께 순수학문의 연찬과 영원히 도달할 수 없는 학문의 궁극적인 완성을 끝없이 추구하는 것을 이상으로 표방하는――교육과 연구의 병행을 특성으로 하는――근대대학·연구중심대학의 모델을 제시하였다.2)

프로이센의 의무교육 확대는 국민의 전반적 자질을 높이는데 크게 기여하였고, 유능한 정치가와 관료를 양성하며 학문연구에 주력한 대학은 진보와 혁신의 중심이 되었다.3) 특히 산업혁명을 이끈 방직업 등 경공업 중심의 산업구조가 전기와 화학 등 중화학공업 중심으로 전환되는 과정에서 독일의 대학은 영국과 프랑스를 제치고 독일이 중화학공업을 선도할 수 있도록 하는데 결정적인 역할을 수행하였다. 그 결과 프로이센은 오스트리아(1866)

---

2) 훔볼트는 매우 이상주의적 학문과 교육을 추구하면서도 그것을 실행하기 위한 조직을 만드는 데 성공하였다. 훔볼트는 학문의 자유, 연구로서의 학문, 연구와 교수의 일치, 대학 전체의 통일성을 부여하는 철학부의 설치 등을 실현하였다(볼프강 베버, 2020, 189~190).
3) 훔볼트는 대학이 최고의 학문기관으로서 최량의 정치가와 관료를 양성하고, 경제적·정치적으로 유용한 지식을 생산하며, 프로이센의 지적·문화적 평판의 앙양에 결정적으로 기여할 수 있어야 한다고 주장하였다(볼프강 베버, 2020, 190).

와 프랑스를 격파하고(1870) 독일 통일을 달성하는 데 성공했을 뿐 아니라(1871), 1910년에는 영국을 제치고 유럽 최대의 경제 대국으로 성장할 수 있었다.4)

3. 일본의 대학 설립 모색

일본이 유럽의 대학체제를 처음 알았던 시기는 막부 말기인 19세기 후반이었다. 일본은 서구 열강에 맞서 근대화·산업화를 추진하려면 대학을 설립해야 한다는 것을 인지하고,5) 각국 학문과 대학의 장점을 취사선택해서 일본의 실정에 적합한 대학을 설립하고자 했다. 당시 일본 정부가 만든「해외유학생규칙안」(1869)을 보면 서구 각국의 학문적 장단점에 대해 상당히 정확하게 파악하고 있었던 것으로 보인다.6)

그리고 본격적인 대학 설립에 앞서 당장 필요한 기술관료를 양성하기 위해 외국인 교수를 좋은 조건으로 초빙해 공학·법학·농학 전문학교를 개설하였다. 이들 전문학교는 프랑스의 전문

---

4) 볼프강 베버Wolfgang E.J. Weber는 1790년 이후의 대학을 다룬 제3장의 제목을 "국가형성, 국가경쟁, 기술 및 자연과학의 발달, 산업사회시대의 국가대학"이라고 정함으로써 베를린대학을 통해 확립된 근대대학의 역할에 대해 명확하게 정의내렸다(볼프강 베버, 2020, 목차).
5) 알트바흐Philip G. Altbach는 아시아 근대화 과정에 미친 서구의 영향 중에서 가장 영향력 있었던 것으로 평가되는 것이 영국의 의회정치 모델이지만, 서구 대학 모델도 그 이상으로 성공적이었다고 평하였다(우마코시, 2007, 20).
6) 「해외유학생규칙안」에 따르면 유학생을 보낼 나라와 전공에 대해서 영국은 기계학·제철법 등 공학, 프랑스는 법률학·국제법 등 법학, 독일은 정치학·경제학 등의 사회과학과 천문학·물리학·화학 등 이학, 미국은 농학·목축학이라고 정하였다(아마노, 2009上, 18).

학교(그랑제콜) 모델을 그대로 받아들인 것은 아니지만, 정부에서 예산 및 학비를 지원하되 졸업 후 의무 복무 기간을 두는 등 그 성격은 상당히 유사하였다.

하지만 외국인 교수를 초빙하는 방식으로는 안정적인 인재 양성과 학문적 자립이 곤란하다고 보고 유학생을 파견하고 귀국 후 교수로 채용하는 것이 대학 설립을 위한 최우선 과제라고 보았다. 그래서 교육제도를 정한 「학제學制」(1872)를 공포하면서 그 가운데 1/3이 유학생 관련 조항일 정도로 유학생 정책을 중시하였다. 파견한 유학생 가운데 뛰어난 성적을 거둔 우수한 학생은 연구기능을 갖춘 명문대학에서 계속 공부하게 하였으며 귀국 후에는 일본 대학의 교수가 될 수 있도록 배려하였다.

각국의 정보를 수집하고 불평등조약을 개정하기 위해 파견된 이와쿠라岩倉사절단은 1871년부터 1년여 동안 서구 12개국을 방문하였다. 이들은 귀국한 뒤 미국·영국·프랑스·독일 등 8개국의 교육 관련 상황을 기술한 『이사공정理事功程』을 제출하였다. 『이사공정』의 작성을 주도한 문부차관 타나카 후지마로田中不二麿(1845~1909)는 사립대학 위주이며 자유주의적인 미국 교육제도에 대해 호의적이었다. 1878년, 기존의 「학제學制」를 대신하는 「교육령」을 공포하면서 그 안에 대학 설립의 자유 조항이 있었던 것은 바로 타나카의 아이디어였다(이상 아마노, 2009ⓑ, 13, 18, 31~34, 37~45).

4. 제국대학체제의 수립

하지만 최종 선택된 것은 미국식 '시민의 대학'이 아니라 '국가의 대학'을 표방하는 독일식 모델이었다. 학문적 업적에서 발군의 성취를 보인 베를린대학은 1840년대부터 근대화를 꿈꾸는 각국이 주목한 '프로이센 모델(=훔볼트 모델)'로 자리 잡고 있었다. 일본에서 제국대학의 설계도를 그린 사람은 1885년 내각 초대 총리대신이 된 이토 히로부미伊藤博文(1841~1909)와 문부대신 모리 아리노리森有礼(1847~1889)였다.

이토 히로부미는 1863년의 영국 유학 경험을 통해 유럽의 대학에 대하여 이해하게 되었고, 1882년에 '유럽헌법조사단'을 이끌고 유럽을 순방하면서 입헌체제 수립을 위한 현지 조사를 하던 중 빈대학 슈타인Lorenz von Stein(1815~1890) 교수로부터 근대국가에서 대학이 얼마나 중요한 역할을 하는지 배우고 크게 감명을 받았다. 그 뒤 이토 히로부미는 대학이 부국강병을 위한 최적의 수단이라고 생각했고, 미국과 영국에서 유학했던 모리 역시 '국가를 위한 대학'을 이상으로 여기고 대학 설립에 적극적으로 나섰다.

이토 등은 타국 모델을 일부 절충하였지만, 기본적으로 독일 대학을 모델로 삼아서 제국대학을 설립하였다.[7] 이들은 당시 영국의 대학은 신사와 시민을 위한 대학에 지나지 않고, 프랑스는

---

[7] 일본이 베를린대학을 모델로 한 것은 사실이지만 학문 분야에 따라서 영국·프랑스·미국 등의 영향이 컸고, 일본 자체의 고려사항도 있어 바람직한 일본의 대학상을 수립하는 데는 상당한 시행착오가 불가피하였다(아마노, 2009ⓛ, 49~50).

전문학교만 있을 뿐 대학은 존재하지 않으며, 미국은 독일 대학을 모델로 college에서 university로 전환하는 중이라며 독일 대학은 학문적 성취와 조직 체계 모두 우수하다고 보았다. 또 프로이센 헌법이 천황제 보존을 전제로 한 헌정체제에 가장 부합한다고 보고 일본 헌법의 모델로 삼았다. 독일식 대학 모델을 수용한 것은 프로이센을 근대화 모델로 중시한 것과도 밀접한 관련이 있다.

1877년, 법학·화학·공학과로 이루어진 종합전문학교인 동경개성開成학교를 동경의학교와 통합하여 일본 최초의 대학인 동경대학이 출범하였다. 하지만 개교 당시 법학·화학·공학·의학에 관한 일본어 교재가 없었을 뿐만 아니라 적절한 번역어도 없어서 번역할 수가 없었다. 이에 모든 교재와 강의, 시험과 졸업논문은 영어 등 외국어를 사용하였으며, 일본어로 졸업논문을 작성할 수 있도록 허용한 것은 1882년부터이다. 동경개성학교는 입학 때 학문 분야에 따라 영어·독어·불어 전공으로 나누어서 수업하다가 후에 영어로 통일하였다. 교수는 일본인 9명, 외국인 28명이었지만 일본인 교수의 영향력은 제한적이었다. 의학은 외국인 교수 전원이 독일인이었다.

1886년 일본 정부는 「제국대학령」을 공포해서 제국대학을 설립하고 그 성격을 '관료 양성을 통해 국가를 위해 봉사하는 대학'으로 규정하였다.[8] 이때부터 독점적으로 사용하던 제국대학이란

---

8) 「제국대학령」 제1조에 "제국대학은 국가의 수요須要에 응하는 학술기예學術技藝를 교수敎授하며, 아울러 그 온오蘊奧를 공구攻究함을 그 목적으로 한다."고 적혀있으며, 주요 행사마다 이 조항을 총장이 낭독하고 인용하는 것이 관례였다(아마노, 2009㊤, 9).

명칭은 경도제국대학이 설립되면서(1886) 동경제국대학으로 변경되었고, 「대학령」 공포(1918)를 계기로 관·공·사립대학 설립이 정식 허가될 때까지 5개 제국대학은 40년 동안 대학으로서의 독점적 지위를 누렸다(이상 아마노, 2009㉤, 4~8, 26~29, 52, 91~92).

일본 정부가 「제국대학령」을 통해 고등교육기관을 엘리트 양성 위주의 제국대학과 실무 기술자 양성을 위한 전문학교로 구분하자 사립 전문학교는 자율적으로 다양한 수준과 연한의 전문교육을 실시할 수 있었다. 하지만 「사립학교령」(1899)이 제정되면서부터 정부의 설립인가를 얻어야 했다. 이처럼 제국대학과 전문학교로 구분하는 고등교육기관의 이원화는 일제강점기 우리의 고등교육에도 그대로 적용되었다.

5. 제국대학의 총장과 평의회

동경대학은 동경개성학교와 동경의학교라는 전혀 다른 조직을 통합하여 이루어졌기 때문에 처음에는 두 학교를 대표하는 종리綜理 2명을 두고 그 위에 총리總理를 두어 학교 행정을 총괄하게 하였다. 동경대학은 1881년 기구 개편을 통해 종리 직을 없애고 총리 밑에 각 학장을 두는 형태로 바꾸었다.

또 이때 처음으로 일본인 교수 수가 외국인 교수 수를 상회하게 되자 교수는 일본인 교원으로 한정하고, 외국인 교원에게는 외국교사라는 한 단계 낮은 호칭을 부여하였다. 또 기존의 조교助敎는 교수의 업무를 돕는다는 뜻에서 조교수助敎授로 바꾸고, 그 아래에 비상근인 강사를 두어 교원을 교수·조교수·강사로 나누었다.

대학교를 대표하는 총장總長9)과 단과대학을 대표하는 학장10)이란 직칭은 「제국대학령」(1886)에 명시되어 사용하기 시작했다. 1893년에 공포된 「제국대학관제」에 따르면 총장은 "문부대신의 감독을 받으며 「제국대학령」 규정에 따라 제국대학 일반 업무를 담당하며 소속 직원을 통괄統括한다"고 하였다.

「제국대학령」에는 대학마다 평의회를 설치하고 각 단과대학에서 2명의 교수를 특별히 선발한 뒤 문부대신 명의의 평의관評議官에 임명하게 하였다. 평의회는 대학의 학칙·인사·재정에 대한 폭넓은 심의 권한을 부여받았고, 필요한 경우 문부대신의 자문역을 수행하도록 하였다. 또 단과대학마다 교수회가 설치되어 평의회에 의안을 제출하였고, 평의회의 위임에 따라 특정 안건을 심의하기도 하였다.

이렇게 제국대학 내에 교수집단이 확충되고 연구기능이 강화되면서 학술연구 담당자로서의 사회적 독자성을 자각하고, 전문지식인으로서의 의식과 윤리가 형성되자 교수들은 권리의식과 함께 특권의식을 갖게 되었다. 그리고 평의회를 통해 대학 행정을 주도하면서 점차 학문의 자유와 대학자치를 둘러싸고, 정부와 대립하기도 하였다(이상 아마노, 2009㊤, 51~52, 100~101).

---

9) 총장의 직무는 대학의 질서유지, 상황에 대한 감시와 의견 제출, 평의회 의장 직무, 법과대학장 직무 겸직이다(제1차 「제국대학령」).
10) 제국대학 이외의 대학에서는 통상 총장 대신 학장學長이라고 했지만, 후에 제국대학 총장의 권위를 모방하여 학장 대신 총장이라는 직칭을 사용하기 시작하였다.

6. 근대학교의 출발과 성균관의 쇠락

조선왕조의 교육체계는 최고학부로 성균관, 중등교육으로 중앙의 사학四學과 지방의 향교 및 서원, 초등의 서당이라는 일관된 교육체계를 갖추고 있었다. 그리고 이러한 교육체제를 제도적으로 받쳐주고 있던 것은 과거제도였다. 성균관은 과거 응시자의 최종 교육기관이자 과거 실시를 주관한 고등교육기관이었다.

하지만 일본과 수호통상조약(1876.2)을 체결한 뒤 급속한 근대로의 진입이 불가피해지자 교육에서의 일대 변화가 불가피하게 되었다. 원산이 개항(1880)하여 일본인 거류지가 만들어지자, 신학문의 필요성을 절감한 현지 관민이 합심하여 최초의 근대학교인 원산학사元山學舍를 개교하였고(1883.8), 외교업무를 담당한 외아문外衙門에서도 통역사 양성을 위한 영어교육기관인 동문학同文學을 개교하였다(1883.8). 또 갑신정변(1884.12)을 계기로 근대적 왕립병원인 광혜원廣惠院이 설립되고(1885.2), 이어서 1886년에 부속 의학교가 세워졌으며, 선교사 언더우드 Horace Underwood(1859~1916)에 의해 고아를 위한 기숙학교인 언더우드 학당, 그리고 최초의 근대적 국립학교인 육영공원育英公院이 설립되었다(1886.9).

또 갑오개혁을 계기로 공포된 「전고국조례銓考局條例」(1894.7)를 통해 관리 선발시험에 기존의 유가 경전 외에 국문 · 산술 · 국내정치 · 외국사정 등 새로운 과목을 추가함으로써 사실상 과거제도를 폐지하는 등 기존 교육체제의 축을 무너트리는 변화가 발생하였다. 이듬해 공포된 「홍범洪範14조」(1895.1)에서도 "나라 안의 총명하고 재능이 뛰어난 자제를 널리 파견하여 외국의 학술과 기예를 배워 익히게 한다(국중총준자제國中聰俊子弟, 광행파견

廣行派遣, 이전습외국학술기예以傳習外國學術技藝)"고 하였고, 이어서 공포된 「교육입국조서」에서도 입신양명을 목표로 한 기존의 교육 대신 공적 가치를 추구하는 새로운 교육으로의 일대 전환을 강조하였다.

그리고 관제 개편을 통해 기존의 예부禮部를 학무아문學務衙門으로 바꾸고(1894.7) 산하에 전문학무국을 두어 중학교, 대학교, 기예학교, 외국어학교 및 전문학교를 담당하게 하였다.[11] 이는 우리 정부에서 최초로 대학에 관한 정책적 관심을 표한 것이었다. 하지만 이듬해에 학무아문을 학부로 개편하면서(1895.4) 대학 관련 업무가 사라지고 말았다(이상 우마코시, 2007, 36~51, 61~64).

반면 성균관은 제사만 관장하는 조직으로 축소되고 말았다. 이후 성균관을 개혁하려는 조치들이 단속적으로 진행되기는 했지만 별다른 효과를 거두지 못하였다. 결국, 성균관은 근대화로 인한 학문의 새로운 수요에 대응하지 못한 데다, 기존 학문의 효용을 부정하는 일련의 제도개혁 등으로 인해 조선 최고 교육기관의 위상을 급속히 상실하기 시작하였고, 조선왕조의 멸망으로 설치 주체가 없어지면서 쇠락하고 말았다.

7. 사학 설립 열기

기존 학교 체제의 쇠락과 달리 사립학교 설립은 전국적으로 매우 활발하게 진행되었다. 1900년 이후 일본의 침략이 본격화되

---

[11] 학교 설치에 관한 관제官制의 공포는 외국어학교(1895.5), 소학교(1895.7), 의학교(1889.3), 농공상학교(1889.6), 중학교(1899.4) 순이었다.

고, 학교가 애국계몽 및 구국운동의 거점이 되면서 사립학교 설립은 신문을 통한 언론전, 학회 활동을 통한 계몽과 함께 국권회복을 위한 3대 핵심사업이 되었다. 그 결과 1905년부터 1910년 사이에 1,000개가 넘는 학교가 설립되어 1910년 5월, 전국의 학교는 모두 2,250개교에 달하였다. 그 가운데 사립학교가 2,027개교로서 90%를 차지하였다. 사립학교는 일반계가 1,272개(63%), 종교계가 755개(37%)였다.[12]

선교사 또한 교육사업을 선교의 핵심으로 간주하여 교회 설립 못지않게 학교 설립에 힘썼으며, 특히 조선 정부로부터 지역 차별을 받았던 서북지역에서 가장 활발하게 학교 설립을 추진하였다. 그래서 기독교계 학교는 평북·평남·황해도에 70.5%나 집중되었다. 기독교계 학교 가운데 장로교는 62.5%, 감리교는 19.7%였다.

사립학교 가운데 민간계 사립학교는 대부분 애국지사나 단체가 사재 또는 주민들의 정재淨財를 가지고 설립하였기에 교원과 학생 모두 조선인이었으며, 강렬한 교육구국을 주창하였고, 교육내용에 애국적 색채가 농후하였다. 한마디로 말해 민간계 사립학교는 조선 민족의 학교라는 자부심과 신념으로 일관하였다. 그러자 조선통감부는 사립학교의 증가를 우려하여 대한제국 학부를 통해 사립학교 설립의 법적 근거인 「사립학교령」(1908)을 공포하게 한 뒤 사립학교 인가권을 이용해 규제에 나섰다.

조선총독부는 다시 기존의 「사립학교령」을 더욱 강화한 「사

---

[12] 이는 조선통감부가 학부를 통해 「사립학교령」(1908.8)을 발표하고 규제한 뒤의 공인된 학교에 한한 것이다. 따라서 비인가 학교까지 더하면 3,000개가 넘는 학교가 있었을 것으로 추산된다(우마코시, 2007, 64~70, 93).

립학교규칙」(1911)을 공포하여 교육 목적과 내용, 그리고 교원 자격을 엄격하게 통제하였다. 그 결과 사립학교는 1920년에 689개로 줄어들었고, 사립학교의 비율도 90%(1910)에서 68.5%(1919)를 거쳐 17%(1945)로 계속 줄어들었다(한홍구, 2006, 271).

이런 정치적 격변 속에서도 일부 사립학교는 대학으로의 발전을 계획하고 실행에 옮겼다. 배재학당은 1895년부터 대학부를 설치하고, 영어 교명도 Pai Chai College라고 썼다. 평양의 숭실학교도 대학부를 설치하였고(1905), 이어서 대한제국 정부로부터 최초의 정식 대학 설립인가를 받았다(1908). 서울에서는 경신학교가 대학 설립을 추진하였으며(1908), 이화학당 역시 고등과 설치(1908)에 이어 대학과를 설치하여(1910) 한국 최초의 여자대학 설립을 눈앞에 두었다. 단 배재와 경신 등에서 설치한 대학부는 학교 내에서 자체적으로 만든 교육과정일 뿐 학사학위를 수여할 수 있는 정식 대학은 아니었다. 그리고 숭실학교도 설립인가를 받았더라도 실제 학생을 모집하고 교육하지는 못하였다(이상 우마코시, 2007, 64~79, 93, 98~99).

이러한 노력은 한일합방으로 인해 일거에 좌절되었지만, 후에 일제에 의해 설립된 경성제대와 달리 사학은 조선인에게 '우리의 대학'으로 인식되어 강한 심정적 지지를 받았고, 이것이 광복 후 사립대학 설립에 매우 유리한 여론을 조성하는 계기가 되었다.

8. 일본의 교육차별과 민립대학 설립 운동

일본은 조선총독부가 발표한 「조선교육령」(1911)을 통해 식민지 조선의 교육목표가 "칙어의 취지에 기초한 충량한 국민의 육성(제2조)"이며, 그 구체적 내용은 "시세와 민도에 맞는(제3조)" 교육이라 하여 교육 기회 차별을 공개적으로 밝혔다. 그리고 고등교육은 허용치 않기로 하고 훈령을 통해 "보통교육의 발달을 기다린 후에 만드는 것이 순리라 인정되어 세칙의 제정은 훗날을 기약한다"며 전문학교 관련 세칙은 만들지도 않았다. 심지어 기존에 있던 고등교육기관이던 성균관, 관립 한성사범학교, 관립 한성외국어학교마저 폐교하였다.

또 「조선교육령」은 현 초등교육에 해당하는 4년제 보통학교 과정이 진학을 위한 중간단계가 아니라 실무에 종사할 수 있는 국민교육의 완성임을 분명히 하였다.[13] 당시 일본은 소학교 6년, 중학교 5년, 고등학교 2년, 대학 3년제였으나, 조선은 보통학교 4년, 고등보통학교 4년, 전문학교 2년제로 차등하였기 때문에 일본의 고등학교에 진학하려면 일본의 중학교에 편입해야 했다.

조선총독부는 민족주의의 거점인 학교를 탄압하기 위해 「사립학교규칙」을 개정하고(1915) 시설·재정, 특히 교원 자격에 관한 까다로운 규정을 적용하여 본격적인 인가취소에 들어갔다. 그 결과 1910년 2,250개에 달했던 사립학교는 1919년에 1/3로 격감하였다. 또 1910년대에는 단 하나의 전문학교 신설도 허용하지

---

13) 보통학교의 목적은 결코 졸업생이 중학, 대학 등 등급에 따라 향상하여 더욱 학문의 연구를 하게 함에 있지 않다. 즉 공립 보통학교를 졸업하면 바로 실무에 종사하여 성실·근면하고 힘든 일을 마다하지 않으며, 국어(일본어)를 구사할 줄 알고 또 상당한 실제적 지식 기능을 소유한 충량한 신민을 양성함을 본지로 하는 것이다. 따라서 공립 보통학교의 목적은 결코 아동에게 예비적 교육을 실시함에 있지 않고, 그 교육은 바로 한 사람의 인간을 양성함에 있음을 여러분은 잠시도 잊어서는 안 된다(조선총독부, 「공립보통학교장강습회」, 『조선총독부관보』, 1912.5.18; 김정인, 2018, 21에서 재인용).

않았다. 단지 1915년 「전문학교규칙」 제정을 계기로 기존에 폐교했던 전문학교를 재인가해주었을 뿐이다.14)

하지만 대학을 통한 인재 양성이 국권 회복의 지름길이라고 인식한 민족 지도자들은 국채보상운동 기금을 활용한 민립대학 설립을 추진한 바 있다. 민립대학 추진이 통감부의 방해로 좌절되었으나 그 뒤에도 사립전문학교의 설립을 통해 민립대학 설립을 위한 동력을 꾸준히 키워나갔다(이상 우마코시, 2007, 80; 김정인, 2018, 21~22).

9. 경성제대의 설립

우리 손으로 4년제 대학을 세우려는 노력이 총독부의 방해로 좌절된 뒤 법적으로 인정된 최초의 근대적 4년제 대학은 1924년에 개교한 경성제국대학(경성제대)이다.15) 경성제대는 연구에 중점을 둔 조선 유일의 근대적 대학이었지만 식민지대학이라는 한계로 인해 한일 양국에서 주목받지 못한 존재가 되었다.

1930년대 경성제대 재학생 규모는 520명으로 일본 내 제국대학 가운데 가장 소규모인 북해도北海島제대(957명)의 절반에 불과했고, 졸업생 총수도 1,977명에 그쳤다. 거기에 교수진 전원이 일

---

14) 1916년의 경성전수학교 · 경성의학전문학교 · 경성공업전문학교를 시작으로 수원농업전문학교(1918), 경성고등상업학교(1922) 등이 개교하였다(김정인, 2018, 22).
15) 경성제대가 1924년에 설립되기는 했지만 엄밀하게 말하면 입학을 위한 예비과정인 2년제 예과 과정(현 고등학교에 해당)을 개설한 것이다. 따라서 대학 입학 기준으로는 1926년 개교라 해도 무방하다.

본인이었고, 조선인 학생은 매년 50명에 불과했기에 우리 학계에서는 경성제대를 우리의 대학이 아닌 일본의 대학으로 간주하여 교육사적으로 외면해 왔다.16)

반면 조선총독부가 「전문학교규칙」(1915)을 제정한 뒤 설립 인가한 명륜·보성·숭실·연희·이화·중앙불교전문학교 등 사립 전문학교는 조선인 학생을 대상으로 조선인 교수가 교육하였기에 우리나라 고등교육의 출발점으로 인식되고 있다. 하지만 경성제대는 일제강점기 조선 내 유일한 4년제 대학이었고, 광복 후에도 4년제 대학의 모델이 되었다는 점에서 경성제대에 대한 객관적인 재평가가 필요하다.

조선총독부의 폭압적 정책은 3.1운동을 계기로 문화정치를 표방하며 전환하기 시작하였다. 조선총독부는 「조선교육령」을 개정하여 제도적 차별을 줄이는 한편 대학 설립을 본격 논의하기 시작하였다. 이는 고등교육 접근 기회를 원천 차단한 것에 대한 조선인의 광범위한 불만17)과 전국적으로 추진된 민립대학 설립 운동에 대한 선제적 대응, 그리고 조선에 대한 문화적 대우라는 선전의 필요성, 조선 최고 엘리트의 체제 내 수용과 해외 유학 억제, 일본인 이민 유치를 위한 필요성 등을 종합적으로 고려한 결과였다.18)

---

16) 경성제대에 대한 최초의 본격적인 연구서가 일본인 유학생 출신인 우마코시에 의해 이루어졌다는 사실은 많은 것을 생각하게 한다.
17) 1923년 당시 조선에 설립된 전문학교는 관립 5개교, 사립 3개교로 모두 8개교에 불과했고, 학생 수도 일본인 722명, 조선인 922명뿐이었다. 게다가 이들 학교 모두 서울과 그 근교에 집중되어 있었다(우마코시, 2007, 122).
18) 1910년대 후반부터 1920년 후반기가 일본 고등교육의 최대 확장기이자 안정기였다는 점도 작용하였다. 즉 경성제대의 설립은 일본제국대학의 지방적 분

총독부는 '조선제국대학' 창립위원회를 설치하고 실무 작업을 시작하였지만, 교명이 조선왕조의 대학을 연상시킨다는 반대에 부딪혀 경성제국대학으로 변경하고 신입생을 모집하였다(1924). 개교에 맞춰 신축한 경성제대 예과는 경기도 고양군 숭인면 청량리(현 청량리역 맞은편 미주아파트)에 있었고, 예과가 개설된 직후부터 학부 건설이 진행되었다. 본부를 비롯해 법문학부와 의학부는 현 종로구 동숭동에 있던 경기도립상업학교(현 경기상고)를 중심으로 한 9만 평의 대지 위에 건설되었다(1926).

법문학부와 의학부 2개 학부로 운영되던 경성제대는 중일전쟁의 발발(1937.7)로 군수공업에 필요한 인력 확충이 예상되자 이공학부 설치를 결정하고 예과 학생을 우선 선발한 뒤(1938), 예과생이 교육을 마친 1941년에 정식 출범하였다. 이공학부 부지는 경성광산전문학교와 인접한 경기도 양주군 노해면 공덕리(현 서울과학기술대학교)의 16만 평이었고, 교통 편의를 위해 경춘선을 그 앞으로 우회하도록 하였다.

경성제대는 동경제대·경도京都제대는 물론 후에 세워진 대북臺北제대와 마찬가지로 콘크리트 골조에 황갈색 타일을 붙인 로마네스크 양식으로 지어서 제국대학으로서의 일체감을 드러내었다. 총독부 정무총감이 대행하던 총장직은 학부 개설을 계기로 총장이 임명되면서 이관되었으며, 초대 총장 아리요시 주이치有吉忠一(1873~1947)는 동경제대 교수를 겸임하였다. 예산은 조선총독부에서 지원하였으며, 설립 초기 예산은 학무국 예산 총액의 1/4을 차지할 정도였다.

산의 한 형태였다(우마코시, 2007, 122~125).

그러나 대다수 조선인의 기대와 달리 첫 신입생 선발에서 조선인과 일본인 합격자 수는 45:125명으로서 1:3의 비율이었다. 이런 명백한 차별에 대해 많은 불만이 제기되었지만, 1945년 폐교 때까지도 조선인 학생 수는 최대 40%를 넘지 못하였다(이상 우마코시, 2007, 25, 119~120, 128~132, 138~140; 정준영, 2009, 1~2; 이충우, 2013, 27, 105~107, 297~302; 김정인, 2018, 34~35).

10. 경성제대의 운영과 그 의의

경성제대는 동경·경도제대와 달리 예과 과정을 운영하였고, 예과 졸업 후 경성제대만 진학할 수 있도록 제한하였다는 점, 그리고 북해도제대의 예과가 3년제인 것과 달리 2년이라서 다른 제국대학에 비해 한 단계 낮은 수준이라는 인식이 있었다는 점 등은 경성제대가 식민지대학이란 제약에 묶여있었음을 말해준다.[19)]

경성제대가 운영된 22년 동안 조선인 교수는 모두 4명에 불과했고, 그 가운데 1년 동안 재직한 교수는 1명이었으며, 3명은 4개월 미만 또는 이틀 만에 경성제대를 떠났다.[20)] 그래서 1942년

---

19) 경성제대 예과가 일본 내 예과와 같이 3년제로 바뀐 것은 1934년에 이르러서였다. 그러나 1943년에 다시 2년제로 되돌아갔다(이충우, 2013, 253~255).
20) 경도제대 의학부 출신으로서 조교수로 부임한 윤일선尹日善은 최초의 조선인 출신 교수였지만 1년 만에 세브란스 의전으로 옮겼다. 동경제대 문학부 출신으로서 예과에서 독일어를 가르친 윤태동尹泰東, 동경제대 지질학과 출신으로 이공학부에서 가르친 김종원金鍾遠 모두 4개월을 채우지 못하였고 오사카大阪제대 의학부 출신 고영순高永珣은 이틀 만에 사임하였다(이부영, 1995, 398; 이충우, 2013, 201).

당시 경성제대 151명의 교수 모두 일본인이었고, 조수도 81명 가운데 조선인은 20명 미만이었다. 아무리 실력이 우수해도 경성제대의 교수가 될 수 없었기에 학자로서의 꿈은 일찌감치 접어야 했다.[21]

재학생 수도 1930년 당시 520명으로 동경제대의 7,686명에 비해 현저하게 적었고, 그 가운데 일본인 학생이 2/3~3/4이나 되었다. 그래서 1945년까지 경성제대를 졸업한 한국인 학생은 모두 810여 명에 불과하였다.[22] 경성제대의 개교에 즈음하여 동아일보가

> 이 대학이 조선 통치의 충실한 대변자로 된다든가, 혹은 수 많은 청년들의 발랄한 원기를 거세하야 위축의 독약을 주입하는 것 등은 본 대학에 대한 내외 일반의 기대에 반하는 것"[23]

이라고 경고한 것에서 벗어나지 않았다.[24] 그래도 경성제대는 대정大正민주주의를 거치면서 확립된 교수자치 문화가 유지되어 대

---

21) 조선인 학생으로 대학 연구실에 남게 되면 부수, 조수 순으로 승진했지만 3년 이상 머물기 어려웠고, 강사는 하늘의 별 따기였다. 경성제대 1회 예과 수석 입학생이며 법문학부 수석 졸업생이었던 유진오도 조수를 겸하면서 예과에서 1년 강의할 수 있을 뿐이었다(이충우, 2013, 201).
22) 그래도 대만의 대북臺北제대 재학생이 1944년 당시 382명이었고, 대만 학생의 비율이 의대를 제외하면 3%에 불과하였던 것에 비하면 양호한 상태였다(김정인, 2018, 32~37).
23) 「경성제국대학령 발포에 대하야」, 동아일보 사설(1924.5.6; 우마코시, 2007, 119에서 재인용).
24) 졸업생 유진오가 "경성제대는 조선에 세워진 것은 사실이지만 조선인을 교육하기 위한 기관이었다고는 할 수 없다"고 증언한 바와 다를 바 없었다(이충우, 2013, 39).

학 운영과 연구 활동의 자율성을 보장받았다. 특히 1910년대부터 총장을 선거로 뽑기 시작한 제국대학의 전통을 이어받아 1931년 제4대 총장부터 교수평의원회에서 간접선거로 총장을 선출함으로써 제국대학다운 면모를 드러내었다. 하지만 1937년 중일전쟁이 발발한 뒤부터 이공학부 신설, 학업 기간 단축, 학병 징집 등 대학 전체가 전쟁 수행을 위한 도구로 전락했고, 교수자치 등의 전통도 말살되고 말았다.

비록 정규 대학생은 아니지만, 경성제대의 예과 문화는 이후 대학생 문화의 전형으로 정착되었다. 아울러 경성제대 입학자 수를 기준으로 조선인 중등학교가 서열화되는 모습이 확연하게 드러난다는 점에서도 경성제대의 위상을 엿볼 수 있다. 그리고 경성제대 학번 1번은 춘원 이광수李光洙(1892~1950)였다.

경성제대 예과에는 여학생을 선발하지 않는 규정이 있었고, 학부 인문학 전공에만 다른 대학 수학을 인정받아 편입하는 선과생選科生 제도를 운영하여 일본인 여학생이 2~3명 입학하였을 뿐이다. 1936년부터 여성의 학부 입학을 허용했지만, 실제 입학한 학생은 한 명도 없었다.25)

경성제대는 최초의 근대적 대학이었지만 타율적인 식민권력에 의해 설립되었고, 선발과 교육 모두 그러하였다.26) 그래서 경

---

25) 학생 연주회에 여학생을 초청하는 것을 허용한 학교 측과 달리 일부 학생은 '신성한 강당에 여자를 들일 수 없다'고 반대하여 학생대회를 개최할 정도였다(이충우, 2013, 89~90).
26) 경성제대는 조선인·일본인 대신 국어國語 상용자·비상용자라는 낯선 용어를 조심스레 사용하며 시작하였지만, 개교식에 이완용李完用(1858~1926)이 참석하여 축사한 대학이었다는 점에서 그 성격이 분명히 드러난다(이충우, 2013, 56~57).

성제대는 처음부터 조선인의 대학일 수 없었다. 늘 선망의 대상이면서도 굴종적 지식인의 상징처럼 여겨졌던 경성제대는 일제의 패망과 동시에 거의 모든 것이 단절되고 말았다.

경성제대는 광복을 계기로 교명을 경성대학으로 변경하였으나 이는 공식적인 것은 아니었다. 교명은 1945년 10월에 서울대학으로 정식 변경되었으며, 1946년 8월에 미군정에 의해 관립 전문대학을 통합한 종합대학인 서울대학교로 바뀌었다(이상 우마코시, 2007, 159~160; 이충우, 2013, 27, 40, 272; 김정인, 2018, 37~49; 강명숙, 2018, 32, 55, 63, 65).

11. 일제강점기의 사학

일제 침략이 노골화되던 1906년, 『대한매일신보』는 "그 나라로 하여금 독립의 영광을 회복시키고, 인민들로 하여금 자유와 권리를 잃지 않게 하려면, 다만 교육을 널리 펴서, 민지를 발달시키는 것을 제1의 요무要務로 한다"며 교육에 의한 구국을 주장하였다[27]. 이처럼 우리나라 근대학교 설립은 국권 회복을 위한 구국운동으로 출발하였다.

그 가운데 1909년 전후, 전국적으로 확산한 국채보상운동은 민립대학 설립 운동의 중요한 계기가 되었다. 국채보상운동은 통감부와 일진회 등의 방해로 중지되었지만, 600만 환이라는 거액의 기금이 모이자 황성신문사 사장이었던 박은식朴殷植(1859~1925) 선생 등 언론인을 중심으로 기금을 민립대학 추진으로 전환하

---

27) 대한매일신보, 논설(1906.1.6; 우마코시, 2007, 92에서 재인용).

려는 움직임이 본격적으로 추진되었다. 하지만 조선총독부가 민립대학 설립인가 신청을 각하함으로써 이 움직임은 좌절되고 말았다(우마코시, 2007, 92~93).

하지만 민립대학 설립을 위한 노력은 계속되어 「조선교육령」 개정 공포(1922)를 앞두고 동아일보가 "진리의 연구는 자유를 절대적 생명으로 하는 것"이며 "관립은 관료주의가 발호하고 민립에 있어서는 민주주의가 발생한다"고 주장한 것처럼 민립대학 설립에 대한 여론이 강하게 형성되었다.28) 이상재李商在(1850~1927) 선생 등 1,170명이 발기인으로 참여한 '조선민립대학기성회'는 1923년 총회에서 "우리의 생존을 유지하고 문화 창조와 향상을 꾀하고자 한다면 대학의 설립을 놓아두고 다른 길은 없다"며 민립대학의 설립 의지를 강력하게 표명하였다.29)

그러나 총독부의 강력한 거부에 봉착한 조선인은 부득이 4년제 민립대학 설립을 포기하고 2년제 전문학교 설립으로 그 방향을 선회할 수밖에 없었다. 그 결과 연희전문학교와 세브란스의학전문학교(1917)를 시작으로 보성전문학교(1922), 숭실전문학교(1925), 이화여자전문학교(1925), 혜화전문학교(1930), 숙명여자전문학교(1938), 명륜전문학교(1942)가 차례로 설립되어 조선인 학생을 받아들여 교육하였다. 1933년 당시 학생 수는 조선인이 1,534명, 일본인이 1,923명으로 전문학교에 다니는 조선인은 인구 12,322명당 1명에 해당하였다(김정인, 2018, 55).

제2차 「조선교육령」이 공포된 1920년대, 조선의 전문학교는

---

28) 동아, 사설(1922.2.3; 김정인, 2018, 24에서 재인용).
29) 「민립대학발기취지서」, 동아(1923.3.30; 김정인, 2018, 25에서 재인용).

관립 7개, 사립 9개가 있었는데,30) 관립 전문학교가 일본처럼 특정 분야의 실용적이고 기능적인 고등 인력을 양성하는 단과전문학교로 운영된 데 반해 사립 전문학교는 여러 계열의 전공을 설치, 운영하는 종합전문학교로 운영되었다. 이는 사립 전문학교가 그 명칭과 달리 4년제 대학교육을 지향하였음은 물론 나아가 종합대학을 꿈꿨음을 말해준다.

1943년의 경우, 고등교육기관에 재학 중인 조선인 학생은 대학생이 436명, 전문학교 학생이 4,140명, 각종학교 학생이 915명으로 모두 5,491명이 재학하고 있었다. 이는 예과생을 포함한 대학생이 전체 학생의 8%, 전문학교 학생이 75%, 각종학교 학생이 17%여서 전문학교 학생이 대다수임을 알 수 있다. 또 같은 전문학교 내에서도 조선인 학생의 수는 관립 28%, 공립 34%, 사립 81%여서 그 비율이 확연하게 다르다. 이는 관·공립이 일본인 학생 위주의 교육을, 사립이 조선인 학생 위주의 교육을 맡는 뚜렷한 구별이 있었음을 보여준다.

대학과 전문학교라는 위계적 서열구조는 다시 일본인 위주의 관립 전문학교와 조선인 위주의 사립 전문학교라는 서열이 더해져 대학-관공립 전문학교-사립 전문학교 순의 서열구조가 형성되었다. 이러한 위계적 서열구조는 일제강점기에 형성된 고등교육기관의 특징이지만, 설립의 목적과 학생 구성의 특성상 사회에서는 사립 전문학교를 대학과 다를 바 없다고 여겼으며, 특히 '우리의 대학'으로 간주하는 분위기였다.

하지만 사립 전문학교도 1937년 중일전쟁 발발을 계기로 총

---

30) 강명숙, 2018, 35~36, [표5] 전문학교의 설립과 변천 과정 참조.

독부 관리의 직접 지배, 전쟁 수행에 필요한 이공계 강제 전환, 학업 기간 단축, 학병 징집 등의 강압적 조치가 계속되면서 사실상 대학으로의 기능을 정지당하고 말았다. 이는 세브란스연합의학전문학교를 아사히의학전문학교로, 연희전문학교를 경성공업경영전문학교로, 보성전문학교를 경성척식경제전문학교로, 숙명·이화여자전문학교를 숙명·이화여자청년연성소鍊成所지도자양성과로 바뀌고, 숭실·혜화전문학교를 폐교시킨 데서 명백하게 드러난다(이상 김정인, 2018, 49~54; 강명숙, 2018, 29~30, 34, 36).

|제2절| 승격과 팽창: 해방정국의 사학 설립

1. 미군정의 대학정책

광복 후 우리 교육의 최대 과제는 35년에 걸친 일제강점기의 잔재를 청산하고 새롭게 재건하는 일이었다. 경성제대는 모든 교수와 대다수 조교가 일시에 철수하면서 사실상 건물과 학생만 있는 대학이 되었다. 그래서 고등교육 재건은 보성·연희·이화를 필두로 한 사립대학 경영자와 교수들이 주도할 수밖에 없었다. 그 가운데 백낙준白樂濬(1895~1985), 김활란金活蘭(1899~1970), 유진오兪鎭午(1906~1987) 등 세 총장의 역할이 가장 컸다. 그리고 이때 35년간 억눌려왔던 고등교육에 대한 열망이 폭발적으로 분출하면서 대학 설립 열기가 전국적으로 퍼져나갔다.

미군정은 1945년부터 1948년까지 3년이란 비교적 짧은 기간이었지만, 일본 식민통치 청산을 목표로 미국식 민주주의의 가치와 대학체제를 제도화하고, 대학교육을 엘리트 중심에서 대중교육으로 전환함으로써 이후 한국 대학교육에 결정적인 영향을 주었다.31) 미군정은 미국식 기본 학제, 교육위원회 제도, 미국 주립

---

31) 김정인은 우리나라 대학은 외세에 의한 대학 탄생기인 일제~미군정기, 국가의 방임 속에서 사학을 중심으로 대학이 급증한 1950년대, 근대화정책을 내세우며 국가가 대학을 장악하던 1960~1970년대, 대학교육의 대중화와 보편화, 그리고 민주화 투쟁으로 점철된 1980년대, 국제화와 평가를 통해 시장의 영향력이 증대한 1990~2000년대, 설립준칙주의의 후유증으로 대학에 대한

대학을 모델로 한 국립서울대 설립, 자율적 대학인가accreditation 모델에 기초한 한국대학협회의 설립, 대학 승격과 인가에 대한 개방정책, 미국 교육전문가 초빙, 유학생의 미국파견 등 미국식 모델을 전면적으로 도입하여 정착시켰다.

 미군정은 군정 시작과 동시에 전문학교 운영자와 교수 등 7명으로 구성된 '조선교육위원회'를 발족하고(1945.9), 이어서 위원회를 62명으로 구성된 자문기구인 '조선교육심의회'로 확대하여 교육정책 전반을 관장하게 하였다. 심의회는 10개 위원회로 이루어졌고, 위원회마다 미군을 참여시켜 심의를 주도하게 하였다. 미군정은 일제강점기에 소외되었던 친미·친기독교계 인사를 다수 중용하여 교육과 학술계를 장악하고자 했다.[32]

 조선교육심의회는 미국식 6-3-3-4제와 9월 학기제, 남녀공학을 도입하기로 하고, 수업 연한을 일반대학 4년, 의과대학 6년(2년 예과 포함)으로 정하였으며 전문학교의 대학 승격을 추진하였다(1946.3). 대학 가운데 최초로 남녀공학을 실행한 대학은 연희대학교였다(1946.8). 학무국에서 승격된 문교부는(1946.3) 9월 신학기에 맞춰 입학시험에 관한 기본방침을 담은 「현행 고등교육제도에 대한 임시조치요항」을 발표하였다(1946.4). 이는 모든 전문학교가 대학으로 승격함에 따라, 그에 필요한 전형 방법을 규정한 것

 구조조정이 본격화된 2010년대로 나눌 수 있다고 보았다(김정인, 2018, 8~9).

32) 위원회와 한국인 위원의 수에 관해서는 자료에 따라 약간의 편차가 있다. 이는 초기 명단과 이후 추가된 명단의 차이로 보인다. 전우용에 따르면 초기 한국인 53명 가운데 일본 유학 출신이 18명, 미국 유학 출신 11명, 기타 유학 2명이었다. 그 가운데 컬럼비아 대학 출신이 5명이었다(전우용, 2011, 149~150).

이다.

　문교부는 다시 「고등교육제도에 관한 임시조치」(1946.6)를 발표하여 모든 전문학교를 대학으로 승격하고, 의과대학 이외 대학의 수업 연한을 4년으로 하며, 경성대학을 현행대로 운영하되, 1946년에 한시적으로 예과를 폐지하는 대신 전문부를 설치 운영한다고 하였다(이상 우마코시, 2007, 26~27, 165, 189; 강명숙, 2018, 71).

2. 대학 승격과 설립

　미군정과 마찬가지로 문교부도 일제강점기 가장 폐쇄적이었던 고등교육 분야에 대한 민족 감정 등을 고려하여 대학 인가에 개방적인 태도를 취하였다.[33] 미군정은 대학 인가 요건으로 재단법인 설립을 요구한 뒤 설립된 대학을 심사하였는데, 이화여자대학교가 대한민국 최초의 종합대학교로 승격하였고(1946.8.15), 이어서 고려대학교(1947.8.15)·연희대학교(1947.8.15), 그리고 동국대학교(1953.2)·성균관대학교(1953.2)·중앙대학교(1953.2) 등의 순으로 종합대학교 승격을 인가받았다(김정인, 2018, 63~65).[34]

　기존 전문학교에서 단과대학으로 승격되거나 신설된 사립대

---

33) 1946년 10개교, 1947년 8개교, 1948년 6개교가 대학으로 인가받았다. 여기에 미인가 대학을 포함하면 미군정기 3년 동안 적어도 30개 교 이상 설립된 것으로 보인다(강명숙, 2018, 80).
34) 교명 회복과 승인 등에 관한 기록에 일부 차이가 있을 수 있다. 이화여대의 경우 1945년 8월에 경성여자전문학교에서 이화여자전문학교로, 9월에 이화여자대학교로 교명을 변경하였으나 실제 인가는 1년 뒤인 1946년 8월에 이루어졌다(『이화100년사』, 301~303).

학은 다음과 같다. 청주상과대학(청주대학교, 1946.11), 성신대학(가톨릭대학교, 1947.4), 조선신학대학(한신대학교, 1947.7), 단국대학(1947.9), 대구대학(영남대학교, 1947.9), 동아대학(1947.12), 숙명여자대학(1948.5), 조선대학(1948.5), 청구대학(영남대학교, 1950.4), 동덕여자대학(1950.5), 한국외국어대학(1954.1), 숭실대학(1954.4, 재인가).

미군정은 대학 승격 및 설립에 관한 기준을 명시한 「고등교육계획의 기본방침」(1946.12)을 공포하여 교수의 직급은 교수·부교수·조교수·전임강사로 나누었다. 그리고 고등교육기관은 학위를 수여할 수 있는 대학과 그렇지 못한 대학으로 나누고, 학위 수여 가능 대학은 다시 그 규모에 따라 ① 3개 이상의 학부로 구성된 대학교(종합대학, university), ② 1개의 학부로 구성된 대학(단과대학, college)으로 구분하였다. 그리고 학위를 수여할 수는 없지만 그래도 고등교육을 수행하는 대학을 ① 2년제 대학관大學館, ② 1년제 학관學館으로 구분하였다(이상 우마코시, 2007, 166~167).

대학교와 대학의 구분 기준을 학생 정원으로 한 데서 알 수 있듯 그 질적 차이는 그다지 고려되지 않았다. 대학관과 학관은 대학으로 승격하기 전 단계의 준비 기관 가운데 승격 조건의 차이를 기준으로 구분하기는 했지만, 대학교·대학과 달리 자체 교수를 보유하지 못한 채 종교기관 등 제3자의 시설을 이용하여 개교할 정도로 부실한 경우도 여럿 있었다.

대학관 가운데 배영대학관(신흥초급대에 합병, 경희대학교, 1946.3), 홍문대학관(홍익대학교, 1946.4), 조선정치학관(건국대학교, 1946.5), 국민대학관(국민대학교, 1946.9), 서울여자전문학관(세종대학교, 1947.5), 동아한양공업대학관(한양대학교, 1947.12), 계명기독학관(계명대학교, 1954.3), 대전기독학관(한남대학교, 1956.3)[35] 등은 후에 대규모 사립대학으로 발전하였다.

3. 편법에 의한 대학의 팽창

「고등교육계획의 기본방침」 공포에도 불구하고 각종 편법을 이용한 정원 증가가 꾸준히 이루어졌다. 우선 대학에 설치한 전문부를 통한 증원이었다. 광복 이후 학제 개편으로 대학입학 자격을 중·고등학교 6년 과정을 마친 졸업생으로 정하였으나 당시 조선에는 6년제 중·고등학교가 없었다. 이에 경과조치로 6년제 졸업생이 아닌 학생을 상대로 2년제 전문부를 개설한 뒤 학부에 편입하도록 하여 1949년까지 한시적으로 운영하도록 하자 대부분 대학은 4년제 학부와 함께 전문부를 설치하여 운영하였다. 대학 입학시험에 관한 결정은 문교부가 소집한 대학총학장회의에서 이루어졌으며, 정부 수립 후에는 대학 당국에 일임되었다 (이원호, 1992, 4).

그런데 예상과 달리 1946년 7월에 처음 시행한 입학시험은 한시적으로 설치한 전문부의 경쟁이 학부보다 더 치열했다. 그것은 학부에 입학할 수 있는 대상자 자체가 적은 데다, 전문부 2년을 수료하면 족하다고 생각한 수험생이 많았기 때문이다. 하지만 입시는 정국의 혼란 속에서 공정하고 객관적으로 진행할 방법이 없었다.[36] 결국 전문부는 본래의 설립 취지와 달리 합법적인 학

---

[35] 대전기독학관은 다른 학관과 달리 처음부터 4년제로 설립되었다(한남대 홈페이지 참조).

생 정원 확보 수단으로 쓰였다. 그 밖에도 별과생·청강생을 선발하고, 야간대학도 개설하여 대학의 양적 확대와 부실화가 이루어졌다.

이 가운데 후에 가장 사회문제가 된 것은 청강생제도였다. 「교육법」(1949) 제114조에는 대학이 공개강좌를 개설하고 청강생을 받을 수 있다고 규정하였다. 단 「문교부령」에 따라 청강생에게는 총장 명의의 이수증서만 발급할 수 있을 뿐 학위취득이나 편입학을 허용할 수는 없었다. 그러나 실제로는 정식 입학생보다 청강생이 더 많을 정도로 재정의 확보 수단으로 악용되자 1968년 「교육법」 개정을 통해 청강생 수를 정원의 1/10로 제한하고 청강 과목도 1년 3과목 이내로 제한하였지만, 제한 효과를 거두지는 못하였다. 청강생제도는 1981년 「교육법」 개정으로 공식 폐지되었다.

미군정과 문교부가 대학 승격과 인가에 관해 긍정적인 정책을 취한 데다 다양한 편법까지 더해진 결과, 대학 및 대학생 수는 급격하게 늘어나기 시작하였다. 하지만 당시 언론에서는 이런 정원 외 초과 모집에 대해 교육 부실을 초래한다며 비판하기보다 오히려 교육 기회의 확대라는 면에서 환영하였다.

그 결과 광복 당시 대학은 19개, 교원은 908명, 재학생은 6,948명이었는데,[37] 1947년에는 대학이 20개, 재학생이 17,151명으로

---

36) 광복 전 여러 지역에서 다양한 학제의 학교에 다녔던 학생의 신분을 조회하거나 증명할 방법이 없었고, 시험을 보기도 힘들었다. 재학 사실과 수학능력을 확인하는 방법은 무슨 수업을 들었는지, 같이 다닌 친구가 누구인지 등을 묻고 확인하는 면접 외에는 별다른 방법이 없었다(강명숙, 2018, 90).
37) 『이화100년사』에는 19개교, 학생 7,819명으로 약간 차이가 있고, 그 가운데 남학생이 6,733명, 여학생이 1,086명이라고 하였다(1994, 300~301).

늘어났고,38) 1948년에는 대학이 42개, 교원은 1,265명, 재학생은 24,000명이 되었으니, 3년 만에 학교는 221%, 교원은 139%, 학생은 345%나 증가하였다. 하지만 1945년 기준 통계에서 일본인 교원과 학생을 제외하면 그 증가율은 교원이 485%, 학생이 780%에 달하였다. 1947년 학생 수 통계에서 서울대가 전국 대학생 수의 42%를 차지하게 된 것은 미군정이 경성대학 3개 학부와 9개 관립 전문학교, 1개 사립 전문학교를 통합하여 국립 서울대를 설립한 결과이다(이상 『이화100년사』, 1994, 303~305; 김정인, 2018, 99~101; 강명숙, 2018, 72, 91, 93).

38)

문교부 인가대학 및 학생 수(1947.11.30)					
구분	학교명	학생	구분	학교명	학생
국립 대학	서울대학교	7,206	사립 대학	동국대학교	1,654
	대구사범대학	480		이화여자대학교	1,270
	부산수산대학	305		고려대학교	1,076
	대구농과대학	256		연희대학교	1,021
	계	8,247		국학대학	936
				성균관대학교	868
				세브란스의과대학	468
				대구문리과대학	335
도립 공립 대학	광주의과대학	360		중앙여자대학	319
	대구의학대학	287		청주상과대학	103
	춘천농과대학	120		서울가톨릭대학	87
	이리농과대학	0		단국대학	0
	계	767		계	8,137
총계 17,151(국립 48.1%, 도립공립 4.4%, 사립 47.5%)					
우마코시, 2007, 168.					

4. 교수와 교재의 부족

대학 제도의 정비에도 불구하고 고등교육 확대를 위한 제반 조치는 대부분 악화가 양화를 구축하는 방향으로 악용되었다. 이는 당시 만연했던 무질서와 부패, 그리고 정실과 연고주의 속에서 대학을 교육기관이라기보다 신분 상승의 수단으로 여겼던 사회적 분위기, 최소한의 시설도 교수진도 확보하지 못한 채 개설한 부실 사학의 이해가 맞아떨어졌기 때문이다. 그렇지 않아도 부실한 교육환경은 법정 정원을 초과하는 무자격자의 대량 선발로 더욱 악화되었다. 열악한 경제 여건 속에서 학적만 유지한 채 직장에 다니는 학생이 더 많았고, 학사관리도 부실하다 보니 대학교육은 총체적 부실을 면하기 힘들었다.

가장 심각한 것은 교수진의 부족이었다. 일본의 패망과 함께 일본인 교원 25,000명이 일시에 귀국하였기 때문에 대학은 물론이고 초중등학교에 이르기까지 교원 부족이 심각하였다(우마코시, 2007, 202). 1944년 당시 조선인 초등교원은 21,660명으로 전체 교원의 64%, 중등교원은 1,894명으로 33%, 전문학교 이상의 고등교원은 377명으로 30% 정도였다(우용제, 2006, 203).[39]

따라서 석박사학위 소지자를 교수로 초빙하는 것은 꿈도 꾸기 힘들었고, 전쟁으로 조기 졸업시킨 경우도 많아 4년제 대학을 온전하게 졸업한 교원을 초빙하기도 어려웠다. 그래서 4년제 대학을 졸업한 교수는 2~3개 대학에서 전임교수를 겸직하였지만,

---

[39] 1972년 당시 문교부 고등교육 고문관으로 와 있던 미네소타주립대학의 로버트 켈러Robert J. Keller는 1945년 당시 일본인 교수는 658명이었고, 한국인 교수는 215명에 불과하였다고 하였다(박대선, 1973, 210).

그래도 교수 부족을 해결하기에는 역부족이었다.

교재 부족도 심각하였다. 조선말까지 모든 교재가 한문을 사용하였고, 일제강점기에는 일본어를 사용하였기 때문에 한글을 사용한 교재 자체가 전무하였다. 광복 후 개학하였지만, 초중등은 물론 대학까지 교과서와 교재가 하나도 없는 상태였다. 경험도 자원도 시간도 부족한 상태에서 모든 교재를 처음 만들어야 했다. 군정청 학무국 편수과는 1945년 연말에 각 학회 등에 의뢰하여 1946년에 처음 초중등 교과서를 만들었다.

진단학회에 집필 의뢰한 최초의 국사 교재인 『국사교본』도 2개월 만에 만들어졌다. 내용도 아쉬운 부분이 많을 수밖에 없었지만, 삽화와 지도가 하나도 없는 교과서였다. 하지만 워낙 교재가 부족해 중·고등학교와 대학이 함께 사용해야 했다. 게다가 경제적 여건 때문에 1948년에 40,600권밖에 발행할 수 없었는데, 그해 중학생만 278,512명이었다.[40]

지리 분야 첫 교재인 『신조선지리』는 1947년에, 첫 번역서인 『인문지리학』은 1948년에 나왔다.[41] 초중등 교원용 겸 대학 교재로 출판된 박노식朴魯植 교수의 『신조선지리』는 지리를 남선南鮮·중선中鮮·북선北鮮·서선西鮮으로 구분하였고, 15개의 지도를 첨부하는 등 그 내용과 형식이 광복 후 2년 동안 어느 정도 개선되었음을 알 수 있다.

이런 환경에서 대학교육은 총체적 부실을 면하기 힘들었다.

---

40) 우리역사넷/국사교본(진단학회 편, 1946) http://contents.history.go.kr/resources/front/html/txthj_ta_p5.html
41) 『인문지리학』(연교원研敎社, 1948)은 정갑鄭甲이 Vidal de la Blache의 저서를 번역한 것이다(『신조선지리』, 편집자 서문).

대학은 일본이 남기고 간 일본어 교재와 미군이 사용하던 통신대학용 교재를 주로 사용하였지만, 교수에게 배운 것보다는 독학과 독서에 주로 의존했다는 것이 미군정기에 대학을 다닌 이들의 한결같은 회고담이다(강명숙, 2018, 106). 또 등록금의 경제적 부담이 어느 정도였는지를 측정하기는 곤란하지만,[42] 1학기 등록금은 대략 교수의 3개월분 급여와 맞먹는 수준이었다. 등록금 액수는 국·사립 모두 수익자부담을 원칙으로 해서 차이가 없었고, 납입 항목과 항목별 액수 역시 비정상적으로 편성되었다.[43]

5. 국대안 파동

미군정은 일본의 제국대학 모델 대신 미국식 주립대학을 새로운 대학 모델로 안착시키려 하였다. 그래서 경성대학을 확대한 종합대학을 만든다는 이른바 '종대안'이 처음 성안되었으나(1945.12) 무산되고, 이듬해 7월, 경성대학을 중심으로 서울 주변의 관립전문학교를 모두 통합하여 국립대학교를 신설하는 방안, 이른바 '국대안國大案'이 발의되었다.[44]

---

[42] 광복 전후(1936~1956)는 유례없는 격동기여서 통계자료가 제대로 남아 있지 않다. 가장 대표적인 통계인 『조선총독부통계연보』도 1942년까지만 발간되고, 광복과 분단으로 통계서 발간이 중단되었다. 따라서 조선은행의 물가 및 임금 통계 등 단락적인 일부 자료를 제외하면 당시 경제적 상황을 정확하게 분석하기가 매우 힘들다(김낙년, 2007, 2).

[43] 1948학년도 2학기 서울대 공과대학과 연희대의 등록금이 각각 8.750원과 8,800원으로 차이가 없었다. 서울대 등록금 가운데 후원회비(5,000원)가 가장 많고 수업료(1,800원)와 기타 경비가 비슷했다(강명숙, 2018, 97).

[44] 국대안의 원래 구상은 미군정이 아니라 우리 측 학자 천원에게서 나왔고, 대

국대안 「설립취지서」에는 기존 고등교육기관이 일제 식민지 정책의 잔재이므로 새로운 국가에 적합한 고등교육기관 건설이 필요하며, 정부 재정의 효율적 집행, 학교 간 패권주의의 극복, 학생 수용 능력 증대를 위해 종합대학 신설이 필요하다고 주장하였다(동아, 1946.7.14). 그러나 그 이면에는 좌익 배제, 고등교육에 대한 효율적 통제, 교육개혁 주도권 장악 등의 숨은 의도가 있었다.

그런데 취지문과 달리 미군정은 본래 모든 전문학교를 대학으로 승격시키려고 했고, 여기에는 국대안의 통합 대상인 전문학교도 포함되어 있었다. 따라서 갑작스럽게 정책을 전환한 동기가 무엇인지에 대하여 자연스레 의혹이 제기되었다. 그리고 「국립서울대학교설치법」[45]이 공포되면서 미군정의 미국인 3명과 한국인 3명으로 구성된 이사회가 전권을 장악한다는 사실이 공개되었다. 그러자 국대안은 미군정의 대학 '접수'에 불과하며, 학문과 대학의 자치를 말살하려는 것이라며 거센 반발이 일어났다.

미국 주립대학을 모델로 경성대학과 10개 전문학교를 통합한 국립서울대를 설립하면 학생 정원이 4,730명에서 8,217명으로 대폭 늘어나고 통합에 따른 시너지효과가 예상되었지만, 미군정의 일방적 통폐합 추진과 기존 학문적 권위에 대한 무시,[46] 이사회

학자치를 빙자한 제국대학의 폐풍弊風을 일소하려는 것이 가장 주된 동기였으며 미군정은 국립대학 설립에만 찬성하였을 뿐 구체적인 실행계획은 가지고 있지 않았다는 주장도 있다(김기석, 1996, 6~9).

45) 1946년 8월 22일 공포된 「국립서울대학교설치법」(법령 제102호)은 전문 10개 조로 구성되었다.
46) 미군 해군 대위로 군목이었던 해리 앤스테드Harry B. Ansted(1893~1955)가 법학박사 학위 소지자라는 이유 하나만으로 국립서울대 초대 총장에 임명되

권한 집중에 따른 교수자치의 약화, 통폐합에 따른 기득권 상실, 각 대학의 위상차에 따른 반발, 좌우 대립으로 인한 갈등 등이 복합적으로 작용하여 이른바 '국대안 파동'이 일어났다.

1947년 2월, 전국으로 확산된 국대안 반대운동으로 동맹 휴학에 참여한 학생이 4만 명에 달하였다. 반대론자들은 국대안이 "해방 조선에서 학생에게 다시 일제 노예교육의 굴레를 뒤집어씌우려는 문화음모"라고 주장하였다(서울대 홈페이지/기록으로 만나는 서울대). 이들은 친일 교수 배격, 경찰의 학원 사찰 정지, 집회 허가제 폐지, 미국인 총장의 교체, 국립대 행정권의 이양 등을 요구하였다. 예기치 못한 이런 격렬한 항의에 미군정도 고압적인 태도를 버리고 후에 총장 교체와 교수회의 존치 등 일부 타협책을 내놓았다.

그럼에도 등록일에 맞춰 등록한 학생이 10%에 불과하자 대학 측은 등록을 연기해주었지만 8,040명의 학생 중 4,951명이 등록을 거부했다. 이에 선착순으로 신규 신입생 등록과 제적생의 재등록을 받아 겨우 개강은 했지만, 정상 수업은 진행할 수 없었다.[47] 이에 각 전문학교로부터 편입생을 받아 9월 말에 6,671명까지 등록률을 올렸지만 1년에 걸친 갈등과 대립, 그리고 타협과 심사 끝에 429명의 교강사 가운데 380명이 서울대를 떠났고, 그 가운데 상당수는 김일성대학으로 자리를 옮겼다. 4,956명의 제적생 가운데 3,518명의 복학이 허용되면서 국대안 파동은 마무리되었다.

---

47) 국대안 파동으로 서울대의 정상 운영이 어렵게 되자 미군정에서는 영어로 수업하는 새로운 대학의 설립을 모색하기도 했다. 이 안은 재정적 이유로 실현되지 못했지만, 미군정이 자신들의 의도와 기준에 맞는 대학 설립을 계속 도모했음을 알 수 있다(강명숙, 2018, 77).

었다(이상 강준만, 2006, 277~278; 우마코시, 2007, 186~187; 김정인, 2018, 68~70; 강명숙, 2018, 74, 77~78).

미 정보 당국에서는 국대안 같은 대규모 대학개혁은 우리 정부 수립 후에 시행하는 것이 최상이었으며, 해당 대학의 교수 등 관련자와의 논의를 거쳤어야 했다고 지적하였다. 당시 학무국의 조선인 관리 상당수가 한민당 관련자였는데, 교수와 학생 다수가 진보적 성향을 지니고 있어서 이사회가 교수 인사권을 장악하는 것에 불안해하고 있었다며 결국 '인사'문제가 국대안의 최대 쟁점이었다는 것이 미 정보 당국의 판단이었다(김기석, 1996, 9~10).[48]

6. 국·사립의 불균형 성장

대구, 부산, 광주 등지에서 추진되었던 국립대학 설립 시도는 국대안 파동으로 미뤄질 수밖에 없었다. 대구의 경우 1년여 진통 끝에 국립대구종합대학 설립인가를 문교부에 신청했지만(1946.11), 국대안 파동을 의식한 문교부는 오히려 종합대학 추진안을 철회하고 단과대학 설립을 권고해서 결국 대구문리과대학 설립으로 귀결되었다. 국립 종합대학으로 설립된 부산대 역시 통폐합 대상이 된 대학의 반대와 사회적 저항으로 다시 인문과대학과 수산

---

[48] 김기석은 국대안 파동을 좌우익의 대결로 단순화하는 것은 당시의 상황을 제대로 볼 수 없게 하는 것이라며 당시 남북을 막론하고 가장 환영받았던 방안은 기존 대학을 종합대학으로 확장 발전시키는 종대안이었는데, 이것이 좌절되고 국대안으로 가면서 교수직을 둘러싼 인사권 투쟁이 발생할 수밖에 없었다며 국대안 파동의 가장 핵심적인 내용은 교수직에 대한 인사권 투쟁이라고 보았다(김기석, 1996, 15~16).

대학으로 분리되었다.

서울대의 출현으로 학생 수는 서울대가 42%, 사립대학이 47.5%를 차지하는 등 매우 기형적인 분포를 이루었지만, 사립대학의 비중은 빠르게 커졌다. 1947년 12월 말 당시 31개 대학 가운데 사립대학이 23개교로 학교의 74%, 교원의 42%, 학생의 58%를 차지했다. 또 서울 편중도 심해서 학교의 68%, 교원의 84%, 학생의 90%가 서울에 있었고, 남성 편중도 극심하여 남녀공학 대학도 여성은 교수의 1%, 학생의 16%에 불과하였다.[49]

미군정이 종료된 1948년 8월이 되자 사립대학은 그 3년 동안 9개에서 27개(73%)로 증가하였다. 이렇게 된 데에는 국립대학을 설립할 수 없었던 정부의 재정적 어려움이 가장 큰 요인이었지만, 사립대학에 대한 국민의 우호적인 태도도 크게 작용하였다. 민립대학으로 출발한 조선대의 경우에서 볼 수 있듯[50] 많은 국민은 자신의 재산을 사립대학에 기꺼이 헌납하였으니[51] 이는 국공립대학과 달리 일제에 의해 박해받았던 사립대학에 대한 우호적인 감정의 표현이자 일제 식민통치에 대한 뿌리 깊은 반감의

---

49) 강명숙, [표10: 미군정기 대학 승격과 대학 설립 현황], [표11: 미군정기 설립별·지역별·성별 고등교육기관 현황] 참조; 당시 운영 중인 대학 가운데 2/3만 인가된 상태였고, 1/3은 미인가 상태에서 학생을 모집해 수업했으므로 사립대학의 실제 비율은 더욱 높았다(강명숙, 2018, 80~83).
50) 1946년 5월에 결성된 조선대학설립동지회는 호남을 중심으로 전국 각지의 72,000여 명으로부터 기금을 모아 1948년 5월에 조선대학을 설립하였다. 따라서 조선대학은 광복 직후 사립대학 설립에 대한 국민의 열망을 대표하는 명실상부한 최초의 민립대학이라고 할 수 있다(조선대 홈페이지 참조).
51) 당시 문교부장 유억겸兪億兼(1896~1947)은 이런 사립대학 설립 열기에 대해 국가가 해야 할 일을 대신한다며 감격하였는데(강명숙, 2018, 84), 많은 사립대학의 설립 당시 기록을 보면 지역 유지들의 참여와 기여가 상당히 적극적으로 이루어졌음을 확인해 볼 수 있으며, 한국전쟁 이전에 특히 그러하였다.

표출이었다.

그러나 사립대학의 승격과 설립은 미군정 당국과의 개인적 친분에 의존하는 경향이 강했고, 법인의 설립과 인가에 필요한 재산으로 일제가 남기고 간 적산敵産을 이용하는 일이 많았다. 한편 미군정도 사립대학 인가 권한을 통해 사립대학에 대한 통제권을 확보하고, 대학 설립을 통해 영향력을 확대한 운영진을 체제 내로 포섭할 수 있었다. 하지만 뜨거운 교육열에 부응하지 못하는 편법 설립으로 대학교육의 수준은 형편없었고, 나아가 대학에 대한 부정적 이미지마저 형성되고 있었다(이상 김정인 2018, 65~66, 71~72, 97~98; 강명숙, 2018, 80, 82, 87, 98).

7. 정부의 사학 설립 장려

제2차 대전 이후 독립한 국가마다 국민 양성을 위한 초등교육과 엘리트 양성을 위한 고등교육의 급성장이 눈에 띈다. 그리고 대학의 성장을 이끈 주체는 대부분 정부였다. 하지만 우리나라는 정부 대신 사학법인이 대학 설립을 주도하였고, 국가는 그에 대해 방임함으로써 현재 사립대학의 수와 재학생이 고등교육의 85%를 차지하는 세계에서 유일한 나라가 만들어졌다. 대학에 관한 정부 정책의 실효성과 사회적 신뢰가 낮은 구조적 원인이 바로 여기에 있다.

이렇게 된 데에는 우리나라만의 역사적 배경이 있다. 조선왕조 500년간 확고하게 자리 잡은 유교적 전통이 사회의 저변에 깔려 있고, 거기에 더해진 일제 강점, 중일전쟁, 태평양전쟁, 광복과 분단, 한국전쟁이란 20세기의 질곡은 생존에 극도로 민감한 사회적 분위기를 만들었다. 특히 반상班常의 구분이 친일 여부로 바뀌고, 그것이 다시 좌우의 구분으로 바뀌면서 사회의 계층 질서가 완전히 무너지자 학벌은 빈곤 탈출과 신분 상승의 유일한 출로가 되었다. 그래서 고등교육에 대한 수요는 엄청났을 뿐 아니라 항상적인 과잉상태였다.

하지만, 정부는 고등교육에 투자할 여력을 전혀 가지고 있지 못했다. 일제 말기 초등학교 취학률이 54%였는데도 교실이 모자라 2부제 수업을 했는데, 1949년에는 취학률이 81%로 급증하였다. 이 급증하는 교육 수요를 감당하려면 막대한 예산이 필요하였다. 하지만 1946년의 경우, 문교부는 교육예산의 68%를 초등교육에 투자했지만, 학교 운영비의 30%를 충당하는 데 그쳤고, 70%의 비용은 학부모가 부담해야 했다. 중등교육은 교원 임금의 절반을 포함해 예산의 80%가 학부모 부담이었다. 정부로서는 초등교육을 관리하기에도 벅찼다.

1947년에도 교육비의 3/4이 초등교육에 투입되었고 그 외의 공교육 예산은 정부 부담이 12%에 그쳤다. 이런 상황에서 대학에 대한 재정 투자란 거의 불가능한 수준이었다. 고등교육에 대한 국민적 열망을 감당할 수 없었던 궁핍한 정부로서는 중·고등교육의 88%를 사학법인과 학부모 부담으로 넘겨야 했다. 그러기 위해서는 사학 설립자에게 많은 인센티브를 제공하는 한편 재산의 사회 환원이라는 명분을 부여하여 그 사회적 지위를 인정함으로써 사학 설립을 적극적으로 유도하는 수밖에 없었다.

그래서 문교부는 대학 승격 및 설립에 관한 기준을 명시한 「고등교육계획의 기본방침」을 공포하고(1946.12), 기본자금으로 기존 법인 5천만 원, 신설 법인 1억 2천만 원을 요구하며, 항목별 연간 필요자금에 관해서도 그 기준을 정하여줌으로써 일정한 자산을 갖추기만 하면 누구나 대학을 설립할 수 있도록 길을 열어주었다. 하지만 당시 자본이라고는 토지밖에 없어서 대학 설립에 필요한 기본 재산은 곧 토지였다.[52]

대한민국 임시정부 요인들은 귀국 직후 신익희申翼熙(1892~1956) 선생 주도로 임정의 정신을 계승할 대학을 설립하고자 힘썼다. 1946년 3월에 발족한 국민대학설립기성회에는 김구金九(1876~1949) 주석을 비롯해 임정 요인이 모두 참여하여 비상한 관심을 모았음에도 불구하고 5천만 원이란 법인 기금을 모으기가 쉽지 않았다. 5천만 원은 대략 60여만 평의 토지 가격에 해당하였다 (이상 한홍구, 2006, 271; 우마코시, 2007, 168; 박명호, 2013, 81~82; 김학재, 2016, 111~118; 김정인, 2018, 144~146).

8. 토지개혁과 사립대학

소작료 인상은 식민지 내부 갈등을 증폭시켜 민족적 분열을 조장하는 가장 악랄하며 전형적인 방법 가운데 하나이다. 일제강점기 조선과 대만의 소작료는 크게 올랐는데, 우리보다 15년 먼저 일본의 식민지가 된 대만의 사정은 그만큼 더 심각하였다. 고율의 소작료는 토지집중을 가중하여 1910년대 39.4%였던 소작농 비율이 1938년에 56%로 증가하였고, 소작지도 160만 정보(1914)에서 260만 정보(1938)로 늘어났다(박명호, 2013, 45).

---

[52] 광복 당시 농업에 종사하는 인구는 77%에 달하였다(박명호, 2013, 49).

광복 당시에는 더욱 악화되어 전체 경작지의 65%가 소작지였고, 206만 호의 농가 가운데 순소작농이 49%, 자소작농自小作農이 35%나 될 정도로 상황이 심각하였다. 자연스럽게 토지개혁은 당시 최대의 국민적 현안으로 떠올랐다. 일본인과 동양척식회사東洋拓殖會社가 소유하던 다량의 재산과 토지를 소작농에게 우선 분배하여야 한다는 여론이 팽배하였고, 북한에서 무상몰수·무상배분을 원칙으로 토지개혁을 감행하자(1946.3) 남한에서의 토지개혁은 거스를 수 없는 대세가 되었다.

특히 미군정 당시 전체 인구 1,600만 명 가운데 750만 명이 구호물자를 받을 정도로 빈곤 문제가 심각한 데다 일제 강점과 패망으로 인한 직접적인 피해 당사자인 해외 귀환자들은 좀 더 급진적이었다. 미군정은 국민의 77%가 사회주의와 공산주의를 지지한다는 자체 조사 결과가 나오자 남한을 대소련 전진기지로 만들려면 토지개혁이 불가피하다고 판단하였다.

미군정은 이에 앞서 1945년 9월 기준으로 모든 일본인의 자산 소유권을 군정청으로 이관한다고 밝히고(1945.12), 개인 및 동양척식회사 토지 등을 미군정 산하의 공기업인 신한공사新韓公社로 몰수 이관하여 관리하고 있었다(1946.2). 신한공사 소유 경지면적은 전체의 15.3%였지만 소작농 경지면적으로는 27.7%에 해당하였다. 미군정은 소작료를 25%로 낮춘 뒤 연 생산물의 20%를 15년간 현물로 분할상환하는 조건으로 신한공사 소유 토지를 50여만 호에 우선 불하拂下하였다(1948.3)(박명호, 2013, 47~51).

토지개혁으로 사유지를 몰수당할 상황이 되자 지주들은 자기에게 유리하게 법안을 성안시키려고 노력하는 한편, 서둘러 토지를 매각하거나 자영自營농지로 바꿨고, 소유권을 분산시키는 등 여러 가지 방안으로 대응하였으나 아무래도 한계가 있었다. 친일 지주들의 지지를 바탕으로 집권한 이승만李承晩(1875~1965) 정부로서는 토지개혁의 추진과 함께 지주들에 대한 정책적 배려를 고민하지 않을 수 없었다. 이런 상황에서 대지주에게 사학법인을 설립할 수 있는 출구가 생겨나자 대지주들은 재산을 지키고 증식도 가능한 최적의 대안으로 학교 설립을 서두르게 되었다.

사학을 늘리는 것은 토지개혁으로부터 재산을 지키려는 지주, 더 많은 진학의 기회를 갈망하는 국민, 재정 부담을 덜고 싶은 정부의 이해가 일치한 결과였다. 이승만 정부는 교육재단·육영재단·종교기관 소유농지에 관한 특례조항을 인정함으로써 사학법인의 육성을 적극적으로 유도하였다(1949.1).[53] 그러자 예상했던 데로 갑자기 사립학교 설립이 붐을 이루었다.[54]

1950년 5월부터 시행된 「농지개혁법」은 곧이어 발생한 한국전쟁으로 전면 중단되었지만, 이승만 정부는 1951년에 제정된 「문교재단 소유농지 특별보상법」(「특별보상법」)을 통해 전쟁으로 가격이 하락한 지가증권地價證券을 교육재단이 소유한 토지에 대해서만 2배로 발급해주는 특별보상 조항까지 신설하였고, 체감률 적용대상에서도 제외하여 주었다.[55] 이는 「특별보상법」이 사학법

---

53) 「농지개혁법」 제6조, 제7조, 제8조, 부칙 제27조가 그 대표적인 규정이다(박명호, 2013, 80).
54) 농지개혁이 추진되던 시기에 신설된 사립대학 16개교 가운데 개인이 설립한 대학은 8개인데, 그 가운데 교육자는 1명에 불과하고, 7명은 대지주 또는 그와 관련된 사람인 것으로 보이며, 법인 설립을 위해 토지를 기부받은 경우가 다수 발견된다는 점은 특례조항이 미친 영향력이 어느 정도였는지를 말해준다(오성배, 2004, 64~66).
55) 100만 석에 해당하는 특별보상 지가증권의 수급 대상은 사학법인 64%, 불교법인 13%, 향교법인 12%, 기타 종교법인 6%, 기타 5%였다. 이는 국가가 755

인을 위해 제정된 것임을 말해주는 것이자 한편으로는 전쟁으로 파탄에 이른 사립학교에 대한 정부 차원의 지원이 불가피하였음을 보여주는 것이라고도 할 수 있다.

이승만 정부가 공교육에 대한 국가의 책임을 초등교육에만 집중하고 재산 보존과 증식의 혜택을 유인책으로 고등교육을 사학에 전가한 데는 당시의 재정 여건 등을 고려할 때 불가피한 점이 있다. 또 농지개혁은 본래 일과성 자산 재분배의 효과를 지니는 것이지만 우리나라의 경우 소득이 증가한 농민이 자신들의 자녀에게 교육의 기회를 제공하게 하여 산업화에 필요한 초기자본뿐만 아니라 그에 필요한 인적 자본을 적절하게 제공할 수 있게 한 긍정적 효과가 있었다(이상 오성배, 2004, 53~73; 박명호, 2013, 52~55, 78~80).

하지만 사학에 대한 과도한 의존은 70년이 지난 지금까지도 고등교육 혁신의 최대 장애물로 작용하고 있다. 본래 우리나라 사학은 일제의 침략에 대항해 교육구국을 목표로 사회에 헌납된 공공재이자 식민지의 억압으로부터 민족을 지켜주는 최후의 보루였다. 그랬던 사립대학이 오히려 토지개혁 이후 재산증식을 위한 수단으로 간주되고, 법원에서도 각종 판례를 통해 개인재산임을 거듭 확인해줌으로써 공공재로서의 성격이 크게 퇴색되었다. 대다수 사학 관계자들이 법인과 대학을 구분하지 못하고 있는 점도 이에 기인한다.

개 사학법인에게 보상금액만큼의 귀속재산을 무상으로 배분한 것과 마찬가지였다(박명호, 2013, 59~60, 80~81).

9. 「교육법」 제정과 초급대학 설립

이승만 정부는 「교육법」(법률 제86호, 1949.12)을 제정하여 고등교육에 대한 법적 장치를 마련하고 대학의 목적을 "국가와 인류 사회 발전에 필요한 학술의 심오한 이해와 그 광범하게 정치한 응용 방법을 교수 연구하고, 지도적 인격을 도야하는 것을 목적으로 한다"라고 규정하여 일본의 국가주의적 교육관을 부정하고 새로운 교육이념을 제시하였다. 졸업학점은 최소 180학점 이상으로 하고 교양과목, 선택과목, 전공과목으로 교과목을 엄격하게 구분한 뒤 교양과목은 30~40학점, 전공과목은 80학점 이상, 선택과목은 60학점 이하로 정하였다.

「교육법」에 근거하여 마련된 「교육법시행령」(대통령령 제633호, 1952.4)에는 학칙에 학생 정원을 명시해야 하며(제65조), 학칙의 제정과 개정은 문교부의 인가를 받아야 한다(제64조)고 하여 대학 정원과 학칙에 대한 정부의 통제 근거를 마련해 두었다. 또 대학을 초급대학, 대학(단과대학), 대학교(종합대학)로 구분하고 대학원 설치와 함께 국립대학의 중요 심의기구로 평의원회 설치 근거를 마련하였다.

「교육법」에 근거하여 새로 설립된 초급대학은 고등학교 졸업자를 대상으로 하는 2년제와 중학교 졸업자를 대상으로 하는 4년제가 있었다.[56] 2년제 초급대학은 고등교육을 할 수 있는 수준은 되지만, 4년제 대학을 운영할 여건을 갖추지 못한 학교를 대상으로 인가한 것인데, 4년제 대학 내에도 병설 초급대학 설립을

---

56) 1951년 3월「교육법」개정으로 6·3·3·4 학제가 확정되자 중학교 졸업자를 대상으로 하는 4년제 초급대학은 폐지되었다.

인가해주었다.

초급대학은 4년제 대학과 2년제 전문학교의 사이에 위치하였지만, 전공 및 교과과정은 4년제 대학에 가까웠다. 이러한 애매한 위상으로 인해 초급대학은 대학·전문학교와 구분되는 독자적인 영역과 특성을 갖추기 힘들었다.57) 또 법인과 학생 역시 4년제 대학 승격을 위한 과도기적 대학으로 이해하는 경우가 많았다(이상 우마코시, 2007, 191~192; 김정인, 2018, 101; 강명숙, 2018, 275, 279). 한편 1970년대까지 초급대학은 교육대학(2년제)과 함께 여학생에게 적합한 대학이라는 사회적 인식이 있었다. 그래서 초급대학에 재학 중인 여학생 비율은 고등교육기관 가운데 유일하게 50%를 넘었다.

초급대학은 1960년까지 12개교가 설립되었고, 1964년에 36개교까지 늘어났다가 1963년「교육법」개정을 계기로 줄어들기 시작했으며, 1979년 기존의 초급대학과 전문학교를 전문대학으로 통합, 개편하면서 폐지되었다.

초급대학 가운데 상당수가 4년제 승격을 거쳐 종합대학으로 성장하였고, 그 가운데는 국립대학도 포함되었다. 주요 초급대학은 다음과 같다. 도립진주초급농과대학(경상대학교, 1948.10), 신흥초급대학(경희대학교, 1949.5), 덕성여자초급대학(덕성여자대학교, 1950.5), 원광초급대학(원광대학교, 1951.9), 도립청주초급농과대학(충북대학교, 1951.9), 근화여자초급대학(명지대학교, 1952.1), 효성여자초급대학(대구가톨릭대학교, 1952.4), 동국전자초급대학(광운대학교, 1962.3),

---

57) 1965년 당시 34개교, 245개 학과, 15,000명의 학생이 재학하고 있던 초급대학은 그 정체성이 모호하고 사회적 인지도 역시 높지 못하여 취업을 비롯한 여러 면에서 불이익을 당하는 경우가 많았다(중앙, 1965.12.8).

성신여자실업초급대학(성신여자대학교, 1963.1), 한성여자실업초급대학(경성대학교, 1963.1), 부산여자초급대학(신라대학교, 1964.1), 청주여자초급대학(서원대학교, 1968.3), 아주공업초급대학(아주대학교, 1973.3).

|제3절| 재건과 혁명: 대학망국론과 4.19혁명

1. 전시연합대학과 징집연기

　일본식 교육체제를 미국식으로 바꾸고, 교명의 변경과 대학으로의 승격을 추진하며 체제를 정비하던 사립대학은 갑작스럽게 발발한 전쟁으로 존립 자체가 위태로운 어려움에 직면하였다. 대학마다 아무런 준비도 없이 피난길에 나섰고, 교수와 학생 모두 길거리에서 헤매는 지경에 이르렀다. 이에 부산에 모인 교수들은 '대학교수단'을 결성하고 문교부 장관을 위원장으로 국립·사립대학이 연대한 전시연합대학을 운영하였다. 전시연합대학은 「대학교육에 관한 전시특별조치령」(문교부령 제19호)을 근거로 하여 부산·대전·광주·전주에서 개교하였으며(1951.2), 등록한 학생의 총수는 6,455명이었다.58)

　전시연합대학은 서울 수복 이후 각 대학이 단독 개강을 추진하면서 사실상 해체되어 1952년 5월에 문을 닫았다. 단독 개강 이후 학생 수가 많이 늘어나서 연희대의 경우 522명(1951)이었던

---

58) 학생 수는 서울대 7,751명(교수 391명), 동국대 1,800명(교수 71명), 단국대 1,433명(교수 54명), 고려대 1,413명(교수 81명), 조선대 1,283명(교수 49명), 성균관대 1,220명(교수 18명), 연희대 1,023명(교수 55명), 국민대 1,001명(교수 40명), 정치대 827명(교수 39명), 중앙대 792명(교수 53명), 이화여대 758명(교수 120명), 홍익대 614명(교수 42명), 한국대 610명(교수 60명) 순이었다. 전시연합대학은 1951.1~1952.3까지 운영하였다(한국민족문화대백과사전).

학생 수가 1,239명(1952), 1,868명(1953)으로 늘어났다. 전국 학생 수도 1952년에서 1953년 사이에 11,778명이나 늘어났다. 이렇게 학생 수가 급증한 데는 대학생 징집연기 조치가 결정적이었다.

전쟁 기간이라도 엘리트를 보호하기 위해 국가가 징집에 특혜를 주는 경우는 다른 나라에서도 찾아볼 수 있다. 하지만 그 대상은 전쟁 종료 이후 국가 재건에 필요한 공학 전공자 등 특정 전공으로 제한하는 것이 일반적이다. 반면 우리의 징집연기는 대학생 전체를 대상으로 했다는 점에서 매우 파격적이었다.

1950년 2월, 「병역법시행령」과 함께 「재학자징집연기잠정령」(대통령령 제283호, 1951,2)이 공포되었지만, 1.4후퇴의 후유증으로 실시가 연기되었다. 그러다가 다시 「대학교육에 관한 전시특별조치령」이 공포되어(1951,5) 전쟁 중 대학생은 학내에서 매주 6~8시간씩 군사훈련을 받는 조건으로 징집이 보류되었으며, 특히 이공계는 징집이 전면 보류되었다. 1952년 9월, 징병 연기 대상자는 24,570명이었고, 졸업생에게도 60일의 징병 유예기간이 주어졌다(이상 김정인, 2018, 106~108; 강명숙, 2018, 140~141; 강인화, 2019, 105~106, 194~196).

이어서 문교부장관 명의의 전시학생증이 발급되었다. 전시학생증은 만 25세까지 징집을 연기할 수 있는 근거이자 각종 편의를 제공받는 특혜의 상징으로 인식되었다. 전쟁 기간에 징집을 연기해주는 특권은 심각한 사회적 논란의 대상이 되었다. 어떻게 해서라도 대학을 갈 수만 있다면 목숨을 연장할 수 있다는 사실은 가난한 청년에게 절망을 안겨주었다.[59]

---

59) 한국전쟁 기간 참전한 미군 장성 아들은 142명인데, 그 가운데 아이젠하워D

사회적 차별의 상징이었던 대학생 징집보류 조치는 휴전이 되고, 3년이 지나서 폐지되었다(1956.11). 대신 최전방 근무를 조건으로 학생의 복무기간을 절반인 1년 6개월로 단축한 이른바 '학적보유병學籍保有兵(학보병)'과 교사를 대상으로 한 '교직보유병 敎職保有兵(교보병)'제도가 함께 만들어졌다.60) 하지만 대학생의 징병을 보류하는 제도는 병역법 개정(1957.8)으로 1년 만에 다시 회복되었다.61)

2. 지역 국립대학의 설립

1950년 당시 55개의 대학 가운데 2/3가 서울에 집중되었고, 국공립과 사립 비율은 32대 68로 사립이 2/3를 넘었다. 정부는 전시이긴 하지만 서울로 편중된 고등교육의 지역 불균형을 해소하고 지역 문화 육성을 위해 1도 1교 국공립대학 설립을 추진하였다. 그래서 기존에 개교한 경북대학교(1946.9), 부산대학교(1949.

---

wight D. Eisenhower(1890~1969) 대통령, 클라크Mark Wayne Clark(1896~1984) 유엔사령관, 워커Walton Harris Walker(1889~1950) 미8군 사령관의 아들이 있었다. 이들 중 사망·실종·부상자가 35명이며, 밴 플리트James Van Vliet(1892~1992) 미8군 사령관의 아들도 포함되었다. 모택동의 장남 모안영毛岸英도 한국전에 참전하였다가 사망하였다. 반면 한국군 장성 아들 가운데 사망자는 신태영申泰英(1891~1959) 장군 아들 1명뿐이었다. 이런 상황에서 대학생에게 징집연기를 허용한 것은 많은 논란을 낳았다.

60) 학보병 제도는 1962년 7월에 발생한 최영오 일병 사건을 계기로 폐지되었다.
61) 전쟁 기간에는 별도의 복무기간이 정해지지 않아 사실상 무기한 복무였고, 1953년부터 36개월로 정해지기는 했지만, 복무를 마쳤어도 실제 전역이 이루어지지 않아서 전역을 둘러싼 각종 부정과 비리, 사기가 횡행하였다. 이런 상황에서 징집보류와 병역기간 단축은 대단한 특권으로 인식되었다.

2) 외에 전북대학교(1951.10), 전남대학교(1951.10) 등 2개의 국립대학과 충남대학(1952.5), 제주대학(1955.4),[62] 충북대학(1956.4) 등 3개 도립대학을 신설하였다.

국립대학의 신설에도 불구하고 국공립대학 학생이 차지하는 비율은 오히려 줄어드는 경향을 보였다. 그것은 1950년부터 설립된 초급대학이 사립대학 확대의 새로운 기반으로 작용하였기 때문이다(이상 우마코시, 2007, 192~193).

3. 미국의 교육원조

대학은 3년간에 걸친 전쟁으로 회복하기 힘든 인적 손실, 물적 손실, 신뢰의 손실, 거기에 더해진 사상적 대립 등 극도로 암울한 상황 속에서 다시 시작해야만 했다. 교직원의 절반이 사망하였고, 시설도 절반이 파괴되어 '재건'이 모두의 구호가 되어버린 시대였다. 광복 직후 미군정에 대하여 그러했던 것처럼 다시 미국에 기댈 수밖에 없는 상황이 벌어진 것이다.[63]

원조의 중심이 된 기관은 국제연합한국재건기구UNKRA(1953~1955), 경제조정국OEC(Office of Economic Coordination, 1956~1959), 미국경제원조실시기구USOM(United States Operations Mission, 1959~1970)였고, 교육 원조를 담당한 곳은 미국대외협력처FOA(U

---

[62] 제주대학은 4년제 도립대학(1955.4)으로 출발하여 국립대학으로 이관되었고(1962.3), 이후 종합대학교로 승격되었다(1982.3).
[63] 광복 후 미국의 원조도 그렇지만 전후 재건과정에 미국의 교육원조는 결정적인 영향을 행사하였다. 그러나 여러 가지 이유로 교육원조에 관한 연구는 본격화되지 못하였다(우마코시, 2007, 190~191).

nited States Foreign Operations Administration, 1953~1955), 국제협력청ICA(International Cooperation Administration, 1956~1959), 국제개발처AID(Agency for International Development, 1959~)였다.64) 유네스코 등의 국제기관과 각국 정부, 민간단체, 종교단체 등도 많은 도움을 주었다.

운크라는 주로 국립대 자연과학 계열을 중심으로 분산 지원하였고, FOA와 ICA는 고등교육에 55%를 투자하여 시설 및 기술원조를 진행하였는데, 서울대가 전체 FOA/ICA 교육 원조의 47%, 고등교육 원조의 86%를 차지하는 등 1950년대 대학에 대한 원조액 가운데 60% 이상을 독점하였다. 이는 교육 원조가 반공연대를 유지할 지배 엘리트 육성에 초점이 맞춰져 있었기 때문이다.

1950년대 미국은 주로 대학 간 원조방식을 택하였다. 미국의 한 대학과 지원국 대학을 연결해 특정 분야에 지원하는 방식이었다. 1950년대 후반 5년의 경우, 미국의 원조는 국립대학에 90%, 사립대학에 10%가 배정되었는데, 국립대 원조액의 80%가 서울대에, 사립대 원조액의 90%가 연세대와 고려대에 집중되었다. 주로 미국의 기독교 단체가 주도한 민간 원조는 기독교계 대학인 세브란스의대·이화여대에 집중되었다.

이렇게 원조가 특정 대학에 집중된 결과 원래 선발주자였던 해당 대학은 단기간에 외국 유수 대학 수준으로 발전하는 데 성

---

64) 그 밖에도 미국의 주요 원조기구로는 미국대한군사원조단AFAK(United States Armed Forces Assistance to Korea), 미국구원물자협력단CARE(Cooperative for American Relief Everywhere, Inc), 한미재단American Korean Foundation, 아시아재단Asia Foundation 등이 있었다(우마코시, 2007, 196~197).

공하였지만,65) 한편으로는 대학 간의 현격한 격차를 낳는 원인이 되기도 하였다. 이때부터 형성된 소수의 상위권 대학과 서울의 대규모 대학, 그리고 지방대학이라는 서열화는 지금까지도 큰 영향을 주고 있다(이상 우마코시, 2007, 192~193, 196~197, 200; 김정인, 2018, 74~76, 79, 82; 강명숙, 2018, 125).

4. 대학의 미국화와 유학 붐

미국의 교육 원조는 다음 세 가지를 중심으로 이루어졌다.

① 교육전문가의 파견과 교수들의 장·단기 초청 유학
② 시설 공사와 설비·비품의 제공
③ 교육환경 개선을 위한 조사단의 파견

그 가운데 가장 시급한 과제로 추진된 것은 교수요원 양성을 위한 인적교류였다. 초·중등교육에 비해 고등교육을 담당할 수 있는 유능한 교수를 양성하는 일은 상당한 시간이 걸리기 때문에 당장 어떻게 할 수 있는 일이 아니었다. 그래서 미국 전문가를 초빙하여 교수를 재교육시키는 방안이 마련되었지만, 그것으로는 한계가 있었다. 그래서 연수나 유학이 대세가 되었다.

미국에 의해 대학이 재건되고 개조되면서 1950년대 대학가에

---

65) 거점대학에 대한 집중 원조방식의 효과를 검증하기 위해 1959년 당시 전국 국립대학 33개교를 대상으로 실태조사를 진행하고 「국립고등교육조사보고서」(1960)가 작성되었지만, 1960년부터 교육 원조가 감소하여 보고서에서 제기한 제안은 실현되지 못하였다(우마코시, 2007, 200).

는 미국 유학 붐이 거세게 일었다.66) 미국으로서는 자국 유학이 한국의 지배 엘리트를 미국화하는 가장 효율적인 방안이었다. 실제로 대학은 미국문화 수용의 중심이 되고, 미국 유학생은 지배 엘리트로 자리 잡았으며, 미국적인 것이 모든 것의 표준이 되었다.

1953년부터 1961년까지 정식 유학생은 5,406명이었다. 종전 직후 전후 복구를 위한 원조가 활발했던 1954~1955년에 1,000여 명을 웃돌다가 1956년부터 급격히 감소해 해마다 400명 내외를 유지했다. 유학생 중에는 미국 유학자가 4,653명으로 전체 유학생의 86%를 차지했다. 1958년 당시 미국의 외국인 유학생 중 한국은 캐나다와 대만에 이어 3위를 차지했다.

1967년까지 정식 미국 유학생은 7,500여 명에 이른다. 단기연수, 시찰, 교환 교육 등을 통한 유학 경험자 3,000여 명을 합하면 광복 이후 1960년대 중반까지 미국 유학 경험자는 총 1만여 명을 웃돈다. 이런 추세는 70년대에도 변함이 없어 1953~1973년의 20년 동안 해외 유학한 12,370명 가운데 미국 유학생이 10,789명으로 87%나 되었다. 유학하면 곧 미국 유학을 뜻하는 사회적 풍토가 만들어진 까닭이다.

미국 유학생들은 학계로 다수 진출했고, 1960년대 말에 이르러서는 학계의 주도권을 장악했으며, 그 가운데서도 미국 교육학

---

66) 대학의 학보와 잡지 등에는 미국 대학을 소개하는 글이 넘쳐났고, 연세대 학보인 '연세춘추'에는 '아메리카 통신'이라는 고정란을 통해 미국 유학을 안내했고(김정인, 2018, 83, 88), 경희대 '대학주보'에도 미국 영화를 소개하는 고정란이 있었다. 미국 유학은 전쟁의 폐허에서 벗어날 수 있는 유일한 탈출구처럼 인식되었다.

의 영향력은 가장 대표적인 경우라고 할 수 있다.67) 1975년까지 미국에서 박사학위를 많이 받은 분야는 교육학, 행정학, 지리 및 도시계획학, 사회학, 신문방송학 등이었다.

미국 유학파에게는 제3세계 지배 엘리트와 마찬가지로 선진 미국문화를 향유했던 자신들만이 사회를 계몽할 수 있는 자격을 갖춘 엘리트라는 선민의식이 앞섰다. 김인회金仁會 교수는 1950년대 한국교육에 끼친 미국의 영향력이 매우 컸음을 인정하면서도

> 이같이 열심히 미국의 교육 이론과 방법을 받아들이고자 하면서도, 한국교육의 현실은 '전혀'라고 말해도 좋을 정도로 미국교육을 닮아가지 않았다. …… 그럼에도 불구하고, 그 후에도 시종일관 미국 교육 이론의 지배를 받아들이고 있는 것은 기이한 일이다(김인회, 1982).

라고 매우 의미심장한 평가를 내렸다. 미군정기와 한국전쟁 이후 계속된 미국의 원조와 미국 유학에 따른 한국 대학의 제도적, 문화적 변화는 그 공과에 대한 평가와 별개로 1950년대는 물론 그 이후에도 우리 대학의 기본 모델로 정착되었다는 점에서 우리 대학을 이해하는 데 있어 매우 중요한 구조적 요인이라고 할 수 있다.(이상 우마코시, 2007, 197~198, 207, 229; 김정인, 2018, 61~62, 87~91; 강명숙, 2018, 124).68)

---

67) 1968년까지 해외에서 교육학 학위를 받고 귀국한 86명 중 미국 대학 출신이 80명이었고, 이 가운데 33%인 26명이 피바디 대학에서 학위를 받았다. 1960년대 후반 이후 피바디 대학 출신들은 교육계에 하나의 엘리트 집단을 형성해 미국 교육 이론의 전파와 교육정책 결정에 영향력을 행사했다(김정인, 2018, 92).
68) 1990년 한 조사에 따르면, 서울에 있는 5개 주요 대학의 인문사회 계열 24개

5. 전후의 팽창과 「대학교원자격기준」

1953년 7월 휴전협정이 조인되자 정부 환도와 함께 피난길에 올랐던 대학들이 서울로 복귀하기 시작하였다. 전쟁 기간에 부산 가교사에서 생활하던 학생들은 3년 만에 캠퍼스를 보며 감격에 젖기도 했다. 많은 시설이 파괴되었기 때문에 환도 후 대학의 모든 관심은 재건사업에 집중되었다.

그러나 사립대학은 학생 등록금 외에는 별다른 재원이 없었다. 국고 보조는 전혀 기대할 수 없는 상황에서 사립대학은 후원회에 크게 의존하였다. 미군정기부터 비공식적으로 후원회를 운영했던 사립대학은 정부의 후원회 합법화를 계기로[69] 후원회비를 공개적으로 거두었다. 그런데 후원회비가 유력한 학부모에게만 부담된 것이 아니라 전체 학생의 등록금 항목에 포함되어 있었고, 그 용처도 교사 건축과 임금, 운영비 등 모든 분야에 걸쳐 있어서 사실상 후원회비와 등록금은 구분이 되지 않았다.

그래도 충당이 안 되자 사립대학은 재정난 타개를 목적으로 학생 정원을 늘리는 일에 사활을 걸었다. 대학에 대한 진학 열기가 급속도로 되살아난 것이 대학으로서는 무엇보다도 다행이었다.[70] 이에 힘입어 학생 수는 34,089명(1952)에서 48,554명(1953),

---

학과 교수 230명 가운데 78.2%가 유학 경험자이며, 이 가운데 77.8%가 미국 유학 출신이었다(김정인, 2018, 90~91).

69) 이승만 정부는 문교부 장관 훈령 제16호(1953.6)로 후원회 결성 및 운영을 합법화해 주었다.

70) 1954년 인구 1,000명당 고등교육 인구는 약 3명으로, 당시 일본의 1/4, 미국의 1/7 수준이었다. 그래서 초중등에 비하면 대학생 수의 증가가 가장 두드러졌지만, 여전히 상당한 성장잠재력을 지니고 있었다(김정인, 2018, 111).

66,415명(1954), 84,996명(1955), 96,754명(1956)으로 4년 만에 3배 가까이 늘어났다. 이화여대의 경우 환도 당시 2,328명(1953)이었던 재학생 수가 3,136명(1954), 4,038명(1955), 6,527명(1958) 등으로 해마다 증가하였고, 교수도 1954년의 130명에서 309명(1958)으로 대폭 늘어났다.

하지만 지나친 증원은 대학의 질을 현저하게 떨어뜨렸다. 1953년경 인문계 고등학교 졸업자 수가 17,388명인 데 비해 대학 입학정원은 18,041명이나 되었다. 그러자 상당수 사립대학은 정원을 채우기도 어려웠지만. 정원은 계속 늘어났다. 1954년의 경우, 정원은 66,415명인데 재학생이 62,388명이었다.

그러자 정부는 자격 미달의 학생 선발을 막고, 특히 대학 입학이 징집 유보 수단으로 악용하는 폐단을 방지하기 위해 1954년에 '대학입학연합고사'를 신설하여, 처음으로 국가가 대학입시를 주관하였다. 대학별 고사에 앞서 치르는 일종의 자격시험으로서 정원의 140%를 선발하는 것인데, 징병 대상이 아닌 여학생과 군 필자는 시험을 면제하여 주었다.[71]

대학의 학생 선발권에 대한 국가의 개입이 처음 시작된 것이며, 대학은 학생 선발권을 온전히 행사할 수 있는 능력을 갖추지 못했다고 국가로부터 판정을 받은 것이나 다름없었다. 대학과 수험생은 각각 대학의 자율 침해와 과도한 이중부담을 들어 반대하였고, 시험 관리 부실로 부정행위가 만연하여 결국 한 번 시행하고 폐지되었다.

---

71) 시험과목은 국어 · 영어 · 수학 · 사회가 필수였고, 과학 또는 실업(농업 · 공업 · 상업 · 수산업)이 선택과목이었다.

또 문교부는 교수진의 질 확보를 위하여 1953년에 제정한 「교육공무원법」(법률 제285호) 제3조를 통해 「대학교원자격기준」을 제시하고, '교수자격인정제도'를 도입하였다. 하지만 그렇지 않아도 교수 부족에 시달리던 대학은 한국전쟁으로 다수의 교수가 희생되어 교수진 확보가 더 어려웠다. 광복 직후와 마찬가지로 전후 교육 재건과정에서 가장 어려움을 겪었던 분야가 바로 교수 부족 문제였다. 대학과 전문학교 교수는 물론, 초중등학교 교원까지 동원하여 대학 수업을 해야 하는 상황은 조금도 나아지지 않은 실정이었다. 따라서 자격인증기준 자체가 매우 낮을 수밖에 없었지만, 교수자격에 관한 최소한의 기준을 처음 마련한 데 나름 의미가 있었다(이상 『이화100년사』, 1994, 333; 우마코시, 2007, 194~195, 201~202; 김정인, 2018, 110~111; 강명숙, 2018, 113; 오제연, 2019, 149).

6. 「대학설치기준령」을 둘러싼 줄다리기

결국, 1950년대 중반에 이르자 대학의 부실을 지적하는 목소리가 점차 높아졌고, 심지어 '대학망국론'까지 제기되었다. 대학망국론은 당시 농업 종사자 비율이 70% 이상인 상황에서 초중등교육과 달리 대학에 대한 교육비 지출은 과잉 투자라는 것이다. 특히 빈약한 산업구조로 대졸자 취업률이 저조할 수밖에 없는 상황은 비판론을 더욱 부추겼다.

이런 사회적 여론을 등에 업고 문교부는 1954년에 졸업 이수학점을 180에서 160학점으로 줄이고 교양과목을 40에서 49학점으로 조정해서 교육의 질을 높이라고 하였지만, 그와 동시에 국사·윤리·체육·교련 같은 국책과목을 강화하라고 하여 결국 실효를 거두지 못하였다. 또 정원 미달의 우려와 정부의 관리 능력 부족으로 대학입학연합고사가 1년 만에 폐지되자 문교부는 다시 이듬해에 대학별 선발과 고교 내신성적을 반영한 무시험 전형을 병행하게 하였다. 하지만 입시의 불공정성과 정원 외 모집을 막지는 못하였다.

그러자 문교부는 1950년 5월에 마련했으나 전쟁으로 공포하지 못했던 「대학설치기준령」(1955.8)을 공포하여 대학이 갖추어야 할 교육 시설과 교사 등에 관한 소정의 기준을 정하였다. 문교부는 이 기준령을 신설대학은 설립 조건으로, 기존의 대학은 6년간의 유예기간을 주어 달성해야 할 목표로 제시하고, 기준에 미달하면 폐쇄하겠다고 밝혔다.

사립대학은 전국사립대학연합회를 결성해 대학자치를 명분으로 삼아 조직적으로 대응하면서 적용 시한의 연장을 요구하는 한편 기준령 달성을 명목으로 학생들에게 건축공사비를 징수하는 등 거칠게 저항하였다. 결국, 기준령은 거듭된 기간 연장 등으로 무력화되었다.

광복 이후 대학에 대한 첫 번째 통제정책이었던 「대학설치기준령」이 무력화 될 수밖에 없었던 것은 이승만 대통령 자신이 나서서 인하공과대학을 세우려고 했던 것과도 무관하지 않았다. 문교부 장관이 대학을 줄여야 한다고 주장하면서 한편으로는 인하공과대학 설립기성위원회 위원장을 맡아 공권력을 동원해 기금을 모았고, 심복 이기붕李起鵬(1896~1960)이 인하대 이사장을 맡는 등 앞뒤가 안 맞는 처신을 한 것이다. 한국전쟁 중 징집 유예로 학생이 늘어 대학의 영리적 경영이 가능해지자 문교부가 본격적으로 통제력을 행사하기 시작하였는데, 문제는 이처럼 억제와 신설을 병행하는 등 그 권한을 자의적으로 행사하였다는 데 있다.

「대학설치기준령」의 공포로 1957년 정원은 6,690명이 줄어들었고, 대학 신설이 어려워져 1958년에는 79,449명, 1959년에는 81,519명으로 억제되는 것 같았지만 실제로는 12개 주요 사립대학에서 5,578명을 초과 입학시킴으로써 문교부의 조치를 무색하게 하였다. 결국, 사립대학은 문교부가 제시한 최고·최저 한도액 내에서 등록금을 자율 책정할 수 있도록 정부의 양보를 받아내는 선에서 타협을 이루었다. 그리고 그 증가 속도는 다소 완화되었지만, 학생 수는 다시 증가하여 1960년에는 정원이 101,041명으로 10만 명을 돌파하였다.

그리고 입시는 고교 전 과목 전형을 원칙으로 했고, 실업계 고교생의 동일계열 진학 시 무시험검정제 도입, 여성 및 군필자에 대한 초과 모집이 허용되었다. 1958년에 처음으로 국공립대에 대해서 학적부(생활기록부) 내신성적 반영과 10% 이내 무시험 전형 허용 등의 조치가 있었다.(이상 이원호, 1992, 5; 우마코시, 2007, 195; 김정인, 2018, 112, 115~121; 강명숙, 2018, 114, 120~122, 135; 오제연, 2019, 149).

7. 등록금의 사회문제화

사학법인은 광복 직후부터 지금까지 일관되게 재정난을 호소하였다. 하지만 모두가 어려웠던 시절, 대학은 가장 많은 현금이 안정적으로 모이던 곳 가운데 하나였다. 자본이 절대 부족했던 당시, 은행의 1년 정기예금 명목금리가 12%(1954~58), 10%(1959~60), 15%(1961~64), 26.4%(1965~67)였고, 대출금리가 26%(1970)이던 시절(통계청, 2015, 97~98)이었다. 1950년대 신학기에는 총통화량의 20~25%가 등록금으로 학교에 집중되었다.

하지만 워낙 열악한 환경에서 출발한 사립대학은 시설확보를 위해 등록금 징수와 그 활용에 열을 올렸다. 당시 등록금 체계는 지금으로서는 이해하기 힘들 정도의 난맥상을 보였다. 16,500원의 등록금을 징수하고 난 뒤 다시 임시후원회비 명목으로 6,200원의 추가 등록금을 징수했고, 인문계 대학에서 실습비 명목으로 35,000원이란 거액을 징수하는가 하면 등록 기일을 넘긴 학생에게 과태료로 수천 원씩 받는 대학도 있었다. 심지어 추가 등록금을 내는 학생에 한하여 징집보류증을 발급하는 일까지 있었다.[72]

학기마다 등록금을 인상하자 1950년대 말부터 문교부는 국공립과 사립, 대학 수준별로 등록금 한도액을 발표하고 어떤 명목으로도 한도액을 초과할 수 없다고 밝혔지만,[73] 전혀 지켜지지 않았을 뿐 아니라 초과 징수분을 반환하라는 문교부의 지침도 따르지 않았다. 그러자 문교부는 시설비·시설확충비·자치비 등

---

[72] 이는 사립대학만의 문제가 아니었다. 전남대는 신설 대학이라는 명분을 내세워 등록금에 시설비·추가시설비 항목을 만들어 부과했다. 서울대 상대는 15,000원의 등록금(1955년 2학기)을 다음 학기에는 28,700원으로 인상하기도 했다(강명숙, 2018, 199).

[73] 국립대학인 부산대마저 인문계열 학생에게 실험실습비 1만 원을 부과하여 제시된 한도액보다 15,000원 이상 초과한 금액을 1957학년도 2학기 등록금으로 받았다. 서울대도 수업료와 입학금, 후원회비 외에 시설비, 시설 확충 기성회비를 받았고, 신문대와 보건비 등도 별도로 부과했으며, 계열에 따라 실험실습비를 부과했다(강명숙, 2018, 200, 202).

임의로 부과하던 항목을 1958학년도 2학기부터 시설비로 양성화하여 5,000원 내에서 징수 가능하다고 현실화하는 태도를 보였고, 심지어는 등록금의 대학 자율화를 고려하는 등 일관성 없는 행보를 걸었다.

당시 대학생 가운데 부모로부터 온전하게 등록금을 지원받는 학생은 절반이 되지 않았다. 1952년 3월의 한 조사에 따르면 직업을 가진 학생이 전체의 50~60%에 이르렀으며, 심지어 서울대 학생의 80%가 직업을 가지고 있었다고 한다.

과중한 등록금 부담으로 대부분 대학의 등록률은 매우 저조했다. 전국 55개 대학 가운데 39개 사립대학의 미등록률은 70%에 달하였고, 전국적으로 절반 가까이 등록하지 못하였다. 심지어 서울대도 최종 마감일을 거듭 연기했음에도 등록률이 70%를 넘지 못하였으며, 공주사대의 경우 전교생 850명 중 2/3가 넘는 524명이 등록금이 없어 제적되는 상황(1957.4)까지 벌어졌다(이상 강명숙, 2018, 96, 103, 142, 198~200, 204). 이런 황당한 상황이 개선될 여지를 보이지 않아 '대학망국론'의 비판이 비등한 가운데 50년대가 저물어갔다.

8. 반공의 물결과 군사문화

서구의 대학과 달리 일본에서는 대학을 통제의 대상으로 본 측면이 강하다. 이는 총장과 학장의 직무로 학교에 대한 관리 감독의 의무를 강하게 부여한 데서도 찾아볼 수 있다. 이런 경향은 전시체제로 인해 더더욱 강화되었고, 그런 전통이 그대로 우리에게 이어져 내려왔다. 남북분단으로 시작된 해방공간에서 좌우의 이념적 대립이 격화되자 미군정은 대학 내에서 좌익을 몰아내지 않고서는 교육정책은 물론 미군정의 정책수행 자체가 불가능하리라는 판단 아래 국대안을 비롯한 각종 정책을 추진하였다.

이승만 정부 역시 미군정의 인식을 그대로 공유했으며, 공산주의자와 싸우기 위한 이데올로기로 '일민一民주의'를 국시로 내세웠다. 초대 문교부 장관인 안호상安浩相에 의해 이론화된 일민주의는 자본주의와 사회주의 모두 특정 계급의 이익을 우선하나 민족주의를 바탕으로 사회민주주의적 개혁을 통해 양자를 극복하는 것이 일민주의라며 한국 민주주의의 토대라고 주장하였다. 하지만 그 본질은 단군 신앙에 근거한 혈연적 민주주의였으며,[74] 강력한 반공적 민주주의이었다.[75]

안호상은 전국의 모든 중등 이상 학교를 대상으로 학도호국단을 결성하게 하여 일민주의 실천의 전위대로 삼았고(1949.4), 「병역법」(1949.8) 제78조에 근거해 전국 중고등학생과 대학생 모두 학도호국단 편입과 군사훈련을 의무화시켰다. 이어서 학도호국단을 유일한 학생 단체로 인정하는 「대한민국 학도호국단 규정」(1949.9)을 대통령령으로 공포하였다. 이로써 학도호국단은 총 1,146

---

[74] 안호상은 단군 신앙을 숭상하여 「교육법」 제1조에 "교육은 홍익인간의 이념 아래 모든 국민으로 하여금 인격을 완성하고, 자주적 생활 능력과 공민으로서의 자질을 구유하게 하여, 민주국가 발전에 봉사하며 인류공영의 이상 실현에 기여하게 함을 목적으로 한다"고 하여 홍익인간을 교육의 근본이념으로 천명하였다.

[75] 안호상은 중앙학도호국단 결단식에서 "붓대와 총자루를 다 같이 굳게 잡고 철석같은 학도호국단 대열에 뛰어들어 이북에 총진군, 조국 통일을 기하자"고 연설하였다(김정인, 2018, 154에서 재인용).

개교, 35만 단원의 거대한 학생조직이 되었다.[76)]

한국전쟁 직후 이승만 정부는 가장 먼저 반공·민주교육의 추진을 내세웠다. 전쟁 중 제2대 문교부 장관이 된 백낙준은 '우리의 나아갈 길은 공산주의에 대한 총력전'이라고 했고, 1950년대 내내 국방교육을 교육목표의 하나로 중시되었는데, 이는 전쟁 기간 중 나올 수밖에 없는 주장이었다. 이로써 반공이 곧 민주주의의 수호라는 인식이 확고하게 자리 잡게 되었다.

전쟁으로 인한 파괴, 피난으로 인한 고통, 북한군 치하에서의 고초, 교수의 납북 등을 체험하면서 전후 대학에서 반공주의는 자연스레 일상적 표어이자 신념이 되었다. 거기에 미국은 원조를 통해 대학을 재건하고 유학을 주선하면서 그 대가로 공공연하게 반공교육을 요구했다. 광복부터 형성된 보수-우익-기독교-친미에 1950년대에 덧붙여진 반공은 권력 구성의 주요 연결고리였고, 사립대학은 이 모든 연결고리를 갖춘 대표적인 곳이었다.

한국전쟁이 끝난 뒤 북진을 전제로 한 통일의 강조, 친일정권이었지만 반일을 강조한 이승만 정부의 영향으로 통일과 반일은 모든 한국인이 공유하는 정서였다. 그리고 학도호국단은 학생들을 관제 데모에 강제 동원하는 수단이자 반공과 반일 이데올로기를 내면화하고 규율화하는 데 이용되었다.

한편 학도호국단의 조직화와 활성화는 정부의 의도와 무관하게 간부의 리더십을 키우고 학생 간 네트워크를 긴밀하게 만들었다. 또 수시로 동원된 관제 데모의 경험은 이후 중고등학교 학

---

76) 학도호국단은 이승만 대통령을 총재로, 안호상 장관을 단장으로 하였다. 학도호국단은 독일에서 유학했던 안호상이 나치의 청소년단인 히틀러 유겐트Hitler Jugend를 모방한 것이라는 비판이 있었다.

생이 4.19혁명을 조직적으로 주도할 수 있는 역량이 되었다. 또 북진통일론은 4.19혁명 이후 분출한 통일운동의 밑바탕이 되었으며, 반일 주장은 1964~1965년 한일협정 반대운동으로 폭발하였다.

대학의 군사문화를 반영하는 것 가운데 하나는 대학생의 교복 착용이다. 서울대는 1947년부터 남녀 모두 베레모를 교모로 쓰게 하고 교복을 정해 학생들에게 착용하도록 하였다. 문교부는 각 대학교에 교복 착용을 강제하는 공문을 보냈다(1953.3). 그리고 등록금에 교복비가 포함되어 있었다.

5.16이후 군사정부도 남학생에게 교복과 교모 착용을 지시했고, 여학생에게는 교복에 준하는 간소한 옷차림을 권하였다. 하지만 성인인 대학생에게 교복을 강요하는 데 한계가 있었고, 군국주의의 잔재 같다고 하여 공식적인 학교 행사 외에는 거의 입지 않는 분위기였으나 70년대 말까지 존재하였다. 심지어 교문에서 교복과 배지 등의 착용을 검사하는 기율부가 70년대 초반까지도 대학에 있었다(이상 김정인, 2018, 150~153, 156; 강명숙, 2018, 131, 143~145, 203, 294~299; 강성현, 2016, 127~134).

9. 4.19혁명과 대학의 참여

4.19혁명은 국민 스스로 민주주의의 이상을 실현하고 확충한 최초의 성공적인 역사적 경험이었고, 미래를 향한 추상적 비전이 아니라 체험을 통한 회상과 공감으로 새로운 발전을 가능하게 한 생생한 도약대였다. 특히 대학과 교수, 대학생의 역할과 정체

성에 대해 새롭게 자리매김하는 결정적인 전환점이 되었을 뿐 아니라 지금까지 민주화의 요람으로서의 대학을 결정지은 일대 전환점이었다.

1950년대 우리 사회에서는 '대학망국론'이 공공연하게 제기될 정도로 대학에 대한 부정적 인식이 팽배하였다. 사학법인은 '학원 모리배謀利輩'라는 말이 나올 정도로 부정과 부패의 상징이었고, 교수들은 무기력했으며, 학생들은 '역전의 지게꾼보다 흔한' 존재로 여겨졌다. 입학 열기는 뜨거웠지만, 정작 취업할 곳은 찾아보기 힘든 열악한 경제 환경 때문에 대다수 대학생은 졸업 후 '고등유민高等遊民=고등룸펜'으로 전락하였다.

4.19혁명을 주도한 것은 지금 일반에게 알려진 것과 달리 대학생이 아니고 고등학교 학생이었다. 광복 후 학생 수가 급증했지만, 1960년 당시 고등학생은 대학생 못지않게 강한 엘리트 의식을 지니고 있었으며, 심지어 자신들만이 정의와 진리에 목숨을 걸 수 있는 순수한 엘리트라는 의식을 공유하면서 대학생을 기성세대와 동일시하였다. 그런데 이런 학생들의 의식에 역행하여 이승만 정부는 대통령 우상화를 추진하며 학생을 각종 관제 행사에 수시로 동원했다.77) 또 공무원은 물론 교원까지 부정선거

---

77) 이승만 대통령 생일에는 전국적으로 태극기를 게양했고, 1955년 80세 생일에는 서울운동장에서 대규모 경축 행사가 열렸다. 1천 명의 합창단이 동원되고 학생들의 매스게임이 있었으며, 오후에는 기갑부대까지 동원한 3군 시가행진이 있었다. 심지어는 이승만은 한국민을 위해 하나님이 보내준 그리스도라는 낯뜨거운 관제 선전까지 난무하였다(김학재, 2016, 124~126). 또 외국인이 '서울'을 발음하기 어렵다며 새로운 지명을 채택하자고 이승만 대통령이 제안하자 서울시는 대통령의 호인 '우남'을 서울을 대체할 지명으로 건의하였다. 이듬해 서울시의회 선거에서 야당이 승리하면서 우남특별시로의 개칭은 중단되었지만, 대통령 우상화는 민망할 정도로 그 도를 넘었다.

개입에 앞장세우자 '학원의 정치도구화' 자체가 반정부 시위의 주된 쟁점이 되었다.

　3.15 정·부통령 선거 승리를 위한 불법 선거 개입이 노골적으로 자행되자 경북고·경북사대부고 등 대구의 고등학생들은 학원의 자유, 독재정치와 부정부패 척결을 주장하며 처음으로 시위를 시작하였다(1960.2.28). 이 대구 시위를 계기로 전국의 중·고등학생이 가세하였으며, 특히 선거 당일인 3월 15일, 마산에서 대규모 규탄시위가 벌어져 내무부 장관과 치안국장이 사임하기에 이르렀다. 그런데 고등학생 시위대의 초기 플래카드에는 '기성세대 물러가라'는 구호와 함께 '대학생부터'라는 문구가 부기될 정도로 대학생은 존재감은커녕 청산의 대상으로 간주되었다.

　각 지방을 중심으로 한 달 넘게 계속된 학생 시위는 4월 11일 마산에서 마산상고 신입생 김주열金朱烈의 시신이 발견되면서 전국적으로 격화되었다. 하지만 그때까지도 대학생들은 참여를 주저하고 있어 '대학생들은 어디 있는가? 왜 침묵하는가?'라는 비난이 쏟아졌다. 대학 가운데 처음 시위에 나선 것은 고려대였다.

　4월 18일, 4천여 고려대 학생들은 "대학은 반항과 자유의 표상"이라고 선언하고, 부정선거를 규탄하며 경찰의 봉쇄망을 뚫고 세종로까지 진출하였다. 그리고 질서정연하게 귀교하던 중 청계천 4가에서 정치폭력배들에 의해 참혹하게 피습당하였다. 대학생의 평화 시위에 대한 무자비한 폭력은 다음날 각 대학의 시위 동참을 불러일으켰고, 혁명의 주역은 고등학생에서 대학생으로 급작스럽게 전환되었다. 시위 구호도 부정선거 규탄에서 독재 타도로 바뀌었다.

서울 지역 대학생들이 4월 19일 오전, 경무대와 중앙청 앞에 총집결하여 '이승만 하야'를 요구하는 본격 시위에 나서자 시민들은 물론 중·고등학생도 대거 참여하였고, 놀란 경찰은 시위대에 무차별 총격을 가하여 많은 희생자가 발생하였다. 이어서 시위대도 총격으로 대응하며 저항하자 서울 시내는 무정부 상태에 빠졌다. 정부는 서울을 비롯한 주요 도시에 계엄령을 선포하고 군을 진주시키자 사태가 일단 진정국면에 들어섰다.

이 혼란한 시국을 정리한 것은 4월 25일 전국 대학교수들이 발표한 14개 항의 시국선언과 시가행진이었다. 교수단 시위는 다시 시민과 학생의 대규모 시위를 촉발하였고, 결국 이 대통령의 하야로 마무리되었다.

대구 학생시위로 시작된 혁명은 마상상고 김주열의 희생을 계기로 다시 불타올랐으며, 일부만 참여한 대학과 달리 서울 시내 고등학교는 거의 모든 시위에 참여했다. 또 죽음을 무릅쓰고 경찰의 봉쇄망을 뚫으며 앞장에 선 주체는 빈민들이었다. 혁명 과정에서 발생한 186명의 희생자 가운데 학생은 77명이고, 노동자 등 빈민은 94명이었다. 학생 가운데 초·중학생이 19명, 고등학생이 36명, 대학생은 22명이었다. 따라서 4.19혁명의 주역은 고등학생과 도시 빈민이라고 함이 타당할 것이다(민주화운동기념사업회; 오제연, 2016, 44~45).

하지만 언론 등에서는 학생 주도 시위와 빈민 주도 시위를 과격성 여부를 기준으로 구분하였고, 혁명 후 각 대학 학생회는 경찰서를 접수하여 치안과 질서유지에 앞장서고, 거리 청소와 호소문 배포 등에 나섬으로써 자신들과 빈민을 구분하였다.[78] 그러면서 혁명에 참여한 빈민의 업적은 점차 잊혔고, 고등학생보다 대학생이 주도한 혁명으로 바뀌게 되었다. 반대로 혁명의 마지막에 참여한 대학생은 자신들의 힘으로 혁명을 성취하였다는 자부심과 그 과정에서 연대의 경험을 나누면서 4.19세대라는 특유의 정체성을 형성하였고, 점차 4.19세대는 4.19를 경험한 대학생 집단을 지칭하는 것으로 자리 잡게 되었다.

아무튼, 대학생과 대학교수단의 시위가 2개월에 걸친 전국적인 항의와 저항의 최종 국면을 주도하면서 대학생과 교수는 처음으로 우리 사회의 여론 주도권을 획득하게 되었다. 또 대학이 정권에 대한 대항과 저항의 근거지로 독특한 위상을 차지하게 된 것 또한 4.19혁명이 남겨준 자산이다(이상 이재오, 2011, 147~173; 오제연, 2016, 23, 59~60; 강명숙, 2018, 151~153, 157; 서중석, 2020, 239~253).

10. 학생의 대학 민주화 요구

4.19혁명은 청년들의 힘으로 정권을 교체한 역사상 첫 번째 사건이었다. 이 승리의 경험을 공유하면서 학생들은 이전과 달리 자신들을 진정한 시민의 탄생을 실현한 주체이며 권력의 감시자로 새롭게 정의하면서 사회의 변화를 이끌고 촉진하는 주체라는 자각을 하게 되었다. 이런 의식의 변화는 당시 발표된 각종 선언문을 통해서도 확인해 볼 수 있다.

---

78) 성균관대가 시 경찰청, 연세대가 서대문, 서울대가 남대문, 고려대가 중부, 건국대가 성북, 이화여대가 영등포, 한양대가 성동, 경희대가 마포경찰서에 본부를 두고 질서유지와 청소, 치안 확보, 호소문 배포 등의 활동을 전개하였다 (강명숙, 2018, 157).

우선, 4.19혁명의 도화선이 된 2.28대구학생의거 당시 발표된 경북고등학교 결의문에는 "사회악에 물들지 않은 백합같이 순결한 청춘이요, 학도"로서 자신들의 투쟁은 '정의감에 입각한 이성의 호소'라고 강조하였다. 고려대 선언문에는 "청년 학생만이 진정한 민주 역사 창조의 역군이 될 수 있다"고 하면서 "기성세대는 자성하라"는 구호를 통해 대학생을 기성세대와 구분하였다. 서울대의 선언문에서는 "지성과 양심의 엄숙한 명령"과 함께 "이성과 진리, 그리고 자유의 대학정신"을 표방하였다. 교수단 선언문에는 "전국 대학교수들의 양심에 호소해 아래와 같이 우리의 소신을 선언한다"고 하였다(안동일, 2010, 40, 179, 212~213, 278~279). 이렇게 고등학생·대학생·교수들은 각각 '정의감, 대학정신, 양심' 등을 4.19혁명의 정신적 근거로 강조하였는데, 대학정신이 혁명의 원동력 가운데 하나로 등장한 것은 매우 주목할 만한 일이다.

4.19혁명 직후 자연스럽게 대학 내에는 민주화 열기가 거세게 불었다. 대학신문을 통해 스스로 담론을 생산한 대학생들은 우선 정부의 대학에 대한 정치적 관여, 학도호국단의 폐지와 학생회 건설, 어용·무능 교수 퇴진, 등록금 인하와 법인 비리 척결 등을 주요 의제로 올렸다.

1960년 4월 29일에 허정許政(1896~1988) 과도정부가 수립되고 문교부 장관은 학원의 정치 도구화와 경찰의 학원 간섭 등을 철저히 배격하겠다고 약속했다. 5월 3일에 국무회의 결정으로 학도호국단이 해체되었고, 열흘 뒤인 5월 13일에는 20개 대학 학생 대표들이 모여 새로운 학생 자치조직의 명칭을 '학생회'로 통일하는 데 합의했다. 학생회 출범을 위한 사전 조직으로 먼저 학생자치위원회가 만들어졌고 대다수 대학에서 1960년 말까지 학생회 선거가 이루어졌다(김정인, 2018, 122~123). 서울대에서는 처음으로 '여학생회'가 조직되었다(서울대 홈페이지, 사진으로 보는 역사).

새롭게 조직된 학생회를 중심으로 거의 모든 대학에서 무능·어용·부패 교수를 축출하려는 시위가 연달아 일어났고, 학생들의 거센 요구를 의식하지 않을 수 없던 문교부는 교수 축출의 기준을 제시하였다. 그 결과 9월까지 180명의 교수가 대학에서 축출되었다. 하지만 이는 역설적으로 정부가 직접 사립대학의 총학장과 교수를 해임하는 길을 열어놓았다.

이와 동시에 등록금 인하와 반환 투쟁이 전개되었다. 당시 공사립 막론하고 수업료의 3배가 넘는 시설비와 시설확충비를 등록금에 포함해 징수했는데 이는 국가나 법인에서 책임져야 할 것을 학생에게 전가한 것이어서 논란이 되었다. 하지만 등록금 인하 투쟁이 경찰서를 습격하는 등 폭력적으로 확대되어 거센 비난을 받았고, 시설비는 계속 유지되었다(이상 이재오, 2011, 179~180; 강명숙, 2018, 158~162).

학원민주화운동에 이어 대학생은 국민계몽운동, 신생활운동, 나아가 민족통일운동 등을 추진하였다. 당시 대학생은 엘리트의식과 낭만주의가 다분한 운동을 전개하였는데, 민족통일이야말로 4.19혁명의 종국적 목표라고 생각하고 남북학생회담의 개최를 요구하였다(1961.5). "가자, 북으로! 오라, 남으로! 만나자 판문점"이란 구호는 민주당 정부를 당혹하게 만들었고, 보수세력과 군부를 자극하였다. 민족통일전국학생연맹이 주최한 서울운동장에서의 궐기대회는 성황리에 끝났으나 불과 사흘 뒤 발생한 5.16쿠데타로 모든 것이 원점으로 돌아갔다(이재오, 2011, 183~187).

11. 교수평의회와 교원노조의 설립

대학의 자치와 자율을 주장하는 목소리는 1950년대에도 있었다. 「교육법시행령」(1952.4) 제148조에 근거하여 국립대학에 평의원회를 설치하고 대학과 부설기관, 학부와 학과의 설치 및 폐지, 학칙 등을 다루도록 했지만, 총장이 평의원을 위촉하도록 하여 유명무실한 조직에 불과하였다. 이에 우선 「교육공무원법」 제정을 통해 교수 신분보장, 대학의 재정독립, 자율적 운영이 보장되어야 한다는 요구가 제기되었다.

서울대의 경우, 「교육공무원법」(1953.4)에 근거해 교수회가 부활하여 총장과 학장 임명, 교수 임용 승진 때 교수회 동의 절차를 거치도록 하였다. 총학장 임명은 문교부가 최종 승인 거부권을 가지고 있어서 그 실질적인 권한은 미흡하였지만, 교수회의 동의 절차를 규정함으로써 교수자치의 근거는 마련되었다.

반면 사립대학은 그렇지 못하여 여러 대학에서 교수회, 교수평의회를 구성해 교수의 신분보장과 대학자치를 실현하려는 움직임이 가시화되었다. 연세대의 경우, 5월에 전체 교수회의를 열어 교수평의회 구성, 이사장과 총장의 겸임 불가, 총장 선임을 위한 위원회 구성과 교수 대표의 참여, 학장과 대학원장 임명과 교수의 임용 승진 시 교수회의 동의를 거칠 것 등을 요구하였다(이상 강명숙, 2018, 163~164).

4.19혁명 때 4월 25일 교수단 시위를 주도했던 교수들을 중심으로 한국교수협회가 결성되었는데, 8월 20일 대구에서 열린 '교원노조탄압반대 전국조합원총궐기대회'에 경북교수협회 대표 이종하李鐘河 교수가 참가하여 격려한 것으로 볼 때 전국적인 조직

으로 확대된 것으로 보이지만, 그 구체적인 내용은 확인하기 어렵다.

우리나라 최초의 교원단체는 1945년 9월에 결성된 '조선임시중등교육협회'로서 결성 직후 일제강점기의 친일 행적에 대해 공개적으로 사과하고 학교별 자치위원회를 구성하여 학교를 운영하려 했다. 그러나 미군정이 기존의 친일 교원에 대해 관용적 입장을 표하자 좌우의 분열이 시작되었다. 진보 측 교원들은 조선교육자협회(1946.2), 전문대학교수단연합회(1946.4)를 결성하였는데, 다시 이들 내에서도 노선의 분열이 일어나 남로당계가 주도권을 장악하고(1946.8) 국대안 반대 등을 주도하였다. 이에 미군정은 이 두 단체를 적색 단체로 규정하고 대거 체포에 나서 와해시켰다(1947.8)(박종무, 2011, 120~127, 132~139, 150~154).

1958년과 1959년에도 일부 사립대학 교수들을 중심으로 교원노조 결성이 시도되었으나 법적 제한으로 무산되었다. 최초의 교원노조는 4.19혁명의 시발지인 대구에서 결성된 대구시 초등학교 교원노조와 중고등학교 교원노조였다(1960.5.7). 당시 교원들은 정부의 부정선거 동원과 시위에 나서는 학생들 사이에서 몹시 힘들어했다. 4.19혁명 직후 교원들은 양심과 무기력감에 거취를 고민할 수밖에 없었고, 경북사대부고의 경우, 교사 전원이 사표를 내기에 이르렀다.

이런 깊은 자성을 바탕으로 결성된 교원노조는 부산·경남 등으로 빠르게 확산되었고, 7월에는 서울 등을 제외한 8개 시도 82개 조합을 확보한 '대한교원노동조합총연합회(교조)' 설립으로 이어졌다. 당시 문교부가 국회에 보고한 조합원 수는 모두 22,000명으로 당시 초·중등교원이 75,000명인 것을 생각하면 불과 2

개월 만에 들불처럼 빠르게 퍼져나간 셈이다. 가입률은 경남 90%, 경북 70%여서 자연히 영남지역 교사들이 교조의 중심 세력을 형성하였다. 교조는 '학원의 자유'와 '교육의 자주성 회복'을 주된 구호로 삼았다.

당시 「노동법」에는 교원의 노조결성을 금지하는 별도의 규정이 없었다. 하지만 민주당 정부가 교조를 인정할 수 없다며 해체를 요구하자(1960.6), 교조는 교원의 노조결성을 금지하려는 「노동조합법」 개정 반대, 대한교육연합회(대한교련)의 해체,[79] 교원의 법정수당 지급, 사친회비 등의 폐지, 비리인사의 추방, 교과서 공급의 비리 해결 등을 주장하며 한국교원노동조합총연합회(교조총연합회)로 확대 개편하였다(1960.7). 그러자 경상북도 지사는 399명의 교사를 전보시키면서 명령 불복종과 근무태도 불량을 구실로 노조 간부 23명을 포함시켰다.

이에 개학을 닷새 앞둔 8월 16일, 1,500명의 교사들이 청구대학에서 경북지구교조긴급대회를 열고 항의하며, 20일 교조총연합회 총회 개최와 집단사표 제출 의사를 밝혔다. 경북교조 조합원의 절반인 5천 명이 사표를 제출한 상태에서 열린 8월 20일의 '교원노조탄압반대 전국조합원총궐기대회'에는 전국에서 3,000여 교사가 참여, 부당한 인사조치 철회와 교원노조의 합법성을 인정할 것을 요구하였다. 그리고 요구사항이 관철되지 않을 경우, 사직과 함께 8월 26일부터 수업을 거부하기로 결의하였다. 하지만

---

[79] 반면 교조로부터 어용단체로 몰린 대한교육연합회(현 한국교총의 전신)는 82,000명의 회원이 4.19혁명 직후 5만여 명으로 급격히 감소하였다. 교련을 탈퇴한 교원 가운데 상당수가 교조에 가입했을 것으로 추정된다(시사저널, 1999.3.25).

정부의 양보 소식, 수업 거부에 대한 학생들의 강한 반발, 보수적인 사회적 여론 등으로 수업에 복귀하였다.

하지만 교원노조 불법화를 내용으로 하는 개정안이 상정되자 대거 단식투쟁에 나섰는데, 개정안 폐기와 교원단체 입법 추진으로 투쟁은 중단되었지만, 그 와중에 1,121명의 졸도자, 426명의 중태자, 34명의 입원환자가 발생하였고 대구 학생들의 동조 단식으로 일대 사회문제가 되었다.

그 뒤로도 노조신고증 발급 문제로 농성 투쟁을 반복하였지만, 단식투쟁의 후유증으로 학부모 단체의 비판과 대한교련의 역공이 시작되고, 정부의 완강한 입장이 계속되면서 교조 활동은 적지 않게 위축되었다. 교조는 정치적 논란의 우려가 있음에도 불구하고 「반공임시특별법」과 「데모규제법」 등에 대한 반대 투쟁에는 동참하였으나(1961.3), 통일문제 등 민감한 사안에 대한 논의와 참여는 기피하는 등 조심스러운 행보를 하였다.

5.16 직후 군부는 용공 혐의로 2천 명을 구속하였는데, 그 가운데 1,500명이 교조 조합원일 정도로 교조는 철저한 탄압의 대상이 되었다. 군사정부는 신원조회를 거친 공무원인 교조 조합원의 용공 혐의를 입증할 수 없자 소급입법인 「특수범죄 처벌에 관한 특별법」을 제정하여 6명을 구속하고, 교조를 완전히 해체하였다. 이후 400여 교사는 끝내 복직하지 못하였다(동아, 1960.8.17, 8.29, 9.8; 경향, 1961.1.16; 이대학보, 1992.4.13; 시사저널, 1999.3.25; 프레시안, 2005.6.9; 이길상, 2005, 235~242; 교육희망, 2014.7.1; 경향, 2015.2.13).

|제4절| 개편과 통제: 군사정부의 대학 정비와 대학의 저항

1. 사학개혁에 관한 공감대

　4.19혁명과 대학 민주화를 위한 노력에도 불구하고 사립대학의 상황은 여전히 암울하였다. 사립대학의 문제점은 대학을 후원하기 위해 존재해야 할 법인이 오히려 대학을 돈벌이 수단으로 삼은 데서 출발한다. 대학을 설립하고 운영하기에 역부족인 부실한 법인으로서는 대학등록금이 사실상 수입의 전부였다. 하지만 정상 입학한 학생들이 낸 등록금만으로는 필요한 예산을 충당할 수 없기에 불법으로 정원 외 학생을 입학시키고, 그 과정에서 챙긴 수수료와 등록금을 정상 수입인 양 간주하며 대학을 운영하였다. 이렇게 학생 수가 곧 대학 재정을 결정하는 구조 속에서 법인은 정원 확충을 위해 온갖 수단을 동원했고, 그럴수록 교육의 질은 논외로 밀려날 수밖에 없었다.

　이런 악순환 구조를 개선하는 길은 법인의 재무구조를 충실하게 하는 것이 정도지만 현실적으로 불가능에 가까웠다. 그렇다면 차선은 국가의 재정 지원과 적절한 관리 감독을 통해 사립대학의 공공성을 담보하는 것이지만 이 또한 쉽지 않았다. 국립대를 정상적으로 지원하기에도 부족한 재정으로 전체 대학의 70% 이상을 차지하는 사립대학을 지원하기란 기대하기 힘들었다. 결국, 사학법인의 부정은 정부가 공인해 준 공개된 부정이 되었고,

사학법인은 이런 모순을 이용하여 사익의 극대화를 추구하였다. 이것이 1950년대 말, '대학망국론'이 등장하게 된 배경이다.

문제는 이런 구조적 악순환이 4.19 직후의 상황만이 아니라는 점이다. 광복 후 사학법인이 출범한 이래 누적된 고질적인 적폐이자 현재진행형인 병폐이기도 하다. 그렇다면 그에 대한 가장 큰 책임은 어디에 있는가? 그것은 당연히 고등교육에 대한 책임을 방치한 정부에 있다. 학생은 국가가 제공하는 양질의 교육을 요구할 권리가 있고, 학부모에게는 과중한 등록금 부담을 져야 할 의무가 없다. 1960년 당시 전 세계 어디에도 사립대학의 비중이 70%나 되는 나라가 없었는데, 지금 선진국 운운하면서도 사립대학의 비율이 85%로 더욱 늘어났으니 이런 기형 성장은 최근 정부가 이승만 정부보다 고등교육을 위한 투자에 인색한 결과이다.

두 번째 책임 역시 부실한 법인에게 대학 설립인가를 남발한 정부가 져야 할 것이다. 유진오 총장은 광복 당시 정상적인 대학 설립에 필요한 예산의 1/100만 갖췄어도 대학 설립인가를 내준 것이 대학 부실화의 근본 원인이라고 지적하였다(김정인, 2018, 160). 정부의 마구잡이 인가의 절정은 김영삼金泳三 정부의 대학설립준칙주의이다. 학령인구 감소가 분명하게 예측되는 시점에서 대학 설립을 남발하여 현재 대학이 안고 있는 거의 모든 구조적 난제를 한꺼번에 만들어낸 주범이기 때문이다.

세 번째 책임 역시 부실한 법인을 제대로 관리 감독하지 못한 정부가 져야 할 것이다. 개교 이래 단 한 번도 감사를 받지 않은 대학이 60%나 될 정도로 교육부의 관리 감독은 허술하며, 비리를 제보하면 그 내용을 고스란히 사학법인에 넘겨주는 파렴

치한 행동을 서슴지 않고 해왔다. 최근 주요 대학 감사도 징계 실적을 올리기 위해 출석부 검사, 답안지 검사가 주를 이룰 뿐 정작 감사다운 감사는 기대하기 힘든 실정이다. 사교련이 교육부 감사관실을 감사해달라고 감사원에 국민청원을 하였을 정도로(2018.6) 교육부 감사에 대한 신뢰는 바닥을 치고 있다.

물론 대학 문제는 단순한 특정 기관의 문제가 아니라 그 시대적 환경이 총체적으로 결합한 결과이므로 1960년 이전의 시대적 상황을 충분히 고려하여 평가해야 한다. 문제는 교육기관으로서 사학법인이 지켜야 할 최소한의 금도를 지키지 않은 데 있다. 고려대·연세대·이화여대 등 일제강점기부터 대학으로서의 규모를 갖춘 대학조차 재정 부족 때문에 초과 모집한 학생의 등록금으로 수지를 맞추는 상황에서 후발 대학이 정상적인 운영을 할 수 없음은 정부 당국자들도 잘 알고 있었다. 그래서 사학법인의 부정과 비리에 대하여 눈감아주었고, 그 과정에서 자신들의 사익을 챙겼다. 문제는 일반의 상식과 이해의 수준을 넘어선 부정과 비리에 있다.

4.19 직후 문교부가 전국 61개 대학을 조사해 본 결과, 입학정원을 준수한 대학은 가톨릭·고려대·연세대 3개 사립대학과 15개 국립대학뿐이고, 20개 대학은 초과 모집하였는데, 그 가운데 동국대·성균관대·중앙대·한국외대·한양대 등은 정원을 2~3배나 초과해서 모집하였다. 반대로 서울대 농대를 비롯한 23개교는 정원 미달 상태였다(동아, 1960.8.22).

이런 일들이 누적된 결과, 국민은 사립대학을 부정 입학이라는 불법 상품을 파는 악덕 기업처럼 인식하였다. 장면張勉(1899~1966) 내각에서도 대학은 양보다 질을 우선해야 한다며 대학 신설은 물론이고 기존의 대학에서 신청한 학과 신설도 불허하겠다는 방침을 밝힌 바 있으니(경향, 1960.9.22), 이 점은 1961년 군부의 대학에 대한 인식과 다르지 않았다. 5.16 군부 세력이 대학을 개혁의 대상으로 삼게 된 것은 당연한 결과였다.

2. 총장과 이사의 자격 논란

4.19 직후 대학과 관련된 논란 가운데 하나는 사학법인 이사장과 이사, 사립대학 총학장의 자격 문제였다. 일제강점기, 사학의 설립은 일제의 탄압에 맞서기 위한 민족적인 저항의 일환이었기에 총독부의 엄격한 자격요건 자체가 심정적 저항의 대상이었다. 광복 직후에도 이런 정서가 그대로 유지되었기 때문에 사학법인 설립자의 자격에 관한 상세한 제한 규정을 만들기 어려웠다.

하지만 이런 혼란기를 지나 사회가 안정되면서 이사장과 이사에 대한 최소한의 자격요건이 필요하다는 의견이 자연스럽게 제기되었다. 대학에 다니지 못해 대학을 이해하지 못하는 사람이 법인을 장악하거나 부정과 비리로 처벌을 받은 사람이 이사로 활동하는 등 상식을 벗어난 경우가 많았고, 가족들이 이사진을 구성하는 경우가 다반사였기 때문이다.

총장 역시 마찬가지다. 강사부터 교수까지 모두 자격 규정이 있는데, 총장은 어떤 자격 조건도 없이 이사장의 임명과 문교부의 승인만 있으면 가능하게 한 것이 논란이 되었다. 그리고 4.19 직후에 시작된 이사장과 이사의 자격, 총학장의 자격에 대한 논란은 60년이 지난 2020년 현재에도 여전히 진행 중이다. 물론 대학 총장의 자격을 규정하는 것 자체가 대학의 자율에 역행하는 일이다. 그런데도 이런 논란이 계속되는 것은 그동안 사립대학 총장의 선임 절차와 내용이 상식에 벗어난 일이 많았기 때문이다. 사학법인에 대한 신뢰가 높지 않은데 총장 자격은 물론 선출 절차에 관한 규정 자체가 없고, 단지 '총장은 법인에서 선출한다'는 정관이 관련 규정의 전부인 경우가 많으니 논란이 끊이지 않는 것이다. 이런 정관대로라면 미성년자만 아니면 누구나 총장이 될 수 있다.

3. 교수의 자질과 복지

4.19 직후 대학과 관련된 논란 가운데 하나가 우수한 교수의 확보와 확충이었다. 유진오 총장은 광복 직후 교수의 수는 3개 대학을 운영하기에도 부족한 실정이었다며, 교수 부족과 질 저하가 대학을 부실하게 만든 주된 요인이라고 지적한 바 있다. 장면정부에서 교육부 장관을 지낸 오천석吳天錫 역시 1950년대 대학 관련 현안 가운데 가장 큰 문제가 교수의 질이라고 밝혔다. 오천석은 50개 대학을 운영하기에는 교수 인력이 절대적으로 부족하였고, 그나마 제대로 활동할 수 있는 여건도 갖추지 못하였다고 지적하고, 조속한 외국 유학 추진, 연구실과 연구비 등 연구 환경의 조성, 타교 출강 제한과 그에 따른 처우개선이 시급하다고 하였다.

4.19 직후, 최호진 교수는 광복 직후, 교수 부족을 고려하여

교육 경력 10년 이상이면 교수가 될 수 있게 한 기존「교육법」 과「교육법시행령」을 개정하여야 한다고 제안하였다. 또 교육 경력과 연구실적을 구별하여 연구실적 없이는 승진할 수 없도록 할 것과 교수의 질적 향상을 위한 적절한 급여가 필요하다고 주장했다(이상 김정인, 2018, 159~163).

경희대 대학주보에 실린 1950년대의 시간표를 보면 인근 고려대 전임교수가 경희대 사학과에서 1주에 18시간을 강의한 것을 확인해 볼 수 있다. 또 하루 종일 쉬는 시간 없이 강의하도록 편성된 시간표도 있어 정상 수업을 진행하였는지 의심하게 한다. 한편 당시 교수의 증언에 따르면 명문대조차 주당 40시간씩 강의하지 않으면 생활하기 어려울 정도로 교수의 임금이 낮았다고 한다.

1965년 서울대 교수 월급은 전임강사 8,300원, 조교수 9,200원, 부교수 12,000원, 교수 15,000원이었고, 교수에게는 매월 연구수당 1,500~3,000원이 추가 지급되었다. 조교수 월급은 문과계열의 1학기 등록금, 부교수 월급은 이공계열의 1학기 등록금과 맞먹는 수준이었지만, 당시 사립초등학교의 교사 월급이 월 2만 원이었던 것과 비교해보면 상당히 열악했음을 알 수 있다(강명숙, 2018, 213).

그리고 1949년에 제정된「교육법」제73조에 교원은 '학생을 직접 지도·교육하는 자'였고, 제75조 제2항에 '대학교원으로 총장, 교수, 부교수, 조교수, 강사, 조교를 둔다', '교수, 부교수, 조교수와 강사는 학생을 교수하고 그 연구를 지도한다'고 하여 교원의 범주에서 강사에 대한 별도의 구별은 없었다. 그러나 1953년에 제정된「교육공무원법」제3조(교수, 부교수, 조교수, 강사의 자격) 제1항에 "교수, 부교수, 조교수, 강사(전임자專任者에 한한다)"라는 규정이 생겨서 전임강사와 시간강사의 구분이 생겼고, 1963년 개정된 「교육공무원법」 제5조(교수 등의 자격) 제1항에 기존의 "강사(전임자專任者에 한한다)"가 "전임강사"로 변경되었다.

하지만 이런 법률상의 규정과 무관하게 대다수 사립대학은 승진에 관한 인사 규정 자체가 없고, 승진 여부는 전적으로 이사장의 재량에 해당하는 사안이었다. 그래서 교수들은 자신이 언제 승진이 될지 예측할 수가 없었고, 조교수로 20년을 보낸 경우도 있었다. 사립대학에서 본격적으로 인사 규정을 만들기 시작한 것은 1980년 '서울의 봄'이었다. 민주화 열기로 사학법인에 대한 비판여론이 비등하게 되자 내부 불만을 진정시키기 위해 비로소 인사 규정을 만들게 된 것이다. 임용에 관한 인사 규정은 더욱 미흡하여 교수 공개채용은 서울의 대형대학도 1980년대 후반부터 본격화되었다.

4.19 직후 대학마다 재정이 어렵다며 전임교수를 채용하지 않고 시간강사에게 과도하게 의존하면서 강사료를 제대로 지급하지 않는 것 역시 지금과 다를 바 없었다. 1965년 당시 서울의 10개 대학에 총 2,181명의 시간강사가 있었는데, 시간당 강사료는 서울대가 100원, 평균은 150원이었고 서강대가 200원으로 가장 높았다(강명숙, 2018, 213). 그리고 안식년제는 1966년에 서강대가 국내 대학 최초로 도입하였다.

4. 등록금과 보결생 문제

과중한 등록금에 대한 반발로 4.19혁명 직후 등록금 인하가 한 차례 이루어졌다. 1961년 서울대는 신입생에 한하여 전년보다 1만 원이 적은 65,900원을 징수했다. 그리고 5.16 이후 군사정부도 등록금과 인상률에 대한 제한을 본격적으로 시행하였다(강명숙, 2018, 205~206).

하지만 낮은 등록률은 개선되지 않았다. 1962년에는 통화개혁의 영향이 있긴 했지만, 등록률이 전례 없이 낮아서 2학기 서울대는 12,000명 가운데 6,797명만 등록하여 등록률이 57%에 그쳤고, 연세대의 1차 등록률은 54%에 불과하여 추가 등록을 받아 85%까지 겨우 올렸다. 비교적 등록률이 좋은 이화여대도 1차 등록률 80%, 추가 등록 결과 86%였다. 하지만 1964년 2학기 등록률은 서울대·연세대가 42%, 고려대 50%였고, 서울 시내 대학 평균은 38.8%로 낮은 등록률이 지속되었다(강명숙, 2018, 208; 서울신문, 2018.3.4).[80]

상황이 이런데도 1960년대 중반부터 정부는 수익자부담원칙에 따른 대폭적이고도 지속적인 인상을 당연시했다. 1964년에는 실업계 대학을 제외한 전국의 국공립대학 등록금을 일시에 22

---

[80] 1963년 문교부 훈령 제정으로 그동안 시설비·시설확충비 등 다양한 명목으로 부과되던 항목이 국공립대학 기성회계에 포함되기 시작하였다. 이는 정부의 열악한 재정 지원을 보충하기 위한 것이었지만, 이후 수업료보다 기성회비가 더 많은 기형적인 등록금 구조를 만들었다. 그리고 등록금 납부 기간을 법정 수업 일수를 확보할 수 있는 최대 기일까지 연장하고, 우선 입학금과 수업료만 내고 기타 납부금은 별도의 납부 기간까지 내도록 하는 등의 조치가 취해졌다(강명숙, 2018, 208).

0% 인상하려고 했다. 이런 무모한 계획은 문교부의 반대로 좌절되었지만 결국, 실업계 대학을 포함한 모든 대학등록금을 매년 20%씩 4~6년에 걸쳐 계속 올리기로 결정하였다. 또 경제기획원은 1965년부터 교직원 임금과 학교 시설비까지 수익자부담원칙을 내세워 학생에게 부담시키려고 하였다(강명숙, 2018, 208~209).

국공립대학의 등록금 인상률이 20~25%를 기록하자 사립대학의 등록금 인상률은 통상 50%에 달하였으며, 심지어 100%를 기록하기도 하였다.[81] 고액의 등록금으로 1965학년도 1학기 각 대학의 등록률은 서울대가 40%, 서울의 종합대학이 50%, 소규모 대학과 지방대학은 30%를 넘지 못했다

그런데도 문교부는 1966학년도부터 등록금 인상 한도액을 철폐한 뒤 20% 이내의 인상을 권고하며 등록금 책정을 각 대학에 일임하였다. 그 결과 1966~1967년 등록금 인상률은 평균 34%에 달하였다. 한편 국립대학은 상대적으로 인상 폭이 크지 않아서 사립대학의 등록금 차이가 갈수록 벌어졌다. 1970년대 이후 사립대학 등록금 인상 폭이 15% 내외로 다소 낮아졌으나 등록금 부담은 여전히 컸고, 이것이 다시 학생 등록률에 영향을 미쳤다. 하지만 사학법인은 추가 등록이나 등록금 분할 납부 등을 거부하고 등록 횟수 제한과 미등록자 제적을 엄격히 시행하였다(이상 강명숙, 2018, 197~198, 209, 211~212).

낮은 등록률에도 불구하고 높은 등록금 인상률과 엄격한 제적 처리가 가능했던 것은 어떻게 해서든 대학에 진학해야 한다

---

81) 1965학년도 1학기 등록금은 서울대 문과계열 9,400원, 이공계열 11,000원 내외였다. 고려대는 평균 13,000원, 연세대는 12,000~16,000원, 이화여대는 13,000 ~17,000원이었다(강명숙, 2018, 209, 211).

는 강력한 수요가 뒷받침했기 때문이다. 등록률이 낮아지면 낮아질수록 관행적으로 이루어지던 고액의 금전 거래와 연결된 편법 편입학, 즉 보결생을 통한 보완이 가능했기 때문이다.[82] 베이비붐 세대가 대학에 본격 진학하자 미등록률 발생은 오히려 법인에게 치부의 기회로 활용되었다.

5. 군부의 '조국근대화'와 대학

한국전쟁 직후 70만까지 증가한 군은 휴전을 계기로 내외의 감군 압박을 받게 되었고, 중견 장교들은 갑자기 승진의 기회가 막히게 되자 불만이 많았다. 한편 1970년대 초반까지 군은 대학보다 더 많은 유학 경험자를 가진 유일한 집단이었다. 1953~1966년까지 해외 유학자는 7,398명이었고, 그 가운데 6,368명(86%)이 미국에 유학하였다. 하지만 이들 가운데 상당수가 귀국하지 않은 데 반해 장교는 비록 단기연수였지만, 1950년대에만 9,000여 명이 미군 군사학교에 파견되어 교육을 받고 돌아왔다.

재교육 기관이 거의 없던 시절, 군은 보병·공병·통신학교를 비롯해 육군대학, 국방대학원 등 다양하고 체계적인 자체 교육기관을 갖춘 유일한 집단이었다. 또 군은 최첨단 통신과 수송 수단을 갖추었을 뿐 아니라 방대한 조직을 운영하는데 필요한 미군의 첨단 행정관리 체계와 기술을 보유했고, 기업에 앞서 조직관

---

[82] 보결생은 대학은 물론 고등학교에도 만연하여 합격자를 발표할 때 보결생 모집을 고려하여 '합격자 발표' 대신 '입학예정자 발표'라고 하는 것이 관행일 정도였다(부산일보, 1953.4.30).

리와 경영학 개념을 가장 먼저 도입하였다.

가난했던 시절, 사관학교는 가정환경이 어려운 우수한 인재들이 선호했던 교육기관이었고, 엄격한 선후배 관계를 유지하고 있어 군의 응집력은 타의 추종을 불허하였다. 게다가 물자와 인력, 무장력을 갖추고, 미국과 가장 밀접한 집단이어서 언제고 정권을 장악할 가능성을 지니고 있었다(이상 한홍구, 2003a, 274~275).

1960년대는 전후 식민지에서 독립한 국가들이 본격적으로 근대화를 추진하던 이른바 '개발의 시대'였다. 또 이집트에서 나세르Gamal Abdel Nasser가 아랍민족주의를 주창하며 군부 쿠데타로 정권을 장악한 뒤(1952) 토지개혁과 수에즈운하 국유화로 이집트의 국격을 올리자 이를 모방한 쿠데타가 수십 개 국가에서 일어난 '쿠데타의 시대'이기도 했다.

4.19혁명을 계기로 집권한 장면 총리는 취임 일성으로 경제제일주의를 내세우며 경제개발 5개년 계획안을 마련하였다(서중석, 2020, 268~269). 그리고 그것을 이어받아 본격적으로 집행한 것은 박정희를 대표로 하는 군부 세력이었다. 개발과 성장을 상징하는 구호는 '조국 근대화'였고, 그것은 경제성장을 위해 국가의 모든 역량을 총동원하는 체제의 구축을 의미했다(오제연, 2016, 21; 김정인, 2018, 169).

박정희 정부는 조국을 앞세운 강력한 민족주의와 경제개발을 내세운 근대화를 표방하면서 반공과 친미·친일노선을 충실하게 따랐다. 이는 당시 국민이 지니고 있던 일반적인 정서와도 상당 부분 부합하였고, 특히 대학은 그 어느 집단보다 반공적이고 친미적이며 근대화를 갈망하고 있었기에 박정희 정부의 근대화 노선에 동질감을 지니고 있었다(김정인, 2018, 172).

박정희 정부에서 교육은 국가가 주도하는 관리체제 아래서 경제성장을 주도해나갈 인력을 개발하는 역할을 맡아야 했으며, 반공과 경제라는 정치적 이념을 교육하는 곳, 나아가서 그런 국가의 목표에 맞게 인간을 개조하는 곳이어야 했다. 이를 위해 박정희 정부는 1950년대의 방임정책 대신 대학에 대한 확고한 관리체제를 마련하고자 했다. 우선 대학의 70% 이상을 차지하는 사립대학을 중심으로 입학부터 교육, 졸업에 이르기까지 체계적인 관리체제를 확립하는 일이 시급하며, 교육 역시 근대화에 필요한 산업인력을 양성하는 방향으로 재편해야 한다고 보았다.

6. 제1차 대학정비안

5.16 직후 군사정부가 추진한 대학정책의 초점은 대학에 대한 일대 정비에 맞춰졌다. 군부는 4.19혁명 이후 발생한 사회적 혼란의 궁극적인 원인이 대학에 있다고 보았다. 대학 부조리의 만연이 대학은 물론 국가체제에 대한 대학생의 비판을 초래하는 가장 중요한 시발점이라고 파악한 것이다. 대학의 양적 팽창과 비리에 대해 발본색원할 필요가 있다는 것은 국민의 보편적인 정서이기도 했다.

군사정부는 대학에 대해 총체적인 정비를 단행하겠다는 강력한 의지를 표명한 후 신속하고도 대대적으로 정비에 착수하였다. 국가재건최고회의 문교위원회분과위원회에서 입안된 정책이 6월부터 발표되기 시작하였다. 6월 21일, 문교부는 정원 초과 문제에 대한 실태조사를 완료했으며, 구체적인 대학 정비 방안을 2학기

전에 성안하여 발표하겠다고 천명하였다(동아, 1960,6.22). 대학 정비와 관련하여 정원 문제를 가장 먼저 언급한 것은 그것이 가장 고질적인 법인 비리였기 때문이다.

사학법인에 대한 부정적 시각은 부정축재처리위원회의 조사 결과 더욱 증폭되어 언론에서도 부정축재 조사와 처벌을 "학원 모리배와 사이비 학원 경영자를 이 나라에서 근절시키는 쾌도快 끼라 생각되어 참으로 통쾌하기 짝이 없다"고 밝히고, 법인 이사장과 대학 책임자의 구분이 모호하고 건물 신축을 빙자한 탈세가 가장 고질적인 병폐라며 관련자 명단 공개와 자진사퇴 등을 요구하였다. 사설에서는 사학법인 이사진을 가리켜 '학원 모리배·사이비 학원 경영자'로도 모자라 '법망을 교묘히 피하는데 능수능란한 악덕배(경향, 1961.7.22)'라고 극단적 언어를 사용하며 비판하였다.

군사정부는 12개 사립대학 총학장의 취임 승인을 취소하면서 「대학정비의 일반원칙과 정상화 방안에 관한 제1차 정비안」(제1차 대학정비안)을 발표하였다(1961.7). 제1차 대학정비안은 기본원칙, 정상화 시책, 대학 정비 원칙, 정비의 종류별 구분으로 이루어졌는데, 법인 해산 및 대학의 폐교를 포함한 온갖 종류의 강경책이 아래와 같이 모두 들어 있다.

① 기본원칙: 대학은 국가에서 필요로 하는 각 분야 인재를 양성하며, 고용 확대가 가능할 때까지 대졸 실업자를 배출하지 않도록 하고, 대학의 질을 향상하며 영리적으로 운영하지 않도록 노력해야 한다.
② 정상화 시책:
   (1) 법인의 친족 이사는 2인 이하로 하고, 이사의 절반 이상을

교육 경력 5년 이상인 자로 구성할 것
　(2) 법인이 학교 경상비의 30% 이상을 보조할 수 있도록 기본 재산을 강화하고, 등록금 가운데 기성회비·시설비를 폐지하여 학생의 부담을 줄여줄 것
　(3) 법인의 인사 및 회계업무를 감사하여 정실과 부정을 제거할 것
　(4) 법인의 일방적인 교수 임면을 제한하고, 총학장의 제청에 의할 것
　(5) 전임강사 이상 채용과 승진에 매년 1편의 논문을 요구하고, 연구실적 없는 무능한 교수를 제거할 것
　(6) 대학정원제를 엄수하고 졸업생 취업 지도에 힘쓸 것
　(7) 학생의 질을 올리기 위해 대학입학자격 및 학사학위 국가고시제를 실시할 것
③ 대학 정비원칙:
　(1) 시설과 교수 확보율이 법정 기준에 미달한 대학을 정비할 것
　(2) 재단의 잘못으로 운영이 곤란한 대학을 정비할 것
　(3) 법인 및 학원 분규로 사회적 비난의 대상이 된 대학은 실태를 조사하여 정리할 것
　(4) 부정축재 대학으로 인정된 대학은 부정축재조사위원회 조사 결과에 따라서 처리할 것
　(5) 대학의 지방분산을 도모하고, 인문계를 감축하고 실업대학을 육성할 것
④ 대학 정비의 종류별 구분
　(1) 법인과 대학의 설립 허가 취소
　(2) 법인의 설립 허가 취소
　(3) 법인 이사 및 총학장의 취임 승인 취소
　(4) 타 재단 및 타 대학과의 통합
　(5) 부실 법인 강화 요구
　(6) 총학장 해임이나 승인 취소
　(7) 대학의 격하(기술계 초급대학으로의 격하 권장)
　(8) 단과대학이나 학과의 폐지

(9) 학생 정원의 감축
　　(10) 신규모집 금지(이상 동아, 1961.7.23).

7. 제2차 대학정비안

　곧이어 제2차 대학정비안(1961.8)이 발표되었는데, 그 주된 내용은 국립대학의 경우,

① 대학교 내 유사 단과대학, 유사학과는 통합한다.
② 동일지역 내 독립 단과대학은 종합대학교 단과대학으로 흡수한다.
③ 통합되는 대학에 동일 학과가 없으면 폐지되는 단과대학의 학과를 유지한다.
④ 전남북, 경남북을 한 지역 단위로 하여 동일계열 단과대학을 하나로 통합한다.
⑤ 종합대학교 내 사범대학은 폐지하고 교육대학원으로 전환한다.
⑥ 사범대학을 폐지하고 그 기능을 흡수하는 문리과대학에 없는 사범대학 학과는 유지한다.
⑦ 폐지되는 단과대학이나 학과 정원은 원칙적으로 감축한다.
⑧ 정원은 국가의 인적 수요를 감안하여 조정한다.

공립대학은

① 가능한 한 국립대학으로 통합한다.
② 국립대학에 따라 정비하되 학생 정원은 대폭 감축한다.

사립대학은

① 국가의 인적 수요를 감안하여 대학별, 학과별 감축안을 마련한다.
② 정원 재책정은 9월 말까지 완료하여 1962학년도부터 적용한다.
③ 임시 2부제는 폐지한다.
④ 대학 설립 운영을 목적으로 설립된 법인이 대학을 설립 경영하지 아니하면 설립인가를 취소함을 원칙으로 한다(이상 경향, 1961.8.16).

8. 「임시특례법」과 구조조정

군사정부는 제2차 정비계획을 발표하자마자 22개조로 이루어진 「임시특례법」(법률 제708호, 1961.9, 「임시특례법」)을 제정 공포한 뒤, 이에 근거하여 문교부에 문교재건자문위원회를 설치하고, 장관에게 대학에 대한 합병·해산·폐지 및 국·사립 환치에 대한 전권을 부여하고 강도 높은 대학 정비에 착수하게 하였다. 이로써 광복 이후 15년 동안 유지된 정부의 방임적 입장은 마침내 마침표를 찍게 되었고, 지금까지 계속되고 있는 대학의 자율성과 국가의 통제를 둘러싼 논쟁과 갈등이 본격화되었다.

문교부는 1962학년도 고교 졸업생 84,081명 가운데 대학 진학 예정자를 39,000명으로 예상하고, 12,500명을 4년제 대학에, 나머지 26,500명을 초급대학에 진학시키기로 계획하고 더욱 구체적인 「국공립대학 정비방안」(1961.9)과 「사립대학 정비기준」(1961.11)을 발표하였다.

「임시특례법」과 정비방안에 따라 전국 66개 대학(18개 종합대, 38개 단과대, 10개 초급대)에 대한 대대적인 조정 작업이 시작되었다. 우선 전북대 공대·법대가 전남대로, 전남대 농대·상대가 전북대로 통합되었고, 부산대 법대가 경북대로, 부산수산대학과 부산사범대학이 부산대로 통합되었다. 서울대와 공주사대에 교육대학원을 설치하였고, 전국 사범대학은 4개 학과(가정·사회·생물·체육)만 남기고 모두 폐과하였다. 서울대 수의대는 농대와 통합해 수원으로 이주시켰다. 도립 충남대와 충북대는 국립 충청대로 통합되었다. 정원도 크게 감축되었다.[83] 그러자 통합이나 폐지 대상이 된 대학의 교수와 학생들이 거세게 반발했고, 군사정부는 서울대 사범대학장 등 교수들을 구속하면서 강경하게 대응하였다.

사립대학에 대해서는 「대학설치기준령」을 근거로 하되 교수와 시설을 참작하여 존치 여부와 정원을 결정한다며, 동일지역 내 동일 학과는 서울 10개, 지방 4개로 제한하고, 정원은 문과 40%, 이과 60% 비율로 조정하라고 하였다. 또 정원이 서울 소재 700명, 지방 소재 600명을 기준으로 그에 미치지 못하는 대학은 폐교하기로 하였다.

그 결과 사립대학 정원은 55,040명에서 35,000명으로 46% 감축되었고, 전국 37개 4년제 사립대학(주간) 가운데 25개 대학——가톨릭대, 건국대, 경희대, 계명기독대(현 계명대), 고려대, 대구대(현 영남대), 대전대(현 한남대), 동국대, 동아대, 서강대, 서울여대,

---

[83] 서울대 정원은 12,700명에서 8,460명으로 4,240명 줄었는데, 이공계는 변화가 별로 없었고 주로 인문계가 크게 줄었다.

성균관대, 수도여사대(현 세종대), 수도의대(현 고려대 의대), 숙명여대, 숭실대, 연세대, 이화여대, 인하공대(현 인하대), 조선대, 중앙대, 청주대, 한국외대, 한양대, 효성여대(현 대구가톨릭대)――은 정원만 감축하고 존속하게 되었다.

반면 12개 대학――관동대 · 국민대 · 국학대(우석대로 통합, 고려대에 합병) · 단국대 · 덕성여대 · 동덕여대 · 동양의약대(현 경희대 한의대) · 마산대(현 경남대) · 원광대 · 청구대(현 영남대) · 한국사회사업대(현 대구대) · 홍익대――은 폐교되었다.

한편 4년제 야간대학은 4개에서 8개――건국대, 국제대(현 서경대), 단국대, 덕성여대, 동아대, 조선대, 청구대(현 영남대), 한양대――로 4개를 신설해주면서, 정원도 4,000명에서 5,000명으로 늘렸다. 근로학생의 등록금 부담을 경감할 수 있도록 법인의 기본 재산과 수입 실적을 참작하였고, 지역 분포도 고려하여 인가하였다.

2년제 초급대학 정원은 5,000명에서 10,000명으로 늘렸는데, 기술습득 위주의 직업교육과 산학협약 교육이 가능한 조건을 기준으로 모든 초급대학을 재인가하는 방식을 택하였다. 폐교 대상교 가운데 초급대학 인가를 신청할 경우, 모두 인가해준다고 하였다. 이는 4년제 졸업생과 달리 초급대학 졸업생이 부족한 데 따른 조치였다.

신학대학은 동일 종파를 1개교로 통합하게 하고 대학설치기준에 준해 인가 여부를 결정하되, 학위는 수여할 수 없는 각종학교로 전환시켰다. 따라서 신입생은 4년제 대학 졸업자를 원칙으로 하되 교파 사정에 따라 고교 졸업자 입학도 허용하였다.

갑자기 폐교가 결정된 대학은 당장 신입생 모집이 중단되어 재정난을 피할 길이 없게 되었고, 미래에 대한 불안 때문에 재학생에 대한 정상적인 교육의 제공이 불가능하게 되었으며, 교직원의 대량 해고도 피할 길이 없게 되었다. 동양의약대처럼 특성화된 대학을 정원 기준으로 일괄 폐교하고 연구소 또는 한의대학으로 전환한다는 것도 설득력이 없었다.

폐교를 면한 대학도 정원이 46%나 감축된 데다 문과와 이과 비율을 4:6으로 조정하라는 지침에 힘들어했다. 막대한 시설 투자가 필요한 이공계를 더 늘리라는 것은 사립대학으로서는 내키지 않는 선택이었다. 게다가 법인에게 경상비의 30% 이상을 지출할 수 있도록 자산을 증액시키라는 요구까지 더해졌다(이상 경향, 1961.11.19; 이형행, 1991, 71).

이렇게 사립대학을 징벌의 대상으로 여기고 시설과 예산을 마련하라는 일방적인 행정조치는 현실의 벽을 넘을 수 없었다. 장기적 안목도 구체적 대안도 없이 추진한 정책이라 당장 문제가 발생하였다. 대학 이전에 따른 예산 문제도 대두되었다. 또 사범대학 동일 학과를 문리과대학 위주로 통합하고, 정교사 자격증 발급을 중단시키기로 했지만, 1960년대 급증했던 초등학교 졸업생이 중학교에 진학하자 중학교 교사가 크게 부족하게 되었다.

결국, 군사정부는 1년도 안 되어 대학을 혼란에 빠트린 책임을 인정하고, 사실상 원상복구에 가까운 수정안을 발표했다. 이로써 통폐합되었던 국립대학의 단과대학이 모두 부활했다. 입학정원 700명 이하여서 폐교된 소규모 사립대학, 그리고 절반 가까이 감축되었던 사립대학의 정원은 1962~1963년에 모두 원상 회복되었고, 여자대학에 대한 별도 증원 허용, 심지어 1963년 입시에서 정원 미달이 아닌 대학은 20% 증원 허가 등의 조치까지 취해졌다. 단 인문계와 비인문계 비율을 3대7로 유지할 것을 요구하였다. 군사정부가 대학 정비를 단행한 직후인 1962년, 정원의 175%를 유지하였던 학생 수는 1966년에도 여전히 173.6%를 유지하였다(이형행, 1991, 71~72; 한홍구, 2003a, 304; 김정인, 2018, 202). 혼란은 1년 만에 수습되었지만 설립된 지 오래지 않았던 사립대학의 내상을 매우 컸다. 특히 폐교 대상이 되었던 대학은 더욱 그러하였다.

9. 「임시특례법」과 교수의 신분

「임시특례법」에서는 교수에 관한 규정도 일부 조정하였다. 교수의 자격에 관한 최초의 규정은 미군정에 의해 공포된 임시조치안 성격의 「교수자격규정」(1946.12)이었다. 이때 교수, 부교수, 조교수, 전임강사로 나누고 그 자격에 대하여 정하길,

① 교수는 박사학위 소지자, 동등한 학계 권위자, 전문학교 졸업 후 5년 이상 연구한 자, 12년의 교육 경력을 갖추고 그 가운데 절반을 전문학교나 대학에서 교육한 자
② 부교수는 석사학위 소지자, 대학원에서 1년 이상 연구한 자, 전문학교 졸업 후 4년 이상 연구한 자, 8년의 교육 경력을 갖추고 그 가운데 절반을 전문학교나 대학에서 교육한 자
③ 조교수는 석사학위 소지자, 전문학교 졸업 후 3년 이상 연구한 자, 8년의 교육 경력을 갖추고 그 가운데 절반을 전문학교나 대학에서 교육한 자
④ 전임강사는 학사학위 소지자, 전문학교 졸업 후 2년 이상 연구한 자, 4년의 교육 경력을 갖추고 그 가운데 절반을 전문학교나 대학에서 교육한 자

이 규정은 이후 교수 자격 규정의 기본이 되었는데, 「교육공무원법」(1953)이 제정되면서 총장과 학장을 제외한 교수 정년은 65세로 정해졌다. 그리고 「대학설치기준령」(1955)이 제정되면서 두 대학 이상에서 겸직할 수 없도록 하였고 연봉도 상한선을 두었다. 하지만 당시 교수 부족에 시달리던 사립대학은 1958년에도 문교부 기준의 2/3를 채우기도 힘들었다. 자연히 국립대학 교수를 강사나 교수로 위촉하는 경우가 많았기 때문에 탁상공론이란 비판을 받았으며, 공무원 규정을 사립대학에 일괄 적용하는 것의 타당성에 대해서도 논란이 있었다.

군사정부는 신진 학자의 임용 기회를 늘인다며 교수 정년을 60세로 단축하고, 그 대신 명예교수제를 도입하였다. 하지만 교수 부족으로 2년여 만에 국공립대학 교수 정년은 65세로 환원되었고, 사립대학의 교수 정년제는 폐지되었다(1964.1).[84] 교수연구실적심사규정을 두어 임용·승진 대상자에게 논문이나 저서를 요구하였던 것 역시 부교수 대상 조항은 1963년부터 면제되었다(이상 김정인, 2018, 178~180; 강명숙, 2018, 171~173, 186~187). 그 밖에도 제13조(교원의 노동운동 및 집단적 행동의 금지) 조항을 두어 교원노조의 설립 및 수업 거부 등을 막을 수 있는 법적 근거를 마련하였으며, 보직교수 임명과 교수 임용·승진에 대한 교수회 동

---

84) 65세 정년 개념은 비스마르크가 도입한 노령연금정책의 산물이다. 이 제도를 도입한 1889년 당시 유럽의 평균 수명은 40세 내외였기 때문에 65세 이후 연금을 수령 할 수 있는 사람은 거의 없었다. 따라서 1940년대 정한 교원의 65세 퇴직 역시 종신직이라 해도 과언이 아니었는데, 이는 당시 교원이 가장 고학력층이었기 때문이다. 1960년 우리나라 평균 수명은 53.7세, 65세 이상 인구는 2.9%였다.

의 절차도 없애버렸다.

대학정비안에는 입학정원 준수와 교수 임면제도 도입이 있는데, 입학정원은 문교부 인가사항이므로 입학정원 준수를 요구하는 것은 불법행위를 금한다는 말과 같다. 교수 임면제도를 마련하라는 것 역시 교수 임면제도가 마련되지 않은 대학이 상당수라는 것을 말해준다. 법인 이사 친인척 선임을 제한한 것 또한 사학법인이 사기업처럼 운영되었다는 반증이다. 대학정비안은 대학 자율에 대한 군사정부의 과도한 개입이란 비판 못지않게 당시 사학법인이 얼마나 문제가 많았는지를 반영한다.

그 밖에도 일제강점기에 도입된 4월 신학기, 연 3학기제는 미군정에 의해 9월 2학기제로 바뀌었다가「교육법」을 제정하면서 1950년부터 다시 4월 신학기제가 되었다. 그러나 일제강점기로 역행한다는 비판도 있었고 난방비 등 경제적 요인을 고려하여 군사정부는 1962년부터 현행 3월 2학기제를 도입하였다.

10. 입학 및 학위 자격 국가고시

대학정비안이 발표되고 시행되는 와중에 감찰위원회는 10월부터 45일간 전국의 국립대학을 감찰한 뒤 부산대 · 전남대 총장 등을 해임하며 대학에 구조조정의 압박을 가했다. 이어서 박정희 국가재건최고회의 의장 명의로 전국 대학 교직자에게 담화문이 발표되었다(1961.12). 박 의장은 국립대학 감찰의 결과와 함께 대학 운영실태 전반에 대해 매우 엄중하게 경고하길,

군사혁명의 제2단계로 돌입한 이 마당에 무엇보다 긴요한 것은 정신혁명이며, 인간개조 과업이다. 학원 안이 부정과 불안에 동요되고 있다면 그 원인이 어디에 있든 간에 발전을 기대할 수 없다. 더욱이 교직자 간의 파벌 형성과 교육을 빙자한 사행射倖, 또는 무질서하고 불공평한 정실 입학, 부정 편입학, 진학 및 수업의 부당부정한 교무 행정, 국비 수업료의 정실적인 면제, 등록금의 부당 징수 등 폐습이 재연돼서는 안 될 것이다(동아, 1962.12.22).

이처럼 부정적인 시각에서 제1차 대학정비안 때 제시한 '대학입학자격국가고시제(입학자격고시)'가 처음 시행되었다(1962.1). 입학자격고시는 1954년에 실시했던 대학입학연합고사를 부활한 것으로서 지망 학과를 미리 정한 뒤 시험을 보는 방식이어서 실제로는 자격시험이 아닌 선발시험의 성격을 지니게 되었다. 자연히 학과마다 합격점이 달라 학과 선택이 합격을 좌우하였지만, 총 350점 가운데 50점의 체력시험이 사실상 당락을 결정하였다. 산업현장 인력 확충을 위해 초급대학을 진학하는 실업계 학생에게는 시험을 면제해 주었는데, 이 모든 것이 대학과 상의 없이 일방적으로 결정된 것이어서 논란이 되었다. 아울러 성적에 따른 고등학교와 대학의 서열화, 수험생의 수도권 선호 가중도 문제였다.

특히 입학자격고시 합격자 정원과 전체 대학 정원이 같다 보니 정원이 미달되지 않은 대학을 찾아보기 힘들었다. 거의 모든 사립대학은 제2차, 제3차 선발을 해야 했고, 그때마다 문교부는 입시 규정을 융통성 있게 바꿔줄 수밖에 없었다. 이에 이듬해에는 순수한 자격 고사로만 활용하도록 했지만, 본래의 취지가 상실되어 폐지되었고(1963.4), 입시는 다시 대학별 고사로 원위치하였다(이상 경향, 1962.1.12, 2.10, 2.18; 동아 1962.2.10).

이어서 발표된 '학사학위국가고시제(학사학위고시)'는 대학이 수여하는 학사학위의 수준을 믿을 수 없으니 국가가 주관하는 시험에 합격한 자에게만 학위를 인정해 주겠다는 것이다. 정부는 「임시특례법」 제21조를 통해 관련 근거를 만든 뒤 「학사자격고시령」을 공포하고(1961.10), 첫 학사학위고시를 시행하였다(1961.12).

시험 방식은 객관식이고, 시험 시간은 교양 120분, 전공 180분이었다. 문제는 쉬운 편이었지만 졸업 예정자의 72%인 18,346명만 응시해 85%인 15,628명이 합격하였다. 졸업 대상자 가운데 10,505명(40.8%)이 학사학위를 받지 못하게 된 것이다. 대학과 전공의 다양성을 무시한 채 180분의 객관식 시험으로 학위 수여를 가늠하는 방식에 대한 비판이 거세게 일자 1962년의 제2차 시험은 교양만 국가고시(객관식)로 하고 전공은 각 대학에 위임하였다. 그 결과 불합격자는 4,167명(15.4%)으로 크게 줄어들었다(김정인, 2018, 182; 강명숙, 2018, 175~176).

대학교육의 본질에 위배되는 학사학위고시는 애당초 실패할 수밖에 없는 정책이었다. 평가 방식과 관리도 문제였지만 아무런 사전 예고도 없이 교육에 대한 사후평가를 통해 학위 수여의 적절성을 평가하는 절차 자체가 문제가 되었다, 학사학위고시는 제2회 시험을 끝으로 입학자격고시와 함께 폐지되었으며(1963.4), 불합격한 학생 전원은 구제되었다. 하지만 대학은 입학에 관한 권한에 이어 졸업에 관한 권한마저 제한을 당함으로써 부실한 교육에 대한 공개적인 불신 판정을 받고 말았다. 학위 수여권을 정부에게 넘겨주었고, 또 넘겨줄 수밖에 없을 정도로 대학이 권위를 상실했다는 점은 뼈아픈 일이었다.

11. 교육대학의 발전

1895년에 한성사범학교가 설립된 이래 10개의 사범학교가 국공립으로 운영되었는데, 일제는 사범학교를 폐지하고 고등보통학교에 1년 과정을 두어 보통학교 교사만 양성하되 조선인 학생 대상의 보통학교 교원과 일본인 학생 대상 소학교 교원 양성을 이원화하였다. 1922년부터 사범학교를 다시 설립하여 총 15개 학교를 운영하되 5년제 관립 경성사범과 3년제 공립 지방사범대학으로 구분하였다.

하지만 교원 양성의 시급성 때문에 한성사범학교가 정규과정과 속성과정을 병행 운영하던 것처럼 각종 단기 과정이 병행되어 교원 양성 체제는 매우 복잡하였지만, 재학생 수는 1928년 1,690명에서 1942년 8,170명으로 대폭 늘어났다. 하지만 일본은 중등교원 양성을 위한 독립적인 학교는 설치하지 않고 일본인으로 충당하였다.

미군정은 남한의 10개 사범학교 가운데 경성사범·경성여사범·대구사범은 명칭은 그대로 유지하되 중등교원 양성기관으로 승격시켰다가 이듬해 국대안을 추진하면서 경성사범·경성여사범을 통합하여 서울대 사범대학을 설립하였다. 광복 후 사범학교 일부는 3년제, 일부는 6년제로 운영하고 있었는데, 1949년 「교육법」을 통해 중학교 졸업생을 받는 3년제 고등학교 과정으로 승격시켰다. 사범대학의 교과과정과 운영 방식은 「교육법시행령」(대통령령 제633호, 1952)을 통해서, 교원의 자격 기준은 「교육공무원법」(1953) 제정을 통해서 이루어졌다.

1953년 총 18개 사범학교를 운영하였으나 교원 부족으로 임시

초등교원양성소와 단기강습과를 사범학교 부설로 운영하여 대응하였다. 임시초등교원양성소는 1958년에 모두 폐지되었다. 그리고 1950년대 후반부터 사범학교를 초급대학으로 승격하자는 움직임이 본격화되자, 「임시특례법」 제6조에 근거하여 1962년 3월부터 사범학교를 2년제 국립 교육대학으로 승격하였다.

1960년대, 열악한 근무 여건으로 인해 초등교원의 이직률이 매우 높아서 1968년, 경상남도에서만 1,200명이 이직하였고, 1969년에는 1,400명이 이직할 것이라 대통령에게 보고하였다. 이에 정부는 초등교원의 이직을 막기 위해 병역을 6개월로 단축해 주고, 20년 근속하면 연금을 일시불로 받을 수 있도록 해서 최소한 20년 동안 근무할 수 있도록 권유하며 이직을 막으려 애썼다(경향, 1969.2.8, 2,12).

그러나 불과 1~2년 뒤부터 갑자기 초등교원 공급 과잉이 문제가 되었다. 교육대학(교대) 졸업생의 발령이 멈출 정도로 초등교원의 이직과 초등학교의 팽창이 급정지했고, 심지어 1974년에는 교대 졸업생 취업률이 10%대까지 떨어지는 일이 벌어졌다. 이렇게 초등교원 수급에 대한 예측이 엉망으로 이루어져 초과 양성과 적체가 문제 되자 문교부는 서둘러서 정원을 감축하고도 모자라 목포·안동·군산·마산(현 창원대)·강릉교대(현 강릉원주대) 등 5개 교대를 일반대학으로 전환하여(1979) 총 11개 교대체제로 정비하였다.

12. 실업고등전문학교와 전문대학

군사정부는 대학을 산업 발전에 필요한 인력을 양성하는 곳으로 보았기 때문에 학문연구 위주의 4년제 대학을 축소하는 대신 중견 기술인 양성에 필요한 2년제 대학은 크게 늘이려고 하였다. 이에 1949년부터 설립된 기존의 초급대학과 별도로 초급대학과 동등한 학력을 인정받는 5년제 실업고등전문학교 육성에 적극적으로 나섰다.

실업고등전문학교는 고등학교와 전문대학 과정이 통합된 학교로서 이론교육이 아닌 실험·실습 위주로 교육함으로써 자활·자영하는 기술자와 직업인 양성을 목표로 하는 Technical College에 가까운 성격을 지녔다. 1963년에 4개 공립 공업고등학교를 승격시키고, 3개 사립 전문학교를 신설하여 7개교로 출범하였다.

실업고등전문학교는 정부의 정책적 배려와 높은 취업률로 우수한 학생이 많이 모여 상당히 성공적으로 출범하였다. 하지만 실업고등전문학교는 5년이란 긴 기간을 관리 운영하는 부담, 고학력 추세로 인한 이탈 등으로 인해 10년 뒤 개편의 필요성이 대두되었다. 이에 문교부는 1974년부터 수산고등전문학교를 제외한 모든 실업고등전문학교를 2년제 전문학교로 개편하였다. 그리고 기존의 초급대학을 포함한 모든 2년제 대학을 1979년부터 전문대학으로 재편하여 일원화하였다.

교육부는 1998년부터 교명에서 '전문'을 삭제할 수 있도록 허용하였고, 2011년부터는 대학을 대학교로 변경할 수 있도록 허용하였다. 2018년 기준으로 전국의 전문대학은 총 136개에 달하며 경기도에 가장 많이 설치되어 있다.

13. 「사립학교법」 제정

　박정희 정부는 대학 정비의 실패를 인정하면서도 사립대학을 정비해야 한다는 생각에는 변함이 없었다. 그래서 사립대학에 대한 정비와 통제를 위해 「임시특례법」이 아닌 온전한 법 제정을 추진하였다. 사학 보호와 육성을 위한 법 제정 요구는 1950년대 말부터 있었으므로 전혀 새로운 시도는 아니었다. 하지만 1963년에 공포된 「사립학교법」은 사립대학에 대한 보호와 육성보다는 통제와 규제에 초점을 두고 있어서 사학법인은 「임시특례법」을 옮겨놓은 또 하나의 통제법에 불과하다며 강하게 반발하였다.

　1963년 6월에 「사립학교법」이 공포되자, 한국사학재단연합회(재단연합회)와 대한사립중등학교장회는 물론 대한교육연합회(현 한국교총)까지 나서서 법 개정을 요구했다. 그러나 박 대통령은 1964년 11월 개정을 통해 법인 임원과 학교장의 승인을 감독청이 취소할 수 있도록 하는 등 통제권을 더욱 강화하였다.[85] 이는 이 해 6월에 있었던 6.3항쟁을 겪고 난 뒤 학생에 대한 대학의 책임을 강제하고 통제하기 위해서였다. 그러자 문교재단연합, 사립대학 총학장, 사립초급대학학장회연합 등이 격렬하게 항의했으며, 1,500여 전국 사학은 한국사립학교총연합회를 조직해 정부의 사학 통제에 대응하였다.

　「사립학교법」에서 논란이 된 조항은 다음과 같다.

---

[85] 「사립학교법」은 1950년부터 시행되던 일본의 「사립학교법」을 본떠 만든 것인데, 1964년 일본에서는 감독청이 법인 임원과 학교장 승인을 취소할 수 있도록 한 조항을 삭제한 데 반해 박정희 정부는 그대로 유지하였다(김정인, 2018, 185).

① 사립학교는 감독청의 지휘, 감독을 받는다.
② 학교법인의 수익사업에 관하여 그 종류와 계획을 일일이 신고해야 한다.
③ 학교법인 임원의 정원과 구성 및 임기 등에 관하여 세밀한 제한 규정을 두고 임원의 취임에는 감독청의 승인을 요건으로 한다.
④ 문교부 장관의 직권에 의하여 임시이사를 선임할 수 있도록 한다.
⑤ 학교법인의 예산 편성 요령과 회계 규칙, 기타 예산 또는 회계에 관한 필요 사항을 문교부 장관이 정할 뿐만 아니라 감독청이 예산안의 시정을 요구할 수 있다.
⑥ 감독청은 학교법인이 경영하는 수익사업의 정지를 명령할 수 있고, 필요하면 학교법인에 대하여 보고서 제출을 명하고 장부 및 서류 등을 검사할 수 있으며, 이에 따른 필요한 조치를 명할 수 있다.
⑦ 사립학교의 장을 임명함에 감독청의 승인을 요건으로 한다.
⑧ 사립학교 법인의 이사장이나 사립학교 경영자에 대하여 「사립학교법」 소정의 규정을 위반하였을 때 징역과 벌금 등 실형을 받을 수 있다.

「사립학교법」은 제정 당시부터 사학의 자율성을 과도하게 침해한다는 반대에 부딪혔고, 특히 사립학교의 인사권을 정부가 장악하려 한다는 비판이 제기됐다. 그러나 사학의 부패와 비리를 막기 위해서는 규제가 불가피하며, 나아가 이 모두가 사학의 불법적인 운영이 자초한 결과라는 여론도 만만치 않았다. 박 대통령은 사학의 공공성 확보를 위한 입법이라고 응수하는 한편, 「학교법인 정관준칙」(1963), 「학교법인 수익 기본 재산과 수익액의 기준」(1964), 「사학기관재무회계규칙」(1966) 등을 마련해 사학을 더욱 옥죄었다(이상 김정인, 2018, 184~186; 강명숙, 2018, 190).

사학에 관한 논란의 최대 쟁점은 사학법인의 재산권과 사립대학의 공공성과의 균형이다. 영리법인은 공익에 대한 법적 의무가 없으므로 이사회는 주주와 기업의 이익에 기초하여 결정을 내리면 된다. 반면 공공법인은 일정 정도 국가의 통제 범주에 있어 공공의 이익을 우선할 것을 전제로 하고, 비영리법인도 공공 또는 준공공적인 목적을 위해 봉사해야 하는 법적 의무에 근거하여 공공의 이익을 고려할 것으로 기대되는 기관이다.(Fox Garrity 등, 2015, 37~57).

우리나라 사학법인은 공공법인이 아니다. 사학법인은 「민법」 제32조에 의거하는 비영리 재단법인의 성격을 지닌다. 그리고 대학은 학문의 자유를 최고의 가치로 여기는 학문공동체이다. 따라서 사립대학은 대학의 자치권을 비롯한 공공성을 확보해야만 하며 사학법인은 사립대학의 이런 특성을 보장하고 지원하기 위해 존재하는 것이 마땅하다.

하지만 「사립학교법」이 제정되기 전까지 사립대학을 설치·운영할 수 있는 재단법인의 설립은 사회법이 아닌 사법私法인 「민법」에 의거하였다, 그래서 사립대학에 관한 법적 분쟁이 발생할 경우, 법원은 사유재산권 존중이란 민법의 원칙에 따라 판결하였다. 하지만 '모든 학교는 국가의 공기公器'라는 「민법」 제7조 규정에 근거하여 교육기관은 공사립 막론하고 공공성을 유지해야 하므로 사학에 대한 공법公法의 관여가 불가피하고, 그에 따른 공권력의 관여 근거가 필요하였다. 따라서 사법과 공법 사이에 있는 사회법의 일환으로 「사립학교법」을 만들어 그 안에서 사학법인의 법적 특수성을 정립하는 것은 정상적인 입법 조치이다.

하지만 「사립학교법」은 법적 체계의 모호성과 우리나라 특유의 교육환경으로 인해 논란이 끊이지 않고 있다. 「사립학교법」의 모호성은 "이 법은 사립학교의 특수성에 비추어 그 자주성을 확보하고 공공성을 함양함으로써 사립학교의 건전한 발달을 도모함을 목적으로 한다"는 「사립학교법」 제1조(목적)에 잘 나타나 있다.

제1조의 전제조건인 "사립학교의 특수성"은 「사립학교법」의 성격과 관련해 매우 중요한 의미를 지닌다. 이 특수성에 대한 해석은 다양하지만 가장 일반적으로 생각해 볼 수 있는 것은 사학 설립의 역사적 특수성이다. 즉 정부가 고등교육에 대한 책임을 사학에 전적으로 전가한 것에 대한 국가 차원에서의 공인과 보상의 개념이 내포된 것이다. 이렇게 사학 설립의 역사적 특수성과 법인의 공헌을 전제로 대학의 공공성을 추구하므로 법인의 특수한 기득권, 즉 사적 재산권이 대학의 공공성, 대학자치보다 우선하게 된다. 따라서 「사립학교법」은 엄밀하게 말하면 사립대학에 관한 법이 아니라 '사립학교법인에 관한 법'이다. 또 「사립학교법」에는 유치원부터 대학원까지 모든 사학을 포괄하고 있는데, 그 공통분모는 교육기관이라는 점보다 사학법인이라는 데에 초점이 맞춰져 있다.

이 점은 「사립학교법」의 구성에서도 분명하게 드러난다. 명칭만 사립학교에 관한 법처럼 보일 뿐 총칙(제1장), 학교법인(제2장), 사립학교 경영자(제3장), 사립학교 교원(제4장), 보칙(제5장), 벌칙(제6장)으로 이루어진 법체계 자체가 사학법인에 관한 법임을 분명히 하고 있다.

그래서 「사립학교법」은 두 얼굴을 가지고 있다. 사학의 자주성을 확보한다고 하면서도 사학에 대한 국가통제의 합법적인 기반이며, 공공성을 함양한다고 하면서도 대학에 대한 이사장의 전횡적 지배가 가능할 수 있도록 한 기반이기도 하다. 그래서 사학법인과 친화적인 정권에서는 사학법인이 민법상 비영리조직임을 들어 사기업과 같은 자의적 운영이 가능하고, 나아가 사유재산으로서 보호받아야 한다며 그 자주성에 방점을 두었다. 그 반대의 경우도 일시 있었지만, 사학법인의 거센 저항에 곧 무너지곤 하였다.

「사립학교법」은 1963년 6월에 제정된 이래 2020년 2월까지 총 60여 차례 개정을 거치면서 거의 누더기가 되었다. 그동안 「사립학교법」은 사학법인의 재산권을 지켜주는 「민법」의 특별법으로, 교육법의 특별법으로서의 소임을 다하였지만, 지금 학령인구 감소라는 전대미문의 환경에 처한 사립대학에게 「사립학교법」은 새로운 변신을 가로막는 낡고 거추장스러운 갑옷에 불과하다. 시대적 변화에 적합한 「사학법인법」과 「사립대학법」을 조속히 제정해 법인도 살고 대학도 살 수 있는 길을 열어야 한다.

14. 한일협정 체결과 대학의 저항

1960년대는 격렬한 '데모의 시대'였다 4.19혁명으로 시작된 시위는 그 뒤 8개월 동안 1,100회나 시위가 벌어질 정도로 일상화되었다. 국민 20명당 1명이 최소 1~2회 시위에 참여했을 정도로 시위를 통해 자신의 의사를 표명하고 관철하는 행위가 자리 잡았다(경향, 1961.1.14). 이는 다시 한미행정협정 체결 촉구, 한일협정

반대, 월남파병 반대, 학원민주화 투쟁 등으로 이어졌고, 정부는 계엄령과 위수령, 학원 사찰과 휴교령, 군의 대학 주둔으로 대응하였다. 이런 지난하고 지속적인 일련의 사태의 정점에 한일협정 반대 투쟁이 있었다.

5.16에 대한 사회적 여론과 대학생의 첫 반응은 비교적 우호적이었다. 쿠데타 소식을 보고 받은 윤보선尹潽善(1897~1990) 대통령의 첫 반응이 '올 것이 왔다'였던 것처럼 어떤 방식이건 사회적 혼란에 대한 수습이 필요하다는 생각이 일반적이었다. 장준하張俊河선생도 5.16을 '민족주의적 군사혁명'으로 긍정하였다. 군부 역시 대학에 대한 감시와 규제에 적극적이지 않았다.

하지만 군사정부의 중앙정보부 창설, 증권파동 등 4대의혹 사건, 화폐개혁 실패로 인한 경제적 어려움 등과 함께 집권층의 부정과 비리, 권력 투쟁 등이 연이어 터지면서 군사정부에 대한 신뢰가 크게 추락하였다. 박정희 의장은 1961년 8월에 공약한 민정이양 약속을 지켜 군으로 복귀하겠다고 선언하였다(1963.2). 이에 온 국민이 환영의 뜻을 표하였고, 열흘 뒤 박 의장은 주요 정치인, 국방부 장관, 3군 참모총장 등과 함께 '정국 수습을 위한 선서식'을 열고 정치불참 의사를 거듭 밝혔다(2.28선언). 그러나 불과 보름 뒤 사회 혼란을 방지하고 국가에 대한 책임을 다한다며 돌연 군정 4년 연장을 묻는 국민투표 의사를 밝혔다(3.16선언).

이에 거센 반대 여론이 조성되고 미국도 반대하자 군정 연장은 취소되었지만(4.8), 정국은 일대 혼란에 빠졌다. 결국, 박 의장은 8월 30일 전역하고 당일 공화당에 입당하여 이튿날 공화당 대통령 후보가 되었다. 그러자 군부에 대한 비판 여론과 함께 5.16을 혁명이 아닌 쿠데타로 재평가하는 움직임이 일어났다.

1963년 12월, 선거에서 1.5% 차이로 겨우 집권한 박 대통령은 논의 중이던 한일국교정상화를 조속히 매듭짓고자 하였다. 일본과의 관계 정상화에 대한 국민 여론도 대체로 긍정적이었다. 하지만 3억 달러의 청구권 보상으로 일제 강점에 대해 면죄부를 준다는 회담 내용이 전해지면서 전국에서 반대 여론이 들끓기 시작하였다. 하지만 박 대통령은 회담 일정을 밝히며 협정 강행 의지를 고수하였다.

  이에 굴욕적인 한일협정 반대를 외치는 학생시위가 3월부터 시작되어 순식간에 전국으로 확산되었다. 쿠데타에 따른 정통성 결여와 대통령 선거 때 용공 전력 논란에 시달렸던 박 대통령은 '제2의 을사조약 체결 반대'를 주장하며 연인원 350만 명이 참여한 거대한 국민적 저항에 직면하게 된 것이다. 그 투쟁의 선봉에 대학생들이 있었다.

  5월 20일, '한일굴욕회담반대 학생총연합회'는 서울대 문리대 교정에서 '민족적 민주주의 장례식 및 성토대회'를 열고 집권당의 이데올로기인 '민족적 민주주의'의 반민족적이고 비민주적인 본질에 대하여 사망 선고를 내렸다. 이 성토대회를 계기로 민족적 민주주의를 기치로 창당한 집권 민주공화당은 자기들은 민족적 민주주의란 용어를 사용한 일이 없었다며 정체성을 전면 부인할 정도로 궁지에 몰렸고, 시위는 회담 반대에서 정권 반대로, 다시 정권 퇴진으로 그 범위가 급속도로 커져 나갔다(이상 오제연, 2016, 18~19, 62~82).

  집단 단식투쟁과 화형식, 각종 성명서와 가두 시위를 통해 세를 확장한 대학생들은 6월 3일, 국회의사당을 점거하고 일부는 청와대까지 압박해 들어가자 정부는 미국의 협조하에 비상계엄령을 선포하고 시위가 인민혁명당의 사주에 의한 것이라고 주장하며 군과 경찰을 동원하여 진압에 들어갔다. 총 1,120명이 검거되고 348명이 내란 및 소요죄로 복역하게 되면서 시위 사태는 일단 종료되었다.

이듬해인 1965년 6월 22일, 양국 외무장관이 동경에서 한일협정에 정식 서명할 것이라는 보도가 전해지자 한일회담 반대는 국회비준 반대로 전환하여 전국의 대학과 고등학교가 일제히 시위에 참여하였다. 이에 정부는 전국 13개 대학과 58개 고교에 휴교 및 조기 방학이란 강경 대책을 지시한 뒤(1965.6), 바로 다음 날 동경에서 한일협정을 조인하였다. 이후 비준반대 운동은 기성 정치인 등이 주도했지만, 노선 분열로 실패했고, 협정은 여당 단독으로 비준되었다(1965.8). 비준에 반대하던 학생시위는 헌정사상 첫 위수령衛戍令(1965.8)이 내려진 가운데 교정에 진입한 군인들에 의해 진압되었다.86)

비준에 앞서 박정희 정부는 광고 및 구독 금지 등의 언론탄압을 법제화한 「언론윤리위원회법」(1965.7)을 제정하였다. 또 교수와 학생의 시위는 물론 정치 토론 자체를 불법으로 삼아 금지하고 처벌할 수 있도록 한 「학원보호법」 제정을 추진하였다. 두 법 모두 격렬한 저항으로 「언론윤리위원회법」은 시행 보류, 「학원보호법」은 입법 포기로 결론이 나긴 했지만, 언론계와 학생의 저항

---

86) 1950년 「대통령령」으로 제정된 위수령은 경찰력만으로 대응할 수 없는 소요 사태가 발생하였을 때 시도지사의 요청과 육군참모총장의 승인을 받아 병력을 투입할 수 있게 하였다. 군이 지휘 통솔권을 갖고, 영장 없이 현행범을 체포할 수 있으며 총기 사용이 가능하다. 단 육군에만 적용되며, 주요 사안에 대해서는 지역 시장·경찰서장과 협의해야 한다. 가장 논란이 되는 것은 군 출동에 국회 동의가 필요 없다는 점이다.

은 크게 약화되었다.

　반면 한일협정과 베트남 파병에 대한 국회 비준이 동시에 이루어지고, 일본과 베트남에서 상당한 외화가 유입되면서 박정희 정부는 점차 안정을 찾게 된다. 반대로 한일협정 비준 저지와 「언론윤리위원회법」 저지에 실패한 책임을 놓고 야당은 일대 분열에 빠졌다.

15. 부정 입학과 학위등록제

　사립대학에 대한 정부의 연이은 통제에도 불구하고 대학의 부정과 비리는 끊이지 않았을 뿐 아니라 공공연하게 자행되었다. 1964년 정원 외 불법 입학 규모가 홍익대 53%, 이화여대 42%, 고려대 35%, 중앙대 31%, 연세대 30%에 달하였다. 이에 문교부는 이들의 입학 취소를 요구했지만, 사립대학은 연합하여 거부하였고, 각 사립대학 총장의 공동 저항에 결국 문교부가 물러서고 말았다(경향, 1964.2.20).

　사립대학과의 일전에서 망신을 당한 문교부는 정원 외 모집 관행을 근절하지 않고는 사립대학에 대한 제대로 된 관리를 할 수 없다는 점을 재인식하고 1965년 1월부터 강경 조치를 잇달아 내놓았다. 우선 정원 외 모집이 드러나면 총학장을 인사 조치하겠다는 방침을 내놓았다. 하지만 1965년에도 이화여대는 입학정원의 40%에 해당하는 734명을 초과 입학시켰다. 이화여대는 문교부의 입학 취소 압력에도 불구하고 총장 사퇴를 무기로 끝까지 저항하여 결국 이듬해 입학정원 감축을 조건으로 전원 구제

받았다. 문교부는 이화여대 가정대학 설립인가를 취소한 뒤 관련 입법을 서두르지 않고는 근본적인 해결이 어렵다고 판단하였다(동아, 1965.3.4, 3.9, 3.11).

9월에 문교부가 조사한 결과, 24개 사립대학의 2~3학년 학생 가운데 정원 외 재학생이 밝혀진 것만도 7,149명이며(중앙, 1965.12.14), 심지어 정원의 2배를 모집한 대학도 발견되었다. 정원 외 초과 모집은 주로 「교육법」 제114조 "대학에는 공개강좌를 둘 수 있으며 청강생을 받을 수 있다"라는 조항을 악용하여 이루어졌음이 거듭 확인되었다.

그러자 교육부는 「교육법」 시행령 65조를 개정하여(1965.12), 대학 정원을 대통령령으로 정하는 「대학학생정원령」(1966.1)을 제정하면서 제3조(정원초과 입학허가의 금지) 조항을 두어 부정 입학을 엄금하는 한편 입학 허가 통지에 앞서 문교부 장관의 확인을 받도록 규정하고, 문교부 장관에게 부정 입학생에 대한 입학 취소권을 부여하였다. 심지어 정원 외 초과 입학을 형사 범죄로 취급해 이를 단속하기 위한 합동수사반을 편성하고, 적발되면 행정처분 또는 총학장에게 형사책임을 묻겠다고 엄포를 놓았다(김정인, 2018, 181).

그리고 「대학학생정원령」에 근거하여 문교부령으로 1966년부터 '학사 및 석사학위등록제'를 도입하여[87] 학위수여자 명단을 교육부에 등록하게 하는 한편 「교육법」 시행령 제130조에 근거하여 정부가 발행하는 관보에 신입생 명단을 모두 게재하게 하였다(중앙, 1966.6.15). 이에 따라 초급대학을 포함한 98개 대학 1학년

---

[87] 이때 도입된 학사학위등록제는 1998학년도까지 33년간 유지되었다.

26,980명을 관보에 게재하기 시작하였는데, 명단은 주로 대학별로 게재하였고, 1975년에는 학교별이 아니라 일괄 발표해 200쪽이 넘는 대학 신입생 합격자 명단이 관보에 실리기도 했다. 그리고 합격 취소자와 추가 합격자 명단도 관보에 게재하였다(강명숙, 2018, 216).

그런데 1966년도 국정감사를 앞두고 집계해 본 결과 초급대학 포함한 대학의 총 정원은 115,967명인데, 1학년은 관보에 게재된 34,545명보다 199명 적은 34,346명이었지만, 2~4학년은 정원 81,422명과 달리 48,437명을 초과한 129,859명으로서 그 비율이 정원의 60%에 달했다(경향, 1966.10.19).[88] 이로써 등록제가 상당한 효과를 발휘하였음을 알 수 있다.

학위등록제에도 불구하고 대학에서는 추후 졸업장만 받는 조건, 또는 우선 청강생으로 입학한 뒤 결원이 발생하면 조치해준다는 조건으로 초과 모집한 사례도 여전하였다. 이런 불법행위가 공공연하게 자행된 데는 문교부 정책에 대한 불신도 한몫하였다. 문교부 정책 가운데 1년 이상 가는 것이 없으니 장관이 바뀌면 모든 것이 바뀔 것이라는 요행을 모두 기대하고 있었다(경향, 1966.6.16). 그리고 정원 초과 실태를 줄이려고 입대자나 휴학자를 학사등록 신청에서 제외하면서 정상적으로 입학했던 약 6,000명의 학생이 학사등록을 하지 못하는 일이 벌어졌고, 정원 외 학생에 대한 정부의 선처를 기대하며 학사등록증 발급 신청을 미루어

---

88) 같은 내용을 다룬 경향신문(1966.6.16)자 기사에는 초급대학을 포함한 전국 대학의 1966학년도 총 정원이 123,150명인데, 실제로는 32,300명이 초과된 155,459명이 재학 중이었다고 다르게 보도하였다. 국정감사 관련 보도인 10월 19일 기사에 따랐다.

졸업식을 제대로 치르지 못하는 일도 있었다(김정인, 2018, 183).

어떻게 해도 정원 외 불법 모집이 끊이지 않자, 문교부는 특별담화문(1968.1)을 발표하여 1968년도 입학생부터 장관 명의로 입학허가통지서를 발급하고, 각자 보관한 뒤 그에 근거하여 졸업할 때 학사학위등록증을 교부하겠다고 선언하였다. 그리고 이런 학생에 한하여 국가나 공공기관에 응시할 수 있도록 하고 초과 모집할 경우, 폐과나 정원 감축을 하겠다고 밝혔다(동아, 1968.1.16).

그랬지만 1968년에도 사립대학의 정원 외 학생은 43,000명에 달하였고, 심지어 국공립대학도 1,589명이나 되었다. 사립대학은 이중장부를 만들어 학사관리를 하면서 여전히 학위증을 남발했다. 1969년 『사학특감보고서』에서 '대학 동창회 명부 작성 의무화'라는 대책을 제안할 정도로 정원 외 초과 모집, 부정 입학, 법인의 부정 축재 등에 대한 문교부의 정책적 대안은 빈곤했다(강명숙, 2018, 219). 이는 대학만의 문제라기보다 당시 만연한 부정부패의 수준과 무관하지 않다. 다만 같은 부정행위라도 대학에 대한 국민의 기대치가 높았기에 실망과 질타가 더 컸다.

연세대의 경우, 1964학년도 합격자 발표 때 30%의 정원 외 합격자도 함께 발표했다. 그리고 이틀 뒤 운동선수 41명과 교직원 자녀 22명을 추가 합격시켰으며, 사흘 뒤 다시 법인이 청탁한 42명과 총장이 추천한 83명을 추가 합격시켰는데, 총장 추천자 가운데 돈을 내고 입학한 사람은 28명이었다. 초과 모집이 물의를 빚자 연세대 이사회는 총장 승인을 취소했고, 총장은 입학 전형은 총장의 고유권한이라며 법인을 상대로 소송을 제기했다. 총장은 "6개 항의 전형 원칙에 따라 교무위원회의 결의를 거쳐 40%의 초과 모집이 있었고, 그중 10%는 총장 재량에 해당한다"며 초과 모집했지만, 부정 입학은 없었다고 강변하였다(강명숙, 2018, 215). 이는 지금으로서는 상상도 할 수 없는 일이지만 1960년대에는 총장의 반발이 나름대로 여론의 동정을 받을 수 있을 정도였다.

16. 과중한 등록금 인상

광복 직후 서울의 도매 물가상승률은 매우 높았다가 점차 안정을 찾았으나 전쟁으로 다시 급상승하였다.[89] 물가는 전쟁이 소강상태에 접어들고, 미국의 원조에 힘입어 1953년부터 수습되었지만, 전후 재건을 위한 통화 증발로 1956년까지 물가 상승률이 매우 높았다. 이후 정부가 재정적자를 줄이고 통화 긴축을 시행하여 1957년에는 처음으로 물가가 하락하였다. 하지만 1961년 이후 군사정부의 경제개발 추진 재원 조달을 위해 통화를 남발하면서 소비자물가 상승률은 8.2%(1961), 6.6%(1962), 20.7%(1963), 29.5%(1964)로 크게 올랐다(통계청, 2015).

경제 규모가 커짐에 따라 전체 경제에서 등록금이 차지하는 비율이 1950년대보다는 다소 줄어들었지만 1961년 당시 총 발행고 1,450억 환의 17%에 해당하는 250억 환의 현금이 4월 개강에 맞춰 학교에 집중되었다. 그 가운데 중학교가 118.6억 환, 대학이 71.4억 환, 고등학교 57억 환이었다(동아, 1961.1.9).

물가 상승률이 높았기 때문에 등록금 인상률도 높을 수밖에

---

[89] 서울 도매 물가 상승률은 224%(1946), 82%(1947), 63%(1948), 37%(1949), 56%(1950), 531%(1951), 117%(1952)를 기록하였다(서울연구데이터서비스, 2003).

없었지만 1965년 등록금 인상률은 서울시 주요 대학 50%, 지방 대학 30%에 달하였고, 이화여대는 80%나 되었다. 그 결과 평균 등록률은 50%로 저조하였고, 연대 60%, 고대 50%, 한양대 40%, 동덕여대 20%를 기록하였다. 등록금을 40%나 올린 서울대의 등록률은 인상률과 같은 40%였다. 학생의 절반이 등록하지 못한 상태에서 수업이 정상적으로 진행될 수 없었고, 처음으로 한국학생총연맹이 주관하는 등록금 인상 반대 투쟁이 전국적으로 전개되었다(동아, 1965.3.9).

1965년 대학 신입생의 1년 등록금은 국공립이 19,800원, 사립은 34,320원이었다. 농협중앙회에 따르면 당시 쌀값은 80kg에 3,210원, 400kg의 황소가 40,699원이었다. 사립대학 등록금은 쌀 10.7가마, 소 0.8마리에 해당하였다.[90] 그리고 1960년대 초 양재역 사거리 땅값은 평당 300원이었고, 1969년 경부고속도로 개통 후 5,000~6,000원이 되었다.

대학등록금은 그 뒤로도 계속 가파른 상승률을 기록하였다. 연세대의 경우 1966년, 1년 등록금이 40,000원을 넘었고, 인상률도 20%(1967), 23%(1968), 20%(1969)를 기록하며 80,000원이 되었다. 1970년에 다시 100,000원, 1971년에 이공대는 140,000원이 되었다(연세춘추, 2010.4.4).

정원 외 입학생 모집, 과도한 등록금 인상, 불법행위에 대한 정부의 속수무책, 이 모든 것은 광복 이후 사립대학에 대한 정책

---

[90] 1965년의 시내 버스비는 8원, 택시 기본요금 60원, 짜장면은 15원, 영화 관람 요금은 한국영화 65원, 외화 70원, 고급담배 신탄진은 50원이었다(서울연구 데이터서비스 2003; 중앙, 2009.8.15.). 예금 금리가 25%에 달한 것은 자본 유치를 위해 역금리도 마다하지 않은 결과였다.

이 교육정책이라기보다는 국가의 교육재정 부담을 덜어내기 위한 경제정책에 가까웠던 데 따른 것으로서 안타깝지만 피할 수 없는 결과였다.

17. 정원 통제정책

「대학학생정원령」이 당초 기대했던 효과를 거두지는 못하였지만, 사립대학 통제의 핵심인 학생 정원에 관한 법적 기반이 마련되었다는 점에서 큰 의미가 있었다. 정원 통제는 지금도 대학 통제에 관한 정부의 최대 무기로 활용되고 있다.

1964년 12월, 윤천주尹天柱 문교부 장관이 제출한 「대학교육의 전망과 65학년도 대학정원 조정방안」은 비록 38쪽의 간략한 보고서지만 대학에 대한 박정희 정부의 평가와 정책대안이 잘 나타나 있다. 제1부 「대학교육의 전망」에서 그동안의 대학정책은 임기응변에 급급하여 실효성도 신뢰성도 상실하였다며 매우 부정적으로 평가하고 대학 운영의 정상화가 시급하다고 진단하였다. 하지만 장관조차 장기계획 수립에 필요한 관련 통계자료가 부족해서 정밀한 계획 수립이 곤란한 사정이라고 자인하였다.

대학에 대해서는 양적 성장만 치중하여 질적으로 문제가 많고, 사회적 수요를 고려하지 않은 학과 편제로 고등실업자를 양산하고 있다며 대학의 과도한 성장이 오히려 경제성장을 저해하는 요인이라는 경제학자들의 평가를 들어 인구와 산업 특성, 선진국과의 비교를 통해 적정 정원을 산출하는 것이 대학정책의 핵심이라고 보고하였다.

보고서는 향후 연평균 경제성장률을 4.5~5%로 상정하고 총 교육비 지출 가운데 대학이 차지하는 비율은 14.8%(1963)인데, 초등 의무교육 때문에 대학에는 수익자부담원칙을 고수해야 하며, 총인구 대비 대학생 수가 1/280(1958)에서 1/207(1963)으로 선진국과 비슷하므로 경제 여건을 고려할 때 늘려서는 안 되며, 1964년도 현재 취학연령 대비 4년제 6.3%, 초급대학 포함 7.0%의 정원을 1975년까지 5.4%로 감축하는 것이 바람직하다고 제안하였다.[91]

1964년 현재 전공별 정원은 사회과학 26.9%, 인문 20.2%, 공학 16.3%, 자연 13.5%, 예술 4.7%인데, 산업구조와 전공 구성이 맞지 않아 법학은 21배, 농학은 19배, 공학은 5배의 공급 과잉이고, 의학은 정상이며, 교직만 초등 60%, 중등 18% 부족하다고 분석하였다. 따라서 인문은 18~20%, 사회과학은 8~10%, 예술은 2~3%로 축소하고, 약학도 25% 감원하며 인문계의 30%를 교원양성기관으로 개편하는 것이 바람직하다고 제안하였다.

제2부 「65학년도 대학 정원 조정방안」에서 강조한 원칙은

① 현 대학 정원을 고수할 것
② 자연증가 인구 내에서만 제한적으로 증원을 허용할 것, 단 「대학설치기준령」 준수, 학사행정 운영, 법인의 분담금 실적, 전공 불균형을 고려할 것
③ 초급대학을 고등전문학교로 점진 개편할 것

---

[91] 총인구 대비 대학생 수는 1958년 현재 미국은 59, 일본 143, 프랑스 143, 영국 426명당 1명이고, 취학연령 대비 대학생 수도 영국 5.6%, 프랑스 10.5%, 일본 10.7%, 미국 39%라며 우리나라 대학생 수가 결코 적지 않다고 보았다. 또 1인당 국민소득을 291(1965), 372(1970), 475(1975), 606(1980)달러로 추정하고, 정원 확대는 경제에 부담만 줄 것이라고 간주하였다.

등이었다. 그리고 시행세칙에서

 ① 종합대학은 정원 내 구조조정만 허용할 것
 ② 자연계는 국공립, 인문계는 사립대에 중점 배정할 것
 ③ 초급대학의 충원율 30% 미만 학과 폐과, 30~50% 학과는 통합과 일부 감원할 것
 ④ 학과 정원은 인문 30, 자연 40명을 하한선으로 할 것

등이 포함되었다.

 산업 수요에 따른 인력 양성을 표방하며 대학 정원 억제를 강력하게 주장한 보고서의 기조에도 불구하고 19.7%에 불과한 2차산업의 현실 때문에 이공계 증원에 대해 소극적인 것이 눈에 띈다. 그러나 경제성장률이 예상치의 3배나 되자 1960년대 후반부터 경제개발에 필요한 이공계 인재 양성을 대학교육의 중점으로 삼고 문과계 비율을 줄이면서 이공계에 한해서는 증원정책을 펴는 쪽으로 방향이 바뀌었다.

 1967년에 과학기술처를 신설한 정부는 제2차 경제개발계획의 부문 계획인 제2차 과학기술진흥 5개년계획에 따라 매년 64,000여 명의 과학기술 인력을 증원하기로 하고 국공립은 물론 사립대학에서도 이공계 정원을 늘리는 방안을 전략적으로 추진하였다. 그 결과 1963~1973년까지 10년 동안 전공 비율은 문과계열이 50.8%에서 35.1%로 감소한 데 비해 이공계열은 39.6%에서 42%로 증가하였다(김정인, 2018, 181; 강명숙, 2018, 188~189).

18. 대학입학예비고사의 시행

그와 동시에 학생 선발 관리에도 직접 나서기 시작하였다. 비록 입학자격고시가 실패로 돌아갔지만, 1960년 5월, 주한 미국경제협조처에서 내놓은 고등교육 개혁안에 대학 입학시험을 전국단위로 공동 출제하는 방식이 포함된 뒤로 사립대학의 정원 외 모집을 막는 방안으로 자격고시가 필요하다는 여론이 비등하였다. 입학정원을 국가와 사회의 수요에 맞춰 정하고 그에 필요한 엄격한 관리를 통해 선발해야 입시부정을 막을 수 있다는 것이다(김정인, 2018, 182). 정부는 1966년부터 대학입학예비고사제(예비고사) 도입을 준비해 1969년부터 시행하겠다고 발표하였다(1968.10).

대학입시 응시 자격을 판정하는 예비고사는 전공에 따라 일반계열과 기타계열로 나누며, 기타계열은 일반계열에 응시할 수 없게 하였다. 시험과목은 고교 교과과목 전체를 대상으로 했으며, 체육은 별도의 체력검사로 하였다. 처음에는 하나의 합격선만 있었으나 뒤에는 3개 시도를 지망하게 하여 그 지역에서만 응시할 수 있었고(「대학입학예비고사령」), 1974년부터 예체능계열도 예비고사를 보도록 하였다, 처음으로 OMR카드를 이용한 기계식 채점 방식이 도입되었다.

예비고사는 1974년부터 본고사 성적과 함께 입시성적에 반영되기 시작했고, 대학별 예비고사 성적이 공개되자 서열의 압박을 받은 각 대학이 앞다투어 반영 비율을 상향하여 1976년도에는 10~30%였으나 1979년도에는 60~100%가 되었고, 1981년에는 본고사가 폐지되어 내신과 함께 대학입학을 결정지었다. 예비고사는 통상 대학 총정원의 1.5배를 선발하였는데, 첫해인 1968년에는 11

2,000여 명이 응시하여 61,000여 명이 합격해서 합격률은 50%였다. 그리고 재수생 증가를 막기 위해 1979년에는 3회 응시자에게 3점을 감점하였다. 예비고사 시행 이후 각 대학 내 학생 간 학력 격차가 크게 줄어들었다.

당시 본고사는 전·후기로 나누어졌으며, 전기대학 50개, 후기대학 41개가 있었다. 정부는 예비고사가 100% 객관식인 점을 들어 본고사는 가급적 주관식으로 출제할 것을 권하였다. 대학도 이를 적극적으로 수용하여 주관식 문제의 비율이 50~100%에 달하였다(이원호, 1992, 5).

우여곡절이 있기는 했지만, 예비고사 도입을 계기로 대학 관리체제의 기본이 점차 갖춰지기 시작하였다. 정부가 입학에 대한 관리 강화로 고질적인 부정부패와 비리의 원천을 억제한 것은 대학 정상화의 토대를 구축했다는 점에서는 의미가 있었지만, 한편으로는 대학 스스로 자치권을 국가에 반납한 것이기도 했다.

19. 사학특감과 우골탑 논쟁

1.21사태 등으로 정부의 사회기강 확립이 강조되던 살벌한 분위기는 대학에도 영향을 주어 1969년 1월, 국회가 사립대학에 대한 특별감사를 진행하기에 이르렀다. 국회의 문교행정특별감사위원회가 사립대학의 운영실태를 파악하기 위한 특별감사, 이른바 '사학특감'을 실시하였다. 이는 국회 차원에서의 첫 특감이었다. 특감 대상으로 지정된 대학은 건국대·경희대·수도여사대(현 세종대)·조선대·중앙대·한양대 등 6개 대학이었다.

특감의 최대 관건은 청강생 모집에 관한 것이었다. 그동안 사립대학은 정원의 20% 정도를 청강생으로 초과 모집하는 것이 관행이었다. 하지만 청강생의 선발 기준, 명단과 규모, 등록금 사용처 등은 불투명하였고, 이것이 사학법인의 사리를 채우고 대학의 학사관리에 많은 비리를 초래한다는 비난이 거셌다(강명숙, 2018, 196).

첫날 특감에서 총학장회의 간사 자격으로 나온 한양대 김연준金連俊 총장은 기왕의 관행에 대해 문제 삼는 것에 불만을 토로하면서 사립대학 가운데 고려대·연세대·이화여대를 제외하곤 정원제를 준수하면서 운영할 수 있는 대학이 없다고 강변하였다(경향, 1969.1.27.). 문교부에서 20~30%의 정원 외 학생을 모집해도 좋다고 묵인해 준 것이 사실이고, 1965년에도 정원 외 학생을 신고하면 양성화해준다고 한 뒤 그대로 인정해 준 일이 있어 청강생 모집은 이미 대학가의 관행이었기 때문이다(김정인, 2018, 187).

그러자 역사 교사 출신의 이성수李聖秀 의원은 "저 삐죽삐죽한 대학 정문이나 건물은 농우農牛의 뿔로 세워진 우골탑牛骨塔이 아니고 무엇이란 말이냐"라며 질책하였다. 또 '농촌 출신들이 대학을 졸업해도 취직이 안 되니 학비 대느라 부모 농토만 팔아먹었으니 땅을 줄이는 현대판 축지법縮地法의 명수가 된 것 아니냐'고 질책함으로써 우골탑이란 용어가 인구에 널리 회자하게 되었다.

특감 과정에서 한양대는 1962년 이후 졸업한 14,751명 가운데 절반에 가까운 약 5,700명이 정원 외 학생이었음이 밝혀졌다. 경희대는 1968학년도 입시에서 30~100만 원의 기부금을 낸 80~9

0명을 보결생으로 뽑은 것이 밝혀졌다. 당시 연평균 등록금은 71,200원이었다. 중앙대에서는 합격권의 수험생을 불합격자로 처리하고 돈을 준 학생을 부정 입학한 경우가 48명이나 되었다.

그런데 특감을 진행하던 중 국회의원들이 문교부 장관의 관리 부실을 질책하자 장관이 반발하며 퇴장했다가 돌아와 국회의원 가운데 청탁하지 않은 이가 있느냐고 반발하였다. 이에 회의가 즉시 비공개로 전환되었고, 건국대·수도여사대·조선대에 대한 특감은 생략한 채 그대로 종료하고 말았다.

감사위원회는 그 뒤 18일 동안 전국 77개 사립대학을 대상으로 조사를 벌이겠다고 했지만 실제로는 위 3개 대학과 문교부를 중점으로 조사하고 활동을 종료했다. 특별감사위원회 감사 결과는 다음과 같다.

① 청강생 수는 총장의 증언으로는 한양대 1,724명, 경희대 1,230명, 중앙대 1,169명이라고 했지만 실제로는 한양대 5,700명, 경희대 3,200명, 중앙대 4,200명이었다.
② 정원 외 모집도 문제지만 정원 내 부정 입학도 심각하여 모 대학에서는 정원의 20%를 돈을 받고 입학시켰다.
③ 이렇게 해서 들어온 등록금이 이사장이나 법인의 재산을 증식하는 등 교육 목적 이외에 쓰였다.
④ 교수는 법정 정원의 50%에 불과하며 청강생을 고려하면 실제로는 30%에 불과하고, 1년 계약직 교수가 많아 교수 신분보장에 문제가 크다.
⑤ 실험·실습 기구를 전혀 갖추지 않은 대학이 있다.
⑥ 법인 이사가 가족이나 친척으로 구성되었으며, 이사장과 총장이 부부나 부자, 또는 형제가 많다(중앙, 1969.2.4).

특별감사위원회의 건의 사항은 다음과 같았다.

① 재단 이사장과 총학장의 분리
② 3촌 이내의 친족 이사 임용 금지
③ 학교 재단의 재산 재평가
④ 예산·결산수지 명세서 일정 기간 공고
⑤ 교육 목적 외 등록금 유용에 대한 법적 조치
⑥ 대학시설기준표 작성과 시설 미비한 의대의 폐쇄
⑦ 학과 통폐합 등 정원 재조정
⑧ 교수 신분의 법적 보장
⑨ 법정 인원 초과 모집 청강생의 등록금에 대한 과세(강명숙, 2018, 219~220).

그리고 이상의 건의 사항을 실현하기 위한 입법을 제안했다. 하지만 특별감사위원회는 20년간 누적된 사학법인의 비리를 소급해서 처벌하는 것도 현실적으로 불가하다며 향후 대책에 주력할 것을 주문하기도 하였다(매일경제, 1969.2.6).

한편 특감은 출발부터 논란이 있었다. 우선 여당의 내부 갈등이 있었고,[92] 이들 6개 대학을 선정한 객관적 기준도 없었다. 7명의 특위위원 대부분 특정 사학과 이해관계에 있었으며, 실제 회의 진행 과정에서도 그 같은 이해관계를 드러냈다(동아, 1969.2.6). 이에 사립대학은 특별감사가 사립대학을 길들이기 위한 수단이라며 반발했고, 경희대는 대학 육성을 위해 정부가 돕지는 못

---

[92] 당시 특감의 동기에 대하여 중앙일보에서는 '여당이 사학특감 의지를 밝혔고 문교부가 환영 의사를 밝혔다는 말이 있는데, 이는 정부 여당이 특감을 통해 치외법권의 위치에 있는 사학을 통제권 안으로 몰아넣기 위한 것으로 보인다'(1969.2.4)고 보도하였다. 하지만 특별감사위원회가 3개 대학과 함께 문교부를 특감 대상으로 특정했고, 4월에 야당이 제출한 문교부 장관 해임건의안에 공화당 의원 40명이 찬성하여 해임 의결이 된 것을 보면 위 보도 내용을 그대로 받아들이기도 힘들다.

할망정, 오히려 국회까지 나서서 억압을 위한 감사를 벌인 것은 부당하다고 비판했다(김정인, 2018, 187). 또 특위위원 내에서도 여당은 대학 측에, 야당은 문교부에 더 큰 책임이 있다며 책임 공방을 벌였다.

사학특감은 엄청난 사회적 이목의 집중에도 불구하고 용두사미로 끝나고 말았다. 정원 외 초과 모집 관행은 사라지지 않았고, 오히려 등록금 대폭 인상의 빌미만 제공하였다. 특감이 끝난 뒤 각 대학은 앞으로는 초과 모집을 하기 어려울 것으로 예상하고, 등록금을 전년 대비 20~30% 인상하였다. 고려대는 48,190~54,390원으로 20% 인상했고, 이화여대 인문계 신입생은 25% 인상된 53,070원을 납부해야 했다. 그러자 문교부는 등록금 억제를 요구하였으나 등록금 책정은 사립대학 자율에 맡겨져서 강제할 수 없었다. 사립대학 재학생 95,000명이 평균 1만 원 인상된 등록금을 내야 했으니 연간 10억 원의 등록금 부담이 가중된 셈이다. 당시 근로소득자의 월평균 수입이 1만여 원이었으니 1개월분 수입만큼 인상된 것이다.

조선대 법인 재산은 17년 동안 1,090배 늘었고, 한양대 법인 재산은 4년 동안 300배가 늘어난 것인데, 매번 물가 인상과 교수의 처우개선을 등록금 인상의 명분으로 내세웠지만, 등록금 인상이 교수의 처우개선으로 이어지지는 않았다. 심지어 장학금 지급 규정조차 등록금 인상의 빌미로 이용되곤 하였다(이상 매일경제 1969.2.12; 강명숙, 2018, 197).

20. 박정희와 영남대

이승만 대통령이 문교부 장관과 정부 조직을 동원해 사실상 자기 소유의 인하공대를 만든 것처럼 박정희 대통령도 1947년에 개교한 대구대와 1950년에 개교한 청구대를 통합해 1967년에 설립된 영남대의 교주校主가 되었다.

대구대는 1945년부터 경북종합대학기성회가 국립 종합대학을 목표로 활동을 시작한 이래 단과대학인 대구문리과대학을 거쳐 1947년에 개교한 사립대학이었다. 대구대학 설립자 최준崔浚(1884~1970) 선생은 경주 최부자의 후손으로 1919년 '조선국권회복단 중앙총부'에 참여하여 3.1운동에 앞장섰고 독립운동가 안희제安熙濟(1885~1943) 선생과 함께 백산무역을 운영하며 임시정부 재정부장으로 독립운동의 자금을 담당하여 투옥되기도 했던 애국지사이다.93) 또 경주고적보존회를 설립하여 문화재 보호에 앞장섰고, 천도교에서 운영하던 보성전문이 재정난에 처하자 손병희孫秉熙(1861~1922) 선생에게 김성수金性洙(1891~1955) 선생을 소개하고 보성전문의 재단이사로서 학교 운영을 돕기도 하였다. 그래서 광복 후 대구대학 설립에 전 재산을 투입하는 한편 대구·경북 유지들의 도움을 받아 종합대학 설립을 추진하였으나 국대안 파동

---

93) 최준은 광복회에 참여하였고, 동아일보·경성방직·대구은행 발기인으로 참여하여 민족자본을 육성하는 데도 힘을 썼다. 동생 최완崔浣은 대동청년단을 조직해 독립운동에 힘썼고 임정 의정원에서 재무부 의원을 맡았으며 일경에게 고문을 당해 38세로 사망하였다. 처삼촌 김응섭金應燮은 임시정부 법무장관을 지냈고, 사촌 자형 박상진朴尙鎭은 대한광복회 총사령관을 지냈으며 순국하였다. 김구 주석은 귀국 직후 가장 만나보고 싶은 인물이 바로 최준이었다고 밝힌 바 있다.

등으로 좌절되고 대구문리과대학으로 출범하였다.

하지만 재정난으로 대학이 한계에 봉착한 상황에서 삼성그룹의 이병철李秉喆 회장이 대구대학을 운영하고 싶다고 하자 최준은 '대학에는 주인이 없다'며 무상으로 인도하였다. 하지만 1966년 이병철이 사카린 밀수사건에 연루되자 대통령 비서실장 이후락李厚洛은 그 틈을 타서 대구대 운영권을 박 대통령에게 넘기라고 압박하였다.

최해청崔海淸 선생은 청소년을 위해 개최한 대중학술강좌가 성황을 이루자 뜻을 같이하는 지역 유지와 함께 경북 도청으로부터 대구문리과전문학원으로 설립인가를 받고 이듬해 피혁공업 관계자로 구성된 경북포화布靴조합 이사회를 바탕으로 재단법인 청구대학으로 인가를 받아 야간대학으로 출범하였다(1950.4). 청구대학은 최초의 야간대학이며 최초의 주야 2부제 대학으로 학생들의 헌신과 참여로 개교하여 매우 자유로운 학풍을 자랑하였다.

대구대와 청구대 모두 4.19 이후 다른 대학과 달리 학내민주화를 둘러싼 갈등이 전혀 없었던 점도 주목할 만하다. 이후 대학원, 병설 초급대학과 공업고등전문학교까지 갖추며 성장하자 1964년 30만 평의 새 교지로 이전하였다. 하지만 그 과정에서 재정난에 봉착했고, 직원의 회계 비리가 발생한 데다 신축 과정에서 건물이 붕괴하여 다수의 사상자가 발생하였다(1967.6). 그러자 당시 이사진은 처벌을 면하고 재정난을 타개하기 위해 최해청을 배제하고 이사회를 열어 운영권을 박 대통령에게 넘기기로 하였다.

여기에는 대구대와 청구대가 창학이념과 지역 배경이 거의 같고 함께 재정적 어려움 속에서 종합대학을 만들기 위해 경쟁한 것이 오히려 지역사회에 부담을 주면서 통합여론이 조성된 측면도 있었다. 1967년 12월 두 대학은 각각 이사회를 열어 합병 약정서를 통과시킨 뒤 당일 문교부에 인가 신청을 냈고, 문교부는 다음 날 학교법인 영남학원의 설립을 인가하였다. 박 대통령 측근으로 구성된 새 법인 이사회는 결의문을 통해 창학정신을 밝히길,

> 영남이 배출한 우리의 위대한 지도자 박정희 대통령의 애국이념을 우리 법인과 학교의 교육 정신으로 삼아갈 것을 우리는 다짐한다.

박근혜 전 대통령은 1980년 29세로 영남대 이사장에 취임하고, 1981년 대학정관 제1조에 '교주 박정희 선생의 창학정신에 입각해 교육을 실시한다'는 조항을 만들었다(현재 삭제됨). 이후 박근혜 전 대통령은 측근이 대학 재산을 불법 매각하고 부정 입학 등의 비리를 저질러 사립대학 최초로 국정감사를 받고 물러났다(1988). 당시 상황에 대하여 김기동金起東 총장은 취임사(1989.3)에서

> 80년 이후 풍족한 학교 자산은 정통성이 결여된 재단의 부정으로 횡취당했고, 엄정한 학사는 저들의 압력으로 농단당했으며, 총장은 예외 없이 저들의 자의로 임기 전의 퇴진을 강요당했던 것입니다. 한마디로 대학의 자유는 폭력적 지배로 뿌리째 뽑혔고, 영대의 자율은 엄청난 간섭으로 송두리째 빼앗겼습니다.

라고 밝혔다. 이후 영남대는 20년간 임시이사 체제로 운영되며 안정기를 누렸지만, 2009년에 박근혜 전 대통령 측근이 다시 이

사진을 장악하여 교수들은 1988년의 요구를 다시 하며 투쟁하고 있다.

이처럼 대통령 비서실장이 주도한 대구대와 청구대의 통합, 그리고 영남대의 탄생은 최고 권력자인 박정희 대통령을 교주로 받드는 것으로 귀결되었다. 지금도 대구대와 청구대 설립자 후손 등은 정수장학회처럼 박 대통령에게 대학을 빼앗겼다고 주장한다. 아무튼, 대통령이 사립대학의 교주가 되는 상황은 결과적으로 사학법인에 상당한 힘을 부여해주었다(이상 류창우, 1996, 33, 45~51, 75~79, 83~101, 114~117, 167~169, 184~186; 진실의 길, 2012.10.19; 한겨레, 2013.2.1; 중앙, 2017.6.14; 김정인, 2018, 190).

21. 지원과 자율을 둘러싼 논쟁

1960년대 우리나라는 물론 대다수 신흥국가가 산업화를 근대화로 이해하고 과학과 기술 발전을 통한 경제성장을 추구했다. 이에 따라 대학교육에서도 직업과 기술 교육에 주력했고, 많은 국가가 고등교육에 예산을 투자하였다. 그런데 대학에 대한 국가의 투자는 대학의 교육과 연구에 큰 도움을 주었지만, 한편으로는 국가의 관여로 대학의 자율성이 위축되는 현상이 발생하였다. 아직 학문적 전통이 제대로 자리 잡지 못했고, 대학의 사회적 역할에 대한 합의도 없는 상태에서 국가의 지원과 대학의 자율은 상호 갈등할 수밖에 없었다(김정인, 2018, 173).

1960년 우리나라 대학은 사립대학의 비율이 70%를 넘었고. 고등교육에 대한 국가 투자가 극히 미흡한 상태에서 비정상적으로 출발하고 성장하던 중이어서 국가와 사립대학의 관계는 다른 나라에서는 보기 드문 매우 독특한 양상으로 전개되었다. 사학법인의 문제점을 지적하고 개선을 요구할 때마다, 사학법인은 정부가 고등교육 양육의 책임을 진 일이 있냐고 항의했고, 정부는 자신의 원죄로 인해 더는 추궁할 수가 없었다. 이것이 군사정부가 추진한 대학정비안이 실패로 돌아간 원인 가운데 하나다.

그러나 조선시대 이래 강력한 중앙집권의 전통이 남아 있고, 일제강점기와 한국전쟁을 거치면서 체화된 국가폭력의 강력함은 사학법인에게 항상 두려운 존재였고, 정부는 갖가지 과정을 거치면서 점차 대학 통제의 노하우를 습득하기 시작했다. 사회적 신뢰를 상실한 대학은 결국 여론의 지지를 얻으며 정당화되고 제도화된 정부의 통제를 거부할 수가 없었다. 특히 경제개발을 통한 국가의 발전에 대학이 일정한 역할을 해야 한다는 데는 이론의 여지가 없었다. 그럼에도 불구하고 대학에 대한 국가의 바람직한 역할, 역할 수행 방식에 대한 논의가 제대로 이루어지지 못한 점은 지금까지도 많은 아쉬움을 남겼다.

취약한 정통성의 한계를 안고 있던 박정희 정부는 경제개발의 성과를 조속히 거둬야 했다. 정부의 이런 생각은 장기종합교육계획심의회가 1970년에 만든 「장기종합교육계획안(1973~1986)」에 잘 담겨 있다. 15년의 계획을 담고 있는 이 계획안은 이후 5년 단위의 수정을 거치면서 변하였지만, 대학교육의 보편화, 과학기술과 대학원 교육의 강화, 산업교육의 기능분화와 직업훈련 촉진, 교원 처우개선, 교육 예산의 효율적 배분, 통일 대비 교육 등 그 기획은 이후 고등교육에 매우 큰 영향을 주었다.

대학정책의 가장 큰 변화는 공업화를 통한 근대화 추진에 필요한 고급 기술인력 확보에 주력한 점이었다. 이를 위해서 국공립은 물론 사립대학도 근대화 전략에 충실한 대학 구조조정, 즉 이공계 정원과 학과의 증설이 최우선 과제가 되었다. 물론, 이는 세계적인 추세이기도 했다. 그런데 이공계 확충에는 교수 확보와 시설 투자에 엄청난 비용이 필요했고, 이를 위한 재정 지원이 불가피했다. 국공립과 사립을 가리지 않고 과학기술자 양성기관 역할에 충실해야 정부와 산업체로부터 더 많은 재원을 제공받을 수 있는 현실이 대학의 발전 방향과 내용을 결정했다. 대학도 정부의 재정 지원을 적극적으로 요구하기 시작했다. 1960년대 후반부터 국립대학을 중심으로 이공계 증설이 시작되었고, 이후 지역을 막론하고 사립대학도 이공계를 증설하기 시작하였다.

물론 이렇게 국가가 대학발전의 방향을 주도하는 것에 대한 비판도 없진 않았다. 대학이 학문을 연구할 수 있는 조건을 뒷받침해주는 것 자체가 국가의 목적을 달성하는 것이라는 원론적 비판부터, 정부는 행정 통제 대신 부정부패에 대한 감독만 철저히 하면 된다는 비판 등 대학의 자치를 중시하는 지식인들은 국가가 대학의 자율성을 존중하는 것이 곧 대학교육 정상화의 길임을 역설했다.

하지만 1960년대 중반 이후 국가의 통제와 대학의 자율을 둘러싼 논쟁은 점차 잦아들었다. 많은 약점을 가지고 있던 사학법인은 정부의 대학 관리체제 정착, 재정 지원과 차관 주선이란 통제와 지원의 양면 전략에 저항할 수 없었고, 국가의 교육 및 학문정책에 순응하며 더 많은 재정을 확보하기 위해 동분서주하였다.

박정희 정부는 1963년에 학술연구조성비를 지급하고 이를 제도화함으로써 광복 이후 처음으로 사립대학에 대한 재정 지원을 시작하였다. 1965년부터는 사립대학 등록금 한도액을 없앴고, 1969년에는 기성회비 한도액까지 없애면서 등록금을 자율화해 주었다. 또 정부가 교육 차관을 주선하고 보증하였으며, 대일청구권 자금으로 사립대학 이공계 학과의 시설 확장에 지원했다. 이처럼 사립대학은 1960년대 후반부터 국가로부터 통제와 지원을 받으면서 발전했지만, 한편으로는 점차 고유의 개성을 잃고 획일화되기 시작하였다(이상 김정인, 2018, 174~176, 187~188, 199).

|제5절| 유신과 폭력: 교과 개편과 대학자치의 실종

1. 냉전, 3선개헌과 유신쿠데타

　4.19혁명에서 고려대 학생들은 '기성세대는 자성하라'고 외쳤고, 대다수 대학생 역시 구세대의 퇴장과 청년시대의 등장을 외쳤다. 그러나 진해비료공장 준공식(1965.5)에서 박정희 대통령은 '제군들의 시대는 10~20년 뒤이며, 지금 이 시대는 우리 기성세대가 모든 책임을 지겠다"며 국정에 대한 참여나 간섭을 하지 말라고 선언하였다. 그리고 위수령 특별담화에서 "데모로 아무것도 이룰 수 없다는 교훈을 남기기 위해서,…… 철저하게 단호히 단속할 것임을 선언하는 바"라며 강력한 통제 의지를 드러냈다(1965. 8). 박 대통령의 이런 태도는 1962년 6월부터 1982년 1월까지 야간통행금지를 실시한 데서도 단적으로 드러난다. 1962년부터 20년 동안 우리 국민에게는 하루가 20시간이었다.

　또 공정한 병무 행정은 정상적인 근대국가를 만드는 필수적 과정이긴 하지만 박정희 정부는 권력의 근거인 군부의 강화와 사회의 병영화를 위해 5.16 직후부터 입영률 100%를 목표로 징집체제를 대폭 강화하였다. 「병역법」을 개정하여(1962) 지방 병무청을 신설, 병무 행정을 내무부에서 국방부로 일원화했고, 베트남 참전(1965~1973)을 계기로 환·송영을 비롯한 다양한 행사를 통해 군과 사회의 일체화를 추진하였다.

다행히 인력수출과 외자도입, 수출지향적 무역정책, 국토건설 종합계획의 실천 등에 힘입어 경제성장률은 제1차경제개발 5개년 계획기간(1962~1966) 중 8.5%, 제2차 기간(1967~1971) 중 9.6%로 예상치의 2배를 넘게 달성하여 정권의 정당성에 결정적인 보탬을 주었다. 1970년부터 시작된 새마을운동과 경부고속도로의 완성도 박 대통령의 획기적인 성과로 널리 인정받았다.

하지만 장기집권을 노린 박 대통령은 3선개헌을 추진하기 위한 사전작업으로 각종 탈법과 불법을 총동원해 제7대 총선(1967. 6)에서 국회 의석 2/3를 차지하였다. 이에 전국에서 부정선거 규탄대회가 연일 벌어졌고, 정권은 휴교령으로 맞섰다. 전국 31개 대학과 163개 고등학교를 강제 휴교시켰다. 그러던 중 1968년 연초부터 잇따른 북한의 도발이 박 대통령에게 장기집권의 빌미를 제공하였다. 1.21 청와대 기습사건, 미 정보함 푸에블로호 나포 사건, 울진·삼척 무장공비 침투사건 등이 일촉즉발의 안보 위기로 국민에게 다가왔다.

그러자 정부는 국가안보를 최우선 과제로 내세우며 현역병의 복무기간을 최대 6개월 연장하고, 4월에 향토예비군을 창설하여 사회의 병영화를 이룩하였으며, 5월에는 간첩을 색출한다며 주민등록증 제도를 도입했고, 11월에는 「국민교육헌장」을 공포하여 전 교과서의 첫머리에 수록한 뒤 암기하게 하였다. 이듬해에는 교련을 고등학교 필수과목으로 지정하였다. 이러한 통제의 끝은 3선개헌과 유신쿠데타였다.

1968년 연말부터 공론화를 시작한 헌법개정 논의는 1969년부터 급물살을 탔다. "내가 3선 개헌을 하려 한다는 것은 정치적 모략"이라며 개헌을 강하게 부인했던 박 대통령이 돌연 3선 개헌을 밀어붙이자 전국 대학이 일제히 반발하였고, 정권은 즉시 29개 대학을 조기 방학하게 한 뒤 9월 14일 새벽 2시, 비밀리에 여당만 모인 국회별관 특별회의실에서 주전자 뚜껑을 의사봉 삼아 3선 개헌안을 상정하여 통과시켰다. 1971년 1학기부터 대학에 교련이 필수과목으로 지정되었고, 제7대 대통령 선거(1971.4)에서 노골적인 관제 개입이 자행되자 부정선거 규탄과 교련 반대 시위가 계속되었다. 때마침 미국이 닉슨 독트린에 따라 주한 미군 1개 사단을 일방적으로 철수하자(1970.7), 박 대통령은 위수령을 발동하여(1971.10) 10개 대학을 강제 휴교케 한 뒤 대학에 군인을 주둔시키고 1,889명의 학생을 연행하면서 무력으로 진압하였다.

그리고 '7.4남북공동성명'을 발표한 뒤 남북대결에서 승리하기 위해서는 '총력안보체제' 구축이 필요하다고 역설하며, 국회해산, 정당 활동과 정치활동 중지를 포함한 헌법 정지, 비상계엄 등을 포함한 특별선언을 발표한 뒤(1972.10), 이를 '10월 유신'이라 칭하였다. 그리고 유신헌법과 함께 「국가보위에 관한 특별조치법」(1972.12)을 통과시켜 대통령에게 상시적인 비상대권을 부여하였다.

국민의 기본권을 언제든 제약할 수 있는 비상대권으로도 모자랐던 박 대통령은 긴급조치를 거듭 선포하여 유신헌법을 반대하거나 부정할 경우, 영장 없이 체포·구금할 수 있게 하는 등 폭압적인 속성을 거침없이 드러내었다. 특히 광복절 기념일 행사에서 육영수陸英修 여사가 피살되고(1974.8), 북한의 남침용 땅굴이 연이어 발견되었으며(1974.11~1978.10), 월남 정권이 패망(1975.4)하자 박 대통령은 안보위기를 강조하면서 언론 보도 통제와 정치 활동 전면 금지를 주된 내용으로 하는 긴급조치 9호(1975.5)를 발동하여 군부독재권력의 정점을 이루었다. 눈부신 경제적 성장과 숨 막히는 독재의 폭력, 70년대의 대학은 이런 시대환경 속에서 살아야 했다.

2. 정부의 실태조사와 서울대 이전

　박정희 대통령은 일찍부터 중화학공업에 주목하고 정유·비료·제철산업을 전략산업으로 선정하고 자본과 인력을 집중적으로 투자하였다. 하지만 경제성장률은 1969년의 13.8%를 정점으로 하향하기 시작해 1970년에는 7.6%(1970), 10.5%(1971), 7.2%(1972)로 낮아졌고, 울산석유화학단지(1972.10), 포항제철(1973.6)을 준공하여 중화학공업을 본격적으로 가동하려는데 제1차 석유파동(1973.10)이 발생하여 경제가 일대 혼란에 빠졌다.
　하지만 다행히도 1974년부터 중동 건설로 경제는 전례 없는 활황기에 진입하였다. 건설 수출이 2.6억(1974), 25억(1976), 35.2억(1977), 81억 달러(1978)로 전체 수출의 40~60% 차지하며 급성장하여, 마침내 대망의 100억 달러 수출을 달성할 수 있었다(1977). 초유의 달러 유입에 고무된 기업은 정부의 적극적인 권유 속에서 대규모 자본이 필요한 장치산업에 앞다투어 뛰어들었다. 제조업 생산액 가운데 중화학공업 비중은 21%(1960)에서 44%(1970), 58%(1980)로 급성장하였다. 하지만 20%도 안 되는 자기자본으로 외자에 의지해 중화학공업에 과잉 투자한 데다 제2차 석유위기(1979)로 세계 경제가 얼어붙자 중화학공업은 다시 우리 경제에 깊은 내상을 안겼다.
　이처럼 급변하는 환경 속에서 박 대통령은 대학생이 전인적

인격을 갖추고 사회를 이끄는 전통적인 엘리트 대신 전문성을 갖추고 정부 정책에 순응하며 국가 발전에 헌신하는 기능적 엘리트이길 원하였다. 당연히 대학도 학문을 연구하는 곳보다는 국가 건설에 필요한 인재를 체계적으로 육성하는 기관이어야 했다. 이를 위해 박 대통령은 1966년부터 전국 모든 대학을 대상으로 대규모 실태조사를 하게 하였다.

한국산업기술개발본부(개발본부)는 주한미국경제협조처USOM의 기금지원과 문교부·과학기술처의 협조를 받아 교육대학과 각종 학교를 제외한 전국 98개 대학(18개 종합대학, 51개 단과대학, 29개 초급대학) 전체를 대상으로 2년간 실태를 조사하고 그 결과를 담은 『전국고등교육기관 실태조사 연구보고서』(『실태조사보고서』)을 정부에 제출하였다. 이를 근거로 정부는 국무총리를 위원장으로 한 장기종합교육계획심의회(장기교육심의회)를 출범시키고(1968.11) 『장기종합교육계획(안)』을 발간하여 제3~5차 경제개발5개년계획 수행에 필요한 인력 양성을 위한 15년(1971~1985)의 장기정책과제를 제시하였다.

박 대통령이 추진한 대학정책은 대학의 교육과 연구 활성화를 통해 우수 인재를 양성하는 것이 아니라 국가에서 필요한 인력 수급에 초점이 맞춰져 있다. 또 대학에 대한 불신과 함께 통제의 대상으로 보는 인식, 일방적인 정책 추진이라는 점에서는 아쉬움이 있다. 하지만, 주먹구구식으로 운영해 온 대학 관련 정책과 대학의 실태를 국가적 차원에서 체계적으로 점검하고 인구 증가, 경제성장, 산업수요 등 대학 환경에 영향을 미칠 수 있는 제반 요소를 종합적으로 고려하고 재정 지원 등 구체적인 대안을 모색한 점은 매우 긍정적으로 평가할 만하다. 특히 이때 대학에 관한 각종 통계자료가 만들어지는데, 이것은 우리나라 대학 관련 자료 가운데 신뢰할만한 최초의 것이라고 해도 무방하다.94)

아울러 정부는 「서울대학교 종합화 10개년계획(1968~1977)」(종합화계획)(1968.4)을 수립하여 의학과 농학을 제외한 모든 단과대학을 관악산의 새 캠퍼스로 이전하여 대학원 중심대학으로 변신할 수 있도록 국가 프로젝트 수준에서 이전 계획을 추진하였다.95) 그리고 이를 뒷받침하기 위해 10년간 한시적으로 효력을 지닌 「서울대학교 시설확충 특별회계법」(1968.7)을 제정하여 재원을 확보하게 하였고, 「서울대학교 설치령」(1970.4)을 통해 건설본부를 신설하여 본격적으로 공사를 추진하게 하였다.

1972년 착공한 관악캠퍼스 건설공사는 1975년부터 일부 단과대학이 이전할 수 있을 정도로 진행되었고, 1980년에 공과대학이 이전함으로써 전체적인 형태를 갖추었다. 이로써 서울대는 국대안 논쟁이 시작된 지 30년 만에 각기 흩어져 있던 단과대학을 한곳에 모아 '연합대학에서 종합대학으로' 새로운 발전을 도모할 수 있게 되었다.

---

94) 1966년 이전의 자료는 대학사의 측면에서 소중하나 본격적인 정책자료로서의 의미는 아마 『실태조사보고서』가 처음이라고 할 수 있다. 따라서 대학과 관련된 각종 통계의 기준으로 삼기에 족하다고 해도 과언이 아닐 것이다.

95) 서울대를 대학원 중심대학으로 전환하려는 정책은 1968년의 「서울대학교 종합화 10개년 계획」(1968)을 시작으로 「대학원 교육의 강화책 연구보고서」(1971), 「대학발전 10개년 계획」(1977), 「제2차 중흥계획안(1983)」, 「서울대 발전 장기계획(1986)」, 「서울대학교 2020년 미래상(1995)」, 「서울대특별법(1996)」 등이 거듭 제기되었으나 결국 원만하게 추진되지 못하였다. 특히 전두환 정부의 졸업정원제 실시는 학부를 축소하고 대학원 중심으로 변신하려는 계획에 완전히 역행하였다(박용현, 1998).

3. 『실태조사보고서』

『실태조사보고서』는 제2차경제개발 5개년계획에서 교육을 "인간자원의 개발"로 파악하였음을 상기시키고 양적인 팽창으로 인한 문제점을 규명하고 질적인 향상을 도모하기 위해서 조사하였다고 밝혀 정부의 정책 의도가 무엇인지 분명히 하였다. 한가지 주목할 점은 향후 고등교육 개선을 위한 정책 수립의 기초자료를 만들기 위해 대학의 실태를 조사한다고 밝혔으면서도 조사의 주체를 문교부가 아닌 과학기술처로 하였다는 점이다. 이는 문교부와 사학법인의 오랜 유착관계를 볼 때 문교부를 통한 조사로는 제대로 실태 파악을 하기 어렵다는 정책적 판단의 결과가 아닌가 생각한다. 보고서에서도 사립대학이 보고한 재무 자료는 회계 조작이 많아 액면 그대로 받아들이기 어렵다고 밝히고 있다. 이런 점은 『실태조사보고서』가 상당히 신뢰할만한 것임을 말해준다.

행정·재정·시설 3개 분야로 이루어진 조사는 5개 대학을 대상으로 예비조사를 한 뒤 다시 전국 대학에 상세한 설문 문항을 보내고 회답을 받은 뒤 현지 조사하는 방식으로 이루어졌다. 보고서에서 지적한 주요 내용은 다음과 같다.

① 행정 분야
 (1) 대학의 대도시 집중이 뚜렷하고 지역적 분포가 매우 불균형하다.
 (2) 사립대학의 법인과 대학의 구분이 불완전하다.
 (3) 국공립과 사립대학의 행정조직에 차이가 없다.
 (4) 총장에게 권한이 집중되어 있으며 독단적 행정의 가능성이

크다.
    (5) 전임교수 부족과 재정난은 대학 문제점의 모든 근원이다.
    (6) 전임교수 부족으로 수업시수와 시간강사 의존도가 과도하다.
    (7) 연구지원, 복지, 장학제도, 야간대학 운영이 모두 부실하다.
    (8) 특정 대학 상황이 통계상 과대 대표되므로 유의하여야 한다.
② 재정 분야
    (1) 국공립대학의 정부 보전이 66.2%(1965), 58.9%(1966)이다.
    (2) 국·사립대의 학기당 등록금은 10,652원, 13,876원(1965), 11,583원 19,015원(1966)으로 격차가 30.3%에서 64.1%로 커졌다.
    (3) 국공립대 예산 가운데 인건비 비율은 49.9%(1965)이며, 연구비와 장학금은 0.8%(1965)에 불과하다.
    (4) 사립대의 명목상 등록금 의존도는 77.3%(1965), 74.9%(1966)이다.
    (5) 사립대 예산의 인건비 비율은 53.3%(1965), 53.2%(1966)이다.
    (6) 1962~1966년 세입은 290% 증가, 세출 증가는 학교가 336%, 법인이 507%이다.
③ 시설 분야
    (1) 98개 조사 대상교 가운데 「대학설치기준령」에 부합한 대학은 종합대학 3개, 단과대학 19개, 초급대학 5개교에 불과하다.
    (2) 기준령에 부합한 대학 가운데 국공립은 종합대학 2개, 단과대학 1개, 초급대학 1개교이며, 사립은 종합대학 1개, 단과대학 18개, 초급대학 4개교이다.
    (3) 난방시설을 갖춘 곳은 일부 대학의 일부 건물에 불과하다.

[표1] 지역별 대학 재적생 수(1966/1)

시도	대학	남	여	계	종합	(%)
서울	일반	75,507	24,589	100,096	111,173	69.6
	초급	6,608	4,469	11,077		
부산	일반	8,861	876	9,737	12,154	7.6
	초급	1,048	1,369	2,417		
경기	일반	2,703	7	2,710	3,388	2.1
	초급	668	10	678		
강원	일반	1,402	363	1,765	1,765	1.1
	초급	0	0	0		
충북	일반	1,584	123	1,707	1,707	1.1
	초급	0	0	0		
충남	일반	2,057	186	2,243	2,891	1.8
	초급	400	248	648		
경북	일반	8,203	2,262	10,465	13,411	8.4
	초급	1,946	1,000	2,946		
경남	일반	1,101	103	1,204	1,204	0.8
	초급	0	0	0		
전북	일반	3,108	290	3,398	3,682	2.3
	초급	197	87	284		
전남	일반	6,705	647	7,352	7,729	4.8
	초급	0	377	377		
제주	일반	554	43	597	597	0.4
	초급	0	0	0		
합계	일반	111,785	29,489	141,274	159,701	100
	초급	10,867	7,560	18,427		

(개발본부, 1967, 20)

『실태조사보고서』에 드러난 대학의 교육 및 연구 환경은 대부분 예측했던 바와 마찬가지였지만 전국적인 일제 조사와 분석을 통해 객관적으로 확인하였다는 점에서 큰 의미가 있으며, 이후 대학교육 개혁 방향을 모색하는 데 매우 유용하게 활용되었다. 수록된 101개 표 가운데 중요한 것은 다음과 같다.

우선 [표1]의 1966년 당시 전국 대학생의 구성을 살펴보면 4년제 대학이 88.5%, 2년제 대학이 11.5%이고, 지역 분포는 서울 지역이 전체 대학생의 69.6%를 차지하고 있을 뿐 아니라 여학생의 경우, 서울에서 재학 중인 학생 수가 4년제의 83.3%, 2년제의 59.1%를 차지하여 그 비중이 압도적이라는 점이 눈에 띈다. 경기도의 4년제 대학 여학생이 7명인 것은 당시 경기도 소재 대학으로 인하공대가 유일하였기 때문인데, 여학생 진학률은 전공 개설과 밀접한 관련을 맺고 있던 것으로 보인다. 여학생의 비율은 4년제 대학이 20.9%, 2년제 대학이 41%로 1:2의 비율이어서 여학생의 초급대학 집중 현상을 보여준다.

[표2]는 4년제 종합대학이 국립 6개교, 사립 12개교로서 1:2의 비율이고 학과 수도 35.3%와 64.7%로 유사하나 재학생 수는 국립 20.7%, 사립 79.3%로 1:4의 비율이었음을 말해준다. 이렇게 사립대학의 밀집도가 국립대의 2배나 되는 것은 그만큼 교육환경이 열악하였음을 반영한다. 그리고 한양대 재학생이 특별히 많은 것은 정원 외 입학생 수를 그대로 반영했기 때문으로 보인다. 그 밖에도 1966년 당시 4년제 사립 종합대학이 서울을 제외하면 부산의 동아대와 광주의 조선대가 유일하다는 점은 현 수도권 집중 현상이 결코 어제오늘의 문제가 아님을 말해준다.

[표2] 4년제 종합대학 학과 및 재학생 수(1966/1)

	대학교	학과	재학생	대학원	특수대학원
국립	서울대학교	75	9,517	○	경영,사법,행정, 교육,보건
	부산대학교	26	3,273	○	
	경북대학교	27	2,521	○	
	전북대학교	26	2,354	○	
	전남대학교	26	2,311	○	
	충남대학교	16	1,278	○	
	계	196	21,254		
사립	한양대학교	29	14,844	○	산업
	이화여자대학교	37	8,123	○	
	성균관대학교	35	6,850	○	
	경희대학교	29	6,698	○	산업경영
	동국대학교	30	6,391	○	
	연세대학교	32	6,363	○	경영, 신학
	건국대학교	33	6,331	○	
	고려대학교	31	6,316	○	경영
	중앙대학교	29	5,482	○	
	동아대학교	31	5,316	○	
	조선대학교	25	4,962	○	
	숙명여자대학교	18	3,950	○	
	계	359	81,626		
	합계	555	102,880		

(개발본부, 1967, 16~17)

[표3] 4년제 단과대학 학과 및 재학생 수(1966/1)

			대학	학과	재학생	대학원
국립		일반대학	충북대학	8	753	-
			제주대학	9	597	-
		사범	공주사범대학	8	513	-
		농과대학	진주농과대학	6	760	-
			서울농업대학	5	605	-
			춘천농과대학	4	515	-
		해양수산	부산수산대학	5	824	○
			한국해양대학	2	324	○
			계	47	4,891	
사립	서울	일반대학	한국외국어대학	13	2,218	○
			단국대학	17	1,950	○
			홍익대학	11	1,518	○
			명지대학	5	1,124	-
			국민대학	8	1,045	
			서강대학	12	977	-
			숭실대학	8	976	
			국학대학	5	788	
			국제대학	7	664	
			경기대학	5	547	
		여자대학	덕성여자대학	4	661	
			서울여자대학	5	591	-
			동덕여자대학	1	167	
		사범대학	수도여자사범대학	11	1,519	○
			성신여자사범대학	4	256	-
			상명여자사범대학	3	179	
		의과대학	수도의과대학	4	1,081	○
			가톨릭의과대학	3	582	○

	공과대학	광운전자공과대학	4	381	-
		수도공과대학	3	244	-
	예대	서라벌예대	3	258	-
	신학대학	삼육신학대학	1	237	-
		예장신학대학	1	176	○
		서울신학대학	1	168	○
		감리신학대학	1	163	-
		한국신학대학	1	156	-
		계	141	18,626	
경기		인하공과대학	13	2,710	○
강원		원주대학	5	472	-
		춘천대학	3	361	-
		성심여자대학	6	278	-
		관동대학	2	139	-
충북		청주대학	10	954	○
충남		대전대학	4	316	-
		감리대전신학대학	1	136	-
경북		청구대학	23	3,859	○
		대구대학	16	1,903	○
		효성여자대학	9	1,244	-
		계명기독대학	9	725	-
		한국사회사업대학	3	213	-
경남		마산대학	4	444	-
전북		원광대학	8	630	-
		전주영생대	5	414	-
전남		대건신학대	1	79	-
		계	122	14,688	
		합계	310	38,205	

(개발본부, 1967, 16~17)

재학생 수도 70%가 서울에 집중되었고, 대구(8%) · 부산(7.6%) · 광주(4.8%)로 20.4%에 불과해서 이들 광역시의 흡인력을 더 키우고 주변 도시로 확산하지 못한 것이 상당히 오래된 구조적 문제임을 엿볼 수 있다. 수도권 집중을 완화하려면 주요 광역시의 경쟁력을 강화하여 인구 유입을 막는 방파제 기능을 넘어서 자체 흡수와 성장을 할 수 있도록 집중적으로 투자할 필요성이 있다고 생각된다.

종합대학을 제외한 4년제 단과대학의 상황은 국 · 사립, 지역 간 격차가 더욱 크게 벌어진다. 단과대학 수는 모두 51개이고, 국립 8개, 사립 43개로서 사립이 84.3%이며 총 310개 학과 가운데 국립이 47개, 사립이 263개로서 사립이 84.8%이다. 재학생 38,205명 가운데 국립이 4,891명(12.8%), 사립이 33,314명(87.2%)이므로 모두 사립이 85%의 비율을 유지하고 있다.

단 종합대학과 달리 서울의 비율이 18,626(48.8%), 비서울 지역이 19,579명(51.2%)으로 비슷하나 경북이 7,944명으로 경기도를 제외하면 65.3%, 포함하면 53.4%로서 그 비중이 압도적이다. 반면 충남 · 전북 · 전남 · 제주에는 단과대학이 하나도 없다.

[표4]의 수업시수는 3개 지표(10시간 이하, 11~16시간, 17시간 이상)만으로 통계 처리한 것이기 때문에 실제 상황과 편차가 불가피하다. 특히 주당 17시간 이상 강의한 경우가 많은데 이것이 통계에 제대로 반영되지 않을 수도 있다. 당시 강의하였던 교수들의 개인적 회고에 따르면 주당 30여 시간 강의를 한 경우가 대부분이며, 이러한 상황은 1980년대 말까지도 크게 개선되지 못하였다.

[표4] 교강사 주당 수업시수(1966/1)

구분		전임담당	전임초과	시간강사
일반대학	국립종합대	79.6	13.3	7.1
	국립단과대	67.0	21.8	11.2
	사립종합대	54.5	10.8	34.7
	사립단과대	51.1	10.4	38.5
	합계	61.6	12.1	26.3
초급대학	국립초급대	75.5	13.2	11.3
	사립초급대	35.9	8.0	56.1
	합계	36.5	8.1	55.4
총계		58.8	11.7	29.5

(개발본부, 1967, 29)

[표5] 전임교수/시간강사 강의 담당 비율(1966/1)

구분		전임담당	전임초과	시간강사	합계
일반대학	국립종합대	79.6	13.3	7.1	100
	국립단과대	67.0	21.8	11.2	100
	사립종합대	54.5	10.8	34.7	100
	사립단과대	51.1	10.4	38.5	100
	합계	61.6	12.1	26.3	100
초급대학	국립초급대	75.5	13.2	11.3	100
	사립초급대	35.9	8.0	56.1	100
	합계	36.5	8.1	55.4	100
총계		58.8	11.7	29.5	100

(개발본부, 1967, 27)

[표5]의 전임교수와 시간강사의 강의 담당 비율에서 유의할 것은 사립 초급대학의 시간강사 담당 비율이 비정상적으로 높다는 점이다. 당시 사립대학 교수의 책임시수가 매우 높았음에도 불구하고 시간강사 담당 비율이 50%를 상회하는 것은 그만큼 교수확보율이 낮은 데 따른 결과이다.

	[표6] 사립대학 교직원 월급 현황(원)					
교원	연도	교수	부교수	조교수	전임강사	조교
	1965	20,467	17,318	14,618	12,897	5,844
	1966	26,134	21,777	18,267	15,584	7,034
직원	연도	처장	과장	계장	계원	용원
	1965	25,737	18,004	13,445	10,214	7,959
	1966	34,609	22,879	17,411	13,629	10,248
					(개발본부, 1967, 154~155)	

[표6]의 교수 월급은 일반 공무원보다는 다소 높으나 대기업 5년 차 직원과 비슷한 수준이었다. 보고서는 낮은 임금으로 인해 교수가 되기 위해 대학원에 진학하려는 학생 수가 점차 감소하고 있다고 지적하고 있다. 대학 내에서 임금으로 표현되는 위계는 처장, 교수, 과장, 부교수, 조교수, 계장, 전임강사, 일반직원, 용원, 조교 순이다. 한가지 유의할 점은 1960년대에는 교수와 직원의 구분이 지금처럼 명확하지 않았고 교수들이 과장 이상의 보직을 맡는 경우가 많았다는 점이다.

4. 『장기종합교육계획안』

1968년에 발족한 장기교육심의회는 초등부터 대학원까지 우리나라 교육 전반에 관한 실태조사를 진행한 뒤 중앙교육연구소에서 1,012개 항목에 달하는 『장기종합교육계획(안)』(『장기종합계획』)을 발간했다(1970.4).[96] 우리나라 최초의 대학 관련 종합교육백서라고 할 수 있는 『장기종합계획』는 우리나라가 1970년대에 근대적 산업사회에 진입할 것으로 전망하고 인구·산업·제도·의식·가치관의 급변과 함께 풍요한 사회 특유의 문제의식이 부각될 것으로 예측하며 1972년을 기점으로 1986년까지의 교육을 구상하였다(46~47).

국가가 발전할수록 교육수요가 증대하기 마련이고, 우리의 전통적인 교육열이 뒷받침되어 1980년대에는 양적 팽창과 제도적 효율화, 질적 향상, 개방성이 있을 것으로 전망하며 그 전제로

① 서울집중을 지양하고 전국적 균형 발전이 가능하도록 국가 발전계획과 긴밀하게 연계하여 설계할 것
② 자유민주에 대한 요구가 커질 것이므로 인력이란 측면과 동시에 인간·인격적 측면의 요구가 커질 것에 대응할 것
③ 학령인구가 1,203만(1969)에서 1,538만 명(1986)으로 증가하고 취학인구는 785만(1970)에서 1058~1,127만 명(1986)으로 증가하는 것에 대응하여야 한다고 보았다(47~49).

---

96) 모두 5권으로 작성된 『장기종합교육계획(안)』은 제1장 서론, 제2장 총체적 계획, 제3장 부문별 교육계획, 제4장 계획의 발전, 제5장 국가 발전의 추세와 전망, 제6장 교육의 현황과 문제점, 부록(추정모형, 주요계획 통계, 계획과정의 보고) 등으로 이루어졌다.

중점방향으로는 모두 10가지를 설정하였는데,

① 지금까지 초등교육에 집중하였으나 앞으로는 중고등교육을 우선하되, 전반기에는 중등, 후반기에는 대학교육에 중점을 두는 것이 바람직하다. 1970년대 후반~1980년대 초반에 대학교육 학령인구가 급증하고 산업화로 인한 고급 인력 부족이 심해지며, 특히 지식산업에 대한 참여 인력 양성이 시급하다. 이를 위해 대학원 교육을 강화해야 한다.
② 적정규모의 교육재정 확보가 필요하며 그 규모는 GNP의 5.7%(1970)에서 8.2%(1986)로 상향해야 한다. 이는 학생 수가 초등학생 1.1, 중학생 2.1, 고등학생 3.4, 대학생 4.5배로 증가할 것으로 예상한 것인데, 국가 예산 중 공교육비 비율을 현행대로 20%를 유지할 경우, 대학생 1인당 교육비가 367달러(1970)에서 850달러(1986)로 증액되는 것을 전제로 한다.
③ 교직 지망생이 정원에 미달하며 질도 저하되고 있으므로 임금 인상을 통한 유인 구조를 강화할 필요가 있다. 또 교육공학적 방법의 개발 및 보급이 필요하다.
④ 연구 개발 강화를 위한 재정지원, 과학기술 교육의 혁신적 발전이 필요하며, 산업교육 기능의 분화와 협동을 위해 상급학교 진학 문호 개방, 기업체 부설 실습기관 설치 법제화 등이 필요하다.
⑤ 지적 탐구력을 증대하고, 바른 가치관과 사회윤리의 함양, 통일을 대비한 교육이 필요하다(이상 61~71).

부문별 계획에서는

① 정원 감축으로 질적 제고를 주장하나 그 효과를 예측하기 어렵고, 대학교육에 대한 사회적 수요가 증대하고 있어 일정 수준의 양을 유지하면서 질적 향상을 이뤄야 하는 것은 선택의 여지가 없다. 그리고 이를 달성하기 위해서는 교육행정의 효율화와 재정의 획기적 개선이 절대적 조건이다.

② 일부 부실대학 때문에 모든 대학을 획일적으로 통제하여 대학의 자율성을 제한하고 창의적 발전을 저해하고 있다. 대학자율화를 원칙으로 하되, 대학에 따라서 자율과 통제를 차별적으로 병행할 필요가 있다.
③ 교수 부족이 심각하다. 1967년 현재 국공립대학은 법정 정원의 51.7%, 사립대학은 34.5%에 불과하다. 향후 정원 확대가 예상되는 데도 적절한 대책이 없는 실정이다.
④ 현 「대학설치기준령」은 최소한의 기준을 제시한 것일 뿐 대학의 성취를 평가할 수 있는 기준이 되지 못한다. 따라서 대학평가인정위원회를 구성하여 대학의 업적을 전문적·지속적으로 평가할 수 있어야 한다(이상 345~346, 1881).

장기교육심의회가 진단한 대학교육의 문제점과 향후 대응 방안 등에 대하여 한국교육학회는 교육을 경제발전의 수단으로만 간주하고, 지나치게 인력수급만 치중해 양적 발전에만 초점을 두었으며, 인성교육과 사회교육에 대한 무관심, 국가통계에 대한 과신 등의 문제가 있다고 비판하였다(중앙. 1970.4.28.). 또 지적한 내용과 대응 방안이 너무 방대해 실행하기 어렵다는 지적도 있었다.

하지만, 고등교육 전반에 걸친 총체적 점검이라는 것 자체만으로도 매우 큰 의미를 지녔지만, 인력 수급 외에도 향후 전개될 것으로 예측되는 여러 상황에 대한 전망이 이후 실제 전개된 상황과 상당 부분 일치하였다는 점에서 매우 잘 만들어진 보고서라고 평가할 수 있다. 또 경제 분야 전문가들이 참여하여 논지를 전개한 장점도 상당 부분 긍정적으로 작용하였다.

이 계획들은 이후 5년 단위로 재조정을 거쳐 고등교육정책에 큰 영향을 미쳤는데(김신복, 1974), 지금부터 50년 전에 제기되었던 문제들 가운데 상당수가 현재진행형이라는 데서 교육이 지닌 통시대적 특성도 엿볼 수 있지만, 고등교육의 지체 현상이 매우 심각하며, 정권 차원의 근본적인 혁신 의지 없이는 그 개선이 쉽지 않음도 알 수 있다.

5. 고등교육개혁안

장기교육심의회가 해산된 뒤 문교부는 교육정책심의회를 설치했고(1971.9), 그 아래에 고등교육분과위원회(고등교육위원회)를 두었다. 고등교육위원회는 1972년을 '고등교육 개혁을 위한 연구의 해'로 설정하고 지역 세미나와 국제 학술회의를 개최하며 대학 현장의 목소리를 듣는 과정을 진행하였다. 우선 '고등교육개혁 계획을 위한 지역 세미나'를 10차례 개최하여(1971.12~1972.4) 650~700명이 참여하고 71편의 보고서가 작성되었다. 이렇게 개혁안 수립에 앞서 세미나를 개최함으로써 그동안 소외된 지역의 의견을 수렴하고 개혁의 분위기를 전국적으로 확산하였다.

여기에서 도출된 주된 내용은 고등교육기관의 교육철학을 수립, 학과별 정원을 학부·대학별로 확대, 160학점을 140학점으로 조정, 부전공과 복수전공제 도입, 지역사회와의 협력 강화, 지역대학의 전문화 등이다.

한편, 문교부는 연세대와 공동 주최로 고등교육 개혁에 관한 국제 학술회의를 개최하였다(1972.10). 4차례의 전체 회의와 6개 분과 회의를 통해 고등교육 개혁은 피할 수 없는 시대적 요청이라는 전제하에 10개국 명문대 총장과 전문가 등 모두 1,200명이 참여한 가운데 대학이 사회 발전과 혁신의 원천이면서 정작 대학 자체의 변화에 대해서는 소극적이라는 자성과 함께 각국의 개혁 사례를 서로 나누었다.

서구나 일본의 대학과 달리 전후 독립한 아시아 각국의 대학은 국가 발전에 기여해야 한다는 역할을 받고 국가의 지원 속에서 양적으로 성장하였으나 질적 성장과의 부조화, 획일적인 입시제도, 교수진과 시설의 부족, 학생운동에 대한 부담 등을 공유하고 있었으며, 신속한 경제발전을 위해서는 고등교육의 혁신이 반드시 이루어져야 한다는 인식도 공유하고 있었다. 그래서 고등교육 혁신을 위한 첫 번째 국제회의가 홍콩 중문中文대학에서 개최되었고(1969.8), 이어서 싱가폴 남양南洋대학에서도 개최된 바 있었다(1969.12).

학술회의의 초점은 광복 후 9배 늘어난 대학의 수, 20배 늘어난 학생의 수에 비해 질적인 변화가 뒤따르지 못한 현실에 대한 비판과 자기혁신을 위한 자성, 특히 대학 스스로 개혁에 나섬으로써 정부의 타율적 규제에서 벗어나야 하며, 이에 대학 행정을 담당하고 있는 보직자들의 적극적 참여와 지도가 필요하다는 데 모아졌다.

김상협金相浹 총장은 우리 사회에서 대학을 보내는 동기는 일제강점기 원천 봉쇄되었던 고등교육의 기회가 열리자 자녀를 대학에 보내려는 허세, 지식인 숭상의 유교적 전통에 따른 체면, 불안정한 미래에 대한 담보가 결합된 저질욕망이라고 비판하고, 대학 간 특성 대신 종합대학을 지향하는 것이 그 결과라며 점진적이고 장기적인 개혁, 자율적 개혁과 적절한 자극 및 지원의 필요성, 그리고 대학 간 선의의 경쟁과 신진대사가 필요하다고 주장하였다.

그 밖에도 지역 세미나 결과, 산학협력체제, 평가제도 도입 등이 논의되었으며 최종적으로 개혁적 인물의 우대, 국가와 사회에 대한 대학의 봉사, 대학의 건학목표 작성, 평가승인제도를 통한 질적 향상, 대학 간 협력과 지역사회와의 협력, 점진적이고 계획적인 개혁의 추진 등 6개 항의 건의 사항을 정하였다(이상 박대선, 1973, 36~55, 87~94, 159~160, 168~171, 204~223, 374~375).

국제학술회의에 이은 후속 조치로 주요 대학을 중심으로 교육과정 개혁에 관한 논의를 진행하였다. 「서울대학교 교육 연구 및 기구 조직에 관한 연구보고서」(1971.12), 「고려대학교 교과과정 개편 지침」(1972.7), 「이화여자대학교 문리대학 학제 개편」(1972. 12), 「연세대학교 대학교육 개혁안」(1972.12) 등이 그것이다. 이들 개혁안은 고등교육위원회가 검토하고 있던 교육과정 개혁안과 유사한 점이 많았다. 4개 대학 모두 당시 미국 대학과 같이 졸업학점을 140학점으로 줄이는 안, 학문 단위 모집과 부전공제·복수전공제 등의 수용을 검토하였다(김정인, 2018, 210).

국제학술회의에서 수용자가 누구인지도 애매한 건의 사항을 결정한다는 것은 자못 어색한 일이지만, 정부로서는 나름대로 대학을 배려한 조치였다. 기존의 대학개혁이 예상과 달리 효과를 거두지 못한 것은 초중등학교도 그렇지만 대학은 좀 더 다양한 속성을 지니고 있는데, 그것을 무시한 채 하향식 개혁을 추진했고, 그것이 대학의 반발만 초래했을 뿐 실효를 거두지 못하였음을 인지하였기 때문이다. 이에 정부는 적어도 형식상 대학이 자체적으로 발전계획을 수립하여 개혁 추진 의사를 밝히면 정부가 지원하는 방식으로 방향을 바꾼 것이다. 그리고 이런 환경을 조성하기 위해 개혁의 필요성에 관한 대학 내의 목소리를 최대한 유도하고, 개혁에 관한 구성원의 의사를 적극적으로 표명할 수 있도록 하였다. 이런 과정을 거쳤기 때문에 이후 실험대학 추진 등 정부의 개혁에 대해 대학 사회는 대체로 긍정적으로 수용하였다.

6. 실험대학의 도입과 변화

고등교육위원회는 지역 세미나, 국제학술회의, 주요 대학이 내놓은 개혁안 등을 토대로 1972년 6월에 실험대학, 대학 특성화, 정원령과 학위등록제, 지방대학 확충, 교수 재임용제, 서울대 발전계획, 사범대학 증설 등이 포함된 고등교육 개혁방안을 수립했다(김정인, 2018, 210~211). 이 모든 것들이 이후 대학발전에 지대한 영향을 주었지만, 그 가운데서도 실험대학과 대학 특성화 사업은 1970년대 대학의 변화를 이끈 가장 큰 사업이었다.

실험대학은 대학개혁을 선도하는 시범대학Pilot Institute이란 뜻에서 붙여진 이름인데, 기존의 「대학설치기준령」은 정상적인 대학 운영에 필요한 최소한의 양적 기준일 뿐 대학의 질적 평가를 할 수 없었다. 따라서 대학의 연구와 교육을 평가할 방안이 필요하였는데, 연구에 앞서 교육이 더 시급하였다. 정부는 교육의 적극성을 높이기 위해 기존의 하향식 지침 대신 문교부 고등교육위원회와 10여 명의 교수로 구성된 실험대학 평가위원회, 실험대학을 신청한 해당 대학과의 3자 협의를 통해 학사 운영 개혁을 추진하는 방식을 택하였다. 이는 매우 당연한 방식이었지만,

당시에는 획기적이었다. 선도대학의 성과를 점검하여 점진적으로 확산하는 방식 또한 기존의 획일적 방식과 달리 합리적이었다. 특히 개혁의 중점이 좀 더 좋은 교육을 해보자는 것이어서 대학으로서는 하등의 반대할 이유가 없었던 점도 실험대학 신청에 기꺼이 나서게 한 요인이었다.

한편 실험대학이 성공적으로 추진된 데에는 1차에 선정된 대학이 서강대를 비롯해 교육에 대한 평판이 좋은 대학이 많았고, 고려대·연세대 등 명문대학이 포함된 것과 무관하지 않다. 실험대학에 선발된 것 자체가 대학의 발전지표로 중요한 상징성을 갖게 되었다. 2차 선정 때 서울대가 포함되자 실험대학=명문대학이라는 인식이 더욱 확고해져 전국의 유수 대학이 앞다투어 실험대학 참여를 희망하게 되었다.

1973년부터 시작될 실험대학 운영을 앞두고 문교부는 실험대학 참여 조건으로 세 가지 개혁과제 수용을 요구하였다. 첫째 중복되거나 지나치게 세분화한 교과과정을 통합하여 졸업학점을 160단위에서 140단위로 줄이도록 했다. 졸업학점을 줄임으로써 학습에 대한 참여도와 몰입도를 높이는 것이 수업의 질을 향상하는 방안이라고 본 것인데, 여기에는 당시 미국 대학이 120~125학점, 일본 대학이 124학점, 대만 대학이 125~130학점, 스웨덴 대학이 120학점이었던 점도 고려되었다. 학점을 감축하는 대신 자율 학습을 위한 도서의 확보, 교육 방법의 쇄신, 전임교수의 확보, 수업 시수 감축, 조교제도 강화 등의 보완조치도 요구하였다(김정인, 2018, 213~214).

둘째, 학생모집 방식을 학과에서 계열별로 바꾸도록 했다. 입학 당시 학과 선택이 각자의 적성보다 성적에 따라 결정되고, 일단 학과에 들어가면 전과가 어렵게 된다. 이는 우리나라를 비롯해 일본과 중국 등 국가 주도 입시와 대학 서열화가 확고한 나라마다 봉착하는 문제지만 뚜렷한 개선책을 제시하기 힘든 과제이다. 따라서 계열별 모집은 학과별 모집의 폐해를 개선하는 방안의 하나로 1950년대부터 꾸준히 제기되어 왔다. 한편 계열별 모집의 추진은 열악한 대우에도 불구하고 신분 안정에 취해 이직도 혁신도 없는 교수사회를 자극하는 방안으로 고려한 점도 있었다(중앙교육연구소, 1876~1878).

셋째, 부전공제를 도입하도록 했다. 전공의 벽을 넘어서 사회의 변화와 수요에 맞춤으로써 취업에 도움이 될 수 있게 하려는 것이다. 부전공제를 도입하려면 필수과목을 줄이고 선택과목을 늘려야 했고, 소속감의 변화 등 계열별 모집과 함께 기존의 학과 위주 운영에 상당한 변화가 있을 것으로 기대하였다.

문교부는 1974년에 다시 복수전공제 도입과 그에 필요한 계절학기제, 등록금제도 개선, 능력별 학점취득제 등의 요구사항을 추가하였다. 복수전공제는 졸업 때 두 종류의 학사학위를 취득할 수 있도록 하는 제도로서 부전공제를 확대한 것이었다. 복수전공제를 도입하려면 재학 기간 연장이 필요하고, 학점 취득의 편리를 위해 계절학기 운영이 필요하였다. 또 재학 기간 연장에 따른 경제적 부담을 줄여주기 위해 학점별 등록금제도 도입과 함께 특별 시험으로 학점을 취득하는 능력별 학점취득제도 필요하였다. 단 복수전공 신청 자격을 통상 평균 학점보다 높게 하여 남발을 방지하였다.

1973년에는 신청한 14개 대학 가운데 서강대 등 10개 대학이 선정되었는데 그 가운데 9개가 사립대학이었다. 실험대학은 해마다 늘어나서 1976년에 29개교, 1979년에 39개교, 1980년에 43개교가 선정되면서 실험대학에서 추진한 140학점제, 계열별 모집, 부전공제와 복수전공제, 계절학기제 등은 실험이 아닌 보편화의 길을 걸으면서 거의 모두 제도화되었다. 각 대학은 교양과정 개편을 시작으로 전공 과정, 그리고 대학원 교과과정을 개편해 나갔고, 입시제도를 바꾸면서 새로운 제도에 적응하기 시작하였다.

실험대학의 도입과 운영으로 얻은 가장 큰 소득은 교육의 질적 제고가 필요하다는 인식을 확산시키고 정착시킨 점이라고 할 수 있다. 특히 교과과정에 관한 연구가 활성화되고, 그것을 달성하기 위한 대학의 자체 목표 및 실행계획의 수립, 자체평가 및 외부 전문가 평가가 자리를 잡은 점, 나아가 타 대학과 교육을 위한 비교와 경쟁이 이루어지기 시작한 점도 긍정적인 성과이다. 여기에는 예비고사를 통해 일정한 성적의 학생이 집중되어 입학생의 균질화가 이루어져서 교과과정의 혁신을 통한 교육 효과 측정이 가능해진 점도 도움을 주었다.

실험대학 제도를 도입하고 5년이 지난 1978년, 문교부는 실험대학 설계에 깊이 관여한 미네소타 대학의 로버트 켈러 교수를 초청해 실험대학에 관한 종합평가를 실시했다. 그의 평가에 따르면 실험대학 운영은 대학에 따라 큰 차이를 보였으며 외형적인 제도만 갖추었을 뿐 본래의 취지를 살려 운영하지 못하는 대학이 많았다. 켈러는 평가 결과에 따라 국가 인증제 등 확실한 특혜를 주자며 선택과 집중을 대안으로 제시하였다. 실험대학 평가위원회도 대학을 실험대학과 비실험대학으로 구분하고 다시 실험대학을 우수·부진 실험대학으로 나누자고 제안을 하였으며 '실험'이라는 명칭이 주는 거부감이 크다며 '개혁대학'으로 바꾸자는 제안도 하였다.

하지만 정부는 1980년대 대학교육이 대중화될 것에 대비하여, 전국 대학을 실험대학 수준으로 향상시킬 필요가 있다며 모든 대학을 실험대학에 참여하도록 유도하겠다고 밝혔다. 이런 방침은 전두환全斗煥 정부로 이어져 1981년부터 전국의 모든 대학이 실험대학 체제로 운영되었다. 모든 4년제 대학의 졸업학점을 140학점으로 일괄 조정했고, 전공 필수과목을 줄여서 학생들의 선택 폭을 넓혀주라는 '대학 교과과정 운영지침'을 각 대학에 내려보냈다(이상 김정인, 2018, 219~222).

하지만 전두환 정부에서는 대학 문제의 중점이 교과과정 개편을 통한 교육의 질적 향상이 아니었다. 재수생의 급증에 대처하기 위한 정원정책과 대정부 시위에 대한 통제가 대학정책의 중심이었다. 특히 1980년 7.30조치로 졸업정원제(졸정제)가 도입되고, 1982년에는 대학 정원을 대폭 증원함으로써 실험대학을 통한 교육개혁 목표는 사라졌고, 졸업학점, 복수전공 등 제도적 틀만 남게 되었다. 특히 교수들이 가장 거부했던 계열별 학생모집은 1982년부터 학과별 선발제도로 되돌아갔다.

7. 실험대학의 이상과 현실

실험대학의 도입은 우리나라 대학사에서 보기 드물 정도로 합리적인 절차를 거쳐 이루어졌으며, 교육 당국이 교육과정 개편을 통한 교육의 질 향상을 추구했다는 점에서도 매우 긍정적인 시도였다. 또 1970년대 도입된 제도가 50년이 지난 지금도 거의 모두 운영되고 있다는 점에서 큰 성공을 거두었다고 평가할 수 있다. 하지만 실험대학은 그 외형적인 성공과 달리 왜곡되거나 부정적인 결과를 낳은 것도 적지 않았다.

우선 실험대학은 자율적·자발적 개혁, 국가와 대학의 합의에 따른 점진적 개혁을 표방했지만, 결코 자율적일 수 없는 구조적 한계를 안고 있었다. 실험대학은 선발부터 운영, 그리고 평가까지 모든 것이 정부의 계획에 따라 이루어졌다.

둘째, 교수들의 적극적인 참여가 이루어지지 않았다. 실험대학 도입에 대한 정부와 대학의 합의는 정부와 대학 당국 간의 합의였지 교수와의 합의는 아니었다. 이는 문교부와 연세대가 주최한 국제학술대회 취지문 2번에 "고등교육의 개혁을 촉성促成하기 위해서는 대학 행정가의 적극적인 참여와 지도적인 역할이 불가피하다(박대선, 1973, 13)"라고 한 것처럼 실험대학은 대학 당국에 대한 정부의 개혁 요구였다. 정부는 대학의 자율성을 존중한 정책이라고 생각하고 협조를 기대했지만, 정작 교수사회는 개혁에 무심하였다.

셋째, 획일적 모델 수용의 문제점이다. 문교부가 소수의 대학을 선정해 개혁 내용을 적용하고 이를 점차 확대하는 방식을 택한 것은 바람직했지만, 대학으로서는 복수의 선택지가 아니었다. 대학마다 인재상이 다르기 마련인데, 정부는 우수한 산업인력 양성만을 전제로 실험대학을 설계하였다.

넷째, 계열별 모집의 문제점이다. 단과대학보다 더 크게 광역단위 모집한 대학은 2학년 때 전공선택을 둘러싼 혼란이 극심하였다. 단과대학 단위로 모집한 경우, 관련 전공이 많은 대학과 그렇지 못한 대학, 인기 전공이 고르게 있는 대학과 편중된 대학에 따라 명암이 엇갈렸다. 특히 문제가 된 것은 계열별로 선발된 신입생에 대한 관리 주체가 없어서 거의 방치상태로 두었다는 점이다.

다섯째, 복수전공과 부전공제 도입을 위해 졸업학점 감축과 계절학기제 도입을 허용한 것은 사학법인에게는 경비 절감과 수익 창출 그 자체였다. 교수조차 계절학기가 복수전공을 위한 것인지 잘 모를 정도로 계절학기는 도입 취지가 무색하게 운영되었다. 사학법인에게 경제적으로 도움이 되지 못하는 능력별 학점취득제는 처음부터 자리 잡지 못하고 사라졌다.

여섯째, 전체 대학의 70% 이상을 차지하는 사립대학의 질적 향상을 위해서는 국가의 전폭적인 재정 지원이 반드시 이루어져야 한다. 그런데 실험대학에 대한 정부의 획기적인 예산 증가가 없는 상태에서 급속도로 실험대학이 늘어나자 지원 예산이 분산되어 실험대학과 비실험대학의 차이가 거의 없어졌다.

일곱째, 국가의 학사개입이 합법화되었다. 실험대학이 도입되기 전까지 정부는 정원과 입시정책을 통해 대학을 통제하였을 뿐 교과과정에 대해서는 관여하지 않았다. 그런데 실험대학이 도입되면서 정부는 대학의 속살까지 들여다보게 되었으며, 일단 개입이 진행된 다음에는 그것을 되돌리기 어려웠다.

여덟째, 실험대학 제도가 도입되고 추진된 시기는 긴급조치와 위수령, 휴교령과 군의 대학 주둔 등 독재정권의 공개적인 폭력이 횡행하던 유신체제 기간이었다. 그래서 정부 주도의 일방적인 개혁에 반발하는 분위기가 거셌다. 학문의 자유와 대학의 자율이 짓밟히는 상황에서 교과과정 개편을 통한 대학교육의 질적 향상을 추구한다는 말 자체가 어불성설로 받아들여질 수밖에 없었다.

실제로 실험대학에 관한 항목에는 대학 운영의 자율성 보장이나 교수회의 강화 등은 처음부터 없었고, 단지 1976년부터 유신체제에 대한 반감을 줄이기 위해 '교수대우'란 항목만 추가되었을 뿐이다.

실험대학은 대학교육의 문제점을 아래로부터 수렴하여 추진한 정책은 아니었다. 물론 여기에는 정부 못지않게 대학의 책임이 크다. 하지만 실험대학이 달성한 긍정적인 측면마저 유신체제가 강화되면서 그 빛을 잃어갔다. 평가는 통제로, 지원은 간섭으로 바뀌었고, 유신체제에 대한 반발이 실험대학에 대한 반발로 이어졌다.

8. 이공계 육성정책

박정희 정부는 처음부터 대학의 기능을 산업화에 필요한 인력 육성이라고 보았기 때문에 자연히 이공계 육성에 주목하였다. 하지만 1960년대 초반, 관련 시설과 인력, 법적 장치 등 제대로 갖춰진 것이 거의 없었다.

일제강점기 이공계 고등교육기관은 경성제대 이공학부 및 의학부, 경성공업전문학교, 경성광산전문학교, 대동공업전문학교(현 김일성대학), 동아공과학원(현 한양대), 연희전문학교 수물과(수학물리과)가 전부였다. 1950년 무렵 서울대 공대(경성제대 이공학부, 경성공전, 경성광전 통합)와 문리과대학 이학부, 한양공대, 연대 전기공학과가 신설·승격되었지만 제대로 교육과 연구를 하기 힘든 실정이었는데, 한국전쟁으로 그나마 모든 것이 파괴되고 말았다.

1950년대에는 과학기술과 관련된 계획이나 사업이 거의 없었고, 문교부 과학기술과에서 실업교육만 다루었을 뿐이다. 그나마 과학기술의 명맥을 유지한 것은 국방부 과학기술연구소, 중앙공업연구소, 원자력연구소였으며, 그 가운데 원자력연구소가 가장 활발하게 연구 활동을 진행하였다. 그래도 지역 국립대학에 이학부가 신설되기 시작했고, 사립대학은 고려대(1953)를 필두로 1954년에 동국대, 성균관대, 숙명여대 이화여대, 중앙대에 이학부가 설치되면서 1961년에는 총 20여 대학에 이학부가 설치되었다. 교수 양성은 원조 프로그램인 미네소타 프로젝트(1955~1961)을 통한 미네소타 대학 유학 등을 통해 비교적 신속하게 이루어졌다.

   과학기술 진흥을 위한 첫 번째 정책은 1962년부터 시작된 '제1차 기술진흥 5개년 계획'인데, 관련 인력 확보, 기술 도입, 기술 향상을 핵심목표로 설정하였다. 그리고 이를 총괄할 기술관리국(1962)을 설치한 뒤 과학기술 관련 최초의 백서인 『과학기술백서』(1962)를 출간하여 총체적인 상황 점검과 함께 중장기 인력개발 계획을 수립하였다. 이어서 「기술사법」과 「한국과학기술연구소육성법」(1963)을 제정하여 기술인력 육성과 정부 출연 연구기관에 관한 법적 기반을 마련하였다(이상 이장무, 2017, 3~10).

   그리고 우선 공과대학 증설 및 신설에 착수하였다. 서울대 공과대학의 정원을 1,580명(1961)에서 1,840명(1964), 2,400명(1968), 3,200명(1969)으로 계속 늘렸고, 1965년 한일 국교 정상화의 대가로 받은 대일청구권 자금을 우선 배정해 주었으며, 1969년부터는 정부 주선으로 교육 차관을 도입해 주었다, 경북대를 비롯한 국립대학 이공계 정원도 마찬가지로 계속 늘려주었다.

   공과대학 설립에 따른 재정 부담에도 불구하고 사립대학 가운데 한양대와 인하공대가 이공계 확충에 앞장섰고, 연세대와 고려대도 이공계 확장에 힘썼다. 이에 정부도 대일청구권 자금과 교육 차관, 국고보조금 등을 이용하여 지원하였으며, 정부와 기업의 수요를 감안하여 성균관대(1966~1969), 동국대(1966~1967), 동아대(1967~1969), 경희대(1969) 등도 잇달아 공대 관련 학과를 신설하였다(김정인, 2018, 190~192).

    1967년은 과학기술처 설립과 「과학기술진흥법」 제정으로 과학기술에 관한 행정 및 기술개발 체계가 마련된 매우 뜻깊은 해였다.[97] 이로써 정부출연 연구기관을 중심으로 정부의 연구개발과 산학연 협력체제를 구축할 수 있는 기반이 마련되었다. 또 한국과학재단의 설립(1977)과 대덕연구단지 조성(1978)도 과학기술 발전에 크게 기여하였다(이장무, 2017, 19~24). 그러나 정부 직제상 과학기술처가 관련 업무를 조정하는 데 어려움이 발생하자 다시 국무총리 산하에 종합과학기술심의회를 설치하여 업무를 총괄 조정하게 하였다(1973~1996).

9. KAIST · POSTECH의 설립과 특성화 공대

    1970년대 정부의 이공계 관련 정책 가운데 가장 주목할 만한 것은 KAIST(Korea Advanced Institute of Science and Technology)의 설립과 지역 국립대학을 중심으로 한 대규모 특성화 정책이

---

[97] 최초 '과학의 날'은 1933년에 찰스 다윈의 서거일인 4월 19일로 정해져 내려왔으나 현 과학의 날은 1967년 4월 21일 과학기술처가 중앙 행정기관으로 독립한 일을 기념하기 위하여 1968년에 제정하였다.

다. 정부가 구상한 특성화는 각 대학의 전통과 장점을 살린 순수한 대학 특성화라기보다는 각 지역의 산업환경에 맞춰 해당 지역 대학의 관련 학과를 중점 육성하는 것이었지만 정부 차원에서 적극적으로 추진한 최초의 특성화 사업이라는 점에서 매우 큰 의미를 지닌다.

KAIST는 「고등교육법」에 근거해서 설립된 일반대학과 달리 「한국과학기술원법」에 근거해 설립된 이공계 연구중심대학으로서 과학기술정보통신부(과기부) 소속 대학이다. 과기부 소속 대학으로는 KAIST와 함께 광주과학기술원GIST(1993), 대구경북과학기술원DGIST(2003), 울산과학기술원UNIST(2009)이 있다. 이들 4개 대학은 포항공대POSTECH과 함께 명실상부한 연구중심대학이며 통상 과학기술특성화대학으로 별도 분류된다.

KAIST는 1971년에 한국과학원KAIS이란 명칭으로 동대문구 회기동에 설립되어 대학원 과정만 개설하였고, 1981년 한국과학기술연구소KIST와 통합하면서 현 명칭을 사용하기 시작하였다. 1989년 KIST와 분리하고 대신 1984년에 대덕단지에 설립된 한국과학기술대학과 통합하여 현 대덕 캠퍼스로 이전하였으며, 기존의 홍릉캠퍼스는 분원이 되어 테크노경영대학원과 고등과학원을 운영하고 있다. 2008년부터 한국과학기술원의 영문 명칭인 KAIST를 공식명칭으로 정하였고, 2009년에 한국정보통신대학교도 통합하여 규모를 키웠다.

KAIST는 대학원생이 학부생보다 많은 우리나라 최초의 연구중심대학으로 전 학부생에게 등록금을 면제하여 주었으며 순수한 이공계열 외에도 테크노경영·기술경영·금융·정보미디어·녹색성장 대학원 등도 운영하고 있다.

KAIST와 함께 국내 유일의 사립 연구중심 대학인 POSTECH은 1986년에 포항제철의 지원을 받아 포항공과대학으로 개교하였다. 포스텍은 개교 당시 파격적인 교수와 학생 비율, 시설과 장학금으로 우수한 학생을 유치하면서 성공적으로 출범하였다. 1995년부터 학교법인 포항공대로 독립하였으며, 포스코가 출현한 주식을 바탕으로 재정적 안정, 투명한 경영, 뛰어난 연구실적을 거두면서 KAIST와 함께 세계적인 대학으로 성장하였다. 현재 국내 학생 1인당 교육비와 교육비 환원율 1위를 자랑하며, 교수·직원·학생회·외부인사 등 11명으로 구성된 대학평의원회가 대학 최고 심의기구로 기능하고 있어 대학의 민주적 운영에서도 매우 모범적이라는 평을 받고 있다.

특성화 공대 사업을 주도한 곳은 고등교육위원회 산하 대학개혁소위원회였다. 소위원회는 1972년부터 지역 산업과 대학 상황을 점검하고, 교육재정의 효율적 활용, 대학 간의 역할 분담, 지방대학 육성, 산학협력의 강화, 중화학공업에 필요한 고급 인력의 대량 양성을 명분으로 이공계열 학과에 선별적으로 집중해 특별 지원을 하였다.

1973년, 부산수산대·한국항공대·한국해양대 등 3개 대학을 포함해 51개 학과를 선정하였는데, 1977년부터 '특성화 공과대학 육성사업(특성화공대)'으로 방향을 바꿨다. 이때 창원기계공업공단과 연계한 부산대 기계공학계열, 구미수출산업공단과 연계한 경북대 전자공학계열, 여천공업단지와 연계한 전남대 화학공업계열, 공업교육 담당 교원을 배출하기 위한 충남대 공업교육대학(신설) 등 4개의 국립 공과대학이 특성화 대상으로 선정되었다.

그리고 1979년에는 전북대 금속정밀기계계열과 충북대 건설공학계열이 특성화 대학으로 선정되었다. 선정된 학과에는 정원 증원과 교육차관 우선 배정을 비롯해 교수 연구비와 실험실습비 증액, 장학금 지급 등이 집중적으로 이루어졌다. 정원은 부산대 기계공학과(1,000명), 경북대 전자공학과(800명), 전남대 화공과(660명), 충남대 공업교육과(800명), 전북대 금속기계공학과(600명), 충북대 건설공학과(500명)에 우선 배정되었다.

특성화 공대는 산업 현장의 요구를 우선 고려해 전공필수 과목과 실험 실습을 늘리면서 교양 학점을 50학점에서 14학점으로 대폭 줄여주었다. 이는 부전공과 복수전공 등 교육과정의 신축적인 운영을 요구하는 실험대학 정책과 상충되었지만, 정부는 특성화 공대는 예외로 인정해 주었다(강명숙, 2018, 262).

10. 수출증대와 경영학과 신설

박정희 정권은 수출주도형 경제성장정책을 통해 빈약한 부존자원과 협소한 내수시장의 한계를 극복하기 위해 전력을 기울였다. 자연스레 수출증대는 최대의 국민적 관심사가 되었으며, 수출증가율을 학생의 성적표처럼 절대시하였다. 경제개발5개년계획 기간별로 보면 제1차 기간(1962~1966)의 연평균 증가율은 수출 43%, 수입 14%였고, 1964년에 처음으로 1억 달러 수출을 기록하였다. 제2차 기간(1967~1971)의 연평균 증가율은 수출 35%, 수입 25%였고, 1971년에 처음으로 10억 달러 수출을 기록하였다. 제3차 기간(1972~1976)의 연평균 증가율은 수출 48%, 수입 37%였고, 제4차 기간(1977~1981)의 연평균 증가율은 수출 21%, 수입 25%로 처음으로 무역역조가 발생하였다. 1977년에 수출 100억 달러, 1981년에 수출 200억 달러를 기록하였다.

그런데 이처럼 순탄해 보이는 수출 성장세의 이면에는 많은 어려움과 우여곡절이 있었다. 1973년의 제1차 석유파동과 자원민족주의로 원자재 가격 상승과 세계적인 스태그플레이션이 있었고, 박정희 정권 마지막 해인 1979년에는 제2차 석유파동과 중화학공업에 따른 외채 상환 부담, 20%에 달하는 물가상승률과 부가가치세 부담 등으로 경제 상황이 매우 좋지 않았다.

그래도 수출주도형 경제성장정책에 따라 기업 규모가 커지고 대외 무역이 확대되면서 경영학과가 중시되기 시작하였다. 기존의 상학과는 점차 경영학과로 명칭을 변경하거나 후발주자인 경영학과에 흡수 통합되었고, 정원도 문과계열에서 가장 큰 규모로 성장하였다. 최초로 (경)상학과를 설립한 대학은 고려대(1946)와 연세대(1946)이며, 영남대(1954), 조선대(1955), 건국대·동아대(1956), 경희대·원광대(1958), 숙명여대(1959), 경남대(1960), 덕성여대(1967), 동덕여대(1967) 등의 순으로 설립되었다.

경영학과는 1955년에 고려대와 중앙대에 처음 설립되었고, 그 뒤를 이어 성균관대·숭실대(1959), 경희대·서강대·영남대(1963), 청주대(1964), 계명대(1965), 한양대(1966), 인하대·전주대·한남대(1971) 등의 순으로 설립되었다. 그리고 1968년부터 기존의 상학과가 경영학과로 전환되기 시작하여 이 해에 덕성여대·동덕여대·동아대·이화여대가, 1969년에는 건국대·원광대·조선대 등이 경영학과로 바꿨다. 상학과와 경영학과를 동시에 유지하던 대학도 1968년부터 통합하기 시작하여 고려대·연세대(1968), 경희대(1972)에서 경영학과로 흡수 통합이 이루어졌다. 한편 숙명여대와 한국외대는 상학과를 경영학과 대신 무역학과로 변경하였다(1968). 그리고 1968년 중앙대에 최초의 경영대학이 설립되었다.

11. 대학원과 연구소의 성장

대학의 체제 정비와 함께 대학원 정비와 육성방안이 비로소 논의되기 시작하였다. 학부에 대한 교육체계도 제대로 갖추어지지 못한 상태였기 때문에 1970년 이전까지 대학원은 관심 밖에 있었다고 해도 과언이 아니었다. 한국전쟁 이후 대학원이 설립되기 시작했고, 1960년대부터 특수대학원이 설립되기 시작했지만 1970년 당시 대학원생 수는 6,640명으로, 고등교육 정원의 3.7%에 불과했고, 박사과정생은 518명뿐이었다. 대학원은 '이념 부재, 연구 부재, 교육 부재, 학생 부재'란 자조적 비판을 부인하기 힘든 실정이었다.

1960년대 중반부터 정부와 기업 모두 이공계 학생 증원과 함께 과학기술을 선도할 수 있는 고급 인력 양성에 관심을 가졌다. 1967년 대학원생 가운데 이공계가 35.8%였지만 절반은 의학계였고, 해외 유학 후 귀국하지 않는 경우가 대다수였기 때문에 이를 방지하기 위해서도 이공계 대학원 확충이 무엇보다도 필요하였다.

서울대도 '종합화계획'에서 1968년부터 서울대를 대학원 중심 대학으로 발전시키겠다는 계획을 발표하였고, 대학원 전문위원회는 1971년부터 대학원 교육 개선에 관한 보고서를 제출하고, 1975년부터 미국 대학원 모델을 수용하였다. 정부도 1971년 말부터 대학원 교육 강화 방안을 마련하기 시작했고, 1976년 2월에 각 대학에 '대학원 교육 개선방안'을 통보했으나, 서울대 대학원도 제대로 자리 잡지 못한 상태였기 때문에 어떤 대학에서도 제대로 실행되지 못하였다. 1978년 말에도 '서울대학교 대학원 중심대학 특성화 계획'을 정부에 제출하여 학부 정원 동결과 대학원 정원 확대 계획을 밝혔다. 하지만 갑작스러운 정권교체와 7.30조치로 1981학년부터 졸정제가 도입되어 학부 정원이 갑자기 2,000명이 늘어난 6,530명이 되었고, 1984년까지 매년 2,500명씩 늘어나면서 대학원 중심대학 정책은 표류하게 되었다(이태진, 2006, 100~101). 여기에 박사학위는 미국에서 받아야 한다는 교수들의 고정관념이 더해져서 대학원 진학보다 유학을 당연시하는 풍토가 자리 잡고 있어 대학원 발전은 쉽지 않았다.[98]

이 점은 특수대학원도 마찬가지였다. 대학원이 제대로 정착하기도 전에 경제개발과 관련된 정책을 연구하는 특수대학원이 먼저 설립되었는데, 이는 인문계와 이공계 모두 마찬가지였다. 사립대학이 특수대학원 설립에 더 주력한 것은 정원이 「대학학생정원령」에 구애받지 않는 데다 직장인이어서 취업에 대한 부담도 없고 야간대학원이어서 경제적으로 더 유익하기 때문이었다. 이에 문교부는 학업 강화 대책을 내놓았지만, 출석 확인 강화와 공간 확보 등 형식적인 것뿐이었다.

대학원 설립과 동시에 대학마다 자신들의 학문적 관심사를 중점적으로 연구하는 연구소를 개설하였다. 문과 쪽의 연구소는

---

[98] 국내 최초의 개가식 대학도서관이 건립된 것이 1973년 12월 서강대 도서관일 정도로 연구 환경이 취약하였고, 특히 대학원생에 대한 장학금 부족 문제가 심각하였다.

특수대학원과 마찬가지로 경영, 행정, 지역개발 등의 실용적인 분야에 집중되었는데, 연구 역량과 재정적 어려움 때문에 활발하게 연구를 진행한 곳은 많지 않았다. 이공계 연구소도 국가 출연연구소 중심으로 출발하여 대학 부설이 많지 않은 데다 연구를 수행할 수 있는 시설과 재정이 뒷받침되지 못해서 위탁 조사·연구를 주요 업무로 하였다(이상 김정인, 2018, 194~197, 247~248).

12. 대학 정원 논란

1960년 초등학교 취학률은 세계 평균이 62%인데 반해 우리나라는 96%로서 세계 어느 나라보다 높았으나 중등 취학률은 40%대 27%, 고등교육 취학률은 8%대 4.7%로 낮은 편에 속하였다. 이는 초등·중등·고등교육을 어느 정도 병행하여 확대해온 다른 나라와 달리 우리는 중등·고등교육을 억제한 가운데 초등교육에만 집중하였음을 말해준다. 이렇게 초등교육에 집중한 결과 단순노동에 종사할 수 있는 양질의 노동력을 다량 확보할 수 있었고, 이것이 단순 가공 등 경공업에 필요한 인력의 수급에 매우 유리하게 작용하였다. 또 한편으로는 교육 수요에 대한 저변을 최대치로 확대하는 결과를 낳았다. 초등교육의 보편화는 자연스럽게 중등교육의 팽창으로 이어졌고, 이것이 일정 시간 뒤에는 고등교육의 팽창으로 이어졌다(김영화, 2014, 180).

1970년 당시 대학 졸업 이상 학력을 가진 사람은 총인구 3,324만 명 가운데 514,631명(남성 417,822명, 여성 96,809명)으로 인구의 2%가 되지 않았다(통계청, 2015b. 213). 1970년 입학정원 상위 10대대학은 이화여대 2,000명, 한양대 1,865명, 연세대 1,710명, 고려대 1,665명, 영남대 1,645명, 건국대 1,290명, 중앙대 1,270명, 성균관 1,205명, 경희대 1,105명으로 현 입학정원의 1/3~1/4 수준이며(대학교육연구소, 2015), 놀랍게도 경기도에는 종합대학도 하나도 없었다. 그렇기에 기존의 사회계층과 관습 등이 형해화된 당시 사회에서 대학 졸업장은 여전히 최고의 과시효과誇示效果demonstration effect를 자랑하는 전형적인 밴드웨건 재화bandwagon goods에 속하였다.

그래서 우리 사회에는 대학 진학에 관한 남다른 공정성의 요구와 함께 자기에게도 합법적인 진학의 기회가 주어지길 원하는 욕구가 중첩되어 존재하였다. 그 결과 입시의 공정성은 항상 뜨거운 이슈였지만 청강생 자격을 이용한 동기생에 대해 별다른 거부감을 표하지 않고 묵인해주는 묘한 이중성을 보이기도 하였다. 이렇게 정원 확대에 대한 적극적인 요구가 저변에 강하게 존재하였기 때문에 1965년에 공포된 「대학학생정원령」은 예비고사를 도입하기 전까지 그다지 효력을 발휘하지 못하였다.

그래서 우리나라 대학생 정원은 어느 정도가 적정한가를 놓고 일찍부터 논란이 있었다. 양질의 교육을 실행할 수 있는 환경을 거의 갖추지 못한 데다, 변변한 산업이 없어 졸업생의 취업률이 매우 낮은 상태에서 교육비 부담만 과중한 현실을 들어 대학생 정원을 강력하게 통제해야 한다는 여론이 명분을 주도하였다. 하지만 자본과 자원, 기술도 없는 나라가 발전하려면 교육을 통한 인력 양성 외에는 선택의 여지가 없고, 편법이긴 하나 고등교육의 혜택을 조금씩이나마 고르게 받게 해주는 것이 더 현실적인 선택이라는 반론도 있었다. 표면적으로는 전자가 더 설득력 있는 것처럼 보였지만, 내심 후자가 더 많은 지지를 받았다. 물론 입학은 쉽게 하되 졸업을 제한하자는 절충안도 있었지만, 우리의 현실과는 거리가 먼 주장에 불과하였다.

결국, 적절한 대학의 정원은 교육적 판단보다는 정치적 판단에 따라 결정되었다. 학위에 대한 사회적 욕망, 학비 부담을 가능하게 한 소득의 상승, 무엇보다도 베이비붐 세대의 성장이 대학의 증원을 요구하고 있었다. 1955년부터 시작된 전후 출산율 증가로 연간 출생자 수는 1958년에 처음 100만 명을 넘었고,[99] 이 추세는 1963년까지 이어진다. 이때 태어난 800만이 넘는 베이비붐 세대가 1975년부터 본격화된 입시 경쟁과 재수생 문제의 주역이다.

정치권은 이들과 학부모의 갈망을 거부할 수 없었다. 정원 증가는 피하기 힘든 추세였고, 여기에 선진국, 특히 우리 교육전문가들이 절대적 기준으로 삼는 미국 대학의 대중화는 정원 증대의 유력한 논거로 작용하였다. '우리나라 대학 정원이 많은 편은 아니다, 정원 통제가 질적 우수성을 담보하는 것은 아니다, 선진국은 대학교육이 이미 대중화의 길을 가고 있다'는 등의 논리가 부지런히 제공되었다.

---

99) 1958년생은 처음으로 출생자가 100만 명을 넘긴 것으로 유명한데, 실제 인구조사가 이루어진 것은 2년 뒤인 1960년 인구센서스였다. 당시 만 2세가 된 1958년생의 수는 1,013,427명이었고, 1956년, 1957년생이 각각 90만 명 정도였다. 2018년 현재 생존자는 764,000명이다(중앙, 2018.1.2). 당시 높은 유아사망률을 고려해볼 때 실제 1958년 출생자 수는 120만 명 정도로 추산할 수 있다.

13. 대학진학률과 입시 경쟁

 이런저런 논란에도 불구하고 정부의 대학 구조조정은 전반적으로 바람직한 방향으로 진행되고 있었다. 1968년의 경우, 4년제 대학이 72.2%를 차지했고, 사립대학이 전체 대학의 70%를 넘었으며, 주로 서울에 대학이 몰려 있었다. 문과계와 이과계의 비율은 1968년부터 45.7:54.3으로 이과가 다수를 차지했지만, 정부가 바라는 4:6에는 다소 미치지 못하였다. 이에 정부는 4년제 대학 정원을 억제하는 대신 인력 수요가 필요한 부문에만 집중하는 구조로 전환하여 전문학교 정원을 늘렸다. 1978년 전문학교 학생 수는 총정원의 27.7%로 늘어났다.
 적극적인 수도권 인구 억제 정책을 펴면서 지방 국립대학은 이공계를 중심으로 정원이 대폭 늘어났다. 1968년부터 1978년까지 서울의 대학 정원이 1.4배 늘어난 데 비해 지방은 2.8배나 늘어났으며, 같은 기간 사립대학 정원이 1.8배 늘어난 반면 국립대학은 2.3배 늘었다. 대학 총정원에서 국립이 차지하는 비율도 1968년 23.2%에서 1978년 27.8%로 늘어났다.
 전공별 정원도 1968년에는 사회계가 20.7%로 가장 많았지만 1978년에는 공학계 23.5%, 사회계 18%로 바뀌었다. 문과와 이과의 비율은 1978년에 44:56으로 2%밖에 변하지 않았지만 가장 투자비가 많이 드는 공학 분야는 2.2배나 증가했다(이상 김정인, 2018, 202~204). 이런 정책적 노력이 사회의 호응을 얻으면서 1970년대 후반부터 대학은 처음으로 구조적인 안정 국면에 들어설 수 있었다.
 하지만 합법적인 정원 증가에 대한 요구와 사회적 압력은 197

0년대 내내 계속되었다. 초등, 중등교육 취학률 증가와 소득 증가에 따른 자연스러운 결과였다. 초등교육은 1960년대 초반에 이미 보편화되었고, 1970년대가 되자 중·고등학교 취학률이 크게 오르기 시작하였다. 그에 맞춰 대학 취학률도 상승해야 하지만 정원 억제와 예비고사 도입으로 대학 정원을 엄격히 관리한 결과 대학 취학률은 여전히 5~6%에 그쳤으며, 그나마 4년제 대학 취학률은 훨씬 낮았다. 100만 명에 달하는 58년 개띠가 진학하던 1977년의 대학 정원은 60,550명에 불과하였다.

 이런 상황에서 기업의 해외 진출이 본격화되자 대졸 인력 부족이 심각해졌다. 중동진출로 이공계 졸업생 수요가 폭발적으로 늘어나면서 그동안 놀고 있던 취업 준비생이 갑자기 귀한 몸이 되었다. 필요한 이공계 학생을 상대로 1학기에 취업을 확정하고 사전에 임금을 지급하는 사례가 빈번했고, 회사 입사를 조건으로 특정 학과 학생 전원에게 4년간 장학금을 지급하는 사례도 있었다. 갑자기 폭증하는 외국어 수요를 충당할 수 없었던 대기업은 영어 교사에 눈을 돌렸고, 학교를 포기하고 대기업에 입사하는 교사가 늘어났으며, 동시통역대학원 졸업생은 대기업 간부로 특채되었다. 이처럼 높아지는 대졸자의 몸값은 대학 졸업장의 높은 가치를 확인시켜주었고, 뜨거웠던 입시를 더욱 가열시켜 전쟁으로 만들었다.

[표7] 1970~1980년 취학률 및 진학률(%)

구분	연도	초등학교	중학교	고등학교	고등교육기관
취학률	1970	92.0	36.6	20.3	5.4
	1975	97.8	56.2	31.3	6.7
	1980	97.7	73.3	44.8	11.4
진학률	1970		66.1	70.1	26.9
	1975		77.2	74.7	25.8
	1980		95.8	84.5	27.2

(김경근, 2008. 80~81)[100]

[표8] 1970~1980년 고교, 대학 재학생 수(명)

연도	고교 재학생	4년제대학 재학생	4년제사립대 재학생	교육대학 재학생	전문대학 재학생
1970	590,382	146,414	110,376	12,190	4,907
1971	647,184	155,369	115,648	12,535	4,009
1972	729,783	163,932	120,484	12,713	3,894
1973	839,318	178,050	130,238	12,758	4,245
1974	981,209	192,308	140,248	11,176	3,798
1975	1,123,017	208,986	152,156	8,504	3,787
1976	1,253,676	229,811	166,959	5,813	3,976
1977	1,350,600	251,329	181,363	3,876	4,141
1978	1,454,376	277,783	198,582	4,308	5,951
1979	1,565,355	330,345	235,631	7,308	77,894
1980	1,696,792	402,979	288,293	9,425	151,593

(박환보, 2014. 162~163)

14. 여학생 비율의 변화

[표9] 1970~1980년 인문계고 졸업생 대학 진학자(명)					
연도	고교 졸업생	4년제대학 진학자	비율(%)	2년제대학 진학자	비율(%)
1970	82,208	23,094	28.0	2,710	3.3
1975	137,228	41,306	30.1	9,730	7.0
1980	266,331	66,245	24.9	32,227	12.1

(박환보, 2014. 167)

  1979년에 대학에 진학한 1960년생의 경우, 출생 당시 출산율이 6.16명이었고, 1962년 정부가 대규모 가족계획사업을 시작할 때 합계출산율도 6.0명으로 매우 높았다(전광희, 2003, 39). 자연히 여러 자식 가운데서 큰아들만 우선 대학에 보내야 한다는 생각이 지배적이었기 때문에 남성 간의 평등도 잘 실현되지 않았던 시절이니 양성평등은 더더욱 고려사항이 아니었다. 그래도 경제성장이 급속도로 이루어지고, 어떻게 해서든 대학에 보내야 한다는 사고가 일반화되면서 1970년대부터 여성의 대학 진학을 당연하게 여기는 사회적 분위기가 조성되기 시작하였다.
  1970년대 대학 진학을 결정지은 가장 큰 요인은 학업성적과 함께 경제적 부담이었다. 경제 상황이 크게 개선되었다고는 하지만 1970년대 중반에도 대학 진학에 따른 경제적 부담은 상당하

---

100) 통계상의 대학에는 4년제 대학, 전문대학, 교육대학, 산업대학, 각종학교(전문대학, 대학 과정), 방송통신대학, 기술대학, 원격대학, 사내대학, 대학원을 모두를 포함한 것이다.

였다. 1975년의 경우, 대학등록금은 연간 최소 112,000원, 최대 300,000원이었는데, 노동자 연간 평균 소득은 420,000원이었다. 따라서 일반 노동자로서는 1명의 자녀를 대학에 보내는 일도 쉽지 않았다(강유정, 2015, 190).

경제적 어려움에 남아선호사상이 더해진 것도 큰 영향을 주었다. 이는 출산 성비에서도 잘 나타나는데, 첫째는 1991년부터 정상성비(103~107)에 도달하였고, 둘째는 1997년에 정상성비(109.8)에 근접하였지만, 셋째는 1993년에 정점(206.6)에 이른 뒤 낮아지기는 했지만 2001년에도 여전히 비정상적(141.4)으로 높았다(통계청, 2003, 10). 1970년대의 남아선호는 더 말할 나위가 없었다.

그렇지만 대학 진학에 관한 통계에서는 일견 상반되어 보이는 현상도 찾아볼 수 있다. 우선 1970년 이후 대학생의 성비가 크게 변하지 않는다는 점이다. 여대생은 1970년 약 33,000명에서 1980년 약 90,000명으로 2.7배 증가했는데, 같은 기간 전체 대학생 수도 비슷한 폭으로 증가하였다. 서울대의 낮은 여학생 비율도 크게 변하지 않았다. 1962년 12.2%였던 여학생 비율은 1970년대에도 계속 12~15%를 유지하였다(강명숙, 2018, 278). 이는 양성 차별이 계속 유지된 결과라고 볼 수도 있다.

하지만 [표10]처럼 남녀 고등학교 졸업생의 대학진학률 증가에는 양성 차이가 별로 없다는 점도 발견된다. 이는 중학교 진학의 남녀 비율이 고등학교, 대학교로 계속 이어지고 있으며, 일단 출발선에 들어가면 본인의 능력에 따라 진학이 어느 정도 보장되었음을 뜻한다. 이런 결과는 사회적으로 만연한 양성 차별에도 불구하고 교육만큼은 다른 분야에 비해 차별의식이 다소 약했음을 의미한다.

경제적으로 어려웠음에도 불구하고 등록금이 국공립대학보다 2배가량 비싼 사립대학에 재학한 여학생 비율이 60년대에는 3배, 70년대에는 2배 정도 높았던 점도 매우 주목할 만한 현상이다. 순전히 경제적인 면만 고려한다면 여학생 취학률을 2배로 산정할 수도 있다. 이런 추세는 80년대 이후 줄어든다.[101] 1980년대 남학생의 4년제 대학 진학 비율이 증가한 데에는 1979년부터 본격화된 정원 증가가 주로 남학생이 선호하는 공학계(35.8%)와 사회계(30.2%) 위주로 이루어졌던 것이 큰 영향을 주었다.

[표10] 1970~2000년 남녀 학생의 대학 진학률(%)					
연도	구분	고교진학	전문대진학	일반대진학	합계
1970	남성	70.8	2.3	21.9	24.2
	여성	68.8	3.0	22.3	25.3
1980	남성	87.5	4.9	19.0	23.9
	여성	80.8	8.2	13.9	22.2
1990	남성	96.3	11.2	22.1	33.3
	여성	95.0	12.5	19.4	31.9
2000	남성	99.5	22.9	47.0	70.0
	여성	99.6	21.5	43.5	65.0

(통계청, 2003, 28)

---

101) 대학생 수 통계에서 일부 편차가 발생하는 주된 요인은 남학생의 입대 휴학을 비롯하여 경제적 사정으로 인한 휴학자의 수가 상당하기 때문이다.

[표11] 1965~2005년 국·사립대 여학생 수와 비율(명/%)

연도	국공립대 정원	여학생수	비율	사립대 정원	여학생수	비율
1965	25,964	2,218	8.5	79,679	21,543	27.0
1970	36,038	4,132	11.4	110,376	28,509	25.8
1975	56,830	8,660	15.2	152,156	46,779	30.7
1980	114,686	19,588	17.0	288,293	71,046	24.6
1985	243,378	64,286	26.4	688,506	185,802	26.9
1990	254,748	69,902	27.4	785,418	226,227	28.8
1995	295,941	87,852	29.6	891,794	290,566	32.5
2000	372,078	124,608	33.4	1,293,320	471,781	36.4
2005	400,668	134,351	33.5	1,485,971	549,887	37.0

(강성국, 2005. 69)

1975년 당시 25세 이상의 여성 가운데 대졸자는 2.4%로 총인구 3,300만 명 가운데 39만여 명에 불과하였다. 그리고 당시 전체 취업자 가운데 여성이 37%를 차지하였는데, 학사 이상의 고학력 취업자는 그 가운데 1.8%에 불과하였다. 이는 대졸 여성의 상당수가 결혼 후 가정주부가 되었음을 말해준다. 그래서 여대생은 미혼여성의 직업군 가운데 하나로 분류되기도 하였다.[102] 이렇게 여대생의 수가 적다 보니 여대생은 우수함 또는 부유함의 상징처럼 인식되었다(강유정, 2015, 188~189).

---

[102] 이런 결과는 2000년 중·고·대학생을 대상으로 '대학이상 교육을 받고자 원하는 이유'를 물어본 결과 ① 좋은 직업을 갖기 위해(남 43.5%, 여 37.8%), ② 자신의 소질 개발(남 33.8%, 여 37%), ③ 학력 차별하는 사회 분위기 때문(남 15.1%, 여 16.7%) 라고 답한 것과 대조된다(통계청, 2003, 31).

[표12] 1975~2000년 25세 이상 양성의 학력 구성비(%)

연도	구분	초졸이하	중졸	고졸	대졸이상
1975	남성	53.1	17.7	19.7	9.5
	여성	77.1	12.1	8.4	2.4
1980	남성	42.8	19.8	25.4	12.0
	여성	67.0	16.5	12.9	3.6
1985	남성	31.9	20.5	32.1	15.5
	여성	54.1	20.5	20.2	5.2
1990	남성	23.3	17.6	38.9	20.1
	여성	43.0	20.3	28.4	8.3
1995	남성	17.8	14.2	41.4	26.6
	여성	35.0	17.1	34.8	13.1
2000	남성	15.1	12.3	41.6	31.0
	여성	30.4	14.3	37.3	18.0

(통계청, 2003, 27)

[표13] 1965~1970년 대졸자 진로 및 취업현황(명)

연도	졸업자	진학자	취업자	무직자	입대자	미상
1965	45,732	2,489	17,201	6,278	6,382	13,023
1966	32.084	2,945	15,279	2,174	4,903	7,383
1967	35,519	3,289	17,691	4,883	4,779	4,942
1968	40,961	2,821	22,695	6,191	2,994	6,260
1969	36,598	1,980	22,408	3,154	3,208	5,748
1970	38,812	3,456	25,189	3,352	3,671	4,144

(장기종합계획, 1970, 1860)

대졸자 취업률은 44.5%(1963), 49.6%(1967), 64.9%(1970)로 상승하고 있으며, 1970년 취업자 직업 가운데 1/3이 교사로서 남녀 교사가 각각 4,271명과 4,273명이다(합계 8,544명). 그 뒤를 이어 사무직이 3,799명(여성 905명), 기술직, 자연과학, 의학 순이다(장기종합계획, 1970, 1861).

1972년 서울의 40개 대학에 재학 중인 대학생은 약 11만 명이었고, 그 가운데 지방 출신은 63,000여 명으로 약 60%를 차지하였다. 이들 가운데 하숙생이 70%, 자취생이 20%, 친척 기거가 10% 정도였다. 대학가의 하숙비는 14,000(2인 1실)·20,000(독방)만 원 정도였는데, 1970년대에는 등록금과 하숙비가 매년 평균 20%씩 올라서 그 부담이 만만치 않았다(강명숙, 2018, 287~288).[103]

15. 대학 이전과 제2캠퍼스

1970년대 박정희 정권의 대학 관련 정책 가운데 주목할 것 가운데 하나는 수도권 과밀화를 방지하기 위한 행정수도 건설과 함께 서울 시내 대학의 이전 계획이 추진된 점이다. 1945년 90만이던 서울시 인구는 해외 거주자의 귀국, 월남 인구와 이주민 등으로 179만(1950)까지 급증했다가 한국전쟁으로 감소하였으나 7년 만에 167만(1957)으로 회복되었다. 그리고 1959년에 200만(1959), 4년 뒤 300만(1963), 5년 뒤 400만(1968), 2년 뒤 500만(1970), 2년

---

103) 1972년에 쌀값이 처음 80㎏에 1만 원을 돌파하여 화제가 되었고, 공중전화 5원, 버스비는 20원, 택시는 기본요금이 90원, 연탄 22원, 영화 관람료는 한국영화 200원, 외국영화 300원이었다. 대학 등록금은 65,000~74,000원이었다(서울연구데이터서비스, 2003).

뒤 600만(1972), 4년 뒤 700만(1976), 2년 뒤 800만(1979), 4년 뒤 900만(1983), 5년 뒤 1,000만 명(1988)으로 35년 만에 10배나 폭증하였다. 이는 제1차 경제개발계획 기간(1962~1966)에 387만, 제2차 기간(1967~1971)에 585만, 제3차 기간(1972~1976)에 725만, 제4차 기간(1977~1981)에 867만 명이 된 것으로 5년마다 132%, 51%, 24%, 20%씩 증가한 셈이다.

서울시 인구는 1992년 1,097만 명으로 정점에 도달한 뒤 신도시 개발로 약간 감소했고, 현 서울시 인구는 내국인 기준 976만 명(2019.6)으로 10년째 완만한 감소세를 유지하고 있다. 하지만 서울시의 감소세는 수도권 이전에 따른 것이어서 1970년 28.7%였던 수도권 인구는 35.5%(1980), 42.8%(1990), 46.3%(2000), 49.2%(2010)로 급증하다가 2019년에 서울시 973만, 경기 1,324만, 인천 296만, 합계 2,593명으로 처음으로 전국인구의 50%를 상회하여 수도권 과밀화와 지방 소멸의 위기가 심각한 수준이다. 이와 관련하여 주목할 만한 것은 박정희 대통령에 의해 추진된 임시행정수도 건설과 서울 소재 대학의 지방 이전 계획이다.

박 대통령은 1960년부터 서울의 인구 집중을 방지하기 위한 대책을 모색하여 건설부가 작성한 「대도시 인구집중 방지대책」(1964.9)에 교육 관련 시설 억제가 포함되어 있었고, 무임소장관실에서 작성한 「대도시 인구 및 시설의 조정대책」(1969.12)에도 고등교육기관 신·증설 억제 및 전·입학 불허 대책이 들어있었다. 1970년대 들어와 관련 정책이 더더욱 구체화 되었는데, 정부는 총무처장관 소관 수도권문제심의위원회가 보고한 「수도권 인구의 과밀집중 억제에 관한 기본지침」(1970.3)의 10대 방침에 의거하여 인구 억제에 총력을 기울이기로 하고, 그 가운데 제5항 교육시설의 지역간 균등화에 의거하여 '교육 연구중심의 학원도시 건설계획을 추진'하기로 하였다.

박 대통령은 1977년 2월, 서울시 연두순시에서 임시행정수도 건설 방안을 공론화하였고, 6월에는 「임시행정수도 건설을 위한 특별조치법안」을 정부 입법으로 국회에 발의하여 가결시켰다. 그리고 무임소장관실에서 작성한 「수도권 인구 재배치 기본계획」(1977.3)에 '서울 시내 사립대학의 이전 및 분교설립 지원을 위한 교육제도의 개선'을 포함시켜 이전을 공론화하였다.

정부는 1979년부터 서울 소재 사립대학을 대학원 중심의 연구중심 기능과 산학협력 기능으로 특화하고, 학부 전체를 서울시 밖으로 이전시킨 뒤 대학도시를 중심으로 기업 등을 배치한다는 거대한 계획을 본격적으로 밝혔다. 우선 9개 대학의 분교 설치를 허용하고 대학 주변의 기반시설 공사 등을 정부가 지원하기로 하였다. 그래서 각 대학은 전교생을 수용할 수 있는 기숙사 시설을 포함한 전원형 캠퍼스를 염두에 두고 넓은 부지를 확보하고자 하였다. 단 경기도는 전 지역을 개발억제·개발유보·개발유도·정비촉진·자연보호 등 5개 지역으로 구분하고 개발유도지역인 경기 남부로의 이전만 허용하였다. 그래서 거리가 가깝고 지가가 저렴한 용인군으로 강남대·경기대·경희대·명지대·한국외대 등이 집중 이전하였다.

본래 경희대는 충남 부여, 수원 원천호수 등을 대학 이전 후보지로 고려하였고, 중앙대는 흑석동 캠퍼스를 매각한 뒤 새 캠퍼스로 이전하기로 하고 이천·평택·안산·안성·아산 등 충청남도까지를 캠퍼스 후보지로 고려하였다. 한양대도 교수 아파트까지 포함한 미국식 대규모 전원형 캠퍼스를 전제로 반월캠퍼스 건설을 구상하였다.

　성균관대 수원캠퍼스(1977)와 연세대 원주캠퍼스(1977)를 시작으로 단국대 천안캠퍼스(1978), 동국대 경주캠퍼스(1978), 한양대 안산캠퍼스(1978), 중앙대 안성캠퍼스(1979), 한국외대 용인캠퍼스(1979) 등이 잇달아 문을 열었다. 1980년대에는 건국대 충주캠퍼스(1980), 경희대 수원캠퍼스(1980), 고려대 조치원캠퍼스(1980), 상명대 천안캠퍼스(1985), 홍익대 조치원캠퍼스(1988) 등이 설립되었다.

　그러나 10.26사태로 행정수도 이전 계획이 무산되자 추진을 준비하던 실무기획단이 폐지되고(1980.8), 캠퍼스 이전에 대한 정부 지원도 중단되었다. 대학 이전을 통한 국토의 균형 성장, 대학과 산업의 연계라는 원대한 계획이 사라지고 대학 이전 사업은 제2캠퍼스 건설로 축소되고 말았다. 하지만 캠퍼스 개발에 필요한 정부의 사회간접시설 투자 중단으로 본래의 캠퍼스 건설조차 계획대로 추진하기가 힘들었다. 제2캠퍼스는 미비한 시설과 고립된 환경에 놓여 구성원 모두 힘들어했고, 대학은 대학 대로 재정적 어려움에 힘들어했다. 이런 열악한 교육환경에 대한 조속한 개선 요구가 80년대 학생운동의 또 하나의 전선을 이루었다.

　이후 전두환 정부는 「수도권정비법」(1983.12)을 제정하여 서울·인천·수원 등의 과밀억제권역, 경기 북부·남부의 성장관리권역, 경기 동부의 자연보호권역으로 나누어 관리하였는데, 대학 정원 증가는 수도권정비위원회 심의를 거치게 했지만, 4년제 대학은 전 지역에서 신설이 금지되었고, 이전도 총량 이내에서 제한적으로 가능하나 자연보호권역은 불가하게 하였을 뿐이다.

　정부의 균형성장정책이 계획대로 이루어져서 1980년대에 입법·행정·사법부가 모두 현 충청권으로 이전하고 서울 소재 대학의 수도권 및 지방 이전이 이루어졌더라면 아마 현재 대학과 관련된 모든 상황은 상상하기 힘들 정도로 크게 달라졌을 것이다(관련 대학 교사; 김병린, 2004; 연합뉴스, 2020.7.28).

16. '제2경제론'과 「국민교육헌장」

박정희 대통령은 자신의 최대 역점 사업으로 심혈을 기울인 제2차 경제개발5개년계획(1967~1971)이 일정 정도 궤도에 오르자 고도성장에 부응할 수 있는 정신적 근대화가 필요하다며, 산업화를 중심으로 한 근대화론을 넘어선 새로운 이데올로기적 가치를 담은 사회체제의 구축을 지시하였다. 이에 대다수 관료는 경제발전을 뒷받침할 수 있는 사회문화적인 혁신을 염두에 둔 것으로 생각했으나 박 대통령은 단순한 경제성장을 위한 수단이 아니라 그 이상의 것이어야 한다고 강조하면서 그것을 가리켜 '제2경제론'이라고 칭하였다(박태균, 2005, 265~269).

곧이어 밝혀진 '제2경제론'의 실상은 결국 통치체제의 강화를 위한 새로운 정치적 구상을 뜻하였으며, 보다 구체적으로는 유신체제란 새로운 사회통제체제 구축의 시도였다. 이를 위해 박 대통령은 끊임없이 북한의 위협을 강조하는 한편 징병제도와 주민등록제도 강화, 향토예비군 창설과 교련 교육 도입을 추진하는 한편 「국민교육헌장」을 제정하였다(1968.12).

「국민교육헌장」은 "우리는 민족중흥의 역사적 사명을 띠고 이 땅에 태어났다"로 시작하여 각자의 삶의 목적이 무엇인지를 국가가 규정하였다. 이는 존재 자체로 존귀한 인간을 국가 발전을 위한 수단으로 간주한 국가주의의 전형적 표현이다.104) 「국민교육헌장」의 내용과 달리 국가는 그 자체로서 독자적인 가치나 목적을 지니지 않는다. 한반도의 지정학적 특수성과 20세기 역사의 현실 등을 고려하더라도 국가는 인간의 존엄과 가치를 실현하기 위한 도구적 기능을 본질로 함은 자명한 사실이다. 따라서 국가나 정권의 정당성은 인간의 존엄과 가치를 얼마나 잘 실현하느냐에 달려 있고, 그것을 가능하게 한다는 점이 민주주의의 보편적 가치이며 무한한 동력이다.

또 「국민교육헌장」은 1890년에 명치明治천황(1852~1912)에 의해 발표되고 1948년 법적으로 취소된 「교육에 관한 칙어」와 그 논리와 용어가 상당 부분 일치한다. 일본에서도 없앤 「교육칙어」의 유사품이 20년 뒤 우리나라에서 부활한 셈이다.105) 일본이 「교육칙어」를 없앤 1948년은 「세계인권선언」이 나온 해이기도 하다.

---

104) 박 대통령이 7.4남북회담과 적십자회담 등을 유신체제 구축에 이용한 것처럼 북한 김일성金日成도 1974년에 「당의 유일사상체계 확립의 10대 원칙」이란 것을 발표하여 자신에 대한 우상화에 나섰다. 북한 조선노동당 강령이기도 한 10대 원칙은 모두 "위대한 수령 김일성 동지"라는 똑같은 문구로 시작하는데, 2013년에 명칭을 「당의 유일적 영도체계 확립의 10대 원칙」으로, 김일성을 김일성·김정일金正日로 바꾸고, 제10조의 "위대한 수령 김일성 동지께서 개척하신 혁명 위업을 대를 이어 끝까지 계승하며 완성하여 나가야 한다"를 "우리 당과 혁명의 명맥을 백두의 혈통으로 영원히 이어나가며"로 바꿔 봉건전제왕조의 속성을 노골화하고 세습체제를 더욱 강화하였다. 김일성 우상화의 시작은 북한 김씨왕조의 끝없는 추락의 시발점이 되었다.
105) 「국민교육헌장」 선포 기념행사는 1993년을 끝으로 폐지되었고, 「국민교육헌장」 자체는 2003년에 공식 폐지되었다.

17. 긴급조치와 민주화 투쟁

5.16으로 출범한 군사정부는 태생적으로 자유와 민주를 주장하는 대학생들에게 호의적일 수 없었다. 군사정부는 4.19혁명을 계기로 각 대학에 만들어진 학생회를 '재건학생회'라는 이름으로 개편하고 통제하려 했지만, 학도호국단의 재판이라는 비판에 직면하여 계획을 포기할 수밖에 없었다(이태진, 2006, 800). 하지만 대학생은 박정희 대통령의 강권정치에 대항할 수 있는 가장 강력하며 사실상 유일한 세력이었다. 자연히 대학 문제는 정권의 최대 관심사였다.

이처럼 각종 사회집단의 성장에도 불구하고 학생운동의 정치적 영향력이 계속 컸던 경우는 다른 나라에서는 찾아보기 힘든 현상이다(송병헌, 2003, 39~40). 학생운동에 대한 박 대통령의 압박 강도는 장기집권의 욕망에 비례하여 높아졌지만, 70년대 학생운동의 특징으로 지적되는 독재에 대한 저항과 민주주의에 대한 낭만적 열정, 그리고 민중에 대한 지향성은 당시 대학생이 차지하던 사회적 지위와 함께 국민 대다수의 심정적 지지를 얻으면서 정권의 탄압에 저항할 수 있는 동력을 제공하였다.

영구집권을 꿈꾸던 박 대통령은 우선 대학을 군에서 통제할 수 있도록 「대학교련교육의 실시요강」(1971.1)을 통해 1969년부터 실시해 온 교련을 주당 3시간씩 4학년 1학기까지 총 711시간(일반 교육 315, 집체교육 396)으로 대폭 늘리고, 성적에 따라 장교·하사관·사병으로 복무하게 하되 복무 기간을 6개월 단축해 준다고 발표하였다. 그리고 교관을 현역 장교로 바꾸고 학생 400명당 1명에서 250명당 1명으로 증원하라고 지시하였다.

하지만 교련 수업 시간이 대학 전체 수업 시간의 20%나 되는 데다 ROTC 전체 교육 시간(702)보다 많아서 학생들의 격렬한 저항을 불러일으켰다. 또 교수 100명 당 군인 20명을 대학에 상주하게 하는 것은 일제강점기와 다를 것 없는 대학의 병영화라는 비판이 자연스럽게 제기되었다(중앙, 1971.1.30, 5.7). 그런데도 박 대통령이 원안대로 추진하기로 고집하자 전국 대학생들은 장기집권을 위한 대학의 병영화를 받아들일 수 없다며 군사교육 전면철폐를 목표로 한 시위가 3월부터 전국에서 시작되었다.

4.27 대선을 앞두고 있던 박 대통령은 대학에 헬리콥터를 투입해 최루탄을 투하하는 등 강경하게 진압했다. 하지만 교련 확대 방안은 결국 학생의 거센 반대로 좌절되었다. 문교부 장관이 교체되고 학기당 1학점(2시간)씩 3학년까지 총 180시간을 이수하되, 복무기간을 3개월 단축하는 기존의 방안으로 회복되었다. 집체훈련도 취소되었다.

하지만 제7대 대통령선거에서 박 대통령은 관권을 이용한 온갖 부정을 저질렀음에도 불구하고 김대중金大中 후보에게 신승을 거뒀고, 부정선거를 규탄하는 시위가 그치지 않았다. 또 대선 한 달 뒤에 열린 제8대 국회의원 선거에서 47.8%의 득표율로 과반수 확보에 실패함으로써 차가운 국민 여론에 직면하게 되었다. 이에 박 대통령은 서울지역에 위수령을 발동하고(1971.10), 학생들을 강제 입대시키는 한편 학생회를 규제하기 위한 학칙 개정안을 전국 대학에 시달하였다.

이듬해 다시 유신체제 선포로 정국이 급랭하면서 목숨을 건 저항이 계속되었다. 1973년, 유신헌법 개헌을 위한 청원 서명운동이 전개되자 박 대통령은 개헌 서명운동을 금지하는 '긴급조치 1

호(1974.1)'를 선포하였다. 전국적 시위를 계획하던 '전국민주청년학생총연맹(민청학련)' 소속 학생을 구속하고 이들을 강력하게 처벌하기 위한 '긴급조치 4호(1974.4)를 선포하였으며, 배후자라며 '인민혁명당'을 특정하고 모두 1,024명을 수사해 253명을 군법회의에 송치한 뒤 7명에게 사형을, 그 밖의 학생은 10년 이상 징역에 처하였다(1974.4). 민청학련 학생과 달리 인혁당 관련자들은 대법원 확정판결 다음 날 전격적으로 사형을 집행하는 '사법살인'의 희생자가 되었다(1975.4).

또 중앙정보부에서는 '재일교포 유학생 간첩단사건'을 조작해 학생운동의 배후에 북한의 사주가 있다고 주장하며, 21명을 간첩으로 몰아 사형과 장기형에 처하면서 공포 분위기를 더욱 강화하였다. 이 사건을 조작하여 많은 사람을 무고한 이가 바로 국정농단의 주역인 김기춘金淇春이었다. 그렇지만 민주화를 요구하는 학생들의 시위는 끝이지 않았고, 서울대 학생 김상진金相眞은 「양심선언문」에서 "무릎 꿇고 사느니 차라리 서서 죽을 것"이라며 할복으로 유신에 맞섰다(1975.4).[106] 김상진은 「양심선언문」에서 다음과 같이 외쳤다.

> 더 이상 우리는 어떻게 참을 수 있으며, 더 이상 우리는 그들에게서 무엇을 바랄 수 있겠는가? …… 민주주의란 나무는 피를 먹고 살아간다고 한다. 들으라! 동지여! 우리의 숭고한 피를 흩뿌려 이 땅에 영원한 민주주의의 푸른 잎사귀가 번성하도록 할 용기를 그대들은 주저하고 있는가? 들으라! 우리는 유신헌법의 잔인

---

[106] 김상진은 자신의 「양심선언문」과 함께 박 대통령의 퇴진을 정중하고 간곡하게 호소하는 「대통령에게 보내는 공개장」을 사전에 방송국으로 발송하였다 (한겨레, 2011.12.5).

한 폭력성을, 합법을 가장한 유신헌법의 모든 부조리와 악을 고발한다. …… 우리는 하나가 무너지고 또 무너지더라도 무릎 꿇고 사느니 차라리 서서 죽을 것임을 재천명한다(경향, 2003.7.6; 오마이뉴스, 2019.4.11).

김상진의 목숨을 건 항거에 대하여 학생들은 이렇게 답하였다.

> 친구여! 내가 우는 것은 이제 텅비인 설움이 아니다. 할배 계신 무덤가엔 달이 뜨지만 네가 돌아간 사막엔 종일 태양이 끓어오르리라. 끓는 한처럼 끓으리라. 타는 정열처럼 타리라(김상진 기념사업회).

학생들은 정부의 온갖 압박과 위협에도 아랑곳하지 않고 장례와 시위를 감행하였다(서울대저널, 2015.3.22). 이 사건으로 관악캠퍼스 건설과 이전을 주도한 한심석韓沁錫 총장이 사임했고, 치안본부장이 경질되었다. 결연한 학생들의 저항에 직면한 박 대통령은 유신에 대한 모든 반대와 집회를 금하는, 그래서 '모든 악법의 종합세트'라 불린 '긴급조치 9호(1975.5)'를 발동하여 숨이 막히는 탄압을 명하였다.

박대통령은 긴급조치 9호와 함께 '일반군사교육 강화방침'을 발표하여 2학기부터 주당 4시간, 총 360시간씩 교련을 2배로 늘리고 예비군을 포함한 모든 학생에게 교련을 받게 하고, 1학년에게는 10일간 군부대에 입영하여 병영집체훈련을 받도록 하였다. 집체훈련 때 장발은 교련 거부로 간주하였다. 권력에 대해 공포감을 지니게 하는 것이 입영 훈련의 목적이었기 때문에 집체훈련의 강도는 결코 현역병보다 가볍지 않았다. 대신 1년간 군사교육을 받으면 복무 기간을 2개월씩, 최대 6개월까지 단축해 주었다. 교련은 절대 휴강이 허용되지 않는 졸업 필수과목이었고, 1/6 이상 결석하면 학기말고사 응시 자격 박탈은 물론 징병 연기 등 모든 수혜 조치가 중단되는 과목이었다.

사범대학에서는 새마을운동과 관련된 '학교와 지역사회' 과목이 필수교과가 되었고, 교육대학 학생에게는 1~2주간의 농촌 학교 실습이 의무화되었다(1972). 또 「교육법」 시행령 제119조를 개정하여 국민윤리와 한국사가 교양필수과목으로 지정되었다(1976. 6). 이로써 국민윤리와 한국사는 교련(1969년 지정)과 함께 정권의 이데올로기를 홍보하기 위한 과목으로 체육(1953년 지정)에 이어 교양 필수과목에 포함되었다. 하지만 유신을 한국적 민주주의로 포장하기 위해 동원된 국민윤리와 한국사가 인문학으로서의 생기를 유지하기는 힘들었다. 학생들은 고등학교 국사의 반복에 불과하다며 고4과목이라고 불렀다.

긴급조치 9호에는 대학 동아리 해산도 포함되어 있었다. 학도호국단 이외의 학생 단체 조직은 학도호국단 지도위원회의 심의와 문교부 장관의 승인을 받도록 한 규정이 학칙에 포함되었다. 동아리마다 지도교수 1명을 두어 연대책임을 지게 했고, 모든 활동은 사전 계획서 제출과 승인을 거쳐 지도교수 참석 하에서만 가능하였다. 탈춤이나 연극 등 많은 학생이 모이는 행사는 아예 승인이 거부되었다. 학도호국단 예산도 간부 활동에만 집중지원 하도록 하였다. 한마디로 말해 박 대통령은 그저 대학생이 기능만 배우길 원했을 뿐 제대로 된 대학생이길 원하지 않았다.

그러면서도 위압적인 분위기에서 '면학분위기 조성'을 명분으로 각종 규제를 계속 내려보냈다. 1969년부터 시행하던 지도교수제를 더 강화하여 학생을 감시하고 기록하게 했다. 졸업 요건을 엄격히 하라는 지침도 내려와 1977년부터 종합시험과 실시시험, 졸업논문 가운데 하나를 선택해야 했다. 또 수업 일수 엄수, 학습과제 부여, 과목별 논문 제출, 강의평가 실시, 성적평가 방법 개선을 시달하면서 강의계획서에 이런 조항을 상세히 반영하라고 하였다. 또 교수들에게 출강부 작성을 의무화하고 직원에게 교수 휴강 상황을 일일보고를 하도록 하였으며, 학생 출석 관리를 엄격하게 하라며 교수와 학생에 대한 감시의 끈을 더욱 옥죄었다.

1970년대부터 1980년대 초까지 10년 동안 4.19, 5.16, 5.18을 전후한 며칠은 학생 집회를 막기 위한 '과제 처리일'로 지정하여 휴강하곤 했다. 1976년 1학기부터 3학점짜리 강의를 주 3회로 분산하게 하여 학생이 1시간 이상 모이는 것을 원천 봉쇄하였다. 1976년 4월에는 4교시와 5교시 사이에 있던 점심시간을 1976년 2학기부터 없애라는 박 대통령의 지시가 내려왔다. 학생 집회가 점심시간을 이용해 열리는 것을 막으려는 조치라고 소문이 돌았다 (이상 이태진, 2006, 500~505, 809~810, 858~862). 그러나 아무리 강압해도 온전하게 한 학기 수업이 진행된 경우가 드물었다.

18. 어용교수 논란과 「학교경영재산기본령」

우리나라에서 교수들의 정치참여는 나름 오랜 역사를 지녔다. 박정희·전두환 정권처럼 정통성의 결여에 시달리던 권위주의 정부는 교수의 전문성에 도움을 받고 나아가 지식인의 지지를 얻기 위해 교수들을 대거 중용하기 시작하였다. 그로 인한 공과에 대해 많은 논란이 있었지만, 김대중 정부는 '신지식인론'을 내세워 교수를 거대 담론에 대한 비판적 이성의 담지자에서 체제 내의 실용적 기능인으로 축소하여 정치참여에 대한 부담을 크게 줄여주었고, 노무현 정부에서는 시민사회의 공공영역에서 활동하고 대선 캠프에 참여해서 진보적 가치를 실현하는 것을 긍정하는 분위기가 조성되기도 하였다. 이런 일련의 흐름은 자연스럽게 폴리페서polifessor 논란을 본격화시켰지만, 이제 교수들의 대선캠프 참여와 정부 입각은 하나의 자연스러운 현상처럼 받아들여질 정도다.

쿠데타로 출발한 박정희 정권은 정권의 정통성을 보완하기 위한 지식인의 지지가 절실하게 필요하였다. 그래서 '평가교수단'이란 형태로 교수들을 정책 결정 과정에 중용하였으며, 민주공화당은 물론 유신정우회에도 적지 않게 참여시켰다. 정부 요청에 응한 교수들은 경제개발정책에 대해 조언하거나, 유신헌법 입안 등 민주화를 지연시키려는 정권의 정당성을 대변하고 지지하는 역할을 주로 맡았다.

이렇게 교수가 정치에 참여하는 행위에 대하여 자신의 이론을 정책에 반영하려는 노력은 자연스러운 것이며 합리적인 대안과 비판을 겸하면 매우 바람직하다는 주장도 있다. 반면 진정한 비판정신 없이 정치에 참여하는 것은 지식을 팔아 권력의 노예로 전락하는 것에 불과하다는 비판도 거셌다. 결국, 문제는 정치에 대한 참여 자체가 아니라 어떤 방식이냐이며, 쿠데타를 통해 집권한 권위주의 정권에 대한 정치참여는 어떻게 설명해도 정당성을 논하기가 궁색하다는 것이다. 다만 경제정책 등 테크노크라트technocrat적인 성격을 지닌 분야에서의 참여는 얼마든지 양면성을 지닐 수 있다(이상 강문구, 2015, 1~14).

'폴리페서' 논란의 시작은 4.19혁명 직후에 터져 나온 '어용교수' 문제였다. 대학 언론에서는 '독재 권력에 협조하여 대학의 민주적 질서를 문란케 한 인사, 또는 교육자적 인격이나 신뢰를 상실한 인사'를 어용교수라고 하였다. 하지만 이들 또한 스승이니 용퇴를 강력하게 촉구하나 지나치게 과격한 행동은 삼가고 있다고 보도하였으니 상당히 소박한 편이었다(대학신문, 1960.5.9).

어용교수 논란이 다시 커진 것은 박정희 정권이 교수에게 학생을 감시하도록 강요하면서부터이다. 교수는 자기에게 배정된 학생들을 상대로 월 2회 이상 면담하고 그 결과를 '학생지도기록부'에 기록하도록 하였다. 또 학생이 10명 이상 모이거나 외부인사를 학내에 초청할 경우, 인쇄물을 배부하거나 부착할 경우, 외부에 후원이나 시상을 의뢰할 경우, 간행물을 발간할 경우, 모두 지도교수와 총장의 승인을 받게 하였다. 이런 상태에서 교수와 학생 간의 정상적인 관계란 기대하기 힘들게 된다.

가장 곤란한 것은 이른바 시국사건으로 학생이 재판을 받을 경우, 지도교수나 보직교수가 법정에서 학생의 동태나 생각을 증언해야 하는 일이다. 교수의 증언에 따라 학생의 구속 여부가 결정되기 마련인데, 교수가 많은 학생 앞에서 중앙정보부나 보안사령부의 압력에 따라 학생을 빨갱이로 만드는데 필요한 증언을 할 경우, 교수로서의 인격은 파탄에 직면하게 된다. 그렇다고 거부하면 그에 따른 압박과 불안에 시달려야 한다. 학생들이 지켜보는 법정에서 학생에게 불리한 증언을 하여 선생으로서 파산선고를 받는 참담한 일이 발생하기도 했다(류창우, 1996, 427~431, 437~442).

유신체제는 교수에게 연구·교육·봉사 대신 연구·교육·지도를 강요하였다(대학신문. 1971.8.30b). 이런 상황에서 강의실에서 가르치는 민주주의와 현실에서 직면하는 군부독재와의 간극이 클수록 교수들은 고뇌할 수밖에 없었고, 일부 적극적인 어용교수를 제외한 상당수 어용교수조차 갈등을 느끼지 않을 수 없었다. 유신체제가 지속될수록 교수들을 옥죄는 부당한 압박이 계속 늘어났다.

박 대통령은 사학법인의 수익용 기본 재산 기준금액을 대폭 인상할 것을 골자로 한 「학교경영재산기본령」(1976.5)과 시행규칙(1976.10)을 제정 공포하였다. 모든 사학법인은 기준에 미달한 수익용 기본 재산을 1981년까지 5년 동안 연간 20%씩 보충해서 충당해야 하며 대학은 학생 1인당 20만 원이 기준이었다. 하지만 수익용 기본 재산에서 생긴 수익 가운데 법인운영비 부담액, 교육시설비 부담액, 감가상각비, 제세공과금 및 법정부담경비를 공제한 나머지로만 인정한다고 하여 사실상 충당할 수 있는 여지를 봉쇄하였다. 그리고 만약 경과 기간이 지난 뒤에도 확충하지 못할 경우, 강력한 행정제재를 취하겠다고 하였다. 만약 그대로 따른다면 종전보다 최고 300%까지 인상해야 했다(중앙, 1976.10.26). 이는 사학법인의 목숨이 대통령의 손아귀에 있음을 명심하라는 협박과 다를 바 없었다.

사학법인은 폐교를 면하기 위해 소속 교수에게 반정부 시위가 발생하지 않도록 철저히 지도할 것을 강력하게 요청할 수밖에 없었고, 교수는 정부와 학생, 법인 사이에서 더더욱 운신의 폭이 좁아졌다. 국가권력을 개인의 권력욕에 악용한 대표적인 사례였고, 각자의 양심을 팔아 목숨을 유지하라는 이런 부당한 강요는 인격과 양심을 파탄시킨다는 점에서 절대로 해서는 안 되는 범죄 행위였다.

한편 박 대통령은 사학에 대한 당근도 제시하였다. 1974년에 사립학교교직원연금공단을 설립하고 이듬해 1월부터 사립학교 교직원을 대상으로 한 연금제도의 운영을 시작했다. 1977년부터 시작된 의료보험제도에 사립학교 교직원을 포함하여 주었다. 그리고 연금 부담금과 의료보험료 일부를 정부에서 보조해 주었다. 사학법인에는 법인 수익사업에 관련된 각종 세금에 대한 감면 혜택을 확대해주었다(김정인, 2018, 235).

19. 「대학자주화선언」과 교수재임용제도

1971년 8월, 서울대 교수협의회는 각 단과대학의 결의안을 모아 전체 900명 가운데 600여 명의 교수가 모인 앞에서 6개 항목의 요구사항을 포함한 건의서를 만장일치로 채택했다. 이를 '대학자주화선언'이라 부른다. 자주성과 자율성의 제도적 보장, 처우개선과 문헌정보비 지급, 연구비 확충, 학사운영관리의 자율성 보장을 위해 문교부로부터 완전 독립이 가능한 「서울대 설치령」 제정 등을 요구하였다. 또 교수협의회는 문교부로부터 독립된 특수법인이 될 수 있도록 「서울대학법」 연구위원회를 구성하겠다고 밝혔다(대학신문. 1971.8.30).

6개 항의 요구사항 가운데 처우개선이 포함되어 있는데, 당시에는 초중등 교원(139,335명)과 교수(5,215명) 등 모든 국공립 교원은 단일 호봉에 의해 임금을 지급하였는데, 1호봉까지 승급하는

데, 필요한 기간이 초등은 41년(교대 졸업 기준), 중등은 36년(사대 졸업 기준), 대학은 29년 6개월(대학원 졸업 기준)이었다. 1호봉 월급은 초중등 교원이 94,700원이었고, 교수는 99,700원이었으며, 초봉 차이도 2,000원이어서 취업 연령 등을 고려하면 교수들의 월급이 더 적은 편이었다. 정부는 이듬해에 1호봉 승급 소요 기간을 초등 5년, 중등 6년, 대학 3.5년 단축해 주었는데, 언론에서도 교직이 안정적이지만 고단한 직업이며, 열악한 처우로 사회적 지위가 저하될 대로 저하되었는데 그나마 다행이라고 위로하였다(동아, 1972.12.7, 12.8).

대학자주화선언이 발표된 직후 한 서울대 학생은 "기왕에 없던 학원의 자유이니 자유를 수호하기보다는 자유를 요구하고 대학의 자주화를 기하려는 움직임"이라고 평가하고 "다만 분명한 것은 더 이상 참지 못하겠다는 것"이라고 하였다(대학신문, 1971.9.13).

학생에게는 긴급조치로, 사학법인에게는 「학교경영재산기본령」으로 족쇄를 채운 박 대통령은 판사와 교수에게는 재임용제도란 새로운 굴레를 씌워 통제하려고 하였다. 교수재임용제도는 유신체제에서 법관재임용제도와 함께 정권 유지를 위해 도입된 대표적인 악법이다.

박 대통령은 유신헌법을 통해 국회의원의 1/3에 대한 임명권, 대법원장을 포함한 모든 법관의 임명권을 자신이 장악하였으며, 대법원의 위헌법률심사권을 박탈하여 대통령이 임명하는 헌법위원회로 이관시켜 형식적으로나마 유지되어 오던 3권분립의 원칙을 완전히 파괴하였다. 그리고 대법원 판사 16명 가운데 「국가배상법」단서 조항에 위헌결정을 내린 9명을 비롯해 일반판사 356

명 가운데 41명을 재임용 과정에서 탈락시켰다(1973.4).

그 결과 사법부는 정권의 지시에 더욱 충실히 따랐으며, 특히 긴급조치와 안보 관련 사건에 관해서는 더더욱 그러하였다. 긴급조치 1호로 기소된 장준하·백기완白基琓 선생에 대해서는 기소부터 선고까지 1주일밖에 걸리지 않을 정도로 재판을 속전속결로 진행하였다. 이른바 시국사건에 대해서는 검찰 구형과 법원의 선고가 일치하여 '정찰제 판결'이라는 비난을 받기도 하였다(이헌환, 2009, 99).

박 대통령은 교수의 교육자적·학자적 능력을 제고시킨다는 명분을 내세워 「교육공무원법」과 「사립학교법」을 개정한 뒤 「교수재임용 심사위원회 규정」(「재임용규정」)을 공포하였으며(1975.9), 이를 근거로 1976년 2월 현재 대학에 재직 중인 모든 교수를 상대로 재임용 절차를 밟게 하였다.[107] 재임용 기간은 국공립대학은 교수·부교수 6~10년, 조교수와 전임강사 2~3년, 조교는 1년을 기한으로 하되 사립대학은 10년 이내에서 법인의 정관에 정하도록 하여 교수에 대한 법인의 통제권을 강화할 기회를 제공하였다.

「재임용규정」은 총학장을 위원장으로 하는 15인 이내의 심사위원회에서 최근 10년 동안의 연구실적 및 학회 활동, 학생 지도 능력과 실적, 법령 준수와 품위 유지를 평가 기준으로 하게 했다. 재임용 결과 총 9,771명의 교수 가운데 460명(4.7%)이 탈락하였다. 그 뒤 예상했던 데로 정부보다 사학법인이 앞장서서 정치

---

[107] 국회에서 교수재임용제를 제안한 오주환吳周煥 의원은 고려대 신문방송학과 교수로서 박 대통령에 의해 유신정우회 소속 의원으로 임명되었다.

적 또는 비판적이라는 이유로 재임용제를 악용하는 폐단이 빈번하게 일어났다(김정인, 2018, 233).

재임용제도는 정부가 대학을 통제하기 위해 만든 제도여서 교원지위법정주의를 무시하는 등 법리적으로 많은 문제점을 안고 있다. 그 가운데서 가장 심각한 것은 구제제도가 없다는 점이다. 사학법인에서 교수를 재임용하고 싶지 않으면 그만이다. 재임용을 거부당하는 경우, 바로 교수 신분을 상실한다. 하지만 사학법인은 재임용에서 탈락하게 된 사유를 상대방에게 설명할 의무가 없을 뿐 아니라 탈락했다고 고지할 의무조차 없으며, 탈락자는 무효확인의 소조차 제기할 수 없다는 것이 법원의 확고한 판례이다(김종서, 1999, 290).

이런 유신의 악법은 1990년 「사립학교법」 개정을 통해 재임용 기간에 대한 제한이 없어지고 모든 것을 법인 정관에 위임시킴으로써 더욱 악화되어 내려오다가 2003년 헌법재판소 결정으로 일부 완화되었다.

20. '마지막 강의'와 「우리의 교육지표」

1971년 4월 12일, 서울대에 군인들이 진입해 학생들을 무력으로 폭행하고 연행하는 과정에서 법대 학생회장이 피를 흘리며 쓰러졌다. 이를 목격한 전 서울대 총장 유기천劉基天 교수는 그날 강의실에서

법이 존재하지 않는 곳에 법학 강의는 무의미하다. 이런 상황 속

에서는 학자적 양심으로서 도저히 강의할 수 없다. …… 현 정권은 무엇 때문에 국민에게 위기의식을 불어넣고 있는가? 지금이 반드시 위기라고 할 수는 없다. 이것은 오로지 빈부의 심각한 양극화와 국민의 분열에서 생기는 국민의 불안을 억누르고 독재권력 확립을 촉진할 뿐이다.

라고 말한 뒤 박정희 대통령이 대만에 사람을 보내서 총통제를 연구시키고 있다고 폭로하고 '마지막 강의'를 마쳤다. 유기천 교수는 그날 밤 자신을 체포하러 온 중앙정보부를 피해 2개월간 도주했다가 미국으로 건너갔다. 8개월 뒤 박 대통령은 국가비상사태를 선언하였고, 이듬해 자신을 총통으로 하는 유신쿠데타를 감행하였다. 유기천 교수는 미국에서 귀국하던 당일, '백주에 미필적 고의에 의한 가학행위가 저질러졌는데도 이를 처벌할 수 없는 현 실정에서 형법을 배우면 무엇하겠느냐'며 내란을 선동한 죄로 입건되었다. 한 달 뒤 유기천 교수는 석방되었으나 미국으로 망명해야 했다(서울대 기록관; 신일섭, 2008, 129~130).

서울대 법대 최종길崔鐘吉 교수가 간첩 조작을 위한 중앙정보부의 고문으로 의문사를 당하였다(1973.10). 졸지에 가장을 잃은 가족들은 간첩의 가족으로 몰려 고통스럽고도 억울한 세월을 보내야 했다. 광복군 출신이며 『사상계』를 통해 민주주의의 새 지평을 연 장준하 선생마저 의문의 변사체로 발견되었다(1975.8). 민주화를 위한 최소한의 항의도 용납하지 않는 숨 막히는 시간이 계속되었다.

그러던 1978년 6월 27일, 송기숙宋基淑 등 전남대 교수 11명은 '현 교육의 실패는 교육의 민주주의가 되지 못하였기 때문이며「국민교육헌장」은 그런 실패의 집약체로서 그 제정 경위와 선포

절차 자체가 민주교육의 근본정신에 어긋나며 일제하의 「교육칙어」를 연상케 한다'고 비판하면서 그 대안으로 「우리의 교육지표」를 발표했다. 4개 항으로 이루어진 교육지표는 다음과 같다.

① 사람을 존중하고 진리를 가르치는 교육을 위한 민주화
② 인간적 양심과 민주주의에 대한 교육자의 정열
③ 교육에 대한 외부 간섭의 배제
④ 3.1정신과 4.19정신의 계승과 자주평화통일의 역량 함양을 위한 교육

「국민교육헌장」은 인간이 추구해야 할 보편적 가치보다는 민족주의와 국가주의 등 박정희 정권이 추구해 온 경제발전과 '한국적 민주주의'에 적합한 인간 양성의 이념을 담고 있다. 하지만 국가 발전에 필요한 새로운 국민상의 창출이 필요하다는 여론이 지배적이어서 제정 자체에 대한 반론은 거의 없었다. 하지만 유신체제 출범 이후 「국민교육헌장」이 10월 유신의 기본정신을 담고 있는 '국민의 행동지표'라고 강조되면서 헌장은 독재 권력의 이념적 도구로 전락하고 말았다. 그래서 송기숙 교수 등은 새로운 교육지표가 필요하다고 판단한 것이다.

하지만 이들은 유신체제를 지탱하는 이념적 장치인 「국민교육헌장」에 대한 비판을 제외하면 그 내용이 매우 상식적이며 유신체제나 긴급조치를 직접 언급하지도 않았다. 그럼에도 불구하고 성명서 발표 직후 11명의 교수 전원 중앙정보부로 연행되었다.

6월 29일~7월 1일, 전남대와 조선대 학생들은 교수들의 석방과 학원 사찰 중단 등을 요구하며 대규모 시위와 농성을 벌였지

만, 경찰은 강제 진압과 휴교령으로 맞섰다. 관련 교수들은 대통령 긴급조치 제9호 위반으로 구속, 또는 전원 해직됐고, 학생 가운데 500여 명이 연행되었으며, 110여 명이 중경상을 입었고, 30여 명이 구속되었다(신일섭, 2008, 125~156).

 박정희 정권의 철권통치로 폭력이 난무하면서 학문의 자유와 대학의 자치는 완전히 실종되고 말았다. 박정희 정권의 마지막 시절, 대학은 새벽 직전의 어둠처럼 암울하기만 했다.

|제6절| 억압과 저항: 5공 정권과 민주화 투쟁

1. 서울의 봄과 광주의 비극

　박정희 정권의 마지막 해였던 1979년, 헌정질서를 파괴하면서 쌓아 올린 독재정권을 마지막까지 지탱해주던 경제에 빨간불이 켜졌다. 경제성장을 통해 부족한 정당성을 채워왔던 박 대통령에게 중화학공업에 대한 무리한 중복투자, 18.3%에 달하는 물가 상승, 부가세 실시로 인한 조세 부담, 빈부격차 심화 등 극심한 경제 불황에 대한 책임을 물어 국민은 공개적인 불신임을 표하였다. 제10대 국회의원 선거(1978.12)에서 야당인 신민당이 32.8%의 득표율로 31.7%에 그친 여당을 꺾었고, 무소속도 28.1%로 집권 여당과 별 차이가 없었다. 여당의 대참패에 담긴 국민의 뜻은 분명하였다. 민주주의를 압살하면서 이룩한 경제성장마저 한계에 직면하자 국민은 박정희 정권의 퇴진을 요구한 것이다.

　위기감에 쫓긴 정권은 더욱 강경한 대응에 매달렸고, 견제 없는 권력이 늘 그렇듯이 권력을 폭력적으로 사용하면서 정권은 자기도 모르게 회복할 수 없는 악순환의 고리 속으로 빨려 들어갔다. YH사태(1979.8)가 정권을 태울 부싯깃이 될 줄 누구도 예측하지 못한 상태에서 박 대통령이 야당 김영삼 총재의 국회의원 직마저 제명하자(1979.10) 곧장 부마사태란 거대한 들불이 타올랐다. 부마사태는 강경 진압을 통해 일단 해결된 것처럼 보였지만,

그 대응 방식을 놓고 벌어진 집권층 내부의 갈등이 결국 10.26사태를 불러왔다.

유신체제만이 살길이라던 그 많던 사람들이 하루 사이에 연기처럼 사라졌다. 여당은 교과서에서 유신 관련 내용을 삭제하겠다고 밝혔고, 10월 27일부터 비상계엄으로 휴교에 들어간 대학도 민주화에 대한 커다란 기대 속에서 80년의 봄을 기다렸다. 1980년 당시 사립대학은 전국 85개 4년제 대학 중 65개(76.5%), 128개 전문대 중 92개(71.9%)였고, 학생 수는 4년제 대학의 70.4%, 전문대의 85.3%였다.

3월 개학과 동시에 전국 거의 모든 대학에서 18년간 억눌려왔던 학내민주화를 둘러싼 대립과 갈등이 폭발하였다. 학생들은 법인의 족벌체제가 사학비리의 근원이라며 해체를 요구하였고, 유신체제에 앞장선 어용교수 처리 문제와 병영집체훈련 거부가 공통의 과제로 떠올랐다. 정권의 전위대인양 학생들을 함부로 대해온 일부 직원들의 고압적 행태도 문제를 키웠다. 독재정권의 오랜 대학 통제로 말미암아 대학에 형성된 상호 불신의 골은 하루아침에 메울 수 없었고, 문교부도 민주화 과정의 불가피한 진통이라며 분규에 대하여 방관하였다. 사회의 여론도 학생들의 주장에 호의적이었다.

부부가 이사장과 총장을 맡는 등 직계가족이 대학 경영과 학사 운영에 깊이 개입한 경희대 · 계명대 · 명지대 · 세종대 · 조선대 · 한양대 등에서 가장 먼저 갈등이 폭발하였다. 그나마 평온하게 학내민주화를 추진한 고려대 · 서강대 · 서울대 · 연세대 · 이화여대조차 어용교수 명단 발표 등의 진통은 불가피하였다. 18년간 익숙했던 관습에서 벗어나기 힘들었던 일부 대학은 농성장에 직원들을 동원하여 폭력을 행사했고, 그로 말미암아 갈등은 더욱 증폭되었다. 거기에 건국대 법인이 300억 대 부동산을 12억에 불법 매각하는 등 법인의 부정비리가 밝혀지면서 사학 문제는 수습 곤란의 상태로 내달렸다.

결국, 정상적인 학사행정을 운영할 수 없게 된 사학은 조선대, 경희대, 세종대, 원광대, 삼육대, 상지대, 용인대, 한양대, 대구대, 계명대, 원광대, 세종대 순으로 전면 휴강에 들어갔다. 4.19를 하루 앞둔 시점, 24개 대학에서 철야농성이 진행되었고 어용교수 명단이 발표되었으며, 19개 대학이 무기한 휴강에 들어갔다. 4개 대학 총학장이 사퇴하고, 10개 대학 총학장이 사임 의사를 밝혔다. 대전캠퍼스 학생의 원정 농성으로 숭전대는 숭실대학과 대전대학(현 한남대)으로 분리 환원되었다.

농성이 한 달을 넘기면서 시위의 초점은 대학 민주화에서 계엄령 철폐와 조속한 민주화 요구로 전환하기 시작하였다. 5월 6일부터 강의가 다시 시작되었지만, 개강으로 학생들이 모이자마자 계엄철폐·민주화 일정 단축·언론자유 확대 등을 요구하며 시위가 전국 모든 대학에서 더욱 본격화되었다. 이 과정에서 대자보와 마당극이 새로운 대학 문화로 자리 잡았다. 학생들은 정부의 이유 없는 계엄 지속과 지지부진한 헌법개정에 대해 의구심을 품고 가시적인 민주화 조치를 요구하며 시내로 나갔다. 5월 16일에는 35개 대학 7만여 명의 학생이 서울역에 집결하였으며, 전국 각지 주요 도시에서도 가두 시위가 진행되었다.

그날 밤 철야농성을 주장하는 측과 군의 쿠데타 명분을 우려한 측의 격론 끝에 시위대는 해산했고, 학생이 흩어진 다음 날 광주에서 대학살이 시작되었다. 광주에서 절대 있어서는 안 될 참혹한 비극이 벌어졌지만, 근시안적 권력욕에 눈이 멀어 분열되었던 야당은 신군부의 무력 앞에 속수무책이었다. 희망에 부풀었던 서울의 봄은 이렇게 허망하게 끝났고, 정통성이라고는 조금도 찾아볼 수 없는 막무가내의 폭력적 정권이 수립되었다. 긴 겨울을 지낸 대학은 다시 더 엄혹한 시절로 돌아가야 했다.

신군부의 권력 장악 과정에서 카터James Earl Carter 정부는 시종 모호한 태도를 취하였다. 그 어느 정부보다 민주주의와 인권을 강조했던 카터 정부였지만, 그것은 어디까지나 커크패트릭 독트린Kirkpatrick Doctrine 내에서의 요구였기에 우리 국민에게는 미국의 태도가 매우 이중적이고 모순적으로 보였으며, 나아가 신군부를 지지하는 것으로 보였다(이완범, 2005, 73~97).

2. 대학진학률과 재수생 문제

신군부가 직면한 사회문제 가운데 가장 시급한 문제의 하나가 바로 대학입시였다. 이미 박정희 정부 때부터 「재수생 문제해결을 위한 종합대책 지침」(1977.7, 「재수생종합대책」)을 발표해야 할 정도로 급증하는 재수생 문제는 커다란 숙제였다.

베이비붐 세대가 대거 응시하기 시작한 1974년부터 입시경쟁이 과열되고 재수생이 늘어나서 대책이 필요하였는데, 1976년에는 예비고사 응시자 253,677명 가운데 16만 명이 불합격하자 불만이 쏟아졌다. 예비고사 응시자는 7년 만에 120,580명(1970)에서 253,677명으로 2.1배 증가했는데, 대학 정원은 46,300명(1970)에서 60,555명(1976)으로 1.3배 증가한 데 따른 구조적 문제였다. 1977

학년도 입시에는 고교평준화정책(1974년 서울·부산부터 시작)으로 입학했던 학생들이 입시에 가세하면서 경쟁은 더욱 치열해졌다(오봉진, 2009, 2456). 고교서열화의 약화가 대학입시를 준비하는 학생 수를 증가시킨 것이다.

그래서 문교부는 「재수생종합대책」을 통해 4년제 대학 정원을 1981년까지 매년 12.5%씩 증원하고, 1979년에 전문학교를 전문대학으로 승격시킨 뒤 매년 18%씩 증원해주고, 방송통신대학의 정원도 크게 늘리겠다고 밝혔다. 아울러 예비고사 3회 응시자에게 감점제를 적용하고, 1980년부터 내신성적 반영을 의무화하여 재수생에 대한 불이익을 제도화하였다. 그 밖에도 고졸자 임금을 대졸자의 65%까지 올려서 임금 격차로 인한 대학 진학 수요를 줄이겠다고 하였다(대학신문, 1977.8.1).

이 조치로 4년제 대학 정원은 이공계를 중심으로 크게 늘어서 4년제 대학진학률은 22%로 상향되었다. 전문학교에서 승격한 전문대학은 문교부의 적극적인 신설 장려와 정원 확대로 급격히 커졌다. 마침 중동 건설 붐으로 전문대학 출신의 '중견 기술직 인력' 수요가 증가하여 높은 취업률을 자랑하며 급성장한 결과 전문대학은 1993년에 129개 교, 46만 명(28.8%) 규모가 되었다.

하지만 재수생 문제는 입시제도 보다는 학벌주의와 대학 서열화, 폐쇄적인 동문 문화, 진로 교육의 부재, 임금 및 취업격차 등 매우 다양한 요인이 복합적으로 작용한 결과였다(한국대학신문, 2015.3.29). 그래서 1년여에 걸친 고심 끝에 임금 격차 해소와 직업훈련 강화를 포함한 폭넓은 대안이 발표되었지만, 효과는 기대에 미치지 못하였고 오히려 상황은 더 악화되었다.

대학 진학의 기회를 넓혀준 것이 그동안 진학을 포기하였던 학생 가운데 상당수가 대학 진학으로 진로를 변경하게 하여 일종의 가수요를 촉발시킨 것이다. 수도권 인구억제정책으로 서울의 대학 정원을 늘리지 않은 것도 재수생 증가의 한 요인이었다. 1978학년도 예비고사 응시자 319,833명 가운데 서울 지원자가 208,986명(65%)이나 되어 체감 경쟁률은 더욱 치열해진 것이다(동아, 1977.12.23).

진학 열기는 더욱 타올랐고, 1978년 고교 졸업자 403,000명 가운데 재수생이 20만 명에 달하였다. 문교부의 계획과 달리 1976~1978년 3년 동안 대학진학률은 20%를 넘지 못하였고, 누적된 재수생의 수는 대학 전체 입학정원을 초과할 지경에 이르렀다. 그러자 문교부는 대학 정원을 통제하면서 산업인력만 양성한다는 기존 정책을 더는 고집할 수 없게 되었다. 결국, 문교부는 1979학년도부터 대입 정원을 크게 확대하는 쪽으로 정책을 급선회하였다.

1978년 10월, 문교부는 대학교육을 보편화하는 방향으로 대학정원정책을 수정하겠다고 발표하고 초급대학 포함 73,850명이었던 1978학년도 대학 정원을 1979학년도에는 49,490명 증원하고, 1980학년도에도 5~7만 명을 추가 증원하겠다고 발표하였다. 단 이번에도 서울 소재 대학은 수도권 인구 억제책에 따라 야간대학만 일부 증원하고, 증원의 81.2%가 주로 각 지역 대학의 이공계에 집중되었다(경향, 1978.10.7.).

그런데도 마지막 본고사 세대인 1980년 입학생의 경우, 재수생이 예비고사 응시자의 37%, 본고사 응시자의 45%, 입학생의 44%를 차지하였다(이원호, 1992, 5). 이후 대학 정원은 1981년부터 32.6%, 23.4%(1982), 16.9%(1983), 12.6%(1984)씩 매년 증가하였다. 1

990년대에도 이공계 중심으로 정원을 확대한 결과, 이공계 비율은 39.3%(1989)에서 43.6%(1995)로 증가하였다(김영화, 2015, 192).

정부가 이렇게 대학 정원을 대폭 늘릴 수 있는 요인 가운데 하나는 정원 증가가 정부의 재정 부담과 무관했기 때문이다. 정부는 처음부터 대학교육에 수익자부담원칙을 고수하며 무임승차한 결과 1966~1978년 사립대학의 총수입 가운데 등록금이 차지하는 비율은 83.7%나 되었다. 1965~1972년 8년 동안의 등록금 인상률도 물가상승률의 다섯 배가 넘었고 입시전형료 또한 마찬가지로 인상되었다(김정인, 2018, 224). 그래서 정부는 수험생과 사립대학을 상대로 마치 은혜를 베풀 듯 생색을 내며 정원 증가를 허가할 수 있었다.

그래도 예비고사를 통한 엄격한 국가 관리와 함께 대학 정원이 확충되자 입시비리나 부정이 크게 줄어들었고, 서울 시내 대학에서 1970년대 말까지 유지하였던 청강생 제도도 축소되다가 1981년에 공식 폐지되었다.

3. 7.30조치와 입시의 대혼란

1979년에 예비고사의 적용대상에 전문대학까지 포함하여 대학 정원이 급격하게 팽창하자 1980년 예비고사 합격률은 88%까지 올라가서 대학지원 자격을 부여한다는 예비고사 본래의 취지가 무색해졌다. 그러자 대학별 본고사가 사실상 당락을 좌우하게 되었고, 본고사를 대비한 과외 열풍이 뜨겁게 달아오르며 대입정원에 이어 또 하나의 사회문제로 떠올랐다.

이에 12.12쿠데타로 권력을 장악한 신군부의 권력기구인 국가보위비상대책상임위원회(국보위)는 고교교육과정 운영의 정상화, 본고사로 인한 이중부담 감소, 과외 부담 축소를 명분으로 내세우며 통상 '7.30교육개혁조치(7.30조치)'라고 칭하는 「교육 정상화 및 과열 과외 해소방안」(1980.7.30)을 전격적으로 발표하였다. 모든 과외 관련 행위를 엄금하고 엄벌하겠다는 내용을 포함한 7.30조치의 주요 내용은 다음과 같았다.

① 1981년부터 대학입시 본고사를 폐지하고 출신 고등학교의 내신성적과 예비고사 성적만으로 대학 입학자를 선발하되 궁극적으로는 내신성적만으로 선발할 방침이다.
② 졸정제를 실시하여 신입생을 정원보다 일정하게 더 입학시키되, 졸업은 정원 수만큼만 시킨다.
③ 대학 강의를 아침부터 저녁까지 개설하여 대학의 시설과 인력을 최대한 활용하는 전일 수업제를 시행한다.
④ 대학의 문호를 넓히기 위해 대학 입학정원을 연차적으로 대폭 확대하며, 1981년에는 최고 105,000명까지 증원할 것을 검토한다.
⑤ 방송통신대학을 확충하고 교육대학의 이수 연한을 4년으로 연장한다.

대학입시를 6개월도 남기지 않은 시점에서 갑자기 새로운 입시제도를 발표한 데다 본고사 위주로 입시 준비를 하던 상황이어서 일대 혼란이 일어났다. 고교 평준화가 이루어진 지역과 입시로 선발한 지역의 고교가 혼재된 상태에서 1981학년도부터 예비고사 성적을 50% 이상, 고교 내신성적을 20% 이상 반영하고 나머지 30%를 대학의 재량에 맡기되, 1982년부터는 내신 반영

비율을 30% 이상으로 하라는 지침도 내려졌다. 이 모든 것이 전광석화처럼 이루어졌으니 군사정권 아니면 상상하기 힘든 일이었다.

그렇지 않아도 대학 서열화를 의식해서 대학마다 경쟁적으로 예비고사 반영 비율을 높였기 때문에 전국 평균 반영률이 1978년 49.3%, 1979년 51%나 되었다. 게다가 내신에 관한 객관적인 기준도 없었기 때문에 결국 예비고사 반영 비율이 80%를 차지하게 되었다. 그리고 복수 지원을 허용했지만, 원서접수 이후 대학별로 합격 예상 점수를 발표하면서 우수 학생을 유치하기 위해 지나치게 부풀려 발표하였다. 게다가 정부는 소신 지원을 권장한다며 모든 대학에 같은 날 면접을 보도록 하였다. 당일 실제 경쟁률이 얼마나 될지 누구도 예측할 수 없는 상황에서 예상 점수마저 높아지자 오히려 소신 지원이 더 힘들어졌다.

게다가 기존의 8개 후기 종합대학이 모두 전기대학으로 전환하여 사실상 입시가 1회로 줄어들자 모두 하향 지원하는 수밖에 없었다. 그 결과 소위 명문대의 인기 학과일수록 지원자가 미달하는 기현상이 벌어졌다. 총 3,398명이 미달한 가운데 서울대는 -1,106명으로 거의 모든 학과가 미달하였고, 연세대는 -739명으로 5개 학과만 미달을 면하였으며, 184점으로 서울대 법대에 합격하는 등 입시는 전대미문의 혼란 그 자체였다.

군사 쿠데타로 정권을 장악한 비정통 정권이 '사회정의의 구현'을 강조하며 만든 첫 작품인 대학입시가 이처럼 황당한 결과를 낳았지만, 그 누구도 책임지지 않았다. 입시를 위해 모든 것을 희생했던 수험생에게 1981학년도 입시 결과는 도저히 받아들일 수 없는 허망함, 모순, 그리고 분노 그 자체였다. 이것은 386

세대의 출발선에 선 81학번에게 국가권력에 대한 분노와 불신이라는 집단무의식을 각인시킨 결정적인 사건이었다.

1982학년도 입시에서는 전년도와 정반대로 상위권 대학의 경쟁이 치열해졌고, 1983학년에는 다시 그 반대 현상이 일어나는 등 입시의 해걸이 현상이 심해졌다. 짝수 해인 1986년도에도 서울대 11개 학과, 고려대 5개 학과, 서강대 6개 학과가 미달되는 등 예측불허의 입시가 계속되었다. 합격자 성적 공개가 서열화를 부추긴다는 이상론자의 비판과 자신들의 성적이 드러나길 꺼리는 대학의 입장이 맞물리면서 혼란에 빠진 수험생들은 사교육기관의 판단에 의존할 수밖에 없었다. 진학사가 시판이 금지된 예비고사 문제를 부록으로 만들어 팔기 시작하면서 본격화된 입시학원의 발언권은 1981년의 대혼란을 계기로 드디어 제도권을 능가하기 시작하였다.

학원마다 「배치사정기준표」(「배치표」)를 만들어 시판했고, 불확실한 배치표 때문에 합격선은 매년 널뛰기하였다. 수험생은 온 가족을 동원하여 지원율이 낮은 학과에 원서를 접수하려고 눈치작전을 벌여야 했다. 잘 맞지도 않는 배치표였지만 수험생과 학부모들은 신뢰를 상실한 문교부나 이기심으로 가득한 것처럼 보이는 대학보다 학원의 배치표를 더 신뢰하였다. 언론도 객관적 자료라며 입시마다 인용하고, 그들의 고견을 듣는 것을 관례로 정착시켜주었다. 사교육 금지를 외친 전두환 정권의 무능이 대학입시의 주도권을 교육부와 대학의 손을 떠나 사교육기관에 넘어가게 한 것이다.

아무튼, 7.30조치로 대학별 고사가 폐지되면서 지금까지 40년 동안 대학입시에 대한 주된 관리권을 정부가 행사하고 있다. 이로써 우리나라 대학입시 제도는 수학능력시험(수능)을 도입할 때까지 아래와 같이 총 10회의 변화를 거쳤다.

① 대학별 시험(1945~1953)
② 대학입학연합고사(1954)
③ 대학별 시험 및 무시험 병행(1955~1961)
④ 대학입학자격국가고사(1962~1963)
⑤ 대학별 시험(1964~1968)
⑥ 예비고사와 본고사 병행(1969~1980)
⑦ 예비고사 및 고교 내신 병행(1981)
⑧ 학력고사 및 고교 내신 병행(1982~1985)
⑨ 학력고사와 고교 내신 및 논술고사 병행(1986~1987)
⑩ 학력고사 및 고교 내신 병행(1988~1993)

4. 졸업정원제 도입과 논란

7.30조치와 관련한 또 하나의 논란거리는 바로 졸정제이다. 졸정제는 사립대학의 재정난과 교육의 질을 동시에 해결하는 방안의 하나로 1960년대에도 거론된 바 있고, 1970년 교육정책심의회가 1972~1986년의 장기교육정책으로 발표한 「장기종합교육계획시안」(1970.3)에도 포함되어 있었다. 하지만 그렇지 않아도 양적 팽창의 후유증이 큰 상황에서 이를 도입할 경우, 우리 특유의 정실문화로 인해 부작용만 클 것이라 여겨 감히 도입하지 못했던 제도이다.

하지만 신군부는 조속히 민심을 얻기 위해서는 획기적인 개혁조치를 가시적으로 보여줘야 했고, 학생들을 서로 경쟁시켜 학생운동에 참여할 수 없게 함으로써 정권의 최대 위협 요소를 제거하려는 속셈으로 돌연 졸정제를 도입하였다. 그래서 사전 논의나 제대로 된 준비도 없이 일단 정원의 130%(1981)에서 시작하여 이듬해 150%(1982)로 늘리되, 성과를 봐서 연차적으로 더 확대한다는 방침만 정한 채 우선 시작하였다. 하지만 졸속 도입에 따른 문제점이 만만치 않았다.

우선 기존의 입학정원과 비슷한 규모인 105,000명을 증원한 데다가 다시 30%를 추가하였기 때문에 실제로는 정원이 2배 이상 늘어난 셈이다. 그래서 대학교육 관련자 대부분 지나친 확대라며 부정적으로 평가하였다. 1980년 당시 미국은 학령인구(18~21세)의 66%가 대학에 입학하지만, 1학년을 마칠 무렵이면 성적과 적성 등의 요인으로 반 가까이 줄어들고 최종 졸업생은 입학생의 30%만 남았다. 영국도 대학에 진학하려면 「보통교육수료증명」GCE(General Certificate of Education) 시험을 거쳐 대학본고사를 치러야 하는데, GCE 합격자의 55%만 대학에 입학하였다. 프랑스도 국가시험인 '바칼로레아'에 합격한 뒤 예비교육기간(2년) 동안 소정의 시험을 통과해야 하는데, 이 과정에서 70% 정도가 탈락하였다. 하지만 이는 정원에 대한 강제 조정이 아니라 자연 조절에 가깝다는 점에서 졸정제와 구분되었다.

시설 부족도 문제였지만 특히 심각했던 것은 교수 부족이었다. 1980년 당시 4년제 대학의 교수확보율은 서울대가 78%, 국립대학이 60%, 사립대학을 포함한 전체 평균은 52%로서 대다수 사립대학은 50%도 되지 않았으며 지방의 대학은 더욱 낮았다. 이렇게 교수와 시설이 법정 기준에 크게 미달인 상태에서 갑자기 신입생이 2배로 늘어나다 보니 대학마다 교수확보와 시설 확장에 비상이 걸릴 수밖에 없었다(중앙, 1980.2.18). 신군부도 이런 현실을 참작하여 지난 10여 년 동안 누구도 손대지 못했고, 4월만 해도 불가능하다고 했던(동아, 1980.4.11) 서울 시내 대학의 정원 확대에 손대어 서울과 지방 각 4만 명씩 늘려주었다.

졸정제와 관련해 가장 큰 논란과 반발을 불러일으킨 것은 기계적인 탈락률 적용이었다. 대학 서열이 확고한 상황에서 무조건 일정 비율을 중도 탈락시킬 경우, 상대적으로 상위권 대학 학생에게 불이익이 돌아간다는 것이다. 또 졸업 때의 학점을 기준으로 졸업과 수료를 나누지 않고 학년마다 일정 수의 학생을 탈락시키는 방식도 문제였다. 학년마다 수강과목의 성격과 배분이 다르고, 교수마다 학점 주는 기준도 다르며, 학과 정원도 다르기 때문이다. 1학년의 경우, 전공과목을 수강하기도 전에 교양과목 성적만으로 탈락이 결정되고, 만회의 기회가 주어지지 않는다는 점도 비판의 대상이었다.

남학생에게 가장 부담스러운 것은 성적이 낮아 제적되면 입영 연기가 안 되기 때문에 입대가 불가피하다는 점이다. 그럴 경우, 재수나 편입을 해야 했다. 입대 휴학으로 정원에 여유가 생기는 것이 유일한 변수인데, 남녀 구성비에 따라 학생들의 희비가 크게 엇갈렸다. 한편 농·공·상고의 동일계 진학 학생은 졸정제에서 제외되었다.

그 밖에도 대학에 들어와서도 여전히 고등학생처럼 학점 취득에만 매달리면서 정상적인 대학 생활을 할 수 없다는 지적과 함께 심지어 졸업을 위한 과외가 생길 수도 있다는 우려의 목소리도 있었다. 하지만 그것이야말로 신군부가 바라던 바였다. 한편, 사학법인 입장에서는 졸정제야말로 내심 환영해 마지않는 제도였다. 별다른 투자 없이도 입학정원이 대폭 늘어나고, 등록금 수입도 덩달아 늘어나기 때문이다.

그런데 학생운동을 억제하기 위해 도입한 졸정제가 도리어 정권의 아킬레스건이 되고 말았다. 전두환 정권에 대해 적대적인 대학생이 2배 이상 늘어난 데다 졸정제 철폐 자체가 대학생들을 한데 묶어주는 요인으로 작용하였기 때문이다. 졸정제의 거센 후폭풍 속에서 우선 학년별 탈락제가 폐지되었고, 졸업정원의 10%까지 수료를 인정하는 방향으로 완화되었지만, 학생들은 졸정제의 완전한 폐지를 요구하였다. 정부는 졸정제 존치 여부를 놓고 고심하다가 대통령 직속 기구로 설치된 교육개혁심의회의 제안을 수용하는 형식으로 1986년에 폐지를 결정하되 1988학년도부터 적용하기로 하였다.

그리고 문교부는 졸정제로 제적된 학생들의 재입학을 허용하기 위한 학칙 개정을 요청할 경우, 전부 승인하겠다고 밝혀 대부분 학생은 재입학 형식으로 구제되었다. 하지만 1985학년도 입학생 가운데 일부는 1986년과 1987년에도 관련 규정 때문에 제적되기도 했다. 7.30조치에서 밝힌 전일제 수업, 교수확보, 시설확충 등은 졸정제보다 훨씬 먼저 유야무야되고 말았다.

5. 교육대학 승격과 중등 교직 이수

전두환 정부는 7.30조치를 통해 초등교원 양성의 내실화를 목표로 교대를 모두 4년제로 승격하기로 하였다. 하지만 예산 부족으로 서울·부산·광주교대(1981), 대구·인천·공주교대(1982), 춘천·전주·진주교대(1983), 청주·제주교대(1984) 순으로 나눠서 승격시켰다. 그러나 학위는 계속 전문대학에 준하는 전문학사를 수여했다가 1993년에 교육대학교로 승격하면서 비로소 학사학위를 수여할 수 있게 되었다.

이화여대 사범대학 초등교육과는 유일한 사립 초등교원 양성기관으로 1958년에 설립되었다. 초등교사 자격증은 1964년부터 수여하였고, 사립초등학교 교사로 많이 진출하였으나, 국립대 졸업자 우선채용에 대한 위헌결정으로(1990.10) 국립 교대와 동등한 자격이 부여되었다.

1983년 서울 시내 미혼 초등교사를 대상으로 한 조사 결과에 따르면 남교사의 75%, 여교사의 25%가 전직을 원하여 남교사의 85%, 여교사의 67%, 평균 74%가 전직을 준비 중이라고 밝혔다. 또 남교사의 14%, 여교사의 60%가 생활이 안정될 때까지만 근무하고 싶다며, 정년까지 근무하길 희망하는 비율은 13%에 그쳤다. 이직을 자극하는 요인으로는 상급자의 교권 침해가 48%, 학부모의 몰이해가 29%를 차지하였다. 이는 당시 교직의 직업 안정성이 상당히 낮았음을 반영한다(동아, 1983.12.3).

초등교원과 마찬가지로(상세한 내용은 제3장 제4절 참조) 중등교원 이직률도 1960년대에는 10년 동안 연평균 8%에 달하였지만 1972년에는 이직률이 2.7%로 줄어들었고(동아, 1972.12.21) 교원 수요와 졸업생 수(2,000명)가 거의 일치하여 수급에 큰 문제가 없었다. 그런데도 문교부는 갑자기 교원 수급이 우려된다며 1972년에 고려대·단국대·성균관대·영남대·인하대에 사범대학 신설을 허용하는 한편 「교육법」 개정을 통해 일반대학에서도 교직과목을 이수하면 정교사 자격을 취득할 수 있게 해주었다. 그 대신

사대를 졸업하지 않은 교원의 재교육과 경력관리를 위해 운영해 온 교원교육원을 폐지하였다(동아, 1972.12.18).

이렇게 사립대학에 사범대학을 신설해주고 문리과대학 등에 정교사 자격 취득을 전면 허용하면서 중등교원 배출도 갑자기 수요를 크게 초과하기 시작하였다. 거기에 더해 1985년에 한국교원대학교를 개교하였는데, 본래 전국의 국립 사범대학을 거점 국립대학에 통폐합시킨 뒤 교원 연수, 교수요원 양성, 교육정책 연구 등을 수행하는 대학원대학을 목표로 한다고 했지만 실제로는 유·초등·중등교원을 모두 양성하는 종합교원양성대학으로 운영되고 있다.

한마디로 말해 교원양성정책이란 애초부터 없었다고 해도 과언이 아니다. 교원 수급이 이처럼 엉망진창인 이유는 무엇일까? 그것은 사범 계열이 교육부 퇴직 관료, '교피아'의 중요한 재취업 창구였기 때문이라는 것이 모든 관계자의 공통적인 지적이다. 교피아가 없는 교원 양성기관을 찾기 힘들다는 점은 이런 의심을 합리화하기에 족하다.

중등교원 양성과 관련하여 주목할 또 하나의 기관은 교육대학원이다. 교육대학원은 1963년 서울대에 최초 설치된 이래 2016년에는 모두 108개가 운영되었는데, 본래 교원 재교육 기관으로 출발하였지만 이미 오래전부터 재교육보다는 예비교원 양성과정으로 운영되고 있어 교육과정 운영 등에 상당한 혼선이 불가피한 실정이다(김병찬, 2018, 98).

이렇게 많은 교육대학원을 운영할 경우, 교원양성기관으로서의 질적 수준과 법적 책임을 담보할 수 없게 된다. 그것을 잘 알면서도 인가를 남발한 데에는 사범대 증설과 마찬가지로 사립대학의 이해관계와 교육부의 이해관계——학생 정원 증가에 따른 등록금 수입 증대와 '교피아' 재취업 창구의 확대——가 절묘하게 일치하였기 때문이다. 하지만 문제가 너무 심각해지자 교육부도 1998년부터 갑자기 태도를 바꿔 교원양성기관의 질적 수준 향상, 법적 책임 확보 등을 구실삼아 '교원양성기관역량진단평가'를 통해 정원 감축과 폐지를 강제하고 있다. 2010년에 11,048명이던 사범대 정원은 2019년에 8,900명으로 줄었고, 교직과정과 교육대학원은 32,179명에서 15,495명으로 줄었다. 그러나 사범대학은 42개에서 오히려 46개로 늘어났다(매일경제, 2019.4.24).

[표14] 2016년 중등교원양성기관 현황

설립유형별	대학(원) 수			2016학년도 정원(명)		
	국공립	사립	합계	국공립	사립	합계
사범대학	16	30	46	3,824	5,676	9,500
일반대학 교육과	1	14	15	15	769	784
일반대학 교직과정	30	122	152	-	-	-
교육대학원	25	83	108	4,800	9,087	13,887

(김병찬, 2018, 94)

중등교원 양성기관에 관한 모든 평가의 출발점은 교육부 교원양성과에 대한 평가에서부터 시작되어야 한다는 것이 관련자들의 한결같은 이야기다. 누가 봐도 타당한 주장이 아닐 수 없다.

교원양성과인들 이런 지적에 대해 반론을 제기할 수 있겠는가?

6. 방송통신대학

7.30조치로 서울대 부설 2년제 초급대학 과정으로 1972년에 개교한 방송통신대학(방통대)은 학사학위를 수여할 수 있는 5년제로 승격되었고 정원도 대폭 늘어났다. 방통대는 대학 정원이 엄격하게 통제되어 재수생이 갈수록 늘어나고, 어려운 경제 사정으로 미처 대학에 진학하지 못한 사회인 가운데 대학 진학의 대안을 요구하는 수요가 늘어나자 대규모 투자 없이도 규모의 경제성을 실현할 수 있는 대학을 만들 필요가 있다는 정치적·사회적 고려에서 신설되었다.

그래서 처음에는 실업계 졸업생을 위한 경영, 농촌 거주자를 배려한 농학, 여성과 주부를 고려한 가정, 초급공무원을 위한 행정, 고교졸업 초등교원을 위한 초등교육 등 5개 학과를 개설하여 총정원 20,000명으로 출범하였다. 졸업하면 준교사 자격증을 받을 수 있던 초등교육과는 1989년까지만 유지하고 1990년부터 교육과로 변경되어 자격증 발급은 중단되었다. 졸업생은 1973학년도부터 타 대학 편입학 시험에 응시할 수 있게 되었다. 방통대는 그 뒤로 별도의 시설과 건물 등을 갖추어 나갔지만 약 20년 동안 변화 없이 운영하여 1977년 재학생도 20,592명으로 별 차이가 없었다.

그러던 중 7.30조치를 계기로 1981년 3월에 5년제 학사과정으로 승격하였고, 학과도 13개로, 입학정원도 12,000명에서 35,000

명으로 대폭 늘어났다. 1982년에는 서울대에서 독립하여 별개의 대학이 되었으며, 1983년부터 졸업학점을 기존의 160학점에서 140학점으로 낮췄다. 그리고 1992년부터 4년제로, 1993년에는 종합대학으로 개편되었다.

영국 Open University에 이어 세계에서 두 번째 원격대학인 방통대는 1970년대부터 세계적으로 관심사가 된 평생교육 흐름에 부응하여 빠르게 발전하여 학사과정 승격 5년 만에 재학생이 153,000명으로 늘었고, 1993년에는 재학생 수가 32만 명으로 국내 전체 고등교육 재학생의 16.6%를 차지하는 국내 최대 규모의 대학이 되었다. 1990년대까지는 학사학위 취득이 진학의 중요 동기였지만 2000년 이후 회사원 비중이 커지면서 전문지식 습득으로 바뀌자 2001년에는 대학원을 개설하였다. 입학생 대비 졸업생 비율은 20%를 약간 상회한다.

방통대는 전통적인 고등교육과 평생교육 두 형태의 교육기관을 접목한 새로운 교육모델을 제시하며 열린 고등교육을 선보였고, 특히 학업 기회를 놓친 성인들에게 교육복지를 제공하는데 크게 기여하였다. 방통대의 승격과 확충은 이제 대학이 더는 엘리트 교육의 산실이 아닌 대중적 교육기관이자 평생교육기관임을 말해주는 상징적 사건이었다(이상 『방통대30년사』, 3~23). 하지만 1990년대 이후 대학마다 평생교육기관을 확충하고 2000년부터 사이버대학이 신설되면서 방통대 재학생은 2000년에는 20만, 2011년에는 113,780명, 2019년 105,161명으로 계속 줄어들고 있다.

7. 산업대학과 폴리텍대학

입학 절차가 간소하고 재학 연한 제한이 없는 등 학사관리가 유연하고, 실무 위주 교육과 다양한 학습 장소를 활용한다는 점이 개방대학의 특성이다. 문교부는 학위취득을 원하는 사회인이나 기능인의 요구에 부응하고 산업인력 공급을 고려하여 방통대와 같은 개방대학의 성격을 지녔지만, 오프라인 캠퍼스를 이용한 대학 설립을 7.30조치를 계기로 본격 추진하였다. 개방대학은 공학계열 위주로 설립하였는데, 학문과 실습을 병행한다는 점에서 일반대학과 전문대학을 절충한 성격을 지니고 있으며, 인문 · 예술계열도 산업 현장과 긴밀한 학과만 개설하는 것을 원칙으로 하였다.

문교부는 경기공업전문대학을 개방대학 실험학교로 지정하고 (1981.10), 이듬해 2월 「국립대학설치령」을 개정하여 법적 근거를 만든 뒤 경기공업개방대학을 신설하였다(1983.3). 서류 전형만으로 학생을 선발하고 재학 연한과 학년 제한 없이 140학점을 취득하고 졸업시험에 합격하면 학사학위를 수여하는 방식이었으며, 본래 전문대학 · 학사 · 특별과정을 함께 운영하였으나 학사과정 선호가 절대적이어서 전문대학 과정은 1984년에 없어졌다.

개방대학은 1998년의 「고등교육법」 시행을 계기로 모두 산업대학으로 명칭을 변경하였고, 그 뒤로 「고등교육법」의 산업대학 폐지특례조항(2012.3)에 근거하여 청운 · 호원대학교를 제외한 모든 산업대학이 2012년에 일반대학 체제로 전환하였다. 그러나 10개의 국립산업대학과 12개의 사립산업대학이 일거에 개방대학, 또는 산업대학으로 전환한 것은 아니어서 교명과 체제의 변화가 매우 복잡하게 진행되었으며, 특히 국립산업대학이 그러하였다.
　최초의 개방대학인 현 서울과학기술대학교(서울과기대)는 경기공업고등전문학교(1963~), 경기공업전문학교(1974~), 경기공업전문대학(1979~), 경기공업개방대학(1982~), 서울산업대학(1988~), 서울산업대학교(1993~), 서울과학기술대학교(2012~)로 50년 동안 7회나 교명을 변경하였는데, 서울과기대만 고등전문학교→전문학교→전문대학→개방대학→산업대학→산업대학교→일반대학으로 변화의 전 과정을 거쳤고, 그 밖의 국립산업대학은 일부 과정을 건너뛰었다.
　12개 사립산업대학은 국립산업대학과 달리 통상 1~3개 단계를 거쳐 일반대학으로 전환하였다. 산업대학에서 일반대학으로 전환한 사립대학을 현 교명 확정 시기를 기준으로 보면 광주대학교(1989), 한려대학교(1994), 경일대학교(1997), 경운대학교(1998), 남서울대학교(1998), 영산대학교(1998), 우송대학교(1998), 초당대학교(1998), 한국산업기술대학교(1998), 동명대학교(2006)순이다. 현재 본래의 산업대학 체제를 유지하고 있는 대학은 청운대학교(1998)와 호원대학교(1998)뿐이다.
　개방대학의 또 다른 유형으로 고용노동부가 설립한 한국폴리텍대학Korea Polytechnics(폴리텍)이 있다. 폴리텍은 기능인력 양성을 위한 중앙직업훈련원에서 출발하여(1968), 정수직업훈련원(1973)을 거쳐 「기능대학법」(1977)에 근거하여 학위 과정과 직업훈련 과정을 병설 운영하는 종합기술전문대학 학위 과정으로 개설되었다. 2006년 3월, 전국의 기능대학과 직업전문학교를 통합하여 한국폴리텍대학으로 전환하였다.
　전국에 8개 대학 34개 캠퍼스를 운영하고 있으며, 그 가운데

22개 캠퍼스에서는 산업학사 학위과정을 주로 운영하고, 12개 캠퍼스에서는 직업능력개발 과정을 운영하고 있다. 폴리텍은 일반대학과 달리 「근로자직업능력개발법」(2010)에 근거하고 있으며, 고용노동부가 설립한 학교법인이어서 법적 신분은 고용노동부 산하 공공기관에 속한다. 한국기술교육대, 한국산업기술대학교와 함께 노동부소속 대학이며, 일반 학위와 달리 산업학사를 수여하며, 졸업학점도 일반 전문대학(80학점)과 달리 90학점이다.

학위 과정의 연간 모집인원은 9,687(2016)명, 9,623명(2018)으로 변동이 없는데, 이는 전국 137개 전문대학 모집인원이 24만여 명(2018)명에서 23만여 명(2019)명으로 1만 명 감소한 것과 대조된다. 교육부가 학령인구 감소를 이유로 대학구조개혁 사업을 통해 정원 감축을 강제하면서, 노동부 소속 폴리텍은 현상을 유지하고 있어 갈등 요인으로 작용하고 있다. 특히 기획재정부가 폴리텍의 학위과정 축소를 밝혔음에도 불구하고(2018.3), 2022년 경북 영천에 로봇캠퍼스 신설을 추진하고 있어 25개 로봇 관련 학과를 운영 중인 전문대학의 반발이 거세다.

이처럼 1979년부터 시작한 대학 정원 확대 조치는 7.30조치를 통해 완전히 자리 잡았다. 종전과 달리 국가는 대학 정원을 억제하려 하지 않았고, 오히려 가능한 모든 수단을 동원하여 대학 정원을 늘리는 데 힘썼다. 1980년대에 19개 대학이 신설되었고, 1990~1993년 4년 만에 20개 대학이 신설되었다. 고등교육 인구도 1980년에 대폭 늘어나서 57만 명을 기록했는데, 10년 뒤에는 다시 149만 명으로 무려 3배 가까이 늘었다. 서울대 재학생 수도 1975년의 16,146명에서 1985년 30,356명으로 두 배가 되었다. 고등교육 취학률도 1985년에 35.1%를 기록했는데, 이는 미국의 57%(198

4)보다는 낮았지만, 일본의 29.6%(1986)보다는 높은 것이었다(김정인, 2018, 244~246).

8. 「학술진흥법」과 「교육세법」

박정희 정부는 과학기술 연구 능력을 배양하고 과학교육을 진흥시켜 선진국의 기술 이전에 의존하는 한계를 극복하고자 1977년에 한국과학재단을 설립하였다. 그리고 다시 「학술진흥법」(1979)을 제정하여 학술연구 활동 전반에 대한 재정 지원사업을 전담하는 재단 설립을 추진하였다. 한국학술진흥재단은 1981년에 설립되어 처음에는 대학별로 일정한 연구비를 배분하는 방식을 취했으나, 1986년부터는 중점 연구과제를 공개 모집 방식으로 선정하여 연구비를 지원하기 시작하였다(김정인, 2018, 251). 한국과학재단과 한국학술진흥재단, 그리고 2004년에 설립되어 과학기술분야 국제협력을 지원하던 국제과학기술협력재단은 「한국연구재단법」(2009)에 근거하여 한국학술진흥재단NRF로 통합되어 2009년 6월에 새롭게 출범하였다. 7개 본부 가운데 기초연구본부, 인문사회연구본부, 국책연구본부, 학술진흥본부, 국제협력본부가 교수 및 대학의 각종 연구사업을 직접 지원하고 관장한다.

전두환 정부는 갑자기 늘어난 교육재정을 감당하기 위해 1958~1961년에 한시적으로 운영하였던 교육세를 5년 한시적인 목적세로 부활하여 「교육세법」(법률 제3459호, 1981.12)을 제정하였다. 그러나 「교육세법」은 1986년에 종료 시점을 5년 연장하였다가 1990년에 재개정을 통하여 1992년부터 영구세로 전환하였다.

교육세는 국세나 지방세에 덧붙이는 부가세의 성격을 지녔으며, 2017년에 총 11조 6,233억원을 징수하였다. 그 가운데 국세교육세 징수액은 총 5조 71억원이었는데, 항목별로는 석유에 부과되는 교통에너지환경세가 가장 많았다. 지방세교육세는 국세교육세보다 1조 6,091억 원 많은 6조 6,162억 원이었는데, 부동산 취득세가 가장 많았다.

[표15] 교육세 세원별 세수입(억원)

국세 교육세 세원별 세수입			지방세 교육세 세원별 세수입		
교통에너지환경세	23,187	44.3%	취득세	16,817	25.4%
		19.1%	담배소비세	15,569	23.5%
보험업자의 수익	9,589	14.9%	재산세	14.136	21.4%
		12.1%	자동차세	12.178	18.4%
주세	7,447	7.6%	레저세	4,204	6.4%
개별소득세	6,023		등록면허세	2,621	3.9%
기타	3,825		주민세	638	1.0%
합계	50,071	100.0%	합계	66.162	100.0%

(이상원, 2019)

그 밖에도 사립대학과는 무관하지만, 노태우盧泰愚 정부가 제정한 「지방교육양여금법」(법률 제4301호, 1990.12)을 통하여 중앙정부가 국세의 일부를 지방자치단체에 양여할 수 있는 근거가 만들어졌고, 그에 따른 「지방교육양여금관리특별회계법」(법률 제4302호, 1990.12)을 통해 각 시도 교육청의 교육 재원이 상당히 보완되었다. 「지방양여금법」은 2004년 1월에 폐지되었다.

9. 「사학운영기본시책」

4.19혁명 이후 대학은 단순한 교육기관을 넘어서 우리나라 민주화의 본산으로 자리를 잡았다. 4.19혁명 직후 발표된 각종 성명서 등에는 부정과 비리로 얼룩진 정권을 무너뜨리고 새로운 헌정질서를 수립한 주인공으로서의 넘치는 자신감이 여과 없이 표출되어 있다. 민중과 학생 덕분에 권력을 쥐게 된 민주당 정부로서는 학생들의 눈치를 보지 않을 수 없었고, 쿠데타로 권력을 탈취한 5.16과 12.12 신군부 세력 모두 대학 통제가 정권 안착을 위한 필수조건이었다. 그래서 양 쿠데타 세력이 사립대학에 대하여 취한 정책의 내용과 그 진행 과정은 매우 흡사하다.

5.16 군부세력이 권력을 장악하자마자 사회정의와 교육 정상화를 명분으로 사립대학에 「대학정비안」과 「임시특례법」을 내밀었던 것처럼 신군부도 3월 개학 직후 발생한 '학원소요'의 주된 원인이 족벌체제로 인한 대학 사유화와 기업화, 정실인사와 학사 부조리에 대한 학생들의 불만 때문이며, 학원소요가 결국 국가 권위에 대한 도전으로 이어질 수 있다며 학원소요의 책임을 모두 사학법인 측에 전가하였다.

그리고 8월 19일에 '사학운영기본시책'('기본시책')을 발표, 자신들이 표방한 사회정의의 구현과 고등교육의 정상화를 위해서는 사립대학에 대한 일대 정비가 필요하다고 주장하였다. 그리고 「임시특례법」에서 그러했던 것처럼 '기본시책'도 사학의 오랜 아킬레스건인 법인과 대학의 분리, 예산의 투명한 집행, 공정한 학사 운영, 감사 정례화 문제를 건드리면서 사학법인의 존망이 자신들의 손아귀에 있음을 각인시키는 데 주력하였다.

'기본시책'의 핵심은 첫째, 법인과 대학을 분리하여 운영하라는 것이다. 재단은 법인 운영만 전담하고 대학 운영에 간여하지 않아야 하며, 총장이 모든 인사권과 재정권을 관장하며 독자적으로 대학 운영을 할 수 있게 해야 한다. 이를 위해 법인은 총장 임면만 관여하고, 교직원 임면과 예산의 집행 등 대학 운영에 대해 이사회가 간여할 수 없다. 따라서 법인 이사로서 학교장을 맡고 있으면 겸직을 분리하여야 하며 기간은 자율에 맡긴다. 그리고 곧 「교육법」과 「사립학교법」을 개정해서 법제적으로 뒷받침하겠다고 하였다.

둘째, 재정의 투명성을 높이기 위해서 회계를 자본회계와 수지회계로 구분하고 기본금과 잉여금 증감을 명료화하며 복식부기를 도입하여야 한다. 또 교수들이 참여하는 대학재무위원회를 구성하고 위원회에 예산 결산의 의결과 집행 감독권을 부여한다. 법인 감사에 공인회계사 임용을 의무화하고, 공인회계사 검사필의 결산보고서 작성을 필수로 한다. 감독청에서는 2년마다 대학을 정기감사하고, 문제가 발생할 경우, 즉시 특별감사를 시행한다.

셋째, 그동안 대학 임의로 정했던 편입학 시험도 정규입시처럼 전후기로 나눠서 실시하고 편입학 요강·합격자 명단·미등록 결원 보충 방법의 공고를 의무화하며, 편입학에 대한 감사를 중점적으로 실시한다. 아울러 청강생제도를 폐지한다. 끝으로 '사학지원기금제도'를 마련하여 대학에 대한 기부금을 양성화하고 재정확보 방안을 마련한다. 기부금은 지정·비지정 희사금으로 구분하고, 용도는 연구비·장학금·시설비로 제한한다.

「기본시책」의 핵심은 총장에 대한 이사장의 과도한 영향력

행사를 방지하는 것이다. 이로 인해 경희대·세종대·조선대·한양대 등 설립자 총장은 물론 2세 총장도 사임하게 하여 이사장은 가능하나 총장직을 맡지 못하게 되었다. 대학재무위원회 구성과 회계 투명화는 당시 사학이 대부분 예산을 등록금에 의존하면서도(1980년 등록금 의존도 83%) 교육투자 대신 자산증식을 위해 부동산 투자에만 급급했던 것에 대한 대응조치였다. 편입학 절차 투명화는 1980년까지 서울 소재 대학 정원이 동결되어 2~3학년 때 서울로 편입하는 수요가 상당하였는데, 편입학 절차가 주먹구구였고, 그 틈을 이용해 수백~수천만 원씩 뒷돈을 받는 것이 공공연한 비밀이었던 것에 대한 시정조치였다. 또 정원의 10% 선에서 묵인해왔던 청강생제도는 졸정제로 재정의 여유가 생긴 것을 명분으로 폐지하였다(이상 경향·동아, 1980.8.19.).

「임시특례법」과 '기본시책'에서 지적한 사학의 구조적 문제점과 정부의 대응책도 별다른 차이가 없었지만, 이후 실제 운영도 크게 다르지 않았다. 두 정권 모두 국가 발전을 위해서 대학을 육성해야 했지만, 대학이 정상화될수록 군사독재정권이 위태로워지는 상호 모순 관계에 있었다. 그래서 대학도 정통성이 결여된 자신들처럼 적당한 모순을 안고 있기를 내심 원하였고, 대학이 산업수요에 필요한 단순한 인력 공급처이길 원했을 뿐 그 이상은 부담스러워하였다. 그렇기 때문에 「임시특례법」과 '기본시책' 모두 거창하게 시작하였지만 대학을 구조적으로 개혁할 수는 없었다. 다만 칼집 안에 큰 칼을 넣어둔 것만으로도 사학법인에게는 항상적인 부담으로 작용하였다.

10. 대통령 직속 교육자문위원회

전두환 정부의 교육정책은 주로 문교부 장관 직속의 문교정책자문위원회(1981.2~), 중앙교육협의회(1984.9~)가 주관하다가, 대통령 직속기구로 설치된 교육개혁심의회(1985.3)가 교육개혁을 기획하였다. 교육개혁심의회는 32명의 위원, 교육제도·초중등교육·고등교육·교육발전 등 4개의 분과위원회로 이루어졌고, 분과위원회마다 5명씩 총 20명의 전문위원을 두었다. 교육개혁심의회는 42개의 정책 과제를 선정하고 연구와 심의를 거쳐 10대 교육개혁 방안을 제시하였는데, 고등교육 개혁은 대학교육의 수월성 추구에 두고 다음과 같은 방안을 제시하였다.

① 대학교육의 우수성 추구: 대학별 기능분화와 특성화를 지향하며, 교수당 학생 수를 감축하고 대학 정원정책을 자율화하고 대학평가인정제도를 실시한다.
② 우수 교원의 확보: 대학교수 정년보장제를 실시한다.
③ 교육행정의 자율화: 대학 운영상의 규제를 완화한다.
④ 평생교육 체제의 확립: 순환교육 및 위탁교육 체제를 확립하고, 교육 전담 방송체제를 정비한다.
⑤ 교육투자의 획기적 확대: 지방 교육세를 신설하고, 사학의 납입금 책정을 자율화하며, 교육 공채 발행이나 민간 기부금을 적극적으로 유치할 수 있도록 한다(우용제, 교육개혁심의회, 2006).

교육개혁심의회 이후에도 대통령 직속의 교육관련 위원회가 계속 구성되었다. 이들 대통령 직속 자문위원회는 모두 정권의 국정 이념을 교육 분야에서 강력하게 구현한다는 목표를 표방하고 출범하였으나, 본래의 목적을 효과적으로 달성했다는 평가를 받은 일은 거의 없다. 특히 전두환·노태우 정부에서는 아무리 좋은 계획을 입안해도 대학정책의 핵심이 학원소요 진압에 두어졌기 때문에 대학 경쟁력이나 수월성 향상은 글자 그대로 말의 성찬일 수밖에 없었다.

[표16] 대통령 직속 교육관련 자문기구

정부	기구명칭	기구약칭	활동기간
전두환	교육개혁심의회	교개심	1985.03~1987.12
노태우	교육정책자문회의	자문회의	1989.09~1993.02
김영삼	교육개혁위원회	교개위	1994.02~1998.02
김대중	새교육공동체위원회	새교위	1998.07~2000.07
	교육인적자원정책위원회	인자위	2000.10~2003.02
노무현	교육혁신위원회	혁신위	2003.07~2007.10
이명박	국가교육과학기술자문회의	교과위	2008.10~2012.12
박근혜	없음	-	
문재인	국가교육회의	-	2017.09~

(서정화, 2013, 1~33; 경향, 2017.8.21)

그 뒤를 이은 김영삼 정부의 교개위는 이른바 '5.31교육방안'이라고 불리는 제1차 교육개혁방안(1995.5.31)을 통해서 대학설립준칙주의를 표방하며 사립대학의 난립이란 대참사를 초래하였고, 제2차 교육개혁방안을 통해 전문대학원 설립이라는 문제를 일으키는 등 차라리 구성되지 말았어야 할 최악의 위원회가 되었다. 그 뒤로 만들어진 김대중·노무현 정부의 위원회는 교개위가 저질러놓은 정책을 뒷수습하기도 바빴지만, 국민이 공감할만한 정책 대안을 제시하지도 못해 별다른 존재감을 찾아보기 힘들었다.

이명박 정부는 교육부와 과학기술부를 합쳐 교육과학기술부로 만들면서 기존의 '국가과학기술자문회의'에 교육 기능을 추가한 '국가교육과학기술자문회의'를 설치하였다. 하지만 실제 자문 실적이 없어 유명무실하였고, 박근혜 정부는 다시 '국가과학기술자문회의'로 환원하여 대통령 직속 교육관련 위원회는 명맥이 끊어졌다. 문재인 정부의 '국가교육회의'는 '국가교육위원회' 설치에 앞서서 필요한 교육혁신 및 중장기 교육정책 논의를 주도하기 위해 설립되었다고 하였지만, 정부에 의해 결론이 번복된 대입 공론화 행사를 한 차례 주관한 것 외에는 중장기 교육정책에 관한 아무런 의견도 제시하지 못한 상태로 표류하고 있어 현재로서는 별다른 기대를 하기 힘든 실정이다.

11. 대교협과 대학평가

전두환 정권 시절, 위정자들은 대학을 정권에 도전할 수 있는 가장 유력한, 그리고 상대하기 불편한 집단으로 인식하고 철저한 감시망을 이중 삼중으로 구축하였다. 대학마다 경찰·국가안전기획부(안기부), 국군보안사령부(보안사) 요원들이 상주하였고, 교문 등 주요 출입구 주변 건물 옥상에는 이른바 CP라고 하는 감시초소가 설치되어 있었다. 대학에서 시위가 열리면 경찰·검찰·안기부·보안사와 함께 교육부가 참석하는 공안대책회의가 열리곤 했다. 보안사는 정보를 얻기 위해 서울대 앞에서 술집을 운영하기도 하였다.

전두환 정권은 이런 직접적인 통제만으로는 부족하다고 생각하고, 대학의 자율을 빙자한 간접 통제를 위해 문교부를 시켜 한국대학교육협의회(대교협)를 구성하게 하였다. 법안 발의의 취지나 목적은 매우 그럴듯하게 포장하였다. 문교부는 대학에 대한 제도적·정책적 업무만 관장하고 그 밖의 학사 운영이나 경영에 관한 업무는 대학 자율에 일임하며, 대학의 공통 과제나 관심사에 관한 사항은 협의기구를 두어 자율적으로 논의·결정하고, 필요한 사항을 정부에 건의하는 기구가 필요하다는 것이다. 이는 6.3사태로 곤경에 처했던 박정희 정권이 언론윤리위원회를 만들어 모든 언론사를 가입하게 한 뒤 이른바 자율을 빙자한 간접 통제를 하게 한다는 「언론윤리위원회법」(1964.7)과 같은 발상이었다.

대교협은 "대학 운영의 자주성과 공공성을 높이며 대학교육의 건전한 발전을 도모한다"는 명목으로 전국 97개 대학의 총학장이 참석한 가운데 사단법인으로 설립하였고(1982.4), 군사독재 정부는 갸륵하게도 대학 운영의 자주성과 공공성을 높여주기 위해 「한국대학교육협의회법」(법률 제3727호, 1984.4, 「협의회법」)을 제정하여 적극적으로 지원하였다. 군부정권의 필요에 따라 만들어진 대교협이 할 일은 처음부터 명확하였다. 자율적 협의란 있을 수 없었고, 자율의 명분을 내세워 정권의 입맛에 맞는 발언을 하는 것 외에는 선택의 여지가 없었다.

1987년 민주화 투쟁이 진행되자 대교협은 생존을 위해 어용단체의 오명을 씻어야 했다. 그래서 기존의 협의기구에서 대학교육 제도와 그 운영에 관한 전문적 연구기관, 대학 관련 자료를 제공하는 봉사기관이 되겠다고 입장을 밝혔다. 그리고 그동안 문교부가 직접 관장하던 업무 가운데 일부를 이관받았는데, 그 가운데 가장 두드러진 것은 대학평가였다. 대교협은 「협의회법」을 통해 평가 수행의 법적 기반을 마련한 상태였고, 대학평가가 회원교의 건전한 경쟁을 통한 발전을 촉진하며, 교육의 질을 향상시킬 것이라고 강조하였다.

대교협의 대학기관평가는 대학 전체를 대상으로 한 기관 평가와 특정 전공을 대상으로 한 학문영역 평가로 진행되었다. 평가는 5년 주기로 이루어져 1차(1982~1986)와 2차(1988~1992)에 걸쳐 진행되었다. 대학에 대한 평가시스템을 마련하고 점검하였다는 점에서 바람직하였으나 대학에 대한 평가의 영향력은 제한되었던 것으로 보인다.

1987년, 교육개혁심의회는 장관 산하 대학교육심의회가 실시하던 대학평가인정제와 대교협의 대학기관평가를 통합하여 대학평가인정제를 대교협이 주관할 것을 제안하였고, 이를 계기로 평가가 일원화되었다. 이 조치는 죽어가던 대교협을 살리는 결정적인 계기가 되었다.

대교협은 독립 부설기구인 대학평가인정위원회를 두고 대학종합평가인정제(종합평가)를 도입하여 첫해인 1994년에 7개 대학을 시작으로 2000년까지 163개 대학에 대한 제1주기 대학평가를 수행하였다. 우리나라의 본격적인 첫 대학평가는 1970년대 실험대학체제 도입을 위한 것이었다. 하지만 실험대학 평가는 대학정원의 폭증으로 도입 취지를 상실하였기 때문에 교수 충원과 연구실적, 교육과정 운영, 시설과 설비, 대학 행정 등에 대한 새로운 종합적 평가가 필요한 시점이었다.

평가가 시작되자 대학마다 종합평가에서 우수한 성적을 거두기 위해 치열하게 경쟁하면서 대학 운영 전반에 걸친 양적 관리가 상당 수준으로 향상하면서 대학발전을 견인하였다. 교직원을 비롯해 구성원의 의식 변화도 크게 일어났고, 대학 구성원의 일체감을 증진시키는 긍정적인 효과도 거두었다. 하지만 첫 평가와 달리 2주기 평가(2001~2006)는 평가의 효용성이 급격히 낮아졌고 형식적으로 진행되면서 긍정적인 효과보다는 부작용이 오히려 더 커졌다. 그 원인은 다음과 같다.

첫째, 평가가 계속될수록 대학이 획일화되고 서열화되었다. 서울대를 정점으로 철저하게 서열화되어 있는 현실 속에서 획일화된 평가지표를 적용하다 보니 경쟁력을 강화하고 특성화를 촉진한다는 본래의 목적과 달리 대학 고유의 전통과 문화, 장점이 설 자리를 잃게 되었다. 아무리 좋은 지표라도 수용할 수 없거나 불필요한 부분이 있기 마련인데, 대학의 규모와 위상, 학생의 수요 등에 대한 배려가 없어서 모든 대학이 똑같은 프로그램을 운영해야 하는 모순이 조장되었다.

둘째, 평가지표의 범위가 과도하였다. 대학의 자율성과 효율성, 교육의 수월성을 높이려면 평가지표는 최소한의 것이 되어야 한다. 그래야 대학마다 자율적이고 효율적인 운영이 가능하며 학생에게 최적화된 프로그램을 운영할 수 있다. 그런데 자율지표를 조금도 배정하지 않고 대학 전반에 걸친 포괄적인 평가지표만 적용한 결과, 점수를 따기 위해 쓸데없이 재정을 지출하고 행정을 낭비하는 일이 불가피했다. 반면 평가지표에서 누락되거나, 감점 분야는 다 소외되거나 사장되었다.

셋째, 평가 주기가 과도하게 짧고 지속적이다. 매년 쉬지 않고 합리적이지도 못한 평가지표를 관리하게 하는 것은 평가의 본래 취지에서 아주 벗어난 것이다. 학생을 상대로 지나치게 자주 시험을 보게 되면 학생은 매일 시험공부에만 매달릴 수밖에 없게 된다. 장기적 계획이나 창의적인 시도는 꿈도 꿀 수 없게 된다. 평가는 모든 대학을 평범하게 만들고 말았다.

넷째, 평가에 대한 관성과 의존성이 높아졌다. 각기 다른 여건을 가진 사립대학은 각자 자신만의 비전과 기획, 실행을 고민해야만 한다. 하지만 평가가 대학 평판과 연계되다 보니 그런 고민보다는 단순히 평가를 잘 받는 데만 신경을 쓰게 되었다. 그럴 듯한 비전과 문장으로 도배된 정직하지 못한 자체평가 보고서가 버젓이 작성되고, 나아가 이를 이용한 평가 컨설팅 회사의 돈벌이, 평가기관인 대교협에 대한 로비 등 부작용이 일상화되었다.

다섯째, 대학에 대한 국가권력의 개입이 더욱 심해졌다. 대학 평가로 대학의 모든 상세한 정보가 정부에 보고되었고, 정부는 평가 기준을 통해 대학을 손쉽게 요리할 수 있게 되었다. 평가 기준의 미세한 조정에도 대학은 요동을 칠 수밖에 없었다. 말만 자율기관인 대교협의 평가가 대학의 자율성을 증진할 수 없다는 자명한 사실이 거듭 확인되었다.

대학평가가 시들해지자 대교협은 대학교육의 질을 개선하고 대학교육에 대한 사회적 공신력을 부여하며, 재정지원에 대한 객관적 정보를 확보한다는 것을 구실삼아 기관인증평가제를 2011년부터 실시하고 있다. 대교협이 부여하는 사회적 공신력이 무엇인지 아무도 관심이 없지만, 아무튼 기관인증평가의 유효기간은 5년이며 1주기(2011~2015)를 마치고 2주기(2016~2020) 평가가 진행 중이다.

대교협은 1995년부터 고등교육연수원을 개설하여 신임 교수 등에 대한 직무 연수를 하고 있고, 입학사정관제를 비롯해 대학 입학 관련 업무를 받아 새로운 업무영역을 확보하였다. 그리고 2019년부터는 교육부의 대학역량진단평가와 대교협의 기관인증평가를 통합하여 자신들이 주관하겠다며 나서는 등 협의회라는 본래의 설립목적과 무관한 사업을 계속 확대하면서 사실상 대학의 발전보다는 자신들의 생존을 위한 업무 확장에 열중하고 있다.

12. 학생시위와 「학원안정법」 파동

정권이 출범하고 3년이 되던 1983년 연말, 정권이 어느 정도 안착했다고 판단한 전 대통령은 정치 질서 안정을 위한 유화책을 펴기 시작하였다. 12월이 되자 까다로운 조건이 붙긴 했지만, 해직교수 복직을 허용하였고, 교수 승진 및 재임용 기준을 대폭 강화해 '교수 졸정제'라는 비판을 받았던 10월의 지침을 백지화하고 대학 자율에 맡기기로 했으며, 우수 평가를 받은 대학에는 졸업정원에 대한 자율권을 부여하겠다는 등 정책 선회를 시작하였다. 이어서 성탄절을 앞두고 5.17이후 제적된 전국 65개 대학의 1,363명에 달하는 학생의 복교를 허용하였고, 구속 중인 학생 131명도 석방하였다.[108]

정부와 대학 모두 긴장 속에서 1984학년도 3월 개강을 맞이

---

108) 복적생은 서울대 210명, 고려대 117명, 전남대 80명, 연세대 75명, 경북대 39명, 서강대 38명, 동국대 37명, 충남대 33명, 부산대 32명, 이화여대 30명, 전북대 29명, 숙명여대 18명, 계명대 15명, 충북대 9명, 목원대 7명, 동덕여대 6명, 원광대 5명, 성신여대 4명, 영남대 4명, 세종대 3명, 청주대 1명이었다(동아, 1983.12.21).

하는 가운데 정부는 2차 48명(2.8)에 이어 3차로 159명(3.2)의 학생을 추가 석방하고, 시위 진압을 위한 학내 진입을 삼가고 교문 밖 확산만 막겠다고 하는 등 계속 유화책을 내놓았다(동아, 1984. 3. 2). 하지만 학생들은 개강과 동시에 학원자율화추진위원회(학자추)를 구성하고, 학자추 명의로 전면적인 민주화를 강력하게 요구하였다. 5월에는 폴란드 자유노조 지지로 동유럽 공산국가에 민주주의 혁명의 열풍을 일으켰고, 사형 선고를 받은 김대중 전 대통령의 구명을 위해 힘썼던 교황 요한 바오로 2세가 방한하여 정권을 긴장시켰다.

11월에는 42개 대학으로 구성된 전국조직인 '반독재민주화투쟁전국학생연합'이 결성되어 더욱 강력한 투쟁에 나섰다. 정부는 시위 진압을 위해 캠퍼스에 경찰을 투입하는 한편 시위가 계속될 경우, 관리 능력을 상실한 것으로 판단하여 대학관리 책임자를 문책하겠다고 엄포를 놓았지만, 학생들의 끈질긴 수업 거부와 파상적인 시위 공세를 막아낼 수가 없었다. 결국, 정부는 학도호국단 대신 총학생회 설립을 인정할 수밖에 없게 되었다(1984.11).

총학생회 설립이 공인되자 학생들은 더욱 조직적으로 움직이기 시작해 곧 집권 민정당사를 점거 농성하였고(1984.11), 상황은 정권에 더욱 불리하게 전개되었다. 특히 1985년 2월에 치러진 제12대 국회의원 선거는 전두환 정권에 치명타를 안겨주었다. 김대중·김영삼계가 창당한 신한민주당은 창당 20여 일 만에 제1야당이 되었을 뿐 아니라 서울에서는 44% 대 27%로 압승을 거두었다. 4월에는 전국 62개 대학이 참여한 '전국학생총연합(전학련)'이 결성되었고, 5월에는 서울 미국문화원 농성 사건을 통해 5.18에 대한 미국의 공개 사과와 전두환 정권 지원 중단을 요구하며 금기시되었던 학살의 진상을 세계에 알리고 공론화하는 계기를 만들었다.

예상과 달리 학생운동의 기세가 갈수록 거세지고 여론도 집권당에 부정적이자 전 대통령은 8월부터 「학원안정법」 제정에 나섰다. 「학원안정법」은 박 대통령이 제정하려고 했던 「학원보호법」과 유사한 것으로서 좌경세력의 확산을 사전에 방지하고 선의의 학생을 보호하여 학원의 안정과 자율을 도모하기 위해 1988년 말까지 한시적으로 운영하는 법이라고 강변하였다.

「학원안정법」은 학교장과 모든 교직원은 학원소요의 예방과 수습에 노력해야 할 책무가 있다고 전제하고 학생단체에 대한 모든 지원을 차단해야 하며, 검사는 위법 학생 가운데 선도의 가능성이 있다고 판단되는 학생을 '학생선도교육위원회(선도위)'에 교육을 의뢰할 수 있다. 그러면 법관 참여로 준사법권을 부여받은 선도위가 즉시 교육 필요성과 기간을 정하여 관계자에게 통보하고, 문교부 장관은 일정한 장소에 수용하여 교육한다. 선도교육을 이행 중이거나 수료한 학생에게는 제적이나 공소제기를 면제해 준다. 심사 대상으로 선정되면 선도 교육에 앞서 법원이 15일 이내로 그 학생을 일정한 장소에 보호 위탁할 수 있다는 것 등이 법안의 핵심 내용이다.

정권은 「집회 및 시위에 관한 법률」(집시법)이나 「국가보안법」(보안법)을 적용해 형사처벌이나 제적하는 대신 교육으로 대체하는 것은 검사의 공소제기면제와 같은 우대조치로서 학생이 전과자로 전락하는 것을 막고 나아가 학생 신분을 유지케 해주는 매우 교육적인 법안이라고 주장하였다. 하지만 보호 위탁은 사실상 재판 없이 15일을 감금할 수 있게 한 조치로서 삼청교육대와 같은 방식으로 학생을 강제 순화시키려는 것과 다를 바 없었다.

당시 정권은 이념 서적이 나오면 최하 2만 권 정도 팔린다며 전체 운동권이 5만 명에 달한다고 보았다. 따라서 이 많은 학생을 형사 처벌하거나 투옥할 수 없으니 제3의 방법이 필요하다고 판단한 것이다. 언론에서는 1969년 일본에서 「대학운영에 관한 임시조치법」을 만들어 학생시위를 진정시킨 일이 있다며 시위로 휴학했을 경우 교직원 급여를 삭감하여 분쟁 수습에 책임을 지운 것이 주효했다며 한술 더 떠서 아부하기도 했다(경향, 1985.8.7~8).

정국은 일촉즉발의 위기로 치달았지만, 거센 저항을 꺾을 수 없다고 판단한 전 대통령은 긴급 당정회의에서 일단 보류 형식으로 「학원안정법」을 사실상 철회하였다(1985.8). 그런데 이런 맥락도 모르고 문교부는 그 전날 열린 전국대학총학장회의에서 학내 소요 관련 단체의 시설 및 자금 차단을 지시했고, 참석한 134명의 총학장은 「학원안정법」 제정을 지지하는 결의문을 채택하여 하루 만에 온갖 비난을 한 몸에 받았다. 같은 시간 김성식金成植 교수를 비롯한 일부 교수는 「학원안정법」 제정에 반대하는 성명서를 발표하고 서명운동을 시작하였다. 학생들은 법안이 철회된 바로 그다음 날, 민정당 중앙정치연수원을 점거하고 농성하였으며, 12월에는 민주화실천가족협의회(민가협)이 결성되었다.

13. 민주화 투쟁과 87체제

1986년에 들어서서 유가와 원자재 가격이 하락하고 엔고円高

로 환율이 절하되는 이른바 '3저호황'으로 경제는 눈에 띄게 호황 국면에 들어섰다. 한강종합개발사업이 완료되고 아세안게임의 성공적 개최와 2위 달성(1986.9) 등 좋은 일도 많았다. 하지만 정국은 1986년 내내 대통령 직선제를 둘러싼 대립으로 하루도 조용한 날이 없었다.

1월에는 'KBS-TV 시청료 거부운동', 2월에는 '대통령 직선제 개헌 천만 명 서명운동'으로 본격적인 정치의 장이 열렸다. 졸정제로 몸집을 키운 대학의 영향력은 이런 움직임에 더욱 힘을 보탰다. 졸정제를 도입한 지 4년이 되던 1984년, 학생 수는 1980년에 비해 1.5~2.2배로 늘어났다. 서울대가 16,800명에서 29,200명으로 74%나 늘어났고, 숙명여대 1.5배, 고려대·이화여대 2배, 성신여대 2.2배, 연세대 2.5배로 커졌다. 대학의 집회마다 수천 명씩 모일 수 있었고, 조직화 된 연합집회나 시위는 그 규모가 더욱 커졌다. 건국대 농성(1986.10) 때는 현장에서 연행된 학생만 27개 대학 1,513명에 달하였다.

3월 개강과 함께 대학 내 최대 이슈는 총학생회 구성이었다. 문교부는 총학 회칙과 회장 자격을 대학에서 통제하라고 지시하였고,[109] 학생들은 문교부의 지시를 거부하며 자치적 결정을 요구하였다. 이에 정부는 총학생회장 선거를 무산시키려고 유세장에 경찰을 투입하여 저지하게 했다. 그때마다 격렬한 무력 충돌이 발생하였지만, 워낙 말도 안 되는 억지여서 총학생회장 선거를 막을 수 없었다. 그러자 학생 지도 실적을 교수 연구비 지원

---

109) 문교부는 정치활동 금지를 명문화한 회칙 제정, 학생회의 학교 운영 간여 불가, 대학의 학생회비 관리, 학생회 지도기구 설치, 학생회장 피선 자격 성적 제한 등을 '학생회 구성 5원칙'이라며 준수를 강요하였다.

·해외파견 선발·논문 제출 면제 등의 특혜와 연계하여 교수들에게 학생운동을 통제하라고 독려하였다. 이 또한 전혀 효과가 없었다. 이에 다시 교육세 징수를 5년 연장하고 한국사학진흥재단(사학진흥재단)을 설치하여 재정을 지원해주겠다며 사학법인을 달랬고, 심지어 기부금 입학 허용까지 긍정적으로 검토하겠다고 당근을 던졌지만, 들불처럼 타오르는 민주화의 열기를 두려워하기는 법인도 마찬가지였다.

"개헌 문제 등이 학내외와 연계되어 학생소요가 일상화할 가능성이 크다"고 우려한 문교부 장관의 예상처럼(이상 동아, 1986.3.7, 3.12, 3.19), 3월 말 고려대 교수들의 시국선언을 필두로 4월부터 전국 각 대학에서 교수들의 시국선언이 꼬리에 꼬리를 물고 발표되었다. 5월에는 재야단체와 노동단체가 신한민주당의 선명한 투쟁을 촉구하며 인천에서 대규모 반정부시위를 전개하였고(5.3인천사태), 종교인들의 시국선언과 함께 대학원생들의 시국선언도 잇달았다. 한국YMCA 중등교육자협의회 소속 교사 546명이 발표한 「교육민주화선언」은 품격있고 합리적인 내용으로 큰 파장을 불러일으켰다.

6월에는 5.3인천시위를 조사하는 과정에서 부천경찰서 성고문 사건이 발생하여 고문·강제징집 문제와 함께 7월 투쟁의 핵심 사안이 되었다. 8월에는 악명 높던 전경환全敬煥 새마을운동중앙본부 회장이 미국으로 도피했다. 9월에 전국 승려대회가 개최되어 전두환 정권의 불교 탄압에 항의했고, 10월에는 건대 농성 사건이 발생하였다. 11월에는 조선일보가 '김일성 사망'이라는 대형 허위 보도를 했고, 평화의 댐 건설계획이 발표되었으며, 12월에는 KAL기 폭발사건이 발생하였다.

숨 가쁘게 달려가던 민주화의 열기는 1987년 연초부터 서울대생 박종철朴鍾哲의 고문치사 사건(1.14), 전 대통령의 4.13호헌조치, 그리고 연세대생 이한열李韓烈의 부상(6.9)과 사망(7.5)으로 급상승하며 후에 '6.10항쟁'으로 명명된 대규모 반정부시위로 폭발하였다. 서울 100만 명, 광주 50만 명이 모인 이한열 장례식 이후 이른바 '넥타이부대'라고 불린 회사원을 비롯한 모든 국민이 전두환 정권의 퇴진과 전면적인 민주화를 요구하는 항쟁에 연일 참석하였고, 결국 상황은 노태우 민정당 대통령 후보의 6.29선언으로 일단락되었다.

대통령직선제를 포함한 헌법개정에 대한 합의가 극적으로 이루어지자 박정희·전두환 군사정권 25년 동안 억눌려온 많은 문제점이 한꺼번에 분출되기 시작하였다. 대학 당국으로는 그동안 밖으로 표출되었던 학생들의 민주화 요구가 다시 대학 내부로 향할 것이라는 부담 속에서 새로운 대학생 조직의 출현과 노동단체와의 연대에 촉각을 세우고 있었다.

8월 19일, 전국 95개 대학 3,500여 학생이 충남대에 집결하여 '전국대학생대표자협의회(전대협)'를 발족하였다. '서울시내대학생대표자협의회(서대협)'이 중심이 되어 전국적 조직으로 확장된 전대협은 자주적 민주정부 수립, 조국의 평화통일, 민중과의 연대, 전국학생총연합 건설토대 마련과 함께 학원의 자율과 자유 쟁취를 목표로 내세웠다. 정부와 정치권, 대학 모두 전방위적으로 확산하고 있는 민주화의 흐름 속에서 학생들의 목소리가 단일조직을 통해 더욱 강력한 목소리를 낼 것으로 보고 긴장하였으며, 5대 목표에 노동문제가 빠져있긴 하나 조만간 노학勞學연대가 이루어질 것으로 예측하였다.

7월부터 대기업을 중심으로 격렬하게 전개되던 노사분규의 파도는 8월부터 중소기업까지 확산되었다. 한국경영자총협회(경총)는 회원사에게 노조 활동을 적극적으로 보장하라며 새로운 시대의 도래를 알렸지만 일단 요동치기 시작한 노동계의 격랑은 쉽게 가라앉지 않았다. 3저호황으로 인한 부의 축적, 강압적인 노동정책, 정치적 민주화의 삼각파도가 정부의 그늘에 숨어있던 재벌을 향해 몰려왔다. 산업 전 분야로 파업과 시위가 걷잡을 수 없게 되자 전국경제인연합회(전경련)은 "근로자 여러분, 여러분의 심정을 이해합니다"라는 호소문을 내면서 "동반자로서 권익 보호에 심기일전하여 앞장설 각오"를 약속하기에 이르렀다(동아, 1987. 8.20).

　　6.29선언 이후 70일 만에 기존 노조 수의 38.9%에 해당하는 1,060개의 노조가 새로 결성되었다. 이 와중에 4.13호헌조치를 지지했던 한국노동조합총연맹(한국노총)의 입지는 매우 좁아졌다. 사회는 물론 조합원으로부터 신뢰를 상실한 한국노총은 전국적인 노사분규를 해결하는데 무기력했으며 내부로부터 어용노조라는 비난이 쏟아졌다. 2,725개였던 노조가 3,785개로 늘어나자 민주적인 새로운 노총을 결성하자는 움직임이 본격화되었다. 개강과 동시에 19개 대학에서 시위가 발생하자 문교부 장관은 노학연대가 이루어질까 걱정이 태산 같다고 밝혔다(9.4). 대학의 직원노조 결성은 조금 늦어 이듬해 5월까지 36개 대학에 설립되었다.

　　한국교총의 전신인 대한교련의 입장도 한국노총과 다르지 않았다. 그동안 정권의 부당한 교권 침해에 항의하거나 피해 교원 구제를 건의한 일이 없었던 대한교련에 대해 실망하고 분노한 교사들이 '민주교육추진전국교사협의회(전교협)'를 정식으로 출범하였다(9.5). 전교협은 창립선언문에서 '우리는 떳떳할 수 없었던 지난날의 부끄러움을 떨쳐버리고 새로운 교육을 실천하는 새로운 교사가 될 것을 엄숙히 선언한다'고 밝히고 교육의 자율성 회복을 위해 힘쓰겠다고 하였다. 그리고 교사에 대한 국가통제 하부 기구인 대한교련 회비납부 거부 및 탈퇴운동을 전개하면서 전국적인 조직망을 구축하기 시작하였다.

이에 대한교련은 그간의 잘못을 시인하며 특별위원회를 구성하고 공청회를 개최하여 체질 개선에 나서겠다고 밝혔다. 대한교련 집행부가 총사퇴하고 문교부와의 수직적 관계를 수평적 관계로 재정립하고, 평교사와 여교사 참여율을 높여 회원을 위한 조직으로 거듭나겠다고 약속하였다(동아, 1987.9.10). 하지만 노태우 정부가 출범하자 대한교련은 거의 모든 약속을 파기하고 원위치하였다.

그러나 1989년 5월, 전교조가 창립되면서 대학교련은 다시 존망의 기로에 서게 되었다. 여당 대변인도 "대한교련이 관료적·비민주적 운영으로 인해 많은 교사로부터 외면받아 온 현실을 고려, 과감한 체질 개선이 필요하다"며 교장 대신 평교사 중심으로 운영하고, 사무국 간부직도 일반교사가 맡도록 정관 변경을 지시할 정도였다(동아 1989.8.22; 한겨레 1989.8.23). 정부와 여당이 정관 변경을 지시하는 것 자체가 대한교련의 성격을 말해주지만, 대한교련은 그 뒤로 명칭만 '한국교원단체총연합회(한국교총)'으로 바꾸었을 뿐이다.

늘 문교부의 충실한 전위대였던 대교협도 대한교련 못지않게 갑작스러운 민주화에 당황하였다. 민정당마저 대학 총학장 선임제를 개선할 방침이라고(8.17) 하자 대교협으로서는 민주화에 앞장서는 것 외에는 선택의 여지가 없었다. 대교협은 114개 대학 총학장이 참석한 '대학자율화에 관한 세미나'에서 교수 대표가 참여하는 추천위원회에서 총장 후보를 복수나 3배수로 추천하고 국립은 정부에서, 사립은 법인 이사회에서 임명하는 것이 가장 바람직하다고 의견을 모아 문교부에 건의하였다(8.20).

하지만 대교협의 표변에 대해 분노한 재단연합회 대학분과위원회는 즉각 반대 의사를 밝혔고, 곧 임시총회를 소집, 교수들의 총학장 선출 참여에 반대한다고 공식으로 선언하였다. 나아가 대학자율화는 법인이 외부의 간섭 없이 대학 운영에 관한 모든 문제를 자율적으로 결정하고 집행하는 데서 시작한다며 임면권은 물론 정부의 취임승인제 폐지까지 요구하였다.

14. 교육부의 대학자율화 정책

이렇게 어수선한 분위기 속에서 중앙대 임철순任哲淳 이사장이 대주신용금고에 36.9억 원을 변칙예탁했다가 21.3억 원을 횡령당하는 사건이 발생하였다. 그리고 며칠 뒤 중앙대 법인(중앙문화학원)이 부도를 냈고, 사채 규모가 수백억에 달한다는 사실이 밝혀지자(8.28) 사학법인의 투명한 경영과 대학의 자율성 확대가 이런 사태를 방지하는 유일한 해결방안임이 거듭 확인되었다.

조완규趙完圭 서울대 총장은 취임사에서 대학의 자율성은 학문의 자유가 그 핵심이며, 자율성 신장을 위해서는 교수회가 대학정책 결정과 운영에 적극적으로 참여할 수 있어야 한다고 밝혔다. 그리고 설치의 법적 근거가 확실한 대학평의원회를 재구성하여 활성화하고, 임의기구지만 교수협의회도 활성화되어야 한다고 하면서 학생 활동도 적극적으로 지원하겠다고 약속하였는데, 이는 당시 대학의 선결과제가 무엇인지를 정확하게 지적한 것이라 하겠다.

문교부는 각계의 의견을 수렴하여 일종의 대학자율화 준칙의 성격을 지닌 「대학자율화 세부실천계획」을 발표하였는데(9.25), 일단 국립대학에 관한 자율화 시행 시기와 방법을 명시하고 사립대는 그것을 준용하게 하였다. 그리고 대통령선거를 앞둔 시점이므로 당장 추진할 과제와 차기 정부 과제로 그 내용을 나누었는데, 1987년 2학기 당면 과제로는

① 심의기구인 대학평의원회는 총 40명(교수대표 50%, 보직교수·동문 등 50%) 이내로 구성하며 학과개폐·학칙개정·예산운영계획·교원인사방침 등을 심의하여 총장에게 보고한다.
② 평교수협의회는 친목단체 성격의 임의단체이므로 활동 여부는 대학의 자율에 맡긴다.
③ 총학생회 구성 5원칙을 폐지하고 운영기준은 자율적으로 정한다.
④ 사립대학 총장의 해외여행 승인제를 폐지한다.
⑤ 1989학년도 2학기부터 학위등록제를 폐지한다,

1988학년도 과제로는

① 국공립대 총학장 선임은 추천위원회에서 추천한 2명 이상의 후보 가운데서 정부가 임명한다.
② 대통령의 교수 임명권, 문교부 장관의 부교수 임명권은 그대로 유지하되, 문교부 장관의 조교수 및 보직교수 임용권을 총장에게 위임한다.

③ 교수 재임용제를 폐지하고 부교수 이상은 정년을 보장하며, 초임교수 계약제를 허용한다.
④ 사립대학의 총장 임명 승인제를 폐지하되, 문제가 있는 경우, 해임을 요구할 수 있다.
⑤ 기존의 종합대 승격기준(입학정원 1천 명 이상, 20개 이상의 학과 설치, 전임교원 확보율 70% 이상)을 완화, 10월의 전국 대학정원조정 때 현 단과대학 중 상당수를 1988학년도부터 종합대학으로의 승격을 허용한다.
⑥ 자연계 단과대학을 포함한 3개 이상의 단과대학과 1개 이상 대학원이 있는 대학을 모두 종합대학으로 승격시킨다.
⑦ 장기적으로는 종합대학 명칭 사용을 자율적으로 결정하도록 허용한다.

1989학년도 이후의 과제로는

① 1989학년도부터 사립대학 등록금을 자율화하되 3년은 대학협의기구에서 공동책정하고, 1992학년도부터 각 대학이 자율적으로 책정한다.
② 정원은
  (1) 1989학년도의 1단계에는 문교부가 소계열(어문·이학·의학·사범 등)의 정원만 정하고 그 안에서의 학과 개폐와 정원은 대학에 일임한다.
  (2) 2단계에는 문교부가 대계열(인문·자연·예체능)의 정원만 정하고 소계열 정원은 대학에 일임한다.
  (3) 3단계(1990년대 후반으로 추정)에는 모든 정원조정을 각 대학에 일임한다.
③ 교육개혁심의회의 개선안을 토대로 1990년대 초중반부터 학생 선발권을 각 대학에 완전히 일임한다. 그러나 대학별 본고사를 부활하는 것은 아니며 제3기관의 수험생 평가성적, 고교 내신성적, 대학별 시험 성적 등 여러 평가 요소를 선별 채택하는 방식을 뜻한다(이상 동아, 1987.8.25, 9.25).

이상의 자율화 준칙 가운데 국립대학 총장 직선제를 비롯하여 상당수는 실현되었지만, 일부는 여전히 착수하지 못한 것도 있고, 기대했던 것과 다른 결과를 낳은 것도 있다. 특히 사립대학에서는 총장선출과 교수자치와 관련된 사항이 제도적으로 실현된 곳이 오히려 드문 실정이다.

15. 교수협의회와 교수단체

이런 일련의 자율화 물결 속에서 교수사회에도 많은 변화가 있었다. 우선 교권 수호와 학내 민주화를 목표로 하는 교수협의회 출범이 본격화되었다. 교수협의회는 1981년 5월까지 경희대·고려대·서울대·세종대·숙명여대·인하대·연세대 등 여러 대학에서 발족하였으나 제대로 조직하기도 전에 전두환 정권이 출범함으로 말미암아 별다른 활동을 하지 못하였는데, 6월항쟁을 전후해 시국선언 발표를 주도한 교수들을 중심으로 재출범하게 된 것이다.

교수협의회는 본인이 특별히 불참 의사를 밝히지 않은 한 모든 교수가 가입하는 방식으로 운영되고 있지만, 운영 방식과 대학 내에서의 위상은 대학마다 천차만별이다. 그리고 전반적으로 1987년에 비해 교수협의회의 활력이 약해진 것으로 보인다. 하지만 지난 30여 년간 대학자율·교수자치와 관련하여 교수협의회만큼 중요한 역할을 담당한 기관이 없고, 앞으로도 교수노조와 함께 그 역할을 담당할 것이다.

교수협의회는 가장 일반적으로 사용하는 명칭이지만, 그 외에도 교수평의회 · 교수회평의회 · 평교수협의회 · 교수의회 등 여러 명칭이 함께 쓰이고 있고, 총장이 주재하는 교수회, 「고등교육법상」의 기관인 '대학평의원회'와도 쉽게 구분되지 않는다. 이는 교수협의회가 법적 기구가 아닌 데서 기인한 것인데, 사교련은 교수노조 설립을 계기로 양자의 정체성을 분명하게 드러낼 수 있도록 가급적 교수의회로 명칭을 전환할 것을 권하고 있다.

대학 단위가 아닌 전국단위의 교수협의회로는 '민주화를 위한 전국교수협의회(민교협)'가 있다. 30개 대학 523명의 교수가 창립한 민교협은 가장 먼저 설립된 교수단체로서(1987.6) 국 · 사립과 4년제 · 2년제 구분 없이 모두 개인회원으로 참여하며, 지난 30여 년 동안 우리 사회와 대학의 민주화를 위해 앞장서 온 대표적인 단체이다. 2019년에 '민주평등사회를 위한 전국교수연구자협의회(민교협)'로 명칭을 변경하였다.

민교협 설립 직후인 1987년 7월에 전국의 사립대학 교수협의회를 회원으로 하는 '한국사립대학교수회연합회(사교련)'이 설립되었다. 사교련은 개인회원이 아닌 단체회원, 즉 교수협의회가 회원교로 가입하는 방식으로 구성되었으며, 본래 4년제 대학만을 회원교로 하였으나 전국단위 전문대학 교수단체가 없는 점을 고려하여 2016년부터 전문대학을 회원교로 받아들이기 시작해 현재 9개 전문대를 포함하여 총 112개 회원교가 가입된 전국 최대의 교수단체이다(2020.10). 사교련은 조직을 강화하기 위해 2005년부터 사단법인 체제로 전환하여 40명의 이사로 구성된 이사회를 중심으로 운영하고 있다.

전국 41개 국공립대학 교수협의회는 '전국국공립대학교수회연합회(국교련)'를 결성하였으며(1994.4) 법인화된 서울대도 참여하고 있다. 국교련은 상임회장과 공동회장제로 운영하고 있다.

그동안 국교련과 사교련은 대학정책에 관한 상호협력과 정책 개발을 공동으로 논의하는 과정에서 교육부가 제시하고 추진한 정책들이 주로 일부 교육학 전공자들에 의해 입안되어 교육부의 목소리가 과도하게 반영되고, 교육 현장과 상당한 괴리를 지니고 있는데 주목하였다. 대학역량진단평가(대학구조개혁평가)에서 법인이나 대학 당국의 비리를 감점한다는 규정이 오히려 비리에 대해 침묵해야 좋은 점수를 받을 수 있는 역설을 낳고, 법인의 잘못으로 인한 불이익을 대학 구성원에게 전가하는 등의 잘못된 지표가 바로 그러한 사례이다. 그래서 각기 다른 여건을 지닌 지역 및 대학의 특성을 반영한 실사구시적인 정책을 개발하려면 많은 경험을 축적한 교수들의 집단지성을 활용할 필요가 있다는 점에 착안하여 대학정책학회(2016.10)와 대학정책연구소(2018.6)를 공동으로 설립하고 운영 중이다.

서울시 9개 대학 교수협의회 의장단 모임인 서울소재대학교수회연합회(서교련)은 2017년 10월에 설립되었다. 일부 대학은 사교련과 서교련 공동 멤버십을 유지하고 있다.

대학의 자율, 대학의 자치는 학문의 자유를 구현하는 전제조건이기 때문에 누구도 부정할 수 없는 일종의 성역과 같은 가치이다. 그런데 대학 밖에서 오는 권력의 압력으로부터 대학의 자율을 지키는 것도 중요하지만, 대학 내에 자율과 자치의 문화를 안착시키는 일이 그보다 더 어렵다는 것을 민주화 이후 대학마다 절감하였지만, 사립대학에서는 더욱 그러하였다. 민주주의를 가르치면서도 민주주의를 거부하는 사학법인의 권력에 맞서 대학

사회의 민주주의를 지키는 일은 생각보다 많은 인내와 용기가 필요하다(김정인, 2018, 268).

16. 대학의 공헌과 내실화의 지체

민주주의 실현에 대한 국민적 갈망과 저항을 힘으로 밀어붙이면서 출발한 전두환 정권은 70년대 말의 중화학공업 구조조정의 후광, 3저호황이란 외부적 요인 등에 힘입어 경제적으로 순항하였다. 특히 60년대 이래 서민들을 힘들게 했던 인플레이션을 잡고 경제를 성장시켰다는 점에서 긍정적으로 평가받을 부분도 있다. 하지만 민주주의의 원칙을 정면으로 위배하여 권력을 강탈함으로써 역사를 후퇴시킨 부도덕한 정권이 국민에게 준 분노는 그 무엇으로도 대체할 수 없었다.

전두환 정권은 폭력적인 자신들에게 무모하게 맞서거나 비굴하게 투항하거나 둘 가운데 하나를 선택하라는 듯 교만했다. 이런 부당한 강요에 대해 학생들은 온몸으로 맞섰다. 전두환 정권 7년 동안 총 124,600명의 학생이 제적되었다. 물론 졸정제, 경제적 이유 등 여러 요인이 있었지만, 1980년 10,816명이었던 제적생은 연평균 14%씩 늘어났고, 미문화원 점거 농성이 있던 1985년에 처음으로 2만 명을 넘겼고, 건국대 농성 사건이 있었던 1986년에는 23,000여 명으로 최대치를 기록하였다(동아, 1987.10.22).

이런 국가폭력 때문에 우리 사회 곳곳에서 정당하게 있어야 할 권위가 하나둘 무너져내리기 시작하였다. 그 가운데서도 대학은 가장 깊은 내상을 입은 곳 가운데 하나였다. 바로 앞에서 자기 학생이 경찰에 끌려가거나 구타를 당하는 것을 보고도 못 본 채 눈감은 교수, 옆에서 그 모습을 보며 분노한 학생, 모두가 부당한 폭력 앞에서 수시로 자기검열과 합리화, 그리고 소모적인 대립을 해야만 했던 잔혹한 시기였다.

시인 기형도奇亨度의 '대학시절'은 엄혹嚴酷했던 시절 침묵으로 자신을 보호하던 교수에 대해 다음과 같이 말하였다.

> 나무 의자 밑에는 버려진 책들이 가득하였다.
> 은백양의 숲은 깊고 아름다웠지만
> 그곳에서는 나뭇잎조차 무기로 사용되었다.
> 그 아름다운 숲에 이르면 청년들은 각오한 듯
> 눈을 감고 지나갔다. 돌층계 위에서
> 나는 플라톤을 읽었다. 그때마다 총성이 울렸다.
> 목련 철이 오면 친구들은 감옥과 군대로 흩어졌고,
> 시를 쓰던 후배는 자신이 기관원이라고 털어놓았다.
> 존경하는 교수가 있었으나 그분은 원체 말이 없었다.
> 몇 번의 겨울이 지나자 나는 외톨이가 되었다.
> 그리고 졸업이었다. 대학을 떠나기가 두려웠다.

군부독재는 많은 사람을 힘들게 하였다. 그저 착하고 성실하게 사는 것마저 자유롭지 않았다. 한홍구韓洪九 교수의 말처럼 "1970년대는 역사가 젊은이들에게 사람이 되라고 했다면, 1980년대는 젊은이들에게 전사가 되라고 한 시기"였다(한홍구, 2006, 241).

국보위 위원을 지냈고 친정부적 언행을 서슴지 않던 서울대 박봉식朴奉植 총장이 졸업식 단상에 오르자 졸업생들은 등을 돌리고 앉아 '아침이슬'을 불렀다. 문교부 장관이 연단에 올라왔을 때는 '물러가라'는 구호와 함께 '타는 목마름으로'를 합창하며 6,2

00명의 졸업생 가운데 400여 명을 제외한 모든 학생이 집단 퇴장하였다. 군부정권에 앞장선 장관과 총장에 대한 항의의 표시였다.

반면 1985년 2월, 고려대 졸업식은 총장 사퇴에 반대하는 학생들의 가슴 뜨거운 시위가 있었다. 광복군 출신의 김준엽金俊燁 총장은 해직된 교수들의 생활을 돌봤고, 학도호국단을 폐지하고 총학생회 설립을 허용했으며, 대학에 진주하고 있던 기관원을 내보냈다. 민정당사 점거 농성 사건에 관련된 학생들에 대한 제적 압박에 '재판 결과에 따른 학칙 적용'을 내세우며 버텼다. 결국 문교부가 나서서 특례 입학생 25명의 제적을 요구했고 김 총장은 학생 보호를 조건으로 졸업식을 끝으로 조용히 고려대를 떠나기로 했다.

12번이나 장관과 총리 제안을 받고도 교수직을 고수했던 김준엽 총장을 학생들은 그냥 보내지 않았다. 졸업식장에서 퇴장하는 총장의 뒤를 따라 수천의 학생이 총장 사퇴를 반대하며 정부를 성토했고, 그 뒤로도 한 달 동안 총장 퇴진 반대 시위가 계속되었다. 김 총장은 "학생들의 퇴진 반대 시위는 독재정권이 내게 준 훈장이었고, 내 인생 최고의 명예였다"라고 회고하였다.

1980년대 우리 사회는 대학의 양적 팽창을 원하였고, 대학은 미처 준비하지 못한 상태에서 지나치게 몸집만 커졌다. 1989년 4월, 제6공화정이 출범하던 당시 대교협이 전국 115개 대학을 조사한 결과 교수 1인당 학생 수는 46.2명에 달하였다. 41개 사립종합대가 58.9명, 28개 단과대학이 36.4명, 12개 신학대 37.4명이었으며, 경기대(86.8), 경남대(82.1), 홍익대(80.3)은 80명이 넘었고, 인하대(79.5) 숭실대(79.4)는 70명이 넘었다.[110] 도저히 정상 수업이 불가능할 정도였다.

오직 대학만 생각하면 1980년대 대학은 내적 충실에 몰두했어야 했다. 하지만 혹독했던 정치적 상황은 대학을 그렇게 두질 않았다. 대학은 민주화를 위한 헌신에 온몸을 내던졌고, 학생들의 희생을 바탕으로 아쉽지만, 87체제란 제도적 민주주의를 이룩하였다. 그러나 그로 인해 대학이 잃어버린 시간은 그 뒤로 대학에 적지 않은 부담으로 남았다.

---

110) 115개 대학 가운데 50명이 넘는 대학이 50개였고, 12개 국공립종합대 35.5명, 11개 국립단과대 31.1명이었다. 60명 이상인 대학은 부산외대(69.3), 단국대(68.8), 영남대(66.8), 국민대(65.7), 우석대(64.5), 동아대(63.7) 등 32개 대학이었다. 그 밖에도 서강대(57.8), 고려대(50.2), 숙명여대(46.5), 이화여대(45.4), 한양대(41.8) 등이었다(한겨레, 1989.4.25).

|제7절| 전환과 반동: 좋은 헌법과 악법의 동거

1. 춘래불사춘의 시절

　수많은 희생과 노력의 결과로 만들어진 87체제의 열매가 양김씨의 분열로 노태우 정권의 손아귀로 넘어갔기에 캠퍼스에 봄이 왔지만, 봄의 온기를 온전히 느낄 수가 없었다. 화사한 꽃소식에 대한 부푼 기대 때문이었겠지만 꽃샘추위가 유난히 차게 느껴졌던 1988년 봄이었다. 그래도 4월이 되자 노태우 대통령은 5.18을 "광주 학생과 시민의 민주화를 위한 노력의 일환"이라 규정하며 유감을 표했고, 4월 말에 치러진 제13대 국회의원 선거에서 38년 만에 여소야대 국회가 탄생한 것은 87체제가 만들어준 또 하나의 선물이었다.
　정권교체로 인한 허니문 기간과 여소야대의 정치적 상황 속에서 더 나은 사회를 만들기 위한 조직들이 꾸준히 만들어지기 시작하였다. 한겨레신문이 창간되었고(5.25), 민주사회를 위한 변호사모임(민변)이 결성되었으며(5.28), 전국대학강사협의회가 결성되었다(8.3). 연세대는 개교 이래 첫 직선제 총장을 선출하였으며(8.1), 서울대도 50명의 총장선임위원회가 뽑은 후보 가운데 2명을 투표로 선출하여 대통령이 최종 임명하는 직선제 방식을 확정하였다(8.25). 세종대도 교수 추천과 여론수렴위원회(학생 · 노조 대표 각 5인으로 구성) 동의를 얻은 후보를 교수가 투표하는 방식으로 총장을 선출하였다(11.30).

성균관대는 처음으로 학사경고제를 폐지하였다(8.25). 1976년에 신설된 학사경고제는 평점 1.75미만·5학점 이상 과락이면 다음 학기 수강을 15학점으로 제한하고 학부모와 지도교수에게 통보하는 제도이다. 5공 때 문교부가 엄격한 적용을 지시하면서 구속·구류·연행으로 수업에 불참하거나 시험을 치르지 못한 학생에게도 무차별 적용하여 학생운동을 억제하는 조항으로 악용되었다.

또 국회가 '5공비리특별위원회'와 '광주민주화운동진상조사특별위원회'를 구성하였으며(6.27), 11월에는 국회 최초의 청문회인 '일해재단비리조사청문회'를 개최한 뒤 전두환 전 대통령의 재산 헌납과 백담사 은거를 비롯해 그 일가가 모두 구속되는 일이 있었다. 노 대통령은 7.7선언을 통해 북한을 공동번영의 동반자 관계로 대하고 국제사회 참여에 협조하겠다고 밝혔다. 9월 17일에는 서울올림픽이 개막되어 보름 동안 인류의 축제로 성대하게 잘 치러졌으며, 그것을 계기로 사회주의 국가와의 교류가 활발하게 추진되었다. 역사의 수레바퀴가 때로는 삐거덕거리는 것처럼 보였지만, 분명히 바른 방향으로 나아갔다.

그러나 노태우 정부는 태생적으로 군사정부와 민주정부의 혼합체일 수밖에 없었다. 그래서 외면적으로는 민주적인 정부의 모습을 갖췄지만, 내면적으로는 여전히 군사정권의 성격을 강하게 지니고 있었다. 정부에 비판적인 서적을 출간한 5개 출판사를 상대로 세무조사를 하는 한편 이들에게 종이를 공급하는 7개 도매상까지 세무조사로 압박하여 공급을 중단시키는 등 군부정권의 악습을 버리지 못하였다(한겨레, 1989.7.27). 올림픽을 앞두고 사회주의 국가와의 우호관계 수립에 온 외교역량을 집중하던 8월, 군사문화를 비판하는 칼럼을 쓴 언론인을 정보사령부가 살해하는 백색테러가 자행되었고, 내무부 장관은 『우익 총궐기』라는 책자 10만 부를 만들어 대놓고 전국 관공서에 배포하였다.

이처럼 이질적인 두 속성이 격하게 대립하던 노태우 정부는 올림픽이 종료되자 결국 본질이 외형을 압도하는 국면으로 치달았다. 1989년의 상황은 제헌절 41주년을 맞아 김철수金哲洙 교수가 한겨레신문에 투고한 칼럼 제목 「좋은 헌법 아래 5공 악법 그대로」(1989.7.18)에 집약적으로 표현되었다고 해도 과언이 아니다.

2. 1989년, 역사적 전환기

1987년 6월항쟁을 통해서 제도적 민주주의를 달성했고, 88서울올림픽도 성공적으로 마쳤지만, 노태우 정부가 군사정권의 연장선에 서 있다는 점 때문에 사회적 갈등은 쉽게 아물지 않았다. 민주주의를 둘러싼 여전한 갈등이 대학의 시선을 국내에 집중하게 했지만, 세계는 또 하나의 거대한 혁명 속으로 빨려 들어가고 있었다.

1989년은 제2차대전 이후 40여 년 동안 공고하게 유지되었던 국제 질서가 일대 격변기에 돌입한 해이다. 1989년 폴란드를 시작으로 헝가리 · 동독 · 불가리아 · 체코슬로바키아 · 루마니아 등 동구 공산주의 국가에서 대규모 시민혁명이 연이어 발생하였고, 중국에서도 천안문 사태가 일어났다. 그 결과 폴란드를 필두로 공산주의 정권은 도미노처럼 무너져 민주정부로 대체되었고, 1990년에는 독일 통일이 이루어졌다. 1991년에는 냉전의 양대 축이었던 그 막강했던 소련이 해체되었고, 1992년에는 유고연방마저 해체되었다. 동구권의 몰락은 다시 캄보디아·에티오피아·남예멘·몽골의 공산주의 정권 붕괴로 이어졌으며, 북한과 쿠바처럼 겨우 목숨만 부지한 정권은 치명적인 내상을 입었다.

1989년 12월, 미국의 부시George H. Bush(1924~2018) 대통령과 소련의 고르바쵸프Mikhail Gorbachev(1931~) 공산당 서기장은 몰타 회담에서 냉전의 종식을 공식 선언하였다. 미국의 일방적 승리로 끝난 냉전의 결과에 고무된 프랜시스 후쿠야마Francis Fukuyama는 서구의 자유민주주의와 자본주의 경제체제는 인류 역사 발전의 정점이고 그 외에는 대안이 있을 수 없다며 '역사의 종언'을 선언하기도 하였다. 후쿠야마는 동구권의 몰락이 국가의 시장지배체제에 내재한 비효율성 때문이며, 시장경제는 자본주의 체제의 한 속성이 아니라 가장 합리적인 경제체제임이 입증되었다고 주장하였다. 나아가 국가는 모든 경제활동을 시장에 맡기고 가능한 한 간섭하지 않는 것이 가장 바람직하다고 단언하였다.[111]

그래서 1989년을 혁명이론이 없는 혁명, 역사상 전례가 없는

---

111) 민주주의가 자유·평등·인권 등의 보편적 가치를 실현하는 제도로 작동하고, 시장경제가 물질적 번영을 약속하는 효율적 제도로 상호 작용한다는 개념은 민주주의와 시장경제 모두 근대 시민사회의 소산이라는 점에서 상당한 설득력을 지닌다. 하지만 양자가 서로 자율성과 독립성을 지니고 상호 조화 속에서 상생한다는 것은 정치적 수사에 불과하다. 보편적 이념을 추구하는 전자와 사적 이익을 추구하는 후자는 양면성을 지니고 있기 때문이다(양승태, 2007, 117~119). 후쿠야마 주장의 허구성은 2008년 금융위기를 통해 이미 입증되었다. 그래도 당시 신자유주의의 과도한 자신감을 보여주는 대표적인 사례로는 여전히 유효하다.

혁명, 정치혁명 아닌 체제혁명이 일어난 전환기라고도 한다(정흥모, 1999, 309~328). 대중적 인터넷의 출발인 월드 와이드 웹이 탄생한 해이며, 닌테도에서 휴대용 게임기인 게임보이를 출시한 해이고, 우리에게는 서울올림픽 이후 오늘 같은 생활 패턴이 일상화된 기점이기도 하다. 최초의 교원노동조합인 전국교직원노동조합(전교조)이 창설된 해이며, 1인당 국민소득이 4,994달러로 5천 달러에 육박했고, 농림수산업이 10.1%로 한 자릿수를 눈앞에 두었으며, 저축률은 35.3%로 여전히 주머니가 넉넉했던 해였다.

이런 엄청난 변화 가운데 가장 큰 영향을 준 것은 갑자기 늘어난 수명, 고령화였다. 진학과 취업, 결혼과 출산, 저축과 연금, 부동산과 상속, 세대의 단절 등 인류의 모든 생활주기가 바뀌게 되었다. 대학에서 배운 지식만으로 평생을 살 수 없다는 사실이 명확해졌고 대학 졸업장의 무게가 아주 가벼워졌다.

3. '학원안정 4단계 방안'과 5.6조치

이런 역사적 전환기에 노태우 정부는 미래를 준비하는 대신 과거로 되돌아가기 위한 일에 몰두하고 있었다. 냉전의 종식과 올림픽의 평화 무드, 여소야대의 국면에서 최대한 몸을 낮추었던 노태우 정권은 정국의 주도권을 장악하기 위해 1988년 12월, 정원식鄭元植 교수를 문교부 장관에 임명하고, 전대협이 추진했던 8.15학생회담과 문익환文益煥 목사의 방북(3.25~4.13) 등을 구실삼아 1989년 봄부터 본격적인 공안정국을 조성하였다. 3월, 검찰총장 김기춘은 공공시설을 습격 방화하거나 정당한 직무집행을 방해할 경우, 자위권을 발동할 수 있도록 무기를 지급하라며 강경책을 고수하였다(동아, 1989.3.23).

짧게는 7년, 길게는 25년에 걸친 억압의 강도만큼 학생과 노동조합의 행동이나 언어가 거칠어진 면이 있었으나 정부나 기업도 경직되거나 감정적으로 대응하는 경우가 많았다. 대북 문제에 대한 접근도 사회 전반의 분위기에 비해 학생들이 많이 앞서 나갔기 때문에 반발을 초래한 점도 있었고, 처음 보는 노사분규에 시민들이 불안해하기도 하였다. 거의 모든 대학에서 등록금 동결이나 반환 요구가 뜨거운 쟁점이었고, 그 과정에서 서로의 자존심에 생채기를 내는 일이 허다하였다. 숙명여대 전체 교수가 학생들의 무례를 질책하며 공개 사과를 요구하였고, 원광대 미대 교수들은 학생에 대한 항의로 수업을 거부하였으며, 일부 대학에서는 미등록 학생에 대한 제적을 불사하는 등 반발이 일었다.

정 장관은 학생들의 총학장 선출 참여와 등록금 동결 요구 등으로 학내 점거가 장기화한 대학은 우선 계고 조치하고, 그래도 안 되면 임시 휴업을 하며, 사태가 계속 나빠지면 전원 유급, 3개월 이상 수업이 중단되면 폐교하겠다는 내용의 이른바 '학원 안정 4단계 방안'을 발표하였다(4.11). 그리고 농성 중이던 19개 대학 가운데 고려대·덕성여대·상지대·서울교대·한림대 등에 계고 조치한 뒤, 곧이어 고려대·서울교대·한림대 등에 휴업을 지시하였다.

5월 2일, 서울교대에 첫 휴업령이 내려졌다. 노태우 정부 최초의 휴업령이자 학내분규에 대한 강경 조치의 신호탄이었다. 서울교대가 휴업령 해제 조건으로 19명에 대한 퇴학 처분 의사를 밝히자 정 장관은 단호히 거절하고 더욱 강경한 처벌을 요구하였다. 이에 퇴학 처분을 12명 늘린 31명으로 하고 총 징계 대상자를 125명(전교생의 6%)으로 하겠다고 보고하자 비로소 휴업령을 해제하여 주었다(7.2).

서울교대에 휴업령이 내려진 다음 날, 노동절 시위 도중 경찰의 공포탄 발사로 충돌이 격해졌고, 그 진압 과정에서 발생한 화재로 경관 7명이 사망하는 충격적인 사건이 동의대에서 일어났다. 동의대에 즉각 휴교령이 내려졌다. 동의대는 75명 제적 처분을 비롯하여 관련 학생 전원을 징계하면서 입시부정을 폭로한 김창호金昌浩 교수 등 3명에게 시위를 사주했다는 억지를 부려 재임용제도를 악용하여 해임하였다. 김 교수가 대학에 복직하기까지는 꼬박 17년이 걸렸다.

동의대 사태 발생 직후, 정 장관은 총학장이 발행인으로 되어 있는 모든 간행물의 편집·제작·판매권 일체를 20일까지 학생에 이양하게 한 뒤, 대학신문·교지·학회지·유인물·방송 등 모든 간행물에 위법한 사항이 있으면 그 책임을 학생에게 묻겠다는 이른바 '5.6조치'를 발표하였다. 그리고 한 학기 만에 20여 명의 학생 기자 등을 구속하였으며, 노골적으로 기사를 통제하고 예산으로 압박하였다. 또 1990년부터 평점제를 적용해 벌점을 부과하고, 벌점 누계에 따라 주간 교수에게 경고하고 편집장을 구속하겠다고 밝혔다(한겨레, 1989.5.7; 이대학보, 2013.3.27).

대학신문은 1919년 창간된 숭실대의 '숭대시보崇大時報'를 시작으로 연전타임스(1935)를 거쳐 광복 후 최초의 대학신문인 중대신문(1947.9), 그 뒤를 이은 고대신문(1947.11), 국민대학보·동아대학보(1948), 동대신문(1950), 근화학보(명지대)·단대신문·성대신문·영대신문·이대학보·조대학보·청대신문(1954), 건대신문·대학

주보(경희대) · 숙대신보 · 외대학보 · 홍대신문(1955), 원대학보(1956), 계대학보 · 대전대학보(한남대) · 성신학보 · 수도여사대보(세종대)(1957), 인하학보(1958), 한대신문(1959) 등의 순으로 창간되어 1980년대에는 142개 대학에서 발행되었다.

이어서 직선으로 선출된 총장에 대한 압박이 시작되었다. 경기대학 법인은 나민수羅縉洙 총장을 8개월 만에 전격적으로 해임했고(1989.8) 교수협의회와 학생들은 법인이 임명한 후임 총장을 인정할 수 없다며 투쟁하였다. 문교부는 세종대 이종출李鐘出 총장이 학생이 참여한 선출방식을 통해 당선된 것을 인정할 수 없다며 승인을 거부하다가 감사를 통해 해임을 요구, 8개월 만에 사퇴시켰다(1989.9).[112] 이에 세종대 구성원이 반대 투쟁을 진행하자 재학생의 64%인 2,965명을 유급시키겠다며 강경책을 일관하여 결국 수업을 재개시켰다(중앙, 1989.4.12., 4.17).

조선대에도 감사 결과를 들어 이돈명李敦明 총장의 해임을 요구하였다. 그러자 교수 · 노조 · 총학 · 동문 등 모든 구성원이 해임 요구에 강하게 반발하였고 법인도 지역 여론을 의식해 문교부의 요구를 감히 수용하지 못하였다. 대학 언론과 직선 총장에 대해 이처럼 노골적인 탄압이 가해질 수 있었던 것은 87체제가 대통령 직선제라는 최소한의 절차만 획득하였을 뿐, 얼마나 취약한 것이었는지를 말해준다.

---

112) 총장 측은 법인이 도서관 등의 건립 비용과 부속 세종고의 강남 이전 비용 등으로 교비에서 27억 원을 부당 유출하여 재정을 적자로 만들어서 교직원의 보수를 지급할 수 없게 했다고 비판하였지만, 법인은 재정적자는 전적으로 총장 책임이라고 주장하였다. 이에 반발한 총장과 보직자가 사표를 내자 법인과 문교부는 기다렸다는 듯 후임자를 선임하였다(한겨레, 1989.8.13).

4. 전국교직원노동조합의 출범

당시 노태우 정부가 이런 공안정국을 주도하면서 대학 못지 않게 신경을 곤두세운 것은 바로 전교조의 출범이었다. 6월 항쟁의 민주화 열기 속에서 전교협이 결성되자(1987.9) 전국 학교마다 '평교사회' 또는 '교사협의회' 같은 단위학교별 조직이나 과목별 교사 조직이 자발적으로 만들어지기 시작하였다. 그리고 '이 시대 우리 교사의 다짐'이라는 윤리강령을 선포하여(1988.5) 교육의 현안과 개혁 방향, 교사의 사명에 대하여 명확하게 밝혔다.

그리고 임의단체의 한계를 극복하기 위해서는 「교육법」 개정이 필요하다며 여의도 광장에서 13,000여 교사가 참여한 가운데 '민주교육법 쟁취를 위한 전국교사대회(1988.11)'를 열었다. 그리고 야3당을 설득하여 교원노조를 허용한 「노동조합법」 개정안을 통과시키는 데 성공하였다. 하지만 교원의 노동3권 보장은 노 대통령의 거부권 행사로 끝내 법제화되지 못하였다. 이에 전교협 회장단은 조속한 교직원 노동조합의 결성을 공식 천명하였으며(1989.2), 전국 10개 시도에서 전교조 발기인 겸 준비위원회 결성대회를 동시에 개최하였다(1989.5). 그러자 정부는 조직을 와해시키기 위해 모든 역량을 기울여 우선 간부에게 사전 구속영장을 발부하고, 경찰력을 동원하여 전교조 창립대회 장소(한양대)를 원천봉쇄하자 집행부는 연세대에서 기습적으로 전교조를 창립하였다(5.28).

그러자 노 대통령은 어용단체인 대한교련(현 한국교총)을 방문하여 교원소청심사위의 설치와 교원지위 향상을 위한 특별법 제정을 약속했고, 교원 관련 업무 협의기구를 대한교련으로 일원화해주겠다며 힘을 실어주었다. 또 대통령이 직접 나서서 공개적으로 전교조 참여 교사를 '좌경 의식화 교사'로 규정하며 전교조를 해체하기 위해 총력을 기울였다. 문교부는 정보기관과 함께 블랙리스트를 작성하고 1,800명에 달하는 교사를 연행한 뒤 파면·해임 방침을 밝혔다. 또 조기방학을 통해 학생들과의 접촉을 차단하는 한편 「예방지도지침」을 마련하여 학부모를 상대로 전교조를 비판했으며, 반상회까지 활용하여 전교조 해체에 힘썼다. 아울러 전교조에 가입한 교수 가운데 재임용 대상인 국립대 교수 20여 명을 우선 탈락시킬 것을 각 대학에 지시하였다.

이에 전교조는 합법성 쟁취대회를 열고 학교 밖에서 지지 서명을 받았으며, 명동성당에서 650명이 단식 농성하면서 징계에 저항하였다. 이에 광주에서는 20개 중고등학교 학생 25,000명이 시위로 교사들을 지지했고, 부산에서는 학생들이 집단 자퇴로 지지 의사를 표하는 등 전국 중고등학교에서 치열한 논박이 오갔다. 정부는 개학을 늦추고, 공립학교 교사부터 시작해 전교조 탈퇴를 거부한 교사 1,527명을 파면 및 해직하였다(김경용, 2006; 한겨레, 1989.7.1.~8.30; 교육희망, 2016.4.25).

하지만 해직 이후에도 교사들의 출근 투쟁과 학생들의 지지 집회 등으로 중고등학교는 극심한 몸살을 앓았다. 이에 정부는 반상회를 통해 전교조를 비판하는 홍보물 수백만 장을 살포하는 등 수단과 방법을 가리지 않았다. 그런데 전교조 창립 당시 문교부에서 일선 교육청으로 내려 보낸 '전교조 교사 식별법'은 촌지를 받지 않는 교사, 상담 많이 하는 교사, 지나치게 열심히 가르치려는 교사, 인기 많은 교사, 자율성과 창의성을 높이려는 교사 등으로 참으로 어이가 없는 내용이지만 한편으로는 전교조 활동의 정당성을 문교부가 공증해 준 것이나 마찬가지였다(『신동아』1989-7).

　전교조는 이런 시련을 이겨내고 1999년 7월 「교원노조법」 제정으로 합법적인 지위를 취득하였으나, 2013년 10월 다시 법외노조 통보를 받고 7년간 법외노조로 지내다가 2020년 9월에 노동조합 지위를 회복하였다. 그러나 최근 전교조는 젊은 교사들이 참여하지 않는 노쇠한 조직이라는 비판과 함께 젊은 교사를 중심으로 급속도로 성장하는 교사노동조합연맹(교사연맹)과 매우 대비된다는 평을 받고 있다. 2017년 12월에 설립된 교사연맹은 친절한 노조·분권형 노조·현장 밀착형 노조를 표방하며 교육산업별 노조를 지향하고 있다.

5. 대교협의 '학원안정화대책'

　1990년 1월, 3당 합당이 이루어지자 노태우 정권의 속성은 더욱 노골적으로 드러났고, 학생들도 더욱 거칠게 대응하였다. 정 장관은 5.6조치에 이어 대학을 통제하기 위한 수단의 하나로 '학원안정자문회의'를 구성하는 등의 학원안정화계획을 전국 118개 대학에 시달하였다(1990.9). 그러나 정부의 지나친 간섭에 대한 대학의 반발로 실효를 거두지 못하던 중 정 장관이 총리서리에 임명되어 한국외대에서 마지막 강의를 하다가 운동권 학생들에 의해 밀가루 투척 등의 봉변을 당하는 사건이 발발하였다. 이 사건은 거센 역풍을 몰고 와 학생운동의 폭력성이 사회적으로 큰 비난을 받게 되었다.

거세 비난 여론에 모든 대학이 농성을 풀었고 학생운동은 숨고르기에 들어섰다. 마침 소련이 완전히 해체되어 공산주의의 실패가 객관적으로 입증되고 중국과의 관계 개선이 적극적으로 추진되었던 점도 정부에 유리하게 작용하였다. 그러자 1년 전 강력한 사학 자율화 방안을 건의했던 대교협이 이번에는 15명으로 구성된 학원정상화연구위원회를 설치하고(1991.7), 기존의 자율화 주장과 정반대 주장을 담은 '학원 안정화 대책'을 아래와 같이 발표하였다(1991.9).

① 폭력 세력화하는 학생회 활동 지양
   (1) 불법 조직인 전대협과의 연계 차단
   (2) 학생회 간부의 자격 기준 강화
   (3) 학생회비 운영권 자금화 방지
   (4) 학생회에 의한 영리 행위 근절
   (5) 장학금 지급의 변칙 운영 불허
② 면학 환경 개선을 위한 조치
   (1) 학보 교지의 편집권 완전 회수
   (2) 화염병 쇠 파이프 등 학내 제작, 보관 철저 봉쇄
   (3) 불순 학내 유인물 플래카드 배포 및 게시 금지
   (4) 학내 질서, 경비를 위한 대학 청원경찰제 도입
③ 학칙 개정을 통한 학사관리 엄정
   (1) 학사제적제 부활
   (2) 학사유급제 부활
   (3) 학생회, 각종 서클 활동의 건전화를 위한 학칙 개정
④ 교권확보
   (1) 학생을 선동하는 교수에 대한 규제 강화
   (2) 신규 임용, 승진 등 요건 강화
   (3) 전체 교수 명의 게재 성명서 발표 등 자제(김정인, 2018, 272)

이 같은 내용은 당시 보안사나 안기부가 작성했던 보고서라고 해도 비판받아 마땅한 것인데 대교협이 해야 할 일과는 거리가 멀었다. 『대교협10년사』에 실린 「학원 안정을 위한 의견서」와 그 내용을 비교해보면 위 사실을 밝히고 싶지 않은 대교협의 입장을 잘 엿볼 수 있다(박영식, 1992, 88~91).

6. 「사립학교법」 개정

노태우 정권은 전두환 정권에 비해서 민주적이고 심지어는 매우 유약하다는 인상을 주었지만, 대규모 정치적 사건이 적어서 그런 것이지 꼭 그렇지만은 않았다. 전두환 정권 말기의 양심수는 모두 701명이었다. 1988년 12월에 이들에 대한 대규모 사면·복권이 이루어졌는데, 그 뒤로 8개월 만에 무려 781명이나 되는 양심수가 다시 생겼으니(한겨레, 1989.8.12) 이는 노태우 정권이 절대로 만만하지 않았음을 말해준다. 대학의 자율과 자치에 대해서는 더욱 그러하여 사학법인과 손을 잡고 크고 작은 문제에 대해 지루한 버티기, 은근한 꼼수를 통해 핵심 이익을 놓치지 않았다. 그 정점에는 「사립학교법」 개정이 있었다.

1963년에 제정된 「사립학교법」은 수십 차례 개정을 거쳤지만, 그 가운데서도 네 차례(1973, 1981, 1990, 2007) 개정이 가장 중요하다. 개정의 쟁점은 크게 다르지 않았다. 흔히 재단이라고 부르는 사학법인과 대학본부와의 권한, 특히 인사권과 재정권을 어디에 귀속시키느냐가 핵심 사안이었다. 이는 사학 재산이 지닌 사유재와 공공재로서의 양면성, 법인의 자율과 대학의 자율 사이에서 사학의 자율이 어디에 위치하는가를 놓고 벌리는 줄다리기였다. 법인은 사학이 사유재로서의 성격이 더 강하며 대학의 자율은 곧 설립 주체인 법인의 자율을 의미한다고 해석하고, 반대로 대학은 사학이 공공재로서의 성격이 더 강하며 대학의 자율은 학문할 자유로서의 자율, 즉 글자 그대로 대학의 자율이라고 주장한다.

정부 정책은 이 양자의 주장 가운데서 어느 쪽에 더 무게를 두느냐에 따라 달라지는데, 박정희 정부가 「사립학교법」을 제정한 목적이 본래 사학에 대한 정부의 통제권 강화에 있었고, 1차 개정이 유신체제에서, 2차 개정이 신군부 집권 초에 이루어졌기 때문에 자연히 법인의 권한을 축소하는 방향으로 진행되었다. 전두환 정부의 개정(1981.2)은 '기본시책'(1981.8)에 근거, 법인과 대학의 경영을 분리하여 법인은 육영사업 본래의 목적에 따라 대학의 운영을 지원하는 역할만 담당하고 총학장이 학사 운영, 교직원 인사, 예산의 편성과 집행 등 대학 경영을 관장하도록 이원화한 것이다. 이를 위해 사학 설립자와 직계가족 등은 총학장에 임명될 수 없도록 했다. 총학장에게도 교원의 임면 때 법인 인사위원회의 동의를 얻게 하였고, 예산의 편성·집행·결산에 교수들이 참여하는 대학재무위원회를 거치도록 하였지만, 총학장의 권한에 무게중심을 실어준 것이다.

반면, 노태우 정부의 1990년 개정은 사학의 자율성을 높인다는 명분으로 1982년 개정안을 180도 뒤집어 사학법인의 권한을 극대화하여 주었다. 법인 이사장이 타 사학법인 이사장을 겸직하는 것을 허용해주고, 이사회의 친인척 비율도 기존 33%에서 4

0%로 늘려주었으며, 법인의 기본 재산을 임대할 때 문교부의 허가를 받지 않아도 되게 하였다. 특히 총학장의 권한이던 학사 운영, 교직원 인사, 예산의 편성과 집행권 등을 모두 법인에 반납하게 했고, 사학 설립자와 직계가족의 총학장 취임을 인정하였다. 이로써 총학장 권한이 크게 줄어든 것은 물론이고, 교수들도 대학재무위원회 해체, 임용 기간의 법인 재량 등으로 인해 법인의 강력한 통제권에 들어가게 되었다.

1990년의 3월의 개정은 본래 정부가 준비했던 개정안은 물론, 재단협의회에서 주장하던 것보다도 법인의 권한을 훨씬 더 강화한 내용이었는데, 그 주역은 바로 민자당이었다. 사학법인은 조선대 법인이 각종 비리로 물러난 데에 위기의식을 공유하며 인사권·재정권은 '사학법인 고유의 영역주권'으로 보호받아야 한다며 주장하였다. 사학법인과 이해관계가 있던 민자당 의원들이 제안하고 여당 단독으로 날치기 통과한 개정안이 확정되자마자 족벌경영을 정당화해주고, 교권을 크게 위축시키는 악법이라는 비판이 보수성향의 한국교총에서까지 제기될 정도였지만, 노태우 정부는 특유의 모르쇠로 일관했고, 그때의 개정 내용은 지금까지 큰 변화 없이 유지되고 있다.

노태우 정부의 개정은 조선일보마저 사설을 통해 "과거 문제가 되었던 이른바 족벌체제의 부활을 가능케 한 점에서 재고의 여지가 있는 것으로 보인다"(1990.4.21)고 할 정도로 사학법인에게 무소불위의 권한을 부여하였다. 그리고 결과는 모두의 예상과 다르지 않았다. 사학법인은 재임용제를 통해 정부에 비판적인 교수들을 알아서 탈락시켰고, 그 와중에 법인에 비판적인 교수들도 함께 내보냈다. 상지대는 전임강사 재임용 기간을 2년에서 6개월로 단축해 학기마다 재임용 여부를 심사했고, 신임 교수 임용 때 교수협의회에 가입하지 않는다는 각서를 받는 대학도 나타났다 (동아, 1989.2.2; 길윤형, 2005.12.20; 김정인, 2018, 270).

물론 1981년 개정 목적도 고등교육의 발전을 위한 것이라기보다는 사학비리에 대한 국민의 여론을 이용하여 국민의 지지와 정권의 정당성을 확보하는 데 있었다. 그래서 처음에는 공공성 확보가 이루어지는 것처럼 보이지만 시간이 지날수록 공공성을 빙자한 사학에 대한 통제와 개입으로 변질하였다. 하지만 법인의 일방적 전횡을 막을 수 있도록 법인과 대학을 분리하는 법적 통제장치가 엄연하였다는 점에서는 분명 긍정적이다. 아이러니하게도 쿠데타 정권이자 광주학살의 원흉이 「사립학교법」을 바람직한 방향으로 개정한 데 비해, 촛불정부를 자임하는 문재인 정부는 문제가 많은 현행 「사립학교법」에 대해 개정 의지를 전혀 갖고 있지 않다는 점에서 비판받아 마땅하다.

7. 연이은 입시비리와 재정 문제

예비고사와 학력고사를 통한 국가의 대학입시 통제, 정원 증가를 통한 입시 경쟁 완화 등의 조치에도 불구하고, 노태우 정부 시절 대학 입시비리 사건은 여러 사립대학에서 끊이지 않고 발생하였다.

먼저 고려대에서 1988학년도 입시에 3명을 부정 입학시켰고, 인하대도 1988년에 교직원과 한진 임직원 자녀 43명을 특혜 입학시켰다(뉴시스, 2018.12.1). 상지대가 134명을(1983~1985), 영남대가 1인당 2천만 원씩 29명을(1987~1988), 우석대가 12억 원을 받고 86명을(1988) 부정 입학시켰다. 이처럼 1988년 당시 부정 입학 등 법인 비리로 분규가 발생한 대학이 30개나 되었지만, 문교부는 대학의 자율성을 침해할 우려가 있다며 시종 소극적 태도로 일관하였다. 학생들이 증거를 입수하고 공개 감사를 요청하면 사실 확인만 하는 정도에 그쳤을 뿐 적극적인 사법 대응은 하지 않았다(한겨레, 1989.9.2).

1989학년도 입시에서도 10여 개 대학의 입시비리가 드러났다. 경기대·숙명여대·중앙대·한양대 등에서 실기점수 조작 등 교직원 개인의 부정행위가 있었지만(동아, 1989.8.22), 더 큰 문제는 대학 차원에서 이루어진 조직적인 부정행위였다. 최초로 구조적 입시비리가 밝혀진 대학은 고려대였다. 학내시위로 본관을 점거한 학생들은 우연히 입시비리 자료를 획득하게 되었고, 자체 조사를 통해 고대 교직원 자녀 25명과 그 밖의 40여 명으로 이루어진 70여 명의 부정 입학자 명단을 국회와 문교부에 제출하고 특별감사를 요청하는 한편 검찰에 고발하였다.

교육부의 「감사결과처분」(1989.6)에 따르면 고대는 입시와 관련된 자료를 모두 소각했고, 교육부도 1988~1989년의 교직원 자녀 특혜입학만 문제 삼아 기부금 입학에 따른 파장을 축소하기 위해 최대한 노력하였다. 김용옥金容沃 교수의 주장에 따르면 그 규모는 천 명 단위로서 상상을 초월하였는데, 부정 입학 문제에 대하여 항의하였던 윤용尹溶 교수는 직위 해제되었고, 정작 주역인 이준범李準範 총장은 100만 원 약식 기소로 마무리되었다.

문교부는 부정 입학에 관여된 사실이 드러나면 총장 등 관련자 모두를 형사 처벌하겠다고 공언하였지만, 특별감사를 통해 입시비리의 전모가 고스란히 드러난다면, 학생들의 비판을 감당하기 어렵고, 혹여 고려대가 운동권에 의해 장악된다면 그것은 특정 대학만의 문제가 아니라 체제 안정과도 밀접한 관계가 있다는 점을 더 우려하였다(한겨레, 1989.4.1).

정작 더 큰 논란이 되었던 것은 1989년의 동국대 입시비리였다. 이사장이 직접 돈을 받고 학생을 부정 입학시켜주었고, 총장은 전공에 따른 액수를 정해 46명에게 21억 원을 받고 입시성적을 조작하여 입학시켰다. 그런데 문교부가 앞장서서 사태를 덮어준 고려대와 달리 동국대는 이사장과 총장이 동시에 구속되는 초유의 일이 발생하자 입시비리의 구조적 문제가 사회적 관심사가 되었다.

결원이 발생할 경우, 부적격자를 입학시키는 방식도 문제지만 대학 당국이 나서서 서류 조작을 하면 억울한 피해자가 다수 발생한다는 사실이 밝혀졌다. 또 입시 관련 서류를 3년간 보관하게 된 규정을 어기고 무단 파기하여 누가 피해자인지 알 수 없게 하거나 설령 소송하여 승소하더라도 학년 개시일로부터 30일 이내에 입학하도록 법에 규정되어 있어 실익이 없다는 점이 사회적 논란이 되었다.

문교부는 81개 사립대학 총학장에게 입시 공정관리를 촉구하는 공한을 발송하면서도 '100명을 부정 입학시킨 대학도 행정조치로 끝났는데, 개인적으로 횡령한 이사장과 달리 대학 재정에 보태쓴 총장까지 구속하는 것은 형평에 어긋난다'며 총장 구속을 '검찰의 과잉조치'라고 비판하였다. 동국대 교수와 학생 역시 입시비리는 잘못된 것이지만 총장이 예결산 공개와 11월 총장 직선제에 합의하면서 대학 민주화에 앞장섰는데, 굳이 총장을 구속한 것은 직선제를 방해하려는 정치적 꼼수라며 대규모 집회를 열어 항의하였다(동아·한겨레, 1989.9.2). 명지대에서도 총학생회가 부정 입학자 22명의 이름을 공개하여 이들이 찬조금을 기부하는 방식으로 입학하였다고 폭로하였다(한겨레, 1989.8.11).

1990학년도에도 연세대가 8명을 부정하게 입학시킨 일이 밝혀졌고, 한성대에서는 이사 등이 교수와 교직원에게 부정 입학 대상자를 추천받아 입학정원 720명의 13%에 해당하는 94명을 부정 입학시킨 뒤 32.8억 원을 받는 대규모 입시비리가 발생하였다. 이 사건은 이미 1학기에 문교부에 제보되었지만, 조사에 착수하지 않자 학생들이 관련 사실을 교내 신문에 폭로, 검찰 수사로 전모가 밝혀졌다. 야간대학 특별전형 산업체 근무자 172명의 재직증명서 등 입학 자격 증빙서류를 파기한 것도 의혹을 사기에 족하였으나 이는 그냥 무마되었고, 동국대의 전례에 따라 부정 입학생에 대해서는 별다른 조치를 내리지 않았다. 비리가 밝혀진 뒤 부정 채용된 교수 등 34명의 교직원 퇴진도 총학의 몫이었다(동아·경향·한겨레, 1990.10.12).

입시비리는 1991년에 들어 더 조직적으로 자행되었다. 건국대·서울대·연세대·이화여대 음대에서, 경기대·경희대·세종대·숙명여대·조선대·한양대 체대에서 실기시험을 둘러싼 부정이 발견되는 등 크고 작은 입시비리가 전국적으로 일어났다(한국경제, 1991.1.29.).

2월, 건국대 교직원노조가 입시비리를 폭로했고, 교육부 감사 결과 1990~1991학년도 입시에 비리가 있었음이 밝혀졌지만, 교육부는 관계자 중징계로 마무리하였다. 그런데 6월 말 전대협 밀사로 북한에 파견된 건국대 학생이 부정 입학생이었음이 언론에 공개되면서 2차 감사가 이루어져 1989~1991년에도 49명의 부정 입학이 있었던 사실이 밝혀졌다. 그 후 또 제보가 들어와 검찰에서 조사한 결과 1988년에도 53명의 부정 입학이 있었음이 다시 밝혀졌다(시사저널, 1991.8.22).

9월에는 성균관대학에서 미등록 결원 충원 과정에서 순위를 조작하는 방식으로 교직원 자녀 52명과 기부자 50명 등 총 102명을 부정 입학시켰는데, 62억 원을 낸 부정 입학자에게 건학 600주년 기념사업 명목의 영수증에 총장 직인을 찍어 발급하였음이 드러났다. 대학은 입시비리보다 감사 불응으로 처벌을 받는 편을 선택, 관련 서류 제출을 거부하였고, 교육부도 이를 눈감아 주었지만 결국 검찰 조사로 이어져 전임 총장 등이 구속되었다(동아, 1991.9.6~10). 1993년 광운대에서도 입시비리가 밝혀졌고, 이 일로 이사장이 미국으로 도피하는 일이 발생하였다.

입시비리가 끊이지 않자 김영삼 정부는 1986~1993년 부정 입학생이 모두 1,412명이며, 52개 대학에서 부정 입학 900명, 부정 편입학 118명이 있었고, 채점 오류로 인한 343명을 빼면 20개 대학에서 입시비리가 자행되었다고 밝혔다. 아울러 관련된 학부모 명단을 공개하였는데, 여기에 김영식金永植 전 문교부 장관, 장강재張康在 한국일보 회장, 최형우崔炯佑·신상우辛相佑·임춘원林春元 의원 등이 포함되어 있었다. 하지만 사회에서는 입시비리의 규모가 적발된 것보다 더 많으리라 여겼고, 교육부가 부정사실을 적발하고도 사직당국에 고발한 사례는 단 한 건도 없었다는 데 분개하였다. 하지만 교육부는 이미 지나간 일이므로 재감사하거나 고발 조치하는 일은 없을 것이라고 밝혔다(동아, 1993.5.9).

1998년 3월, 외환위기로 온 나라가 어려움에 처해 있을 때 단국대 법인이 부도를 냈다. 교육부가 단국대에 대한 종합감사를 진행하다가 1,700억 원에 달하는 막대한 부채를 발견하고 15일 이내에 해결할 방안을 제시하라고 요구하였다. 이에 단국대 법인은 한남동 캠퍼스를 2,800억 원에 매각하고 용인으로 이전하는 사업을 서둘렀는데, 법인이 교육부로부터 교육용 기본 재산 처분 허가도 받지 않은 채 무허가 주택조합에 매각하는 불법을 저지른데다 한남동 캠퍼스 형질변경과 풍치지구 해제가 무산되면서 자금난에 봉착하게 되었고, 그 과정에서 어음 사기 사건에 휘말려 233억 원을 떼이기도 하였다.

부도 사태는 이후 관련 회사가 모두 파산하고, 2천억 원의 공적자금이 투입되어 수습되었는데(시사저널, 2004.4.22), 이런 복잡한 과정의 이면에는 단국대가 본래 이전하려 했던 내곡동 부지를 안기부가 차지하게 된 것과 무관하지 않다는 이야기가 있다. 또 당시 사립대학 가운데 병원을 신축하거나 캠퍼스를 확장하던 대학들은 외환위기로 인한 엄청난 환차손에 시달리고 있었는데, 공교롭게도 단국대는 이 두 가지 요인이 다 겹쳐서 문제를 더욱 키웠다.

8. 등록금 자율화

잇달아 터지는 사학비리에 대해 교육부가 문제를 덮는 데만 급급한 것은 비난받아 마땅하지만, 언론에서도 개인 횡령이 아닌 경우에는 관대하게 처리하는 것이 바람직하다고 권고한 것은 사립대학의 재정 여건에 대한 고려가 있었기 때문이다. 1980년대까지 등록금 인상률은 문교부와 경제기획원이 논의하여 결정하였다. 정부는 당연히 국민 여론을 고려해 등록금 인상률을 최대한 억제하고자 했다. 사립대 등록금 인상률은 24%(1981), 16.7%(1982), 9.8%(1983)로 매우 높았지만 1980년대 중반부터 물가가 안정됨에 따라 점차 낮아져서 2.8%(1986), 3.9%(1987)까지 낮아졌으며, 이는 공무원 봉급 인상률 4%(1986), 6.1%(1987)보다 더 낮은 선이었다. 1987년 평균 임금 상승률은 17.2%였다.

등록금 자율화 조치를 시행하기 직전, 19개 주요 사립대 사무처장들은 1989학년도 등록금을 인문사회계열 10%, 이학·공학·의학은 15~17%를 인상하기로 합의하였으나, 대교협 이사회에서는 7.4%로 결정하고, 대신 입학금을 9만 원에서 20만 원으로 인상하는 선에서 조정하였으나 최종적으로는 6.3% 인상으로 결정되었다. 별다른 법적 근거가 없는 입학금이 과도하게 많아진 까닭이다. 그해 총무처는 공무원 봉급을 24% 인상해 달라고 요청했고 경제기획원은 13%를 고수하여 논란이 전개될 정도였으니 등록금 인상률은 상대적으로 낮은 편이었다(동아, 1986.1.23, 9.25, 1987.9.5, 1988.8.6, 1989.1.25).

이런 상황 속에서 1981년에 시작된 졸정제가 1987년에 종료되고, 1988년부터 입학정원제 환원이 예정되자 대학은 정원 15% 감축, 시설기준과 장학금 고정에 따른 재정 악화를 우려하여 등록금 자율 책정권을 요구하기 시작했다. 그러자 노태우 정부는 정권에 대한 사학법인의 적극적인 협조를 얻어내고, 대학에 대한 정부의 재정 부담을 줄이기 위해 자율화 조기 정착, 재정자립도 향상, 대학별·전공별 수익자부담원칙 적용 등을 구실삼아 본래의 계획을 3년 앞당겨 1989년부터 등록금을 자율적으로 정할 수 있도록 해주었다(동아, 1988.9.3).

[표17] 1980~2019년 고교 및 대학 취학률·진학률(%)

연도	고등학교		대학교
	고교취학률	대학진학률	대학취학률
1980	48.8	27.2	11.4
1981	54.1	35.3	14.6
1982	58.2	37.7	17.0
1983	61.7	38.3	19.3
1984	62.8	37.8	21.2
1985	64.2	36.4	22.9
1986	65.2	36.4	22.3
1987	65.3	36.7	23.2
1988	67.0	35.0	22.3
1989	69.8	36.9	22.6
1990	79.4	33.2	23.6
1991	78.7	33.1	23.7
1992	77.5	34.3	24.9
1993	78.9	38.4	27.1
1994	80.5	45.8	31.7
1995	82.9	51.4	54.9
1996	83.1	36.0	41.1
1997	85.5	60.1	64.1
1998	88.7	45.3	46.4
1999	91.1	66.6	48.5
2000	89.4	68.0	52.5
2001	89.7	70.5	55.1
2002	88.2	74.2	56.4

2003	89.3	79.7	58.4
2004	89.3	81.3	61.4
2005	91.0	82.1	65.2
2006	90.3	82.1	67.8
2007	91.3	82.8	69.4
2008	89.7	83.8	70.5
2009	91.5	81.9	70.4
2010	91.7	79.0	70.1
2011	92.0	72.5	68.4
2012	92.5	71.3	68.4
2013	92.5	70.7	68.7
2014	93.2	70.9	68.2
2015	92.5	70.8	67.5
2016	93.1	69.8	67.4
2017	93.7	68.9	67.6
2018	92.4	69.7	67.6
2019	91.3	70.4	67.8

(취학률 및 진학률 시계열조회/e-나라지표)

[표18] 1980~2010년 등록금(원)과 인상률(%)

연도	등록금		인상률		
	국립대	사립대	국립대	사립대	소비자물가
1980	344,000	671,000			
1981	477,000	832,000	38.7	24.0	21.4
1982	549,000	971,000	15.1	16.7	7.2
1983	650,000	1,066,000	18.4	9.8	3.4
1984	737,000	1,115,000	13.4	4.6	2.3
1985	776,000	1,158,000	5.3	3.9	2.5
1986	804,000	1,191,000	3.6	2.8	2.8
1987	809,000	1,237,000	0.6	3.9	3.0
1988	855,000	1,356,000	5.7	9.6	7.1
1989	904,000	1,442,000	5.7	6.3	5.7
1990	943,000	1,627,000	4.3	12.8	8.6
1991	1,081,000	1,872,000	14.6	15.1	9.3
1992	1,115,000	2,142,000	3.1	14.4	6.2
1993	1,238,000	2,503,000	11.0	16.9	4.8
1994	1,376,000	2,843,000	11.1	13.6	6.3
1995	1,547,000	3,234,000	12.4	13.8	4.5
1996	1,739,000	3,711,000	12.4	14.7	4.9
1997	1,857,000	3,999,000	6.8	7.8	4.4
1998	1,901,000	4,078,000	2.4	2.0	7.5
1999	1,942,000	4,101,000	2.2	0.6	0.8
2000	2,193,000	4,511,000	12.9	10.0	2.3
2001	2,300,000	4,779,000	4.9	5.9	4.1
2002	2,471,000	5,109,000	7.4	6.9	2.8
2003	2,654,000	5,452,000	7.4	6.7	3.5
2004	2,902,000	5,776,000	9.3	5.9	3.6
2005	3,115,000	6,068,000	7.3	5.1	2.8

2006	3,423,000	6,473,000	9.9	6.7	2.2
2007	3,775,000	6,893,000	10.3	6.5	2.5
2008	4,169,000	7,380,000	10.4	7.1	4.7
2009	4,190,000	7,420,000	0.5	0.5	2.8
2010	4,292,000	7,531,000	2.4	1.5	2.9

(뉴스타파, 2017.5.2)

당시 정부는 초중고 교육환경을 대폭 개선하기 위해 1989학년도 예산을 초중고 중심으로 편성하여 5~10% 인상하고 사립대학에 대한 국고지원은 50% 인하하기로 하면서 그 대신 등록금 자율화를 허용한 것이었다(동아, 1988.8.5). 이로써 사립대는 입학금·수업료·기성회비를, 국공립대는 기성회비를 학교가 자율적으로 결정하되 대학교육협의회에서 이를 협의·조정하도록 했다.

하지만 등록금은 1987년 민주화와 함께 모든 대학에서 학내 분규의 쟁점 사안이 되어 실제로는 인상하기가 힘들 것이라는 정부의 예측대로 1990년까지 인상 폭은 높지 않았다. 등록금은 1993년 김영삼 정부의 출범으로 민주화를 둘러싼 갈등이 줄어들면서 큰 폭으로 상승하기 시작하였다. 그리고 국공립대 등록금은 2003년 노무현 정부에서 자율화를 인정해 주었지만, 실제 인상률은 사립대학과 마찬가지로 김영삼 정부 때인 1993~1996년이 가장 높았다. 여기에는 김영삼 정부의 신자유주의적 기조가 한몫하였다.

9. 기여입학제 논란

대학을 설립하여 운영하는 데는 막대한 비용이 소요되기 때문에 정부가 대학을 설립 운영하되, 재정에 여력이 없어 그 수요를 감당하기 힘들 경우에만 사립대학이 부족한 부분을 보완하는 것이 일반적인 상황이다. 단 사립대학이라고 해도 순전히 등록금에만 의존하여 운영하는 경우는 어느 나라건 찾아보기 힘들다. 그런데 우리 정부는 재정 부담을 줄이기 위해 초중등교육은 국가가 책임을 지되 대학교육은 수익자부담을 원칙으로 한다는 정책을 고수하였기 때문에 국립대학 설립에 소극적이었음은 물론, 사립에 대한 재정 지원에도 매우 인색하다.

하지만 토지 외에는 별다른 수익원을 확보하지 못한데다, 대학을 사유물로 인식하는 오랜 관습으로 법인에 의한 입시비리가 끊이지 않고 발생하자 법인들은 대학 경쟁력 강화의 필수조건인 예산 확보를 위해 재정 지원을 해줄 수 없다면 그 대안으로 기여입학제를 허용해 달라고 요구하면서 대학의 자율성 증진을 그 명분으로 내세웠다. 대학이 자신들이 원하는 학생을 선발하고 교육하는 것이 대학자율화의 본질이므로 예비고사나 학력고사 등 성적 위주의 기존 방식 대신 선발 기준을 다양화하는 것이 자율성 증진의 요체이며, 기여입학제도 그 가운데 하나가 될 수 있다는 것이다.

산발적으로 제기되었던 기여입학제 논의가 정부 차원에서 공론화된 것은 입학정원제 환원을 앞둔 1986년이었다. 어떻게 해서든 사립대학의 재정 문제를 해결해주어야 했던 정부는 경제기획원의 제6차 5개년계획(87~91) 조정위원회에서 이 문제를 공론화하였다. 공동위원장인 박승朴昇 교수는 검토 필요 의견을 제시했고, 경제기획원에서도 이에 동의하였다. 그러나 오히려 교육계 인사들은 위화감 조성의 우려가 있다며 만약 기부금 입학을 허용한다면 그 기부금은 다른 학생의 학비 감면으로만 써야 한다고 주장하였다.

위원회에서는 입학정원의 1% 이내에서 대상자를 추첨하여 객관성을 담보하는 것이 바람직하다고 의견을 모은 뒤 이를 교육개혁심의회 연구과제로 채택할 것을 의결하였다. 그와 함께 1,000~1,500억 규모의 사학금고를 설치하고, 기업이 사학에 기부금을 낼 경우, 이를 손비損費로 처리할 수 있도록 관계 세법을 개정하는 문제도 논의하였다(동아, 1986.1.23). 그러나 문교부는 국민적 합의를 얻지 못한 상태에서 기부금입학제를 도입하기는 어렵다고 반대하여 결국 유야무야되었다.

그러자 1988년 12월, 한국대학법인연합회는 정원의 1~2% 정도로 정원외 기부금 입학을 허용해 달라는 건의문을 문교부에 제출하였다. 이어서 연세대가 신입생 선발권을 대학에 환원하는 1992년 전까지 기여입학제 관련 학칙을 마련하겠다고 밝혔으며, 고려대와 이화여대 등도 제도 도입을 적극적으로 검토하겠다며 호응하였다(동아, 1989.1.13).

그런데 앞에서 설명한 것처럼 1991년에 법인 차원의 구조적인 입시비리가 계속 발생하고, 그 수익 상당수가 시설 투자에 쓰여 법적으로 단죄하기 애매한 상황이 벌어지자 교육부는 입장을 바꾸어 기여입학제 도입을 본격적으로 검토하기 시작하였다. 당시 정부는 동구 공산주의 국가의 붕괴와 소련의 해체, 남북한 동시 유엔가입 등으로 운동권의 입지가 좁아졌다고 보고 학내 문제에 대한 대책에 집중하던 중, 교육예산을 획기적으로 증가시켜 줄 수 없는 상황에서 등록금 예고제와 함께 기여입학제를 그 대안으로 진지하게 검토하였다. 당시 사립대학 재정에 대한 정부의 기여는 1%에 불과하였다.

9월, 정부는 총리 주재 관계 장관 간담회에서 국민의 공감대 형성을 전제조건으로 내세웠지만 '적극 검토'로 방향을 선회하고 공청회 등을 거쳐 추진한다고 결정하였다. 하지만 사학의 재정 상태를 투명하게 공개하고 재정적 어려움의 원인과 대안을 모색하는 것이 정도이지, 사유화·세습화하는 사립대학에 기여입학제를 허용하는 것은 입시비리를 양성화하는 것에 불과하다는 비판이 거세게 일어났다. 결국, 집권 여당은 기여입학제 도입을 포기하고 사학에 대한 정부 보조금을 200억에서 300억으로 늘려주는 것으로 마무리하였다.

그 뒤로도 기여입학제는 여러 차례 거론되었지만, 국민의 부정적인 정서를 극복할 수 없었고, 결국 1999년 김대중 정부에 의해 본고사·고교등급제와 함께 '3불정책'의 대상이 되어 전면금지되었다. 3불정책은 일부 조정을 요구하는 움직임에도 불구하고 국민적 합의로 자리 잡아 현 정부에 이르기까지 유지되고 있다.

10. 「재무회계 특례규칙」과 적립금

사립대학에 적용되는 회계 기준은 「사학기관 재무·회계 규칙」(「재무회계규칙」)과 「사학기관 재무·회계규칙에 대한 특례규칙」(「재무회계 특례규칙」)이 있다. 이 두 규칙은 "학교법인의 회계

규칙 기타 예산 또는 회계에 관하여 필요한 사항은 교육부 장관이 정한다"고 한 「사립학교법」 제33조(회계규칙 등)에 근거하여 교육부령으로 제정되었다. 먼저 제정된 「재무회계규칙」(1969.7)은 전체 사학을 대상으로 하고, 뒤에 제정된 「재무회계 특례규칙」(1981.2)은 대학에만 적용된다.

'특례규칙'은 기존 규칙에 대한 특례 사항을 명시한 것이어야 하는데, 「사립학교법」에 재무·회계에 관한 근거, 위임조항이 없어 사실상 특례가 아닌 사학에 대한 별개의 재무·회계 기준의 성격을 지니고 있다. 대학은 「재무회계 특례규칙」에 따라서 자금계산서·대차대조표·운영계산서로 이루어진 재무제표를 작성하여야 하는데, 비영리법인이므로 기업과 달리 자본변동표와 이익잉여금처분계산서는 작성하지 않는다. 자금계산서에는 대학과 법인의 자금수입과 지출이 보고되고, 자산·부채·기본금의 증감은 대차대조표에 반영되며, 수익과 비용에 관련된 거래는 운영계산서에 보고된다. 이는 비영리회계의 특징인 예산회계를 기본으로 하고 있기 때문이다.

「재무회계 특례규칙」에는 일반회계에서 사용하지 않는 용어가 사용되고, 교비회계·부속병원회계 등에 각기 다른 회계처리 기준을 적용하여 재정 상황과 운영성과 등이 잘 반영되지 못하므로 종합재무제표로서의 유용성이 떨어진다는 비판이 있다. 또 국립대학과 회계 처리기준이 달라 상호 비교가 어렵다는 점도 문제점으로 지적받고 있다(이상 최혁, 2012, 1~16; 김우영, 2018, 245~266).

노태우 정부 들어와 등록금 문제와 함께 세간의 관심을 끈 것은 각 대학에서 적극적으로 시작한 발전기금 모금과 적립금이었다. 어느 대학이건 여유 자금을 기금 형태로 축적하였지만 '적립금'에 대한 개념이 정착된 데에는 1987년의 「재무회계 특례규칙」 개정과 관계가 있다. 하지만 1980년대에는 사용 용도나 운영 방법 등 세부적인 내용이 명시되지 않아 기부금과 등록금 모두 적립금으로 활용 가능하였으며 실제 적립 규모도 크지 않았다.

이후 적립금 규모가 커지고 사회적 관심사가 되자 1996년에 「재무회계 특례규칙」을 개정하여 제26조(적립금의 적립 및 사용)를 신설하였다. 여기에서 적립금을 원금보존적립금과 임의적립금으로 구분하고, 성격에 따라 연구·건축·장학·퇴직·기타 등 5개 항목으로 분류한 뒤 기타 적립금을 제외하고는 4개 항목은 반드시 그 목적에만 적립금을 사용할 수 있게 하였다.

[표19] 2019년 대학적립금 구성 비율(%)

4년제 대학			전문대학		
번호	항목	비율	번호	항목	비율
1	건축기금	45.9	1	건축기금	70.2
2	특정목적기금	26.1	2	특정목적기금	14.8
3	장학기금	17.5	3	장학기금	10.3
4	연구기금	9.4	4	퇴직기금	3.4
5	퇴직기금	1.1	5	연구기금	1.3

(조선에듀, 2020.8.31)

하지만 그 뒤로 사학마다 발전기금 유치에 적극적으로 뛰어들어 상당한 성과를 거두고, 사회 전반에서도 대학의 경영 효율화를 부추기는 분위기가 만연하자 정부는 사립대의 취약한 재정 여건이 등록금 의존도를 심화시킨다며 적립금을 예금 적금 등에만 예치하도록 하는 규제를 완화하여 적립금의 1/2 이내에서 유가증권(펀드·주식) 등에 투자할 수 있도록 허용하였다(2007). 4조 6,393억이었던 적립금(2008)이 1년 만에 거의 두 배로 늘어나자 2009년에 사학법인은 적립금을 각종 금융상품에 적극적으로 투자하였다(인하프레스, 2010.11.8).

하지만 대학의 적립금 투자는 전문성 부족 등으로 대부분 큰 손실을 보고 말았다. 2009년에는 전국 36개 대학이 총 5,089억 원을 투자했다가 357억 원의 손실을 보았는데, 여기에 법인 투자 손실까지 더하면 그 규모는 더욱 커진다(프레시안, 2012.5.3). 이때 문제가 된 것은 등록금까지 적립금으로 충당하면서 주식과 펀드 등에 투자한 점이다. 누적 적립금 500억 원 이상(2009.2 기준)의 41개 사립대학에서 3년간 등록금을 기금회계로 넘긴 금액이 최대 544억에 달했기 때문에 투자손실의 피해가 학생들에게 그대로 전가될 수밖에 없었다(한국대학신문, 2011.10.28).

또 한 가지 논란이 된 것은 기타 적립금이었다. 2009년, 적립금 총액 7조 원은 건축(46%), 기타(34.8%), 연구(9.2%), 장학(8.6%), 등으로 구성되었다. 용도가 불투명한 기타 적립금은 적을수록 바람직하다는 비판이 있자 건축기금으로 전환했지만, 기타가 여전히 1/3이 넘었고, 특히 경희대(67.9%), 중앙대(51.5%), 국민대(49.2%), 이화여대(42.7%)가 그러하였다(프레시안, 2011.3.29). 이런 점도 무분별한 투자를 부추기는 요인이라는 지적이 제기되자 교육부는 회계의 투명성과 객관성을 향상하기 위해 「재무회계 특례규칙」 제26조를 개정하여(2009.12),

① 적립금을 원금보존·임의적립금으로 구분한 뒤, 다시 연구·

건축·장학·퇴직·기타적립금으로 적립할 수 있다.
② 학교 회계는 등록금회계와 기금회계로 구분한다.
③ 기금회계의 적립금은 그 상당액을 기금으로 예치하여 관리하여야 한다고 규정하였다. 그 밖에도 감가상각 도입, 투자유가증권 시가평가 등을 도입하였다(한국대학신문, 2011.10.28).

하지만 회계만 구분했을 뿐 등록금회계를 적립금을 사용할 수 없도록 규제하는 조항은 없었다. 그래서 등록금을 적립금으로 충당하는 일이 계속되었다. 또 2013년 1월에「사립학교법」제29조(회계의 구분 등)를 "회계를 학교회계와 법인회계로 구분하고, 학교회계는 교비회계와 부속병원회계로 구분하며, 교비회계는 등록금회계와 비등록금회계로 구분한다. 기부금은 교비회계 수입으로 한다"고 개정하여「특례규칙」제26조 제1~3항은 삭제되고 말았다(2014.3).

그리고 다시「사립학교법」을 개정하여 제32조의 2(적립금) 제2항에 '특정목적적립금'을 두어 기타 적립금을 대치하였다(2016.12). 그리고 다시「사립학교법」제29조 제6항의 "교비회계에 속하는 수입이나 재산은 다른 회계에 전출·대여할 수 없다"에 "목적 외로 부정하게 사용할 수 없다"고 추가하여 명목상의 규제조항을 마련하였지만, 등록금으로 건물의 유지·보수와 증축 등을 위한 감가상각비, 적립금 1/2 이내 증권의 취득, 적립금 1/10 이내 소속 교원과 학생이 설립한 벤처회사에 투자에 사용할 수 있게 하여 감가상각비 항목을 양성화해주는 등 등록금의 적립금 전용의 길을 열어준 측면도 있다.

등록금 회계를 용도 외에 불법 사용하는 문제도 가끔 발생한다. 성신여대 심화진沈和珍 총장이 학생을 고소하면서 본인이 부담해야 할 변호사 비용을 등록금회계에서 지출하는 불법을 저지른 바 있다. 이것이 사회적 문제로 비화하자 교육부는 「사립학교법」 시행령을 개정하여 이를 사후 승인하려다가 사교련 등 교수단체의 강력한 반대로 중단한 일이 있다(2016.4). 교육부의 이런 도덕적 해이가 언제든 발생할 수 있다는 점에서 주목할 필요가 있다.

11. 발전기금 모금과 논란

정부의 재정지원이 미흡한 상태에서 등록금에 대한 의존도를 낮추고 재정의 안정적 기반을 구축하기 위해서는 법인이 수익사업을 해야 하나 비영리기관이며 명예를 최우선시해야 할 교육법인이 일반 기업과 수익 경쟁을 하기란 현실적으로 쉽지 않다. 그래서 주목한 것이 발전기금을 모금한 뒤 그 기금을 운용해 수익을 올리는 일이었다.

개인적 차원의 기부와 달리 거교적인 발전기금 모금은 김영삼 정부 들어와 불어닥친 신자유주의新自由主義(neo-liberalism) 열풍과 대학자율화 정책이 맞물리면서 갑작스레 대학가의 이슈로 떠올랐다. 대학마다 발전기금 모금이 재정확충과 애교심 증진이란 두 마리 토끼를 한 번에 잡을 수 있는 묘책으로 인식되었고, 나아가 대학의 우열을 과시하는 근거로 활용되는 분위기가 조성되었다. 동문과 기업의 발전기금 출연이 큰 몫을 차지했기 때문에 적립금이 많은 대학이 명문대학이라는 인식이 일반화된 것이다. 정부도 재정 지원 부담을 덜기 위해 대학의 발전기금 모금에 대하여 긍정적으로 평가하였다.

모든 대학이 발전기금 모금의 모델로 주목한 곳은 바로 하버드 대학이었다. 방대한 발전기금을 보유한 하버드 대학이 1994년 5월부터 1999년 12월 31일까지 '새천년기금' 모금 운동을 시작한다는 소식은 사립대학에 큰 영감을 주었다. 최초로 발전기금 모금에 주력한 대학은 연세대였다. 연세대는 섭외부총장제를 신설하고(1993.7) 1994년에는 외부 텔레마케터를 고용하여 신입생 학부모에게까지 발전기금 모금에 주력함으로써 대학의 오랜 금기를 깨트렸다. 이화여대가 최초로 대외협력처를 신설하자(1994.3) 대학마다 그 뒤를 따랐다. 숙명여대 이경숙李慶淑 총장은 1995년 '제2의 창학'을 선언하고 1천억 원의 발전기금을 모금하겠다고 선언하였는데, 2006년에 그 목표를 달성함으로써 CEO형 총장의 모범으로 모든 대학의 관심을 한 몸에 받았다. 이경숙 총장의 성공 사례는 각 대학 총장에게 큰 자극이 되어 전국적으로 발전기금 모금 붐이 더욱 본격화되었다.

2004년 말 기준 하버드 대학 226억 달러, 예일대 110억 달러, 스탠퍼드 대학 86억 달러, 프린스턴 대학 79억 달러, 텍사스 대학 73억 달러, MIT 51억 달러의 적립금을 보유하였다는 사실은 (부산일보, 2006.1.21) 동문과 기업을 상대로 모금 운동의 당위성을 설득하는 매우 효과적이고 고무적인 사례였다.[113] 대학교육연구소

---

[113] 하버드 대학은 2018년 6월 기준 392억 달러(45조 원)의 적립금을 운용하여 10%의 수익을 올렸고, 18억 달러를 대학운영비로 지출하였다. 이는 하버드 대학 전체 예산 50억 달러의 36%에 해당하는 액수이다. 스탠퍼드 대학도 같은 기간에 281억 달러를 운용하여 11.3%의 수익을 올리고 12억 달러를 대학운영비로 지출하였다(한국경제, 2019.5.14).

의 통계에 따르면 전국 156개 사립대학의 적립금은 7조 797억 원(2009), 7조 6,677억 원(2010), 7조 9,463억원(2011), 8조 153억원(2012), 8조 1,888억 원(2013)으로 꾸준히 늘어났다(대학신문, 2015. 5.10).

하지만 2010년 이후 각 대학의 발전기금 모금 열기는 예전 같지 않다. 적립금은 8조 278억 원(2015), 7조 9,504억 원(2016), 7조 9,335억 원(2017), 7조 7,834억 원(2018), 7조 8,817억 원(2019)으로서 답보 내지 감소 추세에 있다. 여기에는 경제적 여건의 변화와 세액 감면제도의 변화 등 많은 요인이 있겠지만 대학이 사회에서 기대하는 만큼의 실적이나 성과를 보여주지 못한 점이 일정 정도 영향을 미친 것이 아닌가 생각한다.

[표20] 적립금 1,000억 원 이상 대학(억원)

번호	대학	적립금	번호	대학	적립금
1	홍익대	7,570	11	한양대	1,669
2	연세대	6,371	12	을지대	1,512
3	이화여대	6,368	13	영남대	1,426
4	수원대	3,612	14	세명대	1,366
5	고려대	3,312	15	가톨릭대	1,312
6	성균관대	2,477	16	대구대	1,196
7	청주대	2,431	17	중앙대	1,183
8	계명대	2,310	18	경희대	1,127
9	동덕여대	2,230	19	경남대	1,080
10	숙명여대	1,866	20	건양대	1,044

(대학교육연구소, 2020년 2월 기준)

교육부와 대교협의 「대학정보공시 분석 결과」(2020.8)에 따르면 4년제 사립대의 적립금은 총 7조 8,117억 원으로서 전년도보다 983억 원(1.3%) 증가하였고, 전문대학은 2조 4,989억 원으로 전년도보다 469억 원(1.9%) 증가하였지만 10년 전과 차이가 없다. 4년제 사립대 기부금은 6,298억 원으로 2018년보다 457억 원(7.8%) 늘어났지만, 수도권이 554억 원(14.3%) 늘어난 4,430억 원인 데 비해 지방대는 97억 원(4.9%) 줄어들어 1,868억이었다. 그리고 대학교육연구소가 2019년 교비회계 결산서를 확인한 결과 153개 대학 가운데 적립금 1,000억 이상 대학은 20개교, 100억 이상 87개 교였다.

현재 전국 사립대학 적립금 총액은 하버드대 대학의 1/4에도 미치지 못하는 수준이므로 결코 많다고 할 수 없고, 적립금은 많을수록 바람직하다. 하지만 이런 객관적 상황에도 불구하고 적립금을 둘러싼 논란과 부정적 시각이 많은 데는 나름대로 이유가 있다. 우선 미국 사립대학의 적립금은 설립 법인이나 외부 기업, 동문의 기부금이 주를 이루는 데 반해 우리나라는 등록금 일부가 적립되고 있다는 점이다. 등록금 의존율이 미국의 2배 이상인데, 다시 그 일부를 적립금으로 충당하는 것은 그 액수의 다과를 떠나 수익자부담원칙에도 위배한다. 둘째, 일부 대학은 교육환경에 투자해야 할 예산을 적립금을 충당하여 교육환경이 일반대학의 수준에도 미치지 못한다는 점이다.

2013년 수원대 학생들이 법인과 이인수 총장을 상대로 낸 등록금 환불 소송에서 승소한 사건은 적립금과 관련하여 사립대학의 도덕성에 심각한 문제가 있음이 드러난 가장 대표적인 사례이다. 2013년 당시 수원대의 적립금은 3,367억 원으로 전국 4위였지만, 매년 적립금만 쌓을 뿐 정작 교육 환경 개선에는 투자하지 않아 냉난방을 비롯해 실험·실습 기자재 등 기본적인 교육여건도 제대로 갖추지 못하였고, 교육비 환원율도 72.8%(2011)에 불과하였다. 법원은 수원대의 이런 부당한 행태를 인정하고 등록금 일부를 학생들에게 돌려주라는 판결을 내렸다. 수원대는 방대한 적립금에도 불구하고 2015년 대학평가에서 하위 15%에 해당하는 정부 재정지원 제한대학에 지정되었다.

이는 청주대 역시 마찬가지여서 적립금 2,864억 원으로 비수도권 대학 가운데 전국 1위였지만 1인당 교육비는 107위에 그쳤고, 수원대와 마찬가지로 정부 재정지원 제한대학에 지정되었다(대학신문, 2015.5.10). 2020년 현재 전국 사립대학 적립금 1위인 홍익대의 학생 1인당 교육비는 전국 100위 권(2019)이며, 교육비 환원률은 132%로서 서울 시내 25개 주요 사립대 가운데 최하위이다(2019). 법인이 부담하도록 법적으로 부과된 의무 법정부담금도 13% 밖에 내지 않고 있다(2018).

이런 요인들이 최근 기업 여건의 악화, 대학에 대한 사회적 기대의 하락, 재정 운영의 신뢰성 미흡 등과 연계되어 기금 모금 여건이 갈수록 어려워지고 있다. 하지만 사립대학으로서는 발전기금 모금은 포기할 수 없는 과제이므로 위의 부정적 요소를 줄여야 하며 특히 기금의 효율적 사용과 운영의 전문성이 보완되어야 할 것이다. 서울대가 국내 대학 최초로 2,000억 원의 기금을 삼성자산운용에 위탁한 것도 기금 운용 전문성 부족을 보완할 새로운 모델이 될 것으로 보인다(서울경제, 2019.12.10).

12. 총교육비와 1인당 교육비

대학과 관련된 재무지표 가운데 가장 중요한 것은 아마 총교육비와 1인당 교육비일 것이다. 총교육비는 대학이 교육과 교육여건의 조성을 위해 투자한 모든 비용(인건비·운영비·장학금·도서구입비·실험실습비·기계기구 구입비 등)의 총계로서, 이를 재학생 수로 나눈 것이 바로 학생 1인당 교육비이다.

1인당 교육비는 이공계의 규모와 실적에 크게 좌우되기 때문에 인문사회계 위주 대학은 상대적으로 지표가 하향 왜곡될 수 있다. 반면 1인당 교육비가 낮더라도 재학생 수가 많으면 총교육비가 올라가므로 총교육비의 크기가 곧 교육의 질을 담보하는 것은 아니다. 다만 1인당 교육비가 많더라도 재학생 수가 적으면 대학의 사회적 영향력이 약하므로 총교육비는 교세校勢를, 1인당 교육비는 교육의 질을 반영한다고 할 수 있다.

총교육비 규모가 가장 큰 대학은 서울대이고, 연세대·고려대·카이스트가 그 뒤를 이어 세칭 SKY+1 대학의 위상이 남다름은 통계에도 잘 나타난다. 총교육비 통계에서 한 가지 유의할 점은 속칭 '서울 주요 대학'이라고 하여 10여 개 대학을 묶어서 통계 처리하는 경우가 많은데, 총교육비 규모 차가 3배나 되기 때문에 현실과 동떨어진 착시현상이 얼마든지 발생할 수 있다는 점이다.

더불어민주당 박경미朴炅美 의원이 발간한 정책자료집 『서울지역 대규모 사립대학 진단(2013~2018)』에 따르면 서울의 12개 대형 사립대학이 전체 사립대학 등록금 수입의 30.3%, 국고보조금의 46.5%, 기부금의 48.1%, 기업기부금의 55.8%, 산학협력 수익의 49.5%, 재정수입 총액의 35.3%를 차지한다고 하였다. 등록금과 적립금이 전국적으로 각각 3,904억 원, 6,306억 원 감소하였으나 이들 대학만 735억 원, 1,422억 원 증가하였다고 하였다. 반면 전임교수 확보율을 비롯한 교육여건은 전국 평균과 큰 차이가 없고, 법인전입금은 오히려 더 낮으며, 부동산 관련 지출 총 1조 7,374억 원에 비해 자산전입금은 820억 원(4.7%)에 불과하며, 등록금 회계를 재원으로 한 건축기금적립액도 17.9%나 된다고 하였다.

이 통계처럼 이들 대규모 사립대학의 재정 여건이 비수도권 대학보다 나은 것이 사실이다. 하지만 여기에는 커다란 일반화의 오류가 숨어있다. 우선 비교치가 국제적인 기준, 또는 우수한 대학을 기준으로 하지 않았다는 점이다. 단순히 서울과 비서울로 나누어 비교함으로써 서울의 대규모 대학이 매우 풍요롭게 보임은 물론 탐욕스러워 보이기까지 한다. 과연 그러한가. 이런 통계는 공연한 갈등과 박탈감만 낳을 뿐 문제를 분석하거나 해결하는데, 도움이 되지 않는다. 우선 이들 12개 대학 내에서도 편차가 매우 크다.

인문사회계열 학생 1인당 등록금 차이도 200만 원이 넘는다. 1만 명이면 연간 200억, 10년이면 2천억 이상의 등록금 수입 차이가 난다. 등록금이 동결된 상태에서 10년이 지났기 때문에 그 누적효과가 매우 크다는 점을 고려해야 한다. 이는 서울에 있는 대학이라고 해서 다 같지 않단 말이다. 이런 식의 분석은 대학을 연구하고 정책을 마련하는 데 크게 도움이 되지 않는다.

1968년도에 작성된 『실태조사보고서』에서도 특정 대학 상황이 통계상 과대 대표되는 점에 유의해야 한다고 했듯이 기부금,

특히 기업기부금과 산학협력 수익의 격차는 우리나라 대학이 얼마나 엄격한 서열화 구조 속에 있는지, 그리고 그것이 재정수입에 어떻게 반영되고 있는지를 잘 보여준다. 그 점을 이해한다면 이런 뭉뚱그린 통계에 내포된 허실이 무엇인지 어렵지 않게 파악할 수 있을 것이다.

총교육비도 서울대·연세대(1조 이상), 고려대~한양대(7~8천억), 경희대~충남대(4~5천억) 등 좀 더 세분화할 필요가 있다. 등록금을 비롯한 재정 분석은 더욱 그러하다. 고액 등록금 상위 10개 대학 등의 단편적인 언론 보도는 대학에 대한 부정적 이미지만 확대할 뿐 현황을 파악하고 개선책을 강구하는 데 전혀 도움이 되지 못한다. 매년 교수신문에서 보도하는 전국 각 대학 교수의 연봉도 가장 대표성을 지닌 자료이긴 하나 각 대학이 제출하는 연봉의 기준이 일정하지 않고, 의과대학이 있는 대학의 경우 임상교수의 연봉이 일반 교수의 연봉과 합산되어 1/n로 처리되기 때문에 현실과 상당한 괴리를 보인다.

사립대학의 복잡다단한 성장사와 교육환경의 변화로 인해 통계상의 난맥이 불가피한 측면도 있지만 대학에 관한 정확한 통계의 부재는 대학정책 수립에 커다란 장애물이다. 사학진흥재단의 자료만이라도 제대로 공개된다면 이런 문제를 상당수 바로잡을 수 있음에도 불구하고 여전히 소모적인 논란이 오가는 데는 정부의 의지 부족이 큰 몫을 차지한다.

번호	대학	2017년	2018년	2019년	재학생
	[표21] 2019년 주요 대학 총교육비(억 원) 및 재학생 수(명)				
1	서울대	12,306	12,575	13,412	27,784
2	연세대	11,694	12,240	11,839	38,701
3	고려대	8,527	8,996	9,060	36,892
4	KAIST	7,012	7,397	7,685	10,679
5	성균관대	7,334	7,427	7,556	27,097
6	한양대	6,988	7,169	7,079	33,148
7	경희대	5,660	5,753	5,606	34,016
8	부산대	5,039	5,232	5,344	27,830
9	경북대	4,673	4,838	4,888	28,251
10	중앙대	4,334	4,596	4,991	28,981
11	건국대	4,687	4,738	4,469	27,944
12	이화여대	4,223	4,273	4,139	21,700
13	충남대	3,857	3,966	4,022	22,773
14	전남대	4,024	4,028	3,965	23,624
15	전북대	3,803	3,812	3,869	21,757
16	동국대	3,715	3,740	3,820	25,915
17	강원대	3,357	3,698	3,679	22,414
18	단국대	3,587	3,590	3,636	26,997
19	인하대	3,414	3,337	3,363	20,352
20	영남대	3,390	3,331	3,295	23,521
21	포스텍	2,851	2,980	3,248	3,176
22	계명대	3,059	3,151	3,186	23,394
23	아주대	2,994	3,079	3,186	13,986
24	가천대	2,766	2,897	2,940	20,801
25	울산대	2,714	2,784	2,899	14,146

26	충북대	2,785	2,867	2,836	16,858
27	국민대	2,560	2,827	2,742	18,582
28	홍익대	2,597	2,547	2,724	21,987
29	조선대	2,784	2,878	2,718	20,941
30	경상대	2,631	2,712	2,700	16,546
31	가톨릭대	2,503	2,597	2,597	10,503
32	부경대	2,609	2,729	2,593	18,562
33	동아대	2,553	2,554	2,467	20,460
34	원광대	2,418	2,441	2,356	16,681
35	순천향대	2,295	2,349	2,331	11,725
36	한국외대	2,359	2,352	2,318	20,430
37	대구대	2,459	2,347	2,271	18,566
38	세종대	2,119	2,111	2,253	14,208
39	인천대	2,070	2,108	2,188	13,362
40	숭실대	2,105	2,130	2,144	16,211
41	제주대	1,924	2,002	2,092	12,015
42	서강대	2,084	2,067	2,017	11,194
43	한기대	1,651	1,847	1,880	4,857
44	경기대	1,826	1,837	1,819	16,083
45	숙명여대	1,837	1,847	1,789	12,342
46	서울과기대	1,753	1,725	1,784	12,209
47	상명대	1,915	1,832	1,775	13,947
48	인제대	1,814	1,828	1,715	10,707
49	동의대	1,846	1,843	1,704	16,122
50	DGIST	1,774	1,625	1,635	1,463

(대학알리미)

[표22] 주요 대학 1인당 교육비(만원)

번호	대학	2018년	2019년	2020년
1	포스텍	8,917	9,328	10,227
2	DGIST	11,394	10,970	9,519
3	GIST	8,686	7,871	7,504
4	KAIST	6,669	6,982	7,196
5	UNIST	4,717	5,086	5,467
6	서울대	4,337	4,475	4,827
7	한기대	3,356	3,792	3,871
8	전통문화대	4,821	4,512	3,796
9	차의과학대	3,463	3,002	3,191
10	연세대	3,024	3,173	3,059
11	성균관대	2,808	2,792	2,789
12	한예종	2,630	2,503	2,647
13	가톨릭대	2,377	2,485	2,473
14	고려대	2,286	2,432	2,456
15	아주대	2,180	2,218	2,278
16	한양대	2,139	2,190	2,136
17	항공대	2,094	2,133	2,119
18	울산대	1,924	2,006	2,049
19	목포해양대	1,764	1,659	1,992
20	순천향대	1,971	1,999	1,988
21	을지대	1,584	1,710	1,927
22	부산대	1,746	1,822	1,920
23	이화여대	1,952	1,979	1,908
24	서강대	1,868	1,862	1.802
25	전북대	1,720	1,737	1,779

26	충남대	1,645	1,715	1,766
27	제주대	1,573	1,642	1,741
28	한국해양대	1,582	1,651	1,731
29	경북대	1,596	1,688	1,730
30	중앙대	1,504	1,584	1,722
31	순천대	1,416	1,556	1,699
32	충북대	1,590	1,650	1,682
33	전남대	1,663	1,670	1,678
34	산기대	1,470	1,559	1,663
35	인하대	1,690	1,645	1,653
36	군산대	1,473	1,519	1,652
37	경희대	1,723	1,718	1,648
38	인천대	1,534	1,561	1,637
39	강원대	1,463	1,639	1,641
40	경상대	1,574	1,646	1,632
41	한동대	1,569	1,683	1,629
42	인제대	1,648	1,710	1,602
43	건국대	1,669	1,667	1,599
44	한국교통대	1,520	1,509	1,591
45	세종대	1,504	1,483	1,586
46	안동대	1,213	1,420	1,566
47	건양대	1,459	1,577	1,476
48	국민대	1,427	1,548	1,476
49	숙명여대	1,476	1,494	1,449
50	광운대	1,470	1,468	1,433

(대학알리미)

최근 국립과 사립 가릴 것 없이 모두 재정난을 호소하지만, 국립대학이 미세한 증가세를 보이는 데 비해 사립대학은 정체 내지는 감소세에 있음이 두드러진다. 이 추세는 코로나19로 인한 재정 악화——외국인 유학생 감소, 특수대학원 특별과정 및 사회교육원 운영 저조, 부속병원 수익 감소 등——가 반영될 2020년 통계에 더욱 두드러질 것으로 예측된다.

'대학알리미'에 따르면 4년제 일반대학의 학생 1인당 교육비는 1,384만 원(2015), 1,459만 원(2016), 1,541만원(2017), 1,587만 원(2018), 1,608만 원(2019)으로 꾸준히 증가하고 있지만, 물가상승률을 감안하면 유의미한 변화는 없는 편이다. 전문대도 911만 원(2015), 963만 원(2016), 992만 원(2017), 1,020만 원(2018), 1,029만 원(2019)으로 역시 비슷한 추세이다. 이를 다시 나누어보면 국공립대학은 1,797만 원으로 2018년의 1,728만 원보다 70만 원(4.0%) 증가했고, 사립대학은 1,523만 원으로 2018년의 1,515만 원보다 8만 원(0.6%) 증가하여 사립대학에 미친 반값 등록금의 영향이 더 큰 것을 알 수 있다. 지역에 따라 구분하면 수도권 대학은 1,786만 원으로 전년(1,768만 원)보다 18만 원(1.0%), 비수도권 대학은 1,428만 원으로 전년(1,402만원)보다 26만 원(1.8%) 증가하였다.

대학별 1인당 교육비를 살펴보면 포스텍을 비롯하여 과학기술부 산하 특수법인으로 설립된 KAIST · DGIST · GIST · UNIST 등이 5천~1억 원의 최상위 그룹을 형성하고 있고, 서울대를 필두로 고용노동부 소속 한기대, 그리고 차의과학대, 문화재청 소속 한국전통문화대, 연세대가 3~4천만 원대의 상위그룹을 형성한다. 이어서 성균관대~울산대의 2천만 원대 그룹이 있고, 상위권 사립대학인 순천향대~서강대의 1,800만 원대 그룹이 있다. 그 뒤로 거점국립대 위주의 25~30위권(1,700만원), 31~42위권(1,600만원), 43~50위권(1,500만원)이 형성되어 있다.

교육평론가 이범은 대학 서열의 원인이 '학생 1인당 교육비'로 대표되는 재정 투입의 격차에 있다며, 핀란드·스웨덴에서 학생을 서열화(성적순 선발) 한다고 해도 대학이 서열화되지 않는 이유가 바로 여기에 있다며, 흔히 '유럽 대륙 주요국의 대학들은 평준화되어 있다'고 하는데, 그 핵심은 대학 간 재정 격차가 적다는 뜻이라는 것이다(이범, 2020.9.29.). 이처럼 1인당 교육비 지표는 대학 관련 지표 가운데 매우 중요한 의미를 지닌다.

13. 교육비 환원율

1인당 교육비와 유사한 개념은 교육비 환원율이다. 등록금 수입 대비 교육비 투입 비율을 말하는 것으로서 학생으로서는 본인이 낸 등록금과 국고보조금 등을 포함해 대학이 학생을 위해 투입한 비용이 된다. 따라서 교육비 환원율이 높을수록 학생이 내는 것보다 받는 것이 많아서 바람직하지만, 등록금이 적으면 1인당 교육비가 적더라도 환원율은 높게 나올 수 있다. 따라서 1인당 교육비는 교육의 질과 정비례하지만, 교육비 환원율이 높다고 해서 교육의 질이 꼭 좋은 것은 아니다.

일반대학의 교육비 환원율은 188.7%(2016), 195.8%(2017), 198.3%(2018), 198.3%(2019)이고, 전문대학의 교육비 환원율은 163.8%(2016), 169.7%(2017), 172.4%(2018), 172.4%(2019)로서 비록 미세하나마 꾸준히 증가하고 있다. 2019년 사립대 평균은 198.38%였다.

[표23] 주요 일반사립대학 교육비 환원율(%) 및 순위

번호	대학	연도별 순위			연도별 교육비환원율		
		2017	2018	2019	2017	2018	2019
1	포항공대	1	1	1	1,223	1,287	1,316
2	한기대	2	2	2	749	770	902
3	차의과학대	3	3	3	420	406	357
4	연세대	4	4	4	292	304	317
5	가톨릭대	7	6	5	276	292	306
6	한림대	5	5	6	285	293	297
7	성균관대	8	7	7	270	287	284
8	울산대	9	8	8	258	262	271
9	순천향대	12	9	9	228	252	256
10	고려대	11	11	10	237	241	255
11	아주대	10	10	11	247	249	254
12	항공대	13	12	12	227	237	243
13	건양대	16	16	13	210	219	237
14	인제대	6	13	14	277	226	234
15	한동대	18	15	15	205	220	234
16	한양대	15	14	16	210	224	228
17	서강대	14	19	17	225	209	209
18	이화여대	20	21	18	198	203	206
19	동신대	19	18	19	202	214	205
20	영산대	29	17	20	183	215	203
21	경희대	26	23	21	188	204	202
22	인하대	17	20	22	206	208	202
23	건국대	22	22	23	196	201	200
24	을지대	42	36	24	170	184	200
25	산기대	30	28	25	183	190	197

26	원광대	27	24	26	187	199	197
27	전주대	31	29	27	179	189	192
28	계명대	33	37	28	178	183	191
29	동명대	28	26	29	186	194	190
30	국민대	41	40	30	171	179	190
31	영남대	24	30	31	193	188	190
32	선문대	25	25	32	193	195	190
33	조선대	36	39	33	174	179	189
34	경운대	47	43	34	166	177	189
35	제주국제대	21	50	35	197	167	188
36	대구대	32	27	36	178	191	186
37	경일대	38	34	37	172	186	186
38	숙명여대	37	38	38	173	182	184
39	경성대	50	49	39	153	167	184
40	초당대	23	31	40	195	188	184
41	우석대	39	44	41	172	177	184
42	광운대	34	32	42	177	187	183
43	세종대	43	33	43	169	186	183
44	동아대	44	41	44	169	178	183
45	대전대	49	42	45	164	178	182
46	중앙대	48	46	46	165	175	182
47	대구가톨릭대	35	35	47	175	185	181
48	세명대	46	45	48	168	176	181
49	동서대	45	47	49	168	174	179
50	호남대	40	48	50	171	173	179

(대학알리미)

[표24] 서울시 주요 사립대학 1인당 교육비(만원) 및 교육비 환원율(%)

번호	대학	2017년	2018년	2019년
1	연세대	2,872(292%)	3,024(304%)	3,173(317%)
2	성균관대	2,617(270%)	2,808(287%)	2,792(284%)
3	고려대	2,256(237%)	2,286(241%)	2,430(255%)
4	한양대	2,000(210%)	2,139(224%)	2,190(228%)
5	이화여대	1,937(198%)	1,952(203%)	1,979(206%)
6	서강대	2,046(225%)	1,868(209%)	1,862(209%)
7	경희대	1,627(188%)	1,723(200%)	1,718(202%)
8	건국대	1,619(196%)	1,669(201%)	1,667(200%)
9	중앙대	1,451(165%)	1,504(175%)	1,584(182%)
10	국민대	1,381(171%)	1,427(179%)	1,548(190%)
11	숙명여대	1,381(173%)	1,476(182%)	1,494(184%)
12	세종대	1,351(169%)	1,504(186%)	1,483(183%)
13	광운대	1,383(177%)	1,470(187%)	1,468(183%)
14	동국대	1,444(174%)	1,448(176%)	1,449(175%)
15	삼육대	1,245(161%)	1,316(171%)	1,334(177%)
16	숭실대	1,330(162%)	1,357(166%)	1,333(165%)
17	상명대	1,238(156%)	1,332(169%)	1,308(164%)
18	성신여대	1,190(153%)	1,265(161%)	1,284(164%)
19	서울여대	1,176(163%)	1,275(177%)	1,248(174%)
20	한성대	1,219(162%)	1,287(171%)	1,240(164%)
21	한국외대	1,250(168%)	1,209(163%)	1,181(158%)
22	홍익대	1,144(132%)	1,202(137%)	1,174(132%)
23	덕성여대	1,139(168%)	1,178(170%)	1,128(160%)
24	서경대	1,097(154%)	1,118(155%)	1,118(153%)
25	동덕여대	1,044(143%)	1,127(155%)	1,078(148%)

(대학알리미)

[표25] 서울시 주요 사립대학 전임교원 수와 확보율			
번호	대학	2017년	2018년	2019년
1	연세대	1,687(94%)	1,696(96%)	1,684(97%)
2	성균관대	1,437(106%)	1,459(106%)	1,448(103%)
3	고려대	1,449(92%)	1,431(91%)	1,442(92%)
4	경희대	1,452(82%)	1,442(81%)	1,434(80%)
5	한양대	1,005(81%)	1,042(84%)	1,044(84%)
6	이화여대	997(87%)	999(88%)	962(85%)
7	중앙대	898(77%)	952(80%)	939(79%)
8	건국대	702(68%)	716(68%)	698(66%)
9	한국외대	693(80%)	697(77%)	694(79%)
10	동국대	716(85%)	714(85%)	688(81%)
11	국민대	648(75%)	627(71%)	624(70%)
12	홍익대	533(68%)	540(68%)	557(68%)
13	세종대	483(72%)	519(76%)	514(75%)
14	숭실대	503(68%)	521(69%)	513(67%)
15	숙명여대	459(81%)	456(81%)	449(79%)
16	서강대	424(77%)	411(76%)	413(76%)
17	광운대	329(71%)	325(72%)	319(69%)
18	성신여대	333(71%)	326(71%)	316(70%)
19	상명대	258(69%)	262(72%)	259(71%)
20	한성대	257(77%)	256(75%)	257(74%)
21	서경대	223(70%)	241(75%)	235(72%)
22	동덕여대	238(71%)	240(72%)	231(69%)
23	서울여대	241(70%)	233(68%)	219(66%)
24	삼육대	220(76%)	209(72%)	204(72%)
25	덕성여대	195(70%)	196(71%)	187(70%)

(대학알리미)

종립대학의 교육비 환원율은 영산선학대(1,555%), 대전가톨릭대(750%), 중앙승가대(713%) 등이 선두권이며, 전문대 가운데는 농협대(433%), 연암대(376%), 경북과학대(305%)가 선두권이다.

14. 법인전입금

대학 재정에 대한 사학법인의 기여도를 나타내는 지표로 언론에 자주 언급되는 것이 법인전입금이다. 법인전입금은 경상비전입금·자산전입금·법정부담전입금으로 이루어지는데, 대학 전체 수입 가운데 법인 부담금이 많을수록 대학 운영에 법인이 기여하는 바가 크다는 뜻이다. 2018년 현재 우리나라 사립대학 전체 수입 16조 7,664억 원 가운데 법인전입금 총액은 6,737억 원으로 4%이며, 2017년보다 1.1% 감소하였다.

전국에서 가장 높은 기여도를 보인 영산선학원(71.5%), 광주가톨릭대(65.9%), 금강대(58.5%) 등은 종립대학이고, 한기대(58.5%)는 고용노동부가 설립 주체이므로 일반대학 가운데는 포스텍(43.7%), 한림대(26.1%), 가톨릭대(22.5%)가 최상위권을 형성한다. 그 뒤로 인제대(13.7%), 울산대(8.4%), 연세대(6.1%), 한세대(5.6%), 순천향대(5.5%), 대진대(5.3%), 성균관대(5.2%) 순위다. 30위 이내도 전국 평균을 약간 상회하는 정도여서 우리나라 사학법인이 대학의 발전에 얼마나 기여하고 있는지 의아할 정도로 낮다.

법인전입금 가운데 법정부담전입금(법정부담금)은 법인이 고용한 교직원의 사학연금·건강보험·국민연금·고용 및 산재보험 등 4대 보험 비용과 교직원 퇴직수당 등의 50%를 법인이 부담하도록 법적으로 부과된 의무이다. 따라서 그 부담액 규모는 대학 규모에 정비례하는데, 2018년도에는 연세대(231억 원), 고려대(134억 원), 경희대(114억 원), 성균관대(112억 원), 한양대(101억 원), 단국대(85억 원), 중앙대(82억 원), 이화여대(79억 원), 동국대(78억 원), 울산대(72억 원) 순이었다(이상 베리타스 알파, 2019.12.9).

문제는 법적 의무임에도 불구하고 법정부담금을 납부하는 대학이 21%밖에 안 되고 그나마도 법적 의무를 100% 이행하는 대학은 총 10개 대학뿐이라는 점이다.

[표26] 주요 사립대 2018학년도 법정부담전입금 납부 현황

구분	대학
100% 이상	한기대(105) 가톨릭(101) 순천향(101)
100%	덕성여대, 성균관대, 인제대, 차의과학대, 포스텍, 한동대, 한림대
70~90%	연세대(87), 아주대(78), 영남대(71)
60~69%	동국대(69), 인하대(68), 중앙대(68), 경희대(67), 항공대(67), 단국대(66), 이화여대(63), 고려대(63)
20~59%	한양대(59), 건국대(33), 서강대(20)
10~19%	세종대(18), 홍익대(13)
0~10%	한국외대(9), 상명대(4), 동덕여대(2), 숙명여대(1)

(서울경제, 2019.10.10)

이렇게 된 데에는 사학법인의 재정 여건이 악화된 것 외에도 교육부의 잘못이 크다. 모든 법인이 법정부담금을 부담하는 것을 당연한 것으로 여겼는데, 일부 사학법인이 재정난을 들어 학생들이 낸 등록금, 즉 교비회계에서 대납하게 해달라고 요청하였고,

교육부는 부득이한 재정상의 문제가 있는 경우에만 장관의 허락을 조건으로 허락해주겠다며 이주호李周浩 당시 장관이 편법의 길을 열어주었다. 그러자마자 재정의 어려움을 호소하며 신청한 대학이 상당 수에 달하였고 교육부도 몇몇 대학을 제외하고 모두 승인해주었다.

그러자 교비회계로 법정부담금을 충당하는 것을 당연시하는 분위기가 빠르게 조성되었고, 2016년부터 교육부가 조건부 승인에서 무조건 승인으로 사실상 정책 기조를 바꾸자 어려운 환경에서도 법정부담금을 내던 선한 법인마저 대납 행렬에 참여하기 시작하였다. 그 결과 2018년에는 79%의 사학법인이 학생들의 등록금으로 법정부담금을 충당하고 있어 본말이 완전히 전도된 실정이다. 이주호 장관이 앞장서서 사학법인의 도덕적 해이를 부추긴 매우 잘못된 결과이자 과도한 재량권 행사에 해당한다.

또 현 상황은 그동안 사립대학은 사학법인의 사유재산이며 인사·재정권은 '사학법인 고유의 영역주권'이라는 법인 측의 강력한 목소리에 비해 사학법인이 대학 운영에 기여하는 바가 별로 없음을 단적으로 보여준다. 이처럼 교육부는 사립대학이 수익자부담의 원칙으로 운영되어야 한다고 주장하면서도 등록금 동결과 입학금 인하 등 학부모에게 생색내는 일에는 앞장서고, 뒤로는 법인이 져야 할 법적 의무마저 학생에게 전가시키는 표리부동한 행태를 자행하고 있다. 이런 상황에서 양질의 대학교육을 기대하기란 참으로 어려운 일이다.

|제8절| 시장과 위기: 신자유주의, 총체적 위기

1. 즉흥적 세계화와 국제대학원 설립

　1993년도 김영삼 정부의 출범은 3당 합당이란 한계를 안고 있었지만 분명 문민정부였다. 하지만 군사정권의 퇴진이 곧 민주주의의 확립을 의미하는 것은 아니었다. 민주주의 체제를 정착시키기 위해서는 각종 갈등을 체제 내로 흡수하고 대화와 타협이란 민주적 절차를 거쳐 합리적으로 처리할 수 있는 체제적 역량을 증대하는 일, 즉 민주주의를 공고히 하는 단계가 필요하다. 김 대통령은 정권 출범 직후, 정경유착의 고리를 끊기 위한 고위공직자 재산등록제와 금융실명제의 실시, 군의 정치개혁을 차단하기 위한 하나회 숙청 등 전광석화 같은 개혁조치로 국민의 기대치를 만족시키며 전례 없이 높은 지지를 얻었다.114)

　그러나 대통령이 행사할 수 있는 막강한 권한을 이용하여 전격적으로 개혁과제를 추진하는 방식은 국민의 열광적인 지지를 얻을 수는 있지만, 권력 사유화의 위험성이 늘 따라다니기 마련

---

114) 김영삼 대통령 취임 100일 무렵, 국정운영에 대한 지지율은 85%에 달하였으며, 특히 지난 대통령 선거에서 김대중 후보를 지지했던 층에서도 78%가 잘한다고 평가하였다. 그러나 집권 여당은 무기력할 뿐 아니라 개혁의 대상으로 비쳤고, 행정부 역시 마찬가지여서 지속적인 개혁 추진이 어려울 것이라는 우려가 제기되었다. 그리고 결국 경제성과가 개혁의 성패를 좌우할 것이라는 여론이 주를 이루었다(김재일, 2006.5.16).

이다. 개혁 프로그램에 충분한 내적 일관성을 갖추지 못한 점도 위임민주주의delegative democracy 방식의 한계를 더욱 도드라지게 하였다. 특히 문제가 된 것은 충분한 이해 없이 즉흥적으로 선택한 신자유주의 노선이었다.

김영삼 정부는 21세기에는 경제와 기술에서 국경이 없어지고, 정보와 지식, 기술이 국가의 부를 결정짓는 요소가 될 것이며, 활발한 교류, 정부보다 개인과 기업이 주도적 역할을 하는 시대가 열릴 것이라며 자율과 자치가 중요하다고 하였다. 틀린 말은 결코 아니었다. 문제는 그런 새로운 시대에 대비한 정책역량을 갖추었느냐였다. 아쉽게도 김영삼 정부의 시대진단은 말의 성찬에 불과하였다.

우선 고도성장에 의해 정권의 정당성을 담보해왔던 앞 정권의 흐름에서 김영삼 정부도 예외일 수 없었다. 김 대통령은 취임 직후부터 조속한 경기 활성화를 위해 '신경제 100일 계획'을 내놓았고, 경제성장을 위한 국가 경쟁력 강화라며 친재벌정책으로 선회하였고, 자본시장의 개방도 서둘러 추진하였다. 결국 김영삼 정부의 세계화는 박정희 근대화론의 어설픈 연장선 위에 서서 개방의 문을 연 모호한 한국판 신자유주의 버전에 불과하였다.

김 대통령은 1994년 11월 시드니에서 처음 세계화를 천명하며 "세계화는 국제화보다 적극적이고 상위의 개념"이라고 강조하였지만, 곧 globalization이 전면적인 대외 개방을 뜻한다는 것을 뒤늦게 알고, 한걸음 물러나서 'segyehwa'로 표기하자고 할 정도로 신자유주의에 대한 김 대통령의 이해는 매우 부족한 상태였다. 이는 김영삼 정부의 세계화가 국내 홍보 차원에서 출발한 것이지 국가 발전 전략으로 심사숙고한 것이 아님을 상징적으로

말해준다.115)

그런데도 김 대통령은 1995년부터 "세계경영 중심국가를 이루기 위한 발전 전략은 모든 부문의 세계화"라며 선진국을 경쟁상대로 삼아 승리하기 위해서는 Global standard에 부합해야 하고, 누구도 예외일 수 없다며 세계화를 새로운 국정 목표로 내세웠다. 그 구체적 전략으로 제시한 6개 실천과제에 '근본적이고 획기적인 교육개혁', '문화와 의식의 세계화'가 포함되어 있었다. 세계화의 주역이 될 창의적이고 진취적인 차세대 양성을 위한 획기적인 교육개혁이 가장 중요한 과제로 강조되었다. 교육개혁은 인성과 창의가 중시되고 자율과 경쟁 원리가 존중되며, 교육수요자의 선택폭이 크게 확대되는 방향으로 추진될 것이라고 하였다(이상 국정신문 1995.2.6; 정태환, 2005, 286~291, 295~297; 백우진, 2017).

세계경영 중심국가라는 거창한 목표를 표방하였지만 이런 국정 목표가 얼마나 즉흥적으로 수립된 것인지는 세계화 추진 인력을 양성하기 위해 신설한 국제대학원의 설립과정과 운영을 살펴보면 충분히 미루어 짐작할 수 있다. 김 대통령은 5개의 국제대학원을 설립하여 연간 1천억 원을 지원해주겠다고 하였지만, 심사의 객관성 논란으로 결국 9개 대학원 설립을 인가하였다(1996.11). 하지만 인가 시점은 이미 1997학년도 대학원 설립 신청 기간이 지난 뒤여서 신입생 정원을 배정할 수가 없었다. 이에 학내

---

115) 장훈 교수는 당시 세계화가 폭넓은 사회적 합의 기반보다는 정부의 일방적 주도에 의해서 이루어졌고, 전세계적인 이념적·역사적 맥락에 대한 이해에 기반을 둔 주도적 세계화라기보다는 미국 중심의 흐름에 따르는 추종형 세계화로 귀결되었다고 지적하였다(2010, 13~14).

타 대학원 정원 일부를 전용하여 신입생을 선발하는 편법을 이용하였다.
 게다가 설립 1년 만에 설립을 인가하는 조건과 예산 배분의 원칙이 어긋난데다 계속된 예산감축과 예정에 없던 대응자금 요구, 대학원이 아닌 서울대 국제지역원에 대한 지원으로 불거진 불공정성 문제 등 갈등이 연이어졌다. 또 졸업생 취업 대책에 대한 정부 내 협력의 부재는 국제대학원 설립 취지를 무색하게 하였다(『주간동아』299, 50~51). 결국 거창한 국책사업으로 출범한 국제대학원은 불과 몇 년 만에 또 하나의 전문대학원 신설로 변질하였다. 이와 마찬가지로 김영삼 정부의 대학정책도 일관성을 찾아보기 힘들었다.
 아무튼 김영삼 정부와 교육개혁위원회(교개위)는 시장 만능을 신봉하는 신자유주의에 뒤늦게 경도되어 있었다. 이들은 입시 경쟁과 사교육 열풍이 대학이라는 상품의 공급 부족에 따른 것이라고 진단하고, 그에 대한 처방으로 소비자인 수험생 모두가 대학을 구매할 수 있도록 공급량, 즉 대학을 신설해주면 된다고 주장하였다. 그리고 나아가 공급이 수요를 초과하면 살아남기 위한 공급자의 내부 혁신이 발생하여 교육의 질이 좋아질 것이라고 하였다. 그렇게 해서 도입한 것이 바로 대학설립준칙주의(준칙주의)와 사립대학 정원 자율화 정책, 그리고 교육규제완화위원회의 설치였다.
 이러한 극도의 낙관적 기대는 보이지 않는 손에 의한 시장의 자율 조절 기능에 대한 확신, 대학이 합리적인 공급자로 행동할 것이라는 선한 대학관, 소비자의 합리적인 소비행위에 대한 확신 등 자유시장 논리에 대한 신봉에 기대하고 있다. 하지만 일정한 단계를 거쳐 완전 자율화를 목표로 삼았던 이 정책은 심각한 부작용으로 인해 소기의 목적을 전혀 거두지 못한 채 중단되었을 뿐 아니라 엄청난 후유증만 남겼다. 지난 20여 년 동안의 대학정책은 한마디로 말해 이 잘못된 정책의 뒷수습에 불과하였다.

2. 대학설립준칙주의와 증원

우리나라에서 대학을 설립하려면 대통령령으로 제정된 「대학설치기준령」(1955)에 따라 시설과 교수 등의 기준을 충족시키는 설립계획서를 제출하고 일종의 가승인을 받아야 한다. 그 뒤로 본격적으로 설립을 추진하면서 단계별 진척 상황에 대한 교육부의 확인을 거쳐 법인설립을 인가받아야 하는데, 여기에 여러 가지 교육부의 정책적 판단이 개입되기 때문에 설령 설립 기준을 충족했다고 하더라도 설립인가를 꼭 받을 수 있는 것은 아니었다.

노태우 정부는 부실 사학의 출현을 방지하기 위해 1970년부터 적용해 온 가인가·본인가제도를 더욱 강화한 '대학설립계획승인심사제'(1989)를 적용하여 설립 승인 절차를 엄격하게 운영하였다. 김영삼 정부는 이를 더욱 강화하여 대지·교사校舍·도서·기숙사 등 시설 요건을 40% 이상 강화하고, 법인의 수익용 재산 기준액도 10억 원 이상에서 413억 원 이상으로 대폭 높였다. 교지도 102,000평, 출연재산은 1,202억 이상을 확보하되 수익성이나 환금성이 없는 임야 등의 부동산은 인정하지 않기로 하였다. 그리고 운영자의 자질을 평가하여 부정적인 요인이 있다면 처음부터 배제하는 '대학설립신청요건예고제'(1993.5)를 도입하고 희망자에게 '대학설립계획승인신청서'를 제출하게 한 뒤 심사위원회의 심사와 평가를 거쳐 6개월 이내에 결과를 통보하는 방안을 1996년 개교 예정 대학부터 적용하기로 하였다.

이런 규제 강화에도 불구하고 1990~1994년에 접수된 대학설립 신청은 4년제 대학 105건, 전문대학 221건, 개방대학 47건 등 총 373건에 달할 정도로 그 수요가 대단히 많았다. 하지만 실제 승인을 받은 곳은 83건(4년제 19건, 전문대 51건, 개방대 13건)이었다(김정인, 2018, 286~287). 그러자 장관령에 근거한 '대학설립예고제'로 상위 「대학설치기준령」을 규제하는 법체계의 문제점, 정원 5,000명 이상의 대학만 허용하는 경직성, 복잡한 단계별 승인제도와 교육부의 자의적 판단 개재 등에 대한 불만이 제기되었다.

이처럼 대학 설립에 대해 엄격한 잣대를 들이댔던 김영삼 정부는 세계화 정책을 추진하면서 갑자기 정책 방향을 180도 바꿨다. 교육개혁위원회는 대통령에게 「신한국 창조를 위한 교육개혁의 방향과 과제」를 보고하고(1994.9), 그에 근거하여 통상 '5.31교육방안'이라고 하는 「세계화·정보화시대를 주도하는 신교육체제 수립을 위한 교육개혁방안」을 발표하였다(1995.5.31). 여론은 국공립대 본고사 폐지 등 대학입시에만 관심을 쏟으며 대학의 다양화와 특성화, 대학설립·정원·학사운영 자율화에 대하여 상대적으로 무심하였지만, 5.31교육방안 가운데 가장 큰 영향력을 행사한 것은 바로 이 영역이었다.

교개위 이석희李奭熙 위원장은 실행 조직으로 '대학설립준칙제정위원회(준칙위)'를 구성하였는데, 위원장은 이무근李茂根 서울대

[표27] 대학설립준칙 제정위원회 위원 명단

이름	당시 직책	이후 직책
이무근	서울대 농산업교육과	한국직업교육학회장, 한국직업능력개발원 장, 경일대 총장, 동명대 총장, 한국과학기술한림원 이사장
강무섭	한국교육개발원본부장	한국직업능력개발원장, 강남대학교 평생 교육원장
권영빈	중앙일보 논설위원	중앙일보 사장, 경기문화재단 대표이사, 한국문화예술위원회 위원장, 한국고전번역원 이사장, KBS교향악단 이사장
박성호	사립대감사협의회장	
백만기	통상산업부 과장	특허청 심사국장, 통상산업부 산업기술국장, 현 김&장법률사무소 변리사
윤홍근	서울산업대 교수	IT정책전문대학원장, 인문사회대학장;현 서울과기대 교수
이주호	한국교육개발원연구위원	국회의원, 교육과학문화수석비서관, 교육과학기술부 차관·장관
이한구	대우경제연구소장	새누리당 원내대표·공천관리위원장
이현청	대교협고등교육연구소장	대교협 사무총장, 호남대·상명대 총장
장영철	변호사	
장오현	동국대 교무처장	교육부 고등교육실장
전풍자	인간교육실현학부모연대 대표	
정재영	성균관대 상경대학장	SK텔레콤 사외이사, 성균관대 부총장
정태용	대천전문대 학장	동양미래대 총장; 창신대 총장

(최재성, 2005, 11~12; 포털사이트 검색)

교수였고, 후에 교과부장관이 된 이주호, 대교협의 이현청李鉉淸 소장, 20대 총선 새누리당 공천 파동 주역 이한구李漢久 등 14명이 위원으로 참여하였다.

준칙위에서 준비한 방안은 「대학설립·운영규정」(대통령령 제15127호, 1996.7, 「설립운영규정」)을 통해 제도화되었다. 「설립운영규정」은 설립요건을 완화하여 소규모 특성화 대학을 설립할 수 있게 하고, 심사자 재량권을 최소화하여 투명하게 설립을 인가하도록 하며 대학헌장을 통해 학위 프로그램의 충실도를 확인하는 것 등을 주된 방향으로 하였다. 그 내용은,

① 기존의 「대학설치기준령」과 「학교경영재산기본령」을 폐지하고, 교지·교사·교원·수익용 기본 재산 기준을 최소화하며, 요건만 충족하면 인가함을 원칙으로 한다.
② 계열별 특성을 감안하여 교원 확보에 편의성을 부여한다.
③ 대학 종류에 따른 별도의 준칙을 설정하지 않는다. 기존 설립 기준을 정원 400명, 교지는 교사 건축면적 이상, 학과 수 제한 취소 등으로 하향하였다.

그 밖의 조건도 이후 일부 수정을 거치기는 했지만 대체로 더욱 완화하는 방향으로 진행되어 교수확보율은 준칙의 63%만 충족하면 개교할 수 있게 해주었고(1996), 1997년에는 70%로 높였다가 1998년에는 다시 50%로 낮추었다.

준칙위의 방안에 대하여 교육부는 내심 반대하고 있었다. 우선 준칙위 방안의 전제조건인 신자유주의적 발상이 현실과 너무 동떨어졌기 때문이다. 준칙주의를 통해 대학 설립을 자유롭게 허용하면 양질의 프로그램을 가진 소규모의 특성화된 다양한 대학

이 설립되어 고객인 학생과 학부모는 선택의 폭이 넓어질 것이며, 대학 간 경쟁이 치열해져서 대학에서 제공하는 교육 서비스의 질이 향상될 것이고, 수준 미달의 대학은 자연스럽게 도태될 것이라는 준칙위의 주장은 철저하게 서열화된 우리의 현실을 도외시한 전형적인 탁상공론이기 때문이다.

교수와 학생이 이동이 보장되지 않는 상황에서 대학의 퇴출은 사회문제가 될 것이 뻔하였다. 또 1995년 당시 대학진학률이 이미 51.4%에 달했고, 저출산으로 학령인구 감소가 예측되는 상황이었으며, 준칙주의가 교육부의 대학 설립 인가권을 무력화한 것도 반대 요인이 되었을 것이다. 아무튼, 교육부는 '교육발전 5개년 계획(1999~2003)' 어디에도 준칙주의에 대해 언급하지 않음으로써 자신들의 반대 의사를 완곡하게 밝혔다.

하지만 언제나 그랬듯이 교육부는 일단 정책이 추진되면 사학법인에 타협적이었다. 최소화된 설립 기준도 충족시키지 못한 채 설립을 인가받은 대학이 상당수였으며, 부실 대학이 또 다른 부실 대학을 신설한 사례도 여럿 있었지만, 교육부는 기준 변경을 통해 이런 문제점을 덮어주었다. 이런 대학들은 공통으로 등록금 의존도가 매우 높았고, 법인전입금·장학금 규정을 지키지 않았으며, 교육비 환원율도 낮아 3년 연속 100% 미만인 대학 비율이 15.5~19.7%나 되었다. 하지만 더욱 문제가 된 것은 이들 대학이 설립 이후 교육환경 개선을 위한 노력을 별로 하지 않았고, 이를 감독해야 할 교육부도 마찬가지였다는 점이다.

[표28] 대학 유형별 재적생 수와 비율의 변화

연도	학생수(명)			비율(%)			전체 학생수
	일반대	전문대	산업대	일반대	전문대	산업대	
1995	1,187,735	569,820	120,670	63.2	30.3	6.4	1,878,225
1996	1,266,876	642,697	141,826	61.8	31.3	6.9	2,051,389
1997	1,368,461	724,741	141,099	61.2	32.4	6.3	2,234,301
1998	1,477,715	801,681	146,563	60.9	33.0	6.0	2,425,959
1999	1,587,667	859,547	158,444	60.9	33.0	6.1	2,605,658
2000	1,665,398	913,273	170,622	60.6	33.2	6.2	2,749,293
2001	1,729,638	952,649	180,068	60.4	33.3	6.3	2,862,355
2002	1,771,738	963,129	187,040	60.6	33.0	6.4	2,921,907
2003	1,808,539	925,963	191,455	61.8	31.6	6.5	2,925,927
2004	1,836,649	897,589	189,035	62.8	30.7	6.5	2,923,273
2005	1,859,639	853,089	188,753	64.1	29.4	6.5	2,901,481
2006	1,888,436	817,994	180,435	65.4	28.3	6.3	2,886,865
2007	1,919,504	795,519	169,862	66.5	27.6	5.9	2,884,885
2008	1,943,437	771,854	161,876	67.5	26.8	5.6	2,877,167
2009	1,984,043	760,929	143,368	68.7	26.3	5.0	2,888,340
2010	2,028,841	767,087	133,736	69.3	26.2	4.6	2,929,664
2011	2,065,451	776,738	122,916	69.7	26.2	4.1	2,965,105
2012	2,103,958	769,888	95,533	70.9	25.9	3.2	2,969,379
2013	2,120,296	757,721	76,377	71.8	25.6	2.6	2,954,394
2014	2,130,046	740,801	60,082	72.7	25.3	2.0	2,930,929

(박남기, 2015, 20)

1996년부터 2006년까지 10년간 총 78개교가 설립되었는데, 그 가운데 23개교는 기존의 각종학교·전문대학·산업대학을 일반대학으로 승격시킨 것이었다. 또 4년제 대학의 24%, 대학원대학의 45% 이상이 신학대학이었다. 이는 다양한 특성화 대학의 설립을 촉진한다는 본래의 취지와 상당히 배치되었다. 반면 규모의 경제 원칙을 적용할 수 없는 학생 5천 명 이하의 소규모 대학만 만들다 보니 부실 운영으로 치달을 가능성은 매우 컸다.

　준칙주의 도입과 관련해 가장 논란이 된 것은 입학정원 증가 문제였다. 준칙주의 도입 이후 10년간 증원된 정원은 4년제 대학 21.8%로 나타났지만 신설 대학 정원이 차지한 비율은 3.0%여서 그 비중은 그다지 크지 않았다. 준칙위 위원은 이점을 들어 준칙주의가 정원증가와 무관하다고 주장하지만(이무근, 2004, 51~59), 이는 책임을 모면하기 위한 견강부회에 불과하다. 신설 대학 정원이 큰 비중을 차지하지 않은 것은 사실이지만 대학 정원 자율화를 도입하여 증원을 가능하게 한 것 역시 이들이 만든 결과물이기 때문이다(이상 최재성, 2005, 1~85; 임연기, 2008, 147~167; 박남기, 2015, 1~28).

3. 대학설립준칙주의의 문제점

　준칙주의 도입으로 2008년 대학 수는 1990년에 비해 수도권에서 19개, 비수도권에서는 47개교가 늘어났는데, 더 큰 문제는 대학 수보다 정원 증대에 있었다. 준칙주의를 통해 설립 기준을 낮추다 보니 기존 대학이 역차별을 받는다는 불만이 제기되었다. 그러자 기존 대학에도 매년 별도의 지침을 마련해서 정원을 늘릴 수 있는 길을 열어줄 수밖에 없었다. 여기에 수도권 대학까지 정원 자율화 정책 대상이 되면서 교육여건이 좋은 수도권 사립대학이 급팽창하였다(김정인, 2018, 288~289). [표35]에서 볼 수 있듯이 재학생 3만 명 이상의 4개 대학(경희대 · 고려대 · 연세대 · 한양대)이 모두 서울 소재 사립대학이며, 25,000명 이상의 5개 사립대학(건국대 · 단국대 · 동국대 · 성균관대 · 중앙대) 역시 모두 서울소재 대학인 까닭이다.[116]

대학 규모가 지나치게 커지면 교육의 질을 향상하는 데는 부정적 영향이 커지지만, 우리 사회에서 각별하게 중시하는 교세 확장에는 긍정적 효과가 커진다. 결국 정원 자율화는 서울 소재 사립대학에 가장 유리하게 작용하였고, 거점 국립대학도 지역 맹주로서의 위상을 강화하는 데 일부 유리하게 작용하였다. 이렇게 재학생 수 30,000명 이상이 4개, 25,000명 이상이 8개, 20,000명 이상이 13개, 15,000명 이상이 9개교로서 대형대학 위주로 대학의 판도가 형성되자 수도권과 비수도권의 경계가 더욱 명확하게 되었고 서열화도 심화되었다. 이런 환경에서 준칙주의에 근거하여 뒤늦게 설립된 소규모 대학이 성장의 공간을 확보하기란 매우 힘든 일이었다.

준칙주의를 도입한 8년째인 2003년, 처음으로 대입 정원(679,000명)이 수학능력시험 응시자(675,759명) 수를 초과하면서 미달사태가 발생하였고, 9년째인 2004년 전국 4년제 대학 모집인원 415,561명에 비해 실제 등록자는 363,425명으로서 미등록률이 11.7%나 되었다. 10년째인 2005년에는 미등록률이 12.4%로 더 늘어났는데, 수도권이 2.1%, 비수도권이 17.8%였다. 미등록 비율은 전남(26.8%), 제주(25.7%), 강원(24.7%), 전북(23.2%), 경북(22.8%), 충북(22.1%), 광주(19.2%), 경남(15.1%), 대구(13.4%), 충남(11.9%), 대전(11.6%), 부산(10.6%), 울산(2.9%) 순이었다.

---

[116] 단국대가 현 죽전캠퍼스로 이전한 것은 2007년 8월이다.

그러자 그동안 계속 준칙 개정을 통해 설립 기준은 낮춰주면서 설립을 권장하던 교육부가 돌연 부실화를 방지한다며 준칙 기준을 상향하기 시작함은 물론 2003년 4월 대통령 업무보고를 통해 전체 대학의 1/4에 해당하는 87개 대학을 2009년까지 통폐합 또는 퇴출시키겠다고 밝혔다. 그리고 「경쟁력 강화를 위한 대학구조 개혁방안」(2004.12)을 발표하고 학생 정원 감축을 핵심으로 하는 구조조정을 추진하기 시작하였다. 경쟁력을 강화하기 위해 대학을 늘려야 한다는 주장이 갑자기 경쟁력을 강화하기 위해 대학을 줄여야 한다는 것으로 180도 선회하였다. 준칙주의를 전면 부정하는 이 조치로 준칙주의는 시행 8년도 안 되어 파탄에 처하였다.

그런데 정말 이해할 수 없는 것은 교육부가 다시 2005년 3월까지 30개나 되는 대학의 설립을 인가하여 주었다는 점이다. 한편으로는 입학정원을 축소하면서 다른 한편에서는 설립을 인가하여 입학정원을 늘려주는 모순된 행보를 한 것이다. 물론 신자유주의의 입장에 따르면 대학교육의 과잉공급은 우려할 만한 일이 아니고 오히려 권장할 일이다. 학생 확보를 위한 치열한 경쟁을 통해서 대학의 질적 수준이 향상될 것이고, 수준 이하의 대학은 자연스럽게 도태될 것이라는 것이 이들의 일관된 주장이기 때문이다. 그렇다면 구조조정 또한 시장에 맡기는 것이 신자유주의의 논리에 맞다. 어떻게 봐도 교육부의 처사는 앞뒤가 맞지 않았다(이상 최재성, 2005, 1~85; 임연기, 2008, 147~167; 박남기, 2015, 1~28).

5.31교육방안은 기본적으로 대학교육을 상품시장으로 보고, 시장의 왜곡된 수요 공급을 바로잡아야 한다는 차원에서 기획된

것이다. 준칙위는 우선 시장의 수요, 즉 고등교육의 수요 파악을 불완전한 정부 대신 완전한 시장에 맡겨야 하며, 대학교육을 구매하려는 수요자 과잉이 과외를 부추기는 요인이므로 구매 폭, 즉 입학정원을 넓힐 필요가 있다는 것이다. 또 수요자(학생)보다 공급자(대학)를 더 넓혀야 상품(대학) 선택의 폭이 넓어지고 상품(교육)의 질이 좋아진다고 주장하였다.

입학정원이 응시자보다 많은 공급 과잉이 되면 각 기업(대학)은 살아남기 위한 치열한 경쟁에 나서게 된다. 그러면 생존 경쟁에 내몰린 노동자(교수)는 더 나은 상품(교육)을 생산하기 위해 최선의 노력을 다할 것이며, 정부와 법인은 더 좋은 상품(교육)을 생산할 수 있는 숙련된 노동자로 교수를 재구성해야 할 책무가 있다며, 정부와 법인을 개혁의 주체로, 교수를 개혁의 대상으로 만들었다. 이렇게 해서 상품(교육)의 질이 좋아지면 학생은 개혁의 수혜자가 될 뿐 아니라 양질의 교육을 받은 우수한 상품(학생)을 구매하는 기업 또한 수혜자가 되어 국가 경쟁력이 강화되는 선순환 구조가 이루어진다는 것이다(김정인, 2018, 307~308).

준칙위의 이런 논리는 효용성을 위해 삶의 모든 가치까지 시장에서 구매하라는 것으로서 교육을 상품으로 본다는 점에서 윤리적으로 매우 편향된 것일 뿐 아니라 논리적으로도 자가당착에 빠져있었다. 5.31교육방안은 시행 직후부터 부실대학 양산과 그로 인한 교육의 질 저하, 국가 경쟁력 약화를 초래한다는 비판에 직면하면서 흔들리기 시작했고, 광주예술대 폐교를 시작으로 2000~2012년에 6개 사립대학이 폐교되면서 본격적으로 존폐 논란에 직면하였다. 이들 대학이 폐교된 데에는 학생 미충원보다는 법인의 횡령·비리가 결정적이었는데, 그것은 준칙주의의 부실한 기준에서 불가피하게 발생할 수밖에 없는 문제였다. 결국, 5,31교육방안은 2013년 8월 '고등교육종합발전방안'을 통해 시행 18년 만에 공식 폐기되고 말았다.

준칙위는 시장 상품이 아닌 대학교육을 시장 상품으로 오인하였다. 대학은 상품을 주고받는 시장이 아니고, 교육은 골라잡는 상품이 아니다. 교수와 학생은 상인과 고객이 아니며, 학생 또한 기업이 구매하는 상품이 아니다. 이런 잘못된 전제에서 출발한 정책이었으니 처음부터 성공할 수 없었다. 준칙위는 나라마다 고유한 교육적 전통과 사회적 수요가 있음을 간과하였으며, 우리나라를 미국과 동일시하는 우를 범하였다. 인정과 연고를 중시하는 우리의 정서상 졸정제나 학부제가 정착하기 힘들고, 경쟁력이 없는 대학을 시장이 알아서 퇴출시키는 시스템이 없으며, 퇴출을 위해서는 많은 사회적 갈등과 희생이 필요하다는 것을 대학에 있는 모든 이가 잘 알고 있는데 준칙위만 몰랐던 까닭은 무엇일까.

사학을 설립하겠다고 뛰어든 이들이 그렇게 순수하지만은 않을 것이라는 점을 온 국민이 다 알고 있는데, 준칙위만 몰랐던 까닭은 또 무엇일까. 제대로 된 대학을 만들어서 특성화된 양질의 프로그램을 운영하려는 이에게는 준칙주의가 무의미하다. 준칙을 겨우 상회하는 수준의 시설과 교수진으로는 양질의 프로그램 운영이 불가능하기 때문이다. 그런데도 준칙위는 프로그램의 질을 담보하기 위한 수단으로 대학헌장을 만들라고 하였다. 결과적으로 대학헌장을 만들어 그것을 체화하거나 교육에 반영하는 대학이 없다는 점에서 준칙위는 무능을 넘어선 의도적 눈속임——교피아의 퇴직 후 일자리 창출 수단——이 있었던 것이 아닐까 하는 합리적인 의심을 하게 만들었다.

잘못된 정책의 결과 1995년 51.4%였던 대학진학률은 2000년에 68%, 2005년에 82.1%로 세계 최고를 기록하였다. 188만 명이었던 대학생 수는 각각 275만, 290만 명으로 102만 명이나 증가하였다. 이렇게 많은 대학생을 취업시킬 수 있는 산업구조를 가진 나라가 전 세계 어디에도 없다. 높아진 학력만큼 높아진 눈높이로 인력 수급에 문제가 생기면서 대학 전체에 대한 부정적 시각과 구조조정이 시급하다는 국민적 여론이 대두되었다.

학령인구 감소로 대학 정원을 줄여야 한다는 모두의 상식을 뒤엎고 그에 반하는 정책을 도입하려면 그에 따른 책임을 분명히 해야 한다. 현재 수많은 논란과 반발 속에서 진행되고 있는 대학구조개혁은 사실상 5.31교육방안이 초래한 정책 실패를 뒤치다꺼리하는 데 불과하다. 10년에 걸친 정책 추진의 후유증으로 15년이 넘게 구조조정에 매달리느라 교육부도 대학도 미래에 대한 계획은 미처 돌아볼 여유조차 갖고 있지 못하다. 하지만 지금까지 준칙위는 자신들이 저질러놓은 엄청난 과오에 대해 어떤 사과도 책임도 지지 않고 있다.

최재성崔宰誠 전 의원은 준칙주의에 관한 정책제언에서 정책 실패에 대한 책임 규명이 가장 시급한 과제라고 지적하면서 준칙위 위원들이 책임을 지기는커녕 여전히 교육정책 전반에 막강한 영향력을 행사하는 자리에 있다고 그 뻔뻔함에 대하여 지적하였다(최재성, 2005, 81). 준칙위 위원이었던 이주호가 한나라당 의원으로 반값 등록금정책을 추진했고, 장관으로 교비회계의 법정부담금 대납을 허용하였다는 점에서 정책 추진에 대한 책임 소재――대학정책 실명제――를 분명히 할 필요가 있다.

4. 자율 없는 자율화 정책

　김영삼 정부는 준칙위 설치에 이어 교육규제완화위원회(규완위)를 설치하고(1995.9) 광복 이후 발령한 고시·예규·훈령·지시 등 모든 행정명령에 대해 전수조사한 뒤, 규완위가 존속할 필요가 없다고 심의한 행정명령을 1997년 1월부로 모두 폐지하는 일괄제 방식의 규제 완화를 단행했다. 이와 함께 교육 규제의 신설과 강화도 최대한 억제했다.

　김대중 정부도 「행정규제기본법」(1998, 「규제기본법」)을 제정하여 규제 완화에 관한 법적·제도적 기반을 마련하고, 이에 근거하여 각 시·도에서 「교육규제완화위원회 설치 및 운영에 관한 조례·규칙」을 제정하게 함으로써 규제 완화를 더욱 본격적으로 추진하였다(이쌍철, 2014.10.10). 2000년에는 교육부가 '교육 자율화 추진 종합계획'을, 2004년과 2007년에는 '대학자율화 종합계획'을 수립하여 추진하면서 '대학자율화위원회'를 별도로 구성하여 운영하였다.

　이렇게 대학에 대한 규제를 완화하고 자율화를 확대해야 하는 것은 대학이 "교수와 학생이 자유로운 학문적 분위기 속에서 진리를 탐구하는 곳"이며, 대학의 경쟁력이란 자율 속에서만 배양되고 성장하기 때문이다. 그래서 대학의 자유·자치·자율은 반드시 보장되어야 한다(김영철, 2008, 13~14). 하지만 규제 완화는 대학의 본원적 가치인 자유·자율·자치를 보호하기 위한 도구적 개념일 뿐 그보다 더 중요한 것은 민주적 거버넌스 확립이다. 그러나 다양화와 자율화를 표방했던 5.31교육방안에는 정작 대학의 자유·자율·자치를 좌우하는 민주적 거버넌스를 확립하기 위한 고려는 전혀 마련되어 있지 않았다.

교수협의회의 학칙 기구화와 총장 선출제의 제도화를 통한 대학 내 의사 결정의 민주화, 예·결산 공개와 외부감사제 도입을 통한 학교 경영의 합리화·공개화 방안, 학생회의 학사 참여를 통한 학습권의 보장 등 자율화의 핵심 요소가 전혀 포함되지 않은 자율화 정책이었다. 이런 자율화는 결국 자율화란 이름으로 법인의 일탈을 눈감아주는 결과를 낳기 마련이다. 김인회 교수는 5.31교육방안은 전두환 정부가 내놓은 대학개혁안의 복사판이며 정부 주도의 획일적 개혁이라 진단하고, 민주적 개혁조치에 대한 언급이 없음을 강하게 비판하였다(김정인, 2018, 289~290).

문재인 정부도 2019년부터 규제 존치의 필요성을 정부가 입증하지 못하면 규제를 자동으로 폐지하는 '규제 정부 입증책임제'를 도입하여 의견을 수렴한 뒤 다음과 같은 조치를 취하였다.

① 일부 학과의 해외캠퍼스 이전 및 해외캠퍼스 학생 증원 허용
② 대학원 온라인 수업 학점 이수 확대
③ 대학 단일교지 인정 범위 확대
④ 대학교원의 자격인정 시 산업체 경력 인정 요건 완화
⑤ 기준 초과 수익용 기본재산의 교육 목적 활용 허용(이상 연합뉴스, 2019.9.24; 숭대시보, 2019.10.7).

규제 완화는 대부분 양면성을 지니고 있다. 대학의 자율화를 촉진한다는 점에서는 원론적으로 바람직하지만, 그것이 법인의 자율화로 변하는 순간 부정적 결과를 낳을 가능성이 농후하게 된다. 교육과 연구 목적에 부합하는 교비회계에 국한하여 승인한다고는 하지만 수익용 기본재산 처분은 그 과정에서 비리가 발

생할 소지가 다분하다는 점에서 신중한 접근이 필수적이다. 교수의 산업체 경력 인정 요건 완화도 교권의 보호에 양날의 검으로 작용할 수 있다. 온라인 수업 학점 이수 확대는 시대적 흐름이지만 사학의 원가 절감용으로 전락할 수도 있다. 해외캠퍼스 개발과 확대에 교비회계에서의 투자를 금한다는 규정도 제대로 지켜질 수 있을지 의문이다.

자율화를 둘러싼 조치마다 긍정과 부정의 양면성을 지니게 된 원인은 대학 민주화라는 근본적인 치유 조치를 하지 않은 채 계속 대증요법으로 일관한 데 따른 결과이다.

5. 기업의 대학지배와 대학의 위기

사립대학은 늘 재정난에 시달려 오면서도 1970년대 초까지는 기업에 대해 그다지 아쉬운 소리를 하지는 않았다. 자본이 절대 부족했던 시절, 대학은 등록금이란 고정된 현금 수입과 고율의 이자 수입 덕에 안정적 경영이 가능하였고, 1976년 중동 건설 붐이 불기 전까지 우리나라 기업의 규모가 그다지 크지 않았기 때문이다.[117] 그래서 백낙준 총장은 1978년에 있었던 한 인터뷰에서 총장의 자격과 역할로 학문과 인격, 행정력과 재원 조달 능력을 꼽으면서도 대학에 개입하거나 간섭할 의도가 있는 돈을 당연히

---

[117] 1973년 현대·삼성·LG·대우·선경·쌍용 등 6대 대기업의 연 매출총액은 4천억 원으로서 1980년의 14.7조 원과 비교할 때 3%도 되지 않았다(김종년, 2005, 8). 당시 부속병원을 보유한 대형대학은 연 예산 규모가 200억 원 이상으로 어지간한 대기업 못지않은 규모였다.

거절하여야 한다고 당당하게 말하였다(김정인, 2018, 315).

경제관료 출신으로 좀 더 일찍이 신자유주의를 맛본 한국외대 황병태黃秉泰 총장은 1984년 취임 일성으로 대학이 더는 상아탑일 수 없다며 경영관리의 중요성을 강조하였지만(동아, 1984.3.5), 대학을 행정관리의 대상에서 경영의 대상으로 간주해야 한다는 생각이 공론화되기 시작한 것은 1987년 제도적 민주화가 달성되면서부터이다. 광복 이후 경제성장과 민주화, 그리고 반공은 공고하게 형성된 일종의 국민적 합의였고, 대학이 전담했던 과제는 앞의 두 가지였다. 그런데 대통령 직선제 개헌의 성취로 대학에 주어진 두 가지 과제 중 하나가 해결된 것처럼 보이자마자 대학은 당연한 듯 시장의 논리에 집중하기 시작했다.

1990년부터 대학에 갑자기 교육서비스·고객만족·수익과 효율이라는 새로운 단어가 도입되고 중시되었다. 산업화시대에서 지식정보화사회로의 대전환이 강조되면서 산업혁명에는 늦었지만, 전자혁명에는 앞서야 한다는 생각에서 새로운 것을 무조건 긍정하는 분위기가 형성되었고 경쟁력 강화를 위한 경영 효율화는 대학 운영의 패러다임을 전환하는 필수 요소처럼 받아들여졌다.

여기에 결정적인 역할을 한 것은 삼성을 비롯한 재벌의 영향이었다. 대학이 유신과 5공에 맞서 민주화 투쟁에 전념하는 동안 세계적인 기업으로 부쩍 커버린 재벌의 영향력은 대학을 압도하고도 남았다. 삼성이 메모리 반도체 신제품을 출시할 때마다 국민의 자부심은 동반 상승했고, 다국적 기업으로 변모하는 우리나라 재벌의 모습은 한 번도 경험해보지 못했던 새로운 제국 건설에 앞장선 영웅처럼 미화되었다. 때마침 벌어진 공산주의의 몰락은 새로운 시대, 새로운 프런티어가 열리는 것처럼 보였고, 서둘러 달려가야 할 엘로라도 인양 모두를 조급하게 만들었다. 그리고 다국적 기업으로 변신한 재벌은 모두가 부러워하는 막강한 국제 경쟁력을 구비한 이상적 모델로 인식되었다.

재벌의 성공 모델이 사학의 갈 길처럼 보이면서 대학 총장에게는 학문적 권위와 도덕적 영향력, 조정과 화합의 리더십 대신 조직을 효율적으로 경영하고 개혁하며, 재원을 조달하고 국제화를 달성할 수 있는 새로운 리더십이 요구되기 시작하였다. 총장에게 마치 기업의 CEO 같은 역할이 주어진 것이다.

여기에 더해진 것은 대학평가였다. 1992년 처음으로 실시한 전자공학과와 물리학과 학과평가인정제에서 우수 평가를 받기 위해 대학마다 서둘러 교수 충원과 시설 투자에 나섰는데, 아주대·울산대처럼 재벌이 법인인 대학은 17개 우수 학과에 포함된 데 비해 성균관대·연세대는 권외로 밀려났다. 현금 투자 없이는 명예도 전통도 유지할 수 없고 총장도 자리보전하기 힘들다는 냉엄한 현실에 모든 대학이 직면하게 된 것이다.

이런 대내외적인 환경 속에서 동국대는 재정난 해소책으로 1991년부터 대학 최초의 학교채 발행에 나섰다. 16억 원의 학교채를 발행하여 학부모와 동문에게 무이자로 매각하기로 한 것인데, 여기에 경기대·단국대 등 7개교가 동참하여 교육부에 승인을 요청하자 많은 사립대학이 관심을 표하였다.118) 하지만 예상과 달

---

118) 한국대학법인협의회의 학교채 발행 방안에 따르면 총 발행액은 연간 재정수입의 5% 이내이고, 액면가는 10·30·50·100만 원권 4종류이다. 학교채는 연차적으로 상환하기로 하였다. 1994년 고려대는 대학원생과 학부모에게는 졸업 일로부터 6개월 이내, 교직원과 동문에게는 발행일로부터 4년 후 상환

리 학교채 매각은 별다른 호응을 얻지 못하였고 몇 년 뒤 사업이 중단되었다.

그러자 좀 더 적극적으로 발전기금 모금에 나설 총장 후보로 경영학과 교수가 주목받기 시작하였다. 1992년 연세대 총장에 취임한 경영학과 송자宋梓 교수는 CEO 총장을 자칭하면서 전 교수의 동참을 독려하며 기금 모금에 적극적으로 나섰다. 그 결과 연세대는 거액의 발전기금 모금에 성공하였으며 특히 대기업 기부금 비율이 83%에 달하였다. 송자 총장은 대우그룹의 기부로 지은 상경대학을 '김우중기념관'이라고 이름 붙임으로써 재벌이 후원하는 명문대학이라는 이미지를 구축하였다(김정인, 2018, 316~318). 이는 각 사립대학에 하나의 본보기가 되어 대학마다 삼성관·SK관 등 재벌이 후원한 건물을 대학에 세우는 것이 대학이 자존심이고 총장의 업적인 것처럼 인식되기 시작했다. 재벌에게 가장 비판적이었던 대학이 일순간에 재벌의 시혜를 기다리고, 재벌을 부러워하는 순한 양으로 바뀌었다.

그러던 중 삼성이 성균관대를 인수하는 일이 일어났다(1996.11). 삼성은 막대한 발전기금을 조성하여 경쟁력 있는 학과를 중심으로 집중 육성하겠다고 밝혔고, 삼성의 성균관대 인수에 대한 사회의 평가는 입시 현장에서 즉각 드러났다. 이후 성균관대는 각종 평가와 지표에서 괄목할 성취를 보였고, 특히 중앙일보 평가에서 SKY의 영역을 넘나들며 수직 상승하였다. 하지만 성균관대는 팀제를 비롯한 기업형 경영 방식을 전적으로 수용해야 했고, 총장직선제·교수협의회·직원노조 등 전통적으로 대학다움

하기로 하였다(중앙, 1990.10.27.; 매경, 1994.1.5).

이라고 여겼던 것들을 모두 포기해야 했다.

　재벌이 세운 건물이 속속 대학에 진주하기 시작하였고, 송자 총장이 발전 전략 수립을 위탁했던 경영컨설팅 회사 매킨지Mckinsey에는 대박을 꿈꾸는 총장 여럿이 쫓아가 거액을 주고 컨설팅을 의뢰하였다. 그러자 신학 전공자로 1997년에 서강대 총장으로 취임한 이상일李相一 교수까지 "대학이 쌓아온 학문적 기대와 도덕적 가치를 경제적 효율성으로 바꾸겠다"고 선언하기에 이르렀다(한국, 1997.2.28). 2005년 서강대는 CEO형 총장 대신 CEO 출신 총장으로 손병두孫炳斗를 선임하였고, 손 총장은 자신은 CEO 총장이 아니라 세일즈 총장이라고 자처하면서 학생이 불량품으로 리콜 대상이 되지 않게 기업의 니즈를 잘 파악하여 교육시키겠다고 밝혔다(최범수, 2005.8.1). CEO도 아닌 공장장을 자처한 것이다.

　5.31교육방안으로 대학이 확장 일변도로 매진하던 중 발생한 외환위기는 안정적인 수익구조를 창출할 수 있도록 대학을 구조조정해야 한다는 더 큰 숙제를 안겨주었다. 이때 고려대 경영학과 교수였던 어윤대魚允大 총장은 기존의 민족 고대·막걸리 고대의 이미지를 글로벌 고대·와인 고대로 바꾸기 위해 노력하면서 대학 외관을 일신하는 것은 물론 학내 분위기까지 크게 바꾸는 데 성공하였다. 하지만 세련되게 바뀐 외모만큼이나 현재의 고려대는 우리가 알던 과거의 고려대와 같은 대학인지 궁금하기도 하다.

　외환위기로부터 10년이 지난 시점에서 두산이 중앙대를 인수하였다(2008.5). 사회에서는 중앙대가 제2의 성균관대가 될 것이라는 희망 섞인 전망을 내놓았고, 중앙대 역시 입시 현장에서 그런 기대치를 확인할 수 있었다. 두산은 과감한 구조조정을 추진하면서 '원자재(학생)'의 질을 향상시킬 의무가 직원(교수)에게 있다고 요구하였다. 대학에 대한 무례의 극치였지만 언론은 대단한 혁신이 이루어지는 양 칭송하기에 바빴다.

하지만 12년이 지난 현재 중앙대는 박용성朴容晟 이사장의 상식 밖의 갑질로 인한 상처, 2,457억 원에 달하는 교내 공사를 불법적 수의계약으로 두산건설에 몰아준 비리, 450억 원에서 2천억 원으로 증가한 부채만 남았다. 이런 명백한 불법행위에 대해 감사 대신 조사만 진행한 교육부는 오히려 경고라는 면죄부만 주고 말았으니 교육부 감사관실을 감사해 달라는 사교련의 감사 청원이 이유 없는 것이 아니었다. 이후 두산은 사업 부진으로 엄청난 적자에 시달리자 두산건설을 인수하면 중앙대를 넘겨주겠다는 소위 1+1 매각을 언론에 흘릴 지경이 되었다. 100년 가야 할 대학을 10년 앞을 내다볼 수 없는 기업에 맡기는 것이 과연 타당한 것인지 논란이 뜨겁다.

지난 20년을 되돌아보면 대학마다 참 바쁘게 살았다. 그렇게 아등바등해서 무엇을 얻었는지, 그리고 그 길이 옳은 것이었는지, 앞으로도 그렇게 가야만 하는 것인지 이제는 진지하게 되돌아볼 때가 되었다고 생각한다. 제도적 민주화를 달성한 1987년부터 대학은 일종의 정신적 공백 상태에 빠졌던 것 같다. 민주화 이후를 대비한 그 무엇이 없었던 상태에서 공백을 메우며 들어온 신자유주의는 대학 사유화에 골몰하던 사학법인에게 엄청난 명분——대학도 일반 회사와 마찬가지로 시장 질서에 의해 움직이는 경영의 대상일 뿐이라는——과 새로운 동력을 안겨주었다. 그때 몸집이 커진 재벌은 몇몇 사립대학에만 선택적으로 건물을 지어줌으로써 서열화된 우리 사회에 재벌과 명문사학 간에 공고한 연대가 맺어졌음을 가시적으로 보여주었다. 하지만 이 파티에 초대받지 못한 많은 대학까지 등록금에만 의존해 운영하던 단순하고 고립된 조직에서 시장의 원리에 따라 움직이는 기업의 하나로 변모하길 원했고, 그 점에서 재벌은 사학법인이 배우고 따라야 할 스승이 되어버렸다.

또 정부에 의해 강요된 상시적 구조조정은 대학의 관심을 오직 생존을 위한 평가에 매달리도록 만들었다. 총장은 구조조정평가에 매달려야 했고, 교수는 재임용과 승진을 위한 업적평가에 매달려야 했다. 그러면서 잔폭한 군부독재에서도 선명한 민주화의 대의를 내세우며 버텼던 대학공동체는 경쟁력을 내세운 시장의 은밀한 회유와 압력에 무기력해지고 말았다. 기득권에 저항하고 사회적 진보를 추진하는 원천으로서의 대학은 외부평가와 재정 지원에 길들어졌고, 교수는 연구실적과 성과연봉제에 묶였고, 학생은 학점과 취업에 목을 매면서 대학은 파편화되고 말았다. 민주주의를 잊고 비판 정신을 잊어버리면서 교수는 한마디로 말해 착한 월급쟁이가 되었고, 대학은 소심한 지식인의 사회가 된 것이다.

대학이 마지막까지 기댈 수 있는 유일한 의지처는 학문적 존엄과 도덕적 양심일 것이다. 세계 최고 수준의 입시 경쟁과 취업 경쟁, 그리고 고학력 국가가 되면서, 또 대기업의 연구력이 향상되면서 대학이 지니고 있던 지적 우위를 계속 유지하기가 힘겹게 되었다. 대다수 국민은 대학의 성취가 대기업이나 대중예술 분야에 비해 많이 뒤처진다고 여기며, 그렇다고 기대한 것만큼의 도덕성도 갖추지 못한 것 같다고 생각한다. 한마디로 말해 대학이 기대 이하라는 것이다.

우리 국민은 세계에서 손꼽히게 예민하고 섬세한 소비자라는 평판을 받고 있다. 한국 시장에서 인정받은 제품이면 세계시장에 내놓아도 문제가 없다는 시장의 논리는 대학에도 똑같이 적용될 것이다. 결코 예외일 리 없는 이 환경에서 대학이 존립하려면 의학·공학 등 세계 정상 수준에 근접한 학문은 독보적인 위상을 구축하기 위해 앞장서야 하고, 격차가 큰 분야는 좀 더 부지런하고 서둘러 가야만 할 것이다.

또 양적·수량적 평가를 넘어선 새로운 학문적 성취를 위한 고민과 함께 보다 스마트하고 품격있는 교수상을 쌓기 위한 노력에 더 힘써야 하지 않을까 생각한다. 하버드대 문리과대학 학장을 11년간 맡았던 로조프스키Henry Rosovsky 교수는 전문가로서 교수의 처신에 관한 훈련과정을 보완해야 하는 것이 대학의 공통 과제라고 제안하고, 그렇게 될 때 대학에 대한 외부의 비판이 대폭 감소할 것이라고 지적하였다(로조프스키, 2006, 6). 존엄을 잃어버린 대학의 말에 누구도 귀 기울이지 않는 일은 피할 길이 없을 터이니 열심히 가는 수밖에 다른 길은 생각하기 힘들다.

6. 신자유주의와 대학역량진단평가

초기의 개혁동력을 상실하고 침체에 빠졌던 김영삼 정부는 세계화를 새로운 돌파구로 간주하고 전력을 기울이며 1996년 OECD 가입을 세계화 정책의 구체적 목표로 삼았다. 그때부터 우리 사회는 뒤늦게 밀린 숙제하듯 주변을 돌아볼 것도 없이 신자유주의의 논리 속으로 휩쓸려 들어갔다. 신자유주의는 기본적으로 고전적 자유주의와 맥을 같이하지만, 시장은 뛰어난 효율성을 유지하기 위한 자체 교정 능력을 지니고 있어 과거의 탐욕스러운 모습과 달리 공적 이익에 부합하는 방향으로 자율 조정이 가능하다고 강변하며 자유 무역과 국제적 분업에 기초한 시장 개방을 요구하였다.

신자유주의가 내세운 개방된 시장은 우리 사회를 구성하는 정치적·사회적·경제적·문화적 영역과 긴밀한 관계를 맺으며 작동하던 과거의 시장이 아니다. 신자유주의의 시장은 사회의 일부가 아니라, 오히려 사회가 시장의 일부라는 것을 주장하며, 사회가 시장의 작동원리인 생산성과 효율성을 최우선 가치로 받아들일 것을 요구하는 시장이었다.

하지만 신자유주의는 1980년대 일본에 빼앗긴 세계시장에 대한 주도권을 미국과 영국이 되찾기 위해 만든 전략이었을 뿐 일반적 경제 원리와 무관하고, 특히 우리의 이해와 일치할 수도 없어서 맹목적으로 수용하거나 따라갈 필요가 없었다. 미국과 영국이 지닌 가장 경쟁력 있는 금융시장이 우리 시장에서 마음껏 활개 칠 수 있도록 개방하라는 말에 불과했다.[119] 그런데도 시장의 전면 개방을 천국행 티켓인 것으로 오인하고 아무런 준비도 없

---

[119] 사드-필류Alfredo Saad-Filho는 신자유주의는 특정한 생산양식이 아니라서 특징적 요소를 반드시 포함한 것도 아니며, 단지 전 세계 엘리트 집단에게 부와 권력을 집중시키는, 특히 국제적으로는 미국 자본에 이익이 되는 헤게모니 프로젝트의 일부일 뿐이라서 신자유주의적 세계화·제국주의와 분리하여 분석할 수 없다고 지적하였다(사드 필류, 2009, 10). 김성구도 신자유주의자들은 시장의 절대적 기능을 강조하면서도 독점자본과 금융자본에 대한 막대한 공적자금 투입 요구 등 국가개입주의에도 앞장서는 등 앞뒤가 안 맞는 기만적인 행태를 거리낌 없이 보였다고 지적하였다(김성구, 2014, 26~28).

이 개방한 결과가 바로 1997년 말에 발생한 미증유의 외환위기였다. 외환위기는 도저히 피할 수 없는 불가피한 위기가 아니었다. 전적으로 김영삼 정부가 자초한 것이었고, 그 후유증은 지금까지도 심각하다는 점에서 그 경솔함과 무능함에 개탄하지 않을 수 없다.

신자유주의가 가장 대립각을 세운 곳 가운데 하나가 바로 공공분야였다. 삶의 모든 영역에 대하여 시장적 가치를 강조하는 신자유주의는 자연히 성과주의라는 효율성을 최고의 가치로 삼는다. 문제는 이윤이라는 명확한 잣대가 존재하는 기업과 달리 교육·복지 등의 공공분야는 공공성의 제고가 존재의 목적이며, 효율성 제고 자체가 목적일 수는 없다. 따라서 부차적 가치인 효율성을 우선적으로 요구할 수 있는 분야가 제한적이며 누구나 납득할 수 있는 객관적인 평가도 쉽지 않다.

평가하려면 무엇이 성과인지를 먼저 정해야 하는데, 교육은 본래부터 단일한 무엇인가를 만드는 것이 아니라 각기 다른 사람이 가지고 있는 서로 다른 장점을 극대화할 뿐이어서 객관적 평가가 매우 어렵다. 교육의 범주에는 수행해야 할 구체적 과제가 다중적으로 있어서 일반적인 유인계약으로는 기대한 효과를 거두기 힘들며, 그것이 때로는 부작용을 더 크게 만들기도 한다. 따라서 교육 같은 공공분야에 일반 기업에 적용 가능한 성과 중심 경영을 적용하는 것이 부적절하며, 적용하더라도 제한적으로 하는 것이 바람직하다.

실제로 미국에서 표준화된 시험 성적을 기준으로 평가한 결과 교육의 여러 에너지가 왜곡되게 배분되었고 심지어는 조작되기도 하였다. 성적 향상은 성적을 올리려는 학생과 교사의 노력의 결과일 뿐, 거기에 과도한 인센티브나 처벌 등을 부가하면 본질이 왜곡될 수 있고, 이 점은 초·중등교육이나 대학교육이나 마찬가지다. 신자유주의에 입각한 교육개혁이 기대만큼 성과를 거두지 못하는 데에는 인간 본성에 대한 이해 결여와 깊은 관계가 있다. 인간은 자기 이익만 추구하는 그런 단순한 존재가 아니다. 매우 이기적이지만, 그와 동시에 공정성을 위해 자신의 이익을 포기하거나 단지 보람을 위해 이익이 없어도 열정을 쏟는 이타적인 존재이다(이준구, 2011, 172~174, 178~179).

게다가 신자유주의는 본질적으로 산업혁명이나 정보혁명 같은 기술혁명이 아니어서 그렇게까지 서두를 필요가 없었다. 우리가 얼마나 신자유주의의 환상에 빠졌는지를 보여주는 대표적인 사례 가운데 하나는 2010년, 개신교에서 운영하는 아시아 최초의 민간교도소인 소망교도소를 개소한 일이다. 우리와 미국의 교도행정은 그 환경과 목적 등에서 현저한 차이가 있다. 우리나라보다 인구당 수감자가 7배나 많고 통제하기 힘든 미국과 달리 우리 교도행정은 세계에서 가장 선진적인 편이다.

미국에서 1983년에 시작된 민간교도소는 죄수가 많을수록, 장기수가 많을수록, 죄수가 건강할수록 많은 이윤이 남는다는 점에서 사회적 정의와 불일치한다는 비판을 받아왔다. 그런데도 국가만이 행사할 수 있는 형벌권을 예산의 90%를 지원하면서까지 굳이 민간에게 위임하여 대행하게 한 것은 최소한 유지해야 할 공적 정의보다 시장의 효율성이란 허구를 맹목적으로 과신한 대표적인 사례이다. 그렇게 해서 얻을 수 있는 효율성이 과연 무엇인지 궁금하다.

김정인 교수는 대학이 신자유주의를 거부할 수 없는 한 대학도 시장과 같은 욕망, 시장과 같은 기준을 지니게 된다고 경고하였다(김정인, 2018, 306). 경청해야 할 지적이라고 생각한다. 아무튼 신자유주의의 생산성과 효용성 강조는 자연히 대학에 대한 평가 요구로 이어진다. 처음 진행된 대학평가는 대교협이 주관하였다. 앞에서도 언급한 것처럼 대학기관평가 1·2주기(1982~1992)는 영향력은 제한적이었지만 평가시스템을 마련하고 작동한 것에 나름대로 의미가 있었다.

대학종합평가인정제 1주기(1994~2000)는 본격적인 종합평가로서 긍정적인 성과가 상당하였다. 하지만 딱 거기까지였다. 2주기(2001~2006) 평가는 하지 않느니만 못하였다. 학부제 실시 여부가 평가를 좌우하면서 대학은 학부제가 추구하는 목적을 달성하기 위한 착실한 준비와 노력 대신 비슷한 학과를 묶는 형식적인 구조조정에만 급급하면서 혼란만 노정되고 말았다. 급기야는 학부제를 기획하고 추진한 이명현李明賢 전 교육부 장관조차 장관직을 그만둔 뒤 교수신문과의 인터뷰에서 '지금의 학부제는 사기다'라고 주장할 정도였다(교수신문, 2001.11.26). 평가가 순수한 목적에서 시작했더라도 관료적 관행에 포위되면 그 목적과 수단이 얼마든지 전도될 수 있음을 뒤늦게 알고 후회한 것으로 보인다.

박근혜 정부가 학령인구 감소에 대비하겠다며 추진한 '대학구조개혁평가(2014, 구조개혁평가)는 정원 감축을 위한 징벌적 평가라는 점에서 이전의 대교협 평가와는 근본적으로 성격을 달리한다. 평가등급과 정부의 조치는 일부 조정을 거치면서 [표29]와 같이 최종 결정되었다.

구조개혁평가의 핵심은 당시 56만 명이던 대학 정원을 10년 동안 16만 명 감축하여 2023년까지 40만 명으로 줄인다는 것이다. 구체적으로는 3년 주기로 나눠 제1주기(2014~2016)에 4만, 제2주기(2017~2019)에 5만, 제3주기(2020~2022)에 7만 명씩 줄인다는 계획이었다.

[표29] 대학구조개혁평가 등급 및 정부 조치

등급		정원감축	재정지원 사업참여 제한	장학금Ⅱ 유형지급 제한	장학금Ⅰ 유형지급 제한	학자금 대출 (%)	폐교 심의
A 최우수	4년제	자율	-	-	-	100	-
	전문대						
B 우수	4년제	4%	-	-	-	100	-
	전문대	3%					
C 보통	4년제	7%				100	
	전문대	5%					
D+ 미흡1단계	4년제	10%	해당	해당	-	100	-
	전문대	7%					
D- 미흡2단계	4년제	10%	해당	해당	100%	50	-
	전문대	7%					
E 매우미흡	4년제	15%	해당	해당	해당	0	해당
	전문대	10%					
평가 제외대상	4년제	7%	해당	해당	-	100	-
	전문대	5%					
EE 2년연속	4년제		강제 퇴출				

교육부 보도자료(2015.8.31)

하지만 수도권과 비수도권, 일반대학과 전문대학이 상생할 수 있는 고등교육 생태계를 조성하겠다던 본래의 약속과 달리 1주기 정원 감축은 일반대 28,000명(8.2%), 전문대 32,000명(16.1%)이었고, 지역별로는 일반대는 서울(2.7%)·광역시(8.3%)·도(12.3%), 전문대는 서울(7.2%)·광역시(14.5%)·도(21.3%), 순으로 현격한 차등 감축이 이루어졌다. 또 대학의 자진 감축 등에 힘입어 4만 명 감축 목표를 초과한 47,000명의 정원 감축이 이루어졌다.

특히 논란이 된 것은 2015년 평가에서 경북대·충남대·항공대 등을 C등급에, 강원대 등을 D+ 등급에 포함시켜 스스로 객관성을 상실한 점이다. 이로 말미암아 대학평가가 총장직선제 등 교육부의 지시에 순응하지 않는 대학에 대한 징벌로 악용되었다는 비판이 쏟아졌고, 심각하게 신뢰성을 상실하였다. 문재인 정부가 출범한 뒤 발표된 제2기(2017~2019) 평가 시안 역시 조금도 다르지 않았다.

이에 사교련은 징벌만을 위한 평가에 반대한다며 아래와 같은 6개 항을 요구하였다.

① 평가 명칭을 '대학기본역량진단평가(역량진단평가)'로 변경할 것
② 국립·사립대학 평가를 구분할 것
③ 법인과 대학의 점수를 구분할 것
④ 구성원 참여·소통 지표를 대폭 강화할 것
⑤ 대학의 특성을 배려하고 장려하기 위한 '자율지표'를 신설할 것
⑥ 진단에 따른 지원책을 마련할 것

하지만 명칭만 변경되었을 뿐 대부분의 요구가 받아들여지지 않았다. 단지 등급을 3단계로 간소화하고, 지방대와 전문대에 대해 배려하겠다고 했지만 크게 기대하기 힘들었다. 2019년 8월 교육부는 '2021년 대학기본역량진단 기본계획(시안)'을 발표했는데, 대학의 특성화를 배려하고 장려하기 위한 '자율지표'를 신설하고 구성원 참여·소통 지표를 강화한 점은 긍정적이지만, 여전히 다음과 같은 문제점을 지니고 있다.

① 신입생·재학생 충원율을 13%에서 20%로 과도하게 증가하여 평가를 사실상 좌우한 점
② 정원 감축에 따른 최소한의 재정 보완책이 마련되지 않은 점
③ 전문대학 교원 확보율 지표를 9%에서 15%로 확대한 것은 바람직하나 4년제 대학의 '전임교원 확보율'과 달리 '교원 확보율'로 구분하여 교원의 편법 채용 가능성을 열어놓은 점
④ 법인과 대학의 책임 소재를 구분하고 평가 결과를 공개하라는 요구를 수용하지 않은 점

일단 평가가 진행되면 예산집행 문제로 정권교체와 무관하게 사업이 추진되기 마련이다. 즉 문재인 정부 하에서도 교육부의 사업은 박근혜 정부가 정해놓은 일정에 맞춰서 움직인다는 말이다. 사업이 5년 단위면 정권 말에서나 새로운 정책을 시도할 수 있게 된다. 그런데 국가가 재정을 집행하는 국립대학과 사립대학을 함께 모아 놓고 재정 여건과 교수확보율을 비교 평가하는 등 상식 밖의 평가가 대학의 발전에 도움을 주지 못한다는 것을 교육부도 모르지 않는다. 자신들의 존재 의의를 각인시키기 위해 평가에 집착할 뿐이다. 아마도 이 문제는 국가교육위원회가 구성되고 교육부와의 역할 분담이 어떻게 되느냐에 따라 약간의 변

동은 있겠지만 관료주의의 속성상 그렇게 크게 바뀌지는 않을 것 같다.

7. 언론사 대학평가

　미국의 신자유주의적 모델의 막강한 영향력은 냉전체제의 해체, 지식정보화사회의 도래를 계기로 더욱 커져서 세계적으로 큰 영향력을 행사하였지만 1990년부터 동아시아에서, 그중에서도 한국·중국·대만에서 가장 두드러졌다. 모두 대학 서열화가 심하고, 정부가 대학입시를 비롯해 고등교육을 주관한다는 공통점을 가지고 있다.
　그래서 국가가 대학평가제도를 도입하여 대학에 경쟁력 강화를 요구하자 얼른 순응하였다. 해외 언론에서 발표하는 대학 서열에 다 같이 목숨을 걸었다. 특성화·국제화·상업화·효율화의 조류 속에서 도입한 평가 기준도 놀라울 정도로 유사하였다. 국제학회 유치와 해외저널 투고가 필수적인 평가 요소가 되었고, 국제학회에 참가하는 외국 학자의 국적 다변화에 따른 평가 방식과 점수까지 대동소이하였다. 모든 가치와 성과가 수치로 환산되었고, 그에 따른 차등적 재정 지원이 경쟁력의 지표로 평가되었다.
　동아시아 각국 대학이 미국 주도의 신자유주의를 몹시 부담스러워하면서도 이렇게 빠르게 수용한 데에는 근대에 대한 트라우마가 생생하기 때문이다. 세계사적인 전환기에 가장 선진적인 모델을 빠르게 수용하지 않을 경우, 엄청난 대가를 치러야 한다는 끔찍했던 기억 말이다. 따라서 대학을 지식의 생산과 전달(유통)의 세계 시스템이라고 한다면, 그 중심center of learning에 서 있는 미국의 우세가 더욱 강화된 이상 일단 도입하고 빠르게 적응하는 것이 안전하다고 생각했다(우마코시, 2007, 28). 그래서 적지 않은 문제가 있음을 감지하면서도 우선 도입하자는데 별다른 이론이 없었다.

그래서 대교협 평가에 대해 각 대학이 나름대로 긍정적으로 평가하고 적극적으로 호응하였다. 하지만 대교협 평가가 자율적인 것도 아니었고, 대단한 인센티브가 주어지는 것도 아니었기 때문에 곧 형식적인 것으로 변하였다. 대교협으로서는 회비를 내는 회원교를 상대로 냉정하게 평가하기가 어려워 결국 온정주의에 빠지고 말았다. 전국 모든 대학이 대교협 평가 최우수대학을 표방하면서 대교협 평가는 조롱거리가 되었고, 자연스레 평가무용론이 나왔다.

대교협 평가가 권위와 신뢰를 상실하게 되자 그 틈을 잽싸게 파고든 것이 중앙일보의 대학평가였다. 구독자가 갈수록 줄어드는 신문 시장에서 새로운 독자를 확보하기 위해 중앙일보는 대학과 관련된 기사를 발굴해야 했고, 여기에 착안한 것이 바로 대학평가였다. 중앙일보의 기획은 예상했던 데로 대학 내의 관심사를 넘어 사회적 관심사가 되었고 입시홍보의 최대 근거로 활용되면서 그 효과가 증폭되어 갔다. 물론 중앙일보 평가도 초기에는 긍정적인 효과가 상당했지만 몇 년 지나지 않아 부정적 효과가 더 커지기 시작하였고, 지금은 더 말한 나위가 없을 정도다.

대학의 발전을 위한 평가가 되려면 합리적이고 장기적인 지표가 제시되어야 하며, 목표 달성을 위한 구성원의 합의와 참여가 전제되어야 한다. 그런데 매년 평가 대상 학과를 밝히지도 않고 지표도 바꿔가며 순위를 요동치게 하니 독자로서는 신문 보는 재미가 쏠쏠하지만 예산의 왜곡된 지출과 행정 낭비 등으로 인한 부정적 영향이 매우 심각하다. 중앙일보에서 영어강의 반영비율을 높이자 국문학도 영어로 강의해야 하는 웃픈 현실이 대학을 헤집어 놓았다.

중앙일보도 이를 모를 리가 없다. 하지만 평가 덕분에 대학광고를 독점하다시피 한 중앙일보로서는 영향력 확대를 극대화하기 위해 매년 평가 기준을 임의로 바꿔가며 대학 순위를 요동치게 하여 독자들에게는 흥미를, 대학에는 고통을 안겨주는 일을 계속하고 있다. 이런 속사정을 잘 모르는 수험생과 학부모는 평가순위에 따라 대학을 선택하고, 순위가 내려간 대학과 학과에 대해서는 재학생과 동문이 질책한다. 대학으로서는 교육과 연구를 방해하는 아주 잘못된 족쇄에 매이고 만 것이다.

이에 서울소재대학교수회연합회(서교련)는 서울 시내 주요 대학이 앞장서서 중앙일보 평가를 거부해야 한다고 거듭 밝혔지만, 총장들은 고양이 목에 방울 매달기를 주저하며 서로 눈치만 보고 있다. 조선일보의 QS(Quacquarelli Symonds) 평가 보도 또한 다를 바 없다. 정작 영국에서도 참고만 하는 언론사 평가에 목숨을 걸고 자료를 조작하기까지 하는 현상은 앞에서도 언급한 것처럼 국가가 대학입시를 주도하고, 대학에 자율성이 없고, 서열화가 심하며, 통계수치 외에는 믿지 않는 신뢰자본이 취약한 나라에서 가장 심각하게 드러나는 고질병이다. 한마디로 말해 학문에 대한 정체성 결여와 그로 인한 자신감 부족 때문이다. 대학평가에 대한 일본대학이 무심함은 노벨상 대국의 자부심에 따른 자연스러운 결과이다.

저명한 '대학 전문가'인 북경대 진평원陳平原 교수는 중국 대학 역시 대학평가와 대학 서열이 별로 신뢰할 수 없는 숫자 놀음이라는 것을 잘 알면서도 어느 총장도 무심하게 지나칠 수 없는, 마치 총장의 머리 위에 매달아 놓은 칼 같다면서, 등수가 잘 나오면 열심히 홍보하고, 잘 나오지 못하면 애써 무시하는 기회주의적 태도를 취한다고 지적하였다. 그러면서 홍콩중문대학 심조요沈祖堯 총장이 이런 '등수놀이'에 그다지 적극적이지 않을 뿐 아니라

> 대학의 사명이 학생에 대한 교육, 지식의 창조, 인류 생활 수준의 개선, 문화와 계승을 촉진하는 것이라면 즉시적인 영향력이 큰 과학기술 연구와 그렇지 못한 인문학과의 형평성을 잘 유지할 필요가 있다.

라고 한 총장의 글 「대학의 순위 때문에 대학의 가장 중요한 사명을 말살하지 말 것」을 들어서 이는 홍콩중문대학의 독립성과 자신감, 그리고 성숙함의 표현이라고 평가하였다(진평원, 2017, 13~14).

8. 대학평가에 대한 개선책

다음은 제3장 5절에서 소개한 1970년 후반에 시행한 실험대학 추진과 평가의 문제점을 현행 대학역량진단평가와 비교하여 보았다. 이런 비교가 가능한 것은 이미 40년 전의 일이지만 지금

의 문제점과 크게 다르지 않기 때문인데, 이를 통해 역사의 놀라운 데자뷰――교육개혁의 지체, 과오의 반복, 그리고 무한 반복의 가능성――를 확인해 볼 수 있다.

첫째, 정부 사업의 특성이다. 정부의 사업 모델은 특정한 목적을 달성하기 위해 만들어지는 것이어서 획일적일 수밖에 없다. 실험대학은 대학의 교육 수준을 상향 평준화하는 데 초점을 두었기 때문에 분명히 존재하는 대학 간의 차이를 무시하고 똑같은 교과과정을 운영하게 하였다. 물론 교육 수준의 상향 평준화는 매우 바람직한 것이고, 그것을 원치 않는 대학은 없었다. 문제는 상향을 원함에도 할 수 없는 여건을 개선해 줄 수 있는 실질적인 대책이 마련되었는가이다. 만약 실질적인 보완책이 마련되지 않았거나 너무 부족할 경우 부작용의 발생이 불가피하다. 당시 전국 모든 대학을 실험대학에 동참시키기에는 예산이 너무 부족하였다.

이런 상황에서 전국의 대학이 같은 교과과정을 운영하다 보니 의미 있는 학습효과를 거둘 수 없었고 평가 또한 형식적일 수밖에 없었다. 한편 전국 모든 대학이 특정 대학과 같은 교과과정을 운영한다면 그것이야말로 대학의 자기혁신이 없음을 입증하는 역설적인 증거이기도 하다. 이 점은 지금 더욱 심각하게 고려해야만 한다. 40년 전에 비해 대학마다 교육여건의 차이가 더욱 현격하며, 학생들의 수준과 요구 또한 천양지차이기 때문이다. 전국단위의 획일적 평가를 통해 좋은 결실을 거두기를 바란다면 그 자체가 무리한 일이 아닐 수 없다.

둘째, 과도한 지표 선정이다. 실험대학은 매우 정밀하게 설계된 정부의 계획에 따라 선발·운영되고 평가되었다. 신청서부터 매우 상세하고 구체적인 계획을 담아야 했는데, 이 과정에서 교육공학 전공자들의 영향력이 과도하게 커졌다. 각 전공의 특성에 대한 이해가 부족할 수밖에 없는 교육공학 전공자들이 설계하다 보니 현실과의 괴리가 불가피했다. 그 결과 치밀한 지표관리가 이루어질수록 좋은 평가를 받았지만, 그럴수록 현장과의 괴리를 피할 길이 없었고 각 대학이 지닌 특성은 줄어들 수밖에 없었다. 평가에 대비한 운영 부담까지 뒤따랐다. 전공별·대학별 특성을 잘 알 수 없는 지표 작성자들이 대학의 모든 것을 평가 대상화할 수 있다는 잘못된 전제부터 수정해야 한다. 지금 대학과 학문의 세계는 40년 전과는 비교할 수 없을 만큼 다양화되었다. 따라서 지표를 최소화하는 것이 중요하다. 40년 전의 잘못이 지금도 똑같이 반복되고 있음은 실로 큰 문제이다.

셋째, 공감대 형성의 부족이다. 혁신의 성패는 결국 현장에 있는 교수들의 참여에 좌우되게 마련이다. 교수들이 공감하고 자기혁신에 나서지 않는 한 어떤 교육개혁도 성공할 수 없다. 그래서 자율적 개혁이 필요하며, 이는 초중등과 대학 모두 마찬가지다. 개혁에 대한 공감대 형성이 있어야 인센티브 등 기술적 측면에서의 접근도 효과를 발휘할 수 있다. 하지만 실험대학 도입은 대학 당국에 대한 정부의 개혁 요구였고 위에서의 합의였다. 정부는 교과과정 개선을 통한 교육혁신이라는 점에서, 그리고 나름대로 대학의 자율성을 존중하는 절차적 행위를 준수했다고 생각하고 협조를 기대했지만, 정작 교수들은 무관심하거나 냉소적이었다. 특히 유신체제라는 정치적 암흑기는 정부의 어떤 선의도 선의로 느낄 수 없게끔 작용했다.

지금도 그때 못지않게 심각하다. 90% 이상의 교수들이 교육부 해체를 원하는 기가 막힌 상황이기 때문이다. 교육부와 교수의 소통 부재가 지독한 나르시스트인 교육부의 잘못인지, 아니면 교수들의 잘못된 고집 탓인지를 떠나 상호 신뢰가 어떤지 점검해 볼 필요가 있다. 왜 이 지경에 이르렀는지, 그 결과가 매우 참담할 것일지라도 교육부는 자신들을 돌아볼 필요가 있고, 신뢰회복을 위한 노력에 힘써야 한다. 너무나 당연한 일인데도 교육부는 참으로 무심하기만 하다.

넷째, 계열별 모집의 문제점이다. 학과별 모집의 문제점이 거론될 때마다 계열별 모집의 장점이 거론된다. 학생의 희망과 적성에 따라 전공선택의 기회가 부여되며, 학과 간 장벽 제거로 폭넓은 시야를 갖게 되고, 학제 간 연구는 물론 융합연구가 가능하다는 것이다. 이론적으로는 전혀 문제가 없을 뿐 아니라 바람직하다는 것이 미국의 모든 연구중심대학에서 검증되었다. 그래서 교육학자 가운데 일부는 1960년대부터 계열별 모집을 주장하였다. 하지만 70년대와 80년대의 계열별 모집, 90년대의 학부제 도입 등 학과별 모집 방식의 문제점을 해결하기 위해 시도한 모든 노력은 실패로 돌아갔다.

대학에 대한 소속감은 물론 학습관리가 되지 않았고, 특정 전공에만 몰리는 쏠림현상은 50년 동안 변함이 없었다. 전공 탐색을 위한 1학년 과정이 학점을 잘 받기 위한 경쟁으로 변질해 고4 학생만 속출하였다. 그것은 대학마다 선택할 수 있는 학과의 폭이 다르다는 점도 있지만, 미국과 달리 대학과 학과 선정에 대한 우리 사회 특유의 관습이 강고하게 작용했기 때문이다.

이처럼 학생의 반응이 똑같았는데도 불구하고 실험대학, 졸정제, 학부제 도입 때마다 똑같은 실험을 반복하였다. 관건은 제도가 아니라 학과 선정에 대한 학생과 학부모의 의식 전환이었다. 우리 학생이 미국 학생과 다르다는 이 전제조건을 충족시키지 못한 상태에서 제도만 도입한 결과, 소속 교수의 의견 대립, 공간 재조정, 동문회의 통폐합 등 부작용만 뒤따랐고 정부에 대한 불신만 늘어났다. 앞으로도 계열별 모집을 하려면 이런 전제조건이 충족되었는지를 먼저 검토해야만 할 것이다.

다섯째, 설득에 필요한 용기의 부족이다. 복수전공과 부전공제 도입을 위해서는 졸업 연장이 불가피했다. 졸업 연장에는 경제적 부담이 따르기 마련인데, 학생들로부터 복수전공을 빙자한 등록금 장사라는 과도한 비난이 있었다. 그런 불편한 오해를 피해 전공 이수 학점을 낮추고 8학기 졸업을 가능하게 해주자 상당수 복수전공자는 기업으로부터 무전공자로 낙인찍혀 사회진출에 오히려 불리하게 되었고, 그 대학은 적당히 공부하면 졸업장을 주는 3류대학으로 낙인찍혔다.

사회에서 복수전공을 인정받으려면 제1 전공보다 1.5배 이상의 학점을 취득해야 하는 것이 분명한 현실이다. 따라서 복수전공 도입에는 학기 연장에 관한 규정이 뒤따라야 했고, 그러기 위해서는 학부모와 학생을 설득할 수 있는 용기가 필요했는데, 당시 학생회의 반발 등을 고려하여 정부도 대학도 제대로 설득하거나 동의를 구하는 데 성공하지 못하였다. 앞으로도 대학에 대한 개혁에는 정부와 대학 모두 힘을 모아 국민과 학생을 설득해야 하는 용기가 필요하다. 그런 결단과 용기가 없다면 비록 좋은 뜻에서 시작한 일일지라도 긁어 부스럼 만드는 일이 될 수도 있다.

여섯째, 전공체제 혁신의 부족이다. 실험대학 도입과 함께 복수전공을 개방하자 문과 학생들은 경영학 등 특정 전공에 몰려서 대규모 대학의 경우, 매년 경영학 전공자가 1,000명 넘게 배출된다. 그 결과 경영학과 학생들은 부실한 수업의 희생자가 되었고, 교수들은 과도한 수업 및 학생 지도의 부담에 시달리게 되었다. 하지만 더 큰 문제는 대량으로 방출한 그 대학 경영학 전공자들은 사회로부터 인정받지 못한다는 점이다. 학생 개인으로는 성적에 맞춰 대학에 진학한 뒤 취업에 맞춰 전공을 바꾼 셈인데, 적성에 맞지 않는 선택이라는 점에서는 다를 것이 없다. 대학으로서는 별다른 특성 없는 학생을 대량 방출함으로써 대학의 신뢰를 저하시킨 결과가 되었고, 기업으로서는 변별하기 힘든 선발 대신 대학 서열에 따른 손쉬운 선택을 선호하게 하였다.

강신철姜信哲 교수는 현행 교육체제가 기존의 지식을 전달하는 데는 효율적이지만 개별 학생에게 적합한 것인지 학생의 입장에서 재설계하고, 실무에 적용할 수 있는 활용 능력을 키울 수 있도록 실무중심형 인재를 키우는 것이 지방사립대학 존립의 핵심이라고 주장하였다(강신철, 2019.12.6). 하지만 이는 지방사립대학만의 문제가 아니라 학령인구가 감소할수록 학생의 능력을 배가시켜야 하는 과제를 안고 있는 모든 대학이 함께 고민해봐야 할 숙제일 것이다.

일곱째, 정부의 재정지원 문제다. 우리나라에서 서열화가 강고한 것은 그만큼 대학 서열에 대한 사회적 인식이 공고하다는 것을 말한다. 그렇다면 이 서열이 대학의 실력을 객관적으로 반영하지 못하거나 왜곡된 것인가? BK21 사업을 비롯한 각종 특성화 사업의 수주 실적을 보면 대학의 서열이 왜곡되었다고 비판하기도 어렵다. 그렇다면 이런 현실을 교정할 수 있는 효과적인 수단은 무엇인가. 그 대답은 재정 투입이다. 재정 격차가 서열화를 초래한 가장 주된 원인이기 때문이다.

 하지만 어느 정도의 재정을 어느 기간 동안 투입했을 때 어느 정도의 성과를 거둘 수 있을지를 가시적으로 측정하기란 매우 어려운 일이다. 대학마다 많은 차이가 있다는 점은 이런 어려움을 더욱 심화시킨다. 따라서 이것은 교육부의 과제라기보다는 대통령의 정치적 결단의 과제이다. 어차피 지금까지의 정책으로는 저출생과 지방의 소멸을 막을 수 없다. 그렇다면 과감한 발상의 전환을 고민해 볼 필요가 있다. 수도권 과밀에 따른 주택난과 교통난을 해소하고, 출생률과 혼인율을 높이려면 천문학적 예산이 투입되어야 한다는 점에서 대학에 대한 투자는 결코 예산의 문제가 아니다. 대통령의 인식과 정치적 결단의 문제일 뿐이다.

 모든 고등학생이 자기 지역의 선도대학을 우선 지원할 수 있게 만들어주는 것이야말로 이런 구조적인 문제를 가장 경제적이며 효율적으로 해결하는 방안이다. 다만 교육부를 통한 기존의 재정지원은 예산 낭비로 그칠 확률이 100%라고 해도 과언이 아닐 것이다. 이미 교육부는 그런 비전도 능력도 없다는 것이 확인된 만큼 해당 지방자치단체와 대학이 함께 발전의 길을 모색하고 그에 대해 책임진다는 것을 전제로 지방자치단체에 맡겨보는 방안도 고려해 볼 필요가 있다.

 여덟째, 평가시스템의 문제다. 평가위원회는 실험이 진행되는 동안 지속적인 평가를 해야 하며 그것을 전담할 기구가 필요하다고 건의하였고, 문교부는 그 건의를 받아들였다. 평가전담기구가 만들어지면 그 기구를 운영·유지하기 위한 새로운 평가 수요를 창출해야 한다는 점이다. 평가권이란 권력을 쥐고 있는 기관에서 결과 분석을 위한 팀을 만들고, 컨설팅 서비스를 명목으로 또 팀이 만들어진다. 대교협의 확장은 그 생생한 사례이다. 하지만 시간이 지나서 돌아보면 그것이 과연 대학을 위한 조치였는지 의심하지 않을 수 없는 일이 많았다.

또 대학을 잘 운영하기 위해 많은 정책연구가 진행되었다. 그런데 문교부의 정책연구 담당자는 늘 정해졌고, 연구 결과도 대학에 대한 통제와 간섭을 정당화해주는 것이 대부분이었다. 이 또한 40년 동안 변함이 없다. 연구인력 공급이 교수단체나 학회 등 공적 관계 대신 사적 관계에 의존한 데 따른 고질적 문제다. 그렇다고 대학에 대한 통계를 비롯한 정책자료가 잘 보관되고 제공되는 것도 아니다.

아홉째, 대학 행정시스템에 관한 평가 부재의 문제이다. 어느 조직이건 그 조직이 잘 작동되기 위해서는 좋은 행정시스템을 갖추어야 한다. 하지만 지금까지 대학의 행정시스템 자체에 대한 평가는 없었다. 경희대의 경우 총장의 판단에 따라 부총장이 4~10명까지 수시로 증감을 반복하였지만, 그에 따른 효율성 평가는 이루어지지 않고 있다. 적절한 행정인력에 대한 평가도 없고, 대학 내 평가시스템에 대한 점검도 이루어진 일이 없다. 출석부와 시험지 보관 여부, 학교 비품 보관 여부, 학생 상담 회수 확인 등이 교육부 행정 감사와 평가의 핵심이다.

강신철은 대학행정시스템이 교육기관 본연의 목적을 망각하고 기업의 경영시스템처럼 바뀌어 스스로 정체성을 상실하고 있다고 지적한다. 대학행정시스템이 관리 감독에 치중하여 학습 과정에 대한 행정 지원이 부재하다며 교육시스템은 철저하게 학생 위주로 설계한 뒤 교수가 지원자 역할을 담당하도록 하고, 연구시스템은 철저하게 교수 위주로 설계하고, 행정이 지원자 역할을 담당하는 방향으로 재설계해서 연구와 교육의 유기적 환류 관계를 이뤄야 한다는 것이다. 또 학과를 교과과정 이수 중심에서 연구소처럼 재조직하고, 학생에 대한 단계별 진도 관리. 생애주기 전체를 고려한 가치사슬 구축이 필요하다고 하였다. 평가 역시 대학 대신 학과의 성취도를 평가의 핵심으로 삼아야 한다고 강조하였다. 그리고 교수와 학생의 모든 지적 성과물이 중앙DB를 통해 통합 관리되어야 하며, 학생의 진도 점검과 진로 지도를 담당할 수 있게 AI시스템을 도입할 것과 그것을 통한 행정시스템 혁신도 추진되어야 한다고 제안하였다(강신철, 2019.12.6.). 실로 경청하고 고민해야 말 제안이라고 생각한다.

    열째, 지표의 과거지향성 문제이다. 실험대학을 도입하던 1970년대만 해도 미국으로부터 배워야 할 요소들이 많았고, 그 자체에 대한 거부반응도 적은 편이었다. 하지만 지금 대학은 획기적인 전환기에 놓여 있으며, 코로나19로 인해 그 변화의 속도는 더욱 빨라질 것이다. 따라서 무슨 평가든 지표가 개방적이고 미래지향적이어야 한다. 그러나 현 지표는 기존의 규정을 얼마나 준수하느냐에만 집중되어 있다. 강신철은 현행 대학평가가 개인의 특성보다는 평균치를 중시하는 것은 효율성 중심의 산업시대적 발상이라고 지적하고, 평가시스템의 개선 없이는 대학의 혁신 노력이 성과를 거두기 힘들다고 보았다(강신철, 2019.12.6.). 대학과 지역에 스스로 하고 싶은 사업 항목을 제출하도록 일부나마 숨통을 열어주면 되는 일인데도 교육부는 완강하기만 하다. 미래지향적 지표의 설정은 관료적 속성과 부합하기 힘들지만 그래도 꼭 고려해야 할 사항이다.

9. 국제교류의 활성화

1960년대까지 서울대와 긴밀한 관계를 맺고 적극적인 원조를 아끼지 않은 해외 대학으로는 미네소타 대학을 들 수 있다. 하지만 대학 간의 일반 교류로는 1960년 10월 경희대가 미국 마이애미대와 체결한 자매결연 및 학생교류 협정이 국내 대학 최초의 해외교류에 해당한다. 그리고 1965년 6월 고려대 아세아문제연구소가 주최한 '아시아의 근대화문제' 국제심포지엄은 최초의 국제학술대회라고 할 수 있다(동아, 1968.6.17).

해외 대학과의 본격적인 교류의 물꼬를 튼 것은 1968년 6월, 경희대가 주최한 제2차 세계대학총장회의(총장회의)였다. 34개국 121개 대학의 150여 총학장이 참석한 총장회의는 그해 정부 10대 외교성과에 포함될 정도로 세계 각국에 우리나라 대학의 존재를 알렸고, 우리 대학에는 국제화에 대한 인식을 새롭게 한 계기가 되었다. 당시 대학 간 국제 협의체로 세계대학총장협의회가 있었지만, 우리나라에는 서울대만 가입을 허용할 정도로 배타적이었다. 이에 뜻을 함께하는 대학들이 새로 총장회의를 결성하고 1965년 옥스퍼드 대학에서 창립총회를 개최하였고, 제2차 대회를 서울에서 개최하게 된 것이다. 이를 계기로 여러 대학이 일본과 대만, 미국 등의 대학과 자매결연을 체결하고 교류를 시작하였는데, 경제적 차이와 언어의 일방성 때문에 그 효용성에 대한 일부 회의적 시각도 없는 것은 아니었지만 이후 국력의 성장과 적극적인 해외 진출에 힘입어 국제교류의 활성화는 우리나라 대학의 역동적이고 진취적인 특성의 하나로 자리 잡게 되었다.

1980년 무렵 선도적인 대학의 경우, 15개 정도의 대학과 교류

협정을 체결하였는데, 정부도 1980년 여름부터 대학생 해외연수에 대한 제한을 해제하여 주었다. 1981년부터 각 대학이 주관하는 하계 해외연수가 시작되어 병역을 미필한 학생의 출국도 허용되어 약 2천 명이 출국하였는데, 그 가운데 미국으로 출국한 학생이 약 60%를 차지하였다. 연수 프로그램의 정례 운영은 학생들의 외국어 학습 열기로 이어져 대학마다 외국어 강좌가 늘어나는 효과가 있었다.

서울올림픽을 앞둔 1988년에는 운동권 학생에 대한 체제교육의 일환으로 안기부 등 정부 주도로 동구권과 중국 연수가 시작되었다. 1992년에는 한중수교를 계기로 중국 유학이 시작되었고, 1996년 여름에는 87,000명의 학생이 어학연수에 참여하였다.

1996년 연말, 전국 98개 대학이 94개 국가의 1,500여 대학과 자매결연을 체결하였다. 그러나 당시 유학생이 106,000명인데 비해 국내에 들어온 외국인 유학생은 재외교포를 포함해도 2,150명에 불과하였다.

우리 대학이 외국인 유학생을 본격적으로 수용하기 시작한 것은 2001년부터이다. 정부 차원에서 '외국인 유학생 유치 확대 종합 방안'을 발표하고 적극적인 외국인 유학생 유치를 독려하기 시작하였는데, 초기 유학생의 절대적 다수가 중국 학생이었다. 당시 중국은 우리나라 1970년대 후반기처럼 대학입시와 재수생 문제가 큰 사회문제였다. 급속한 경제성장과 '한 자녀 정책'으로 대학에 진학하려는 열기는 날로 뜨거운 데 반해 입학정원은 그에 따르지 못해 일부 성에서는 '재수금지령'을 내리고, 다른 성省 출신 지원자에게 불이익을 주는 등 극단적인 조치까지 있었다.

여기에 북경이나 상해를 제외하면 각 성의 1위 대학과 그 밖의 대학 간 격차가 현격하여 대학 선택의 여지가 별로 없는 데다, 체면을 중시하는 문화적 전통, 해외 유학에 대한 동경 등이 겹쳐서 자연히 많은 학생이 유학을 선택하게 되었다. 중국 학생들이 가장 선호하는 유학 대상국은 영국과 미국을 위시한 영미권이고, 일본과 한국이 그 뒤를 잇는다. 우리나라로 오는 유학생의 출신지는 거의 대다수가 장강 이북 지역이다.

[표30] 한국인 유학생(대학재학) & 국내 외국인 유학생 수(명)

연도	한국인 유학생	외국인 유학생
1999	120,170	3,418
2000		3,980
2001		4,690
2002		5,776
2003	159,903	7,962
2004	187,683	16,832
2005	192,254	22,526
2006	190,364	32,557
2007	217,959	49,270
2008	216,867	63,952
2009	240,949	75,850
2010	251,887	83,842
2011	262,465	89,537
2012	239,213	86,878
2013	227,126	85,923
2014	219,543	84,891
2015	214,696	91,332
2016	223,908	104,262
2017	239,824	123,858
2018	220,930	142,205
2019	213,000	160,165

(교육통계서비스)

[표31] 2019년 주요 사립대학 해외파견율(%)

번호	대학	파견률	해외파견	국내유학	재학생수
1	부산외대	9.9	894	634	9,075
2	한국외대	9.7	1,929	783	19,919
3	우송대	6.0	623	724	10,317
4	경희대	5.5	1,833	475	33,487
5	인하대	4.7	953	640	20,289
6	대진대	4.3	346	120	7,975
7	가천대	4.3	877	328	20.507
8	건국대	4.2	1,189	415	28,421
9	동서대	4.2	455	1,151	10,883
10	아주대	4.0	559	244	13,884
11	한림대	3.7	315	198	8,451
12	이화여대	3.7	792	674	21,596
13	세종대	3.5	500	478	14,224
14	단국대	3.5	941	723	26,823
15	국민대	3.5	633	476	18,257
16	배재대	3.4	313	158	9,102
17	영남대	3.3	799	311	23,864
18	신라대	3.3	346	219	10,391
19	순천향	3.2	376	349	11,750
20	숙명여대	2.9	360	414	12,367
21	조선대	2.8	610	173	21,414
22	한양대	2.8	931	4,078	32,730
23	고려대	2.7	996	2,211	37,011
24	계명대	2.6	615	408	23,336
25	연세대	2.5	971	3,116	38,569
26	동의대	2.2	360	178	16,570

27	성균관대	2.0	549	633	26,602
28	동아대	2.0	421	125	20,954
29	중앙대	1.9	537	1,190	29,014
30	동국대	1.8	477	338	25,811

(대학알리미)

[표32] 외국인 유학생 국가별 인원(명) 및 비율(%)

연도	중국	베트남	몽골	일본	4국+기타
2010	59,490(71)	1,919(2)	3,335(4)	4,090(5)	83,839
2011	60,935(68)	2,332(3)	3,700(4)	4,645(5)	89,537
2012	57,399(66)	2,458(3)	3,799(4)	4,172(5)	86,878
2013	52,313(61)	3,013(4)	3,904(5)	4,503(5)	85,923
2014	50,336(59)	3,181(4)	3,126(4)	3,958(5)	84,891
2015	54,214(59)	4,451(5)	3,138(3)	3,492(4)	91,332
2016	60,126(58)	7,459(7)	4,456(4)	3,676(4)	104,262
2017	68,184(55)	14,614(12)	5,384(4)	3,828(3)	123,858
2018	68,537(48)	27,061(19)	6,768(4)	3,977(3)	142,205
2019	71,067(44)	37,426(23)	7,381(5)	4,392(3)	160,165

(교육통계서비스)

중국 학생이 압도적 다수를 이루던 유학생 분포는 [표32]처럼 2017년부터 베트남 학생들이 빠르게 늘어나면서 처음 변화의 모습을 보이기 시작하였다. 베트남 학생의 해외 유학은 우리나라뿐만 아니라 세계 각국을 대상으로 전방위적으로 이루어지고 있어 미국으로의 유학도 18년째 증가하고 있다. 하지만 베트남 학생의 급속한 증가에는 우리나라가 베트남에 대한 1위 투자국인 것과 밀접한 관련이 있다. 우리나라는 2019년 연말까지 총 677억 달러를 베트남에 투자하여 일본을 제치고 최대 투자국이 되었으며 2019년에는 전체 외국인 투자의 20.8%를 차지하였다(유상철, 2020.1.28).

[표33] 대중국·홍콩 무역액, 무역수지 비율(억달러)

연도	구분	수출액	수입액	흑자	흑자액/흑자총액	비율/흑자총액
2016	중국	1,244	870	375	892 / 898	99.3%
	홍콩	328	16	312		
	합계	1,694	1,050	645		
2017	중국	1,421	979	443	952 / 958	99.4%
	홍콩	391	19	372		
	합계	1,961	1,178	784		
2018	중국	1,621	1,065	556	697 / 705	98.9%
	홍콩	460	20	440		
	합계	2,289	1,252	1,037		
2019	중국	1,362	1,072	290	390 / 392	99.5%
	홍콩	319	18	301		
	합계	2,289	1,252	591		
총계		7,782	4,727	3,055	2,541 / 2,953	99.3%

(코트라; 한국관세신문, 2020.1.28)

[표34] 대베트남 무역액, 무역수지 비율(억달러)

연도	수출액	수입액	흑자/총액	비율/총액
2016	326	125	201	22.4%
2017	478	162	316	32.9%
2018	486	196	290	41.1%
2019	482	211	271	69.1%
총계	1,772	694	1,078	41.4%

(코트라)

내수시장이 좁은 우리나라는 1960년대부터 서독 인력 송출, 베트남 파병, 중동 건설 등 해외 특수에 크게 의존하여 성장하였으며, 1992년 한중수교 이후 30년 가까이 중국 특수가 경제발전에 결정적인 도움을 주었다. 이는 지난 30년간의 무역 통계를 통해서 얼마든지 확인할 수 있다.

[표33]에서 볼 수 있듯이 2016~2019년의 경우, 중국 시장에서의 흑자가 전체 무역수지 흑자총액과 거의 같고, [표34]처럼 베트남 시장의 흑자도 전체 무역수지 흑자총액의 40%를 상회한다. 이는 이들을 제외한 그 밖의 무역에서는 적자가 상당하다는 것을 말해준다. 따라서 우리로서는 중국과 베트남 시장의 중요성은 굳이 강조할 필요가 없을 정도이다.

2019년 무역수지 흑자총액 기준 1, 2, 3위가 홍콩 · 중국 · 베트남인 점을 생각해보면 우리나라로 유학 온 학생들이 잘 성장할 수 있도록 지도함은 물론이고 양국 관계 개선에 큰 역할을 할 수 있도록 적극적인 관심을 가질 필요가 있다.

현재 정부는 지나치게 중국에 편중된 무역구조를 바꾸기 위해 대통령 직속으로 신남방정책특별위원회를 구성하고 베트남과 인도네시아를 중심으로 아세안을 대상으로 한 신남방정책을 적극적으로 추진하고 있다. 그 결과 2019년에 처음으로 우리 수출시장에서 아세안이 차지하는 비율이 20%를 돌파하였다. 유학생 증가는 이처럼 무역과 매우 밀접한 관계가 있다.

따라서 5억이 넘는 아세안이 새로운 유학생의 공급원으로 더욱 중요하게 떠오를 전망이며, 최근 베트남 정부가 한국어를 제1외국어로 지정하여 초등학교 3학년부터 가르치겠다고 밝혔기 때문에 베트남 유학생의 증가가 지속될 것으로 예상된다(매경, 202

0.11.17.). 그리고 인도네시아 유학생도 상당한 폭으로 증가할 것으로 기대되므로 그에 대한 적극적인 대비책도 필요할 것으로 보인다.

우리나라에 외국인 유학생이 이렇게 급증한 가장 중요한 요인은 국력의 신장이겠지만 한편 한국어 수요증대에 대비하여 '외국어로서의 한국어 교육'에 앞장선 교수들의 노력이 크게 작용하였다. 1959년에 설립된 연세대 한국어학당은 지금까지 16만여 명을 대상으로 한국어를 교육하는 등 선구적 역할을 담당하였고, 1986년에 설립된 고려대 국제어학원 한국어센터도 9만여 명을 상대로 교육하였으며, 경희대 국제교육원도 1993년부터 5만여 명에게 한국어를 교육하였다. 또 한류 열풍, 한국 취업을 원하는 이들의 한국어 자격 취득 붐 등도 외국인 유학생 증가에 주요하게 작용하였고, 특히 학령인구 감소와 등록금 동결이 지속되자 재정 확보 수단으로 외국인 유학생 유치에 대학들이 발 벗고 나서면서 2019년 현재 16만 명에 달하게 되었다.

그러나 외국인 유학생 정책이 재정확보 수단으로만 간주되는 병폐와 함께 정원 외 입학이라는 점을 이용한 무제한 수용은 외국인 유학생을 위해서도 국내 학생을 위해서도 재고되어야 한다. 아무리 정원 외 입학이라고 해도 일정한 상한선을 마련되어야 할 것으로 보인다.

또 제대로 된 유학생 교육 및 관리 시스템이 갖추어지지 않은 데 따른 문제점은 매우 심각한 수준이다. 당장 외국인 학생의 이름을 출석부에 표기하는 방식부터 상대에 대한 배려가 부족하다. 수업 접근성과 교재 이해도를 높일 수 있도록 적절한 보조교재 개발도 시급한데, 교양과목도 그렇지만 전공 관련 교재 개발은 대학이 단독으로 해결하기 힘든 실정이다. 따라서 대학의 공동 프로젝트를 통해 교재 개발에 착수하는 것이 바람직하며 이를 위한 교육부 차원에서의 정책 조정도 필요하다.

또 일본의 경우, 대학 진학에 앞서 대학 부설 어학원 수업 이수를 요구하고, 어학원에서 대학 교재 및 대학 생활에 대한 안내가 일정 부분 이루어지는 데 비해 우리는 어학원과 대학 간의 연계가 약한 편이다. 또 어려서부터 영어를 배운 경우와 달리 한국어 학습 기간은 통상 2년 미만이어서 대학에 진학한 뒤에도 지속적인 한국어 교육이 무엇보다 필요하다. 아울러 거의 다 외동으로 성장한 중국 학생의 특성을 고려한 접근도 필요한 것처럼 각국 학생들에 관한 정보를 교수들에게 제공하는 노력이 지속되어야 한국 유학에 대한 해외에서의 평가가 높아질 것이다.

[표35] 서울시 주요 사립대학 유학생 및 재학생 현황
유학생 비율(%), 재학생·유학생 수와 순위

대학 및 비율		2017년		2018년		2019년	
경희대 (14.1%)	재학생	33,327	3	32,843	3	33,487	3
	유학생	3,963	2	4,626	2	4,727	1
성균관대 (15.7%)	재학생	26,654	7	26,117	7	26,602	7
	유학생	3,525	3	3,853	3	4,189	2
고려대 (11.3%)	재학생	37,308	2	37,303	2	37,011	2
	유학생	5,938	1	4,850	1	4,184	3
연세대 (8.6%)	재학생	39,152	1	38,667	1	38,569	1
	유학생	3,443	4	3,140	4	3,322	4
중앙대 (10.0%)	재학생	28,873	5	28,820	5	29,014	5
	유학생	2,220	7	2,519	5	2,914	5
한국외대 (13.4%)	재학생	19,131	11	19,512	11	19,919	11
	유학생	2,274	5	2,187	9	2,666	6
한양대 (8.1%)	재학생	33,065	4	32,673	4	32,730	4
	유학생	2,245	6	2,464	6	2,638	7
동국대 (9.7%)	재학생	26,027	8	25,647	8	25,811	8
	유학생	2,218	8	2,454	7	2,511	8
국민대 (13.3%)	재학생	18,182	12	17,933	12	18,257	12
	유학생	2,189	9	2,436	8	2,423	9
서강대 (21.1%)	재학생	11,174	17	11,160	17	11,103	17
	유학생	1,466	13	1,887	10	2,346	10
건국대 (7.6%)	재학생	28,663	6	28,084	6	28,421	6
	유학생	1,889	10	1,846	11	2,157	11
이화여대 (8.1%)	재학생	21,552	10	21,639	9	21,596	10
	유학생	1,632	12	1,782	12	1,743	12
세종대 (11.8%)	재학생	13,968	15	14,087	15	14,224	14
	유학생	1,242	14	1,367	14	1,679	13

상명대 (12.0%)	재학생	14,952	14	14,387	14	14,001	15
	유학생	1,722	11	1,739	13	1,676	14
숭실대 (10.0%)	재학생	15,339	13	15,516	13	15,979	13
	유학생	1,003	15	1,324	15	1,592	15
홍익대 (6.9%)	재학생	21,953	9	21,598	10	21,699	9
	유학생	997	16	1,154	16	1,489	16
서경대 (9.4%)	재학생	7,190	23	7,044	23	6,858	23
	유학생	288	18	451	17	644	17
삼육대 (10.3%)	재학생	6,006	25	5,985	25	6,054	25
	유학생	58	24	125	24	626	18
광운대 (5.8%)	재학생	9,807	19	9,505	19	9,253	19
	유학생	212	20	221	21	541	19
숙명여대 (2.5%)	재학생	12,820	16	12,448	16	12,367	16
	유학생	494	17	271	18	315	20
한성대 (3.4%)	재학생	7,454	21	7,180	22	7,380	21
	유학생	212	20	219	22	249	21
성신여대 (2.4%)	재학생	10,445	18	10,092	18	9,940	18
	유학생	278	19	242	19	237	21
서울여대 (2.8%)	재학생	8,058	20	7,644	20	7,541	20
	유학생	165	22	203	23	211	23
덕성여대 (3.2%)	재학생	6,284	24	6,121	24	6,079	24
	유학생	157	23	234	20	196	24
동덕여대 (0.6%)	재학생	7,397	22	7,110	21	7,148	22
	유학생	12	25	30	25	44	25

(대학알리미)
-재학생수는 '재정회계지표의 학생1인당교육비'를 기준으로 함

10. 교육개혁과 평생학습, 사이버대학

1990년부터 본격적으로 도래한 지식정보화사회는 전 세계 대학에 많은 새로운 과제를 안겨주었다. 급변하는 기술혁신과 유례없는 고령화, 그리고 세계화가 동시에 진행되면서 기존의 교육방식과 교육 내용으로는 혁신이 일상화되는 미래에 적응할 수 없다는 것이 분명해졌기 때문이다. 대학에서 취득한 지식과 자격증으로 100세 시대를 산다는 것이 불가능하다면 대학은 무엇을 어떻게 가르쳐야 하는가? 라는 문제를 놓고 밀레니움을 맞이하면서 선도적인 대학마다 본격적인 고민을 시작하였다. 그리고 2005년 무렵부터 고민의 결과가 나오기 시작하였다.

첫째, 학생들에게 대학이 해줄 수 있는 것과 해줄 수 없는 것에 대해 정직하게 밝혀야 한다는 점이다. 오랜 수험생활의 어려움을 뚫고 대학에 진학해 나름대로 큰 기대를 품고 있는 신입생들에게 대학이 해줄 수 있는 것이 별로 많지 않다고 말하는 것은 매우 불편한 일이지만 그래도 솔직해야 한다는 말이다. 대학에서 어떤 완성품을 만들어주길 기대하는 학생에게 대학의 창고에는 어떤 완성품도 보관되어 있지 않고, 심지어는 완성품을 만드는데 필요한 재료까지 여러분이 고민해서 찾아야 한다는 점을 설득해야 한다는 것이다. 대학 창고에 있는 한정된 재료만으로는 급변하는 세상의 요구에 맞는 것을 만들 수 없고, 재료를 구하고 만들어가는 과정을 통해서 학생 스스로 자기 기획력을 강화하는 것이 중요하다는 점을 학생이 이해할 수 있게 해야 한다는 말이다.

기획력을 갖추는데 필요한 독서와 체험, 몰입을 통한 자기 성찰의 중요성과 함께 주위 사람들과 소통을 통해 집단지성을 갖추려면 공감력이 무엇보다도 중요하다는 점을 권고해야 한다는 의견에 따라 교양과정에 글쓰기·말하기 수업과 함께 현장실습·캡스톤 디자인capstone design 등의 수업이 개설되었다.

둘째, 새로운 블루 오션을 만들기 위해서는 기존의 것을 새롭게 해석하고 결합하는 융합의 중요성에 대하여 이해할 필요가 있다는 점이다. 그러나 융합은 단순히 이것저것을 얽는 기술이거나, 번뜩이는 아이디어의 결합이 아님을 이해시키는 것도 중요하다. 수준 높은 전문가가 되어야 우뚝 선 옆의 산봉우리들과 교류하고 융합할 수 있다는 점을 이해하고 먼저 전공에 집중하여 우물을 깊이 팔 수 있는 능력을 키우되 거기에 안주하지 말고 늘 협업을 위한 소통, 인간적 매력의 증진에 힘써야 한다고 학생에게 알려주되 교수들은 융합 교육을 위한 모듈 개발에 힘써야 한다고 하였다.

다양한 소통과 교류를 위한 방법으로 공개 강의와 앱의 활용이 중시되었고, 자신이 가지고 있는 콘텐츠를 시각화하는데 필요한 컴퓨터 활용 능력을 증진하는 데 유의할 필요가 있다는 점, 특히 인문과 예술계열의 학생일수록 더욱 그러하다는 점이 강조되었다. 이를 위해 인문학의 언어로 컴퓨터 활용력을 키워주는 교육이 필요하다는 점이 제기되었다.

셋째, 평생학습의 일상화가 가장 중요한 교육 패러다임으로 자리할 것이며, 지속적인 노력과 관리, 새로운 것에 대한 부단한 호기심이 중요한 학습역량이 될 것이라는 의견이 공통으로 제기되었다. 평생학습 또는 평생교육은 이미 1965년 유네스코에서 개최한 '세계성인교육발전회의'에서 소개되고 보급된 개념이다. 이것이 1980년 제5공화국 헌법 제29조 제5항 '국가는 평생교육을 진흥하여야 한다'로 명문화되었고, 87헌법 제31조 제5항에 그대로 계승되었다. 하지만 평생학습이 정책으로 구체화 된 것은 다소 늦어서 '평생학습권'은 1996년 교육부 실무 시안에 처음 등장하였다(고전, 2008, 5). OECD 국가의 평생학습 참여율은 스웨덴이 73.4%로 가장 높고 전체 평균은 40.2%지만 우리나라는 32.4%로 다소 낮은 편이다(송창용, 2012, 24~25).

평생학습은 대학 취학률의 증가와 밀접한 관계에 있다. 대학 취학률이 15%를 넘으면 대중화 단계라고 하는데, 1981년에 14.6%가 되어 그에 근접하였고, 50%를 넘으면 보편화 단계라고 하는데, 우리는 2000년에 52.5%를 달성해 그 기준을 약간 상회하였다([표17] 참조). 이처럼 고등교육이 보편화되면서 고등교육의 성격과 기능에 변화가 일어났다. 대학교육은 모두가 누리는 일종의 권리이자 의무이며 생존을 위한 필수 요건이 되었다. 대학생이 더는 엘리트·전문인·지식인의 예비 단계에 있는 것이 아니라 교육생이자 취업 준비생이 되었다(김정인, 2018, 279~281).

이렇게 고등교육이 보편화되고, 지식정보화사회가 본격화되고, 100세 시대가 열리게 되자 정부는 1998년부터 '가상대학 프로그램 시범 운영대학' 5곳을 운영하며 사이버대학 설립을 준비해왔다. 그리고 「평생교육법」 제31조에 의거, 2001년 3월에 경희사이버대, 서울디지털대, 서울사이버대, 세종사이버대, 열린사이버대(현 한국열린사이버대), 한국디지털대(현 고려사이버대), 한국사이버대학교(현 숭실사이버대), 등 4년제 7개 대학과 세민디지털대(현 영남사이버대), 세계사이버대 등 2년제 2개 대학이 개교하였다.

2002년에는 동서사이버대학교(현 부산디지털대), 새길디지털대

(현 대구사이버대학), 원광디지털대, 한성디지털대(현 디지털서울문화예술대), 한양사이버대와 영진사이버대학(2년제) 등 6개 대학이 개교하였으며, 이후 국제디지털대학(2003, 현 국제사이버대), 사이버한국외국어대학교(2004), 글로벌사이버대학(2009), 아시아태평양디지털대학교(2009, 현 화신사이버대), 한국복지사이버대학(2010, 2년제), 건양사이버대학(2011) 등 모두 21개 대학이 차례로 설립되었다.

하지만 사이버대학은 「평생교육법」에 근거한 평생교육기관이어서 대학으로서의 정체성이 다소 모호하였다. 그래서 2007년에 「고등교육법」을 개정하여 설립 근거를 「평생교육법」에서 「고등교육법」으로 변경하고 대학원 설립 기준을 확보하는 조건으로 정식 일반대학으로 전환하였다.[120] 그리고 2010년 한양사이버대학의 대학원 설립을 시작으로 현재 9개 대학에 대학원이 개설되었다.

사이버대학은 입학 전형에서 내신이나 수능성적을 반영하지 않는다는 점에서 개방대학의 성격을 지니며, 온라인 교육을 한다는 점에서는 원격대학의 성격을 지닌다. 초기 재학생에는 직장인이 많았으나 점차 정규대학 진학 과정으로 성격이 바뀌었고, 고등평생교육을 지향하는 방향으로 나아가고 있다. 사이버대학 가운데 건양·경희·대구·동서·세종·숭실·원광·한국외대·한양사이버대학 등은 오프라인 캠퍼스를 공유하며, 협약에 근거하여 상당량의 교차 수강을 허용하고 있으며, 특히 이번 코로나19

---

[120] 단 세계사이버대학과 영남사이버대학은 계속 「평생교육법」에 근거한 평생교육기관으로 남았다.

사태로 인해 교차 수강의 폭이 대폭 늘어났다.

온라인 교육의 시대가 도래하였음을 널리 각인시킨 것은 TED(Technology, Entertainment, Design) 강의였다. "Ideas Worth Spreading(널리 알릴만한 가치가 있는 아이디어)"라는 슬로건 아래 시작된 강의는 2006년부터 인터넷을 통해 전세계로 보급되면서 지식과 경험을 공유하는 세계적인 지적 플랫폼으로 자리를 잡았다.

온라인 교육이 앞으로 대세가 될 것임은 누구나 예측했지만, 누구도 예측하지 못한 코로나19 사태가 그 시기를 대폭 앞당겼다. 예기치 못한 온라인 교육에 대학과 교수가 힘들어한 것과 달리 학생들은 중고등학교 시절부터 '인강' 수강에 많은 시간을 할애해 왔기 때문에 온라인 교육에 익숙한 상태에서 코로나19를 맞이한 점, 그리고 온라인 교육시스템의 구축과 활용의 필요성에 대하여 국민적 공감대를 형성한 것이 향후 사이버대학의 발전에 매우 긍정적으로 작용할 것으로 보인다. 정부는 이번 사태를 계기로 대학원의 온라인수업 비율 20% 제한을 해제하였고, 온라인 대학과 오프라인 대학의 공동 석사학위 개설은 물론 사이버대학 박사과정 개설도 허용하였다. 사이버 대학의 중요성은 계속 상승세를 탈 것으로 보인다.

11. 대학원 발전과 BK21

대학원은 1980년까지 늘 정부와 사회의 관심권 밖에 있었다. 1970년 대학원 재학생 수는 6,640명에 불과했고, 대학에 대한 정부의 관심은 온통 학생운동을 통제하는 데만 집중되었다. 교수들은 대학원 진학 대신 유학을 권하는 편이었다. 그러나 대학교육이 대중화 단계로 진입하자 대학원 교육을 강화해야 한다는 목소리가 자연스레 높아졌다. 이는 가장 먼저 대학교육을 대중화한 미국의 경험이기도 했다. 하지만 서울대를 대학원 중심대학으로 육성해야 한다는 주장은 1970년대 실험대학 도입 때부터 나왔지만 늘 계획단계에만 머물렀을 뿐 정부의 구체적인 지원책은 나오지 않았다. 서울대가 그러하였으니 다른 대학의 사정은 더 말할 나위가 없었다.

정부가 처음으로 대학원에 관심을 표하게 된 것은 1981년 졸업정제 도입을 앞두고 교수요원의 확보가 시급한 과제로 떠오르면서였다. 1980년 1월, 문교부는 석사과정 4천 명, 박사과정 2천 명, 특수대학원 석사과정 3천 명 등 총 9천 명의 정원을 늘려 대학원 정원을 종전의 29,000명에서 38,000명으로 하였다. 그리고 신입생 정원은 석사과정 2천 명, 박사과정 600명, 특수대학원 3,200명으로 정하였는데, 이는 1978학년도(1,750명)의 5배, 1979학년도(5,000명)의 1.8배에 해당하는 규모였다. 증원은 서울의 종합대학과 지방의 국립대에 우선 배정하고, 전공은 과학기술·경상·외국어 계열에 집중하였으며, 정원은 연세대 605명, 서울대 527명, 고려대 526명이었다(동아, 1980.1.1).

이때를 기점으로 대학원 정원은 1990년대에는 더욱 빠르게 늘어났으며, 증가율은 대학보다 높았다. 1990년 당시 대학원은 일반대학원 97개와 특수대학원 201개를 합쳐 모두 298개였고, 재학생 수는 86,911명이었다. 2011년에는 일반대학원 178개, 전문대학원 206개, 특수대학원 783개로 모두 1,167개가 되었다. 입학정원은 일반대학원 59,000명, 특수대학원 54,000명으로 비슷하고,

전문대학원은 14,000명으로 가장 적다.

[표36] 1980~2019년 대학원 재학생 수(명)

연도	박사	석사	합계
1980	4,038	29,901	33,939
1985			68,178
1990	14,494	72,417	86,911
1995			112,728
2000	32,001	197,436	229,437
2005	43,472	238,753	282,225
2010	53,533	263,100	316,633
2015	72,558	260,920	333,478
2019	75,942	243,298	319,240

(교육통계서비스: 전국대학원/통계지표)

하지만 대학이 그러했듯 대학원도 양적 성장과 질적 성장에 커다란 괴리가 있었다. 지도교수나 학계를 중심으로 촘촘하게 형성된 관계망 속에서 대학원생은 자기 목소리를 내기 힘들었고, 그 점을 잘 알고 있는 사학법인은 대학원에 합당한 투자를 하지 않았다. 더욱 심각한 것은 대학원 육성의 궁극적인 목표가 학문적 자립 체제를 구축하는 것인데도, 신입생 유치에만 적극적이었을 뿐 정작 채용에는 매우 소극적이었다. 미국 유학파가 장악하고 있는 한국 대학에서 그렇지 않아도 취약했던 대학원은 닭과 달걀의 선후 관계처럼 그 위상이 늘 애매하였다.

1990년대 중반에는 교수 임용에서 미국 박사학위 출신 임용자 수가 국내 박사를 넘어서는 현상까지 나타났다. 1996년 1학기에 임용된 박사학위 소지자 621명 가운데 미국 273명(44%), 국내 245명(39%), 일본 40명(7%), 독일 27명(4%), 영국 8명(1%), 기타 21명(4%) 순이었다. 대교협이 발간한 『2000년도 전국 대학교수명부』에 수록된 전국 204개 4년제 대학(14개 대학원 대학 및 과학기술계 대학 포함)에 재직 중인 전임강사 이상의 교수 45,008명 가운데 박사학위 소지자는 37,289명(82.8%)이다. 이 가운데 해외 취득자가 14,957명(40.1%)이고, 그중 미국 학위자는 10,052명으로 67.2%나 된다. 명문대의 미국 학위 편중 현상은 더욱 심각하였다. 학계에 made in USA 독과점현상이 심각해질수록 미국 학문의 소비량이 압도적이었다. 무역보다 지식역조 현상이 더욱 심각했다(이상 김정인, 2018, 249~251).

이런 환경은 자연히 학생들에게 해외 유학을 선택하게 했다. 2001년에 대학원 학위 과정을 밟기 위해 해외로 나간 37,328명 중 27,760명(74%)의 학생이 미국과 캐나다가 있는 북미 지역에 몰렸다(김정인, 2018, 250~251). 대학원을 유학을 위한 예비과정으로 인식한 것이 대학원 발전에 부정적으로 작용하였다.

다행히도 BK21 사업이 시행되면서 이런 현상은 상당 부분 개선된 것으로 보인다. 2019년의 대학원 학위 과정의 유학생 수는 35,975명으로 20년 전에 비해 미세하지만 감소하였고, 북미 20,157명(56%), 유럽 8,621명(24%), 아시아 6,272명(17%)으로 북미 집중도도 다소 완화되었다(교육부, 정책정보공표, 국외교육). 하지만 국내 대학원의 부진은 만성적이고 구조적이어서 교수 채용부터 개선하지 않고서는 본질적인 문제해결이 쉽지 않아 보인다.

[표37] BK21 1~4단계별 사업단과 사업비(개/원)

구분	1단계 사업	2단계 사업	3단계 사업	4단계 사업
기 간	1999.9~2006.2	2006.9~2012.8	2013.9~2020.8	2020.9~2027.8
사업단	71개	243개	270개	386개
사업팀	442개	325개	280개	176개
합 계	513개	568개	550개	562개
연예산	2,000억	3,000억	2,700억	4,080억
총예산	1조 4천억	2조 1천억	1조 9천억	2조 9천억

(교육부, 보도자료)

[표38] BK21 2~4단계 대학별 사업단 선정 수(개)

번호	전국단위				지역단위			
	대학	단계			대학	단계		
		2	3	4		2	3	4
1	서울대	28	25	42	부산대	18	16	24
2	성균관대	20	19	28	경북대	5	17	21
3	연세대	24	19	27	전남대	11	14	16
4	고려대	20	25	25	충남대	6	4	16
5	KAIST	9	14	15	전북대	5	9	14
6	포스텍	8	11	12	충북대	7	7	10
7	한양대	10	4	10	부경대	1	2	9
8	중앙대	1	3	9	경상대	3	4	7
9	인하대	6	4	8	강원대	1	3	5
10	한양ERICA	0	2	7	순천향대	0	0	5
11	경희대	4	7	6	영남대	2	2	4
12	아주대	3	3	4	제주대	2	2	4
13					연세미래	1	2	4

(서울대 GSDS광장, 2020.8.18)

국내 대학원의 발전에 가장 크게 기여한 것은 BK21(Brain Korea 21) 사업이다. 세계적 수준의 대학원 육성과 우수한 연구인력 양성을 위해 대학원생과 신진연구인력(박사후연구원 및 계약교수)을 집중적으로 지원하는 BK21 사업은 1999년에 시작되었다. 본래 서울대를 대학원 중심대학으로 육성하기 위해 첨단 과학기술 분야에 집중적으로 투자한다는 구상으로 출발했지만, 실행과정에서 대상 대학이 확대되고, 제2단계 사업에서는 전국단위 사업과 지역단위 사업을 나누는 등 변화가 있었다. 현재 제4단계 사업이 막 선정되었다(2020.11.).

　　BK21은 규모와 기간에 있어서 국내에서 처음 시도된 혁신적인 인력양성 프로그램으로서 대학원생과 신진연구인력에 대한 안정적 학업 및 연구기반을 제공하여 국내 대학원 교육을 크게 발전시켰다는 평가를 받았다. 제1단계 사업 결과 SCI 논문 수의 국가 순위가 1998년 18위에서 2003년 13위로 상승하는 등 대학의 연구 경쟁력도 크게 상승시켰고, 대학 간 연구 경쟁 분위기 조성에도 매우 긍정적인 영향을 주었던 점이 특히 긍정적으로 평가받았다.

　　다만 사업단 선정과정에서의 일부 논란이 불가피하였고, 과학기술 분야의 68%, 인문사회 분야의 95%가 수도권 대학에 집중되어 지방과의 연구력 격차를 심화시킨 점, SCI논문 위주 평가로 인력양성과 산학협력체제 구축이 미흡한 점, 학제적 분야에 대한 지원의 부족, 기초과학과 응용과학의 구분 필요성 등이 개선 요인으로 지적되기는 했다(이귀로, 2005, 13~20). 이후 BK21 사업은 점진적인 보완을 거쳐 지속되고 있는데, 교육부의 거의 모든 사업이 단기 종료된 것과 달리 30년 가까이 지속되고 있는 유일한 사업이라는 점도 그 긍정적 효과를 대변해준다.

한편 21년에 걸친 BK21 사업으로 이공계 위주의 연구 경쟁력을 갖춘 대학, 그리고 거점 국립대학으로의 쏠림 현상은 점점 더 굳어지는 추세이다. 전국단위 사업의 경우, 상위 4개 대학이 122개로 57%를, 상위 10개 대학이 183개로 85%를 차지하였다. 지역단위 사업의 경우도 상위 4개 대학이 77개로 45%를, 상위 10개 대학이 127개로 74%를 차지하였다.

전국단위 사업에 비수도권 사립대학이 전혀 참여하지 못하였고, 지역단위 사업에도 사립대학 참여 비율이 2단계 20%, 3단계 22.2%, 4단계 18.7%로 매우 부진하며, 1개 사업이라도 참여한 대학의 수가 2단계 10개(48%), 3단계 18개(55%), 4단계 14개(44%)로 3단계보다 개선된 것이 없다. 이는 반값 등록금으로 인한 재정압박이 비수도권 주요 사립대의 연구 경쟁력을 계속 잠식한 결과로 보인다.

대학원 중심대학으로 가기 위한 논의가 전개될 때마다 제기되는 문제가 학부제의 도입이다. 대학원 진학을 전제로 대학에 입학하는 대학원 중심대학에서는 최소 6년을 교육과정으로 설정하고 교과과정을 설계하기 때문에 2년에 걸친 교양교육, 2년에 걸친 전공교육, 그리고 2년의 석사과정을 당연한 것으로 받아들인다. 또 대학원 과정에서 창의적인 관점과 폭넓은 시야를 갖추기 위해서는 세분화된 학과의 틀에 구애되지 않는 것이 바람직하다는 것이 학부제를 주장하는 논리이다. 그러나 전 세계 모든 대학원 중심대학에서 운영하는 이 학부제 또는 계열별 모집은 우리나라에서는 한 번도 성공을 거두지 못하였다.

우리나라 대학 홈페이지는 그 어느 대학도 박사-석사-학사

위주로 만들어지지 않았다. 화려한 사진을 배경으로 가장 먼저 자리하고 있는 것은 학부 입학 안내이다. 말로는 선도적인 연구중심대학이라고 강조하면서도 학부 위주의 편제와 의식이 강고한 것이다. 대학 스스로 대학원 중심이란 의식이 희박한데, 학부모와 수험생을 상대로 한 학부제나 계열별 모집이 공감을 얻고, 정착하기란 쉬운 일이 아니다.

대학원과 관련하여 국내 박사 양성의 구조적 문제점은 반드시 개선되어야 할 것이다. 2011년 박사학위 과정 대학원생의 학비 본인 부담률은 45%나 되어 미국의 17.9%보다 3배나 높을 정도로 학업 환경이 열악하다. 하지만 박사학위 취득자의 21.5%가 특수대학원 석사 출신으로 그 비율이 과다하다. 특히 문제가 되는 것은 4,500개가 넘는 미국 대학 가운데 박사학위를 수여하는 대학은 150개이며, 그 가운데서도 60개 대학이 학위 수여를 주도한다. 반면 우리나라는 박사학위를 수여하지 않는 대학을 찾아보기 힘들 정도여서 박사학위에 대한 사회적 신뢰가 매우 낮을 수밖에 없다. 미국과 유사한 비율로 계산하면 상위 5개 대학에서 박사학위 양성을 주도해야 하는데, 5개 대학의 박사학위 취득자는 24.9%(3,043명)이다.

대학에 진학할 수 있는 절대 인원이 감소하고 있지만 대학원에 대한 진학 수요는 완만하나마 증가할 것으로 보여 앞으로 대학원 교육과 운영은 사립대학에게 더욱 중요한 의미를 지닐 것이다. 그러나 지금처럼 박사과정을 운영할 경우, 오래지 않아 문제가 발생할 수밖에 없을 것이다. 그렇다고 해서 박사학위에 대한 사회적 수요와 사립대학의 재정적 여건 등을 고려하면 정원을 감축하기도 어렵다. 그렇다면 교수요원을 위한 국가박사와 일반 박사를 구분하고 국가박사에 대해서는 더욱 높은 수준의 학문적 훈련과정을 요구하되, 채용 등에 있어서 우대하는 방안을 진지하게 검토해 볼 필요가 있을 것으로 생각한다.

12. 대학 특성화 사업

교육부는 대학의 경쟁력 강화, 교육의 질적 향상, 국제적 수월성 달성 등 온갖 화려한 수식으로 장식된 각종 특성화 사업을 시행하고 있다. 고교교육 정상화 기여 대학 지원사업, 학부교육 선진화 선도대학 지원사업(ACE), 산업연계교육 활성화 선도대학 사업(PRIME), 산학협력 고도화 지원사업(LINC+), 대학특성화사업(CK), 대학인문역량강화사업(CORE), 인문사회기초연구사업, 이공학개인기초연구사업, 여성공학인재양성사업(WE-UP), 맞춤형 국가장학금 지원사업 등 그 종류가 매우 다양하다.

사업명마다 매우 현란하다. ACE사업은 'Advancement for College Education'의 약자이고 PRIME사업은 'Program for Industrial needs-Matched Education'의 약자이며, CORE사업은 'Iinitiative for College of humanities' Research and Education'의 약자이고, CK사업은 'University for Creative Korea'의 약자이다. 약칭마다 매우 절묘하게 작명하였다는 생각이 든다.

CK사업의 경우, 지역사회 수요를 기반으로 대학의 비교우위 분야를 집중적으로 육성할 수 있도록 지원하여 대학의 특성화, 지역의 성장, 창의적 인재의 양성을 동시에 추구한다는 매우 이상적인 사업 목적을 지니고 있다. 사업에 참여한 대학은 사업 취지에 맞춰 다시 더 창의적인 이름을 지었다. 경북대 사업단의 명칭은 '수리융합형 지능기계 스마트 양성사업단'이고, 울산대 사업단은 '스마트전자(ICT) 창의-융합기술 인력양성 사업단'이며, 명지대 사업단 명칭은 'Industry4.0 지향 IoT 기반 임베디드 기계시스템 인력양성 사업단'이다.

이런 사업이 발표될 때마다 대학은 커다란 진통을 앓았다. 이들 사업에 선정되려면 교육부가 요구하는 사항을 충족시켜야 하는데, 그 가운데 구조조정을 전제로 한 사업이 가장 대응하기 어렵다. 그 대표적인 사례가 바로 프라임 사업이었다. 취업률이 낮은 인문과 예체능 계열의 정원을 줄이고 이공계 정원을 확대해서 취업률을 높여야 한다는 단서가 붙어 있기 때문이다. 프라임 사업의 핵심 논리인 인력 수급 조정의 필요성은 고용노동부와 한국고용정보원이 제공한 인력수급 전망에 근거한 것인데, 그 수급 전망이 얼마나 적중할 것인지는 지난 10~20년 전에 나온 전망 자료를 점검해보면 대략 확인 가능하다. 또 공학 전공자 비율을 높여야 취업이 잘 된다지만 비교 대상 국가 가운데 중국을 제외하면 우리나라 공학 전공자 비율이 이미 가장 높은데, 증원까지 하면 무슨 차별성이 있냐는 지적에 대해 제대로 된 답변을 한 것 같지도 않다.

하지만 대형사업에 연간 150억 원, 소형사업에 50억 원씩 3년간 지원하는 사업이어서 대학마다 치열하게 수주 경쟁에 나섰다. 대형사업에 9개교, 소형사업에 12개교 등 모두 21개 대학이 선정되었고, 인문사회계열 정원 2,500명, 자연과학계열 1,150명, 예체능계열 779명이 줄어들었고, 공학계열 정원은 4,429명이 증가하였다. 그 와중에 대학마다 급박한 정원조정, 급조된 교육 프로그램, 돈 앞에 무너진 자존감, 전공 이기주의 논란 등으로 갈등이 심각하였다.

지난 20년 가까이 진행된 많은 특성화 사업을 보면서 다음과 같은 점을 생각해볼 필요가 있다. 우선 대학이 변해야 한다는 당위성에는 누구나 공감하고, 변화를 위한 재정지원이 필요하다는 데도 큰 이론이 없을 것이다. 그런데도 재정지원의 수혜자인 대학에서 교육부의 특성화 사업에 대해 반감이 큰 것은 지나치게 타율적인 개혁이라는 점이다. 변화를 위한 내부 합의, 변화에 따른 준비기간 등이 항상 부족했다. 그 결과 요란한 개혁 행보에 비해 개혁의 내실은 그다지 만족스럽지 못하였다.

물론 교육부로서는 가시적인 성과지표 없이 기재부를 설득해 예산을 확보할 수 없기에 서두르는 것이지만, 교육개혁은 조급하면 부작용만 심각하다는 것이 고금의 공통된 경험이다. 새로운 교과를 개발하려면 3년도 부족하다는 것이 교수들의 공통된 인식이며 정직한 고백이다. 그런데 불과 몇 달 만에 공과대학을 만들어야 하고, 최고의 교과과정을 만들어야 한다. 거짓말을 강요하는 셈이다. 보여줄 수 없는 것을 보여줘야만 재정지원이 가능하다는 기재부의 막무가내에 교육부와 대학 모두 '벌거벗은 임금님' 만들기에 매달릴 수밖에 없다. 현실에 없는 옷감을 제출하라고 하니 온 힘을 들여 현란한 작명에 몰두하는 것이다.

교육부가 고심 끝에 새로운 사업 아이템을 만들고 기재부를 설득하여 대학을 위한 예산을 마련해왔으면 대학이 고맙다고 하는 것이 당연한데, 교수들이 손사래를 치는 것은 단순히 변화를 싫어하거나 게을러서가 아니다. 다 그렇지는 않겠지만 적당한 과장이나 거짓말, 무책임을 감내해야 멋진 사업계획서를 쓸 수 있는 경우가 다반사이기 때문이다. 프라임 사업에 선정되어 공과대학을 신설하면 신설 공대가 선두주자들과 같은 반열에 오르기는 거의 불가능에 가까운 일이다. 20년은 집중적으로 투자해야 어느 정도 성과를 거둘 수 있는데, 교육부 사업은 발걸음을 뗄 무렵이면 중단된다. 프라임+, 프라임++ 사업이 전제되지 않으면 차라리 시작하지 않는 편이 좋다는 것이 교수들의 고심이다.

특성화 사업과 관련해 발상의 전환도 필요해 보인다. 우선 기존의 특성화 사업은 모두 대학 간 경쟁을 전제로 하였다. 이는 개별 경쟁력이 약한 지방사립대학을 더욱 위축시키는 결과를 낳았으며, 지방대학만을 위한 리그를 만들지 않은 한 지금 같은 사업 방식이 지속되면 될수록 그 격차가 더욱 벌어질 것으로 보인다. 따라서 앞으로는 지역연합을 통한 사업 방식을 그 대안으로 고려해 볼 필요가 있을 것이다.

지역 대학의 긴밀한 연합과 역동성을 확보하기 위해서는 공동 거버넌스를 구성하는 것이 바람직하나,[121] 이를 달성하기 위해서는 법제화 등 많은 난관이 있으므로 실현 가능한 분야에 대해 상향식 사업 모델을 제시하게 하고, 여기에 지방자치단체가 참여하는 방식이다.

마지막으로 꼭 살펴봐야 할 것은 교육부가 싫건 좋건 이런 특성화 사업을 할 수밖에 없는 구조적인 문제이다. 현행 「사립학교법」과 법원의 판례상 사립대학은 사학법인의 사유재산으로 간

---

[121] 이를 위해서는 노스캐롤라이나·버지니아·웨스트버지니아·테네시·켄터키 주 등 중부 애팔래치아산맥을 중심으로 설립된 36개 4년제 교양대학을 대상으로 비영리 컨소시엄인 애팔래치아 대학협회를 통해 추진한 공동 거버넌스 구성을 위한 인식조사도 참조할 필요가 있다(Easton 등, 2014, 1~134).

주된다. 따라서 사유재산인 사립대학에 정부가 재정을 이용한 일반 예산, 즉 인건비를 포함한 운영비를 직접 지원할 수 없다. 그래서 이런 특성화 사업을 통한 경쟁방식이 아니고는 교육부가 사립대학을 지원할 수 없기 때문에 교육부가 선택한 고육지책이라는 점을 이해할 필요가 있다. 아무튼 정부의 본격적인 재정지원을 받기 위해서는 「사립학교법」을 대치할 수 있는 「사학법인법」과 「사립대학법」 제정이 필수적이며, 그렇게 될 때 비로소 우리에게 주어진 불필요한 부담과 행·재정적 낭비를 막을 수 있을 것이다.

13. 정부 지원과 대학의 공공성

우리나라와 다른 나라의 대학을 비교할 때 가장 두드러지게 드러나는 차이점은 바로 사립대학의 비중이 지나치게 크다는 점이다. [표39]을 보면 4년제 사립대학 재학생 비율이 시종 3/4을 약간 상회하고 있음을 확인할 수 있다. 여기에 전문대학 재학생 가운데 사립대학 재학생 비율이 98%이므로 이들을 합산하면 대략 4.8%가 더해져 2017년의 경우, 사립대학 재학생은 81.6%에 달한다. 이는 유럽은 말할 것도 없고, 신자유주의의 본향인 미국도 이렇게 많지는 않다. 미국 사립대학 재학생 수는 1965년 33%에서 1975년에 21%로 줄어 2005년까지 유지하다가 최근 증가하고 있지만 36.3% 수준이다(KUSCO, 2011, 1~3; 김정인, 2018, 281).

[표39] 국·사립 일반대 학생 수(명)와 비율(%)						
연도	국공립대	비율	사립대	비율	합계	
1965	25,964	24.6	79,679	75.4	105,643	
1970	36,038	24.6	110,376	75.4	146,414	
1975	56,830	27.2	152,156	72.8	208,986	
1980	114,686	28.5	288,293	71.5	402,979	
1985	243,378	26.1	688,506	73.9	931,884	
1990	254,748	24.5	785,418	75.5	1,040,166	
1995	295,941	24.9	891,794	75.1	1,187,735	
2000	372,078	22.3	1,293,320	77.7	1,665,398	
2005	400,668	21.2	1,485,971	78.8	1,859,639	
2010	428,173	21.1	1,600,668	78.9	2,028,841	
2015	484,796	22.9	1,628,497	77.1	2,113,293	
2017	474,727	23.2	1,575,892	76.8	2,050,619	

(대학교육연구소)

특히 문제가 심각한 것은 전문대학이다. 정부와 언론기관에서 왕왕 가정환경이 어려운 학생까지 대학에 진학하려 한다며 전문대학에 진학하여 일찍 취업할 것을 권하지만 정작 학비 부담이 적은 국공립 전문대학을 모두 없애다시피 하였다. 2020년 현재 전국 135개 전문대학 가운데 국립은 1개, 공립은 7개로 학교 수의 6%이고, 정원은 국립 211명, 공립 3,038명, 합계 3,249명으로 2%에 불과하다. 또 서울을 비롯한 광역시에는 단 한 곳도 개설되어 있지 않아 전문대학에 대한 교육부의 정책이 있기는 한 것인지 궁금할 정도다(KCCE, 홈페이지).

이처럼 사립대학 재학생 비중이 비정상적으로 높다는 것은 우리나라에서는 대학교육이 국가의 공공서비스 영역에서 제외된 채 전적으로 학부모와 학생의 개인적 희생을 바탕으로 성장하였음을 말해준다. 이런 상황은 대학생 1인당 교육비에서도 매우 극명하게 나타난다. 김영철 교수는 초중고 과정에 투입되는 엄청난 규모의 사교육비를 제외한 1인당 공교육비가 초등생 11,000달러, 중고생 12,000달러인 데 반해 대학생은 8,000달러에 불과하다고 지적하였다. OECD 평균 초등·중등·고등 공교육비가 각각 9,000, 10,000, 11,000달러로서 1,000달러씩 순증하는데, 그들과 비교하면 우리 초·중고생은 +2,000달러이고, 대학생은 -3,000달러이다. 초등·중등·고등으로 올라가면서 교육비가 늘어나는 것이 정상임을 고려해보면 대학에 대한 공교육비 투자가 비정상임을 알 수 있다. 더욱 우려스러운 것은 2003년 당시 초등 4,098달러, 중고 6,410달러, 대학 6,213달러였던 점을 생각해보면 대학은 15년 전보다도 더 열악해졌다는 점이다.

그리고 이런 역전 현상은 정부가 대학 등록금 동결을 강력하게 요구한 2009년부터 시작되었다. 2009년 8천 달러였던 대학생 교육비는 이후 거의 정체되어 2013년부터 초등·중등에 역전되었고, 2015년에는 각각 1.4배·1.5배로 격차가 커졌다. OECD와의 격차도 2009년 당시 1천 달러에서 현재 3천 달러로 벌어졌다. 국가의 교육 재원 배분이 심각하게 왜곡된 것이다(이상 경향신문, 2018.12.5). 송기창 교수의 분석 결과도 마찬가지다. 4년제 대학 재학생에 대한 중앙정부의 재정지원 금액은 924만원(2011)에서 899만원(2014), 964만원(2015)으로 횡보를 거듭하고 있을 뿐이다(송기창, 2017, 79).

[표40] 1965~2005년 고등교육재정의 공사부담 비율(만원)

연도	고등교육재정	공적 부담 총액	%	사적부담 총액	%
1965	513,447	193,788	37.7	319,659	62.3
1970	1,770,908	522,756	29.5	1,248,152	70.5
1975	7,085,503	1,598,983	22.6	5,486,520	77.4
1980	44,168,489	12,193,639	27.6	31,974,851	72.4
1985	133,479,519	22,308,808	16.7	111,170,712	83.3
1990	242,604,282	44,927,204	18.5	197,677,078	81.5
1995	672,903,444	89,625,317	13.3	583,278,127	86.7
2000	1,167,728,225	147,282,552	12.6	1,020,445,673	87.4
2005	1,739,560,516	195,182,977	11.2	1,544,377,539	88.8

(오성철, 2014, 138)
-공적부담: 국공립 대학 교육비, 자본 수입 및 기관 자체 수입 포함
-사적부담: 사립대학 교육비, 국공사립 기성회계 수입의 합

이는 [표40]에서 볼 수 있듯이 40년 동안 고등교육재정에서 공적 부담, 즉 정부가 지원하는 국고지원금의 비율이 계속 감소하여 무려 26.5%나 줄어든 데서도 확인해 볼 수 있다. 이는 거꾸로 사적 부담이 26.5% 증가하였다는 말인데, 이 증가분은 재학생 수가 17.9배가 늘어난 데 따른 것이어서 절대 액수로는 5년 사이에 524조 원이나 된다.

1인당 국민소득 130달러로 지금과 비교 불가할 정도로 어려웠던 1965년에도 국고지원금이 37.7%였는데, 17,790달러인 2005년에 11.2%가 되어 1/3 이하로 줄어든 것을 어떻게 받아들여야 할지 대학 구성원 모두 생각해봐야 할 숙제가 아닐 수 없다. 이렇

게 대학교육을 사적인 영역으로 방치한 채 정부는 반값 등록금, 입학금 인하 등으로 대학을 옥죄면서 생색내기나 하는 것이 우리나라 대학 문제를 왜곡시키는 또 하나의 핵심 요인이다.

14. 반값 등록금

대학을 국가가 책임져야 할 교육의 문제로 보기보다는 개인이 책임져야 할 경제의 문제로 보고 수익자부담원칙을 고수해 온 정부 정책에 정치권이 갑자기 선거의 득표 수단으로 반값 등록금 문제를 제기하면서 등록금 문제는 대학의 손을 떠나 정치권의 문제가 되었다. 반값 등록금정책이 시행된 지 9년이 지난 지금, 대학교육을 위한 수단인 등록금 문제가 오히려 대학의 모든 현안을 압도하고 있으며, 나아가 정치권도 감히 손댈 수 없는 뜨거운 감자가 되었다.

2012학년도부터 시작된 반값 등록금정책은 2011학년도 총 14조 299억 원이었던 등록금 총액을 등록금 동결과 국가장학금 지급, 그리고 교내장학금 확충을 통해 반으로 낮춘다는 것이었다. 이를 위해 대학의 등록금 수입은 물가상승 등 외부요인의 변화와 상관없이 14조 원으로 고정하고, 국가가 일정액의 국가장학금을, 대학이 교내장학금을 서로 부담하고, 그래도 부족한 차액은 대학 살림을 줄여서 맞추라는 것이다.

유권자 표를 노린 등록금 인하 주장은 정치권이 선거 때마다 제기한 단골 메뉴였지만 본격적인 정책으로 자리 잡게 된 계기는 2006년 5.31지자체 선거를 앞두고 한나라당 이주호 의원이

'교육비 부담 반으로 줄이기 팀장' 자격으로 8조 원의 학부모 부담을 4조 원으로 줄일 것을 처음 제안했고(2006.3), 이를 박근혜 대표가 확인해주면서 시작되었다(2006.4).

그러자 이에 놀란 열린우리당은 다음 날 '등록금후불제'로 대응하였지만, 이 의원은 국회에서 열린 정책토론회에 당 제5정조위원장 자격으로 참석하여 더 상세한 방안을 제시하였다. 한나라당이 이 의원 제안을 선거 공약집 『New 대한민국』에 수록하고 선거전에 나서자 민주노동당도 '가계수지 연동 대학등록금 상한제'를 내놓고 논쟁에 가세하였다. 선거 이후 각 당은 등록금 인상을 억제하고 저소득층 학생에 대한 장학금 지급 등을 주된 내용으로 하는 법안을 앞다투어 발의하였다.

대선이 있던 2007년, 연초부터 야당인 한나라당은 정책위의장, 당 대표 등이 반값 등록금정책 추진 의사를 재천명하였고, 원내대표는 홍준표洪準杓 의원의 반값 아파트와 이주호 의원의 반값 등록금 관련 입법을 반드시 관철하겠다고 교섭단체 대표연설에서 밝혔다. 등록금 문제는 한나라당 강재섭姜在涉 대표와 노무현 대통령의 회담 의제로도 발전하였는데(2007.2), 여당은 포퓰리즘이라며 반대했고, 한나라당은 정부의 의지 부족일 뿐 얼마든지 가능하다고 주장하였다.

이후 2007년 대선에서 이명박 후보 선거대책위원회에 '등록금 절반위원회'가 구성되었으나 선거공약에는 근로장학금 확대와 등록금 융자제도 혁신만 들어갔을 뿐 정작 반값 등록금은 포함되지 않았다. 그러나 이 대통령이 반값 등록금을 공약한 것으로 알려지면서 약속 위반에 대한 공세가 치열해지자 이명박 정부는 한국장학재단을 설립하고(2009.5), 취업 후 학자금 상환제를 도입하였으나 반값 등록금정책 자체에는 부정적이었다.

2011년부터 반값 등록금을 정치 이슈화한 것은 야당인 민주당이었다. 민주당은 무상의료·무상급식·무상보육에 반값 등록금을 더한 3+1 보편적 복지정책을 민주당 당론으로 채택하고 반값 등록금 문제를 다시 제기하였다(2011.1). 이에 여당도 동의하여 「고등교육법」을 개정하고(2011.1), 등록금 인상률을 직전 3년 평균 소비자 물가상승률의 1.5배를 초과할 수 없다고 상한제 시행을 강제하였다.[122] 그러자 반값 등록금에 냉담하였던 청와대와 달리 대선을 의식한 친박계 황우여黃祐呂 의원이 원내대표 자격으로 돌연 반값 등록금정책 추진 의사를 밝힘으로써(2011.5) 다시 쟁점이 되었고(이상 『월간조선』, 2011.7), 이후 박근혜 후보가 대통령에 당선되면서 본격적으로 추진되었다.

교육부는 재정 지원에 앞서 대학의 구조조정과 자구노력이 필요하다며 정원조정을 요구하였고, 반값 등록금정책 집행에 앞서 구조개혁위원회를 설치하고 평가를 통해 정부재정지원제한대학 및 학자금대출제한대학을 선정하여 발표함으로써 자신들의 의사를 관철하였다. 대학은 그때부터 등록금 인하와 동결, 장학금 증액, 정원감축이란 삼각파도에 휩싸여 10년째 표류하게 된 것이다.

대학의 의사와 무관하게 정치권에서 추진된 반값 등록금정책

---

[122] 등록금 상한제의 시행으로 교육부는 매년 상한선을 정하여주었는데, 상한선은 5.1%(2011), 5.0%(2012), 4.7%(2013), 3.8%(2014), 2.4%(2015), 1.7%(2016), 1.5%(2017)로 매년 낮아졌다. 하지만 상한선 이내라도 등록금을 인상할 경우, 정부 재정지원사업 참여가 사실상 제한되고 국가장학금 Ⅱ유형 지원대상에서 제외되기 때문에 사실상 전면 동결과 다를 바 없는 조치였다(뉴데일리경제, 2018.12.27).

의 정확한 명칭은 '소득연계형 등록금부담 완화정책'이다. 이는 본래 소득수준별로 장학금을 차등 지원하여 등록금부담을 반으로 줄여준다는 것인데, 모든 등록금의 반값 인하를 기대하던 학생들이 반발하자 등록금 인하를 대학에 요구하여 2012학년도 등록금은 4~5% 인하되었다.

국가장학금은 크게 Ⅰ유형과 Ⅱ유형, 다자녀장학금으로 나눌 수 있는데, Ⅰ유형과 Ⅱ유형 모두 소득분위에 따라서 차등 지급하는 장학금(=소득연계형 장학금)이라는 점은 같지만 Ⅰ유형은 정부가 직접 지원하는 장학금이고, Ⅱ유형은 대학 장학금에 연계하여 지급하는 장학금으로 대학에 직접적인 부담이 되며 지급대상 소득분위 기준이 높다. 다자녀장학금은 2014년에 신설하였다.

그 밖에도 근로장학금 · 우수학생 · 희망사다리 장학금이 있다. 근로장학금은 저소득층 대학생에게 일할 기회를 제공하고 노동의 대가를 지급하는 것이어서[123] Ⅰ·Ⅱ유형과 중복 수혜가 가능하다. 희망사다리 장학금은 중소기업 취업 연계장학금으로 취업·창업 지원금으로 200만 원을 지급한다.

---

[123] 최대 노동시간은 대학별 예산에 따라 다르며, 임금은 시간당 교내 9,000원, 교외 11,150원(2020 기준)으로 최저임금보다 많다.

[표41] 국가장학금 유형 및 지급총액(억원)

연도	I유형	II유형	다자녀	총액	근로	우수	희망	합계
2011	-	-	-	3,313	8,100	210	-	4,333
2012	7,500	10,000	-	17,500	8,100	199	-	18,509
2013	20,750	7,000	-	27,750	143	138	100	28,003
2014	28,350	5,000	1,225	34,576	194	135	100	34,830
2015	28,917	5,000	2,083	36,000	2,095	161	200	38,457
2016	29,000	5,000	2,546	36,546	2,506	181	213	39,446
2017	28,946	4,800	2,600	36,346	2,629	189	286	39,450
2018	29,416	4,800	2,629	36,845				

박근혜정부대학정책, 국가근로장학금 대학생 가이드북, 교육부 국가장학금 지원 기본계획

등록금 절반 이상을 국가장학금으로 지원받는 재학생 수가 2017년에 535,000명(26.5%), 2018년에 665,000명(30.5%), 2019년 684,000명(31.5%)이어서 일부에서는 반값 등록금이 아직 이루어지지 못하였다는 주장도 있다. 하지만

① 사립대 평균 등록금은 741만(2009), 769만(2010) 원에서 740만(2017), 742만(2018 · 2019) 원으로 거의 변동이 없다.[124]
② 일반대학 재학생 수 역시 205만(2017), 203만(2018)으로 큰 변화가 없다. 따라서 연간 4조 원의 국가장학금은 1인당 평균 200만 원에 해당한다.
③ 여기에 등록금 인하(연간 6~7,000억 원)와 교내외장학금(2조

---

124) 2020학년도 748만 원으로 6만 원 증가하였지만, 이는 등록금이 비싼 의학 및 공학계열 입학생 수 증가에 따른 것일 뿐 등록금 자체의 변화는 없다고 봐도 무방하다.

3,000~2조 4,000억 원)은 1인당 150만 원에 해당하니 이를 더하면 장학금 총액은 350만 원이다.

거기에 물가상승률을 추가하면 반값 등록금정책은 시행 9년 만에 거의 목표를 달성한 셈이다. 반값 등록금정책으로 인한 대학 살림살이의 변화는 별도의 분석이 필요 없다. 대학 재정수입의 80% 이상을 차지하는 등록금이 동결을 넘어 인하되었고, 거기에 입학금·전형료마저 줄어들었으니 살림이 어려운 것이야 굳이 설명할 것 없이 모두 피부로 절감하고 있다. 다만 대학 정원을 좌지우지하는 구조개혁평가에 집중적으로 대응해 지표상으로 현상을 유지하고 있는 것처럼 보일 뿐이다.

현상을 유지하는 방법은 단순하다. 전임교수 확보율은 똑같이 유지하고 있지만, 실제로는 대부분의 신임 교수를 법에도 없는 비정년 트랙이란 편법으로 선발하고, 각종 교육 프로그램을 줄이는 등 야금야금 제 살 파먹기를 하는 수밖에 없다. 이런 대학 사정을 잘 아는 교육부도 모르는 채 묵인할 수밖에 없다. 매사에 이런 식이므로 대학의 특성과 여건을 고려한 자발적인 정책을 수립하고 집행하는 것은 사치다. 평가지표에만 예산을 투입하기 때문에 평가지표에 들어가지 않는 분야는 전액 삭감을 불사하고 있어 교육의 누수 현상이 갈수록 심해지고 있다.

문제는 반값 등록금은 이제 누구도 되돌리거나 멈출 수 없는 '폭탄돌리기'라는 점이다. 교육부는 2020년부터 통계청의 '소득분위'와의 혼동을 방지하기 위해 소득분위를 '학자금 지원구간'으로 변경하고, 입학금 단계적 폐지에 합의한 사이버대학을 대응지원 대상 대학에 포함하였다. 거기에 지역인재장학금 참여 범위를 늘려 비수도권 대학에 대한 지원을 늘려주며, 재난장학금 지원기준을 마련하는 등(2020 교육부 국가장학금 지원 기본계획) 반값 등록금은 점차 단순한 학비 감면을 넘어선 종합적 학생복지 차원으로 전환 중인 것으로 보인다.

따라서 이제 대학은 14조 원에 묶인 등록금 수입을 상수로 상정하고 다가올 2030년 1/3값 등록금에 대비하여 앞날을 설계할 수밖에 없는 상황이다. 그렇다면 이런 상황에 빠진 원인이 어디에 있는지 등록금에 대한 그간의 행마를 포석에서부터 차분히 복기해 볼 필요가 있다.

우선 등록금의 구조적 특성에 대한 이해가 필요하다. 2011년 당시 우리나라 대학 등록금부담이 세계에서도 가장 높다는 비난이 대학에 쇄도하였다. 우리나라 대학등록금이 비싼 것은 객관적인 사실이며 특히 사립대학이 그러하다. 9년에 걸친 등록금 동결로 힘들긴 하지만 버텨온 것은 대학 운영에 거품이 있었음을 반영하는 것이기도 하다. 하지만 가장 중요한 요인은 85%가 사립대학으로 이루어진 세계 유일의 고등교육 환경을 고려하지 않고는 문제에 대한 정확한 분석이 불가능하다.

노태우 정권이 1989년부터 사립대학 등록금 자율화를 허용한 것은 어차피 등록금 인상은 학생들이 실력으로 저지할 것이니 문제가 되지 않을 것이라며, 자율화 허용을 명분으로 사립대학에 대한 지원금을 50% 삭감한 일이 있다. 반값 등록금도 마찬가지 역설이 존재한다. 사립대학 등록금을 동결한다고 해도 어차피 국립대학보다 비쌀 수밖에 없다는 점이다. 그런데도 정부는 재정부담이 큰 국립대학의 정원을 줄여 사립대학에 갈 수밖에 없도록 한 뒤 등록금을 동결하여 마치 학부모를 위해 무슨 대단한 배려를 한 것처럼 말한다. 이는 조삼모사朝三暮四를 넘어 언어도단言語道斷이다.

2018년 서울시 대중교통의 교통수단 분담률은 65.1%(지하철 40.7%, 버스 24.4%)이다(서울시 교통통계). 지금 우리 정부의 대학정책은 대중교통 분담률을 18.4%(국공립대학 정원)로 한 것과 다를 바 없다. 지하철 건설이나 시내버스 증차에는 아무 생각도 없이 모든 책임을 택시회사에 전가하며, 10년째 택시요금만 동결한 채 생색내기에 바쁜 무책임한 시장이 있다면 시민들이 무어라 하겠는가?

둘째, 등록금부담 주체에 관한 정리가 필요하다. 정부는 그동안 대학교육은 의무교육이 아니므로 수익자부담의 원칙에 따라 대학재정을 학부모가 부담하는 것이 옳다고 일관되게 주장해 왔다. 수익자부담원칙이 처음 제기된 것은 광복 직후였고, 당시 의무교육조차 감당하기 버거웠던 정부 재정을 감안하면 충분히 납득할 수 있는 주장이었다. 정부 보고서에도 정부가 고등교육을 방치하더라도 '전통적인 교육열'이 그 부족을 메울 것이라고 기대하고 있음을 거듭 확인할 수 있으며, 심지어는 지나친 교육열을 억제할 필요가 있다고 생각하고 있었다.

그랬던 정부가 2011년부터 갑자기 입장을 번복한 까닭은 득표를 노린 정치적 목적 때문이었지만, 한편으로는 현재 대학 진학이 대학교육의 대중화·보편화 단계에 접어든 데 따른 것이기도 하였다. 우리나라 대학진학률은 합격자 기준으로 1980년 27.2%에서 36.4%(1985), 33.2%(1990), 51.4%(1995), 68%(2000), 82.1%(2005)로 상승하다가 2008년 83.8%로 정점을 찍었다. 등록률 기준으로도 2009년 77.8%가 정점을 기록한 뒤 계속 낮아져서 2010년 75.

4%(2010), 71.3%(2012), 70.9%(2014), 69.8%(2016), 68.9%(2017), 69.7%(2018)를 기록하고 있다.125) 대학교육 보편화의 기준은 대학 진학률 50% 이상이다. 대학교육이 보편화된 미국의 최근 진학률이 44% 내외인 점을 고려하면 우리나라는 일본과 함께 세계에서 가장 높은 대학 진학률을 보이고 있다(통계청,「한국의 사회지표」등).

반면 고등교육 환경은 상당히 열악한 편이다. 우선 가장 중요한 지표인 전임교수 1인당 학생 수는 2019년의 경우 전문대학 36.9명, 일반대학 23.7명으로 OECD 평균인 16명(2017)과 확연히 대조된다. 이는 초등학교가 2000년 28.7명에서 2018년 14.5명으로 감소하여 OECD 평균과 유사한 것과 대조된다. 또 교육에 대한 정부 투자 비중도 초중등 87%로서 OECD 평균인 91%와 근접한 것과 달리 대학은 34%로서 OECD 평균인 70%의 절반 수준에 불과하다.126)

지금 대학 진학은 더 이상 특정 계층만 누릴 수 있는 특권이 아니기 때문에 수익자 부담 원칙을 더는 고집할 수가 없게 되었다. 여야가 앞다투어 반값 등록금정책을 제기하고 정부가 국가장학금을 지급함은 이미 수익자부담과는 거리가 먼 일이었다. 따라서 정부는 향후 사립대학의 등록금 문제를 포함한 재정 정책에 대하여 분명한 입장을 밝혀야 한다.

셋째, 정부는 비정년트랙 교수의 문제 해결에 정부가 앞장서야만 한다. 교육부는 사학법인의 요구에 따라 법에도 없는 교수를 교원확보율로 간주하며 비정규직 교수를 양산하였다. 1995년

---

125) 합격자를 기준으로 하던 진학률 기준은 2011년부터 대학 등록자로 바뀌었다.
126) 한국교육개발원,「교육통계분석자료집-고등교육통계편」2019.10; 통계청,「2018 한국의 사회지표」; 베리타스 알파, 275호, 2018.1.25.

경희대학에서 시작한 3년 단임제 교수를 정원에 인정하여준 것을 효시로 각처에서 강의전담, 연구전담 등의 비정규직 교수가 생겨났고, 4명의 객원교수를 1명의 정규직 교수로 인정해 준다고 하여 객원교수가 급증하였다. 이후 과도한 객원교수 증가에 대한 비난이 쏟아지자 교육부는 비정년트랙 교수라는 새로운 편법을 사학법인과 공모하였다.

그래도 처음에는 그런대로 정년트랙 교수에 준하여 주던 임금이 대학구조개혁평가가 시행된 2015년부터 급격히 낮아져 3,500~4,500만 원대에 주로 형성되었다. 동일노동 동일임금이란 원칙을 위배하는 사안이지만, 시급한 개선을 위해 사교련은 비정년트랙 교수의 보수 하한선을 동년배 고교 교사에 맞춰줄 것과 이를 기본역량진단 평가사업의 항목에 포함시켜 것을 교육부에 요구하였다. 하지만 교육부는 이를 기회로 비정년트랙 교수 임금의 하한선을 정한다며 일반대학 3,099만 원, 전문대학 2,700만 원으로 하한선을 하향 조정하여 사학법인에게 임금 삭감의 근거를 제시하는 악행을 자행하였다. 이것이 촛불정권을 자처하는 문재인 정부의 김상곤金相坤 교육부 장관이 주도한 평가에서 있었던 일이었다. 이것이 과연 비정규직 제로를 추구한다는 문재인 정부의 처사인지 묻지 않을 수 없다.

정부가 비정년트랙 교수 문제를 계속 방치하면서 2018년 전국의 비정년트랙 교수 수는 전체 교수 수의 1/4 가까이 늘었고, 신임 교수의 경우, 60%에 육박하는 것으로 추산된다. 비정년트랙 교수의 수를 이렇게 추정할 수밖에 없는 것은 교육부에 제대로 된 통계조차 없기 때문이다. 이처럼 비정년트랙 교수 문제를 해결하지 않고 계속 미룰 경우, 언젠가 임계점에 이르면 폭발할 수밖에 없다는 것을 교육부가 누구보다 잘 알고 있다. 대다수 교수가 비정규직인 대학에서 어떻게 정상적인 교육을 기대할 수 있단 말인가. 이런 사정을 잘 알면서도 교육부는 현란한 미사여구를 동원해 인공지능·빅 데이터·4차산업 운운하고 있다. 나무라는 시어머니보다 말리는 시누이가 밉다는 말이 이런 경우가 아닌가 싶다. 참으로 부도덕하고 무책임한 처사가 아닐 수 없다.

넷째, 등록금부담이 과중하다며 한시적으로 도입한 이 정책이 목표를 달성했다면 앞으로 어떻게 할 계획인지를 분명하게 밝혀야 한다. 대학진학률이 70.4%(2019)인 지금, 정부가 기존의 수익자부담원칙을 버리고 고등교육에 대한 정부 본연의 책무를 다하겠다는 것인지, 아니면 무슨 대안이 있는지, 더는 좌고우면하거나 책임을 회피하지 말고 등록금에 관한 정부 입장을 분명히 밝히는 것이 마땅하다.

다섯째, 대학도 반값 등록금 문제에 대하여 자기 목소리를 내야 한다. 법인이나 대학본부가 나서기 어렵다면 교수협의회나 교수노조가 나서는 것도 방법이다. 어려운 경제 사정 등을 고려할 때 대학에 등록금 인상률 결정을 일임해 달라고 하는 것은 아니며, 학부모와 학생의 등록금 부담이 가볍다는 것도 아니다. 다만 등록금에 관한 정부와 국민, 그리고 대학 간에 합당한 이해와 합의가 필요하다는 말이다. 등록금을 정부와 대학, 학부모가 어느 정도 분담하는 것이 타당한가? 라는 70년도 넘은 이 질문에 대하여 이제는 합당한 답을 찾아야 한다.

여섯째, 정부도 국민도 대학의 살림살이가 예전 같지 않다는데 공감을 하고 있고, 이대로 계속 갈 수 없다는 것도 알고 있다. 그런데도 이 문제에 대해서 선뜻 나서지 못하는 것은 사학법인의 불투명한 운영에 대한 책임을 덮어쓸까 두려워서이다. 따라서 대학이 투명한 경영을 하고 있음을 보여줄 수 있는 노력이 선행되어야 한다. 사학진흥재단에서 파악하고 있는 각종 정보를 과감하게 공개한 뒤 국민의 이해와 협조를 구해야 한다. 국립대학에서 사용하고 있는 코러스 프로그램을 사립대학에 맞게 변형하여 도입하고, 총장선출제와 교수협의회의 학칙 기구화로 내부 검증 시스템이 정상적으로 가동되고 있음을 보여주어 사회적 신뢰를 쌓아가야 한다.

마지막으로 정치권의 결단이 필요하다. 반값 등록금은 이미 단순한 등록금 감면정책이 아니다. 선거에서 패배를 각오하지 않는 한 반값 등록금정책을 바꿀 수 있는 정당이 없다는 점에서 반값 등록금은 이미 교육의 문제가 아니라 정치의 문제인 것이다. R&D 사업 위주의 재정지원사업, 교비회계의 법정부담금 지출 허용 등의 고식책으로는 문제를 풀 수 없다. 따라서 대학 재정도 정치적 결단으로 풀어야 한다. 필요하다면 준비된 사립대학부터 순차적으로 문제를 풀어가는 것도 방법이다. 초등학교보다 못한 투자를 하면서 대학에게 융합학문을 요구하고 4차산업을 선도해달라고 하는 것은 실로 뒷감당하기 힘든 허언虛言이 아닐 수 없다.

15. 대학 기업화의 우려와 대학 민주화

정부의 이런 무책임한 행보는 그렇지 않아도 미국의 기업화된 대학 모델을 추수追隨하고자 하는 사학법인에게 일탈의 명분을 제공할 가능성이 농후하다. 우리나라 사립대학은 처음부터 등록금에 의존하여 성장하였기 때문에 이윤추구를 우선시하는 기업적 성격을 본질적으로 강하게 지니고 있다(고부응, 2010, 18~31). 그런 사학법인이 본능적인 이익 추구의 속성을 억지로라도 누르고 최소한의 공공성을 유지할 수 있게 하려면 정부도 합당한 자기 책임을 져야 한다.

미국 대학은 선진국의 대학 가운데 가장 기업화된 대학으로서 우리가 추구해야 할 학문공동체로서의 Global standard라고 하기 힘들며, 대학의 기업화는 고등교육의 정상적 발전을 위해서도 결코 바람직하지 않다.[127] 국민도 절대 원치 않는 방향이다. 정치·종교·언론·사법 등 고도의 권위를 지녀야 할 기관이 오히려 국민의 신뢰를 상실한 상황에서 대학도 크게 다르지는 않지만, 우리 사회에서는 대학만이라도 절차적 공정과 공공의 가치를 지켜주길 강하게 요구하고 있다.

따라서 대학의 기업화는 대학 발전이라는 원론적 측면에서도 바람직하지 않지만, 대학에 대한 국민적 신뢰 상실이라는 엄중한 결과를 초래할 수 있다는 점에서 더욱 조심해야 한다. 어설픈 대학 기업화의 시도 자체가 소탐대실小貪大失할 가능성이 매우 크기 때문이다.

국민은 대학이 대학다운 품격을 지니길 바란다. 대학의 품격

---

[127] 고부응은 미국 대학의 기업화가 ① 일반대학이 경제성·효율성·생산성이라는 기업의 운영 원칙에 근거하여 대학을 운영하고, 기업으로부터 기금을 받기 위해 기업친화적 방식으로 대학을 운영하는 경우, ② 학위 장사를 통해 미국 증권거래소에 상장된 Phoenix대학 같은 영리대학의 경우, ③ 사실상 사원 연수기관인 기업대학 형태로 이루어지고 있다고 지적하였다(고부응, 2010, 18~31).

은 탁월한 연구력과 교육, 공공성과 민주성에 의해 좌우된다고 생각한다. 대학이 이런 국민의 기대에 부응하려고 노력할 때 비로소 신뢰와 존중을 얻을 수 있으며, 이런 무형의 가치에 유의해야 장기적인 측면에서 대학 발전의 동력을 얻을 수 있을 것이다.

앞에서도 거듭 강조한 바와 같이 우리 국민은 대학에 대해 많은 쓴소리를 하지만 그것은 그만큼 대학에 대한 국민의 관심과 애정이 많다는 뜻이기도 하다. [표40]은 우리 사립대학이 섬겨야 할 대상은 정부가 아니라 학부모와 학생, 그리고 동문임을 분명하게 보여준다. 교수들은 누가 우리 사립대학을 키워주고 먹여주었는지, 누가 우리를 사랑하고 아껴주었는지를 확실하게 인식할 필요가 있다.

또 [표40]은 우리 사립대학이 수많은 학부모와 동문의 헌신으로 유지하고 발전된 것이지 어느 특정인의 것이 아님을 말해준다. 공공재인 대학이 사유물처럼 전락하는 일은 학부모와 동문에 대한 배신행위다. 따라서 사립대학은 법인과 대학을 구분하여 최소한의 공공성과 자치권을 유지할 의무가 있다. 대학의 사유화를 가늠할 수 있는 1차 지표는 설립자 가족의 총장 승계 여부이고, 2차 지표는 총장선출제이며, 3차 지표는 교수협의회의 학칙기구화 여부라고 할 수 있다.

본래 총학장 직선제는 1953년부터 국립대학에서 시행하던 것인데, 박정희 정부에 의해 1963년부터 정부 임명으로 바뀌었다. 당시 대학 내 만연한 학연과 지연에 의한 파벌싸움을 해소하기 위해서는 임명제가 필요하다는 것이 직선제 폐지의 명분이었다. 지금으로서는 상상하기 힘들 정도로 50년대와 60년대 초에는 그런 갈등이 심각했던 것이 사실이다(동아, 1960,7.2). 하지만 그런

사정이 총장 임명제 폐지의 이유일 수 없음은 자명하다.

사립대학의 경우 총장선출 문제는 국립대보다 더욱 복잡한 요인을 지니고 있다. 대학을 자신의 소유물로 알고 있는 법인 이사장으로서는 명확한 지분이 보장되는 주식회사와 달리 다수결에 따라야 하는 이사회 구조를 매우 불안정한 지배구조라고 생각하는 경향이 강하다. 거기에다 총장 임명권을 확보하지 못하면 언제든 자신의 거취가 위태로울 수 있다고 여긴다. 여기에 정부의 불공정한 조치가 취해지면 위기감은 더욱 증폭되기 마련이다. 실제로 김대중 정부가 들어서기 전까지 정권이 교체되면 사학법인에 대한 정권의 '길들이기'가 매번 있었던 것이 부인할 수 없는 사실이었다.

특히 유신정권과 전두환 정권처럼 민주적 정당성을 전혀 가지지 못한 정권 밑에서 이사장이나 총장 등 책임 있는 직책을 수행한다는 것은 매우 힘든 일이며 정권의 잘못으로 인한 대학의 파행에 대해 어디까지 책임을 져야 하는지도 구분하기 어려웠다. 하지만 「학원안정법」의 사례에서 확인할 수 있듯 과거 총학장은 정권의 요구에 맹목적으로 추수追隨하여 대학자치와 교권 수호에 오히려 걸림돌로 작용하였던 것이 엄연한 사실이며, 심지어 독재정권의 온건파보다 더 비민주적이었다는 평가도 받았다. 그래서 국·사립 모두 총학장 직선제를 교수협의회의 학칙 기구화와 함께 대학 민주화를 가늠하는 기준으로 여기는 것이다.

물론 총학장 직선제가 대학의 민주화를 담보하는 최선의 제도라고 말하기 힘들다. 따라서 대학마다 각기 다른 역사와 문화를 가지고 있어 해당 대학에 최적화된 제도를 구성원이 합의하여 운영하는 것이 가장 바람직하다. 하지만 막강한 힘을 가진 정부나 법인이 그에 상응하는 정도의 합리적 권위나 신뢰를 확보하지 못하였을 경우, 직선제는 부족한 정당성으로 인한 많은 논란을 신속하게 해결하고 보완해 줄 수 있는 가장 효과적인 대안이 될 수 있다.

너무 느리기는 하나 총장선출제에 대한 개선이 조금씩 이루어지고 있다. 대학이 세상에서 고립된 수도원이 아닌 이상 사회의 민주화는 결국 대학의 민주화로 이어지기 마련이다.